Naturrecht und Politik

im

Lichte der Gegenwart

von

Ferdinand Walter.

Bonn,
bei Adolph Marcus.
1863.

Vorrede.

Der Zweck des Verfassers bei der Abfassung dieses Buches war zunächst der, sich selbst von dem im Gebiete des Staatslebens Erforschten und Erlebten Rechenschaft zu geben, dann aber auch Anderen, welche diese mühsamen Wege wandeln, nützlich zu sein.

Die Wichtigkeit dieser Untersuchungen ergiebt sich daraus, daß die großen Fragen, wovon die Zeit so tief ergriffen und bewegt wird, fast sämmtlich in dieses Gebiet fallen, und nicht vereinzelt, sondern in ihrem organischen und systematischen Zusammenhang behandelt werden müssen. Ihre Schwierigkeit wird aber schon durch die große Verschiedenheit der Ansichten und Methoden bezeugt, welche zur Lösung der hier gestellten Aufgabe versucht worden sind und noch fortwährend versucht werden.

Der Gesichtspunkt, welcher dabei dem Verfasser maßgebend schien, ist schon auf dem Titel angedeutet. Es handelt sich dabei um ein Philosophiren aus der Zeit heraus in die Zeit hinein. Auf die Richtigkeit der Methode und deren strenge Durchführung kommt es bei dieser Disciplin mehr als bei jeder anderen an. Daher ist davon im ersten Theile ausführlich gesprochen worden.

Auch der dritte Theil, die Geschichte der Bearbeitung der philosophischen Staats- und Rechtslehre enthaltend, hat vorzüglich die Geschichte der Methoden vor Auge, weil dieses wohl die lehrreichste Seite derselben ist. Es war aber dabei Grundsatz, jeden Schriftsteller vor Allem möglichst mit seinen eigenen Worten reden zu lassen, und sich einer umschreibenden Berichterstattung so weit thunlich zu enthalten, weil dabei, wie vorliegende Beispiele beweisen, allzu leicht die Färbung des eigenen Systems beigemischt wird. Daß aber jener dritte Theil ausführlich bei solchen Schriftstellern verweilt, welche gewöhnlich gar nicht oder nur sehr flüchtig erwähnt werden, wird keiner Rechtfertigung bedürfen.

Unsere Wissenschaft ist ein Erzeugniß der Zeit, und es arbeiten daran Viele mit. Es schien daher dem Verfasser angemessen, nicht blos seine eigenen Ansichten zu entwickeln, sondern diese auch durch die Anderer zu unterstützen. Gewöhnlich sind diese auch nicht blos den Namen nach angeführt, was nicht viel hilft, sondern die ganzen Stellen mitgetheilt, besonders solche, die sich durch Geist und Eigenthümlichkeit auszeichnen. Mit Vorliebe sind solche Schriftsteller gewählt, die sonst in anderer Beziehung auf einem vom Verfasser verschiedenen Standpunkt stehen, weil in dieser Uebereinstimmung eine Gewährleistung für die innere Wahrheit der zusammentreffenden Ansichten liegt.

Ueberhaupt ist die Richtung des Verfassers bei diesem Werke eine versöhnende und vermittelnde. Dieses schien ihm doppeltes Bedürfniß in einer Zeit, die durch geistigen Zwiespalt jeder Art so verworren und tief zerrüttet ist. Er hält nach seinem Charakter und nach den Erfahrungen der Geschichte an der Wahrheit fest, daß der leidenschaftliche Sturm der Zeit zwar Veraltetes und unhaltbar Gewordenes niederzureißen vermag, daß aber alles Dauernde und wahrhaft Wohlthätige, was in der Geschichte zu Stande gekommen, nur durch gemäßigte und vermittelnde Naturen geschaffen worden ist.

Bonn, den 3. Mai 1863.

Uebersicht.

(Die Ziffern bezeichnen die Paragraphen.)

Erster Theil.

Von der philosophischen Staats- und Rechtslehre als Wissenschaft.

Zweiter Theil.

Inhalt der philosophischen Staats- und Rechtslehre.

Erstes Kapitel.

Thatsächliche Grundlagen.

Zweites Kapitel.

Der Staat und das Recht.

Drittes Kapitel.

Die Menschheit.

Viertes Kapitel.

Der Mensch als unsterbliches Wesen.

Dritter Theil.

Geschichte der Bearbeitung der philosophischen Staats- und Rechtslehre.

Erster Theil.

Von der philosophischen Staats- und Rechtslehre als Wissenschaft.

I. Entstehung dieser Wissenschaft.

1. Das Nachdenken über das Recht ist an sich so alt wie der Mensch und die menschliche Gesellschaft. Der Antrieb dazu liegt in dem dem Menschen angeborenen Gefühl für Recht und Unrecht, welches sich in der Sprache, den Sitten und Einrichtungen jedes Volkes mehr oder weniger bewußt kund giebt. Dieser dem Menschen von Gott eingeborene Rechtssinn ist eine Thatsache, wovon hier als etwas Gegebenem auszugehen ist. Eine andere Thatsache ist, daß das menschliche Geschlecht sich in einem Zustande sittlicher Unvollkommenheit befindet, vermöge welcher in dem Menschen und daher auch in den menschlichen Einrichtungen Eigensucht, Rücksichten der Zweckmäßigkeit und selbst Gewalt häufig die Oberhand über das Sittliche und Gerechte erlangen. Dennoch ist das Gefühl von Recht und Unrecht in dem Menschen so mächtig, daß es bei der fortschreitenden Entwicklung eines Volkes gegen jene Unvollkommenheiten beständig ankämpft und das Nachdenken über deren Verbesserung weckt. Dieses Nachdenken entwickelt sich zunächst an concreten Einzelnheiten und macht sich in den Fortschritten der Gesetzgebung geltend. Bei der Ausbildung der philosophischen Reflexion tritt es mit dieser in Verbindung. Es erhebt sich zu allgemeinen Untersuchungen über Staat und Recht, und gestaltet sich so zu einer philosophischen Wissenschaft. Diese ist

also der Ausdruck des Geistes, so weit sich derselbe durch die Wechselwirkung zwischen Nachdenken und Erfahrung des Wesens des Staates und Rechtes bewußt geworden ist.

II. Gegenstand und Aufgabe dieser Wissenschaft.

2. Der Gegenstand dieser Wissenschaft ist also die Untersuchung des Wesens der aus den in die menschliche Natur niedergelegten Keimen sich entwickelnden Lebensordnungen, deren Gesammtheit den Staat und das Recht ausmacht. Die Rechtsphilosophie ist eine Philosophie sämmtlicher die Welt des Rechts, die Rechtsordnung, bestimmenden und sie bildenden Thatsachen und Gesetze, wie die Naturphilosophie die Philosophie der die Natur bildenden Thatsachen und Gesetze ist. Der Unterschied ist jedoch der, daß die Gesetze der Natur unwandelbare sind, während die Welt des Rechts sich aus der Verbindung und Wechselwirkung zwischen den Gesetzen der der menschlichen Gattung angeborenen physischen Natur und der dem Menschen als vernünftigen und sittlichen Wesen zustehenden freien Thätigkeit in den mannichfaltigsten Formen aufbaut [1]). Jede solche aus der physischen und geistigen Natur des Menschen sich entwickelnde Lebensordnung hat daher auch eine von der Natur gewollte Bestimmung. Es ist die Aufgabe der Rechtsphilosophie diese aus der Beobachtung derselben, also aus der positiven Oeconomie der Schöpfung, zu erkennen und zum Bewußtsein zu bringen. Der Stoff dieser Wissenschaft liegt also nicht in der Sphäre der bloßen Speculation; er kann nicht lediglich durch philosophische Construction geschaffen werden; sondern er liegt in der wirklichen Welt, und ist aus der Anschauung und Zergliederung derselben zu schöpfen, um durch Nachdenken und mit Beihülfe des angeborenen Rechtssinnes die sittliche und rechtliche Bestimmung jedes Lebensverhältnisses zu erkennen [2]). Durch dieses

---

1) Ein besonders deutliches Beispiel bietet das Institut der Ehe.

2) Sehr richtig sagt Stahl Philosophie des Rechts Th. II. Buch II. §. 3.: „Es (das Princip der Rechtsphilosophie) ist ein durchaus positives Princip; denn es muß die Bestimmung eines jeden Lebensverhältnisses (Familie, Staat) als eine gegebene positive anerkannt werden, die nur

Nachdenken und Vergleichen wird aber eben auch dieser Rechtssinn immer mehr entwickelt und zur Klarheit der Idee erhoben. Der reflectirende Geist wird inne, daß die den Menschen umgebenden Lebensordnungen, als in das Gebiet der Freiheit fallend, einer mannichfaltigen Gestaltung fähig sind. Er lernt in diesen Formen und Erscheinungen das Wesentliche und Zufällige unterscheiden, und stellt nun das ihm auf der dermaligen Stufe der Erkenntniß als das nothwendig und vernünftig Erscheinende als eine Wissenschaft, als die Rechtsphilosophie der Zeit, dar. Diese ist nichts Unbedingtes und kann es nicht sein, weil die Eindrücke, unter welchen sie sich bildet, sehr wechselnd und mannichfaltig sind. Sie darf es auch nicht sein wollen, weil sie sich sonst in unwahre Abstractionen verirrt [3]).

3. Die Aufgabe der Rechtsphilosophie ist also eine complicirte. Auf der einen Seite darf sie sich nicht in das rein Ideale verlieren, sondern sie muß den Grund und Zusammenhang der realen Lebensordnungen und Lebensverhältnisse aufsuchen. Auf der anderen Seite darf sie sich aber auch nicht zu sehr von der Gegenwart beherrschen lassen. Denn die Rechtszustände, wie sie zu einer Zeit wirklich sind, entsprechen der Idee nie vollständig. Wer über dieselben mit der gehörigen Geistesbildung nachdenkt, entdeckt immer ein gewisses Mißverhältniß, was das Bestreben weckt, dasselbe auszugleichen und die Idee zur Geltung zu bringen. Dieses

---

durch Beobachtung seiner selbst, nicht durch Gesetze oder Begriffe vor ihm gefunden werden kann."

3) Gut drückt Hegel in der Vorrede zu seiner Rechtsphilosophie dieses in seiner Weise so aus: „Das was ist zu begreifen, ist die Aufgabe der Philosophie; denn das was ist, ist die Vernunft. Was das Individuum betrifft, so ist ohnehin jedes ein Sohn seiner Zeit; so ist auch die Philosophie ihre Zeit in Gedanken erfaßt. Es ist eben so thöricht zu wähnen, irgend eine Philosophie gehe über ihre gegenwärtige Welt hinaus, als ein Individuum überspringe seine Zeit. — Geht seine Theorie in der That darüber hinaus, baut er sich eine Welt, wie sie sein soll, so existirt sie wohl, aber nur in seinem Meinen, — einem weichen Elemente, dem sich alles Beliebige einbilden läßt."

Bestreben ist eine Kraft, die im Geiste des Menschen liegt, und die Rechtszustände unbewußt vorwärts treibt. Alles was ist, ist von derselben befruchtet und trägt so die Keime eines neuen Werdens in sich. In diesen Tendenzen der Zukunft giebt sich das fortschreitende Bewußtsein jeder Zeit vom Vernünftigen im Recht kund. Die Rechtsphilosophie, welche die Gegenwart geistig erfaßt, hat daher auch eben diese Tendenzen in sich aufzunehmen und zum Bewußtsein zu bringen. Sie stellt sich betrachtend in den Fluß der Geschichte, nimmt das Gewordene mit den darin liegenden Keimen der Entwicklung in sich auf, und verleiht so dem Werden Wollenden das Wort und den Ausdruck. Eben dadurch findet auch zwischen ihr und der Wirklichkeit die genaueste Wechselwirkung Statt. Indem sie die Gründe und Nothwendigkeiten des Vorhandenen aus ihm selbst erkennen und verstehen lehrt, treibt sie zugleich in dasselbe die Keime zu dessen weiteren Entwicklung hinein. Sie schließt eine geistige Kraft in sich, die auf die Meinung der Zeit und dadurch auf den Gang der Begebenheiten den stärksten Einfluß ausübt. Indem sie das, wohin die Zeit unbewußt strebt, zum Bewußtsein erhebt, kann sie heilsame Entwicklungen beschleunigen helfen. Sie kann aber auch durch Irrthümer, die sie verbreitet und populär macht, furchtbare Erschütterungen der gesellschaftlichen Ordnung hervorrufen.

III. Uebersicht des Stoffes.

4. Versetzt man sich nun in die Anschauung der Welt, wie sie ist, so findet man darin folgende Thatsachen. Der Mensch ist Glied einer besonderen Gattung, der Menschheit. In concreter Gestalt oder als ein organisirtes Ganzes existirt aber die Menschheit nicht; sondern sie ist durch den Unterschied der Sprachen und durch andere Naturgesetze in Völker oder Staaten getheilt. Anders als in Staaten existiren aber auch die Individuen nicht; wo Menschen vorkommen, befinden sie sich in bürgerlichen Vereinen, seien diese auch noch so roh und unvollkommen, also in dem Zustand, den man Staat nennt. Alle Lebensordnungen, die der Mensch entwickelt, konnten und können sich nur im Staate entwickeln. Die

Annahme eines den Staaten vorhergegangenen Naturzustandes gehört zu den veralteten Irrthümern. Also muß die Rechtsphilosophie ihren Standpunkt im Staate selbst nehmen, und darin, von dem einzelnen Menschen ausgehend, die von demselben geschaffenen, ihn umgebenden und ergänzenden Lebensordnungen analysiren. Mit den Staaten ist jedoch das Leben der Menschen und der Menschheit nicht beschlossen. Der Idee nach sind die Staaten Glieder eines großen Ganzen, der Menschheit, und sie erkennen sich auch äußerlich mehr oder weniger als solche an. Endlich ist der Mensch nicht lediglich auf die Entwicklung für das irdische Dasein im Staate und in der Menschheit angewiesen; als mit einer unsterblichen Seele begabt hat er wesentlich auch eine überirdische Bestimmung, wozu er in dieser irdischen Welt vorbereitet und erzogen werden soll. Dieses ist die Aufgabe der Kirche. Die großen den Menschen umschließenden Lebensordnungen sind also der Staat, die Menschheit und die Kirche. Diesen drei Verhältnissen muß jedoch noch eine allgemeine Betrachtung vorhergehen. Alle drei sind nämlich nicht nur für den Menschen und dessen Bedürfnisse geschaffen, sondern der Staat und der Organismus der Menschheit sind auch von dem Menschen selbst geschaffen aus den Keimen, die dazu in seine Natur niedergelegt sind. Also ist zuvor der Mensch als solcher mit allen ihm angeborenen Thatsachen und Eigenschaften zu betrachten, die bei der Bildung jener Lebensordnungen thätig sind. Alle diese Theile berühren sich gegenseitig, und es ist wesentlich, sie in dieser organischen Verbindung aufzufassen. So ist das Institut der Ehe und der Familie nicht eine bloße Privatsache, sondern als die von der Natur gewollte Erziehungsanstalt des Menschen ist sie auch ein wesentliches Glied in der Oeconomie des Staates und der Menschheit. Desgleichen kommt die Eigenschaft des Menschen als unsterbliches Wesen nicht blos für die Kirche, sondern auch bei den Grundrechten des Menschen im Staate in Betracht, und die Religion bezieht sich nicht blos auf die überirdische Bestimmung des Menschen, sondern ist auch für die Familie und den Staat von der höchsten Bedeutung.

5. Hieraus ergiebt sich zur Kritik der gangbaren rechtsphi-

losophischen Systeme Folgendes. Erstens ist es irrig, wenn man von einer Untersuchung der Urrechte des Menschen ausgeht, und ihn mit denselben dem Staate gewissermaßen gegenüber stellt. Da der Mensch thatsächlich außerhalb des Staates nicht ist und nicht sein kann, so darf ihn die philosophische Rechtslehre auch nur in und mit dem Staate nehmen[1]). Zweitens ist es falsch, wenn man die Unterscheidung in Privatrecht und öffentliches Recht auch hier festhält. Diese Unterscheidung ist für die praktische Seite des Rechts von Wichtigkeit, nämlich für die Frage, was sich davon so vorherrschend auf den Nutzen des Einzelnen bezieht, daß er es vor Gericht mit einer Klage verfolgen kann. Unser Gesichtspunkt ist aber ein höherer. Indem wir die Familie, das Eigenthum, das Erbrecht als Institute oder Lebensordnungen in ihrer Beziehung zu der Natur und Bestimmung des Menschen und des menschlichen Daseins aufzufassen haben, erfassen wir sie in und mit dem Staate, der eben die Gesammtheit dieser Lebensordnungen ist. Unter diesem Gesichtspunkt durchdringen sich das Oeffentliche und Privatrechtliche gegenseitig; durch die Trennung Beider wird Ersterem die Fülle des Stoffes entzogen, Letzteres seines tieferen Zusammenhangs beraubt und zu untergeordneten Gesichtspunkten herabgezogen. Die in dieser fehlerhaften Methode gehaltene Darstellung bewegt sich daher auch nur innerhalb des äußerlichen Schematismus der juristischen Systeme, und erhebt sich nicht leicht höher als die angewöhnten Begriffsformen des römischen Rechts[2]). Drittens ist es eine Lücke, wenn man der Religion

---

1) Von diesen Urrechten wird daher im Theil II. Kap. II. die Rede sein, allein unter den Lebenserscheinungen „im" Staate. Dadurch erhält diese Untersuchung erst Wahrheit.

2) Dieser Fehler findet sich bei Rechtsphilosophen auch sehr entgegengesetzter Art, wie Stahl, Warnkönig, Ahrens, Moy. Sie findet sich auch jedoch in etwas anderer durch seine Philosophie bedingter Weise bei Hegel, welcher die Sphäre des „abstracten Rechts" als Daseins des unmittelbaren Willens abgesondert vom Staate darstellt, und darunter das Eigenthum und den Vertrag abhandelt. Von der Familie und dem Vermögen handelt er aber ganz richtig als Lebenserscheinungen im Staate.

und Kirche nicht eine wesentliche Stelle unter den Lebensordnungen der Menschheit anweist [3]).

IV. Methode der Behandlung. A) Richtige Methode.

6. Die Methode der Rechtsphilosophie ist ihr durch ihre Aufgabe vorgezeichnet. Diese besteht darin, die Gesammtheit der den Menschen umgebenden Lebensordnungen in ihrem Zusammenhang mit der physischen und geistigen Natur des Menschen und als Ausdruck derselben zu begreifen. Diese Lebensordnungen werden, wie schon erwähnt, zunächst aus der Anschauung und Beobachtung erkannt. Ihr Zusammenhang mit der Natur des Menschen aber wird durch Nachdenken und Vergleichung mit dem geistigen und sittlichen Wesen des Menschen gefunden, wozu Jeder den Maßstab in dem angeborenen Sittlichkeits- und Rechtsgefühl in sich selbst trägt. Die Methode der Rechtsphilosophie ist daher wie ihre Aufgabe eine complicirte. Sie hat die Rechtsverhältnisse zu zerlegen, das heißt die physischen und geistigen Factoren eines Jeden zu zergliedern. In so fern ist ihre Methode eine analysirende, und man kann sie von dieser Seite aus eine Physiologie oder Naturlehre des Rechts nennen. Sie hat aber auch aus diesen Factoren das nach der Natur eines jeden Rechtsverhältnisses Nothwendige oder Angemessene und daher Vernünftige nachzuweisen und zum Bewußtsein zu bringen. Hierin nimmt sie den philosophisch entwickelnden Ton an. Endlich in so fern sie dieses Alles aus der Gegenwart heraus und mit Beziehung auf den Inhalt und die Tendenzen des historisch Vorhandenen thut, ist ihre Thätigkeit eine geschichtlich reflectirende. Die Methode der Rechtsphilosophie ist daher eine Mischung von Analyse, philosophischer Entwicklung und historischer Speculation, und der Werth dieser Wissenschaft ist durch den richtigen Tact in der Anwendung dieser Mischung bedingt.

---

3) Kant, Fichte, Warnkönig und Andere reden davon gar nicht; Hegel sehr obenhin; Stahl und Ahrens sind nicht so weit vorgerückt. Moy stellt das Kirchenrecht zwischen das Privatrecht und das öffentliche Recht, was entschieden fehlerhaft ist.

B) Nothwendigkeit des christlichen Standpunkts.

7. Wenn die Rechtsphilosophie ihren Standpunkt in der Welt der Gegenwart nehmen muß, so liegt darin für sie die Nothwendigkeit, auch das christliche Element in sich aufzunehmen. Denn das Christenthum ist eine historische Thatsache, welche durch die Macht, die es auf das Gemüth und die Erkenntniß der Menschen ausübte, auch die äußere Rechtsordnung mit einem neuen Geiste belebt und derselben ein eigenthümliches Gepräge aufgedrückt hat. Indem es die Würde und Bestimmung des Menschen zum allgemeinen Bewußtsein erhob, hat es zuerst die Bedeutung der Menschenrechte aufgeklärt und überhaupt in die Ordnung der Familie, in die socialen Beziehungen des Staates und in das Verhältniß der Völker zu einander die edelsten und erhabensten Gesichtspunkte eingeführt. Es hat, gleichwie dem einzelnen Menschen, so auch den gesellschaftlichen Zuständen die Aussicht zu einer stets fortschreitenden Vervollkommnung eröffnet[1]). Es lebt als unbestreitbare Thatsache in den Einrichtungen der Gegenwart wie in den Tendenzen der Zukunft. Ja selbst wenn man über das Recht philosophirt, so bringt man dazu schon eine gewisse Bildung und eine Summe von Begriffen mit, die man nur der christlichen Erziehung und der Anschauung der nach dem Christenthum gebildeten Lebensordnungen verdankt, und wovon man sich, selbst wenn man wollte, nicht losmachen kann[2]). Es verhält sich damit, wie auch auf an-

1) Daß das Christenthum die Quelle der Civilisation und wesentlich eine sociale Religion sei, ist von ausgezeichneten protestantischen und katholischen Schriftstellern dargethan, Guizot Histoire générale de la civilisation en Europe. Bruxelles 1838.; Balmes Der Protestantismus verglichen mit dem Katholicismus in seinen Beziehungen zu der europäischen Civilisation. (Aus der französischen Uebersetzung des spanischen Originals.) Regensburg 1844. 3 Th.; Pradié La démocratie française ses rapports avec la monarchie et le catholicisme son organisation. Paris 1860. Dadurch ist die Nothwendigkeit gegeben, das Christenthum als wesentliches Moment in die Theorie der Gesellschaft aufzunehmen.

2) Sehr richtig sagt Savigny System I. 53.: „Das Christenthum ist nicht nur von uns als Regel des Lebens anzuerkennen, sondern es hat auch

deren Gebieten der Philosophie, wo man durch eine blos rationelle Operation Wahrheiten entdeckt zu haben meint, die man aber nicht gefunden haben würde, wenn sie nicht schon vorher im Bewußtsein, und zwar eben durch das Christenthum existirt hätten[3]). Das Christenthum läßt sich also hier nicht negiren oder ignoriren, sondern es gehört mit der vollen Macht der Wirklichkeit sowohl zu dem Stoffe worüber, als zu dem Standpunkt auf welchem, und zu den geistigen Hülfsmitteln mit welchen hier zu philosophiren ist. Darum braucht jedoch der Rechtsphilosophie nicht überall eine positiv-theologische Grundlage gegeben zu werden, wodurch sie sich gleichsam in die Theologie auflösen würde. Denn die Idee des Rechts und das Gebiet worin dieselbe verwirklicht wird, ist doch etwas Selbstständiges; die Vernunft operirt darauf, wie überhaupt im Gebiete der Philosophie, auf ihre eigene Weise; nur thut sie dieses jetzt im Lichte der Wahrheit,

---

in der That die Welt umgewandelt, so daß alle unsere Gedanken, so fremd ja feindlich sie demselben scheinen mögen, dennoch von ihm beherrscht und durchdrungen sind."

3) Sehr gut schreibt darüber Maret Théodicée chrétienne (1844) sixième leçon: Une question importante (est) celle des limites de la raison dans la connaissance de Dieu, lorsque l'homme, laissé à lui même, est privé des vraies traditions et de la lumière du christianisme. Il est bien constant, que sous l'influence de l'enseignement, nous nous démontrons avec une grande facilité des vérités, que nous n'aurions pas découvertes tout seul. Donc, de ce pouvoir, que nous devons à l'action puissante de l'enseignement chrétien, d'arriver par la démonstration à l'idée la plus parfaite de Dieu, il ne s'ensuit pas que cette notion soit le fruit unique de la raison et de la conscience. — S'il est vrai que le christianisme ait réellement agrandi la connaissance de Dieu, qu'il ait rétabli dans la conscience des idées effacées, et qu'il ait ajouté à la raison des idées nouvelles, ces idées, entrées une fois dans le domaine de la conscience et de la raison, agissent sur les esprits même qui nient le cristianisme et sa divinité; et ils ne s'apperçoivent pas que les vérités dont ils font honneur à leurs spéculations rationnelles, étaient dejà dans leur conscience avant qu'ils raisonnassent, et qu'elles y étaient par le christianisme.

welches von dem angränzenden Gebiete der Religion bis zu ihr herüberleuchtet.

C) Falsche Methoden.

8. Es sind aber mancherlei andere Arten, über Staat und Recht zu philosophiren, möglich und versucht worden. Zunächst kann die Betrachtung der großen Unvollkommenheiten der bürgerlichen Zustände den Gedanken wecken, ihnen das künstliche Ideal einer gesellschaftlichen Verfassung entgegenzustellen, worin alle diese Unvollkommenheiten vermieden sind. So thaten Platon in seiner Republik, Thomas Morus in seiner Utopia [1]). Wie großen Reiz aber auch diese verhältnißmäßig leichteste Art, über diese tiefsinnigen Fragen zu philosophiren für edle wohlwollende Gemüther haben mag, so bringt sie doch wegen ihrer Einseitigkeit und willkürlichen Voraussetzungen dieselben ihrer Lösung nicht näher, und ist für die Wissenschaft wie für das Leben durchaus unfruchtbar. Selbst die Keime von Wahrheiten, die man auf diesem Wege findet, gehen in der Umgebung von anderem Willkürlichen und Unausführbaren verloren.

9. Ferner ist versucht worden, unter dem Namen Naturrecht ein System der schon nach der Vernunft, abgesehen von allem positiven Recht, gelten sollenden Rechtsgrundsätze zu construiren. Diese Methode entstand im siebzehnten Jahrhundert aus Reaction gegen die Autorität, womit das aus den heiligen Schriften des alten und neuen Bundes geschöpfte göttliche Recht das juristische Denken beherrschte. Eben deshalb nahm sie von vorne herein eine von der Anschauung der realen Welt abziehende Richtung an. Man gieng zwar von der empirischen Natur des Menschen aus; allein nur so, daß man daraus irgend einen psychologischen Trieb, der Geselligkeit, der Selbsterhaltung und Selbstliebe, der Glückseligkeit, herausgriff, und daraus die Rechte des Menschen und die Rechtsregeln über ihr Verhalten unter einander ableitete. So verfuhren Hugo Grotius, Hobbes, Pufendorf, Tho-

1) Auf diese und andere Systeme wird im dritten Theile genau eingegangen werden.

masius. Allerdings sind diese und andere psychologische Triebe bei der Bildung der Rechtsverhältnisse thätig. Allein die mannichfaltigen Lebensordnungen, die zusammen die reiche Welt des Rechts ausmachen, lassen sich an eine solche dürftige Einzelnheit nicht aufreihen. Die Systeme dieser Art zeigen daher vorherrschend nur allgemeine Begriffsbestimmungen ohne realen Inhalt, und wo sie auf die realen Lebensordnungen eingehen, müssen sie noch andere Gesichtspunkte zu Hülfe rufen, die mit dem angenommenen Grundprincip nicht zusammenhängen.

10. Der Fehler dieser Methode ist, daß anstatt den Menschen in der Totalität seiner Natur mit und in dem Staate zu erfassen, sie mit ihm in der Vorhalle des Staates verweilt, und hier aus irgend einer Einzelnheit seiner empirischen Natur die ihm zukommenden Urrechte ableitet. Dieser Fehlgriff führte zu dem zweiten, daß man den Standpunkt dieser Untersuchung als den des Naturzustandes bezeichnete [1]). Man versetzte sich dadurch in eine unwahre Abstraction, indem der Mensch überall nur im Staate existirt. Man gieng dann so weit, von dem Naturzustand als von etwas wirklich einmal Dagewesenen und der bürgerlichen Gesellschaft Vorhergegangenen zu reden, und daraus für den Ursprung des Staates und des Rechts Schlüsse zu ziehen. Man fügte so einer falschen Abstraction eine historische Unwahrheit hinzu, indem es nie einen solchen Naturzustand gegeben hat noch geben konnte. Zur Rechtfertigung jener Abstraction machte man auch wohl die Möglichkeit geltend, daß eine Anzahl Menschen sich auf

---

1) Der Repräsentant dieser Richtung ist Pufendorf De iure naturae et gentium libri octo. Lundini Scanorum 1672. Er stellt (lib. II. cap. 2) den status hominum naturalis, wenn auch als eine bloße Abstraction oder Fiction, an die Spitze, und entwickelt aus der angebornen Natur des Menschen, wie in diesem Zustand ein Mensch gegen den Andern sich verhalten müsse in Beziehung auf die Treue des Worthaltens, die Aufrichtigkeit der Rede, den Eid, die Occupation und das Eigenthum, die Vererbung, den Verkehr und die Verträge; ja es wird selbst der modus litigandi in libertate naturali und die Art der Execution im status naturalis deducirt (lib. V. cap. 13). Diese verkehrte Anschauung hat sehr lange fortgewirkt.

einer wüsten Insel zusammenfänden, wo doch vor der Hand unter ihnen nur von Naturrecht die Rede sein konnte. Allein noch bevor es unter ihnen zu dieser Frage kommt, wird sich schon die Macht der Thatsachen geltend gemacht haben, die überall bürgerliche Ordnungen stiftet.

11. Sehr treffend sagt Hegel[1]: „Für das Naturrecht hat man zugleich einen Naturzustand erdichtet, in welchem das Naturrecht gelten solle, wogegen der Zustand der Gesellschaft und des Staates vielmehr eine Beschränkung der Freiheit und eine Aufopferung natürlicher Rechte fordere und mit sich bringe. — Aber das Recht der Natur ist nur das Daseyn der Stärke und das Geltendmachen der Gewalt, der Zustand der Natur ein Zustand der Gewaltthätigkeit und des Unrechts, von welchem nichts Wahreres gesagt werden kann, als daß aus ihm herauszugehen ist. Die Gesellschaft ist dagegen vielmehr der Zustand, in welchem allein das Recht seine Wirklichkeit hat; was zu beschränken und aufzuopfern ist, ist eben die Willkühr und Gewaltthätigkeit des Naturzustandes." Nur theilweise richtig sagt Dahlmann[2]: „Die Annahme eines Naturzustandes ist als Behelf der Demonstration, als ein bewußtes Absehen vom Staate, um ihn demnächst frei aus der menschlichen Beschaffenheit entstehen zu lassen, nicht zu verwerfen[3]. Wird aber der Naturzustand mit positiven Eigenschaften ausgerüstet (ungesellig, gesellig, gleichgültig), so wird eben dadurch der Staat aus einer übermächtigen, übermenschlichen Ordnung zum Geschöpfe menschlicher Willkühr." Die bündigste Verurtheilung jenes falschen Standpunktes liegt in den Worten des Aristoteles: Außerhalb des Staates sei der Mensch „entweder ein Thier oder ein Gott"[4].

12. Eine andere Methode geht dahin, vor Allem auf rein

---

1) Hegel Encyklopädie §. 502. Anmerk.

2) Dahlmann Politik §. 5.

3) Richtiger ist sie auch so zu verwerfen, weil eine unwahre Abstraction kein guter Behelf der Demonstration sein kann.

4) Aristoteles Politik I. 2.

logischem Wege durch die bloße Consequenz des Denkens, ganz abgesehen von den Erscheinungen der wirklichen Welt, einen obersten Grundsatz, ein rein formales Rechtsprincip wie man sagt, als Maxime der Coexistenz der Menschen zu gewinnen. Daraus werden dann so gut es geht alle Rechte und Rechtsverhältnisse hergeleitet, daran geprüft und gebilligt oder verworfen. Man unterscheidet daher das reine und das angewandte Naturrecht. Diese Methode begann mit Kant und hat eine Zeitlang diese Wissenschaft beherrscht. Ihre Unhaltbarkeit ergiebt sich aber aus Folgendem. Erstens verlegt sie den Ausgangspunkt des Rechts in eine Welt, die keine Realität hat, sondern die man sich selbst blos aus logischen Schlüssen mehr oder weniger willkürlich aufbaut. Zweitens ist es unmöglich, aus einem rein formalen inhaltlosen obersten Grundsatz die realen den Menschen umgebenden Lebensordnungen abzuleiten, sondern diese müssen aus der Totalität der menschlichen Natur durch Beobachtung erkannt werden. Dieses zeigt selbst das sogenannte angewandte Naturrecht jener Systeme, wo man überall den obersten Grundsatz im Stich lassen muß oder von ihm im Stiche gelassen wird. Drittens ist es bei der großen Mannichfaltigkeit und Eigenthümlichkeit der Rechtsverhältnisse nicht einmal möglich, einen gemeinschaftlichen obersten Grundsatz, wenn auch nur als Maßstab ihrer Vernunftmäßigkeit, zu abstrahiren. So ist das von Kant an die Spitze gestellte Prinzip der Freiheit für einen gewissen Kreis von Rechtsverhältnissen ganz richtig, für Andere, wie Ehe, elterliche Gewalt, Erbrecht durchaus unfruchtbar. Viertens erfaßt diese Methode den Menschen nur als eine Einzelnheit; die wesentlich zu ihm gehörenden und ihn beherrschenden Lebensordnungen, Familie, Staat, Kirche, werden ihm gewissermaßen untergeordnet oder gegenübergestellt. Daher ihre überall auf der Oberfläche bleibende subjective Richtung[1]. Fünftens endlich hat diese Methode sich selbst gerichtet, indem ihre Anhänger sich doch nicht über den obersten Grundsatz zu verständigen vermocht,

---

1) Einige belustigende Beispiele davon aus Kant werden unten (§. 127. 147) mitgetheilt.

sondern Jeder denselben auf seine Weise formulirt haben. Sie ist also durchaus falsch und für die Wissenschaft verderblich[2]).

13. Um den Irrthum vollständig zu machen, lehnte sich diese Methode ebenfalls noch an den Naturzustand an. Zwar nicht so, als ob dieser je wirklich existirt hätte: aber doch wie bei Pufendorf so, daß man sich in Gedanken, von Recht und Staat ganz abstrahirend, in denselben versetzte, um rein aus der Natur oder Vernunft heraus zum Begriffe und zur Begründung von Recht und Staat zu gelangen. Daher schreibt Kant[1]): „Die oberste Eintheilung des Naturrechts kann nicht (wie bisweilen geschieht) die in das natürliche und gesellschaftliche, sondern muß die ins natürliche und bürgerliche Recht seyn; deren das erstere das Privatrecht, das zweite das öffentliche Recht genannt wird. Denn dem Naturzustande ist nicht der gesellschaftliche, sondern der bürgerliche entgegengesetzt; weil es in jenem gar wohl Gesellschaft geben kann, aber nur keine bürgerliche (durch öffentliche Gesetze das Mein und Dein sichernde), daher das Recht in dem ersteren das Privatrecht heißt." Es wird hier also in allem Ernst die Möglichkeit einer Gesellschaft im Naturzustande behauptet, und unter dieser Voraussetzung von Eigenthum, Ehe, Elternrecht, Erbrecht, Verträgen, ja sogar vom Erwerbe durch den Ausspruch einer öffentlichen Gerichtsbarkeit, immer aber noch im Naturzustande, gehandelt. So wird man in einem Kreise der seichtesten und willkürlichsten Abstractionen umhergeführt.

V. Verhältniß dieser Wissenschaft zu anderen Disciplinen.

A) Zum göttlichen Recht.

14. Die Aufgabe der Rechtsphilosophie ist die Erforschung und Erkenntniß des Wesens der Lebensordnungen, welche der Mensch mit dem ihm eingepflanzten Bildungstriebe als die Werkstätten seines Daseins und seiner Bestimmung schafft. Diese Aufgabe führt auf doppelte Weise auf Gott zurück. Erstens, indem jener ange-

2) Dieses haben auch Stahl, Warnkönig, Thilo anerkannt und dargethan.

1) Kant Metaphysische Anfangsgründe der Rechtslehre am Schlusse der Einleitung (Werke IX. 47).

borene Bildungstrieb, insbesondere der Sinn für das Gute und Gerechte, nicht nur von Gott uns angeschaffen, sondern in der That ein Theil des göttlichen Wesens selbst ist, das in uns als etwas Unmittelbares existirt, und durch welches allein wir uns des Zusammenhangs mit einer unsichtbaren sittlichen Weltordnung bewußt werden. Zweitens, weil die Keime zu den Lebensordnungen, die der Bildungstrieb des Menschen schaffen kann und soll, nach dem Plane der Schöpfung so tief in die physische und geistige Natur des Menschen gelegt sind, daß er sie im Wesentlichen so schaffen muß. Familie, Staat, Menschheit sind also in ihrem Wesen von Gott gewollte, mithin göttliche Ordnungen, welche der Mensch in der seiner Natur eigenthümlichen Mischung von Freiheit und Nothwendigkeit auf- und ausbaut. Die Rechtsphilosophie ist also in Wahrheit Erforschung der den Keim und Kern der menschlichen Lebensordnungen bildenden göttlichen Gesetze, wie sie die Betrachtung derselben mit Beihülfe des angeborenen Rechtssinnes erkennen lehrt. Dabei nimmt sie mit Ehrfurcht auch das auf positiver Offenbarung beruhende göttliche Recht in sich auf, indem diese keine neue Wahrheiten schafft, sondern nur die Vernunft erleuchtet, um unerkannte Wahrheiten gläubig zu vernehmen, erkannte tiefer zu erfassen.

15. Dieses Verhältniß der Rechtsphilosophie zum göttlichen Recht ist unter dem Einfluß der christlichen Anschauung schon frühe richtig geahnt, nur nicht im vollen Zusammenhang erkannt worden. Man unterschied das göttliche und das menschliche Recht. Ersteres bezeichnet Isidor als das von der Natur gesetzte Recht[1]), denkt also an das positive göttliche Recht nicht. Der h. Augustinus nennt als göttliches Recht nur das in den heiligen Schriften enthaltene Recht[2]). Demgemäß nannte man im Mittelalter natürliches Recht nur das positive göttliche Recht, dachte also

---

1) Isidor. (630) Origin. V. 2. Omnes quidem leges aut divinae sunt aut humanae. Divinae natura, humanae moribus constant.

2) S. Augustinus in c. 1. D. VIII. Divinum ius in scripturis habemus, humanum ius in legibus regum.

umgekehrt an das von der Natur gesetzte Recht nicht[3]). Aber schon der h. Thomas von Aquin stellte das natürliche und das positive göttliche Gesetz als Manifestationen des ewigen Gesetzes neben einander[4]). Der Sache nach übereinstimmend theilten Thomasius[5]) und Andere das göttliche Recht in das natürliche und positive ein. Auf demselben Standpunkte steht Leibnitz; nur ließ er nach seiner tiefsinnigen Weise Beides sich inniger durchdringen. Als den Urgrund des Naturrechts nennt er Gott, betrachtet es also als göttliches Recht[6]). Gottes Wille ist aber entweder ein natürlicher, woraus die Pietät stammt, oder ein positiv erklärter; also ist das göttliche Recht entweder ein natürliches oder ein positives[7]). Das natürliche Recht kann zwar aus der bloßen Vernunft ohne die Offenbarung erkannt werden[8]). Durch dieselbe,

---

3) Gratian. in D. I. Humanum genus duobus regitur, naturali videlicet iure et moribus. Ius naturale est, quod in lege et evangelio continetur. Näher ausgeführt ist dieses im Zusatz zum c. 11. D. IX. — Glossa ad pr. J. de iure natur. (1. 2). Secundum cano. ius naturale dicitur, quod in lege Mosaica vel in Evangelio continetur, ut in princ. Decreto.

4) Man sehe unten §. 61.

5) Thomasius Instit. iurisprud. divinae I. 2. §. 4. Lex divina est vel naturalis vel positiva. — §. 97. Lex naturalis est lex divina cordibus omnium hominum inscripta, obligans eosdem, ut ea, quae necessario conveniunt naturae hominis rationali, faciant, ea vero, quae eidem repugnant, omittant. — §. 117. Lex divina positiva est lex divina, hominibus per revelationem divinam publicata, ea quae necessariam connexionem cum hominis natura rationali non habent, determinans.

6) Leibnitz Method. §. 76 (Oper. ed. Dutens IV. 3. p. 214). Existentia igitur Entis alicuius sapientissimi et potentissimi, seu Dei, est iuris naturae fundamentum ultimum.

7) Leibnitz Ibidem. (Dei) voluntas iterum est vel naturalis, hinc *pietas*, vel lex, hinc ius divinum positivum.

8) Leibnitz Observat. de principio iuris §. 2 (Oper. IV. 3. p. 270). Ius naturale est, quod ex sola ratione naturali sciri potest, sine revelatione.

also in der Verbindung mit dem Christenthum, erhält es aber eine weit größere Erhabenheit und Fülle, als wenn es blos nach irdischen Zwecken abgemessen wird [9]). Diese richtige Anschauung wurde jedoch für die Wissenschaft wenig fruchtbar, weil man mit dem göttlichen Rechte nicht weiter kam, als daraus Rechte und Pflichten der Einzelnen gegen die Einzelnen abzuleiten. Die Institute der Famlie, der Ehe, des elterlichen Verhältnisses, des Staates, anstatt deren Bedeutung aus dem Zusammenhang mit dem Plane der Schöpfung und der Oeconomie der Weltordnung, also als natürlich-göttliche Ordnungen, nachzuweisen, wurden blos äußerlich aus der Erfahrung nebeneinander gestellt und nach den dabei vorkommenden Rechten und Pflichten der Einzelnen abgehandelt. Die neueren Systeme von Kant, Fichte, Hegel, welche das Naturrecht nur aus der Vernunft nach Denkgesetzen construiren, haben für das göttliche Recht keine Stelle; doch könnten sie fragen, woher denn die Vernunft und die Denkgesetze selbst stammen. Bei Stahl ist der richtige Standpunkt schon durch den Titel, Rechts- und Staatslehre auf der Grundlage christlicher Weltanschauung, bezeichnet, ohne daß man jedoch von der Durchführung im Einzelnen überall befriedigt sein kann.

B) Verhältniß der Rechtsphilosophie zur Ethik.

16. Die Ethik hat zum Gegenstande die mit Freiheit in der Gesinnung und in den Handlungen zu bethätigende Uebereinstimmung des Menschen mit der ihm von Gott angeschaffenen Gottähnlichkeit, die sich in unserem Bewußtsein durch den uns dazu von Gott angeborenen, also aus der Wesenheit Gottes stammenden Sinn für das Gute, Wahre uud Schöne offenbart, und uns dadurch zu dieser Bethätigung antreibt. Sie schließt also auch die Tugend der Gerechtigkeit in sich, als die beharrliche Gesinnung

9) Leibnitz Monita §. 2 (Oper. IV. 3. p. 277). Sublimior est pleniorque disciplina iuris naturae exposita secundum disciplinam Christianorum (de qua Praschius) immo verorum philosophorum, quam ut omnia praesentis vitae commodis metiatur.

Jedem das Seinige zu gewähren. Die Ethik und die philosophische Rechtslehre haben daher denselben Ausgangspunkt und dasselbe Ziel: die Verwirklichung der dem menschlichen Geiste eingepflanzten und durch ihn in sich erkennbaren göttlichen Ideen und Eigenschaften. Die Ethik nimmt dazu den Menschen in seiner sittlichen Totalität, die philosophische Rechtslehre in der besondern Beziehung zur Gerechtigkeit. Beide haben aber dabei den Menschen nicht als ein bloßes Einzelwesen, sondern als Glied und im Zusammenhang mit den ihn umgebenden sittlichen und rechtlichen Lebensordnungen aufzufassen, die er selbst kraft jener in ihn gelegten Eigenschaften sich schafft. Die Ethik und die philosophische Rechtslehre sind daher, wie die Sittlichkeit und das Recht, innig in einander verwachsen. Doch unterscheiden sie sich in folgenden Punkten. Erstens geht die Ethik wesentlich auf die innere Vollkommenheit des Menschen ihn seinem göttlichen Ebenbilde gegenüber gedacht; sie hat es daher wesentlich mit der Gesinnung als solcher zu thun, und ohne diese haben die Handlungen für sie keinen Werth. Hingegen das Recht geht wesentlich auf äußere Handlungen und Lebensverhältnisse. Es kann zwar davon seiner sittlichen Natur wegen die Gesinnung nicht überall trennen[1]). Allein einerseits gehört die bloße noch nicht in einer That offenbarte Gesinnung in sein Gebiet gar nicht; andererseits genügt es der äußeren Gerechtigkeit, wenn Jedem das Seinige wirklich gewährt wird, und auf die Gesinnung kommt es dabei für das Recht nicht an. Zweitens hat die Ethik, indem sie auf die den Menschen umgebenden Ordnungen eingeht, diese doch nur unter dem Gesichtspunkt der ihm darin obliegenden sittlichen Gesinnung und Pflichten ins Auge zu fassen. Hingegen die philosophische Rechtslehre weist die Entstehung, den Grund und Zweck dieser Ordnungen als nothwendiger Ordnungen der Menschheit nach. Sie geht zwar auch auf die sittliche Natur des Menschen zurück; jedoch nur in so fern als jene Ordnungen mit aus dieser hervorgehen, die einmal gebil-

---

1) Dieses zeigt sich namentlich im Familienrecht, beim Eide, bei der Zurechnung der Vergehen.

deten Ordnungen aber mit der Macht der Nothwendigkeit, nöthigenfalls auch ohne jene Gesinnung, und selbst gegen die widerstrebende Gesinnung der Einzelnen, bestehen und bestehen müssen. Drittens hält sich die Ethik nur an das sittlich Erlaubte und Nothwendige; die philosophische Rechtslehre hat auch auf die mannichfaltigen Formen und Modalitäten Rücksicht zu nehmen, welche in der Gestaltung der Welt des Rechts nach der Beschaffenheit und den Unvollkommenheiten der menschlichen Natur oder aus Gründen der Zweckmäßigkeit vorkommen können.

17. Es ist für die Behandlung beider Wissenschaften wichtig sich ihrer Verschiedenheiten bewußt zu sein. Geht die Ethik auf die Construction der Institute selbst ein, so wird die Gränze zwischen ihr und der philosophischen Rechtslehre verwischt [1]). Dasselbe tritt ein, wenn man bei der Rechtsphilosophie den objectiven Gesichtspunkt aufgiebt, und das Naturrecht blos als eine Pflichtenlehre behandeln will; diese ist immer ein Theil der Moral. Denn alle Pflichten sind entweder solche, die durch Klage vor Gericht erzwungen werden können; dann gehören sie in das Gebiet des „positiven“ Rechts. Oder ihre Erfüllung ist lediglich dem Zwange durch das Gewissen überlassen; dann gehören sie in das Gebiet der

---

1) Die Ethik hat zum Beispiel auch von den Pflichten des Staatsbürgers bei den Wahlen zu handeln. Wenn jedoch J. G. Fichte System der Ethik II. §. 150. 151. die ganze Organisation der Volksvertretung, die Berücksichtigung des Census, das System der directen oder indirecten Wahlen discutirt, so ist dieses ein Uebergriff in ein ganz anderes Gebiet. Die Ethik kann auch von der Proceßführung in Beziehung auf die dabei den Parteien obliegenden Pflichten der Wahrhaftigkeit und Rechtlichkeit reden. Fichte II. §. 102. 103. thut dieses nicht; hingegen werden von ihm die Grundgedanken der Procedur selbst, die Zweckmäßigkeit des öffentlichen und mündlichen Verfahrens und dergleichen abgehandelt. So fließt bei ihm Beides unklar in einander. Auch Chalybäus System der speculativen Ethik II. §. 198—221. hat denselben Fehler. Es ist dort unter Anderen auch vom Westphälischen Frieden, von der Wiener Schlußacte, von der Metternichischen Politik die Rede, was doch von der „speculativen Ethik“ weit abliegt. Es fehlt eben den Philosophen auf diesem Gebiete an der Schärfe der Begriffe, die nur der vertraute Umgang mit der Jurisprudenz gewährt.

Moral. Thomasius versuchte zwar den Nachweis, daß es auch begriffsmäßig eine Unterscheidung zwischen reinen Liebespflichten und Rechtspflichten gebe, bei welchen Letzteren, auch abgesehen vom positiven Recht und vom Staate, also im Naturzustande gedacht, ein äußerer Zwang zur Erfüllung nach der Vernunft gerechtfertigt sei. Allein das Richtige, was ihm bei diesen falschen Abstractionen vorschwebte, war unstreitig, daß die Rechtspflichten solche seien, die nach der Vernunft zu objectiven Instituten erhoben werden können und sollen. Kant geht ebenfalls von dem subjectiven Standpunkte der Pflichten aus, und theilt die Pflichtenlehre in die ethische und die juridische Gesetzgebung ein. Erstere ist diejenige, „welche eine Handlung zur Pflicht, und diese Pflicht zugleich zur Triebfeder macht." Letztere ist diejenige, „welche auch eine andere Triebfeder als die Idee der Pflicht selbst, zuläßt." Diese Triebfeder kann, wie er weiter sagt, nur eine äußere Gesetzgebung, und die von einer solchen vorgeschriebenen Pflichten können nur äußere Handlungen sein. „Die ethische Gesetzgebung dagegen macht zwar auch innere Handlungen zu Pflichten, aber nicht etwa mit Ausschließung der äußeren, sondern geht auf Alles, was Pflicht ist, überhaupt," so daß sie auch die Pflichten, die auf der äußeren Gesetzgebung beruhen, „als Pflichten, in ihre Gesetzgebung zu Triebfedern aufnimmt" [2]). Durch diese an sich richtigen Unterscheidungen ist jedoch das Gebiet der Rechtsphilophie noch nicht vollständig bestimmt, indem noch zu zeigen ist, wie sich denn die juridische Gesetzgebung verwirklicht. Dazu stellt Kant seinem abstracten obersten Grundsatz und den daraus folgenden Rechten [3]), ebenfalls in Folge einer rein logischen Deduction, die Befugniß des Zwanges zur Seite [4]). Wie dieser aber zu verwirklichen sei, bleibt, und somit die ganze Wissenschaft, in die Luft gestellt. Näher kommt

2) Kant Metaphys. Anfangsgründe der Rechtslehre. Einleitung in die Metaphysik der Sitten. III.

3) Man sehe oben §. 12.

4) Kant Metaphys. Anfangsgründe der Rechtslehre. Einleitung in die Rechtslehre §. D. E.

Hegel dem richtigen Ausdruck, indem er sagt: „Die philosophische Rechtswissenschaft hat die Idee des Rechts, den Begriff des Rechts und dessen Verwirklichung zum Gegenstande"[5]). Am klarsten spricht Stahl das wahre Verhältniß aus: „Der hervorstechende Zug des Rechts ist die stete Verwirklichung, das ist die unausbleibliche Erfüllung im Einzelnen, der unausgesetzte Bestand im Ganzen. Das Recht ist so nicht eine bloße Norm, sondern eine Ordnung, das ist eben eine verwirklichte stets beobachtete Norm. Ferner nach eben demselben Charakter ruht die ethische Macht des Rechts nicht, wie die der Moral, in den ethischen Ideen unmittelbar, sondern in dieser Ordnung, als einer verwirklichten, bestehenden"[6]). Richtig und tiefsinnig sagt auch Moy: „Die Ordnung des inneren Lebens, von der die äußere abhängt, nennen wir, eben weil sie ohne die beständige Richtung des Willens auf das Gute gar nicht bestehen kann, und also mit dieser gänzlich zusammenfällt, die Sittlichkeit im engeren Sinne. Die Ordnung des äußeren Lebens die aus der inneren hervorgeht, aber als Product derselben auch für sich bestehen kann, wenn gleich die innere producirende Kraft und Thätigkeit zu wirken aufgehört hat, nennen wir das Recht im engeren Sinn. In Sittlichkeit und Recht treten das subjective und das objective Element der Ordnung einander in so fern selbstständig gegenüber als, momentan wenigstens und theilweise, Eines ohne das Andere allerdings bestehen kann; aber in der Wurzel und im Resultate sind sie Eins und ergänzen sich wechselseitig"[7]). Im Wesentlichen übereinstimmend ist auch die Ansicht von Trendelenburg. „Weil nun, sagt er, das Recht da eintritt, wo sittliche Verhältnisse geworden sind, um sie in ihrem inneren Zweck zu wahren: so kann nur mit der Verwirklichung der sittlichen Idee das Recht erkannt werden. — Es kann dem Naturrecht nur obliegen, das Allgemeine im Besondern so weit zu entwerfen, als es aus den constanten Elemen-

5) Hegel Philosophie des Rechts §. 1.

6) Stahl Philosophie des Rechts Th. II. Buch II. §. 5.

7) Moy Philosophie des Rechts I. §. 3.

ten im Recht, nämlich aus der ethischen Idee und dem psychologischen Wesen des Menschen, hervorgeht. — Es wird aus der Idee der sittlichen Verhältnisse das Recht, das sie wahrt, abzuleiten sein" [8]).

C) Verhältniß der philosophischen Staats- und Rechtslehre zur Philosophie des positiven Rechts.

18. Jedes Volk hat einen zwiefachen Typus: den allgemein menschlichen der menschlichen Gattung, und einen positiv-nationalen, welcher durch eine Menge von oft unnachweisbaren physischen und geistigen Ursachen bestimmt wird. Eben so verhält es sich mit seinem Recht. Dieses entwickelt sich immer unter einem zwiefachen Einfluß: unter dem der angeborenen Nationalität, welche unbewußt den Geist des Volkes beherrscht, und unter dem Gefühl des allgemein Menschlichen, welches unvertilgbar in der Brust des Menschen ruht. Die tiefer eingehende philosophirende Betrachtung desselben hat daher eine doppelte Aufgabe. Erstens versetzt sie sich in die Sphäre des blos Nationalen, wo sie sich mit der Erkenntniß begnügen muß, was unter den gegebenen Verhältnissen das Nothwendige, Mögliche oder Zweckmäßige, also das relativ Vernünftige ist. Zweitens erhebt sie sich auch über dieselbe, indem sie nach dem Maßstabe der eigenen höheren Erkenntniß des Vernünftigen im Rechte die Unvollkommenheiten des nationalen Rechts aufdeckt und dessen Tendenzen nach dem allgemein Menschlichen würdigt [1]). Zur philosophischen Staats- und Rechtslehre verhält sich dieses Philosophiren über das positive Recht in doppelter Weise. Einestheils setzt Letzteres die Erste mehr oder weniger entwickelt voraus, weil um das Unvollkommene von Etwas zu beurtheilen man sich doch mehr oder weniger eines Höheren bewußt sein muß. Anderentheils kann die philosophische Rechtslehre als

8) Trendelenburg Naturrecht auf dem Grunde der Ethik §. 84.

1) Gut sagt Moy Philosophie des Rechts I. §. 5. Note: „Das positive Gesetz ist der nothwendige Ausdruck des natürlichen, ohne welchen dieses nie lebendig und wirksam würde, in welchem aber es niemals aufgeht, nie sich erschöpft, das heißt erschöpfend äußert."

die Erkenntniß von dem absolut Vernünftigen und Nothwendigen im Rechte nur aus der Beobachtung und dem Nachdenken über das positive Recht hervorgehen, weil der menschliche Geist überhaupt nur von dem Concreten zum Allgemeinen aufsteigt [2]).

19. Das Philosophiren über das positive Recht kann auch gleichzeitig auf das Recht mehrerer Völker gerichtet werden. Dieses ist auch für die Rechtsphilosophie überaus bildend, ja bis auf einen gewissen Grad unentbehrlich, weil dadurch der reflectirende Geist um so mehr das Bleibende und allgemein Menschliche im Recht von dem Zufälligen und Conventionellen unterscheiden lernt. Dabei ist jedoch dreierlei zu beachten. Erstens genügt eine blos oberflächliche Vergleichung nicht, sondern es muß zuvor jedes Recht in seinem ganzen Geiste und Zusammenhang sorgfältig erforscht sein. Zweitens lohnt es sich nur der Mühe, die Rechte wahrer Culturvölker in die Vergleichung aufzunehmen [1]). Drittens muß man sich hüten, zu dieser Vergleichung den Eindruck eines vorgefaßten philosophischen Systemes mitzubringen.

D) Verhältniß der Rechtsphilosophie zur Politik der Gesetzgebung.

20. Die Politik der Gesetzgebung hat zur Aufgabe die wichtige und schwierige Kunst, die den Zuständen eines Volkes angemessenen Gesetze zu erlassen. Solches setzt dreierlei voraus: die genaue Kenntniß der vorhandenen Rechtszustände; die Einsicht dessen, was daran unvollkommen und der Verbesserung bedürftig ist; endlich die richtige Auswahl dessen, was als das Bessere an die Stelle gesetzt werden soll. Zu diesem Allem reicht regelmäßig schon

---

2) Es ist daher eben so einseitig, wenn man die Möglichkeit einer allgemeinen philosophischen Rechtslehre leugnet und nur eine Philosophie des positiven Rechts zuläßt, als wenn man umgekehrt meint, bei der Rechtsphilosophie mit bloßen Vernunftbegriffen ohne positives Rechtsstudium und Erfahrung fertig werden zu können.

1) Wenn Montesquieu in seinem Esprit des loix sich gefällt, auch die Rechte und Sitten amerikanischer und asiatischer Völker in Vergleich zu ziehen, so sind dieses Aeußerlichkeiten, die mehr blendend und unterhaltend, als wahr und fruchtbar sind.

der durch positive Studien und Erfahrung gebildete praktische Verstand hin. Er wird aber dabei unbewußt von dem Streben geleitet, das Vernünftige an die Stelle des minder Vernünftigen zu setzen. Sein Gang wird also um so sicherer sein, je mehr er sich des Vernünftigen im Recht und in den Tendenzen der Gegenwart bewußt ist. Ja bei großen Grundfragen ist dieses Bewußtsein durchaus unentbehrlich. Die Politik der Gesetzgebung muß daher ihre Erleuchtung aus der Rechtsphilosophie schöpfen; ja wenn sie sich zu einem Systeme ausbildet, muß sie dieselbe bis auf einen gewissen Grad in sich aufnehmen. Jedoch muß sie bei allen Grundwahrheiten, welche sie daraus entnimmt, wesentlich auch die Möglichkeit und Art ihrer Verwirklichung ins Auge fassen, und dafür in alle praktischen Einzelnheiten und concreten Bedürfnisse eingehen. Die Politik der Gesetzgebung ist daher aus Rechtsphilosophie und reiner Empirie gemischt.

Zweiter Theil.

Inhalt der philosophischen Staats- und Rechtslehre.

Erstes Kapitel.

Thatsächliche Grundlagen.

Einleitung.

21. Der Mensch unterscheidet sich vom Thiere darin, daß er nicht vereinzelt existirt, sondern von dauernden Ordnungen umgeben ist, die ihn mit seines Gleichen verbinden und in welchen er sein Dasein erfüllt. Diese Ordnungen schafft er sich durch seinen Willen unter dem Einflusse der ihm angeborenen physischen und geistigen Eigenschaften, Bedürfnisse, Neigungen und Interessen. Von diesen Factoren muß also unsere Wissenschaft ausgehen [1]). Sie sind nicht selbst das Recht; allein sie sind die von der Natur, also von Gott, gegebenen Thatsachen, aus und mit welchen die menschliche Freiheit, die selbst auch eine dieser Thatsachen ist, die Ordnungen schafft, welche zusammen die Welt des Rechts ausmachen. In diesen Ordnungen stellt sich der vollständig entwickelte Mensch dar. Es kommt also wesentlich darauf an, diese That-

---

1) Man vergleiche das oben im §. 4. Gesagte.

sachen vollständig zu erkennen[2]). Dabei ist an die Spitze die Thatsache zu stellen, daß der Mensch ein irdisches, aber mit einer unsterblichen Seele begabtes Wesen ist. Er ist also theils in seinem rein irdischen Dasein, theils in seiner überirdischen Bestimmung ins Auge zu fassen. In der ersten Beziehung ist ferner zu bemerken, daß wenn auch der individuelle Mensch vergeht, die Wirkungen seiner Thaten und die Erzeugnisse seines Geistes sich vererben, und sich dadurch eine fortlaufende Geschichte der Menschheit bildet. Es kommt also theils das irdische Dasein des einzelnen Menschen, theils das der Menschheit als eines Ganzen in Betracht. Dem Allem muß jedoch die für den ganzen Standpunkt entscheidende Vorfrage über den Ursprung des Menschen vorhergehen.

---

2) Bei Hugo Naturrecht wird zu diesem Zwecke eine so genannte Juristische Anthropologie vorausgeschickt. Allein darin kommt theils zu viel theils zu wenig von jenen Thatsachen vor. In Warnkönig Rechtsphilosophie bezieht sich darauf das, was er die Naturlehre des Rechts und die Physiologie des menschlichen Willens nennt. Er reducirt alle Antriebe des Willens auf dreierlei: Selbstliebe, Wohlwollen, Gerechtigkeit. Dawider hat Stahl Philosophie des Rechts I. 584. einige gegründete Bedenken erhoben. In den Systemen der Kantischen Schule fehlt natürlich jene aus der realen Welt geschöpfte Betrachtung ganz, weil sie blos im Gebiete der Logik operiren. Sie fehlt aber auch bei Stahl, wiewohl sie grade da recht an ihrer Stelle gewesen wäre. Am nächsten kommt der richtigen Auffassung Ahrens. In seiner Organischen Staatslehre (1850) Einleitung §. 2. sagt er: „Die Staatslehre ruht nothwendig auf einer anthropologischen Grundlage und die Methode ist daher eine philosophisch-anthropologische, welche aber, wie jede wahrhaft wissenschaftliche Methode, die Idee und die Erfahrung organisch verbindet." In seiner Rechtsphilosophie (1852) Allgemeiner Theil §. 1. erkennt er die Nothwendigkeit, „die Rechtslehre durch eine philosophische Lehre vom Menschen und seiner Bestimmung, eine philosophische Anthropologie und Ethik, zu begründen," und macht dieses als den ihm mit seinem Vorgänger Krause eigenthümlichen neuen Standpunkt geltend. Allein die wirkliche Ausführung ist weder erschöpfend, noch präcis genug, und verweilt überhaupt zu sehr im allgemein Philosophischen, ohne daraus die nöthigen Consequenzen für den vorliegenden Stoff zu ziehen.

I. Vom Ursprung des Menschen [1]).

22. Hinsichtlich der Entstehung des Menschen ist eine Thatsache gewiß: nämlich daß es eine Zeit gab, wo auf dem Erdball noch keine Menschen waren, und nach dessen Beschaffenheit nicht sein konnten. Die Frage ist also, wann und wie sie entstanden? Hierauf ist nur eine doppelte Antwort möglich. Entweder ist der Mensch, oder vielmehr das erste Menschenpaar, von der Natur in der Reihefolge der Wesen hervorgebracht, oder er ist von Gott in der Zeit geschaffen worden. Das Erste ist nur auf dreifache Weise denkbar. Entweder wurde das erste Paar aus der Materie im Zustande der Kindheit erzeugt; dann mußte es alsbald hilflos vergehen. Oder es gieng daraus ganz ausgebildet hervor; dem steht aber schlechthin die Unbegreiflichkeit entgegen, wie die irrationale Materie ein ihr ganz ungleichartiges mit der Fähigkeit zum Gedanken und zur Sprache begabtes Wesen hätte hervorbringen können. Oder endlich die Natur hat in einer Stufenfolge geschaffen, so daß allmählig aus den Steinen Pflanzen, aus den Pflanzen Thiere, erst niederer dann höherer Art, endlich aus diesen der Mensch hervorgegangen wäre. Dem steht aber entgegen, daß, wie die Naturgeschichte zeigt, nirgend eine Species sich in eine andere umwandelt [2]). Auch bleibt zwischen dem am besten

1) Die Beweise über das hier Gesagte findet man in folgenden Werken: Forichon et Maupied De l'origine de l'homme et de l'unité de l'espèce humaine. Louvain 1844., Wisemann Ergebnisse wissenschaftlicher Forschung. Zweite dritte und vierte Vorlesung, Nicolas Philosophische Studien über das Christenthum Buch II. Kap. 2. §. 2.

2) Die entgegengesetzte Ansicht vertheidigt allerdings Charles Darwin Ueber die Entstehung der Arten im Thier- und Pflanzen-Reich durch natürliche Züchtung. Aus dem Englischen übersetzt von Bronn. Stuttgart 1860. Nach ihm hat der Schöpfer nur einige wenige etwa nur acht bis zehn Pflanzen- und Thierformen, vielleicht auch nur eine einzige, erschaffen, diesen aber ein Leben eingehaucht, in Folge dessen diese Organismen im Stande waren sich fortzupflanzen, aber auch bei jeder Fortpflanzung um ein Minimum zu variiren, so daß allmählig eine Abart, dann eine eigene Art, eine andere Sippe, ja zuletzt nach Millionen von Generationen eine andere Ordnung

organisirten Thiere und dem Menschen noch immer ein so unendlicher Abstand, daß an einen Uebergang nicht gedacht werden kann. Ueberdies wäre aber in allen drei Fällen nothwendig gewesen, daß die Natur nicht nur gleichzeitig zwei Exemplare des Menschen, ein männliches und ein weibliches, fertig gebracht, sondern daß diese sich auch auf dem weiten Erdball gleich gefunden hätten, um sich zu verbinden und fortzupflanzen. Alles dieses als ein Werk der irrationalen Natur oder als Zufall anzusehen, ist Willkür, weil ein solcher Zufall mehr als ein Wunder und jedenfalls zu erklären wäre, woher in die Materie jene intelligenten Keime gelegt wurden. Es bleibt daher nur die zweite Antwort möglich, nämlich daß das erste Menschenpaar von Gott als solches, das heißt mit der Fähigkeit des Gedankens und der Sprache, geschaffen worden [3]). Mit der materialistischen Ansicht wird ins-

---

oder Klasse von Organismen entstanden. Abgesehen aber von den besonderen Einwendungen, welche die Naturforscher dawider erheben können, ist darüber aus unserem Standpunkte Folgendes zu bemerken. Erstens wird dabei doch immer für die acht oder zehn Pflanzen- und Thierformen ein positiver göttlicher Schöpfungsact, also ein für unseren Verstand unerklärbares Wunder, angenommen. Zweitens setzt die Einhauchung eines Lebenskeimes, der alle diese successiven Organismen in sich schloß, doch immer eine Intention des Schöpfers, solche Organismen entstehen zu lassen, voraus. Drittens, wenn die menschliche Vernunft sich mehr durch die Annahme eines Schöpfungsactes von nur zehn Arten als von hunderttausend Arten befriedigt findet, so rührt dieses daher, daß sie diese Dinge nur nach dem menschlichen Maßstabe mißt, da es für Gott keine Zeit und keine Zahl giebt; auch beruht es nach dem Vorigen nur auf einer Täuschung, indem doch auch bei jenem die hunderttausend Arten im Keime erschaffen wurden. Viertens beweist jedenfalls jene Ansicht über die Entstehung des Menschen nichts, da doch neben den acht oder zehn geschaffenen Urformen die Erschaffung des Menschen als die elfte gedacht werden kann und muß.

3) Sehr entschieden erklärt sich gegen die materialistische Auffassung auch Guizot L'église et la société chrétiennes. Chap 4. Évidemment l'autre origine du genre humain est seule admissible, seule possible. Le fait surnaturel de la création explique seul la première apparition de l'homme ici bas.

gemein auch die Meinung verbunden, daß die Natur gleichzeitig auf verschiedenen Punkten des Erdballs mehrere Stammelternpaare hervorgebracht habe. Allein dadurch wird für die Erklärung nichts gewonnen, sondern das Wunderbare des Zufalls nur vermehrt. Schon deshalb muß man sich für die Abstammung des menschlichen Geschlechts von einem einzigen Menschenpaare entscheiden, und dieses wird nun auch durch positive Gründe, durch die Physiologie [4]) und die vergleichende Sprachforschung [5]) überall unterstützt.

23. Zur Bestätigung jener Wahrheiten dienen selbst die Ungereimtheiten, worauf der andere Abweg nothwendig geführt hat. Oken läßt die Menschen im Meere entstehen, das sie etwa als Kinder von zwei Jahren an das Land geworfen. Nach Anderen soll das erste Kind oder Kindespaar im Kelche einer riesenhaften Blume herangewachsen sein. Aber wie und warum hat denn jene Zeugungskraft des Meeres oder jene Riesenblume sich seitdem verloren? Noch Andere erklären den Uebergang vom Thiere zum Menschen aus den Metarmophosen eines Affen oder einer anderen Thierart [1]). Die jeder Gattung eigenthümlichen Fähigkeiten sollen nicht durch die ihr dazu angeborenen Organe gegeben sein, sondern umgekehrt die viele Generationen hindurch fortgesetzten Gewohnheiten und Lebensweise hätten die Bildung und Beschaffenheit der Organe und Fähigkeiten bestimmt. So soll auch beim Menschen das Organ des Denkens, das Gehirn, sich nur durch die stärkere

4) Für die Einheit des Menschengeschlechts erklären sich daher Büffon, Lacepède, Cuvier, Blumenbach, Johannes Müller (der große Physiologe), A. v. Humboldt im Kosmos, Carus und Andere.

5) Die Nachweisung giebt Wisemann.

1) Nach Nicolas Philosophische Studien über das Christenthum Buch I. Kap. 2. haben Gelehrte behauptet, wir stammten ab von einem Meerschwein, das sich den Schwanz gespalten, Lamarck Philosophie zoologique T. II. p. 445., oder auch von einem Affen, dessen Nase durch den Hirnschnupfen einen Ansatz bekommen, La Metrie Considérations sur les êtres organisés T. II. Ich habe diese Citate nicht selbst nachsehen können. Verwandte Ansichten findet man bei Robinet de la nature; doch hat er später selbst diese Richtung bekämpft.

Uebung zu den von den Thieren unterschiedenen Art ausgebildet haben, und das Denken nur durch die vermittelst der Sinne erworbenen Ideen, und durch die davon durch das Nervenfluidum dem Gehirn zugeführten Eindrücke bewirkt werden[2]). Hier ist jedoch die Frage zu beantworten, wie ein Wesen, da sein Organ zu einer Thätigkeit noch nicht ausgebildet war, auf die Uebung dieser Thätigkeit verfallen konnte? Ueberhaupt aber kann das Gebäude der Schöpfung nicht sich selbst, auch nicht den Zufall, sondern es kann nur eine freie intelligente Macht, Gott, zur Ursache haben. Dann aber ist die Erschaffung des Menschen, des einzigen mit Vernunft begabten Wesens, durch Gott, von den verschiedenen dabei anzunehmenden Wundern das kleinste und am wenigsten unbegreifliche[3]).

II. Der Mensch in seinem irdischen Dasein. A) Der einzelne Mensch. 1) Als physisches Wesen.

24. Der Mensch als physisches Wesen steht mit der ganzen unorganischen und organischen Natur im innigsten Zusammenhang.

---

2) Lamarck Recherches sur l'organisation des corps vivans (1803) p. 50—62. 124—136. 166.

3) Man muß mit dieser Frage auch bei der Behandlung der Rechtsphilosophie im Reinen sein. Aus dem Standpunkt des Materialismus oder Pantheismus wird natürlich alles Anders. Doch hat man nicht den Muth darin consequent zu sein. Eine merkwürdige Erscheinung ist in dieser Hinsicht: Die Rechtsphilosophie von Ludwig Knapp. Erlangen 1857. Der Verfasser bekennt sich zum reinsten Materialismus, und schickt die wissenschaftliche Begründung desselben seinem System der Rechtsphilosophie voraus. Danach ist der Geist nur ein Naturproduct, das Denken eine Thätigkeit der hin und her wirkenden Gehirnorgane und Sinnesnerven, die menschliche Seele kein wirkliches Wesen sondern nur eine Abstraction; Recht, Moral und Religion im bisherigen Sinne, selbst die Annahme einer menschlichen Willkür, sind nur Phantasmen. Dennoch läßt er aus der von ihm zergliederten Maschinerie des Denkens in ähnlicher mechanischer Weise die Wahrheit, Schönheit, Freiheit, die Sittlichkeit, das Recht, die Wahrhaftigkeit, selbst das Gewissen und die Menschenliebe hervorgehen. Consequenter wäre es gewiß gewesen, nachdem er den Menschen zum Thiere herabgesetzt hat, sich mit jenen Dingen als überflüssigen und lästigen Phantasmen nicht weiter zu befassen.

Die tiefere Betrachtung dieses Zusammenhangs im Sinne des Schöpfungsplanes aufgefaßt zeigt folgende Thatsachen. Erstens ist nach den Resultaten der Wissenschaft das Dasein mehrerer Schöpfungsperioden und Entwicklungen des Erdballs und der organischen Natur unwidersprechlich gewiß; eben so gewiß ist aber auch, daß nach der Erschaffung des Menschen keine wesentlichen Veränderungen und Entwicklungen mehr Statt gefunden haben. Zweitens ist der Mensch nicht blos der Schluß der Schöpfung, sondern auch der Zweck derselben. Während das Thier nur in ganz beschränkter Weise sich an den Gaben der Natur erfreut, sind die dem Menschen angeborenen Sinne in weit höherer Art und so organisirt, daß sie in der mannichfaltigsten Weise das, was die Natur an Fülle und Schönheit in sich schließt, zu verstehen, zu genießen und zu beherrschen vermögen. Nicht blos der Erdball und dessen Erzeugnisse, sondern selbst die Himmelskörper durch das von ihnen ausgehende Licht, Wärme und Einfluß auf die Jahreszeiten, neigen sich diesem Ziele zu[1]). Also ist der Mensch in der

---

1) Lasaulx Philosophie der Geschichte S. 122: „Der Mensch, die lebendige Synthese von Leib und Seele, Geist und Natur, der Erde und des Himmels Sohn und zweier Welten Bürger, ist das größte Kunstwerk Gottes, ein viel höheres als die Sonne, die Erde und die ganze Natur; denn er ist wie der ideale Anfang auch das reale Ende der Schöpfung Gottes, ein φυτὸν οὐκ ἐπίγειον ἀλλ' οὐράνιον, eine himmlische Pflanze wie Platon sagte, das Ebenbild des Schöpfers, gleichsam ein geschaffener Gott; in ihm hat Gott sich selbst wiedererkannt und in seinem Schaffen geruht. Die gesammte Schöpfung hatte in ihm ihren Zweck vollkommen durchgearbeitet und ihr Ziel erreicht, und darum trat Ruhe ein. Denn der Mensch ist, wie die Schrift und die Naturforschung einstimmig lehren, das letzte Glied der bisherigen Schöpfung, und hat als solches die ganze ihm vorhergehende Schöpfung in sich beschlossen. Die menschliche Seele hat, ehe sie im Menschen menschgeworden ist, die ganze Natur zu ihrer Voraussetzung, steht mit allen Formen und Kräften der Natur in Beziehung: sie ist wie Pythagoras ausdrückte nach dem Schema der Welt gebildet, ein System welches das Gegenbild ist von dem System des Himmels und der Erde: es giebt nichts in der ganzen weiten Schöpfung was nicht in der menschlichen Seele eine entsprechende homogene Saite berührte: so daß der Mensch in Wahrheit

That von Gott zum Herrn der Natur geschaffen. Drittens steht aber der Mensch kraft seines physischen Wesens auch in vielfacher Abhängigkeit von der Natur. Die geographische Lage, das Klima, die Gebirge und Flüsse, die Leichtigkeit des Verkehrs, selbst die Structur des Welttheiles und dessen Verhältniß zum Weltmeere [2]), wirken auf die Beschäftigung, Denkart, die Sitten und dadurch auf das Recht ein. Viertens liefert die Natur das, was der Mensch, wenn auch nur zu seiner physischen Erhaltung, um so weniger also das, was er zu seiner Annehmlichkeit braucht, nicht von selbst, sondern es muß ihr durch Arbeit abgewonnen werden. Dadurch entsteht eine Wechselwirkung zwischen den Naturproducten und der Arbeitskraft des Menschen, die durch Uebung und Nachdenken einer außerordentlichen Verfeinerung fähig ist, und in dieser Form unter dem Namen der Industrie eine wichtige Stelle im Organismus der Gesellschaft einnimmt. Fünftens sind die in einem Lande oder unter einer Zone hervorgebrachten Erzeugnisse der Natur und der Industrie nicht blos für die Einwohner dieser Zone von Werth. Es ist daher für die Producenten wie für die Consumenten von Wichtigkeit, daß sie nach allen Seiten hin vertrieben

---

ein Auszug des Universums, ein Mikrokosmus ist, eine kleine Welt welche alles das in sich hat was in der großen Welt ist; was Leibnitz mit dem Satze ausdrückt, die menschliche Seele sei der Spiegel der Welt, alles was in der Welt sei, spiegele sich in ihr. Ohne den Menschen wäre die Schönheit der Welt ohne Zeugen, es wäre keiner da der sie gewahrte und an ihr sich erfreute. Gott hat nicht einsam sein wollen, darum rief er dem Nichtseienden daß es Theil nehme an dem Reichthum seines Seins; und darum auch schuf er den Menschen, damit einer da sei der die Schönheit seiner Welt erkenne und sich mit ihm dem Schöpfer an der Schöpfung erfreue." — Leider kommen in jenem Buche, neben dem Wahren und Geistreichen, irrige Anschauungen vor, wie der Verfasser selbst kurz vor seinem Tode anerkannt hat.

2) Afrika, der am wenigst entwickelte Welttheil, hat auf je 156 Quadratmeilen eine Meile Küste. Asien hat eine solche auf je 115, Europa auf je 40 Quadratmeilen. Man sehe C. Ritter Einleitung zur vergleichenden Geographie S. 69. 121. 235., Guyot Grundlage der vergleichenden Erdkunde S. 21.

werden, und so entsteht eine andere für die Gesellschaft wichtige Thätigkeit, der Handel und Verkehr.

25. Zu dem physischen Wesen des Menschen gehört auch das ihm mit der ganzen organischen Natur gemeinsame Gesetz der Sterblichkeit. Durch diese hört das irdische Dasein schlechthin auf, und mit ihm auch alle dadurch bedingten Rechtsverhältnisse. Doch tritt dadurch nicht eine solche Wirkung ein, als ob der Verstorbene nie existirt hätte, sondern es wird nach Gefühl und Sitte noch mehrfach auf ihn Rücksicht genommen. Erstens zeigt sich dieses in der Behandlung des von ihm zurückgelassenen Vermögens, was der Gegenstand des wichtigen Institutes des Intestaterbrechts ist. Zweitens kann man es angemessen erachten, dem Willen des Verstorbenen noch nach seinem Tode eine Wirksamkeit beizulegen. Diesem entspricht im Recht die Lehre von den letztwilligen Verfügungen, Familienstiftungen und dergleichen. Drittens zeigt es sich in der Pietät und Anerkennung, die man noch dem Andenken eines Verstorbenen widmet, und dieses nimmt als in dem gebildeten Gefühle begründet in dem Institut der Trauer und in anderen kirchlichen und politischen Einrichtungen feste Formen an. Uebrigens ist zwar der Tod gewiß, die Zeit und Art seines Eintritts aber von mancherlei Modalitäten abhängig, wodurch dieser Zeitpunkt durch die menschliche Freiheit verkürzt oder aufgeschoben werden kann. Gegen Jenes und für Dieses wirkt der eingeborene mächtige Trieb der Selbsterhaltung, der im juristischen Gebiete dem Recht der Selbstvertheidigung und Nothwehr zum Grunde liegt. In beiden Richtungen wirken aber auch religiöse und sittliche Gründe, was bei der Beurtheilung des Selbstmordes zur Sprache kommt [1]).

2) Der Mensch als geistiges Wesen. a) Das allgemein Menschliche.
α) Die Vernunft.

26. Zur Erkenntniß des Geistes und seines Inhalts bleibt nur das Selbstbewußtsein; der Geist erkennt sich selbst nur durch

1) Man sehe §. 79.

sich selbst. Nur durch den Geist in sich erkennt und versteht der Mensch auch den Geist in Anderen. Durch diese Beobachtung und Zergliederung seiner selbst lernt der Geist die in ihn gelegten reichen Eigenschaften und Thätigkeiten unterscheiden, wobei aber wohl zu bemerken ist, daß der so zergliederte und sich zergliedernde, beobachtete und sich beobachtende Geist immer ein und dasselbe von Gott so geschaffene untheilbare Wesen ist. Die Gesammtheit dieses Wesens ist das, was man die menschliche Vernunft nennt.

β) Die Sprache.

27. Die höchste Thätigkeit der Vernunft besteht in dem Denken, das heißt darin, daß sie Gegenstände der sinnlichen und übersinnlichen Welt, wozu auch das Denken selbst gehört, sich in sich mit Bewußtsein gegenüberstellt und in sich festhält. Dieses ist aber nicht möglich ohne die Sprache, welche das Gedachte durch das Wort fixirt und als Begriff dem Geiste gegenständlich erhält. Man kann den Gedanken nicht denken, ohne ihn in ein Wort gefaßt zu haben. Gedanke und Sprache fallen daher zusammen; Denken ist unhörbares Reden, und Reden ist hörbares Denken [1]). Sehr richtig sagt Lasaulx: „Die Sprache ist nicht bloß das Organ des Denkens, das Werkzeug womit wir denken, sondern sie ist mit dem Denken selbst zusammengewachsen, die Vollendung des Denkens. Empfinden fühlen wollen begehren läßt sich ohne Worte; denken aber läßt sich nicht ohne Worte, erst im Worte faßt sich der Gedanke. Nicht nur andern, auch uns selbst wird unser Denken erst offenbar durch das lösende Wort; ohne die Sprache wäre unser ganzes Geistesleben in Nacht, in ein dumpfes Hinbrüten verschlossen. Nur wer das rechte Wort für einen Gedanken hat, denkt klar, fühlt sich innerlich leicht frei hell in der Brust, fühlt durch das Wort sich erlöst aus der dumpfen Enge unklarer verworrener Gefühle. Erkennen und benennen, Gedanke und Wort

1) Sehr geistreich sagt Platon im Sophista (Oper. ed. Ast. II. 348. 350): „Gedanke und Sprache sind dasselbe; was man Denken nennt, ist nur das innere Gespräch der Seele mit sich selbst.“

werden zugleich in der Seele geboren; weshalb auch mit Recht gesagt wird, alles specifisch Menschliche reducire sich auf diese beiden, auf die Vernunft als das Vermögen der Ideen, und auf die Sprache als das Mittel ihrer Offenbarung — und beides, Vernunft und Sprache, bezeichnen darum die Griechen durch das eine Wort λόγος, und definiren den Menschen als ein ζῷον λογικὸν im Gegensatz zu den Thieren als ἄλογα ζῷα, als ein vernunft- und sprachbegabtes Wesen im Gegensatz zu den vernunft- und sprachlosen Thieren" [2]). Wenn also das Denken dasjenige ist, was den Menschen zum Menschen macht, das Denken aber mit dem Sprechen zusammenfällt, so ist die Sprache die Voraussetzung und Grundbedingung alles der menschlichen Gattung Eigenthümlichen [3]), des Denkens, Wissens, der Ueberlieferung, des Bandes der Menschheit als einer Einheit [4]).

28. Dieses führt auch auf die nicht zu umgehende Frage nach dem Ursprung der Sprache, welche mit der nach dem Ursprung der Cultur überhaupt zusammenfällt. Die Fähigkeit zur Sprache ruht allerdings wie die zum Denken in der angeborenen Eigenthümlichkeit des menschlichen Wesens, der auch von der physischen Seite die angeborenen Sprachorgane entsprechen. Allein die wirkliche Ausübung dieser Fähigkeit setzt eben schon das gedachte Wort, das Denken aber den im Wort fixirten Gedanken voraus. Zur wirklichen Sprache, zumal in abstracten Dingen, konnte daher der Mensch nicht durch sich selbst, sondern nur durch eine seiner Erschaffung gleichzeitige höhere Mittheilung gelangen. „Gott

---

2) Lasaulx Philosophie der Geschichte S. 50.

3) W. von Humboldt Werke VI. 541: „Der Mensch ist nur durch die Sprache Mensch."

4) Diese Beziehungen gehören daher in unserer Wissenschaft an die Spitze. Merkwürdigerweise ist aber davon bei den Rechtsphilosophen entweder wie bei Kant, Hegel, Stahl, Trendelenburg gar nicht, oder nur im Vorbeigehen die Rede. Eine Ausnahme machen Hugo Naturrecht §. 64., der jedoch über die Sprache nur Aeußerliches sagt, und Lauer Philosophie des Rechts I. §. 32., welcher diesem Gegenstand eine eingehende Betrachtung widmet.

gab sich selbst einen Namen, damit der Mensch den Namen Gottes kennte" [1]). In der Sprache liegt also eine Offenbarung, die sich durch sie in ununterbrochener Ueberlieferung fortpflanzt [2]). Durch eine Uebereinkunft unter den Menschen kann sie nicht entstanden sein, weil diese eine Mittheilung und Verständigung, also schon die Sprache, voraussetzt. Schon Platon läßt den Kratylos sagen: er betrachte es als ausgemachte Wahrheit, daß die Worte uranfänglich den Dingen nur von einer übermenschlichen Macht hätten beigelegt werden können [3]). Sehr scharfsinnig spricht sich in demselben Sinne Rousseau aus [4]). Humboldt, die größte Autorität auf diesem Gebiete, sagt: „Die Sprache entspringt aus einer Tiefe der Menschheit, welche überall verbietet, sie als ein eigentliches Werk und als eine Schöpfung der Völker zu betrachten" [5]). Die Herleitung der Sprache aus der Nachahmung von Naturlauten ist

1) So sagt Ballanche Institutions sociales chap. 10.

2) Ballanche chap. 10. La transmission du langage est une révélation sans cesse existante, où tous les hommes sont tour-à-tour prophètes et initiés, les uns à l'égard des autres, et dans les générations successives.

3) Platon Cratylos (Oper. ed. Ast. III. 254).

4) J. J. Rousseau Discours sur l'origine de l'inégalité parmi les hommes; première partie: Si les hommes ont eu besoin de la parole pour apprendre à penser, ils ont eu bien plus besoin encore de savoir penser pour trouver l'art de la parole; et quand on comprendroit comment les sons de la voix ont été pris pour les interpretes conventionnels de nos idées, il resteroit toujours à savoir quels ont du être les interpretes mêmes de cette convention pour les idées, qui, n'ayant point un objet sensible, ne pouvoient s'indiquer ni par le geste, ni par la voix, de sorte qu'à peine peut-on former des conjectures supportables sur la naissance de cet art de communiquer ses pensées, et d'établir un commerce entre les esprits. — Quant à moi, effrayé des difficultés qui se multiplient, et convaincu de l'impossibilité presque démontrée que les langues aient pu naître et s'établir par des moyens purement humains, je laisse à qui voudra l'entreprendre, la discussion de ce difficile problême.

5) W. von Humboldt Ueber die Kawi-Sprache S. XXI. (Werke VI. 5).

unhaltbar [6]), und von Humboldt als das schlechteste Auskunftmittel verworfen. Aber auch seine eigene Herleitung aus einer in die Tiefe der Menschheit gelegten göttlichen Kraft erklärt die Erfindung des Wortes nicht, und drängt ihn fast auf die volle Wahrheit hin [7]). Unumwunden erkennt dieses auch Ahrens mit den Worten an, daß bei der Sprachbildung „in höchster Beziehung eine geistig-göttliche Anregung in der Kindheit des Menschengeschlechts angenommen werden muß“ [8]). Fichte spricht nach der philosophischen Grundlage seines Naturrechts als unwiderlegliches Corollar derselben aus, daß die Erziehung der ersten Menschen, also auch die Sprache, eine göttliche Mittheilung voraussetze [9]).

---

6) Dieses ist die Ansicht von Herder. Sehr gut und humoristisch ist sie widerlegt von Lauer Philosophie des Rechts I. §. 33.

7) Humboldt Lettre à M. Abel-Remusat 1827 (Werke VII. 336). Je suis pénétré de la conviction qu'il ne faut pas méconnaitre cette force vraiment divine que récèlent les facultés humaines, ce génie créateur des nations, surtout dans l'état primitif. — Plutôt que de renoncer, dans l'explication de l'origine des langues, à l'influence de cette cause puissante et première, et de leur assigner à toutes une marche uniforme et mécanique qui les trainerait pas à pas depuis le commencement le plus grossier jusqu'à leur perfectionnement, j'embrasserais l'opinion de ceux qui rapportent l'origine des langues à une révélation immédiate de la divinité. Ils réconnaissent au moins l'étincelle divine qui luit à travers tous les idiomes même les plus imparfaits et les moins cultivés.

8) Ahrens Organische Staatslehre. Allgemeiner Theil Kap. 1.

9) Fichte Naturrecht Th. I. §. 3. (Werke III. 39). „Alle Individuen müssen zu Menschen erzogen werden, außerdem würden sie nicht Menschen. Es dringt sich hierbei jedem die Frage auf: wenn es nothwendig seyn sollte, einen Ursprung des ganzen Menschengeschlechtes, und also ein erstes Menschenpaar anzunehmen — und es ist dieses auf einem gewissen Reflexionspunkte allerdings nothwendig; — wer erzog denn das erste Menschenpaar? Erzogen mußten sie werden; denn der geführte Beweis ist allgemein. Ein Mensch konnte sie nicht erziehen, da sie die ersten Menschen seyn sollten. Also ist es nothwendig, daß sie ein anderes vernünftiges Wesen erzogen, das kein Mensch war. Ein Geist nahm sich ihrer an, ganz so, wie es eine alte ehrwürdige Urkunde vorstellt, welche überhaupt die tiefsinnigste,

Die Theilung der einen ursprünglichen Sprache in mehrere ist aber nur aus einem gewaltsamen Ereignisse, welches die Menschen aus einander gerissen, zu erklären [10]).

b) Ethische Eigenschaften. α) Die Geselligkeit.

29. Der Mensch erkennt sich vor Allem als ein von der Natur zur Gesellschaft bestimmtes und dafür geschaffenes Wesen. Die stärksten Neigungen, Empfindungen und Interessen ziehen ihn zu seines Gleichen hin und halten ihn daran gefesselt; alle ihm eigenthümlichen großen Anlagen und Eigenschaften, Denken, Wissenschaft, Tugend, Gerechtigkeit, Wohlwollen, kurz Alles, was zusammen die Vernunft, also den Menschen als Menschen, ausmacht, kann sich nur in der Gesellschaft und durch sie entwickeln. Aber auch in dieser wäre es nicht möglich ohne geistige Mittheilung, also ohne die Sprache. Eben deshalb nun, weil die Natur diese Entwicklung will, hat sie dem Menschen, und ihm allein, mit dem Bedürfniß der Gesellschaft auch die Fähigkeit der Sprache angeboren [1]). Sehr schön hat schon Aristoteles dieses in folgender Art ausgesprochen: „Es ist der Mensch aber noch geselliger als die Bienen, oder als ein jedes andere Geschöpf, das in Heerden zusammen lebt. Denn ihm allein hat die Natur, die nichts vergebens macht, die Sprache gegeben, die sie allen andern Thieren versagt hat. Die bloße Stimme drückt jedes Gefühl des Leidens oder des Wohlseins aus, und diese haben die Thiere so gut wie der Mensch. Aber die Sprache setzt den Menschen noch überdies in den Stand, auch das was nützlich, und das was schädlich ist,

---

erhabenste Weisheit enthält, und Resultate aufstellt, zu denen alle Philosophie am Ende doch wieder zurück muß."

10) Dieses ist auch die Ansicht von Herder, Turner, Abel-Remusat, Niebuhr. Die Zeugnisse sind gesammelt bei Wisemann Ergebnisse §. 31. 32., Nicolas Philosophische Studien Th. I. Buch II. Kap. 2. §. 3.

1) Sehr geistreich sagt Ballanche Institutions sociales chap. 9. L'homme a été enfermé par la Providence entre deux limites qui sont les bornes de sa liberté. Ces deux limites sont la parole et la société.

anzuzeigen, also auch Recht und Unrecht. Und das ist dem Menschen vor allen anderen Thieren eigen, daß er Empfindung für Tugend und Laster, für Recht und Unrecht und dergleichen in seiner Seele hat" [2]).

β) Die Sittlichkeit.

30. Der Mensch erkennt sich ferner als ein mit Freiheit und Wille begabtes Wesen, das heißt als ein solches, welches kraft der Herrschaft der Seele über die Organe einen Gedanken mit Bewußtsein zur That erheben, und dadurch auf sich selbst und auf die Außenwelt so weit einwirken kann, als seine physische Kraft reicht. Er erkennt aber dabei noch eine andere geistige Schranke, den Unterschied zwischen dem Guten und Bösen, dem Erlaubten und Unerlaubten. Dieses erkennt er vermöge des Gewissens, was etwas Unmittelbares, von Gott in die Seele des Menschen Eingepflanztes ist, das daher zwar zum Bewußtsein seiner selbst gebracht, nicht aber eigentlich bewiesen werden kann, weil dieser Beweis eben nur an das Gewissen selbst gerichtet und nur von ihm verstanden werden kann [1]). Was diese Stimme des Gewissens sagt, ist aber nicht vom Menschen selbst gesetzt oder erfunden, sondern es ist die dem Menschen durch das Gewissen zu Theil werdende Offenbarung von einer unabhängig von ihm und über ihm stehenden unsichtbaren Macht und Willens, des sittlichen Gesetzes. Das Gewissen ist also das vermittelnde Organ zwischen dem Menschen

---

2) Aristoteles Politik I. 2.

1) Jede Philosophie muß zuletzt an das Gewissen als etwas Unmittelbares, nicht Demonstrirbares appelliren. Kant Tugendlehre. Einleitung XII. b. „Das Gewissen ist nicht etwas Erwerbliches, und es giebt keine Pflicht, sich eines anzuschaffen; sondern jeder Mensch, als sittliches Wesen, hat ein solches ursprünglich in sich." — Hegel Philosophie des Rechts §. 136. „Das Gewissen ist diese tiefste innerliche Einsamkeit mit sich, wo alles Aeußerliche, und alle Beschränktheit verschwunden ist, diese durchgängige Zurückgezogenheit in sich selbst." — Man sehe auch Chalybäus Speculative Ethik I. §. 56. 59. Weniger befriedigend ist Trendelenburg Naturrecht §. 39., welcher dem Gewissen eine zu secundäre Bedeutung anweist.

und der über ihm stehenden sittlichen Weltordnung, wovon ein Glied zu sein ihm eben das Gewissen bezeugt und antreibt. In dieser Mitgliedschaft und dem Bewußtsein derselben besteht die moralische Würde des Menschen [2]) und der Grund aller sittlichen Pflichten; und dieses Gefühl ist mit dem Menschen so untrennbar verbunden, daß er es in alle Lebensordnungen mitbringt, und in der Erfüllung desselben, in der Hingebung an das Edle und Gute, eine innere Befriedigung und Glückseligkeit empfindet, die eben wieder der Beweis ist, daß in der Mitgliedschaft an der sittlichen Weltordnung die wahre höhere Natur und Bestimmung des Menschen beruht.

γ) Die Religiosität.

31. Indem das Gewissen dem Menschen das Dasein eines sittlichen Gesetzes als Ausfluß, nicht seines eigenen, sondern eines höheren Willens offenbart, hat es ihm dreierlei kund gethan: erstens daß es über ihm ein höheres, mit Persönlichkeit und Wille begabtes Wesen giebt; zweitens daß dieses Wesen die höchsten Eigenschaften und Tugenden, die es vom Menschen durch das Gewissen verlangt, selbst besitzt, weil es dieselben sonst nicht wollen könnte; und drittens daß dasselbe eine Macht ist, welcher der Mensch sich unterordnen muß. In diesem höheren vollkommenen Wesen, in Gott, beruht also der Ausgang und Schlußstein der moralischen Weltordnung [1]). Wenn also der Mensch in der Vereinigung und

---

2) Wenn man von dieser Mitgliedschaft in der sittlichen Weltordnung abstrahirt, so bleibt der Mensch nur eine höher organisirte Thierart.

1) Sehr richtig sagt Ahrens Rechtsphilosophie. Allgemeiner Theil. Kap. 1. §. 1.: „Das Recht, wie alles Sein und Leben, und was sich darauf bezieht, hat nicht nur seinen letzten Grund und Ursache in dem höchsten Princip alles Seins, dem Absoluten, oder Gott, sondern muß auch durch dasselbe begriffen und im Ganzen aller, das Leben beherrschenden Ideen und in steter Wechselbeziehung mit ihnen, weiter entwickelt werden." — Desselben Organische Staatslehre. Einleitung §. 2. „Da die Menschheit durch den Urgrund aller Dinge, durch Gott, wesentlich im Sein und Leben bestimmt wird und die höchsten Beziehungen der Menschheit nur durch das Sein und Leben Gottes begriffen werden können, so empfängt auch die Staatslehre ihre

Hingebung an diese nach der Stimme seines Gewissens die seiner höheren Natur entsprechende Bestimmung und Befriedigung erkennt und empfindet: so ist diese Hingebung Eins mit der Hingebung an Gott als den persönlichen Urgrund und Träger dieser Ordnung, mit der Religion [2]). Die Sittlichkeit und die Religion hängen daher auf das Innigste zusammen, indem das hohe Gefühl der moralischen Würde sich in der Religion zur Dankbarkeit und Pietät gegen deren Urheber, zur Demuth vor dem unerreichbaren Vorbilde, und zur Sehnsucht nach der innigsten Vereinigung mit demselben verklärt. Der Mensch bringt daher, wie die Sittlichkeit so auch die Religion, in alle von ihm zu bildenden Lebensordnungen mit, und diese ist, als in den höchsten Triebfedern der Seele beruhend, der eigentliche Lebensfunke derselben.

δ) Das Rechtsgefühl.

32. Das sittliche Gesetz, wie es sich in dem Gewissen kund giebt, lehrt nicht blos gegen sich dasjenige zu thun und zu unterlassen, was die eigene moralische Würde vorschreibt, sondern es verlangt auch in dem Urtheil und in den Handlungen gegen Andere alles dasjenige zu beobachten, was ihnen nach ihrer moralischen Würdigkeit zukommt und was man wegen der eigenen moralischen Würde von ihnen gegen sich selbst verlangt. Das Gewissen in dieser Thätigkeit betrachtet bildet das Rechtsgefühl. Gleichwie Jenes das Organ ist, welches uns den Willen Gottes in Beziehung auf ihn und auf uns offenbart und zu dessen Erfüllung an-

---

höchste Begründung in der philosophischen Lehre von Gott und dem Lebensverhältniß der Menschen zu Gott." — Bemerkenswerth sind diese und die folgenden Aeußerungen als Beweis, wie auch auf diesem Gebiete das tiefere Denken auf dem einen oder dem anderen Wege zu den christlichen Grundwahrheiten zurückführt (§. 7).

2) Ahrens Rechtsphilosophie. Allgemeiner Theil. Kap. 1. §. 2.: „Der Mensch ist daher, von der natürlichen und geistigen Seite betrachtet, das innere harmonische Wesen der Welt, welches, in höchster Lebenseinigung mit Gott, sich als Glied der göttlichen Ordnung betrachten, und in Harmonie mit derselben sich ausbilden soll."

treibt: so bezeugt uns das Rechtsgefühl das Dasein eines über uns aus der göttlichen Gerechtigkeit stammenden Gesetzes, welches in allen Ordnungen des Lebens dasjenige, was Jedem nach seinen allgemein menschlichen oder seinen besonderen Beziehungen als das Seinige gebührt, heilig geachtet wissen will. Auf die Erfüllung dieses Gesetzes ist jede Ordnung menschlicher Verhältnisse gegründet und nur dadurch möglich. Daher ist bei der Bildung der menschlichen Lebensordnungen das Rechtsgefühl nicht nur der wichtigste Factor, sondern es erhält auch jedes irdische Verhältniß durch die darin niedergelegte oder in ihm angestrebte Erfüllung jenes göttlichen Gesetzes seine höhere Weihe [1]).

ε) Das Wohlwollen.

33. Eine durch das eigene Gefühl wie durch die Erfahrung bezeugte Thatsache ist auch der dem Menschen angeborene Trieb der Zuneigung gegen seines Gleichen, der Sinn für Wohlwollen. Das Wesen desselben besteht darin, daß man Jedem nicht blos das ihm Gebührende läßt oder giebt, sondern daß man auch etwas von dem Eigenen hinzuthut, also in der uneigennützigen aufopfernden Hingebung. Aus der Tiefe des unverdorbenen Gemüthes aufsteigend äußert es sich in reflexionsloser Unmittelbarkeit gegen jedes fühlende Wesen, insbesondere aber gegen den Menschen als das Wesen der gleichen Gattung. Es ist die Quelle des reinsten Genusses, die mächtige Triebfeder der unglaublichsten, Ehrfurcht und Bewunderung weckenden Aufopferungen, der aus der Fülle der edelsten Empfindungen ausströmende Hauch, welcher jedes Lebensverhältniß hebt und durchdringt. Es äußert sich in einer unerschöpflichen Mannichfaltigkeit, und bringt im bürgerlichen Recht, im Staate, in der Kirche und für das Leben der Menschheit die zahlreichsten Erscheinungen und Formen hervor. Mit der sinn-

1) Das Rechtsgefühl oder der angeborene Trieb der Gerechtigkeit als die voluntas suum cuique tribuendi, und dessen Zusammenhang mit der göttlichen Gerechtigkeit ist auch anerkannt und nachgewiesen von Warnkönig Rechtsphilosophie §. 74.

lichen Natur des Menschen zum Theil im Widerspruch ist der Zug des Wohlwollens, der uneigennützigen aufopfernden Liebe, nur erklärbar durch ihren göttlichen Ursprung, als ein Theil des göttlichen Wesens, welches der Seele von ihrem Schöpfer eingehaucht worden, um vermittelst dieser Empfindung die ihr in Gott entsprechende, die göttliche Liebe, zu verstehen, und als ihr Vorbild zu verehren.

c) Der denkende Geist. α) Das Denken.

34. Eine Thatsache, die der Geist in seinem Bewußtsein vorfindet, ist die angeborene Fähigkeit, Vorstellungen von Gegenständen nicht blos der sinnlichen, sondern auch der übersinnlichen Welt, also auch von sich selbst, in sich zu fixiren und zum Gegenstande seiner Betrachtung zu machen. Diese Thätigkeit heißt Denken. Sie ist die Voraussetzung jeder vernünftigen schöpferischen That. In ihr sammeln sich daher auch alle aus der sittlichen Natur des Menschen und aus anderen Thatsachen hervorgehenden Antriebe und Erwägungen, welche bei der Festsetzung der Rechts- und Lebensordnungen wirksam sind. Das Denken ist jedoch nicht ein rein willkürlicher Act, sondern steht unter gewissen bewußten und unbewußten organischen Gesetzen. Gleichwie diese bei der Bildung der Sprache thätig sind, eben so auch bei der des Rechts. Dieses erhält dadurch, wie die Sprache, einen organischen Zusammenhang und einen logischen Charakter, welcher alle Theile desselben durchdringt und das juristische Denken beherrscht[1]).

β) Die Wissenschaft.

35. Der Geist besitzt nicht blos die Fähigkeit zu denken, sondern ihm ist auch die Möglichkeit verliehen, die Resultate seines Denkens durch die Sprache und Schrift bleibend, und dadurch selbst wieder für sich und Andere zum Gegenstande des tiefer ein-

1) Diese logische Seite ist besonders am römischen Recht sichtbar, weil es zu einem hohen Grade wissenschaftlicher Ausbildung gelangt ist. Sie würde aber auch dem deutschen Recht nicht fehlen, wenn dessen Entwicklung nicht durch das römische Recht unterbrochen worden wäre.

gehenden Denkens zu machen. Indem auf diese Weise das Denken sich in einen Gegenstand versenkt, dessen Wesen entdeckt und ergründet, und die Ergebnisse seiner Forschung in Rede und Schrift geordnet mittheilt, entsteht das Wissen und die Wissenschaft. Gegenstände derselben sind so viele, als es dem Menschen erkennbare Gegenstände der inneren und äußeren Welt giebt. Die Wissenschaft in ihrer Gesammtheit ist also das aus dem Geiste zurückgestrahlte, in Sprache und Schrift abgefaßte Bild dessen, was ist, so weit der Geist dasselbe weiß und begreift. In diesem dem Menschen eingeborenen Triebe des Denkens, Forschens und Wissens, und in der ihm entsprechenden Fähigkeit denselben durch angestrengte Uebung in immer wachsendem Maße zu befriedigen, liegt abermals eine wunderbare Oeconomie der Schöpfung. Gleichwie dem Menschen in physischer Beziehung die ganze materielle Natur entspricht und ihm äußerlich dienstbar ist [1]), so kann er sich dieselbe durch das Denken und Wissen auch geistig aneignen und zu einem Theile seines geistigen Wesens machen. Die Wissenschaft gehört daher mit zu dem geistigen Dasein des Menschen und ruft deshalb bei der Entwicklung desselben die ihr entsprechenden Organisationen hervor.

d) Der Schönheitssinn.

36. Zu den hohen Vorzügen, womit Gott den Menschen ausgestattet hat, gehört auch der Sinn für die Schönheiten, die in wunderbarer Mannichfaltigkeit durch die ganze geschaffene Natur, in Form, Licht, Farbe und Ton vertheilt sind. Die Grundgesetze des Schönen ruhen in Gott und sind uns nicht erklärbar; eben so wenig der Reiz, den es in dem menschlichen Sinn und Gefühl hervorbringt. Es ist etwas Unmittelbares, was als Thatsache feststeht und so zu nehmen ist. Eben so der Einfluß, den das Schöne auf das sittliche Gefühl und auf die Veredlung des Charakters ausübt. Es liegt in dem Schönen eine Sprache Gottes, die ohne Begriffe und Worte unmittelbar an das dafür empfängliche Gemüth ergeht und von ihm verstanden wird. Diese zauberische Kraft,

---

1) Man sehe §. 24.

die mit ihrer mächtigen Hand die Saiten des Innern in Schwingung setzt, greift auch in das äußere Leben ein und macht sich darin theils zum Lebensgenuß theils zur Veredlung der Sitten in mannichfaltigen Schöpfungen geltend.

e) Das Streben nach Glückseligkeit.

37. Dem Menschen als unsterblichen Wesen gegenüber erscheint zwar das vorübergehende irdische Dasein nur als etwas Untergeordnetes und nur als Mittel sich zu seiner unvergänglichen Bestimmung vorzubereiten. Dieses schließt jedoch das Streben nach irdischem Glücke, so weit dieses jener Bestimmung nicht widerstreitet, nicht aus; vielmehr ist dieses, wenn auch nicht geboten, doch aber erlaubt, und bis auf einen gewissen Grad durch die Natur selbst gerechtfertigt. Dieses beweist das Verhältniß, welches Gott dem Menschen gegen die Erzeugnisse der Natur nicht blos zu seinem Bedürfnisse sondern auch zu seiner Annehmlichkeit angewiesen hat, der hohe Reiz, den die Geselligkeit und das gegenseitige Wohlwollen ausüben, das Glück, welches das reine Leben der Familie in sich schließt, die Befriedigung, welche das Wissen und die Wissenschaft gewähren, der Herz und Geist veredelnde Genuß, der von der wahren Kunst ausströmt. Der Mensch darf sich also zu seinem irdischen Glücke der Gaben Gottes erfreuen, und wenn er dieses in der rechten Weise thut, ist dieses seiner überirdischen Bestimmung nicht nur nicht hinderlich, sondern eher fördernd. Das Streben nach Glückseligkeit ist daher dem Menschen angeboren; jedoch ist ihm auch durch die aus der Sittlichkeit, Gerechtigkeit und dem Wohlwollen fließenden Gebote und Verbote die Sphäre, innerhalb welcher es sich äußern kann, angewiesen. Innerhalb dieser Sphäre des Erlaubten entscheidet das Princip der Nützlichkeit und Zweckmäßigkeit, welches den Menschen mit wunderbarem Instincte beherrscht, und bei der Erschaffung der Rechtsordnungen thätig ist[1]).

---

1) So ist das Princip der Nützlichkeit als eins der hier concurrirenden Momente anerkannt, ihm jedoch zugleich seine Schranke angewiesen.

B) Die Menschheit. 1) Einheit derselben.

38. Kraft der Abstammung aller Menschen von einem einzigen Paare [1]) ist das ganze Menschengeschlecht seiner leiblichen wie seiner geistigen Natur nach nichts anders als die in die Vielheit aus einander gegangene Einheit des ersten Menschen, und der erste Mensch nichts anders als die noch in der Einheit beschlossene Vielheit aller derjenigen, die aus ihm hervorgehen. Alle Menschen zusammen, der vergangenen wie der künftigen Jahrtausende, müssen darum, wie Pascal sich ausdrückt [2]), angesehen werden als ein und derselbe Mensch, der fortwährend in der Entwicklung begriffen ist, gleichsam als ein einiger universaler Mensch. Die ganze Menschheit bildet demnach, als aus Einem hervorgegangen, einen einigen großen Organismus, ein einziges Gesammtwesen. Alle einzelnen Menschen ziehen ihre Lebenskraft aus der einen allgemeinen Substanz des Urmenschen, der ihr Vater ist, und in diesem Urmenschen selbst sind die idealen weltschöpferischen Kräfte thätig, welche die letzte Ursache aller realen Dinge ist. Auch in der zur Erhaltung der Gattung eingesetzten Oeconomie der Zeugung sind es nicht sowohl die Individuen, welche erzeugen, als in letzter Instanz die in den einen ursprünglichen und universalen Urmenschen niedergelegte ewig zeugsame Natur und göttliche Schöpferkraft [3]). Dieser eine Körper der Menschheit hat sich zwar in Sprachen und Nationen geschieden. Allein nicht blos die Thatsache der einheitlichen Abstammung, sondern auch das Gefühl

---

Seine Geltung überhebt Warnkönig Rechtsphilosophie §. 69—72. in einer Weise, die zu wenig Vertrauen zu dem Edlen und Uneigennützigen in der menschlichen Natur zeigt. Viel weiter geht jedoch Jeremias Bentham (1747—1832), der Alles ausschließlich auf dieses Princip baut. Davon wird im dritten Theile die Rede sein.

1) Man sehe §. 22.

2) Pascal Pensées I. 1. p. 95.

3) Ich wiederhole hier die geistreiche Auffassung von Lasaulx Philosophie der Geschichte S. 12—17., welcher dazu auch schöne Stellen aus dem h. Augustinus und Anderen anführt.

derselben lebt, wenn auch dunkel und unbewußt, in den Nationen fort, und äußert sich in menschheitlichen Regungen, die in steigender Stärke auch zu festen Organisationen hindrängen. Diese Anschauungen und Regungen fallen mit denen des Christenthums zusammen, welches in seinen Lehren von der durch den Urvater für Alle verwirkten Schuld, von der ihm für Alle gegebenen Verheißung und durch die von Christus für Alle bewirkte Erlösung die Menschheit nicht blos als eine physische, sondern auch Gott gegenüber als eine geistige Einheit auffaßt, und für diese in der Kirche eine Organisation geschaffen hat, in welcher die Menschheit als Ganzes sich abspiegelt und ihrer bewußt wird.

2) Die Perfectibilität.

39. Zu den hohen Auszeichnungen des Menschen gehört, daß er nicht, wie das Thier, an die seiner Gattung von der Natur durch den Instinct angewiesene Bildungsstufe gebannt, sondern daß er, sowohl als Einzelner wie als Menschheit, durch Erziehung und Mittheilung eines steten Fortschrittes fähig ist. Diese Mittheilung ist aber durch zweierlei bedingt: durch die Sprache und durch das Leben in Gesellschaft[1]). Durch Beides ist der Mensch fähig gemacht, Aeußerungen der geistigen Thätigkeit Anderer in sich aufzunehmen, und selbst wieder bleibende Aeußerungen seiner geistigen Thätigkeit zu schaffen. So entstehen der Fortgang und Ausbau des Wissens, der Wissenschaften, und überhaupt alles dessen, was die menschliche Natur in sich schließt. Diese fortschreitende Vervollkommnung der Menschheit ist nicht etwas Willkürliches, sondern eine von Gott gewollte Bestimmung, zu deren Erfüllung die in den Menschen gelegten Anlagen und geistigen Antriebe, die Oeconomie der Familie, seine Beziehungen zur Natur und andere Thatsachen in wunderbarer Weise zusammenwirken. In dieser durch die Sprache und Gesellschaft vermittelten fortschreitenden Entwicklung stellt sich die Menschheit, wie im Christenthum Gott gegenüber, so auch in ihrem irdischen Dasein als eine Einheit dar.

1) Man sehe §. 27. 29.

III. Der Mensch als unsterbliches Wesen.

40. Die Sittlichkeit, die Religion, das Recht sind nicht Erfindungen der Menschen, sondern sie sind, wie gezeigt worden, die durch das Gewissen bezeugten Manifestationen und Gesetze einer über dem Menschen stehenden sittlichen Weltordnung, wovon der Mensch selbst ein Mitglied, und deren Gesetzen er daher unterworfen ist [1]). Diese Weltordnung ist eine geistige, überirdische, also unvergängliche; also auch der Mensch als Mitglied derselben. Der Mensch ist also nach der irdischen Seite hin ein sterbliches, nach der überirdischen Seite aber ein von Gott zur Unsterblichkeit bestimmtes, und mit einer unsterblichen Seele begabtes Wesen. Er ist mithin „ein ursprünglicher und selbstständiger, also ein absoluter Zweck der Schöpfung und des Weltplanes, und zwar der Mensch nicht als Gattung, nicht die Menschheit als Idee, sondern das Individuum, jeder einzelne Mensch" [2]). Dieser Theil seines Wesens ist also der hauptsächliche; er ist mithin von seinem irdischen Dasein nicht zu trennen, und wenn dieses auch seine Beziehungen für sich hat [3]), so ist es daneben doch wesentlich auch im Zusammenhang mit der überirdischen Bestimmung des Menschen, als die Vorbereitung und der Uebergang dazu, aufzufassen. Dieses ist auch so tief im Gemüthe der Menschen begründet, daß es sich von selbst mit unwiderstehlicher Macht in den Sitten und Einrichtungen der Völker geltend macht. Nur durch den Glauben an die individuelle Unsterblichkeit und den Zusammenhang des irdischen Daseins mit einer ewigen lohnenden und strafenden Gerechtigkeit und Weltordnung, also durch die Religion, erhalten die Begriffe vom Guten und Bösen, also die Ethik und das Recht, ihre Wahrheit, Weihe und Begründung.

41. Hier ist der Punkt, wo sich die Wege scheiden. Ist der Mensch nur ein höher organisirtes Thier ohne eine unsterbliche Seele, so hat der Unterschied zwischen dem Guten und Bösen

---

1) Man sehe §. 30. 31. 32.

2) So sagt mit Recht Stahl Philosophie des Rechts Th. II. Buch III. §. 2.

3) Man sehe §. 37. 39.

keine Wahrheit und Bedeutung mehr. Die Tugend ist dann nur ein Wahn, die Stimme des Gewissens nur ein Nachhall aus der Kinderstube und ein für den starken Geist überwundener Standpunkt. Und der Mensch? Unglücklicher als das Thier, da er die Gewißheit des Todes weiß, grausames Widerspiel der Natur, die ihn des Gedankens der Unsterblichkeit fähig gemacht und doch zur Vernichtung verurtheilt hat, welcher Werth bleibt dann den den Menschen vor dem Thiere auszeichnenden Vorzügen als der, für die kurze Spanne seines Daseins die Kunst und Intensität des Genusses zu schärfen. Und auch dieses schließt den Stachel der Gewißheit in sich, daß das im Genuß erschöpfte Dasein in einem Haufen von Staub endigt, den der Wind verweht. Auch der Antrieb die Tugend um ihrer selbst willen, oder um die Weltordnung zu erhalten, zu üben, ist dann ein leerer Nothbehelf. Denn wozu Tugend, wozu eine Weltordnung, die mit dem Genuß im Widerspruche steht? Warum soll sich der Einzelne, der nichts hat als sein irdisches Dasein, durch Entsagung für Andere zum Märtyrer machen? Eben so wenig wird er sich mit dem Gedanken, ein Glied des in der Geschichte sich manifestirenden absoluten Seins oder zu sich kommenden Gottes zu sein, abfinden lassen, wenn er nach der Vollbringung seines Daseins wieder in die Nacht des Nichts zurücksinkt. Denn wozu überhaupt eine Entwicklung, wozu eine Geschichte, an deren Schlusse nirgends eine Unsterblichkeit steht, sondern nur ein ewig sich abrollender Wechsel aufsteigender und nach ihrem ephemeren Dasein ins ewige Nichts zurückfallender Generationen?

42. Wir stellen diesem Standpunkt den anderen aus dem Munde eines ernsten Denkers entgegen. „Ohne Unsterblichkeitsgewißheit ist kein Selbstbewußtsein der absoluten Persönlichkeit, ohne dieses keine Liebe, ohne Liebe keine vollendete Ethik möglich; aber das erste Glied dieses dialectischen Kreises ist die Gewißheit eines persönlichen Gottes; die Hoffnung ruht auf der Liebe, die Liebe auf dem Glauben. Wer keinen persönlichen Gott glaubt und keine absolute Liebe fühlt, sondern nur den eudämonistischen Naturlebensproceß oder den geschichtlichen Proceß des politischen Rechtsgesetzes

kennt, dem ist auch die Unsterblichkeit eine Thorheit: wer aber an dieser festhält, der muß auch den christlichen Glauben und die Liebe haben. Das Jenseits ist, nach Strauß, der letzte Feind, der zu überwinden ist. Die Persönlichkeit Gottes war der erste. An welchem Gliede aber greifen wir zuerst unmittelbar ein und reihen uns in diesen heiligen Cirkel? Nicht durch wissenschaftliche Schlußfolgen auf die Existenz Gottes und auf die Unvergänglichkeit der Seele, denn diese Schlüsse schweben ohne ein unmittelbares Anknüpfungsmoment in unserem eigenen Wesen in der Luft, sondern in der Liebe. Es giebt Stunden der Erleuchtung, Morgenstunden des Geistes, wo er heller sieht als gewöhnlich, und die Räthsel der Welt ihm näher zusammenzugehen scheinen; aber dennoch gewährt dieses Licht noch keine rechte dauernde und tiefe Ueberzeugung; es ist noch nicht das ganze Gemüth, was ergriffen und verwandelt wird. Solche Stunden sind andere, und es giebt deren auch, wo fühlbar eine reale Veränderung in uns vorgeht, wo wir uns vom Allmächtigen ergriffen, angezogen, bewegt fühlen, und Stimmungen in uns aufwachen, wie seit der Kindheit nicht; sie kehren wieder die Gefühle des Ostermorgens; wir sind nicht gottentfremdet, wir vermögen noch in Liebe ihm zu nahen. Jenes waren Schlüsse, dieses sind Beweise, unmittelbare Beweise der göttlichen Gnade; denn die Liebe ist etwas Substantielles, Wirkliches, die Liebe ist Religion und die volle ganze Religion Versöhnung; in und mit dem Versöhnungsgefühl aber rückt auch zugleich Christus aus seiner achtzehnhundertjährigen Entfernung heran, ist da und thätig für uns, in uns erwacht die Dankbarkeit für seine Liebe, die Einsicht in sein Erlösungswerk" [1]). Auch von Ahrens ist die Nothwendigkeit des Glaubens an einen persönlichen Gott als die schöpferische Ursache aller Dinge, als eine über der Natur und Geschichte waltende, in den Gang der Menschheit thätig eingreifende Macht, als den Mittelpunkt einer höheren sittlichen Weltordnung, als die Hülfe, womit allein die Menschheit sich aus dem Verfall wieder aufrichten kann, mit Wärme und Nach-

---

1) Chalybäus Speculative Ethik Th. II. §. 276.

druck hervorgehoben, und die Religion als der Schlußstein der Ethik und Rechtslehre anerkannt [2]). Eben so führt Trendelenburg die Ethik in ihrem letzten Grunde auf Gott und auf die Religion zurück, indem er die ethische Idee als Ausfluß des göttlichen Willens, und das ethische Wesen im Menschen als göttlichen Ursprungs bezeichnet, wenn er auch die Philosophie gegen die positive Religion, selbst gegen das Christenthum, möglichst selbstständig stellen will [3]).

2) Man sehe Dessen Rechtsphilosophie und Organische Staatslehre an vielen Stellen. Einige derselben stehen oben (§. 31. Note 1. 2) und unten (§. 74).

3) Trendelenburg Naturrecht §. 38.

Zweites Kapitel.

Der Staat und das Recht.

I. Vom Staate im Allgemeinen. A) Das Wesen des Staates.

43. Zur Erkenntniß [1]) des Wesens des Staates muß man von zwei Thatsachen ausgehen: erstens daß das menschliche Dasein nach der irdischen Seite hin sich im Leben der Menschheit vollzieht; zweitens daß die Menschheit nach dem Willen der Natur in Völker und Staaten geschieden ist [2]). Ein Staat ist also die Erscheinung der Menschheit in der Gestalt eines ein selbstständiges Gemeinwesen bildenden Volkes. In so weit ist Staat und Gemeinwesen oder bürgerlicher Verein gleichbedeutend. Nach dem jetzigen Standpunkt der wissenschaftlichen Anschauung denken wir jedoch unter Staat nur ein solches Gemeinwesen, welches zu einer gewissen Stufe der Bildung gelangt ist und das Bewußtsein davon in seinen öffentlichen Einrichtungen niedergelegt hat [3]). Nur mit dem Staate in diesem Sinne hat sich daher die philosophische Staatslehre zu beschäftigen. Die Quelle jener Bildung ist das Gefühl des allgemein Menschlichen, welches dem Menschen angeboren ist, welches sich durch das Zusammenleben im Volke ent-

1) Ich sage: „zur Erkenntniß," nicht „zur Begriffsstimmung." Denn den Begriff bestimmt die Natur; die Reflexion hat ihn nur zu erkennen. Darin liegt grade das Unterscheidende der richtigen Methode (§. 6).

2) Man sehe §. 4. 38. 39.

3) Dahlmann Politik §. 4. „Man kann mehr Volk als Staat sein, aber man kann nicht Volk ohne Staat sein." Die Aufgabe ist, den Staat im Volksbewußtsein zu vollenden."

wickelt, und sich in den Sitten und Gesetzen zu dauernden Institutenuten ausbildet. So vollzieht sich die irdische Bestimmung und fortschreitende Entwicklung der Menschheit in den Staaten, weil es eine andere Erscheinungsform des Menschlichen nicht giebt. Alle Aufgaben und Interessen des Menschen und der Menschheit fallen daher auch in den Bereich des Staates, Gerechtigkeit, Sittlichkeit, Wissenschaft, Kunst, bis zu einem gewissen Grade selbst die Religion. Die nächste Voraussetzung dieser Entwicklung ist allerdings die staatliche Ordnung, das heißt ein durch eine Obrigkeit geschützter Zustand des Rechts und des Friedens. Wo aber ein solcher Zustand besteht, entwickeln sich bei einem culturfähigen Volke die übrigen Thätigkeiten und Interessen von selbst, schaffen sich ihre Einrichtungen, und werden so direct oder indirect zu Bestandtheilen des staatlichen Organismus.

44. Das Wort, Staat, in unserer Sprache ist jung und aus Frankreich herübergekommen. Früher brauchte man den Ausdruck, Reich, regnum, imperium, was in minder abstracter Weise die Verbindung von Land und Volk in sich schließt. Das neue Wort bezeichnet ein neues Stadium der wissenschaftlichen Reflexion über die staatlichen Aufgaben, ein erhöhtes Bewußtsein derselben. In den Reichen des Mittelalters fehlten diese Aufgaben und die darauf bezüglichen Thätigkeiten nicht; jedoch waren sie mehr naturwüchsig an die Gemeinden, Corporationen und andere Lebenskreise des Volkes, zum Theil auch an die Kirche, vertheilt, daher äußerlich weniger sichtbar organisirt und darum weniger auf das Bewußtsein wirkend. Nachdem aber das Königthum in Frankreich in seinem wohlberechneten Gange die Regierung und Sorgfalt über Alles in eine Hand gebracht, und das schöne Wort, Gemeinwesen, respublica, zum Geiste dieser Zustände nicht paßte, kam dafür der biegsame, jedoch darum auch manchen Mißbrauchs fähige Ausdruck, Staat, auf. Dennoch hat derselbe als der Gedanke eines gebildeten, der Idee des Menschen und der Menschheit entsprechend geordneten Gemeinwesens eine Wahrheit, und kann nach dem jetzigen Standpunkt der wissenschaftlichen Anschauung nicht entbehrt werden. Jedoch ist dabei dreierlei zu vermeiden.

Erstens ist die Meinung unrichtig, als ob dem Mittelalter die Begriffe, die wir jetzt in „den Staat" legen, gefehlt hätten. Sie waren eben so gut da, nur mit der jener Zeit eigenthümlichen Färbung, wie auch die jetzige Zeit ihre eigenthümliche Färbung hat, die eben so wenig eine immer bleibende sein wird [1]). Zweitens existirt „der Staat" als solcher nirgends; in der Wirklichkeit giebt es nur Staaten. „Der Staat" ist eine Abstraction, wozu der Geist der Zeit und der Standpunkt der eigenen Reflexion mehr oder weniger mitwirkt, wobei daher leicht eine Selbsttäuschung unterläuft, und die man sich jedenfalls hüten muß, zu unbedingt auf die wirklich bestehenden Staaten zu übertragen. In jedem Staate realisirt sich davon nur das, was sich im Bewußtsein seiner Lenker und Stimmführer abspiegelt. Drittens kommen zwar alle Lebensäußerungen der Menschheit im Staate zur Erscheinung, und der Staat macht eben nur die Gesammtheit derselben aus. Allein sie stehen darum nicht Alle gleichmäßig unter der Staats-

1) In der Schrift des Hincmar de ordine de palatii aus dem neunten Jahrhundert sind die Aufgaben des Staates und der parlamentarischen Staatsform so klar gedacht, wie man es für jetzt nur wünschen kann. Aus dem alten Testament zog man für die Staatskunst Wahrheiten, die nicht minder tiefsinnig sind, wenn ihnen auch das philosophische Gewand fehlt. Das sechste Concilium von Paris von 829 erfaßte das Gemeinwesen in der erhabensten Weise als das irdische Reich Gottes, welches in zwei Ordnungen, Priesterthum und Königthum, getheilt sei, und zeichnete jeder Ordnung ihre Aufgabe und Einrichtung vor. Die Kirche protestirte gegen den Patrimonialstaat so nachdrücklich, als es die Dahlmannische Staatslehre nur thun kann. Die Schrift De regimine principum aus der Schule des h. Thomas von Aquin enthält eine vollständig ausgeführte philosophische Staatslehre im Lichte jener Zeit. Der Unterschied vom modernen Staate ist nur der, daß die Centralisirung der Verwaltung weniger ausgebildet war, daß man das daraus hervorgehende Vielregieren und Schreibereiwesen nicht kannte, daß man weniger die abstracten Rechte der Staatsgewalt als die concreten Pflichten des Regenten im Munde führte, und daß einige von den Hoheitsrechten fehlten, womit die geschmeidige Doctrin der Juristen, eben nicht zum Vortheil der wahren Freiheit, unser neues Staatsrecht bereichert hat.

gewalt; sondern unter diese fällt davon nur das, was seiner Natur nach Gegenstand obrigkeitlicher Befehle und Anordnungen sein kann. Diese Unterscheidung ist um der falschen Omnipotenz des abstracten Staates entgegenzuwirken sehr wichtig; und es gehört zur Correctheit der Begriffe, daß man überall, wo es sich um die staatliche Thätigkeit handelt, statt des abstracten Wortes, Staat, die concreteren Worte, Staatsgewalt oder Regierung, brauche [2]).

45. Der Staat ist eine von der Natur mit dem Wesen des Menschen geschaffene und daher von ihr absolut gewollte Ordnung. Die Entwicklung der reichen Gaben und Kräfte seines Geistes, die Erhaltung und Vervollkommnung der menschlichen Sitte und Bildung, die Erfüllung seiner höheren Bestimmung sowohl als Einzelner wie als Menschheit, sind nur durch Ueberlieferung, also nur durch die Sprache und durch das Leben in Gesellschaft möglich. Nur durch die Sprache und die Gesellschaft haben der Mensch und die Menschheit einen Zusammenhang, eine Geschichte [1]). Die Gesellschaft erfordert aber eine feste Ordnung, also einen Staat. Der Mensch und der Staat sind daher nicht von einander zu trennen; der Mensch kann sich nicht entwickeln ohne gleich Staat zu sein. Sehr tiefsinnig sagt Aristoteles: „Dem Systeme der Natur nach müssen die Staaten früher gedacht werden

---

2) Diese Verwechslung herrscht unter Anderen bis zum Uebermaß in Ahrens Organische Staatslehre. Dort heißt es im §. 4. vom Zwecke des Staates: Der Staat ist zwar nicht gleichbedeutend mit der Gesellschaft; aber er beschafft für alle Institutionen oder Gesellschaften, welche sich die Verfolgung eines wesentlichen Lebenszweckes zur Aufgabe gesetzt haben, die Bedingungen, von welchen ihre Entwicklung abhängig ist; er sorgt für die Wissenschaft und Kunst, für den Unterricht und Erziehung, für Industrie und Handel, für die Sittlichkeit, durch entsprechende Anstalten und Begünstigungen, und dergleichen. Das Richtige ist, daß „der Staat" der Inbegriff aller dieser Thätigkeiten und Institutionen ist, und daß „die Regierung" für deren Pflege sorgt. Nach der falschen Ansicht sorgt „der Staat" auch für die Reinigung der Straßen und das Fegen der Schornsteine, und dieser lächerliche Sprachgebrauch hat sich wirklich in manchen Ländern bis zu den untersten Polizeibeamten herab eingebürgert.

1) Man sehe darüber §. 29. 39.

als die Menschen selbst" [2]). Der Staat gehört daher wesentlich zu den Absichten, die der Schöpfer mit dem Menschen und der Menschheit hat; er ist ein wesentliches Stück des Weltplanes, eine göttliche Ordnung [3]). „Nichts auf Erden, sagt Dahlmann, steht der göttlichen Ordnung so nahe, als die Staatsordnung" [4]). „Recht und Staat, schreibt ein Anderer, beruhen auf einer göttlichen Idee, und der Staat ist in solcher Auffassung eine göttliche Ordnung, und zugleich eine Aufgabe für die Freiheit der Menschen" [5]). In der Erkenntniß dieser natürlichen Wahrheit liegt ein großer Fortschritt der Wissenschaft, der mit der christlichen Anschauung zusammentrifft.

46. Der Zweck des Staates ist die Erfüllung der in ihn von der Natur gelegten Bestimmung. Alles was die menschliche Kunst und Absicht hinzuthut, ist bewußt oder unbewußt nur diesem Zwecke dienstbar. Es ist daher strenge genommen ungenau von Zwecken des Staates als solchen, die er sich selbst setze, zu reden. Er ist selbst nur Mittel; der Zweck ist die Entwicklung des Menschen und der Menschheit. Auf diesen Zweck zielen die Thätigkeiten, die der in den Menschen gelegte Rechts- und Lebenstrieb im Staate für Recht, Wissenschaft, Kunst und andere menschlichen Interessen entwickelt. Auch diese Thätigkeiten sind nur Mittel, nicht Zwecke, und sie machen eben in ihrer Gesammtheit den Staat aus. Sie unterscheiden sich aber allerdings theils durch die nähere oder entferntere Beziehung, worin sie zu dem Hauptzwecke stehen [1]), theils durch die größere oder geringere Einwirkung, welche dabei der Staatsgewalt möglich ist [2]). Danach sind die gangbaren Ansichten von dem Zwecke des Staates, den directen und indirecten, näheren oder entfernteren Zwecken, wobei Wahres

2) Aristoteles Politik I. 2.

3) Diesen Gedanken entwickelt weitläufig Stahl Philosophie des Rechts Th. II, 2. §. 48—52 (42—46).

4) Dahlmann Politik §. 9.

5) Ahrens Organische Staatslehre. Besonderer Theil. Abth. I. Kap. 8.

1) Man sehe §. 43.

2) Man sehe §. 44.

und Falsches durcheinander läuft, zu berichtigen[3]). Namentlich ist dabei an die Unterscheidung zwischen Staat und Staatsgewalt zu erinnern[4]).

47. Der Begriff und Zweck des Staates ist von den Neueren sehr verschieden gefaßt worden[1]). Einige setzen sein Wesen ausschließlich in die Realisirung der Rechtsidee, in den „Rechtsstaat." Dieses ist das Vorherrschende seit Thomasius bis Kant, und hat noch jetzt Anhänger. Das Wahre davon ist, daß Recht und Friede die erste Grundbedingung der Ordnung und staatlichen Entwicklung sind; sie sind jedoch nicht die alleinige Aufgabe[2]). „Die Errichtung des rechtlichen Zustandes, wie er auch beschaffen sei, ist freilich Sache des Staates, aber nicht letzter Zweck des Staates"[3]). Noch einseitiger ist Haller. Aus Abneigung gegen den modernen Begriff und Ausdruck, Staat, welcher sowohl der Willkür von Oben wie von Unten zum Umsturz bestehender Rechte dienstbar gemacht werden kann, will er jeden Staat nur als etwas historisch Gegebenes, als ein Aggregat von positiven Rechten des Fürsten, der Gemeinden und der Einzelnen, die Alle gleichmäßig zu achten wären und sich dadurch gegenseitig beschränkten, aufgefaßt wissen[4]). So richtig dieses für den rechtlichen Standpunkt bei entstehenden staatsrechtlichen Streitfragen ist, so liegt doch offenbar hinter jenen Einzelrechten der Gedanke einer höheren Ordnung, der alles Privatrechtliche untergeordnet werden muß. Haller fühlte dieses auch selbst, indem er neben jedes Recht die Pflicht stellt, daß davon ein gerechter und wohlthätiger Gebrauch gemacht werden soll. Dieses führt auf eine sittliche Weltordnung zurück, wovon eben der Staat ein Ausdruck ist.

---

3) Sehr weitläufig ist darüber Ahrens Organische Staatslehre. Besonderer Theil. Kap. 1.

4) Man sehe §. 44. Note 2.

1) Eine reichhaltige und gute Zusammenstellung der verschiedenen Ansichten giebt Moy Philosophie des Rechts Th. II. §. 5.

2) Man sehe §. 43.

3) So sagt Dahlmann Politik §. 9.

4) Haller Restauration der Staatswissenschaften. 1816.

48. Das andere Extrem zeigt sich bei Hegel in Verbindung mit seiner pantheistischen Anschauung. Das Absolute ist ihm nicht Gott, der über der Natur und Geschichte steht, sondern der absolute Geist ist ihm das, was im Geiste des Menschen und in der Geschichte zum fortschreitenden Bewußtsein kommt und sich im Staate verwirklicht. Der Staat ist daher „die Wirklichkeit der sittlichen Idee, der sittliche Geist als der offenbare sich selbst deutliche substantielle Wille, der sich denkt und weiß, und das was er weiß, und in so fern er es weiß, vollführt"[1]). Nach dieser Auffassung ist also „der Staat" noch mehr als eine Abstraction, der sich die wirklichen Staaten mehr oder weniger nur annähern[2]); er ist eine Realität, so daß auch der kleinste Staat der Gegenwart auf jene Definition Anspruch zu machen hat. Dadurch ist der ohnehin so übertriebene Begriff von der Staatsomnipotenz noch mehr gesteigert worden. Unrichtig und nach seinem eigenen Standpunkt inconsequent ist auch, daß Hegel die bürgerliche Gesellschaft und den Staat unterscheidet. Unter Diesem denkt er sich das Ganze, die Staatsverfassung: unter Jenem die öffentliche Thätigkeit der Einzelnen und für die Einzelnen. Dieselbe Unterscheidung, jedoch in einem etwas anderen Sinne, hat Ahrens. Der Staat ist ihm „die zum Zweck der Herrschaft des Rechts, mit äußerer Gewalt ausgerüstete, gesellschaftliche Anstalt, während die Gesellschaft in frei thätiger Weise sich in verschiedene, den besonderen menschlichen Lebenszwecken entsprechende Gebiete und Anstalten, als der Religion und Wissenschaft und so weiter, gliedert"[3]). Das Richtige jedoch ist, daß Staat und Gesellschaft Eins sind, indem der Staat nichts Anders ist als die organisirte Gesellschaft; daß jedoch die Thätigkeit der Staatsgewalt, der Wille der Regierung, nicht alle Lebenserscheinungen im Staate gleichmäßig beherrscht[4]).

---

1) Hegel Philosophie des Rechts §. 257. 270. 272. Zusatz.

2) Man sehe §. 44.

3) Ahrens Rechtsphilosophie. Allgemeiner Theil. Kap. 3. §. 9. Weiter ausgeführt ist dieses in Dessen Organischen Staatslehre. Besonderer Theil. Abth. I. Kap. 1. §. 2. 4. Kap. 8.

4) Man sehe §. 44. Note 2.

B) Vom Ursprung der Staaten. 1) Richtige Ansicht.

49. Die Frage nach dem Ursprung der Staaten fällt mit der nach dem Ursprung der Menschheit zusammen[1]). Diese begann mit der Erschaffung des ersten Menschenpaares, also mit der ersten Familie, und hat sich aus dieser unter der Einwirkung mannichfaltiger nicht mehr nachweisbarer Thatsachen zu Stämmen und Völkern erweitert. Schon in der ersten Familie wurden die Begriffe von Recht, Sitte, Ordnung und Autorität geweckt, und von dort durch die Sprache in ununterbrochener Reihenfolge überliefert. Der Staat existirte daher im Keime schon in der ersten Familie. „Der Staat, sagt Dahlmann, ist uranfänglich; die Urfamilie ist Urstaat; jede Familie, unabhängig dargestellt, ist Staat“ [2]). Mit der schöpferischen Kraft, welche dem seinem Ursprunge nach näher stehenden Menschen eigen war, übertrug die Familie ihr Abbild, als eine auf natürlicher Ueberlegenheit, Gewissen, Gemüth und Bedürfniß beruhenden Mischung von Herrschaft und Unterordnung auch auf künstliche politische Einrichtungen, aus denen der Staat hervorgieng[3]). Der Ursprung der Staaten wie der Menschheit liegt also in der Familie[4]). Der Zustand der Wildheit ist daher der ursprüngliche Zustand der Menschheit nicht, sondern ein durch physische und geistige Ursachen eingetretener Zustand der Verwirrung und des Verfalls[5]), und selbst bei solchen

1) Darüber sehe man §. 22. 23. 38. Hier zeigt sich die Nothwendigkeit, diese Vorfrage festzustellen.

2) Dahlmann Politik §. 3.

3) Der Typus und die Bedeutung des naturwüchsigen Elementes der Familie ist in den alten Staaten noch deutlich zu erkennen.

4) So sagt auch Savigny System I. §. 9. 10. Es ist immer erfreulich diesen klaren Denker als Zeugen einer Wahrheit anführen zu können. Dazu gehört auch Ahrens Rechtsphilosophie. Allgemeiner Theil. Kap. 3. §. 9., Organische Staatslehre. Allgemeiner Theil. Kap. 4. Besonderer Theil. Kap. 1. §. 3.

5) Schelling Methode des akadem. Studiums. Achte Vorlesung: „Es giebt keinen Zustand der Barbarey, der nicht aus einer untergegangenen Cultur herstammte.“ Dieselbe Ansicht hat Ahrens Rechtsphilosophie. Besonderer Theil. Kap. 3. §. 3.

Völkern macht sich die Kraft der Familienordnung und der Stammesverwandtschaft geltend.

2) Von der Entstehung des Staates durch Vertrag.

50. Jener auf der Naturgeschichte des menschlichen Geschlechts beruhenden Wahrheit entgegen ist besonders seit dem siebzehnten Jahrhundert eine andere Theorie aufgekommen. Der Ausgangspunkt derselben ist die Voraussetzung des Naturzustandes als des ursprünglichen Zustandes der Menschheit. Aus diesem seien die Menschen als gleiche und selbstständige Einzelnwesen freiwillig durch einen Vertrag zu einer bürgerlichen Gesellschaft zusammengetreten. Da aber eine solche ohne ein Regiment nicht möglich sei, so habe durch einen zweiten Vertrag Jeder die ihm über sich selbst zustehende Herrschaft auf ein gemeinsames Organ übertragen und sich dessen Gewalt unterworfen. Dieser Vertrag habe sich stillschweigend von Geschlecht zu Geschlecht fortgesetzt, und bilde so die rechtliche Grundlage des Staates und der Staatsgewalt.

51. Was aber zunächst die Hypothese des Naturzustandes betrifft, so beruht dieselbe auf der materialistischen Ansicht vom Ursprung des Menschengeschlechts, und ist durch das, was gegen diese gesagt wurde, widerlegt. Damit fällt dann von selbst auch die Möglichkeit weg, daß die Menschen, als ursprüngliche Einzelnwesen noch ganz außerhalb der Gesellschaft stehend, durch Vertrag zu einer Gesellschaft zusammengetreten wären. Wo hätte auch der Mensch im Zustande der Natur die Begriffe, ja selbst nur die Sprache und Ausdrücke erhalten können, um einen solchen Vertrag zu verabreden? Eben so wenig ist ein gegenseitiger Unterwerfungsvertrag zu irgend einer Zeit nachzuweisen, vielmehr ist die Natur der Sache überall dagegen. Das erste Unterwürfigkeitsverhältniß ist das der Kinder zu dem Hausvater, und dieses war das Werk der Natur und des Bedürfnisses. Hieraus giengen in ununterbrochener Folge die Autorität des Stammesoberhauptes und andere Formen der Herrschaft hervor. Wo also Menschen entstanden und entstehen, finden sie schon eine Ordnung und Gewalt als bestehend vor; sie wachsen ohne es zu wissen und zu wollen

in den Gehorsam gegen dieselbe hinein. Der Gedanke, daß sich bei jedem Menschen stillschweigend ein Vertrag vollziehe, wodurch er sich dem Staate verbinde und unterwerfe, ist eine durchaus willkürliche Fiction. Ein solcher Act existirt im Bewußtsein keines einzigen Menschen; sondern wie dieses erwacht findet man sich schon an den Staat mit den mannichfachsten Banden des Gemüthes und des Bedürfnisses gebunden, die zu zerreißen man nicht den Willen, kaum die Macht hat, und wobei man daher an einen Vertrag nicht denkt. Auch wenn man auswandert, findet man an dem andern Orte immer wieder eine Ordnung und Gewalt vor, der man sich, so wie sie ist, unterwerfen muß.

52. Die Scholastiker fassen nach Aristoteles den Staat als eine Gesellschaft, ohne doch darum in die falsche Theorie vom Socialvertrag zu gerathen [1]). Als die Grundlage des Staates wurde dieser zuerst von Hugo Grotius aufgestellt [2]). Dann folgte Hobbes mit der ausgebildeten Theorie von dem ursprünglichen Naturzustande und den zur Gründung des Staates errichteten zwei Verträgen: dem Einen, wodurch sich die Menschen unter einander, dem Anderen, wodurch sie sich dem Herrscher verpflichteten [3]). Darauf bauten Sidney und Locke fort. In Deutschland führte Pufendorf die Vorstellung vom pactum unionis und pactum subiectionis in die Wissenschaft ein. Mit den glänzendsten Farben und rückhaltloser Consequenz wurde dann diese Anschauung von J. J. Rousseau in seinem Contrat social 1752 ausgemalt. Die bequeme Formel gieng nun so sehr in den flachen Rationalismus der Zeit über, daß sie selbst solche Köpfe gefangen nahm, die ihrer Richtung und Stellung nach den daraus fließenden politischen Consequenzen durchaus entgegen waren. Beispiele sind Martini und Sonnenfels, die damaligen Orakel dieser Wissenschaft in dem strenge gesinnten Oesterreich, der redliche Scheidemantel, die Lehrbücher der Jesuiten wie Zallinger [4]), Kant der dabei mit

1) Dieses zeigt Jarcke Vermischte Schriften. Band III. Abhandl. 14.

2) Hugo Grotius de iure belli et pacis. Proleg. §. 15.

3) Hobbes de cive VI. 20. VII. 11.

4) Zallinger Institut. iuris naturalis (1744) §. 196. Causa efficiens.

sich selbst in Widerspruch kommt [5]), Gentz der eifrige Bekämpfer der Revolution [6]), Schmalz der Verfechter des strengen Königthums in Preußen. Doch wurden auch dawider schon früh Bedenken erhoben: so von Cumberland und Filmer gegen Hobbes, von Thomasius, Horn, Albrecht von Haller, Wieland, Schlosser. Scharfsinnig bekämpft wurde die Theorie in der Kürze von Hugo [7]), sehr ausführlich von Haller [8]). Dagegen erklären sich nun auch von protestantischen Schriftstellern Stahl [9]), Ahrens [10]); von Katholischen der Jesuite Taparelli, der den Irrthum seiner älteren Ordensgenossen gründlich widerlegt [11]), Lauer [12]), Moy [13]). Die Meinung kann jetzt wohl für alle tiefere Denker als abgethan angesehen werden.

53. Die oberflächliche Richtung der Zeit brachte noch andere Zerrbilder vom Staate hervor. Bündig sagt davon Dahlmann: „Der Staat ist keine Erfindung, weder der Noth noch der Geschicklichkeit, keine Actiengesellschaft, keine Maschine, kein ans einem frei aufgegebenen Naturleben hervorspringendes Vertragswerk, kein nothwendiges Uebel, kein mit der Zeit heilbares Gebrechen der Menschheit, er ist eine ursprüngliche Ordnung, ein nothwendiger

---

civitatis in conventione et pactione civium proxime consistit. — §. 197. Statum civilem patet adventitium esse nempe ex pacto ortum. — §. 207.

5) Kant Rechtslehre §. 47. Allg. Anmerkung A. B. In diesen Stellen wird neben einander einerseits von dem Socialvertrag, andererseits vom göttlichen Recht der Obrigkeit und der Unerlaubtheit der Revolution gesprochen.

6) Diese Inconsequenz rügt gegen ihn auch Makintosh, Gentz Schriften von Schlesier I. 307.

7) Hugo Naturrecht §. 378—383.

8) Haller Restauration der Staatswissenschaften Th. I. Kap. 3—11. Man findet hier auch die genauere Angabe der Literatur.

9) Stahl Philosophie des Rechts. Th. I. Buch III. Abschn. V. Th. III. §. 45—47 (39—41).

10) Ahrens Rechtsphilosophie. Allgemeiner Theil. Kap. 3. §. 9., Organische Staatslehre. Besonderer Theil. Kap. 1. §. 3.

11) Taparelli Naturrecht (1840) §. 557—585.

12) Lauer Philosophie des Rechts. Th. I. §. 34.

13) Moy Philosophie des Rechts. Th. II. §. 16.

Zustand, ein Vermögen der Menschheit und eines von den die Gattung zur Vollendung bringenden Vermögen" [1]).

C) Bestandtheile des Staates. 1) Volk und Land.

54. Die natürliche Unterlage jedes Gemeinwesens ist das Volk; denn ein Gemeinwesen ist eben das als Einheit organisirte Volk. Die Unterscheidung in Völker ist eine von der Natur gegebene und gewollte Thatsache; allein dieser entspricht nicht genau auch die Unterscheidung in Staaten, indem nach dem in der Geschichte als dem Gebiete der menschlichen Freiheit möglichen Wechsel verschiedene Völker in einem Staate vereinigt sein können. Dadurch liegt in der Staatenbildung eine höhere künstliche, die natürlichen Verschiedenheiten überwindende Kraft und Aufgabe, welche unbewußt dem großen Gesetze und geheimen Zuge der Menschheit nach Einheit dienstbar ist [1]), und in so fern als göttliche Fügung angesehen werden kann [2]). In diesem Sinne hat sich das durch geschichtliche Bestimmung in einem Staate zur Einheit gewordene Volk als eine solche zu fühlen. Umgekehrt hat aber auch ein Staat jeden seiner Angehörigen als ein Glied seiner selbst zu ehren und zu beschützen. Hierauf beruht im Inneren eines Staates der Vorzug der Bürger vor dem Fremden, nach Außen hin die Vertretung, die ein kräftiger Staat seinen Angehörigen überall angedeihen lassen muß.

55. Die Biegsamkeit der menschlichen Natur macht eine gesellschaftliche Verfassung auch bei wandernden Völkern ohne feste Wohnsitze möglich. Die gesellschaftlichen Einrichtungen schließen sich dann nicht an örtliche Gemeinden und Obrigkeiten, sondern an persönliche Verbindungen der Familien, Geschlechter und Stämme mit tragbaren Heiligthümern an. Die Familien- und Geschlechterverfassung erlangt dort eine Stärke, die noch lange nach

---

1) Dahlmann Politik §. 2.

1) Man sehe oben §. 38.

2) Sehr schön äußert sich in diesem Sinne Ahrens Organische Staatslehre. Besonderer Theil. Kap. 7 (5).

der festen Niederlassung fortwirkt, bis sie vom Staate mit seinen örtlichen Einrichtungen verdrängt werden. Die höhere bleibende Cultur kann sich jedoch nur bei Völkern mit festen Wohnsitzen entwickeln, und darauf ist auch die Menschheit von der Natur selbst durch die tiefe Beziehung des Ackerbaues zum System der menschlichen Bedürfnisse angewiesen [1]). An den Boden knüpfen sich feste Sitten und Erinnerungen, die Liebe zum Vaterlande und die bildende Kraft des geordneten Daseins, kurz Alles was die staatliche Verbindung innig und stark macht. Das Land und was damit zusammenhängt, das Klima und die dadurch bedingten Bedürfnisse und Beschäftigungen üben allerdings auf das Volk auch einen nachtheiligen Einfluß aus und beugen seinen Geist unter die Herrschaft physischer Gesetze [2]). Allein in der fortschreitenden Cultur, und vorzüglich in dem Christenthum, liegt eine Kraft, welche den Menschen und die Menschheit auch in dieser Hinsicht frei macht.

56. Staat, Volk und Land bilden zusammen das, was man ein Reich nennt. In diesem Begriffe durchdringen sich die drei Elemente zu einer Einheit, zu einem zu gleicher Zeit naturwüchsigen und künstlichen Ganzen. Darin ruht die Unverletzlichkeit und Unveräußerlichkeit des Territoriums wie des Volkes. Daher sträubt sich auch das Gefühl gegen die Veräußerung eines Theiles des Gebietes, weil es darin mit Recht die Herabwürdigung des Staates und Volkes von einer geistig verbundenen organischen Einheit zu einem bloßen mechanischen Agglomerat erblickt. Ganz irrig und gesucht ist aber die Meinung, als ob in dem Begriffe von Reich das Land die Hauptsache, die Personen nur wie Zubehör wären, und wenn man daher im französischen Staatsrecht das schöne Wort, Reich, mit dem Namen, Volk, vertauscht hat. Doch ist dieses bis jetzt ohne Nachahmung geblieben.

---

1) Von solchen Völkern ist daher auch allein hier zu handeln. Taparelli Naturrecht §. 536. 537. spricht zwar auch von Jagd- und Hirtengesellschaften. Allein diese gehören in Reisebeschreibungen, nicht in die Rechtsphilosophie.

2) Man sehe §. 24.

2) Von der Nationalität.

57. Der Unterschied der Nationalitäten ist eine Veranstaltung der Natur, worin sich die tiefsten physischen und geistigen Beziehungen begegnen und verbinden. Dazu gehört dreierlei. Erstens der Unterschied der Raçen, welcher unbestreitbar nicht blos der Gestalt und dem Körperbau, sondern auch dem Gemüthe und den Anlagen des Geistes ein eigenthümliches Gepräge mittheilt. Zweitens der Unterschied der Sprache, die zu gleicher Zeit das Erzeugniß wie auch das stärkste Fortpflanzungsmittel der nationalen Eigenthümlichkeit ist. Drittens ein unerklärbarer Zug des Gemüthes, welcher in der Nation einen Theil des eigenen Selbst empfindet, mit ihren Freuden jubelt, für ihre Leiden blutet, auf ihre Lieder horcht, für ihre Helden glüht, und aus dieser Hingebung die reinste und edelste Begeisterung und Thatkraft schöpft. Dennoch kommt dieses hohe Gut mit dem Gange der Staatenbildung, der weit mehr durch die Machtverhältnisse und andere Interessen bestimmt wird, überall in Conflict, und nur zu oft muß die Nationalität dem unerbittlichen Gesetze der Geschichte untergeordnet werden. Doch bleibt ihr auch bei der Einfügung in einen neuen Staatsorganismus, statt sich im vergeblichen Vernichtungskampfe zu verzehren, immer die Möglichkeit, das beste Theil ihres Wesens, ihre Wissenschaft und Literatur zu retten, und als ein befruchtendes Element dem neuen Ganzen zuzuführen. Der glückliche Sieger aber möge immer eingedenk sein, daß er das Werkzeug eines, wenn auch unvermeidlichen, doch immer harten Gesetzes ist, daß dasjenige, was ihm aus dem Ueberwundenen hindernd entgegentritt, doch auf naturgemäßen und edlen Gefühlen und Beweggründen beruht, die mit Schonung und Geduld überwunden sein wollen, und daß das allein sichere Mittel dazu eine gerechte, wohlwollende und vertrauende Regierung ist. Sehr schön sagt Ahrens: „Das Leben der Völker entwickelt sich nicht nach Principien der Sonderung und Abtrennung, sondern der größeren Ausgleichung und inneren Vereinigung; und eine Politik, welche, wenn auch aus verschiedenen Rücksichten, in dieser Richtung wirkt, und, bei der Anerkennung der inneren Freiheit und relativen Selbst-

ständigkeit der Völker, eine umfassendere und innigere Vereinigung derselben anstrebt, wird über eine einseitige und beschränkte Nationalitätspolitik den Sieg davon tragen, weil sie des Weges geht, den die Vorsehung den Völkern zur Erringung der höheren geistigen Güter und der Vollführung der gemeinsamen menschheitlichen Aufgabe, wozu der Staat immer nur ein Mittel sein soll, vorgezeichnet hat" [1]).

D) Vom Recht im Staate. 1) Vom Recht an sich. a) Wesen desselben.

58. Der Staat, als die von der Natur gewollte und vom Menschen geschaffene dauernde Gemeinschaft des menschlichen Daseins, besteht, wie Alles was eine dauernde Existenz haben soll, nur durch Ordnung. Unordnung ist schon Auflösung. Ordnung ist aber gleichbedeutend mit der Einheit in der Vielheit, das heißt mit dem Nebeneinanderbestehen verschiedener Thätigkeiten, ohne daß diese sich stören und verwirren, sondern vielmehr auf ein gleiches Ziel hinwirken. Dieses setzt aber eine diese Thätigkeiten beherrschende Regel voraus. Im Reiche der Natur sind diese Regeln dem Stoffe als unwandelbare Naturgesetze eingeprägt. Anders ist es im Reiche des Geistes, in den Verhältnissen der Menschen zu einander. Hier besteht Freiheit, Macht. Der einzelne Mensch kann factisch Etwas thun, was die Thätigkeiten Anderer stört und dadurch zur Verwirrung und Auflösung führt. Dennoch soll sich auch in der moralischen Welt die Ordnung behaupten. Da in dieser, eben weil sie das Reich der Freiheit ist, zwei Kräfte gegeneinander kämpfen, eine gute, welche nach Erhaltung, und eine böse, die nach Zerstörung strebt: so ist Jenes nur dadurch möglich, daß dem Menschen neben der Freiheit der Wahl Etwas in die Seele gelegt ist, was ihn beim Gebrauche seiner Freiheit das Gute und Böse unterscheiden lehrt, und was ihn zu dem Ersteren hinzieht. Dieses ist das Gewissen. Dieses äußert sich in einer dreifachen Richtung. Erstens treibt es an aus Rücksicht auf die eigene menschliche Würde das Gute zu thun, das Böse zu meiden. In dieser

1) Ahrens Organische Staatslehre. Besonderer Theil. Kap. 5 (3) am Ende.

Thätigkeit heißt es das Gefühl des Sittlichen [1]). Zweitens lehrt es in den Mitmenschen die gleiche menschliche Würde und die daraus in den gegenseitigen Beziehungen fließenden Ansprüche anzuerkennen. In dieser Function heißt es der Sinn für das Gerechte oder das Rechtsgefühl [2]). Drittens lehrt es neben der Pflicht der Gerechtigkeit, die Jedem nur das Seinige läßt oder giebt, auch die Pflicht des Wohlwollens und der Liebe, die mit Selbstaufopferung von dem Eigenen hinzuthut [3]).

59. Dieser dem Menschen eingepflanzte dreifache Sinn für das Sittliche, Gerechte und für Wohlwollen ist in demselben so mächtig, daß er nicht blos den Einzelnen bei seinen Handlungen leitet, sondern es entwickeln sich aus ihm auch gemeinsame Ueberzeugungen über das, was demselben gemäß sei. Diese sprechen sich in den Sitten und Gesetzen eines Volkes als etwas Bleibendes, Nothwendiges und allgemein Verbindliches aus, und so entsteht eine feste Rechtsordnung, was man eben Staat nennt. Der Staat wird also auf dieselbe Art erzeugt, wie das Recht; ja er ist die höchste Stufe der Rechtserzeugung überhaupt" [1]). Die Erhaltung der moralischen Ordnung beruht also auf dem Staat, und dieser auf dem Sinn für das Sittliche, Gerechte und für Wohlwollen. Uebrigens lassen sich diese drei Richtungen, zwar wohl im Begriff, nicht aber auch in der Wirklichkeit trennen. Nicht im Menschen, weil eben die harmonische Vereinigung von allen Drei zur ethischen Vollendung des Menschen gehört. Nicht in den Handlungen, weil eine Handlung zugleich unsittlich, ungerecht und lieblos, oder auch nur das Eine oder das Andere sein kann. Auch nicht in den Lebensordnungen und Rechtsinstituten, weil diese, als vom Menschen und für denselben gebildet, mehr oder weniger aus den drei Elementen zusammengesetzt sind [2]).

---

1) Man sehe die nähere Begründung im §. 30.

2) Man sehe §. 32.

3) Man sehe §. 33.

1) So sagt sehr gut Savigny System I. §. 9.

2) Diese Mischung zeigt sich am deutlichsten im Familienrecht. Aber

60. Die Grundlage des Rechts und des Rechtsbegriffes ist also das dem Menschen eingeborene Rechtsgefühl und Gewissen, welches die Uebereinstimmung der menschlichen Handlungen und Verhältnisse mit der Gerechtigkeit will. Dabei kann man jedoch nicht stehen bleiben, sondern man muß auch nach dem objectiven, außerhalb des Menschen liegenden Grunde fragen, worauf die Gerechtigkeit selbst beruht. Dieses Objective ist aber die über dem Menschen stehende sittliche Weltordnung, und das Rechtsgefühl und das Gewissen sind eben die Organe, welche Gott dem Menschen verliehen hat, um diese unsichtbare Ordnung zu erkennen und mit ihr in Verbindung zu treten. Sie sind die Augen des Geistes, welche in die dem irdischen Auge unerreichbare übersinnliche Welt hinüberleuchten. Das Recht und die Gerechtigkeit sind also in ihren letzten Gründen aufgefaßt, die aus den Eigenschaften Gottes fließenden Gesetze der sittlichen Weltordnung, die sich dem Menschen durch das Organ des Gewissens als solche, also als Wille Gottes und als eine über dem Menschen stehende Macht ankündigen [1]).

61. Das Gute und das Böse gränzen aber nicht unmittelbar an einander, sondern zwischen Beiden liegt ein großes Gebiet, innerhalb dessen sich die menschliche Freiheit nach ihrer Wahl bewegen kann. Auf diesem Gebiete hat die menschliche Thätigkeit für Eigenthum und Verkehr, das Streben nach edlem Lebensgenuß, nach der Verschönerung des irdischen Daseins durch Geselligkeit, Wissenschaft und Kunst, überhaupt die Herrschaft des Nützlichen und Zweckmäßigen ihr weites Feld [1]). Auf ihm entwickeln sich viele Rechtsinstitute, namentlich des Privatrechts, welche, weil das Nützliche und Zweckmäßige sehr relativ sind, auch sehr mannichfaltiger Formen fähig sind. Dieses ist also der Theil des Rechts,

---

selbst die Lehre vom Vertrag oder vom Erbrecht ist nicht blos juristischer Art. Zu den großen Mißgriffen, die das Naturrecht so verunstaltet haben, gehört, daß man es überall blos auf das Juristische beschränken wollte.

1) Man sehe §. 30. 32.

1) Man sehe §. 37.

welcher am meisten von dem menschlichen Belieben abhängt. Sehr schön hat schon Cicero diese doppelte Natur des Rechts erkannt und ausgesprochen. Das Wesen desselben leitet er, wie Platon, aus der eingeborenen Gerechtigkeit her, aus der Vernunft Gottes die in der Vernunft des Menschen, oder in dem Gewissen, wiederstrahle [2]). Zu diesen von der Natur selbst dem Gefühle eingegebenen Urgesetzen des Rechts komme dann dasjenige, was in der bürgerlichen Gesellschaft als nützlich und zweckmäßig erkannt und daher durch die Gewohnheit als Recht angenommen worden [3]). Beides, sowohl das natürliche wie das conventionelle Recht werde endlich durch die positiven Gesetze befestigt [4]). Der Sache nach übereinstimmend und mit ausdrücklicher Beziehung auf Cicero äußert sich der h Thomas von Aquin. Er unterscheidet das ewige Gesetz, welches in Gott das Bestimmende der Weltordnung und Weltregierung ist; das natürliche Gesetz, welches mit dem ewigen eins die Manifestation desselben im Gefühl und Be-

2) Cicero de leg. II. 4. Hanc igitur video sapientissimorum fuisse sententiam, legem neque hominum ingeniis excogitatum nec scitum aliquod esse populorum, sed aeternum quiddam, quod universum mundum regeret imperandi prohibendique sapientia. Ita principem illam et ultimam, mentem esse dicebant omnia ratione aut cogentis aut vetantis Dei. Ex qua illa lex, quam Dii humano generi dederunt, recte est laudata; est enim ratio mensque, ad iubendum et deterrendum idonea. — Est ratio profecta a rerum natura, et ad recte faciendum impellens, et a delicto avocans, quae non tum denique incipit lex esse, cum scripta est, sed tum cum orta est. Orta autem simul est cum mente divina. Quamobrem lex vera atque princeps, apta ad iubendum et ad vetandum, ratio est recta summi Iovis.

3) De leg. II. 5. Constat profecto ad salutem civium, civitatumque incolumitatem, vitamque hominum quietam et beatam, inventas esse leges.

4) De invent. II. 53. Iustitia est habitus animi, communi utilitate conservata, suam cuique tribuens dignitatem. Eius initium est ab natura profectum: deinde quaedam in consuetudinem ex utilitatis ratione venerunt: postea res et ab natura profectas, et ab consuetudine probatas, legum metus et religio sanxit. Man sehe auch II. 22.

wußtsein des Menschen ist; und das menschliche Gesetz, welches unter dem Einfluß des natürlichen Gesetzes nach der menschlichen Vernunft und Einsicht für das praktische Bedürfniß festgesetzt ist. Neben das natürliche Gesetz stellt er aber noch das göttliche in den heiligen Schriften bezeugte Gesetz, als ebenfalls einen Ausfluß des ewigen Gesetzes [5]).

b) Wirkung des Rechts.

62. Da das Recht eine die menschliche Freiheit beherrschende Regel sein soll, so kann es sich nur in einer dreifachen Richtung äußern: dadurch daß es verbietet, oder daß es gebietet, oder daß es weder das Eine noch das Andere thut, also erlaubt. Letzteres tritt ein, wo nicht sittliche, politische oder juristische Gründe Eins der beiden Anderen nöthig machen. Im Zweifel spricht für Letzteres, als das der natürlichen Freiheit Angemessene, die Regel. Jene Unterscheidungen kommen in allen Theilen des Rechts vor. Doch läßt sich wohl sagen, daß im Strafrecht das Verbieten, im öffentlichen Recht das Gebieten, im Privatrecht das Erlauben das Vorherrschende sei.

63. Betrachtet man die Wirkung des Rechts in Beziehung auf die menschlichen Zustände, so ist dieselbe doppelter Art: theils abwehrend und schützend, theils einigend und verbindend. Einmal nämlich werden dadurch die Thätigkeiten der Menschen gegen einander begränzt: „es wird der Persönlichkeit, dem individuellen Willen eines Jeden ein Gebiet angewiesen, worin er unabhängig von jedem fremden Willen zu herrschen hat" [1]), und das, was er will und schafft, gegen Zerstörung gesichert. Zweitens wird dadurch auch das Zusammenwirken mehrerer Willen zu den von der Natur und vom Interesse der Menschen gebotenen Zwecken geordnet, zum Beispiel zu den Instituten der Familie, des Staates. Hegel definirt das Recht so: „Dieß, daß ein Daseyn überhaupt, Daseyn des freien Willens ist, ist das Recht; es ist somit überhaupt die

---

5) Man sehe unten §. 528.

1) So sagt Savigny System I. 333.

Freyheit als Idee“ [2]). Dieses ist, nur dunkler ausgedrückt, das was als die eine Wirkung des Rechts bezeichnet ist; die Andere ist dabei übersehen oder nur indirect darin enthalten. Derselbe Fehler ist bei Savigny; daher muß er die zweite Wirkung an einer anderen Stelle nachtragen [3]).

c) Erscheinungsformen des Rechts.

64. Die Quelle, aus welcher das Recht im Staate erzeugt wird, ist also theils das Gewissen, insbesondere das Rechtsgefühl, theils der Instinct der Zweckmäßigkeit. Beides spricht sich in einer dreifachen Form aus. Die Eine ist die Sitte und Gewohnheit. Diese ist die Form, worin jene das Recht erzeugenden Kräfte am unmittelbarsten und fast unbewußt thätig sind. Der Eine geht in einem einzelnen Falle mit dem voran, was er dabei für recht und zweckmäßig hält; Andere folgen ihm aus demselben Grunde nach; durch die Wiederholung entsteht eine feste Norm, der man nun als dem als richtig empfundenen und anerkannten Ausdruck des Rechten und Zweckmäßigen und aus dem sich überall geltend machenden Bedürfnisse der Continuität eine verpflichtende Kraft beilegt. Das Gewohnheitsrecht ist jedoch seiner Natur nach nur eine dürftige Rechtsquelle; es kann dadurch nur das Aeußerliche, Handgreifliche im Recht festgesetzt werden; für das Feinere der Anwendung muß ihm etwas Anderes zur Seite stehen. In dem Bereiche aber, worin es wirkt und schafft, schafft es gesund und kräftig, weil es eben der unmittelbare Ausdruck des im Volke lebenden Gefühles und Bedürfnisses ist.

65. Die andere Form, worin das Recht eines Volkes ausgeprägt wird, ist durch das juristische Nachdenken, also durch das Organ der Juristen in der Rechtswissenschaft. Diese schöpfen dabei aus einer dreifachen Quelle. Erstens erfassen sie die in dem Gewohnheitsrecht und den Gesetzen eines Volkes überlieferten positiven Rechtsbestimmungen, dringen in deren Sinn und Zweck ein,

---

2) Hegel Philosophie des Rechts §. 29.

3) Savigny System I. 333. 340.

legen sie aus und bringen sie in eine systematische Ordnung. Zweitens bringen sie durch Nachdenken und Erfahrung die allgemeinen natürlichen Rechtswahrheiten, wie sie in dem gesunden Verstande und Gefühle liegen, zum Bewußtsein und mit jenem positiven Recht in Verbindung. Drittens bilden sie diesen Stoff auf dem Weg des juristischen Denkens wissenschaftlich bis in die Einzelnheiten aus. Bei dieser Operation wird der juristische Verstand vorzüglich von dem dem menschlichen Geiste eingeborenen Gesetze der logischen Consequenz geleitet, wozu sich grade an diesem Gebiete ein vorzüglich geeigneter und befriedigender Stoff vorfindet [1]). Es kann jedoch einem so reichhaltigen und lebendigen Stoffe gegenüber die logische Consequenz ihre Einseitigkeit haben, und die allseitige Erwägung des Bedürfnisses einer Vermittlung und Ausgleichung ergeben. Es muß dann in dem gegebenen Falle als Bestimmungsgrund des juristischen Denkens an die Stelle des Buchstabens oder der formellen Consequenz die Billigkeit treten. Dasselbe wird nothwendig, wo es ganz an einer Entscheidungsnorm fehlt, oder wo zwei widerstrebende Gesichtspunkte in Conflict kommen [2]). Die große Aufgabe des juristischen Denkens ist überhaupt die, die logische Consequenz mit der wahren materiellen Gerechtigkeit, den Verstand mit dem Gefühle, in Einklang zu erhalten. In der Jurisprudenz oder dem Juristenrecht liegt daher nicht blos die geistigste Form des Rechts, sondern eine der edelsten geistigen Thätigkeiten eines Volkes überhaupt.

66. Die dritte Form, worin das Recht zur Erscheinung kommt, ist das Gesetz, eine von der Staatsgewalt zur Nachachtung aufgestellte allgemeine Verordnung. Dieses ist also die künstlichste und absichtlichste Form des Rechts. Der Gesetzgeber schöpft dabei aus einer zwiefachen Quelle. Erstens aus der Einsicht in das gegebene Bedürfniß, wobei auch die bestehenden Sitten und Gewohnheiten in Betracht zu ziehen sind. Zweitens aus der Jurisprudenz, indem diese alle Vorarbeiten zu den Gesetzen zu machen

---

1) Man sehe §. 34.

2) Von der Billigkeit handelt näher meine Juristische Encyclopädie §. 22.

hat. Was der Gesetzgeber Eigenthümliches hinzuthut, ist die Form, und auch diese muß die Rechtswissenschaft an die Hand geben. Es kommt dabei darauf an, den beabsichtigten Gedanken so klar und bündig auszudrücken, daß alle darin liegenden Consequenzen, die man sich also vor Augen gestellt haben muß, nicht mehr und nicht weniger, mit Sicherheit daraus abgeleitet werden können. Es gehört also dazu eine wohl durchdachte vorsichtige Fassung, und das formelle Element im Recht findet in den Gesetzen seine hauptsächlichste Vertretung.

67. Dieselben drei Kräfte, Gewohnheitsrecht, Jurisprudenz und Gesetze, sind auch bei der Fortbildung des Rechts thätig. Das Leben eines Volkes steht nie still; seine materiellen und socialen Verhältnisse, seine geistige Entwicklung, die Berührungen mit anderen Völkern erzeugen neue Zustände und Bedürfnisse; die hergebrachten Gewohnheiten werden in ein anderes Geleise gebracht; die Rechtswissenschaft findet neue Fragen zu lösen, und die Gesetzgebung muß das Veraltete ausscheiden und das Herangereifte durch neue Gesetze unter ihren Schutz nehmen.

68. Wie in der Geschichte der Menschheit die Idee des Rechts zuerst zum Bewußtsein und zur Erscheinung kam, darüber giebt es keine Nachrichten. Recht, Sittlichkeit und Religion lagen ungeschieden in dem kräftigen Gefühle des Naturmenschen, wurden durch die Autorität des Hausvaters gehandhabt, durch die Sprache überliefert, durch die bei Conflicten eintretende Entscheidung des Familien- oder Stammesoberhauptes näher ausgebildet, und durch die sich daran schließenden Sitten und Gewohnheiten befestigt. Eben so ist bei der weiteren Entwicklung der bürgerlichen Gesellschaft das Recht fortwährend durch positive Anordnungen einer Autorität gestützt und weiter entwickelt worden. Dieses beweist die Geschichte. Denn überall, wo die historischen Nachrichten anfangen, finden sich auch schon positive Gesetze, gewöhnlich mit den Religionsvorschriften in Verbindung.

69. Ueber die Entstehung des Rechts haben Hugo und Savigny der richtigen Ansicht Bahn gebrochen[1]). Namentlich hat

1) Man sehe Savigny System I. §. 7.

des Letzteren Vergleichung des Rechts mit der Sprache großen Anklang gefunden. Daraus ist jedoch ein zwiefacher Irrthum hervorgegangen. Erstens betrachtet man häufig das Gewohnheitsrecht als das Ursprüngliche, die Gesetze als das Spätere. Dieses ist wider die Natur der Sache und wider die Zeugnisse der Geschichte. Das erste Recht ist der Ausspruch einer Autorität; nur muß man nicht grade an eine schriftliche Festsetzung denken. Zweitens ist es nicht wahr, daß das Recht sich wie die Sprache von selbst und unbewußt verändere. Das, was sich unbewußt verändert, sind die factischen Zustände eines Volkes; das Recht selbst folgt diesen Veränderungen, zwar mit einer inneren Nothwendigkeit, aber doch mit Bewußtsein durch das Organ der Wissenschaft und Gesetzgebung.

2) Von den Rechtsverhältnissen.

70. Das Recht ist ein abstracter Begriff; es äußert und verwirklicht sich nur in der Beziehung von Personen zu Personen. Eine solche Beziehung durch eine Rechtsregel geordnet bildet ein Rechtsverhältniß. Der Staat selbst ist ein großes Rechtsverhältniß; und in ihm gehen die anderen Rechtsverhältnisse auf und unter. In jedem Rechtsverhältnisse sind zwei Gesichtspunkte zu unterscheiden. Erstens der materielle Stoff desselben, das heißt die von der Natur oder durch menschliche Absicht demselben gegebene factische Beschaffenheit und Bestimmung [1]); zum Beispiel bei der Ehe die Verbindung zwischen Mann und Frau mit den von der Natur daran geknüpften Thatsachen. Zweitens dasjenige, was sich aus dieser Bestimmung und Absicht in Verbindung mit dem sittlichen Wesen des Menschen als die juristische Natur des Verhältnisses ergiebt, also das wodurch es zu einem „Rechts-Verhältnisse" gemacht wird [2]); zum Beispiel bei der Ehe die aus den Absichten der Natur sich ergebende juristische Oeconomie derselben. Durch das Erste wird die Eigenthümlichkeit jedes Rechtsverhältnisses bestimmt; die juristische Reflexion zieht dieses thatsächliche

1) Man vergleiche dazu oben §. 2. 6.

2) So sagt auch Savigny System I. 333.

Element auf das Rechtsgebiet herüber, analysirt was für die Eigenthümlichkeit desselben das Rechte und Gerechte ist, und spricht dieses als den Rechtsbegriff oder die Rechtsregel des Verhältnisses aus. Jedes Rechtsverhältniß hat daher ein eigenthümliches Moment, eine Grundidee, wovon es beherrscht wird. Oft wirken bei Einem auch mehrere Momente zusammen. Es ist eben vorzüglich die Aufgabe der Rechtsphilosophie diese Momente zu zergliedern und zum Bewußtsein zu bringen.

71. „Nicht alle Beziehungen des Menschen zum Menschen, sagt Savigny, gehören jedoch dem Rechtsgebiet an; denn nicht alle sind einer solchen Bestimmung durch Rechtsregeln empfänglich oder bedürftig. Man kann in dieser Hinsicht drei Fälle unterscheiden: Gewisse menschliche Verhältnisse sind blos juristischer Natur und gehören auf das Rechtsgebiet ganz; so zum Beispiel das Eigenthum. Andere gehören dahin gar nicht; zum Beispiel das Freundschaftsverhältniß. Noch andere gehören dahin nur theilweise. Von dieser Art sind namentlich die Familienverhältnisse. In diesen ist das moralische Element, Liebe und Wohlwollen, das vorherrschende; die juristischen Beziehungen sind das untergeordnete und dienen nur zur Aushülfe“ [1]). Hier kommt also das Unterscheidende zwischen Recht und Sittlichkeit zur Sprache [2]). Demgemäß ist ein Verhältniß zwischen Menschen ein juristisches nur dann und in so weit, als dabei gegen den Verpflichteten entweder ein Zwang auf unmittelbare Erfüllung denkbar, oder doch ein Surrogat in Geld möglich, oder eine Bestrafung wegen dessen Verletzung zu rechtfertigen ist. Wo keines dieser Kriterien vorhanden ist, gehört es gar nicht dem Rechtsgebiet an.

72. Jedes Rechtsverhältniß enthält seiner Natur nach zwei Momente: ein Recht und eine dem entsprechende Verpflichtung Anderer. Dadurch entsteht der Begriff von Recht im subjectiven Sinne, als Befugniß. Da es ein Ausfluß des Rechts im objec-

1) Man sehe Savigny System I. 333. 334.

2) Man sehe darüber §. 16.

tiven Sinne ist, so kann es sich nur, wie dieses selbst[1]), in einer dreifachen Richtung äußern: als Verpflichtung Anderer Etwas zu unterlassen, oder Etwas zu thun, oder Etwas zu leiden. Hinsichtlich der Entstehung der Rechtsverhältnisse sind die beiden Elemente derselben zu unterscheiden. Der factische Grundstoff eines Rechtsverhältnisses entsteht durch eine Thatsache der Natur oder der menschlichen Freiheit. Das Juristische desselben entsteht durch das positive Recht, welches an jene Thatsache juristische Wirkungen knüpft. Concreter zusammengefaßt so entstehen die Rechtsverhältnisse entweder unmittelbar durch das Gesetz, oder durch Vertrag, oder durch Verjährung.

II. Das Leben und dessen Erscheinungen im Staate. A) Die Individuen. 1) Die Persönlichkeit.

73. Der Staat ist die Erscheinungsform des ganzen menschlichen Daseins, die Entwicklung von Allem, was die menschliche Natur in sich schließt. Alles im Staate geht daher von den Menschen als Individuen aus und auf sie zurück. Sie sind das, worum sich bewußt oder unbewußt der ganze Rechtsorganismus dreht, und wovon dieser sein Gepräge erhält. Das Erste, was also in diesem in Betracht kommt, ist die Individualität, die Persönlichkeit. In diesem Worte ist Alles, was der Mensch ist, enthalten. Von der Anerkennung derselben muß also der Staat und das Recht ausgehen, weil sie nur durch und für den Menschen da sind. Der Mensch in seiner Vollständigkeit aufgefaßt ist aber ein physisches, jedoch von Gott mit einem vernünftigen und unsterblichen Geiste begabtes Wesen[1]). Diese im Alterthum mehr geahnete als klar erkannte und daher nur vereinzelt in den Schulen der Philosophen gelehrte Wahrheit ist durch das Christenthum in die allgemeine Ueberzeugung der Völker übergegangen. Alles, was jener Gedanke für die Würde, die Aufgaben und Hoffnungen des Menschen Erhabenes in sich schließt, ist durch das Christenthum

1) Man sehe §. 62.

1) Man sehe oben §. 40.

zum Gemeingute aller Menschen gemacht worden[2]). Die Persönlichkeit beruht daher nicht, wie in den Staaten des Alterthums, in der vom Staate zuerkannten Rechtsfähigkeit, sondern in der von Gott jedem Menschen gleichmäßig verliehenen menschlichen Würde und unsterblichen Berufe. Der Begriff der Persönlichkeit hat daher durch das Christenthum eine ganz neue folgenreiche Begründung und Weihe erhalten. Sie ist das wahrhafte Eine Urrecht, in welchem alle anderen Urrechte enthalten sind, wie sich unten zeigen wird.

74. „Die Einzel-Persönlichkeit, sagt Ahrens sehr schön, ist eine ewige Urindividualität, die ihr Sein, Leben und Recht zuhöchst aus Gott schöpft, und in diesem ureigenen Rechte stets geachtet werden muß. Die einzelne menschliche Persönlichkeit, in welcher ein ewiges göttliches Princip mit dem Ich verbunden ist, reicht über dieses beschränkte Leben hinaus, ist grundeigenthümlich in ihren Anlagen und Fähigkeiten. Das Recht der individuellen Persönlichkeit hat daher seine Quelle nicht in der Familie, in der Gemeinde oder in der Nation, selbst nicht in der Menschheit, sondern in Gott, und diese Persönlichkeit kann daher von einer gesellschaftlichen Vereinigung wohl in ihrem Rechte beschränkt, oder vielmehr organisch bestimmt, aber nie völlig rechtlos gemacht werden. Eine Verkennung des individuell-persönlichen Rechts würde aber auch darin liegen, wenn die individuelle Persönlichkeit zwar in einzelnen Hinsichten erhalten, aber im Principe vernichtet würde. Diese grundsätzliche Vernichtung ist die Folge aller pantheistischen, sensualistischen und materialistischen Systeme, in welchen der menschliche Geist entweder als ein bloßes Accidenz, eine Erscheinungsform der Gottheit, der Weltseele, oder als ein bloßes Product der Materie betrachtet wird. Diese Systeme führen dann auch consequent zu der gänzlichen Unterordnung und Hingabe der Einzelnen an die Gesellschaft, an den Staat oder an die Menschheit, oder zu einer blos äußeren, materiellen Aggregation derselben nach

---

2) Sehr schön entwickelt dieses Balmes Protestantismus verglichen mit dem Katholicismus Th. I. Kap. 21—23.

gemeinsamen abstracten Principien. Beide Systeme führen, wenn auch die sensualistischen Lehren meistens zuerst von dem Egoismus ausgehen, zuletzt zu irgend einer Form des Communismus, in welchem die ureigene Persönlichkeit in ihrem Rechte vernichtet, einer äußeren, alle wahre Freiheit zerstörenden, Gesellschaftsgewalt Preis gegeben wird, die sich aber auch nur mit Zwang behaupten kann. Die Ueberwindung dieser communistischen Rechts- und Staatslehren liegt daher vor Allem in der Ueberwindung jener pantheistischen und sensualistischen Lehren in ihren mannichfachen Formen und Modificationen, und in der Anerkennung der in der göttlichen Persönlichkeit gegründeten, göttlich-menschlichen Persönlichkeit" [1]).

75. Der Begriff der Persönlichkeit beruht also in dem heutigen Rechtsorganismus nicht darauf, daß sie vom Staate verliehen, sondern darauf, daß sie durch die sittliche Natur des Menschen gegeben, und im Staate nur anerkannt und geschützt ist. Daraus ergeben sich juristisch folgende Consequenzen. Erstens folgt daraus das Recht, zum Schutze seiner Persönlichkeit und aller daran hängenden Rechte vor Gericht klagend aufzutreten. Im Alterthum hatten die Sclaven dieses Recht eben aus dem Grunde nicht, weil ihnen keine Persönlichkeit zuerkannt war. Zweitens gründet sich darauf der ganze Theil des Strafrechts, welcher die Vergehen gegen Personen und Eigenthum zum Gegenstande hat. Drittens folgt daraus, daß nach dem Standpunkte der heutigen Anschauung die Persönlichkeit ein angeborenes unveräußerliches Gut ist, dessen man sich selbst durch seinen eigenen Willen nicht begeben kann. Ein Vertrag, wodurch man seine Persönlichkeit ganz zerstörte, sie herabwürdigte, oder blos zum Mittel für die Zwecke eines Anderen machte, stände also mit der sittlichen Natur und

1) Ahrens Rechtsphilosophie. Allgemeiner Theil Kap. 3. §. 2. Ich führe diesen Schriftsteller deshalb an, weil er nicht in den Verdacht kommen kann, unter dem Einfluß einer beengenden religiösen Auffassung geschrieben zu haben. Es gehört auch zu den Verdiensten von Stahl, die religiöse Auffassung der Persönlichkeit in der Rechtsphilosophie mit aller Energie geltend gemacht zu haben.

Aufgabe des Menschen im Widerspruch, wäre also selbst etwas Unsittliches und in sich nichtig.

2) Die in der Persönlichkeit enthaltenen Rechte. a) Das Recht der physischen Existenz.

76. Die physische Existenz fällt nach der irdischen Ordnung der Dinge mit der Persönlichkeit unmittelbar zusammen; sie ist eben die Erscheinung der Persönlichkeit im physischen Körper, und diejenige Seite, wodurch diese mit der ganzen Naturwelt in Verbindung steht [1]). In der Persönlichkeit ist daher auch von selbst der physische Körper mit allen seinen Theilen inbegriffen; beide können und dürfen einander nicht entgegengesetzt werden. Es ist also durchaus verkehrt, wenn Manche von einem Rechte, oder gar von Besitz und Eigenthum an seinem Körper oder an einzelnen Gliedmaßen reden wollen [2]).

77. Die physische Existenz ist aber unter einem doppelten Gesichtspunkt zu betrachten: dritten Personen gegenüber oder in Beziehung auf die eigene Person. In der ersten Beziehung erscheint sie unbestreitbar als ein Recht, und zwar als das stärkste Recht, das es geben kann, weil ohne dieses alle anderen Rechte keine gesicherte Unterlage haben. Darum ist aber auch die Anerkennung und Sicherstellung dieses Rechts die erste Bedingung und Aufgabe der bürgerlichen Gesellschaft. Diese Sicherstellung bildet den Zustand, welchen man den Frieden nennt, und darauf beziehen sich besondere Anstalten des staatlichen Organismus. So ausgebildet aber auch der Staatsschutz sein mag, so kann er doch nicht allgegenwärtig sein. Es bleiben also immer noch Fälle übrig, wo der Mensch zum Schutze seiner Existenz blos auf sich angewiesen ist. Hier tritt dann das Recht der Selbstvertheidigung und Nothwehr ein. Natürlich erstreckt sich dieses nur auf die Mittel, welche zur Vertheidigung und Abwehr hinreichend sind; darüber hinaus

---

1) Man sehe §. 24.

2) Dieses rügen auch Hegel Philosophie des Rechts §. 70., Savigny System I. 335.

würde die Abwehr selbst zum Angriff werden und als solcher zu bestrafen sein. Innerhalb der Gränzen der wahren Nothwehr ist aber selbst die Tödtung des Anderen, wenn man sich nicht anders gegen ihn schützen kann, gerechtfertigt.

78. Die Pflicht der bürgerlichen Gesellschaft beschränkt sich aber nicht auf den Schutz des Lebens gegen directen Angriff, sondern sie zeigt sich auch in indirecten Wirkungen. Erstens gehört dahin die Pflicht und das Recht, alle Unternehmungen zu beschränken und zu beaufsichtigen, welche für das Leben und die Gesundheit gefährlich oder schädlich sind. Zweitens folgt daraus die Pflicht die Hilflosen gegen den Untergang durch Krankheit und Nahrungslosigkeit zu schützen, und da, wo der Hungernde, weil jene Pflicht nicht geleistet wurde oder werden konnte, durch Entwendung von Nahrungsmitteln sich das Leben fristet, auf die Anwendung der Strafe zu verzichten. Drittens sind deshalb die Anstalten von Staatswegen zu begünstigen, welche, wie die Assecuranzen, der Verarmung vorbeugen. Viertens gewährt die Gesellschaft regelmäßig schon von selbst, daß der gute fleißige Arbeiter Arbeit findet; für außerordentliche Ausnahmsfälle ist aber auch außerordentliche Hülfe zu gewähren. Ob aber das Staatsgesetz auch so weit gehen soll, denjenigen, der aus reiner Gleichgültigkeit gegen den Hülferuf eines Anderen denselben umkommen läßt, mit einer Strafe zu bedrohen, ist sehr bedenklich, und hier besser auf die Bestrafung durch das eigene Gewissen und durch den öffentlichen Tadel zu rechnen.

79. Der eigenen Person gegenüber kann aber die physische Existenz nicht als ein Recht angesehen werden, weil man sie nicht sich selbst gegeben sondern sie als eine reine Wohlthat nur verliehen erhalten hat. Sie ist also von dieser Seite her durchaus aus dem Gesichtspunkt des Zweckes zu beurtheilen, wozu diese Verleihung geschah. Als ein solcher Zweck ist nur zweierlei denkbar. Entweder geschah sie blos zum irdischen Glück und Genuß. Dann würde man auch darauf verzichten können und der Selbstmord erlaubt sein. So war die Ansicht des Alterthums. Oder aber die Verleihung geschah um der unsterblichen Seele willen, um diese in dem irdischen Dasein zu dem überirdischen auszubilden.

Dann erscheint der Selbstmord als ein Frevel gegen Gott und gegen die eigene Bestimmung. Dieses ist die durch das Christenthum bestätigte natürlich-sittliche Ansicht[1]). Hieraus folgt jedoch auch, daß der Selbstmord nur als eine rein gegen sich selbst gerichtete unsittliche Handlung, nicht aber als eine Rechtsverletzung und als ein bürgerliches Vergehen behandelt werden darf, daß daher von einer bürgerlichen Bestrafung des versuchten Selbstmordes nicht die Rede sein kann. Wohl aber kann die Kirche als eine rein sittliche Anstalt ihre sittliche Mißbilligung durch die Entziehung der Ehre des kirchlichen Begräbnisses kund geben. Aus dem Gesagten folgt auch, daß wenn Einer einen Anderen in Folge dessen Aufforderung getödtet hat, Jener doch strafbar ist, weil die Pflicht, einen Anderen nicht zu tödten, für Jeden als eine unbedingte Rechtspflicht besteht, und der Andere ihn davon zu entbinden weder juristisch noch sittlich die Macht hat.

80. Was von dem ganzen Körper gilt, gilt aus gleichen Gründen von den einzelnen Gliedmaßen. Auch diese sind nicht Gegenstand der eigenen Verfügung; daher auch nicht eines Vertrages. Selbst die Verstümmlung aus religiösen Motiven ist daher eine Verirrung und eine Unsittlichkeit; um so mehr die zu einem anderen Zwecke, wie die Castration wegen der Stimme. Eine Ausnahme machen die Haare, weil diese ein Luxus der Natur sind und nachwachsen, das Abscheeren also nicht unter den Begriff von Verstümmlung gehört. Doch würde auch bei solchen, wenn der Eine sich die verkauften Haare nicht abscheeren lassen will, dem Käufer dazu nicht ein gerichtlicher Zwang zu gestatten sein, weil sie doch immer ein Theil des Körpers sind. Um so weniger ist gegen den Willen des Betheiligten eine Amputation oder sonstige Operation, selbst wenn sie vom Arzte als Bedingung des Lebens erklärt wäre, für zulässig zu achten. Auf Strafen an Leib und Leben sind natürlich diese Gründe nicht unbedingt an-

1) Uebereinstimmend sind darüber der Jesuit Taparelli Naturrecht I. §. 270—276., der Protestant Ahrens Rechtsphilosophie. Besonderer Theil. Kap. 2. §. 1.

wendbar; doch greifen hier andere Gesichtspunkte ein, wovon im Strafrecht die Rede sein wird.

81. Das Recht auf physische Existenz beginnt mit dieser Existenz selbst, also schon beim Embryo. Der gelassene Ausspruch des Aristoteles, „man müsse bei einer Frau, die schon die gesetzliche Anzahl Kinder hat, die Frucht, ehe sie Empfindung und Leben hat, von ihr abtreiben lassen“ [1]), bezeichnet den niedrigen Standpunkt des Alterthums gegen die menschlich-christliche Anschauung. Jenes Recht hört erst auf durch den Tod [2]). Aber auch dann liegt es im gebildeten Gefühl den Körper, welcher der zeitliche Träger einer unsterblichen Seele gewesen, zu ehren. Hierauf beruht die Pflicht der Gesellschaft, nöthigenfalls für die angemessene Aufbewahrung der Leiche und für eine würdige Form der Beerdigung zu sorgen; die Anlegung besonderer blos diesem Zwecke bestimmter, und daher dem gemeinen Verkehr entzogener Begräbnißplätze; die Sorgfalt für angemessene Verzierungen und Inschriften, und überhaupt die Förderung des bildenden Einflusses, der von diesem ernsten Orte auf die lebende Generation ausgeht.

b) Rechte die aus der Eigenschaft als Rechtssubject entstehen.

α) Die Freiheit.

82. Das sittliche Wesen des Menschen besteht darin, daß er nicht unbedingt unter der Herrschaft der Naturgesetze steht, sondern daß er sich bei seinen Handlungen durch seinen eigenen Willen bestimmen kann. Diese Möglichkeit der Selbstbestimmung heißt Freiheit. Diese kommt in einer doppelten Beziehung in Betracht: sich selbst gegenüber, oder Dritten gegenüber. In der ersten Beziehung steht ihr das aus der sittlichen Natur des Menschen fließende, und durch das Gewissen bezeugte Gesetz zur Seite, daß sie nicht willkürlich nach dem Antriebe der Leidenschaft, sondern nach der Stimme der Vernunft der menschlichen Würde gemäß geübt

---

1) Aristoteles Politik VII. 16.

2) Man sehe §. 25.

werden soll [1]). Dieses macht die wahre „innere" Freiheit aus [2]). In der zweiten Beziehung folgt aus dem Begriffe der Persönlichkeit, daß jeder Mensch von einem gewissen Kreise äußerer Verhältnisse umgeben ist, worin sich sein Wille muß thätig zeigen können, und welcher von Dritten respectirt werden muß. Dieses bildet die „äußere" Freiheit.

83. Die Frage ist nun: wie sich der Staat zu der einen und der anderen Freiheit verhält? Auf die innere kann er unmittelbar nicht einwirken, sondern dieses kann nur durch die Religion und Erziehung geschehen. Wohl thut er es mittelbar. Denn indem er in der Rechtspflege, im Strafrecht und in anderen öffentlichen Einrichtungen die Gesetze der Vernunft und Sittlichkeit als Norm der Handlungen zur allgemeinen Beachtung aufstellt, so wirkt er dadurch auch auf die Gesinnung und das Gewissen ein,

1) Man sehe oben §. 30.

2) Gut sagt darüber Ahrens Rechtsphilosophie. Allgemeiner Theil. Kap. 1. §. 2.: „In dem Willen wird durch das höhere göttliche Princip die Freiheit erzeugt; diese ist nicht eine bloße Folge des endlichen Willens, sondern sie ist das, aus der Verbindung des Willens im Ich mit dem Göttlichen sich ergebende höhere Vermögen. Der Mensch ist nur frei, weil er sich durch die höhere göttliche Kraft über das Endliche, Bedingte und den sinnlichen Zusammenhang desselben erheben kann; weil er durch die göttlichen Ideen des Wahren, Guten, Rechten, welche nicht aus dem bedingten endlichen Leben geschöpft sind, sondern aus dem Absoluten, Gott, stammen, urplötzlich die endliche Reihe seiner Handlungen unterbrechen, eine neue Reihe von Gedanken, Gefühlen, Willensbestimmungen, ja im Ganzen und Höchsten, ein neues Leben nach dem besser erkannten Wahren und Guten beginnen kann. Die Freiheit wird zwar häufig blos negativ gefaßt, als ein Enthobensein von einer Nothwendigkeit, einem Zwange; dies ist aber blos eine niedere Seite derselben, insofern sie nämlich dem nothwendigen empirischen Entwicklungsgange und auch der Macht aller endlichen Triebe und Leidenschaften enthoben ist. Positiv gefaßt ist aber die Freiheit eine Erhebung des Geistes; denn die Kraft, wodurch sie besteht, und wodurch sie sich über Alles erheben kann, ist das Göttliche, und ihr positiver Gehalt und Inhalt soll das Göttliche im Leben, durch die Wahrheit, das Gute und das Rechte werden."

und kommt so der inneren Freiheit im Kampfe gegen die Leidenschaften zu Hülfe. Dieses ist das Wahre an dem Ausspruch Hegels, wenn er den Staat die sich objectiv machende Vernünftigkeit oder sittliche Idee nennt [1]). Aus diesem Begriffe folgt aber auch, daß was die Staatsgewalt auf ihrem Gebiete zur inneren Erziehung thun kann, sie gewissenhaft auch thun muß [2]).

84. Auf die äußere Freiheit wirkt aber das Leben im Staate positiv und unmittelbar ein, und zwar auf doppelte Weise. Einerseits indem die Staatsgewalt Jeden in der ihm rechtmäßig zustehenden Willenssphäre schützt. Dieser Schutz ist nur in dem Staate und durch denselben möglich; außerhalb des Staates, im Naturzustande, würde nur das Recht des Stärkeren gelten, also in Wahrheit keine Freiheit sein. Grade dieses macht den Hauptvorzug des Staates vor dem Naturzustande aus. Andererseits wirkt allerdings der Staat auf die Willenssphäre und äußere Freiheit auch modificirend und beschränkend ein. Vor Allem bringt es die Natur der Gesellschaft mit sich, daß in wenn auch an sich erlaubten Dingen der unbedingte Gebrauch der Freiheit einem Einzelnen nicht gestattet werden kann, wenn derselbe, von Jedem gebraucht, zur Zerstörung oder zum Nachtheil des Ganzen führen würde. Ferner ist die Entwicklung des gesellschaftlichen und staatlichen Organismus ohne die Mitwirkung und Unterordnung der Einzelnen, und daher ohne Freiheitsbeschränkungen derselben, schlechthin unmöglich. In so fern tritt das Leben im Staate mit der individuellen Freiheit in einen gewissen Kampf, welcher nur auf einem zwiefachen Wege auszugleichen ist. Einestheils gehört es zu den wichtigsten Aufgaben der Staatskunst, besonders in den Zeiten des fortschreitenden Freiheitsgefühls, diesem Gefühle Rechnung zu tragen und unnöthige Beschränkungen zu beseitigen. Anderntheils muß die politische Bildung und Einsicht der Einzelnen dahin gerichtet und entwickelt werden, nicht nur das Unvollkommene und Unhaltbare der rohen abstracten Freiheit gegenüber den Anforde-

---

1) Man sehe §. 48.

2) Das Nähere wird unten bei der Staatspflege vorkommen.

rungen des Staates zu erkennen, sondern den Staat als die allein mögliche Realisirung der wahren vernünftigen Freiheit zu verstehen [1]). Endlich ist zu bemerken, daß in einem Staate die gegebenen gesellschaftlichen Zustände ein ungleiches Maß der Freiheit nach der Abstammung, dem Stande und dergleichen hervorbringen können. Dieses gehört der Geschichte und den positiven Rechten an. Aus der sittlichen Natur des Menschen folgt jedoch, daß ihm unter allen Umständen eine vom Recht geschützte Willensfreiheit innerhalb des Lebenskreises zustehen muß, der als die unmittelbare Erweiterung der eigenen Persönlichkeit anzusehen ist, und ohne welche diese nur ein leeres Wort wäre, nämlich in seinem Ehe- und Familienrecht und in der Eigenthumsfähigkeit. Ein Zustand, wo auch dieses Minimum fehlt, ist nach dem heutigen Standpunkte der Anschauung für unmenschlich und unsittlich zu halten.

85. Mit dem Recht auf Freiheit hängen folgende Einzelnheiten zusammen. Erstens muß dieselbe gegen ungerechte Verhaftung möglichst geschützt sein. Wenn sich auch ein Irrthum bei der strafrechtlichen Verfolgung und Verhaftung schlechthin nicht vermeiden läßt, so muß doch gesorgt werden, daß der Verhaftete möglichst bald verhört und bei nicht bestätigtem Verdachte gleich frei gegeben werde. Zweitens ist die Wohnung als die unmittelbarste Werkstätte der menschlichen Thätigkeit und als der Mittelpunkt ihrer den Augen der Welt entzogenen Leiden und Freuden regelmäßig als unverletzlich zu achten, und eine Haussuchung nur ausnahmsweise aus dringenden Gründen und unter gehöriger Schonung zu gestatten. Drittens ist das Eigenthum, insbesondere das Grundeigenthum, als ein durch den Willen geknüpftes stetiges Band zwischen der Person und der Sache, zu respectiren, und daher eine Expropriation von Staatswegen nur aus dringenden unparteiisch constatirten Gründen und gegen volle Entschädigung

1) Sehr richtig sagt Gentz (Ausgewählte Schriften von Weick II. 10): „Es gibt für ein vernünftiges Wesen durchaus keine Lage, worin es in der vollkommensten und edelsten Bedeutung dieses Wortes freier wäre als eine weise und glückliche Staatsverfassung."

zuzulassen. Viertens ist ein Vertrag, wodurch man seine persönliche Freiheit ganz, oder wenn auch nur theilweise doch aber dauernd, zum Beispiel zu lebenslänglichen Diensten, veräußerte, ohne einen rechtsgültigen Gegenstand und nichtig. Darauf beruht auch die Abneigung unserer Zeit selbst gegen die durch ein Grundstück vermittelten dauernden Lasten, insbesondere Frohnden. Daher das Bestreben die Reallasten durch Ablösung abzuschaffen, und das vorkommende Verbot solche Lasten, selbst Grundzinsen, neu für immer zu constituiren.

86. Den Völkern des Alterthums, namentlich den Römern, fehlten die Gefühle der Freiheit nicht; allein im Angesicht der sie überall umgebenden Sclavenwelt hätten sie sich selbst der Ungerechtigkeit beschuldigt, wenn sie die Freiheit aus der angeborenen menschlichen Würde hergeleitet hätten [1]). Sie war also für sie nur ein Ausfluß ihres Staates; nicht ein Recht der menschlichen Natur, sondern ein Vorrecht der Bürger, ein Privilegium. Daher war aber auch die Freiheit mit dem Staate so innig verwachsen, daß die aus diesem für jene hervorgehenden Beschränkungen gar nicht als solche empfunden wurden; der Mensch gieng im Staate auf. Eine ganz neue Anschauung wurde daher der Menschheit durch das Christenthum zu Theil, welches die durch und in Christus geheiligte gleiche Würde aller Menschen, ohne Unterschied der Nation und Abstammung, verkündete [2]). Die sofortige Aufhebung

---

1) In Athen ergaben sich bei einer Volkszählung auf 20000 Bürger 400000 Sclaven.

2) I. Cor. XII. 13. Etenim in uno Spiritu omnes nos in unum corpus baptizati sumus, sive Iudaei, sive Gentiles, sive servi, sive liberi: et omnes in uno Spiritu potati sumus. — Galat. III. 26. Omnes enim filii Dei estis per fidem, quae est in Christo Iesu. 27. Quicumque enim in Christo baptizati estis, Christum induistis. 28. Non est Iudaeus, neque Graecus: non est servus, neque liber: non est masculus, neque femina. Omnes enim vos unum estis in Christo Iesu. — Coloss. III. 11. Ubi non est Gentilis, et Iudaeus, circumcisio, et praeputium, Barbarus, et Scytha, servus et liber: sed omnia, et in omnibus Christus.

der Knechtschaft forderte es aber deshalb doch nicht, weil dieselbe mit den gesellschaftlichen Zuständen und den Vermögensrechten zu enge verbunden war; auch hatte es auf das bürgerliche Recht keinen Einfluß. Wohl aber wirkte die Kirche mit aller Macht von Innen heraus auf die Milderung und Veredlung des Verhältnisses ein [3]), indem sie den Knechten willigen Gehorsam und Ergebung in ihren Beruf, den Herren Milde und Schonung auferlegte [4]), Mißhandlungen durch Kirchenbußen ahndete, den Loskauf der Sclaven als ein Werk der Frömmigkeit und Nächstenliebe empfahl, und dadurch die schöne Sitte der Freilassung in der Kirche anregte, welcher Constantin auch bürgerliche Kraft ertheilte [5]).

87. Bei den alten Germanen war das Freiheitsgefühl nicht minder stark, hatte aber einen ganz anderen Charakter. Es beruhte auf dem Vollgefühl der eigenen Macht und Kraft, welches dafür auch in der bürgerlichen Verbindung einen möglichst weiten Kreis gewahrt wissen wollte. Recht hieß daher der Umfang der der Person gesicherten Freiheit [1]). Wo daher dieser Umkreis durch Gesetze und Privilegien erweitert wurde, wurden diese bezeichnend

---

3) Davon handelt sehr schön Balmes Protestantismus verglichen mit dem Katholicismus Th. I. Kap. 13—19. Auch Fichte hat die tiefen Beziehungen des Christenthums zur Freiheit in seiner nach seinem Tode 1820 erschienenen Staatslehre eingehend gewürdigt. Sehr richtig sagt Ahrens Rechtsphilosophie. Besonderer Theil. Kap. 3. §. 2.: „Das Christenthum ist das schöpferische und umbildende Princip aller modernen Freiheiten."

4) Ephes. VI. 5—9. Servi obedite dominis carnalibus cum timore et tremore in simplicitate cordis vestri, sicut Christo: non ad oculum servientes, quasi hominibus placentes, sed ut servi Christi, facientes voluntatem Dei ex animo, cum bona voluntate servientes, sicut Domino, et non hominibus: scientes quoniam unusquisque quodcumque fecerit bonum, hoc recipiet a Domino, sive servus, sive liber. Et vos Domini eadem facite illis, remittentes minas: scientes quia et illorum, et vester Dominus est in caelis; et personarum acceptio non est apud eum. — Fast wörtlich übereinstimmend Coloss. III. 22—25. IV. 1.

5) Man sehe meine Römische Rechtsgeschichte Th. II. §. 483.

1) Man sehe meine Deutsche Rechtsgeschichte Th. I. §. 9. 15.

Freiheiten genannt. Also auch diese Freiheit floß nicht aus dem Begriff der sittlichen Würde des Menschen, sondern sie galt als eine Gabe der Natur, als ein von den freien Vorfahren ererbtes eifersüchtig zu bewachendes Vorrecht vor den in der Knechtschaft Geborenen, zu welchen daher ein fast noch größerer Abstand wie bei den Römern Statt fand. Dieser spröde Freiheitsstolz, der jede Unterordnung erschwerte, hatte ein Gegengewicht nur an der außerordentlichen Kraft, Tiefe und Innigkeit des germanischen Gemüthes. Dieses zeigte sich besonders in drei Punkten. Erstens in der Stärke des Familienbandes und Familiengefühls, welches für den Glanz und die Ehre des Geschlechts Hingebung und Unterordnung forderte und willig leistete [2]). Zweitens war zwar der gebotene Dienst dem freien Manne verhaßt, aber der gekorene Dienst in einer des tapferen Mannes würdigen Stellung gesucht und geehrt [3]). Drittens wirkte die Religion mit aller ihrer Macht auf diese starken Gemüther ein, und der durch die Ehrfurcht vor den Göttern geheiligte Gehorsam nahm aus der Hand der Priester dasjenige an, was er von einer blos aus menschlichem Ansehen gesetzten Obrigkeit nicht ertragen hätte [4]).

88. In diese Gefühlsweise griff nun das Christenthum und die Kirche in verschiedenen Richtungen ein. Die Heiligkeit, womit sie das König- und Kaiserthum umgaben, verlieh auch dem Gehorsam eine religiöse Weihe, und machte ihn mit der Freiheit verträglich, welche in der Thätigkeit der Landesgemeinden und in dem Antheil an der Rechtspflege noch eine hinreichende Befriedigung fand. Das edle Selbstgefühl des freien Mannes erhöhte die Kirche leicht zum Gefühl der allgemeinen Menschenwürde mit allen darin liegenden Berechtigungen und Hoffnungen [1]). Daran knüpfte sie nicht nur mit steigendem Nachdruck ihre Ermahnungen zur milden

---

2) Man sehe meine Deutsche Rechtsgeschichte Th. I. §. 17.

3) Deutsche Rechtsgeschichte Th. I. §. 22. 23.

4) Deutsche Rechtsgeschichte Th. I. §. 19.

1) Sehr schön sagt Johannes Müller Geschichte der Schweiz I. 7.: „Sie fühlten, daß nichts größer und freyer macht, als Menschenliebe und unendliche Hoffnung."

und wohlwollenden Behandlung der Knechte, sondern sie entrückte auch deren Eherecht der Willkür der Herren und gab demselben die gleiche unverbrüchliche Sanction wie dem der Freien, führte sie also aus dem Kreise des blos nach dem Willen des Herrn gebildeten Hofrechts in die Rechtsgenossenschaft der freien Männer ein[2]). Die mit der germanischen Freiheit verbundene Waffen- und Thatenlust erhielt in dem Ritterthum auch ein religiöses Gepräge, durch das damit verbundene Gelübde, durch Treue, Tapferkeit und Hingebung an höhere Lebenszwecke sich der Ehre des Standes stets würdig zu erweisen[3]). Eine Anwendung davon war das Lehnwesen, welches in einer freien Männer würdigen Form den Herrn eines ihm in Treue und Hingebung zu ehrenvollen Kriegs- und anderen Diensten verbundenen Vasallen, den Vasallen eines ihm zum Schutz bereiten Herrn und durch das Lehngut einer selbstständigen Versorgung und Lebensstellung versicherte[4]). Nie gab es eine Zeit, wo die Freiheit in dem Kreise, welcher deren theilhaftig war, lebhafter empfunden und mehr durch Gemüth und Hingebung gemildert war.

89. Aber außerhalb des Kreises, welcher dieser Freiheit theilhaftig war, gab es nach den gesellschaftlichen Einrichtungen jener Zeit eine Menge von Abhängigkeitsverhältnissen sehr enger und hemmender Art. Diesen gegenüber entwickelte sich ein neuer Begriff von Freiheit in den Städten und in dem Bürgerstande, welcher mehr negativ nur in der Befreiung von persönlichen Banden jeder Art, in dem Gefühle der abstracten Persönlichkeit beruht. Anfangs wurde diese zwar noch durch die mit und von ihr zu ihren Zwecken geschaffenen Associationen und Corporationen gemildert; allein allmählig trat sie auch gegen diese unduldsam auf. Durch die Richtung der philosophischen und religiösen Denkart, durch die Theorie vom bürgerlichen Vertrag, durch die Rechts-

---

2) Die Nachweisungen giebt meine Deutsche Rechtsgeschichte Th. II. §. 384. 385. 388. 394.

3) Deutsche Rechtsgeschichte Th. I. §. 219.

4) Deutsche Rechtsgeschichte Th. II. §. 601.

philosophie von Kant und Anderen wurde dieser einseitige abstracte Freiheitsbegriff auf die höchste Spitze getrieben. Anstatt die Freiheit des Individuums mit und in dem Organismus des Staates zu erfassen, wird sie vielmehr diesem mit dem Anspruch auf möglichste Schonung gegenüber gestellt. Dadurch tritt sie aber überall mit der Wirklichkeit in Widerspruch und geht selbst zerstörend dagegen an. Den Gedanken der vollen abstracten Freiheit zu befriedigen vermag kein Staat; eben so wenig kann er sich aber auch solchen falschen Prätensionen gegenüber behaupten. Jeder Staat bedarf daher einer dreifachen sittlichen Ergänzung: durch die politische Bildung, welche die Nothwendigkeit der Beschränkungen einsehen und falsche Freiheitsansprüche mäßigen lehrt; durch den Patriotismus, welcher in der Hingebung an den Staat für die zu bringenden Opfer einen Ersatz findet; und vor Allem durch die Religion, welche in jeder auch der gebundensten Lage des Lebens die Mittel gewährt, durch die Ergebung in seinen Beruf sich wahrhaft frei zu machen und auch auf diesem Standpunkt seine Bestimmung zu erfüllen.

β) Die Gleichheit.

90. Alle Menschen haben die gleiche wesentliche Beziehung zu Gott, den gleichen Beruf zur Unsterblichkeit. In der moralischen Ordnung sind also alle Menschen einander gleich. Diese große aus dem Wesen der menschlichen Würde fließende Wahrheit muß auch vom Staate, so weit sie auf dessen Gebiete zur Sprache kommen kann, anerkannt und geschützt sein. In den Staaten des Alterthums ist dieses allerdings nicht geschehen. Nach Platons Zeugniß wurde der Geist des Sclaven für des Edlen unfähig gehalten [1]. Aristoteles legt ihnen eine andere Art von Seele bei, und betrachtet sie als zur Knechtschaft prädestinirt [2]. Allein das Christenthum hat die Gleichheit der menschlichen Würde zum allgemeinen Bewußtsein erhoben; es hat eben dadurch die gesellschaft-

1) Platon von den Gesetzen Buch 6.

2) Aristoteles Politik I. 4. 5. 13.

lichen Grundbegriffe so umgeschaffen, daß jetzt von einer Verläugnung jener Wahrheit nicht mehr die Rede sein kann.

91. Dieser Wahrheit gegenüber steht aber die eben so unbestreitbare Thatsache, daß die Menschen mit ungleichen physischen und geistigen Anlagen geboren werden, und daß daraus in der bürgerlichen Gesellschaft thatsächliche Ungleichheiten der geistigen Bildung, des Vermögens, der Abhängigkeit und Herrschaft hervorgehen, woran sich leicht auch rechtliche, selbst vererbliche Unterschiede knüpfen. Diese beiden Thatsachen kämpfen nun fortwährend gegen einander, und es ist eben die Aufgabe einer guten Staatsverfassung, zwischen Beiden die richtige Abkunft zu treffen. Doch stellen hier historisch wohl erworbene Rechte oft den Absichten der Gesetzgebung große Hindernisse entgegen, die nur allmählig überwunden werden können. Die Wissenschaft vermag hier nichts als aus inneren Gründen nach dem gegenwärtigen Standpunkte der Rechtsanschauung die Gebiete zu bezeichnen, auf welchen in der bürgerlichen Gesellschaft die Gleichheit möglich, wünschenswerth und nothwendig, oder Ungleichheiten gerechtfertigt, zweckmäßig und unvermeidlich sind.

92. Die Gleichheit ist möglich und nothwendig, erstens in den Rechten, die unmittelbar mit der moralischen Würde des Menschen zusammenhängen und nur durch diese bedingt sind. Es kann daher die bloße Ungleichheit des Vermögens auf die größere oder geringere Glaubwürdigkeit des Zeugnisses nicht einwirken. Zweitens muß für diejenigen, welche ihren höheren oder niederen Lebensberuf in rechtschaffener Weise ausfüllen, das gleiche Maß gesellschaftlicher Achtung gelten, ohne daß darum die Unterschiede der Bildung und deren Wirkungen verwischt zu werden brauchen. Drittens muß Jeder die gleiche Fähigkeit haben die Rechte zu erwerben, die durch eigene Kraft, Fleiß und Talent erworben werden können, und zwar muß dieses nicht blos von dem Erwerbe des Vermögens, sondern auch von der Bekleidung öffentlicher Aemter gelten. Dieses ist dasjenige, was man hauptsächlich unter der Gleichheit vor dem Gesetze versteht, und in so weit ist der Grundsatz richtig. Viertens muß Jeder für die Rechte, die er wirklich

hat, des gleichen Schutzes der Gesetze und der Gerichte theilhaftig sein, es muß „die rechtliche Kraft, womit Jeder seinen eigenen, größern oder kleineren Wirkungskreis umfaßt, für Jeden gleich sein“ [1]).

93. Nicht zu vermeidende Ungleichheiten sind folgende. Erstens ist die Ungleichheit der materiellen Güter und der sich daran knüpfenden Vortheile und Rechte die unmittelbare Folge der Ungleichheit der Talente, des Fleißes, der Sparsamkeit, des Glückes, und daher durch keine politische Kunst ohne die gewaltsamsten Eingriffe, und selbst dann nicht, zu überwinden. Zweitens gliedert sich das bürgerliche Leben nothwendig in bestimmte Berufskreise, deren Jeder seiner Natur entsprechende juristische Eigenthümlichkeiten hat, woraus für Andere rechtliche Ungleichheiten entstehen, zum Beispiel die besondere Glaubwürdigkeit der kaufmännischen Handelsbücher. Drittens ist die Theilnahme an den politischen Rechten, das Wahlrecht und die Wählbarkeit, in jeder Staatsverfassung an einen Census oder Anderes, also an andere Bedingungen, wie die Theilnahme an den einfachen bürgerlichen Rechten gebunden, so daß eine politische Gleichheit nirgends besteht.

94. Der Ausspruch der Gleichheit vor dem Gesetze, der in so viele Verfassungsurkunden aufgenommen ist, enthält also in dieser Unbedingtheit eine Unwahrheit. Es hat noch nie eine Verfassung gegeben und wird keine geben, wo eine solche völlige Gleichheit bestanden hätte. Was man bei dieser Formel vorzüglich im Auge hat, ist der Kampf gegen die bürgerlichen und politischen Vorrechte des Adels, weil diese sich lediglich auf eine Zufälligkeit, auf die Geburt, gründen. Diese sind zu einer Zeit entstanden, wo es noch keine allgemeine Bildung gab, und wo man diese und die zur Verwaltung nöthigen Kenntnisse nicht aus Büchern und in Schulen, sondern lediglich aus dem Leben und durch Uebung erwerben konnte. Deshalb war damals beim Adel, mit Ausnahme des einer anderen Ordnung angehörenden Klerus, mit dem

---

1) So bezeichnet es Gentz Ueber politische Gleichheit (Ausgewählte Schriften von Weick V. 235).

Uebergewicht des Vermögens namentlich des Grundbesitzes in der That auch das Uebergewicht der Bildung, Gesittung und praktischen Erfahrung, und daraus ergab sich seine höhere politische Stellung gleichsam von selbst. Jetzt aber ist der gesellschaftliche Zustand ein ganz anderer geworden, dem gegenüber das Vorrecht des Adels zur Bekleidung der öffentlichen Aemter nicht mehr zu halten war. Weiter soll man aber nicht gehen, und sich nicht zu dem Irrthum verleiten lassen, mit der Zauberformel der Gleichheit vor dem Gesetze auch solche Ungleichheiten aufheben zu können, die in der Natur der Verhältnisse selbst begründet sind.

c) Rechte, die aus der Eigenschaft als sittliches Wesen entstehen.

α) Das Recht auf Tugend.

95. Der Mensch ist ein sittliches Wesen; darin besteht seine moralische Würde, die er, als das Wesentlichste an ihm, mit den daraus entspringenden Pflichten überall hin mitnimmt, und welche daher in jedem Lebensverhältnisse, also auch im Staate, in ihm anerkannt und geschützt werden muß [1]). Der Staat ist daher nicht ein bloßer **Rechtsstaat**, sondern **wesentlich** eine sittliche Ordnung, und muß diesen Charakter auch in der äußeren Rechtsordnung bewähren [2]). Daraus ergeben sich für den Einzelnen folgende Rechte. Erstens ist Jeder berechtigt von den Anderen zu verlangen, daß sie durch Rede und That nichts vornehmen, wodurch sie sein Gefühl von Sittlichkeit und Scham verletzen, und die Staatsgewalt ist verpflichtet, solche Handlungen als Vergehen zu bestrafen. Zweitens ist auch die Unschuld, das noch nicht zur Kenntniß des Unsittlichen gelangte sittliche Gefühl, gegen Verführung und Mißbrauch durch Strafen zu schützen. Drittens ist bei gerichtlichen und anderen Untersuchungen das Gefühl der sittlichen Verschuldung und der

---

1) Man sehe oben §. 30.

2) Man sehe oben §. 16. Diese Wahrheit scharf zu beweisen und genau durchzuführen macht eine Hauptaufgabe des vorliegenden Werkes aus. Dadurch allein wird auch dasjenige, was im Staate überall vor Augen steht, das Institut des Eides, die Ehrenstrafen, die Bestrafung der Verführung und Unsittlichkeit, consequent erklärt.

Scham möglichst zu schonen, und auch zur Erwirkung von Geständnissen die Gränze zwischen erlaubter moralischen Einwirkung und Zudringlichkeit oder Ueberlistung zu beobachten. Viertens darf die Staatsgewalt für ihre Zwecke keine Mittel wählen, wodurch etwas der Sittlichkeit oder dem sittlichen Zartgefühl Widersprechendes zugemuthet wird, wie Angeberei, Zeugniß gegen nahe Angehörige.

β) Das Recht auf Ehre.

96. Das Wesentlichste des Menschen ist wie gesagt dessen moralische Würde; die Reinerhaltung derselben ist daher eine aus der Natur des Menschen fließende Pflicht und der Grund aller anderen Pflichten. Der Zustand der unverletzten moralischen Würde bei einem Menschen bildet die moralische Ehre. Diese ist von dem sittlichen Wesen des Menschen unzertrennlich; sie ist daher ein wesentliches Element jeder menschlichen Gemeinschaft, und daher auch des Staates. Alle Rechte, die einem Menschen im Staate zustehen und zugesichert sind, beruhen eben auf der Voraussetzung, daß er derselben kraft seiner moralischen Ehre würdig sei. Der Zustand dieser Würdigkeit und der Anspruch auf den Genuß der daraus fließenden Rechte bildet die bürgerliche Ehre. Diese fällt also mit der bürgerlichen Rechtsfähigkeit zusammen; Letztere bezeichnet den objectiven Anspruch an sich, Jene den subjectiven Grund desselben.

97. Ob jene Voraussetzung der moralischen und dadurch auch der bürgerlichen Würdigkeit bei einem Menschen wirklich zutreffe, ist in den wenigsten Fällen mit voller Gewißheit zu behaupten, weil man von dem sittlichen Leben eines Menschen keine vollständige Kenntniß haben kann. Umgekehrt kann man aber doch auch nicht die bürgerliche Ehre nur demjenigen zugestehen wollen, welcher den positiven Beweis seiner moralischen Würdigkeit zu liefern im Stande sei. Es bleibt also für den Staat nichts übrig, als bei Jedem die moralische Würdigkeit bis zum Beweise des Gegentheils zu präsumiren, und kraft dieser Präsumtion ihm die bürgerliche Ehre zuzuerkennen. Die Meinung Anderer, daß diese

Präsumtion bei einem Menschen wirklich begründet sei, bildet das was man den guten Ruf nennt. Der Genuß der bürgerlichen Ehre beruht also in dem Vertrauen in die Rechtlichkeit und Wahrhaftigkeit, und diese ist dadurch das Fundament der bürgerlichen Gesellschaft.

98. Aus dieser von Staatswegen aufgestellten Präsumtion der moralischen Würdigkeit entspringt für denjenigen, welcher derselben genießt, nothwendig auch das Recht gegen Andere, daß diese nichts vornehmen, wodurch sie ihre jener Präsumtion widersprechende individuelle Meinung an Tag legen oder gar dieselbe vermindern oder zerstören. Dieses bildet das Recht auf äußere Ehre. Dieses äußert sich in zwei Richtungen. Einmal darin, daß Einer nicht durch Wort oder That über einen Anderen eine verächtliche Meinung zu erkennen geben darf: dieses bildet eine Injurie. Dann darin, daß Einer nicht durch üble Nachrede gegen einen Anderen bei Dritten eine verächtliche Meinung hervorbringen darf. Geht die Nachrede nur auf eine moralisch verächtliche Handlung, so ist sie eine Verletzung des guten Namens oder eine Diffamation. Geht sie auf ein bürgerlich strafbares Vergehen, so ist sie eine Verläumdung, Calumnie. Sowohl die Injurie als die üble Nachrede sind als Verletzung des vom Staate garantirten Rechts auf Ehre zu bestrafen. Die Strafe drückt dann aus, daß die vom Staate aufgestellte Präsumtion der moralischen Würdigkeit wirklich zu Recht bestehe, und daß die derselben widerstreitende Aeußerung des Einzelnen eine unwahre und ungerechte Anmaßung gewesen sei. Da die Strafen überhaupt möglichst auch die Herstellung des zugefügten Schadens bewirken sollen, so ist es angemessen mit jener Strafe einen Widerruf oder Ehrenerklärung und die Veröffentlichung des Urtheils auf Kosten des Injurianten zu verbinden.

99. Durch diese Strafe wird der Idee des Rechts Genüge geleistet und von Seiten des Staates dasjenige gethan, was in der äußeren Rechtsordnung zu thun möglich ist. Doch aber befriedigt dieses nicht immer ganz. Denn da die äußere Ehre auf der inneren Achtung beruht, so bleibt die Frage übrig, ob durch die Strafe auch die innere Achtung bei dem Injurianten und An-

deren hergestellt worden sei. Das gereizte Ehrgefühl sucht daher nach Mitteln sich auch davon zu versichern, und findet diese nach Umständen in dem Zweikampf. Diesem kann zweierlei zum Grunde liegen. Entweder blos das Gefühl der Rache; dieses ist roh und barbarisch und so zu bestrafen. Oder der innere Drang, dem Gegner und Anderen gewissermaßen Achtung abzunöthigen, indem man sich ihnen als männlich und muthig zeigt. Dieses entspricht der germanischen Gefühlsweise, welche die Tapferkeit und Ritterlichkeit als die Blüthe der Ehrenhaftigkeit ansah. Hierin liegt das, wodurch das Gefühl bei der Beurtheilung des Zweikampfes bestochen wird. Dennoch liegt darin, nach der Vernunft und Moral betrachtet, eine Täuschung, indem der Muth mehr als den Muth nicht beweist. Allerdings kann bei den Ständen, wobei Muth und Ritterlichkeit zur besonderen Standesehre gehören, das Vorurtheil sich bilden, daß der Beleidigte nicht durch den richterlichen Ausspruch, sondern nur durch den Zweikampf in der Achtung sicher rehabilirt werden könne, und es können dadurch für den Standesgenossen, der diesem Vorurtheil nicht folgt, große Nachtheile entstehen, wogegen ihn das Gesetz gar nicht zu schützen vermag. Der Zweikampf nimmt also hier den Schein der Nothwehr an. Doch ist er auch dann nach den strengen Grundsätzen der Vernunft und Sittlichkeit nicht zu rechtfertigen, weil man ohne ein positives Pflichtgebot um zeitlicher Güter willen sein eigenes und ein fremdes Leben nicht willkürlich aufs Spiel setzen darf[1]). So lange freilich die Macht des Vorurtheils besteht, ist bei der Bestrafung des Zweikampfes Nachsicht zu üben. Die völlige Ausrottung desselben ist nur zu erwarten, wenn die subjective germanische Gefühlsweise sich auch hier der Achtung vor dem Gesetz und vor dem richterlichen Ausspruche als der Stimme des Gesetzes unterzuordnen gelernt hat. Dieses wird befördert werden, wenn man

---

1) Der Jesuit Stadler und Andere Moralisten haben aus jenem Grunde den Zweikampf bedingterweise für erlaubt erachtet. Dawider erschien aber Benedicti XIV. Constit. Detestabilem a. 1752. Man sehe Zallinger Instit. iur. natur. §. 105—108.

überhaupt die Ehrensachen vor ein aus anerkannten Ehrenmännern gebildetes Geschwornengericht verweist.

100. Die Präsumtion der moralischen Würdigkeit ist aber doch immer nur eine Präsumtion, keine unbedingte Gewißheit. Einer kann sich daher durch seine Handlungen desselben unwürdig zeigen und dadurch dieselbe schwächen oder ganz aufheben. In demselben Verhältniß wird dann auch sein Recht auf Ehre und die damit zusammenhängende bürgerliche Rechtsfähigkeit vermindert oder zerstört. Zerstört wird sie durch Handlungen, wodurch sich Einer in den Augen des Gesetzes der Theilnahme an der Staatsgenossenschaft, also des Bürgerrechts, ganz und gar unwürdig gezeigt hat. Vermindert wird sie, wenn die gemeinen bürgerlichen Rechte, wie die Eigenthumsfähigkeit, bestehen bleiben, und blos diejenigen Rechte verloren gehen, welche vorzüglich die Würdigkeit und Ehrenhaftigkeit voraussetzen, wie das Recht Geschworner zu werden, die Bekleidung öffentlicher Aemter. Gehen nicht blos einzelne dieser höheren bürgerlichen Rechte, sondern alle zusammen verloren, so heißt dieses Infamie, Verlust der bürgerlichen Ehre. Bei welchen Handlungen der Verlust einzelner dieser Rechte oder aller zusammen eintreten solle, kann nicht dem bloßen Ermessen der Gerichte überlassen werden; diese könnten darin bald zu viel bald zu wenig thun, und dadurch die öffentliche Meinung verwirren. Die Fälle, wo jene Verminderungen der bürgerlichen Ehrenrechte eintreten sollen, müssen also durch die Gesetze im Voraus bezeichnet sein. Es bleibt dann allerdings die Möglichkeit, daß es verächtliche unsittliche Handlungen giebt, woran gesetzlich nicht die Infamie oder der Verlust einzelner Ehrenrechte geknüpft ist. Hier straft blos die öffentliche Meinung, und dadurch entsteht das, was man factische Infamie, bösen Leumund nennt. Es kann aber dafür auch noch besondere Sittengerichte mit partiellen Ehrenstrafen geben. Ein solches war die römische Censur, wodurch in merkwürdiger Weise, so lange die öffentliche Meinung sie unterstützte, die Lücke ausgefüllt wurde, die auf der Gränze zwischen dem sittlich und juristisch Unerlaubten entsteht. Im Mittelalter übten die kirchlichen Sendgerichte eine ähnliche Wirkung aus, und

auch jetzt noch greift hier die Macht der religiösen Meinung, wenn auch unbemerkt, ergänzend ein.

101. Gleichwie die bürgerliche Ehre bei demjenigen vermindert wird, der durch seine Handlungen gezeigt hat, daß er das bei ihm vorausgesetzte Bewußtsein seiner sittlichen Würde nicht besitze: eben so kann aber auch die bürgerliche Ehre vermehrt werden, wenn man bei einem Stande nach seiner höheren sittlichen und geistigen Bildung auch ein besonderes und höheres Bewußtsein seiner menschlichen Würde voraussetzen kann. So entsteht dasjenige, was man die besondere Standesehre nennt, das heißt eine bürgerliche Auszeichnung bei solchen Rechten und Handlungen, welche besonders nahe mit der sittlichen Würdigkeit zusammenhängen. In diesem Sinne spricht man von einer besonderen Standesehre des Adels, der Geistlichen, der Beamten, des Militärs, der Studierenden. Sie zeigt sich hauptsächlich nur in socialen Beziehungen, was aber doch nicht etwas blos Factisches ist; juristisch hauptsächlich nur in der besonderen Glaubwürdigkeit, wovon unten.

102. Immer ist aber die besondere Standesehre durch eine besondere Standesbildung bedingt, und ohne diese nicht aufrecht zu erhalten. Es ist daher diesem Zusammenhang angemessen, daß ein Stand zur Handhabung seiner Standesehre gegen unwürdige Mitglieder eigene Disciplinarmittel, Ehren- und Sittengerichte, besitze. Daneben ist jedoch auch der Bildungszustand der übrigen Stände genau in Erwägung zu ziehen, damit die Jenen gewährten Vorrechte nicht für Diese eine Kränkung und Zurücksetzung werden. Im Mittelalter waren Auszeichnungen der Standesehre ganz natürlich und den socialen Verhältnissen angemessen, weil die Standesbildung eine so höchst verschiedene war. Jetzt wo sich alle Klassen der Gesellschaft durch allgemeine Bildung viel näher gerückt sind, können und müssen die Unterschiede der Standesehre theils gemildert theils aufgehoben werden. Die ganze Gesellschaft wird gewinnen, je mehr die Wahrheit zum allgemeinen Bewußtsein kommt, daß ohne die sittliche Würdigkeit der höhere Stand nicht erhöht, mit ihr der niedrige Stand nicht erniedrigt.

γ) Das Recht auf Wahrhaftigkeit und Treue.

103. Die sittliche Würdigkeit ruht wesentlich in der Gesinnung, wohin das Auge des Menschen nicht reicht; das äußere Urtheil kann sich nur an die Handlungen halten. Derjenige, welcher gegen Andere die aus der sittlichen Würdigkeit entspringenden Rechte in Anspruch nimmt, ist also verpflichtet, diese durch die Uebereinstimmung seiner Handlungen mit seiner Gesinnung zu bethätigen. Dieses ist die Pflicht der Wahrhaftigkeit. Da nun Jeder kraft seiner sittlichen Würdigkeit gegen alle Anderen das Recht auf Achtung und äußere Ehre geltend macht[1]), so haben umgekehrt auch diese gegen ihn, und daher Alle unter einander das Recht auf Wahrhaftigkeit[2]). Dieses äußert sich in folgenden Richtungen. Erstens hat zwar der Eine nicht das Recht von dem Andern zu fordern, daß er seine sittliche Unwürdigkeit aus eigenem Antriebe bekenne; wohl aber kann er von ihm verlangen, daß er sich nicht durch Scheinhandlungen in der Achtung Anderer höher zu stellen suche, als er wirklich verdient. Die Wirkung davon zeigt sich in der sittlichen Sphäre in der Verachtung, welche die Heuchelei trifft; in der juristischen darin, daß wenn Einer verheimlichte nachtheilige Handlungen eines Andern kund macht, dieses keine strafbare Diffamation oder Verläumdung ist, sondern daß der Klage des Andern die Einrede der Wahrheit entgegengesetzt werden kann. Zweitens darf man einen Andern nicht absichtlich in einen ihm am Vermögen schädlichen Irrthum versetzen, sondern dieses ist Arglist, und wenn es zum eigenen Vortheil geschieht, Betrug. Drittens besteht zwar im Allgemeinen eine Rechtspflicht, einen Andern über einen ihm schädlichen Irrthum aufzuklären, nicht.

---

1) Man sehe §. 96. 97. 98.

2) Die Rechtsphilosophen begnügen sich damit, die Wahrhaftigkeit als Pflicht aus der sittlichen Natur des Menschen zu deduciren, bleiben also damit im Gebiete der Ethik; so Taparelli Naturrecht I. §. 365—372. Ja Röder Naturrecht §. 60 (erste Aufl.). sagt gradezu: „nur die sittliche Pflicht der Wahrhaftigkeit möchte als unbedingt sich behaupten lassen!“ Die Natur als eines äußeren Rechtes ist aber durch das Obige dargethan.

Wohl aber tritt sie ein, wenn Einer einem Andern in einem gegebenen Falle ein besonderes Vertrauen in dessen Wahrhaftigkeit ausgedrückt, und dieser dasselbe acceptirt hat. Dieses ist der Fall beim Vormund, Anwalt, beim Ertheilen des Rathes eines Sachverständigen. Viertens liegt ein solches Vertrauen auf die Wahrhaftigkeit stillschweigend jedem Vertrage zum Grunde, indem Jeder sie vom Andern verlangt, sie also auch selbst leisten muß. Eine absichtliche Verletzung oder Unterdrückung derselben zum Nachtheil des Andern ist also Arglist oder Betrug. Fünftens hat derjenige, der nach dem Gesetz oder kraft besonderer Verhältnisse das Recht einen Andern über Etwas zu fragen hat, nothwendig auch ein Recht auf die Wahrhaftigkeit von dessen Antwort, weil sonst die Frage ganz zwecklos sein würde. Die Unwahrheit ist also in diesem Falle ein strafbares Unrecht.

104. Die Pflicht der Wahrhaftigkeit gegen Andere entspringt, wie gezeigt wurde, aus der an diese gestellten Anforderung auf Achtung der sittlichen Würdigkeit. Diese aber beruht auf der Mitgliedschaft des Menschen in der moralischen Weltordnung, die in Gott ihren Ausgangspunkt und Schlußstein hat [1]). Die feierliche Betheuerung der Wahrheit bei Gott versetzt also die Aussage in den Mittelpunkt von dem, und umfaßt alles das, was die sittliche Würde des Menschen ausmacht. Daher muß eine solche Aussage die höchste Glaubwürdigkeit, ihre Unwahrheit die höchste Verächtlichkeit zur Folge haben. Dieses ist die Bedeutung des Eides [2]). Auf jenem Zusammenhang beruht aber auch, daß wo man bei einem Stande mit einem besondern und höheren Bewußtsein seiner sittlichen Würde ein höheres Gefühl von Wahrhaftigkeit voraussetzen kann, man ihm auch eine höhere Glaubwürdigkeit beilegen muß. Daher die besondere Kraft des Fürstenwortes, der Versicherung auf priesterliche Ehre, auf Ehrenwort bei den höheren Ständen.

---

1) Man sehe §. 30. 31. 40.

2) Was in neueren Naturrechten, zum Beispiel bei Röder, über den Eid gesagt wird, ist durchaus geistlos und oberflächlich.

105. Die Pflicht der Wahrhaftigkeit erstreckt sich nicht blos auf Aussagen, daß etwas Vergangenes wahr sei, sondern auch auf Zusagen, etwas Zukünftiges, das man in der Gewalt hat, wahr zu machen. Auch diese Pflicht ist nicht eine blos sittliche, sondern auch eine Rechtspflicht. Denn da das Recht auf Achtung, das man gegen den Andern geltend macht, auf der sittlichen Würdigkeit beruht, wozu auch die Treue, das Worthalten gehört: so ist der Andere berechtigt, auch umgekehrt die Treue zu fordern. Diese Pflicht äußert sich in zwei Richtungen. Erstens im öffentlichen Recht in den mannichfaltigsten Fällen gesetzlicher oder gelobter Verpflichtungen, und sie ist hier um so heiliger, je größere Interessen davon abhängen. Zweitens in den Verträgen unter Privaten. Außer dem allgemeinen Grunde sprechen hier für diese Rechtspflicht noch zwei Andere. Einestheils rechnet dabei der Eine wesentlich, gleichwie auf die Wahrhaftigkeit so auch auf die Treue des Andern, muß sie also umgekehrt auch ihm erweisen. Anderntheils besteht das Wesentliche des Vertrags in der Erfüllung, und ohne diese ist er nichts. Wenn also der Vertrag etwas Juristisches ist, so muß auch das Wesentliche derselben, der Zwang zur Erfüllung, ein juristischer sein.

106. Uebrigens kann auch die Pflicht der Treue durch einen Eid verstärkt werden, und es gilt davon an sich dasselbe wie vom Eide der Wahrheit. Es sollte daher die Nichterfüllung eines gelobten rechtmäßigen Eides eben so bestraft werden, wie eine eidliche falsche Aussage, und dieses geschieht wirklich in der Sphäre des Gewissens, und daher im canonischen Recht. Die Schwierigkeit, alle dabei für das Gewissen in Betracht kommenden Gesichtspunkte genau abzuwägen, ist jedoch für die bürgerlichen Gerichte so groß, daß sie sich damit nicht befassen können, sondern die Entscheidung über die Gültigkeit eidlicher Versprechen den geistlichen Gerichten zuwenden und deren Ausspruch nur exiquiren müßten. Da man dieses jedoch nicht will, so hat man in der neueren Zeit dem Versprechungseid gar keine bürgerlichen Wirkungen beigelegt, und ihn lediglich in der Sphäre des Gewissens gelassen. Dieses hat auch unläugbar den Vortheil, daß dadurch dem Herabziehen des Eides

in die Sphäre der Vermögensinteressen entgegengewirkt wird. Doch bleibt es immer eine gewisse Inconsequenz, wenn man den Eid im Gebiete des Privatrechts von Seiten des Staates ignorirt, ihn im öffentlichen Recht aber festhält, ohne ein Gewissensgericht, um über die dort vorkommenden oft sehr schwierigen Gewissensfragen zu entscheiden. Es tritt dann in letzter Instanz die Macht der Selbstauslegung ein, und dieses ist dasjenige, was die politischen Eide so sehr in Mißcredit gebracht hat.

107. Die Pflicht der Treue ist um so stärker, je größer das erwiesene Vertrauen ist. Sie ist also am stärksten, wo dasselbe nicht auf irgend eine äußere Leistung gerichtet ist, sondern wesentlich nur in dem Vertrauen und in der Bewahrung desselben besteht. Es tritt dann das besondere Recht auf Vertrauen ein. Dieses äußert sich in drei Richtungen. Erstens bei der juristischen Behandlung der Verträge, denen ein besonderes Vertrauen beigemischt ist. Zweitens in der Heilighaltung des Briefgeheimnisses. Dieses wirkt nicht blos gegen den, der den Brief empfangen hat, sondern auch gegen jeden Dritten, weil es die unbefugteste Anmaßung ist, sich in das Vertrauen zwischen Zweien einzudrängen. Drittens zeigt es sich in der Heiligkeit des Beichtgeheimnisses. Denn da die Beichte die rückhaltloseste Hingebung an den Beichtvater, als den unmittelbaren von der Kirche dazu bestellten Diener der moralischen Ordnung ist: so ist auch jenes Geheimniß ein ganz unbedingtes. Die Verletzung desselben von Seiten des Beichtvaters ist daher als der höchste Verrath des Vertrauens und als die Verletzung der heiligsten Amtspflicht aufs Strengste zu ahnden. Eben deshalb darf er auch schon nach allgemein sittlichen Gesetzen nie vor Gericht über das, was er in der Beichte vernommen hat, befragt werden: sondern er kann und muß jede Antwort darüber ablehnen.

d) Das Recht auf Religiosität.

108. Der Mensch ist ein mit einer unsterblichen Seele begabtes Wesen, und sein irdisches Dasein ist wesentlich mit dazu bestimmt, sich zu seinem überirdischen Berufe auszubilden. Der

Inbegriff der Beziehungen des Menschen zu Gott und zum ewigen Reiche ist die Religion [1]). Hier wird also der Mensch am reinsten als Geist und in der Innerlichkeit der Gesinnung aufgefaßt. Die Gesinnung ist aber nur dann eine, wenn sie die eigenste freie That des Geistes ist; nur dann hat sie als Religion Werth. Daraus folgt also das Recht des Einzelnen, das Innere seiner religiösen Gesinnung frei zu haben, und sich darin lediglich nach seiner Ueberzeugung und nach seinem Gewissen zu bestimmen. Auf der andern Seite ist jedoch die Religion und das Bekenntniß eine für den Staat und das Staatswohl so wichtige Angelegenheit, daß er nicht schlechthin jede Art von Bekenntniß zulassen kann. Aus diesen beiden Gesichtspunkten ergeben sich für den Conflict der individuellen Ueberzeugung mit dem öffentlichen Bekenntniß folgende Regeln. Erstens hat Jeder seine religiöse Ueberzeugung frei, und er kann, sich darüber zu äußern, nicht gezwungen werden. Eine Ausnahme leidet dieses, wenn Einer ein Amt übernimmt, dessen Wirksamkeit eine bestimmte religiöse Ueberzeugung voraussetzt. Hier kann ihm eine, selbst eidliche Erklärung abverlangt werden. Eine Verletzung der Freiheit der religiösen Ueberzeugung liegt darin nicht, weil Niemand gezwungen wird ein solches Amt zu übernehmen oder es zu behalten. Zweitens kann Niemand zu einer rein religiösen für den Staat gleichgültigen Handlung von Staatswegen gezwungen werden, weil dieselbe, wenn die dazu erforderliche Ueberzeugung nicht vorhanden ist, eine Heuchelei wäre, wozu Niemand genöthigt werden kann. Anders ist es, wenn die Handlung auch eine Beziehung für den Staat hat, wie die kirchliche Eingehung der Ehe, weil sie dann in so weit eine legale Handlung ist, der man den legalen Gehorsam erweisen kann und muß. Drittens hat man nicht das Recht, eine vom Staate mißbilligte religiöse Meinung durch Rede oder Schrift zu verbreiten, weil es etwas Anderes ist, eine religiöse Ueberzeugung für sich zu haben, oder sie Anderen mitzutheilen und dafür Anhänger zu gewinnen. Viertens muß aber doch Jedem das Recht gelassen sein,

1) Man sehe §. 31. 40.

nach seiner religiösen Ueberzeugung seine Hausandacht einzurichten, oder, wenn auch dieses für den Staat Bedenken hat, ihm die freie Auswanderung ohne allen Abzug gestattet werden. Fünftens sind da, wo auch das Bekenntniß frei ist, doch falsche Mittel um dafür Anhänger zu gewinnen, als ein Eingriff in die Freiheit der religiösen Ueberzeugung, nicht zu gestatten, und nach Umständen zu bestrafen.

e) Das Recht auf geistige Entwicklung.

109. Der Mensch ist von Gott zur fortschreitenden Entwicklung befähigt und bestimmt; er erfüllt dadurch die Vervollkommnung seines geistigen, sittlichen und religiösen Wesens, und die Aufgabe der Menschheit [1]). Dieser Pflicht entsprechen aber auch bestimmte Rechte. Erstens hat er die freie Wahl der Mittel, die er für seine geistige Ausbildung zweckmäßig hält, der Lehrer und Lehranstalten, die er besuchen will. Zweitens hat er die freie Wahl des Berufes, worin er die ihm gesetzte Lebensaufgabe erfüllt. Eine Beschränkung darin durch die Staatsgewalt, oder durch die Geburt, wie bei den Leibeigenen, greift also in die wesentlichen Freiheitsrechte wie Pflichten ein. Ein Anderes ist jedoch sich die Wissenschaft und Bildung aneignen, oder sie auch durch Rede und Schrift Anderen mittheilen. Darin liegt eine geistige Einwirkung auf die bürgerliche Gesellschaft, die von sehr nachtheiligen Folgen sein, wobei daher eine unbedingte Freiheit nicht gestattet werden kann. Es handelt sich also dabei darum, die Freiheit des Einzelnen mit den Interessen der Gesellschaft möglichst in Einklang zu setzen. In diesem' Sinne allein kann von einer Freiheit der Presse, der Wissenschaft und des Unterrichts die Rede sein, was weiter unten auszuführen ist [2]).

f) Das Recht auf Geselligkeit.

110. Der Mensch ist wesentlich zur Gesellschaft bestimmt, indem er geistig wie sittlich nur in der Gesellschaft vollständig

1) Man sehe §. 35. 36. 39.

2) Dieses wird bei der Staatspflege vorkommen.

Mensch werden kann; er ist daher auch von der Natur mit allen dazu nöthigen Eigenschaften ausgestattet[1]). Gewisse Gesellschaften schafft die Natur unmittelbar selbst, nämlich die Familie und den Verwandtschaftskreis, so daß der Mensch gleich beim Entstehen von der Gesellschaft umfangen ist. Andere bildet sich der Mensch instinctartig nach der Gleichheit der Neigungen und Interessen, so daß der Mensch nirgends ganz isolirt existirt, sondern überall von einem engern Kreise umgeben ist, worin er sein Dasein abspinnt. Diesen Thatsachen entsprechen folgende Rechte. Erstens das Recht auf Anerkennung und Schutz der als Naturordnung gesetzten Familien- und Verwandtschafts-Verbindung und der daraus entspringenden Beziehungen. Zweitens das Recht auf Socialität, das heißt auf freie Aeußerung der den Einzelnen mit der ganzen menschlichen Gattung verbindenden Neigung. Drittens das Recht auf Verkehr, das heißt auf die Gemeinschaft und den Austausch der gegenseitigen Leistungen und Kräfte, und auf die zum Verkehr unentbehrlichen physischen und geistigen Bedingungen, zu welchen Letzteren namentlich das Recht auf Ehre, Wahrhaftigkeit und Treue gehört. Viertens das Recht der Association, der absichtlichen Vereinigung zu erlaubten wirthschaftlichen oder geistigen Zwecken. Es liegt darin eine Verstärkung der persönlichen Kräfte, eine Erweiterung der Persönlichkeit. Jenes Recht fließt daher schon aus dem Begriffe der Freiheit, und ist nach germanischer Auffassung in Wahrheit eines der edelsten Freiheitsrechte. Indem die Staatsregierung diesen naturgemäßen Bildungstrieb nicht hemmt, vielmehr fördert, entwickelt sich daraus eine Thätigkeit, welche außer der Befriedigung, die sie dem Einzelnen gewährt, auch auf das Ganze belebend und ordnend einwirkt. „Die menschliche Gesellschaft, sagt Ahrens richtig, sollte als ein großer Organismus, nach allen Haupt-Lebenszwecken und nach den Stufen der Persönlichkeit in eben so viel besondere Organismen sich gestalten und ausprägen, welche alle unter sich harmonisch verbunden und insbesondere durch den Staat, in ihren rechtlichen Beziehungen,

---

1) Man sehe §. 29.

geordnet und einer äußeren einheitlichen Rechtsgewalt unterworfen werden müssen" [2]).

3) Verhältniß der sogenannten Urrechte zur Staatsverfassung.

111. Das Gefühl der allgemeinen menschlichen Würde und der daraus hervorgehenden Rechte auf Freiheit, auf moralische Gleichheit, auf Gerechtigkeit, Wohlwollen und Achtung ist in das Gewissen und in die menschliche Brust gepflanzt. Es liegt daher auch allen Sitten und Gesetzen zum Grunde, weil diese aus dem Gewissen und dem Rechtsgefühl hervorgehen. Es kann verdunkelt sein; allein ganz fehlt es auch den rohesten Völkern nicht. Es ist die Quelle der Cultur, und ein Volk wird eben in dem Maße ein gebildetes, als jenes Gefühl in seinen gesellschaftlichen und öffentlichen Einrichtungen sich durchgebildet hat. Die wahre Pflegerin desselben ist die Religion; schon in dem heidnischen Rom zog sie den Sclaven als Mensch gegen das bürgerliche Recht, das ihn nur als Sache behandelte, unter ihren Schutz [1]). Mit dem Christenthum hat aber die neue Aera der Civilisation begonnen; es hat die ächte Magna Charta der Freiheitsrechte der Menschheit aufgerichtet und in die Sitten eingeführt [2]).

112. Sehr schön spricht sich der protestantische Geschichtschreiber Guizot darüber aus: „Un principe, une idée, un sentiment, comme on voudra l'appeller, plane depuis quinze siècles sur toutes les sociétés européennes, sur la société française en particulier, et préside à leur développement; le sentiment de la dignité et des droits de tout homme, à ce titre seul qu'il est homme, et du devoir d'étendre de plus en plus à tous les hommes les bienfaits de la justice, de la sympathie et de la liberté.

La justice, la sympathie, la liberté, ne sont pas des faits nouveaux dans le monde; elles n'ont pas été inventées

---

2) Ahrens Rechtsphilosophie. Besonderer Theil. Kap. 3. §. 3.

1) Man sehe meine Römische Rechtsgeschichte Th. II. §. 467.

2) Man sehe §. 7. 73. 86. 87. 88. 90.

il y a quinze siècles; Dieu en a, dès le premier jour, déposé dans l'homme le besoin et le germe; elles ont tenu leur place et exercé leur empire dans tous les pays, dans tous les temps, au sein de toutes les sociétés humaines. Mais jusqu'à notre Europe chrétienne, des limites fixes et à peu près insurmontables avaient marqué et resserré étroitement la sphère de la justice, de la sympathie, de la liberté. Ici la nationalité, ailleurs la race, la caste, l'origine servile, la religion, la couleur, interdisaient à un nombre immense d'hommes tout accès à ces premiers biens de la vie sociale. Chez les plus glorieuses nations, la justice, la sympathie, la liberté étaient refusées sans scrupule aux trois quarts de la population; les plus grands esprits ne voyaient dans cette spoliation qu'un fait naturel et nécessaire, une condition inhérente à l'état social.

C'est le principe et le fait chrétien par excellence d'avoir chassé de la pensée humaine cette iniquité et d'avoir étendu à l'humanité tout entière ce droit à la justice, à la sympathie, à la liberté, borné jusque-là à un petit nombre et subordonné à d'inexorables conditions. On a dit d'un grand philosophe que le genre humain avait perdu ses titres et qu'il les lui avait rendus; flatterie démesurée et presque idolâtre. Ce n'est pas Montesquieu, c'est Jésus-Christ qui a rendu au genre humain ses titres. Jesus-Christ est venu relever l'homme sur la terre, en même temps que le racheter pour l'éternité. L'unité de Dieu maintenue chez les Juifs, l'unité de l'homme rétablie chez les chrétiens, à ces traits éclatants se révèle l'action divine dans la vie de l'humanité" 1).

113. Wie wichtig ja nothwendig aber auch die Anerkennung und Herrschaft jener Grundwahrheiten für die bürgerliche Gesellschaft und für die Menschheit sein mag, so ist doch etwas Anderes die Frage, ob dieselben auch unter dem Namen der Grund-

1) Guizot L'église et la société chrétiennes pag. 153.

rechte oder der allgemeinen Menschenrechte in einer Verfassungsurkunde absichtlich definirt und formulirt werden sollen[1])? Dieses ist aus mehreren Gründen bedenklich. Erstens weil mit solchen allgemeinen Sätzen, die auf dem Papiere stehen, wenig gewonnen ist; ihre praktische Bedeutung erhalten sie erst durch die Anwendung, die davon in den Gesetzen über die concreten Verhältnisse zu machen ist. Sie sind die Maximen, welche den Geist der Gesetzgebung bestimmen sollen, nicht selbst Gesetze. Die Freiheit und Gleichheit wollen nicht decretirt, sondern sie müssen organisirt sein. Zweitens sind solche Sätze in ihrer abstracten Unbedingtheit nicht durchführbar, sondern mannichfaltigen Modificationen unterworfen, die man dabei in der Verfassungsurkunde nicht aufzählen, sondern worauf man nur durch ebenfalls sehr allgemeine Vorbehalte hinweisen kann. Drittens werden sie, eben wegen ihrer Allgemeinheit, auch bei der vorsichtigsten Fassung sehr vieldeutig bleiben, und dadurch der unkundigen Masse das Mittel zu einer kurzsichtigen Kritik, zu gefährlichen Mißverständnissen und zur Aufreizung gegen das Bestehende darbieten.

114. In Rom wurden seit dem Anfang der Republik zum Schutze der bürgerlichen Freiheit und der Würde des römischen Bürgers Gesetze erlassen; jedoch waren diese durch bestimmte fühlbar gewordene Gebrechen veranlaßt und nur wider solche gerichtet; sie hatten daher einen durchaus concreten Inhalt und Ausdruck. Eben so verhält es sich mit der großen englischen Magna Charta von 1215. In dieser kommen nur einige Sätze allgemeiner Art vor: daß Niemand ohne Urtheil und Recht verhaftet, gestraft oder seines Vermögens entsetzt werden dürfe; daß Jeder frei und sicher aus dem Reiche auswandern und dahin zurückkehren könne; daß fremden Kaufleuten der freie Aufenthalt und Verkehr im Reiche gesichert sei. Die Habeas-Corpus-Acte von 1679 enthält blos

1) Sehr richtig urtheilt darüber Warnkönig Die gegenwärtige Aufgabe der Rechtsphilosophie (Tübinger Zeitschrift für die gesammte Staatswissenschaft VII. 260—271). Man findet dort über diese Lehre von den Urrechten überhaupt und über die Ansichten Anderer gute kritische Bemerkungen.

sehr weitläufige Bestimmungen zum Schutz gegen unrechtmäßige Verhaftungen. Selbst die Declaration der Rechte von 1689 ist nur auf ganz concrete Verhältnisse uud Freiheiten der Nation gerichtet, über deren Verletzung durch die vorigen Könige man sich zu beschweren hatte. Auf diese Weise ruht in England die bürgerliche Freiheit vor Allem in der Sitte und im Geiste der Nation; das geschriebene Gesetz hat sich nur mit demjenigen befaßt, was davon praktisch zu organisiren war. Denselben Charakter haben auch die Bestimmungen der Nordamerikanischen Verfassung von 1787 mit den Zusätzen von 1791.

115. Eine neue Phase trat aber ein, als die politische Discussion sich jener Wahrheiten in abstracter Weise bemächtigte. Dieses geschah schon, wenn auch in gemilderter Form, durch Montesquieu, welcher dazu namentlich die englische Verfassung als Muster aufstellte. Vor Allen war es aber Rousseau, welcher in seiner Theorie vom Socialcontract 1752 die unveräußerlichen Menschenrechte zum Ausgangspunkt nahm und immer wieder darauf zurückkehrte [1]). Nachdem diese Ideen ein Menschenalter lang auf die Gemüther gewirkt, gelangten sie in der Verfassungsurkunde vom 3. September 1791 zur praktischen Geltung, indem derselben

1) Romieu Le spectre rouge p. 59. J. J. Rousseau ce rhéteur sinistre n'eût pas fait grand mal, s'il n'eût écrit que son Discours sur l'inégalité des conditions, pour prouver que la vie sauvage est l'Éden réel. Mais sa malfaisante éloquence n'a que trop quitté ce thême d'écolier paradoxale; elle s'est jetée, avec le pressentiment du succès, à la conquête des idées contemporaines. Nul, à coup sur, ne se fut empressé, sur la parole du Génevois, à retourner dans les forêts pour y vivre de glands et d'herbes. Mais lorqu'il vint à parler d'un *contrat social*, dont la tradition se retrouvait en son esprit, et qu'il en formula, dans ce style sonore, dont le rétentissement n'est pas éteint, les menaçants articles; lorsqu'il vint lire à la société assoupie l'acte étrange et nouveau qui refaisait un droit perdu, ce fut un cri universel, et un universel bouleversement à la voix de ce terrible notaire. Un siècle entier s'en est suivi, dont nous savons la démence. Il a fallu l'épreuve de ces théories appliquées, pour qu'on ose aujourd'hui proclamer leur néant.

die von Lafayette entworfene „Declaration der Rechte des Menschen und Bürgers“ vorausgeschickt wurde, „damit die Handlungen der gesetzgebenden und jene der ausübenden Macht, da sie in jedem Augenblicke mit dem Endzwecke aller politischen Satzung gegen einander gehalten werden könnten, dadurch mehr geachtet würden.“ Nach dieser Declaration werden die Menschen frei und gleich an Rechten geboren und bleiben es; der Endzweck aller politischen Gesellschaft ist die Erhaltung der natürlichen und unverjährbaren Menschenrechte, der Freiheit, des Eigenthums, der Sicherheit, des Widerstandes gegen Unterdrückung; der Ursprung aller Souverainetät befindet sich wesentlich in der Nation; das Gesetz ist der Ausdruck des allgemeinen Willens, und Anderes. In der Constitution vom 24. Juni 1793 behielt man die noch näher formulirte Declaration an der Spitze bei, mit dem Schlußzusatze: „wenn die Regierung die Rechte des Volkes verletze, so sei die Insurrection des Volkes und jedes einzelnen Theiles desselben das Heiligste seiner Rechte und die Höchste seiner Pflichten.“ In der Constitution vom 23. September 1795 ließ man diesen Artikel wieder weg, und gab den Anderen eine präcisere nicht so leicht zu mißdeutende Fassung. In der von Buonaparte entworfenen Constitution vom 13. December 1799 blieb die Declaration an der Spitze ganz weg, und nur in einem Abschnitte am Schlusse wurden einige allgemeine Bestimmungeu über die Unverletzlichkeit der Wohnung und zum Schutze gegen willkürliche Verhaftung erlassen. In die Constitution vom 4. Juni 1814 kam aber wieder an die Spitze ein Titel: Von den politischen Rechten der Franzosen, worin unter Anderen die Gleichheit vor dem Gesetze, die Gewährleistung der individuellen Freiheit und die Freiheit der Presse sanctionirt ist. So blieb es wörtlich in der Charte vom 7. August 1830. Die Constitution der französischen Republik vom 4. November 1848 enthielt in ähnlicher Weise ein Verzeichniß der von der Verfassung gewährleisteten Bürgerrechte: Schutz gegen ungesetzliche Verhaftung, Unverletzlichkeit der Wohnung, Sicherung des natürlichen Gerichtsstandes, Abschaffung der Todesstrafe, der Sclaverei, Freiheit des religiösen Bekenntnisses, der Association, der Versammlungen, der

Petition, der Presse, des Unterrichts, und Anderes. In dem von Louis Napoleon Buonaparte erlassenen Verfassungsgesetze vom 14. Januar 1852 ließ er aber alle diese glänzenden Versicherungen weg. Sie fehlen auch in dem Senatsbeschluß vom 7. November 1852, wodurch das Kaiserthum eingeführt wurde.

116. Die ernsten Lehren und Warnungen, welche in diesen Vorgängen liegen, sind von geistreichen Männern in beredter Weise wiederholt, wenn auch zum Theil vergeblich, ausgesprochen worden. „Immerhin, sagt Gentz, möchte der Constitution eines Staates das schmeichelnde Purpurgewand umgeworfen, immerhin dies glänzende Portal am Eingange des wohlgeordneten Baues einer gesellschaftlichen Verfassung aufgerichtet werden, wenn nur der müßige Genuß seiner Schönheit vor den reellen Gefahren sichern könnte, die damit unzertrennlich verknüpft sind. Die Grundsätze in einer Declaration der Rechte mögen so klar und einfältig vorgetragen werden, als es immer möglich ist; sie bleiben abstracte Grundsätze, und der große Haufen der Menschen faßt sie nicht. So lange sie sich in Büchern und Theorien aufhalten, ist dies ein höchst unbedeutendes Uebel; das Bedürfniß, sie aufzusuchen, meldet sich nur im denkenden und gebildeten Kopf: bei dem gemeinen Mann vertritt das Gefühl und vertritt meisterhaft die Stelle jeder Speculation. Aber, wenn man diese Lehren dem Volke vorträgt, wenn man sie ihm in ihrer reinen Abgezogenheit, von dem Zusatz menschlicher Verhältnisse, mit denen sie sich im gesellschaftlichen Leben verbinden, abgeschieden darstellt, wenn man sie in politische Glaubensartikel verwandelt, wenn man die Gesetze nur unter ihrer Sanction auftreten läßt, und den Bürger auf sie als auf ein höheres Gesetz unaufhörlich zurückweiset: dann giebt man sich ganz andern Gefahren Preis. Der, welcher in den wahren Sinn dieser abstracten Grundsätze nicht zu dringen weiß, legt ihnen einen falschen unter. Das, was jeder als sein Eigenthum ansieht, und was ihm als sein heiligstes Eigenthum angepriesen wird, sucht nun jeder auf seine Weise zu benutzen. Der Philosoph formt Systeme, der Pöbel schmiedet Mordgewehre daraus. Es kann kein schrecklicher Schwerdt in den Händen eines ungebildeten

Menschen geben, als ein allgemeines Princip. Die Fruchtbarkeit eines solchen Princips, das für den Denkenden und Weisen eine Quelle von Segen ist, macht es, wenn sich der große Haufen seiner bemeistert hat, zu einem alles verzehrenden Gifte. Ein Staat, der Declarationen der Rechte als Regierungswerkzeuge gebraucht, waffnet jeden seiner Unterthanen gegen sich selbst. Er steckt eine Fahne auf, um die sich beim Ausbruch der kleinsten Unruhe sofort alles versammeln wird, was nach Veränderung und Umsturz durstet. Da der gerechteste Richterspruch einen der streitenden Theile kränkt, so wird der, welcher unterliegen soll, sich für den Unterdrückten halten, und sein ursprüngliches „Recht des Widerstandes gegen Unterdrückung" anrufen. Da die billigste Abgabe den Habsüchtigen schmerzt, die leichteste den Armen drückt, so wird es nur der Aufmunterung eines Pöbelredners bedürfen, und ganze Provinzen werden den Grundsatz: „daß der Staat nicht für den Regenten da sey" bei jeder Aufforderung dem Staate zu dienen, verletzt glauben; wenn man von dem Bürger Gehorsam gegen das Gesetz verlangt, wird er seine „Freiheit," wenn man ihn vom Eigenthum seines reichen Nachbarn zurückhält, die „Gleichheit der Rechte" angetastet sehen. Mit einem einzigen Artikel einer mißverstandenen Declaration der Rechte in der Hand, wird es einer Rotte leicht werden, Aufruhr, Verwirrung, Mord und Verderben in die schönsten Namen von Freiheit, Recht, Menschenwürde und Aufrechthaltung der Gesetze gehüllt, über ein blühendes Land zu verbreiten" [1]).

117. „Die Lafayettischen Menschenrechte, sagt Dahlmann, sind darum hauptsächlich so widersinnig, weil sie mit jeder Verfassung unzufrieden machen. Statt von den nothwendigen Opfern auszugehen, welche gebracht werden müssen, damit aus dem Staatsvereine die schönen Früchte des Gesammtwohls und der Einzelbildung erwachsen, führt man ein langes Gefolge von Freiheits- und Gleichheisrechten auf, die der Menschheit opferloses unveräußerliches

---

1) Gentz Ueber die Declaration der Rechte (Ausgewählte Schriften von Weick II. 69).

Eigenthum von jeher gewesen sein sollen und bleiben müssen, und von denen sich doch am Ende in der Urkunde selber bloß einige Trümmer finden. Hätte die Nationalversammlung nicht bloß das Staatsrecht verändern wollen, sondern auch ins Privatrecht eingreifen, hätte sie die Aecker gleich vertheilen, den Reichen zwingen wollen, sich mit der Quote zu begnügen, die bei der allgemeinen Auftheilung an ihn zurückfallen wird, ja den Besitzer mehrerer Häuser sich auf eines zu beschränken, so waren die Menschenrechte ganz in der Ordnung. Wie es aber nun stand, da der Arme arm blieb und ungeehrt wie zuvor, der Vermögende aber zahlen mußte wie zuvor, so warf die Nation gleich dem Plutus des Aristophanes die Frage auf: Wie mach' ich's, daß ich der Macht, die ich wie du sagst besitze, wirklich Herr werde?" [1]). Selbst in Frankreich haben sich ähnliche Stimmen erhoben[2]).

B) Die Familie. 1) Von der Familie im Allgemeinen. a) Wesen derselben.

118. **Die Ordnung der Familie ist etwas dem Menschen Eigenthümliches, und findet sich bei den Thieren nicht. Dieses hängt mit der nach den Absichten Gottes eigenthümlichen Bestimmung des Menschen und der Menschheit zusammen, denen die Oeconomie der Familie als Werkzeug dient.** Die Menschheit stimmt nämlich mit der Thierheit darin überein, daß sie den Gesetzen der Sterblichkeit unterworfen, aber durch das Gesetz der

1) Dahlmann Politik §. 235.

2) Schützenberger Lois de l'ordre social I. 211. La valeur juridique d'une déclaration de droits est en raison de la sanction juridique qui protège les principes qu'elle formule. Lorsque cette sanction ne resulte pas des institutions spéciales et positives, les déclarations de droits n'ont d'autre effet que celui de provoquer à la résistance et à l'insurrection. Les déclarations de droits jettent au sein de la société un ferment d'anarchie et lui implantent un germe de révolte contre le droit pôsitif et contre les actes du pouvoir. — Ich entnehme diese Stelle aus der angeführten Abhandlung von Warnkönig (§. 113. Note 1).

Fortpflanzung die Erhaltung der Gattung von der Natur gewollt und gesichert ist. Sie unterscheidet sich aber vom Thierreich in zwei Punkten: erstens darin, daß der Mensch einer stets fortschreitenden Entwicklung und Vervollkommnung fähig, also auch von der Natur dazu bestimmt ist [1]); zweitens darin, daß der Mensch mit einer unsterblichen Seele begabt ist, welche sich in dieser irdischen Welt durch ihre stets fortschreitende innere Vervollkommnung zu ihrer überirdischen Bestimmung vorbereiten soll [2]). Diese fortschreitende äußere und innere Vervollkommnung, welche die wesentliche Bestimmung des Menschen ausmacht, ist aber nur möglich durch die geordnete Ueberlieferung der menschlichen Bildung durch Sprache und Sitte, also durch Erziehung. Die Erziehung aber setzt in ihrem Beginn einen engen dauernden Kreis, durch die stärksten Bande der Zuneigung und Hingebung verbundener Personen, die Familie, voraus. Diese ist also die Grundbedingung der Erhaltung und Vervollkommnung der menschlichen Cultur, und ohne sie würde die Menschheit in Thierheit verfallen.

119. Eben weil aber der Schöpfer diese Cultur will, und diese nur durch die Familie bewirkt werden kann: so hat er auch in die Natur des Menschen dasjenige gelegt, was mit Nothwendigkeit zur Familie hinführt. Denn erstens entsteht der Mensch nicht nur eben so hilflos als das Thier, sondern der Zustand der Hilflosigkeit dauert auch bei ihm verhältnißmäßig weit länger als bei den Thieren. Das physische Bedürfniß selbst hält also das Kind lange an die Eltern gebunden, weil auch seine Erziehung, die Entwicklung der Sprache, Sitten und Ideen Zeit braucht. Zweitens hat das Thier seinen Instinct, es bedarf des Unterrichts nicht; hingegen der Mensch muß fast Alles lernen; er braucht für die nächstliegenden Dinge einen Unterricht, den er nur in der Familie findet [1]). Drittens ist den Eltern zu dem Kinde von der

---

1) Man sehe §. 39.

2) Man sehe §. 40.

1) Ballanche Institutions sociales chap. 9. (Oeuvres II. 194). L'homme est éminemment un être social. Sa longue enfance, pendant

Natur das Gefühl der stärksten und uneigennützigsten Liebe, dem Kinde zu den Eltern das Gefühl der Verehrung und Dankbarkeit ins Herz gelegt, welches Jene unter Freuden und Thränen über das Haupt des Kindes wachen läßt und in ihm durch Lehre und Beispiel die menschliche Bildung entwickeln hilft. Die Familie ist daher die von der Natur mit absoluter Nothwendigkeit gewollte, und durch die edelsten und heiligsten Bande der Zuneigung befestigte Erziehungsanstalt der menschlichen Gattung.

120. Die Familie ist also ein Werk der Natur, eine Ordnung Gottes, nicht eine menschliche Erfindung oder Veranstaltung, die Pflanzschule der Gesittung, der Vermittler zwischen der alten und den neu eintretenden Generationen, die Grundlage der Staaten und der Menschheit. Sie wird nicht geschaffen, sondern überall als bestehend vorausgesetzt, und alle Ordnung lehnt sich an sie an. Die sittlichen Grundkräfte, worauf sie ruht, die Liebe, das Vertrauen, das Gefühl der Zucht, können nicht durch Zwangsbefehle hervorgerufen, sondern nur im Innersten des Menschen durch die Moral und Religion gepflegt werden. Die Aufgabe der Staatsgewalt beschränkt sich also darauf, das Heiligthum der Familie zu hüten, die Achtung vor demselben in ihren Gesetzen zu bekennen, es gegen Verunstaltung und Ausartung zu schützen, und die

---

laquelle il sert de lien à deux êtres, et qui lui est si nécessaire pour se développer graduellement; cette longue enfance, disons nous, annonce déjà l'intentiou du Créateur. L'homme a besoin de tout apprendre; et ses sens ne serviroient qu'à le tromper s'il n'était pas instruit à en rectifier les erreurs. Il ne peut naître que dans la famille, et la famille ne peut exister que dans la société. Son intelligence, comme lui même, ne peut naitre que dans la famille, et, comme lui même encore, ne peut se développer que dans la société. — Pag. 244. L'homme n'a point d'instinct; il a une liberté et une volonté. L'absence d'instinct dans l'homme fait qu'il a besoin de tout apprendre. La société est, si l'on peut parler ainsi, un instrument nécessaire à l'homme; et les révélations dont la société est dépositaire sont le seul moyen par lequel l'homme ait pu parvenir à connaître et à aimer.

Ehrfurcht vor demselben möglichst auch in die bürgerlichen Sitten einzuführen.

121. Wie wenig Platon die Bedeutung der Familie als Naturordnung zu würdigen verstand, ergiebt sich daraus, daß in seinem idealen Staate der regierende Stand, die Hüter, um nur dem Gemeinwesen zu leben, ohne Familien sein und ihre Kinder in Gemeinschaft erzogen werden sollen. Auch die frostige Art wie Aristoteles das Verhältniß zwischen Mann und Frau, zwischen den Eltern und Kindern blos als eine Form der Herrschaft, und die Ehe blos als das Mittel, um dem Staate Kinder zu liefern, behandelt, läßt völlig unbefriedigt [1]). Tiefsinniger und ernster faßten die Römer das Familienwesen auf, als die Pflanzschule der Pietät, der Ehrfurcht vor der Autorität, der Uebung des Gehorsams und der Selbstbeherrschung [2]). Die Germanen legten in dasselbe den Mittelpunkt ihres Gemüthslebens, und das Christenthum heiligte es durch die Unverbrüchlichkeit seiner Ehen und das göttliche Gebot der kindlichen Ehrfurcht. Die moderne Rechtsphilosophie hat aber die tiefe Bedeutung dieses Institutes mehr oder weniger nicht erkannt, und davon entweder gar nicht, oder nur unter secundairen Gesichtspunkten gehandelt. Pufendorf und Thomasius sprechen von der Familie als solcher gar nicht, sondern nur von der Ehe und dem elterlichen Verhältnisse, und auch von diesen nur unter den möglichen Formen von Gesellschaften und den dem Menschen in einer Gesellschaft obliegenden Pflichten. So ist es noch bei den Jesuiten Zallinger und Taparelli; auch Ahrens hat für das Familienrecht keine andere Stelle als unter der Rubrik vom gesellschaftlichen Personenrechte, nach der Lehre von den Verträgen. Kant zieht die Familienverhältnisse möglichst in die Sphäre des Mein und Dein herunter, als „auf dingliche Art persönliche Rechte,“ so daß ihm jede Ahnung der wahren Auffassung fehlt. Für Andere war es ein willkommener Ausweg davon nach dem Vorgang der juristischen Compendien als Ver-

---

1) Aristoteles Politik I. 12. VII. 16.

2) Man sehe meine Römische Rechtsgeschichte Th. I. §. 16.

hältnissen des Privatrechts handeln zu können: so bei Warnkönig, Moy, und selbst bei Stahl, wiewohl er die Familie „den Mittelpunkt des menschlichen Daseyns, das Band des Einzellebens und des Gemeinlebens“ nennt, was doch weit über das Privatrecht hinausgeht. Die richtige Stellung der Familie ist bei Hegel, wiewohl er sie blos nach ihren subjectiven Beziehungen analysirt hat, und von ihrer objectiven Bestimmung für die Zwecke des Menschen und der Menschheit nichts sagt. Auch Trendelenburg geht darüber ziemlich oberflächlich weg [3]).

b) Von der Verwandtschaft.

122. Die durch die Familie begründete Einheit ist nicht eine bleibende, sondern sie wird durch die Gesetze der Natur selbst verändert. Die Häupter der Familie sterben ab, und die Kinder treten aus dem elterlichen Hause hervor, um selbst eine Familie zu bilden. Sie werden aber dadurch nicht einander fremd, sondern es gehört zu den Eigenthümlichkeiten der menschlichen Gattung, daß diejenigen, die von denselben Stammeltern herrühren, so weit davon die Erinnerung reicht, sich untereinander näher verbunden fühlen. Dieses Gefühl ist natürlich am Stärksten bei denjenigen, die durch die Einheit des Hauses einmal verbunden gewesen sind, unter den Eltern und Kindern und unter den Geschwistern. Aber auch darüber hinaus wirkt das Gefühl der Gemeinschaft des Blutes, und unterhält Bande der Zuneigung, woran die Sitte und das positive Recht mehr oder weniger auch juristische Wirkungen knüpfen, wie bei der Vormundschaft und im Erbrecht. Außerdem wirkt besonders auch der Eindruck der von den Kindern auf ihre Kinder weiter fortgepflanzten Erinnerungen, wodurch sich der erziehende und bildende Einfluß der Familie bis in die entfernte Nachkommenschaft geltend macht, was auch für den Geist des Gemeinwesens von großer Wichtigkeit ist. Diese Eindrücke und Erinnerungen haften aber naturgemäß nur am Mannsstamm, weil die Weiber durch den Uebertritt in eine andere Familie sich mit

---

3) Trendelenburg Naturrecht §. 122. 124.

dieser verschmelzen. Hierauf beruht die Auszeichnung und der Zusammenhang des Mannsstammes, besonders in den Naturstaaten, der sich auch in juristischen Beziehungen, namentlich im Erbrecht, äußert. In den Zuständen der entwickelten Gesellschaft verbleichen aber diese historischen Erinnerungen in dem bunten Wechsel des Lebens. Es bleibt der Verwandtschaft nur das Gefühl der Gemeinschaft des Bluts und die daraus entspringende Affection, und auch diese wird durch die Verschiedenheit der Interessen, des Wohnortes, des Berufs, und Anderes immer mehr abgeschwächt. Die Bedeutung der Verwandtschaft ist daher am Stärksten bei ackerbautreibenden Völkern, am Schwächsten bei denen, wo Handel und Industrie blühen, und dieses ist auch bei deren juristischen Behandlung, namentlich bei den daraus entspringenden Ehehindernissen, zu berücksichtigen.

2) Die Ehe. a) Wesen derselben.

123. Wenn die menschliche Gattung nicht blos fortgepflanzt, sondern auch erzogen werden soll, dieses aber nur durch die Familie möglich ist: so muß auch in der Oeconomie der Schöpfung Etwas bestehen, was mit Nothwendigkeit auf die Familie hinführt und diese zusammenhält. Dieses ist das Institut der Ehe. Diese muß, um jenen Zweck zu erfüllen, drei Momente an sich tragen: sie muß ein physisches dem Zwecke der Fortpflanzung entsprechendes Geschlechtsverhältniß, sie muß eine dauernde, und sie muß eine alle Erziehung und Lebensverhältnisse umfassende Verbindung sein. Diese beiden letzteren Momente sind dasjenige, was die Ehe zu einem menschlichen und sittlichen Verhältnisse macht, und was sie von dem blos thierischen unterscheidet. Weil nun aber die Natur die Familie unumgänglich will, diese aber nur durch eine solche Verbindung möglich ist: so hat sie auch in den Menschen dasjenige gelegt, was jenen drei Momenten entspricht, und was mit Nothwendigkeit auf eine Verbindung dieser Art hinführt: erstens die Geschlechtsneigung, zweitens die Fähigkeit einer dauernden Liebe zwischen Mann und Frau, die über das bloße Geschlechtsverhältniß hinaus reicht und davon unabhängig ist, drittens die Neigung

der Aufopferung und Hingebung zwischen Mann und Frau, welche alle Lebensverhältnisse, Freud und Leid, unter einander gemeinschaftlich gemacht wissen will und nur darin ihre Befriedigung findet. Nur durch die Vereinigung dieser drei Momente erfüllt die Ehe den Zweck, außer dem Mittel der physischen Fortpflanzung, auch das Institut der menschlichen Bildung und Erziehung zu sein.

124. Die physische oder sinnliche Seite bildet also allerdings ein regelmäßiges Moment der Ehe, indem der große Endzweck der Fortpflanzung und Erhaltung der Gattung davon abhängt. Gleichwie aber die Natur beim Menschen nicht wie beim Thiere „blos" die Fortpflanzung, sondern auch Bildung und Erziehung des Erzeugten will: so erhält jenes Moment nur in Verbindung mit den beiden Anderen seinen eigenthümlich menschlichen Charakter. Weil aber nun allein das Menschliche des Menschen würdig, das Thierische seiner unwürdig ist, das des Menschen Würdige aber das Sittliche ist: so ist von der Natur als sittliche Bestimmung ausgesprochen, daß der Mensch ein Geschlechtsverhältniß nur in der Vereinigung jener drei Momente, also nur in der Form der Ehe, eingehen soll, und daß es thierisch ist, wenn er es ohne sie thut. Giebt man diese Unterscheidung auf, will man dem wechselnden Geschlechtsumgang eine sittliche und juristische Berechtigung zugestehen, so hört damit auch die Familienordnung auf. Dann aber wird auch die Menschheit in Rohheit und Thierheit erhalten, oder man muß in künstlichen Instituten ein Surrogat für die Familienerziehung erschaffen, was doch auf die Länge unausführbar und unzureichend ist. Die wahre veredelte Bildung wird nur durch die Uebung der treuen uneigennützigen Hingebung des väterlichen und mütterlichen Herzens gewährt, und dieses Herz kann keine politische Kunst ersetzen. Die auf die Beseitigung der Ehe zielenden Vorschläge in Platons Republik und in der Schule der St. Simonisten sind daher wider die Natur und leere Träumereien.

125. Das Institut der Ehe ist also eine Ordnung der Natur, welche mit der Menschheit, so wie sie von Gott gewollt und geschaffen, gegeben und davon unzertrennlich ist. Die Ehe ist die

Grundlage der Familie und dadurch derjenigen Anstalt, worauf die Ueberlieferung aller menschlichen Sitte und Bildung beruht. Sie ist die Grundlage der Staaten, weil der Mensch in der Familie die sittlichen Eindrücke, die Gewöhnung an Zucht und Ordnung, und die Ehrfurcht vor der Autorität empfängt, ohne welche kein Staat bestehen kann. Sie ist die Grundlage der Menschheit, weil nur in ihr die geordnete Fortpflanzung der menschlichen Gattung möglich ist. Sie ist die Pflanzschule für das Reich Gottes, weil in ihr der Schöpfungsact des ersten Menschen durch diesen selbst fortgesetzt und mit den sterblichen Leibern unsterbliche Seelen gezeugt worden. Sie ist für den Mann und das Weib durch die Einheit, welche sie unter ihnen begründet, die Ergänzung ihrer selbst, durch die innige auf Liebe und Achtung gegründete Gemeinschaft ein Antrieb zur fortdauernden gegenseitigen Veredlung, durch die Prüfungen, die sie ihnen auferlegt, die tägliche Schule der Hingebung und Selbstverleugnung. Die Ehe hat also schon von der Natur eine hohe Würde und Heiligkeit, die auch von allen selbst den rohesten Völkern empfunden, und durch die religiösen Gebräuche, womit sie dieselbe mehr oder weniger umgeben, bezeugt wird. Darin liegt ganz richtig nicht blos der Gedanke, daß die Ehe als die Grundlage der Staaten unter den Schutz der Religion gestellt sein muß, sondern auch die Mahnung an die Einzelnen, daß sie zur Durchführung der durch die Ehe gestellten ernsten sittlichen Aufgaben des Beistandes der Religion bedürfen. Mit Recht hat daher das Christenthum dieses tiefsinnige Institut unter sich gezogen, und in beiden Beziehungen mit seinen Ermahnungen und Segnungen ausgestattet. Wenn wegen der wichtigen Beziehungen der Ehe zum Staate sich auch das bürgerliche Recht damit zu befassen hat, so muß doch der erleuchtete Gesetzgeber von der Einsicht geleitet sein, daß er allein aus sich die dem Institut nöthige sittliche Kraft und Weihe nicht zu geben vermag, sondern daß ihm diese nur von der Religion zufließen kann, wogegen er sich daher nicht gleichgültig und um so weniger feindselig verhalten darf.

126. Aus der Bedeutung der Ehe folgt von selbst, daß sie

nur Monogamie sein kann. Denn erstens ist die volle Liebe und Hingebung, welche ihr Wesen ausmacht, nur an einen Einzigen möglich. Zweitens erfordert die Erziehung ein inniges Zusammenwirken von Vater und Mutter, was nur bei der Monogamie Statt finden kann. Drittens kann sich nur in der Monogamie das Weib in der Würde als Gattin und Mutter behaupten, die nicht nur zur wahren Ehe, sondern auch zur wahren menschlichen Cultur unumgänglich ist. Die Monogamie ist, wie Hegel treffend sagt, „eines der absoluten Principien, worauf die Sittlichkeit eines Gemeinwesens beruht“ [1]). Ganz ideal betrachtet ist selbst die Wiederverheirathung nach dem Tode des andern Ehegatten eine menschliche Unvollkommenheit, weil die geistige Einheit, worin Jeder seine Lebensbestimmung erkannt und gefunden hat, auch mit dem Verstorbenen fortgesetzt werden kann. Hierauf beruht die Ehre des Wittwenstandes bei den alten Germanen [2]) und im canonischen Recht. Jedoch muß dieses, als rein subjectiv, lediglich dem Gefühl und der Sitte überlassen sein, und darf nicht zum Zwangsrecht gemacht werden. Selbst auch dieses Gefühl hat seine Schranke an anderen sittlichen Gesetzen; und daher ist das Selbstverbrennen der Wittwen in Indien doch als eine sittliche Verirrung zu betrachten.

127. Schon die Römer haben den tiefen Inhalt der Ehe richtig erkannt und in der juristischen Definition derselben ausgedrückt. Am tiefsinnigsten wurde jedoch deren Bedeutung als Institut vom Christenthum aufgefaßt, und daran hätte sich die Rechtsphilosophie halten sollen. Die erste Herabwürdigung erfuhr aber dasselbe in der Schule des Pufendorf und Thomasius, wo man es blos unter dem Gesichtspunkt einer besondern Art von Gesell-

---

1) Hegel Philosophie des Rechts §. 167.

2) Tacit. de morib. German. 19. Melius quidem adhuc eae civitates, in quibus tantum virgines nubunt, et cum spe votoque uxoris semel transigitur. sic unum accipiunt maritum, quomodo unum corpus, unamque vitam, ne ulla cogitatio ultra, ne longior cupiditas, ne tanquam maritum, sed tanquam matrimonium ament.

schaft analysirte. Ihren Höhepunkt erlangte aber diese geistlose Auffassung bei Kant. Da er alles Recht aus dem Freiheitsbegriff herleiten will[1]), so erscheint ihm die ganze Rechtswelt nur als ein Aggregat von subjectiven Rechten, von Mein und Dein. So ist auch das häusliche Recht nur ein „Mein und Dein, und zwar das Recht des Besitzes eines äußeren Gegenstandes als eine Sache und des Gebrauchs desselben als einer Person." „Die Erwerbungsart dieses Zustandes geschieht durch ein Gesetz, welches das Recht der Menschheit in unserer eigenen Person ist." „Die Erwerbung nach diesem Gesetze ist dem Gegenstande nach dreierlei: der Mann erwirbt ein Weib, das Paar erwirbt Kinder, und die Familie Gesinde." Die Ehe ist nun „die Verbindung zweier Personen verschiedenen Geschlechts zum lebenswierigen wechselseitigen Besitz ihrer Geschlechtseigenschaft." Die Nothwendigkeit der Ehe deducirt er aus diesem Begriff auf folgende Art. „Der natürliche Gebrauch, den ein Geschlecht von den Geschlechtsorganen des andern macht, ist ein Genuß, zu dem sich ein Theil dem andern hingiebt. In diesem Act macht sich ein Mensch selbst zur Sache, welches dem Rechte der Menschheit an seiner eigenen Person widerstreitet. Nur unter der einzigen Bedingung ist dieses möglich, daß, indem die eine Person von der anderen, gleich als Sache, erworben wird, diese gegenseitig wiederum jene erwerbe; denn so gewinnt sie wiederum sich selbst und stellt ihre Persönlichkeit wieder her. Es ist aber der Erwerb eines Gliedmaaßes am Menschen zugleich Erwerbung der ganzen Person, — weil diese eine absolute Einheit ist; — folglich ist die Hingebung und Annehmung eines Geschlechts zum Genuß des andern nicht allein unter der Bedingung der Ehe zulässig, sondern auch allein unter derselben möglich." Aus diesem Verhältniß der Gleichheit und Wechselseitigkeit des Besitzes wird auch die Nothwendigkeit der Monogamie abgeleitet; „denn in einer Polygamie gewinnt die Person, die sich weggiebt, nur einen Theil desjenigen, dem sie ganz anheimfällt, und

---

1) Man sehe oben §. 12.

macht sich also zur bloßen Sache" [2]). Wie verkommen muß eine Zeit sein, die dergleichen als Philosophie hinnimmt? Und dennoch haben diese Plattheiten in der Wissenschaft lange nachgewirkt.

128. Fichte wurde durch die Grundprincipien seines Naturrechts ebenfalls in die subjective Richtung gedrängt. Er geht daher wie Kant von dem Geschlechtstriebe aus; allein er leitet daraus doch nicht wechselseitige Gebrauchsrechte ab; sondern er verbindet damit die Nothwendigkeit sittlicher Beweggründe. Als solche bezeichnet er beim Weibe die Liebe, beim Manne („in welchem ursprünglich nicht Liebe, sondern Geschlechtstrieb ist") die Großmuth. Eine aus diesen Beweggründen geschlossene Verbindung ist eine Ehe [1]). Sein Eherecht hat also allerdings einen ernsteren sittlichen Charakter; dennoch aber ist dasselbe durchaus unbefriedigend, voll willkürlicher gezwungener Schlußfolgerungen, und in der Behandlung der Ehescheidung gradezu abgeschmackt. Die Auffassung von Hegel zeichnet sich dadurch aus, daß er das, was die Ehe für die Ehegatten ist und sein soll, nach allen in ihr liegenden physischen, sittlichen und geistigen Momenten scharfsinnig darlegt. Allein von ihrer Bedeutung als menschheitliches Institut, worauf doch alles Andere hinzielt, sagt er nichts, so daß er, bei allem Gerede von Objectivität, doch nur im Subjectiven stehen bleibt. So ist es im Wesentlichen auch bei Stahl, der damit eine ziemlich kurzsichtige, jedenfalls in diesen Einzelnheiten nicht hieher gehörende Bezugnahme auf das positive kirchliche Eherecht verbindet. Auf jenem Standpunkte stehen im Ganzen auch die übrigens durch Würde und sittliche Wärme sich auszeichnenden Darstellungen von Ahrens und Röder. Mehr befriedigend ist die von Trendelenburg. Bei Taparelli ist auch in dieser Lehre der Einfluß Pufendorfs sichtbar, nur mit der christlichen Anschauung verbunden. Die richtigste Auffassung ist bei Moy.

---

2) Kant Rechtslehre §. 22—26.

1) Fichte Naturrecht Th. II. Erster Anhang. Im Auszuge in Dessen Sittenlehre §. 27.

b) Form der Eingehung.

129. Bei der Eingehung der Ehe sind zwei Gesichtspunkte ins Auge zu fassen: erstens, daß die Eingehung einer solchen das ganze Leben umfassenden Gemeinschaft für die Ehegatten eine höchst bedeutungsvolle Handlung ist und wesentlich die auf diesen Zweck gerichtete Gesinnung voraussetzt; zweitens, daß die eheliche Verbindung auch für die sittliche und bürgerliche Ordnung der Staaten und der Menschheit von der größten Wichtigkeit ist. Aus dem ersten Gesichtspunkt folgt, daß die Eingehung einer Ehe vor Allem die freie Einwilligung verlangt: denn sie enthält eine Verfügung über die ganze eigene Persönlichkeit, eine vollständige Hingebung an die neue Einheit, die durch keinen fremden Willen ersetzt werden kann. Was aber die entfernteren Motive betrifft, wodurch der Entschluß der Ehe hervorgerufen wird, so sind diese mehr zufällig, und darin hat die Individualität einen weiten Spielraum. Das Naturgemäße und Gewöhnliche ist allerdings, daß die Geschlechtsneigung, die Liebe, mit ihren durch das Geschlecht, das Alter, den Charakter und die Bildungsstufe gegebenen Modificationen den Ausgangspunkt bilde und in der Ehe ihre dauernde und des Menschen allein würdige Befriedigung erblicke. Es kann aber auch die Veranstaltung der Eltern, das Interesse der Familie oder des Standes der Bestimmungsgrund sein, und aus der Hingebung an denselben hinterher die Neigung entstehen. So ist es zum Theil in den regierenden Häusern. Es liegt dabei der Gedanke zum Grunde, daß der Mensch Alles im Leben nicht aus Lust sondern aus wohlerwogener Pflicht und um seines Berufes willen thun soll, und in der Erfüllung dieses Berufes überall seinen inneren Frieden und sein Glück finden wird. Freilich muß, um dieses auch in der Ehe durchzuführen, die ganze Erziehung darauf angelegt sein, und gegenüber der Macht der Subjectivität, welche die Gefühlsweise der modernen Welt bestimmt, wird es immer schwieriger werden. Aber auch wo es möglich ist, muß doch immer die Ehe als Hauptsache für sich, sie kann ohne Herabwürdigung ihres Wesens nie als bloßes Mittel zu einem anderen

Zwecke gebraucht werden. Es muß also unter allen Umständen die individuelle Freiheit respectirt bleiben, welche die absolute Grundlage des ehelichen Entschlusses ausmacht.

130. In welcher Form der Entschluß der Ehe sich kund gebe, ist, wenn man blos auf die Contrahenten sieht, gleichgültig; denn nicht die Form, sondern der Entschluß ist hier das Wesentliche. Also rein nach dem natürlichen Recht betrachtet sind sie Eheleute, sobald sie ihre Absicht, es von nun an sein zu wollen, sich in einer unzweideutigen Weise erklärt haben. Nach diesem Gesichtspunkt hat auch das römische Recht und selbst das canonische Recht bis zum Concilium von Trient geurtheilt. Die Abschließung einer Ehe ist jedoch, auch rein aus dem subjectiven Standpunkte betrachtet, so ernst und folgereich, daß sie von selbst den Augenblick, wo sie Eheleute geworden sind, nicht nur durch eine formelle Erklärung bezeichnen, sondern daß sie diese auch von einer Feierlichkeit begleitet wollen werden. Das Nächste ist eine häusliche Feierlichkeit, welcher von selbst die gesteigerte ernste Empfindung und der Segen der Eltern eine religiöse Weihe hinzufügen werden. In einem höheren Zustande der Gesellschaft wird die Feierlichkeit eine religiöse öffentliche sein. In einer solchen häuslichen oder öffentlichen Feierlichkeit liegt auch für die Jungfrau unbewußt der tiefe Sinn, daß sie nun das Gefühl der Schaam ihrer neuen Bestimmung unterordnen muß, daß sie den Myrthenkranz ihrer jungfräulichen Ehre ablegt, um der Ehre der Gattin und Mutter theilhaftig zu werden.

131. In diesem Streben nach einer formellen feierlichen Abschließung trifft das Gefühl und Interesse der Contrahenten auch mit dem oben erwähnten zweiten Gesichtspunkte, dem Interesse der kirchlichen und bürgerlichen Ordnung, zusammen, indem es für diese aus mehreren Gründen von höchster Wichtigkeit ist, daß die Existenz und Beweisbarkeit einer Ehe durch eine formelle Abschließung feststehe und gesichert sei. Dieses Interesse ist so groß, daß, um die Contrahenten zur Befolgung jener formellen Vorschrift zu nöthigen, eine bloße Strafandrohung nicht genügt, sondern die Androhung der Nullität der Ehe gerechtfertigt ist. Diesen

Grundsatz hat das Concilium von Trient aufgestellt und zur allgemeinen Geltung gebracht. Allerdings ist dieses etwas Künstliches, jedoch wegen der großen Uebelstände, welche die ganz formlosen Ehen im heutigen Zustande der Gesellschaft nach sich ziehen, nicht zu entbehren.

132. Da sowohl die Kirche wie der Staat an der förmlichen Abschließung der Ehen ein Interesse haben, so führt dieses, wenn beide Sphären völlig geschieden gedacht werden, zu einer doppelten Trauung, der kirchlichen und der bürgerlichen. Dadurch wird aber auch möglich, daß eine Verbindung kirchlich eine Ehe sei, bürgerlich aber nicht, und umgekehrt; woraus aber sowohl für die Ehegatten wie für die Kirche und den Staat große Uebelstände entstehen. Deshalb ist eine Uebereinstimmung in hohem Grade wünschenswerth. Denkbar ist hier, daß die Kirche die bürgerliche Trauung als eine hinreichende Beglaubigung auch in ihrem Forum ansieht. Allein sich auch in materieller Hinsicht der bürgerlichen Ehegesetzgebung unbedingt unterwerfen kann sie nicht, so daß auch dann noch immer die Möglichkeit bleibt, daß eine Verbindung bürgerlich eine Ehe sei, kirchlich aber nicht. Umgekehrt kann aber das bürgerliche Eherecht sich dem kirchlichen nicht blos in formeller sondern auch in materieller Hinsicht leicht unterwerfen, weil das kirchliche Eherecht nicht blos das fein ausgebildete römische bürgerliche Eherecht in sich aufgenommen, sondern auch durch die Beimischung des christlichen Elementes gereinigt und veredelt hat, so daß es dem juristischen und sittlichen Bedürfnisse der bürgerlichen Gesellschaft durchaus entspricht. Diese Harmonie hat die Kirche in der That seit dem achten Jahrhundert erkämpft und in die Sitten eingeführt. In der neuesten Zeit hat man jedoch diese heilsame tief in das christliche Bewußtsein eingedrungene Uebereinstimmung wieder zu zerreißen, und unter dem Vorwande der religiösen Freiheit die religiöse Gleichgültigkeit auch in das Heiligthum der Familie durch die Erfindung einer von der Kirche ganz unabhängigen Civiltrauung einzuführen gesucht. Allein aus der religiösen Freiheit folgt nur dieses, daß wenn das bürgerliche Gesetz Dissidenten oder bürgerliche mit dem Kirchengesetz

nicht übereinstimmende Ehescheidungen zuläßt, es auch die Ehen solcher Dissidenten oder geschiedener Ehegatten möglich machen und dafür ausnahmsweise eine Civiltrauung zulassen muß. Nicht aber folgt daraus, daß wenn es solche Ehen nicht auf den christlichen Standpunkt erhöhen kann, es ihnen zu Gefallen die Ehen der pflichttreuen Christen zu dem blos bürgerlichen Gesichtspunkt erniedrige, und so selbst die christliche Gesinnung im Volke und in der Familie untergraben helfe [1]).

133. Daß zu dem ausgesprochenen Jawort oder zur förmlichen Eheschließung die physische Vollziehung der Ehe hinzukomme, liegt in der Natur der Sache; sie bildet mit dem Jawort eigentlich ein untrennbares Ganzes; denn erst dadurch wird nicht blos der Jungfrau, sondern auch dem keuschen Jüngling die Bestimmung ihres Geschlechts und die volle Bedeutung der geschlossenen Verbindung klar; sie erkennen sich dann erst als Mann und Weib. Für die juristische Reflexion kann freilich die Nothwendigkeit entstehen, beide Momente, das Jawort und die Consummation der Ehe, zu unterscheiden. Dieses ist möglich, und es wird daher in den positiven Rechten verschieden behandelt. Naturvölker wie die alten Germanen halten sich gern an die rein natürliche Seite; erst durch die Vollziehung werden die Brautleute Eheleute. Andere betrachten die Ehe als fertig, sobald gegenseitig die Intention erklärt ist, sich von nun an als Eheleute ansehen zu wollen; die Beiwohnung ist nicht erst die Vollendung, sondern schon eine Folge der geschlossenen Ehe. So das römische und das canonische Recht. Doch hat selbst Letzteres in einigen Beziehungen den natürlichen Unterschied zwischen der consummirten und nicht consummirten Ehe berücksichtigen müssen. In jedem Falle muß, wenn die Nichtconsummation aus einer Abneigung gegen einander herrührt, die

1) Wenn die Einführung der Civilehe in einigen Ländern zur Zeit noch nicht alle nachtheiligen Wirkungen hervorgebracht hat, so liegt dieses darin, daß die religiöse Sitte noch stärker ist, als die Verlockung des bürgerlichen Gesetzes. Es liegt vor Allem darin, daß auch das gegen die Religion gleichgültige Vaterherz doch die Ehre und Zukunft der Tochter dem Manne nicht ohne die Garantie der Religion übergeben will.

Verbindung gar nicht als eine Ehe angesehen werden, weil dann das Jawort nur ein äußerlich oder durch Selbstüberredung innerlich erzwungenes gewesen sein kann.

c) Bedingungen der Ehe.

134. Die Ehe ist nicht eine bloße Angelegenheit der Contrahenten, sondern sie ist ein Institut, welches den großen Absichten der Schöpfung für die Menschheit dient. Dieses ist also die Hauptsache, dem das einzelne Belieben durchaus untergeordnet sein muß. Diese Wahrheit spricht sich auch unbewußt im Gefühl und in den Einrichtungen aller Völker darin aus, daß durch die Sitte und das Gesetz die Bedingungen festgestellt sind, unter welchen eine Verbindung als Ehe gelten soll oder nicht. Diese Bedingungen zerfallen nach der doppelten Natur der Ehe in zwei Klassen. Einige beziehen sich auf die Ehe als öffentliches Institut, so daß ohne sie eine Verbindung, selbst wenn die Contrahenten wollen, doch nicht eine Ehe sein kann. Sie drücken also aus, was das kirchliche oder bürgerliche Gesetz zur Aufrechthaltung der Würde, Reinheit und Heiligkeit des Institutes gegenüber den menschlichen Gebrechen und Leidenschaften für nothwendig erkennt. Darauf beruhen die Hindernisse, die aus der gänzlichen Verschiedenheit der Religion, aus einer bereits bestehenden Ehe, aus gewissen Verbrechen, zum Beispiel dem Ehebruch, der Entführung, entstehen. Andere gründen sich lediglich auf die Berücksichtigung des Privatinteresse der Contrahenten, so daß, wenn der verletzte Theil will, er auf das ihm deshalb zustehende gesetzliche Recht verzichten kann. Von dieser Art ist die Nullität, die aus dem Mangel an freier Einwilligung wegen Irrthum oder Zwang entsteht.

135. Zu den öffentlichen Hindernissen gehört auch nach der Sitte aller Völker das aus der nahen Verwandtschaft und Schwägerschaft. Darin wirken Natürliches und Conventionelles zusammen. Das Allgemeine ist, daß die wahre nicht blos physisch aufgefaßte Geschlechtsliebe eine aus einer ganz eigenthümlichen Hingebung und Verehrung gemischte Neigung ist, welche durch die Vertraulichkeit nicht vermindert sondern erhöht wird, während jede

andere Neigung durch Sinnlichkeit herabgewürdigt wird. Es müßte also, wenn dieses nicht geschehen soll, die andere Neigung zuvor von der Geschlechtsliebe ganz absorbirt, also die Person in der Idee in eine ganz andere Person umgeschaffen werden, was aber, da die andere Neigung von der Natur selbst nicht blos gesetzt sondern auch geboten ist, gegen die Natur wäre. Dieser Grund und dieses Gefühl wirken um so stärker, je stärker die natürlichen Bande der anderen Neigung, und je mehr sie mit einer Verehrung anderer Art verbunden sind; also am Stärksten unter Eltern und Kindern, dann unter Geschwistern. Sie schwächen sich ab, je entfernter die Verwandten, oder je schwächer das Verwandtschaftsgefühl bei einem Volke wird [1]), weil dann die Umwandlung desselben in Geschlechtsliebe um so leichter ist. Dieser Erklärung steht die von Stahl am Nächsten. Es wirken aber noch andere Gesetze und Absichten der Natur dabei mit. Hegel bemerkt, daß die Geschlechtsliebe durch den Gegensatz der Individualität erhöht werde. Der h. Augustinus hebt hervor, daß durch das Heirathen außerhalb der Verwandtschaften die Liebesbande vermehrt würden. Michaelis und Taparelli erblicken in diesen Eheverboten ein Mittel, unter Personen nahen Umgangs irregulären Neigungen entgegenzuwirken. Die Physiologen machen die Erfahrung geltend, daß aus Ehen unter nahen Verwandten keine oder nur schwächliche Kinder erzeugt werden. Trendelenburg faßt alle diese Momente zusammen [2]).

d) Verhältnisse unter den Ehegatten.

136. Was die Ehe für die Ehegatten ist und sein soll, ergiebt sich aus ihrer Natur als Institut. Danach ist sie eine nach ernster Ueberlegung durch freien Entschluß mit der Gesinnung der Liebe und unerschütterlichen Treue geknüpfte Verbindung zwischen Mann und Frau zur lebenslänglichen Gemeinschaft aller Lebensverhältnisse, so weit diese gemeinschaftlich gemacht werden können. Diese Totalität der Gemeinschaft macht den Begriff und

---

1) Man vergleiche §. 122.

2) Trendelenburg Naturrecht §. 126.

zugleich den Zweck der Ehe aus; in so fern ist es ganz richtig zu sagen, daß der Zweck der Ehe die Ehe selbst sei. Die Durchführung jenes Begriffes in allen Einzelnheiten setzt allerdings vor Allem sittliche Triebfedern, gegenseitige Liebe, Achtung, Pflichtgefühl voraus. Diese kann das Recht nicht erzwingen. Seine Macht erstreckt sich nur auf die Wirkungen, die davon in das Gebiet des äußeren Rechts hinüberreichen, wie die Pflicht des gemeinschaftlichen Wohnsitzes, der gegenseitigen Alimentation, der Schutz gegen Mißhandlungen; und auch darin muß sich das Richteramt mit großer Vorsicht und Zurückhaltung benehmen. Was aber die Vermögensverhältnisse unter den Ehegatten betrifft, so hängen diese so sehr von dem Belieben und rein äußerlichen Interessen ab, daß sich die Rechtsphilosophie damit gar nicht zu befassen hat [1]).

137. Das Rechtsverhältniß unter den Ehegatten ist von der Rechtsphilosophie wie die Ehe selbst in einer irrigen und selbst unwürdigen Weise aufgefaßt worden. Daraus, daß die Ehe durch einen Vertrag eingegangen wird, folgerte man kurzsichtig, daß auch das eheliche Verhältniß selbst nur ein Contractverhältniß nach Art anderer Obligationen sei. Dieses führte nun weiter dazu, dafür auch bestimmte Leistungen als Zweck aufzusuchen, wo sich dann die Reflexion bald an diese bald an jene Besonderheit heftete, die Befriedigung des Geschlechtstriebes, die Kindererzeugung, die gegenseitige Unterstützung. Der Fehler dieser Auffassung liegt in zweierlei. Erstens geschieht die Eingehung der Ehe allerdings durch einen Vertrag. Allein ein Vertrag muß nicht nothwendig ein Obligationsverhältniß, er kann wie hier auch ein Familienverhältniß, oder auch Anderes, zum Gegenstand haben. Zweitens besteht der Zweck der Ehe in der Totalität der Lebensgemeinschaft, und darin sind die Einzelnheiten von selbst mitbegriffen. Hegel, Stahl, Ahrens, Moy, Trendelenburg, haben daher die Vertragsnatur des ehelichen Verhältnisses selbst mit Recht geläugnet.

---

1) Was Stahl, Trendelenburg und Andere darüber sagen, geht nicht über dasjenige hinaus, was man aus den Lehrbüchern des römischen und deutschen Privatrechts weiß.

e) Dauer der Ehe.

138. Die Familie erfordert zur Erfüllung der in sie von der Natur gelegten großen Absichten und Pflichten [1]) einen festen über das menschliche Belieben erhabenen Bestand, den nur die Unverbrüchlichkeit der Ehe gewähren kann. Diese ist daher durch das Wesen der Familie schlechthin postulirt. Deshalb ist auch dem Menschen, und ihm allein, das Gefühl der ehelichen Liebe ins Herz gelegt, deren Wesen darin besteht, mit ernster unwiderruflicher Absicht eine Verbindung auf Freud und Leid für das ganze Leben eingehen zu wollen. Diese Gesinnung trägt Jeder bei der Eingehung der Ehe in sich, er setzt sie auch bei dem Anderen voraus, und rechnet auf deren unerschütterlichen Bestand. Die Ehe wird also sowohl durch ihre Bestimmung als durch die Intention der Ehegatten so hoch gestellt, daß nach einem schönen Ausdrucke Hegels, „Alles Andere dagegen gewaltlos und ihr unterworfen erscheint." Sie muß also ihrer innersten sittlichen Natur nach als eine über den Wechsel der Neigungen, Leidenschaften und selbst der gegenseitigen Verschuldungen erhabene, mithin schlechthin unauflösliche Verbindung aufgefaßt und behandelt werden. In dieser unbedingten Unauflösbarkeit, und darin allein, liegt ihre Heiligkeit, ihre Bedeutung als Grundlage der Familie, und als Schule der Selbstbeherrschung. Sind Kinder aus der Ehe vorhanden, so wird jene Heiligkeit durch diese geheiligten Bande und Pflichten noch erhöht.

139. Wenn also das Institut der Ehe nach der Tiefe, welche Gott durch die Ordnung der Natur in dasselbe gelegt hat, gemessen und verstanden wird, so ist eine durch den Willen der Ehegatten herbeigeführte Scheidung ein Frevel gegen das Gesetz der Natur, welche die Familie als eine durch sie geheiligte unauflösliche Verbindung will, eine Treulosigkeit gegen die Gesinnung, welche die Ehegatten einander bei der Eingehung der Ehe gelobt haben, eine Auflehnung der menschlichen Schwächen gegen die

---

1) Man sehe darüber §. 118. 119. 120.

Pflichten, welche sie sich selbst, dem Andern und den Kindern schuldig geworden sind. Selbst schwere Verschuldungen des Einen können zwar für den Anderen die Pflicht des gemeinschaftlichen Lebens, nicht aber das Band der Ehe selbst aufheben, weil dieses um des Institutes der Ehe willen als über jeden Wechsel der menschlichen Zustände erhaben betrachtet werden muß, und unter Ehegatten, die sich einander die Nächsten gewesen sind, die Möglichkeit der durch Reue erwirkten Verzeihung und Versöhnung nicht abgeschnitten werden darf. Diese Aussöhnung, und dadurch die volle Herstellung der Familie zu erzielen, wird für das sittliche Gefühl der Kinder eben so erfreulich, als die Mutter in den Armen eines anderen Mannes zu sehen, tief verletzend sein.

140. Im ältesten römischen Recht war bei der durch Confarreation geheiligten Ehe die Scheidung untersagt, und auch bei anderen Ehen durch die guten Sitten sehr eingeschränkt, bis daß die zunehmende Sittenlosigkeit alle Schranken niederriß [1]). Die Kirche hat aber den Grundsatz der unbedingten Unauflösbarkeit des Ehebandes von Anbeginn an hoch empor gehalten, und im beharrlichen Kampfe mit den widerstrebenden Schwächen der menschlichen Natur zum allgemeinen Bewußtsein gebracht [2]). Nachdem dieses geschehen, hat auch die bürgerliche Gesetzgebung denselben in sich aufgenommen [3]), und mit Recht, weil es ihre Aufgabe und Pflicht ist, das Ethische, so weit es ihr zum Bewußtsein gekommen, auch als äußere Lebensordnung zu gestalten und gegen die menschlichen Gebrechen aufrecht zu erhalten [4]). Allerdings ist sie dazu allein für sich unzureichend; sie muß die Religion zu Hülfe rufen; denn nur aus dieser kann das nachhaltige Gefühl der Würde und Heiligkeit der Ehe, und die sittliche Kraft und Selbstbeherrschung entspringen, die zur Durchführung jenes Grundsatzes

---

1) Man sehe meine Römische Rechtsgeschichte Th. II. §. 522. 523 524.

2) Die Beweise giebt mein Kirchenrecht §. 319.

3) Die Nachweisungen giebt meine Deutsche Rechtsgeschichte Th. II. §. 486.

4) Man sehe §. 16. 17. 43. 59. 83.

im praktischen Leben erforderlich sind [5]). Dieser sittliche Ernst ist aber in der bürgerlichen Gesetzgebung um so mehr geboten, als es sich um einen Grundsatz handelt, der auch für den Staat von der höchsten Bedeutung ist. Sehr tiefsinnig sagt Hegel: „Heiligkeit in der Ehe, und die Ehre in der Korporation sind die zwei Momente, um welche sich die Desorganisation der bürgerlichen Gesellschaft dreht“ [6]).

141. Nachdem die moderne Rechtsphilosophie die Ehe zu einem bloßen Vertragsverhältniß herabgewürdigt, war die beliebige Auflösbarkeit ein nothwendiger Folgesatz. So in den meisten Naturrechten der Kantischen Schule, während Kant selbst noch davon schweigt. Auch Fichte sagt: „Sind beide Theile einig, sich von einander zu trennen, so haben sie schlechthin nichts weiter zu thun, als nur dem Staate ihre Trennung zu erklären: die Sache ist unter ihnen schon abgethan.“ Anders ist es bei Hegel. Während er jedoch auf der einen Seite den richtigen Grundsatz tiefsinnig erkannte und formulirte, verleitete ihn die ihn umgebende Atmosphäre auf der anderen Seite zu Accommodationen, wodurch er sich in die handgreiflichsten Widersprüche verwickelt [1]). „Das Sittliche der Ehe, sagt er, besteht darin, daß das geistige Band in seinem Recht als das Substantielle, hiermit als das über die Zufälligkeit der Leidenschaften und des zeitlichen besondern Beliebens erhabene, an sich unauflösliche sich heraushebt.“ Und er setzt mit Nachdruck hinzu: „Der Zweck der Ehe ist der sittliche, der so hoch steht, daß alles Andere dagegen gewaltlos und ihm unterworfen erscheint. Die Ehe soll nicht durch Leidenschaft gestört werden, denn diese ist ihr untergeordnet.“ Unmittelbar daran schließt sich jedoch der Satz: „Aber sie ist nur an sich unauf-

5) Behauptet man, der Staat könne die Ehescheidungen nicht hindern, weil er dazu der Beihilfe der Religion bedürfe, die Religion aber seine Sache nicht sei: so muß auch der Staat den Diebstahl nicht hindern können, weil ohne die Beihilfe der Religion die Achtung vor dem Eigenthum nicht aufrecht zu halten ist.

6) Hegel Philosophie des Rechts §. 255.

1) Hegel Philosophie des Rechts §. 163. 176.

löslich. Weil die Ehe das Moment der Empfindung enthält, ist sie nicht absolut, sondern schwankend, und hat die Möglichkeit der Auflösung in sich." Wie aber reimt sich das mit dem eben Vorhergegangenen: daß sie über die Zufälligkeit der Leidenschaft erhaben, daß die Leidenschaft ihr untergeordnet sei? „Aber, heißt es gleich weiter, die Gesetzgebungen müssen diese Möglichkeit aufs Höchste erschweren, und das Recht der Sittlichkeit gegen das Belieben aufrecht erhalten." Allein wenn das Recht der Sittlichkeit die Unauflösbarkeit des Ehebandes, der Staat aber die Wirklichkeit der sittlichen Idee ist [2]), so folgt daraus, daß er die Scheidung nicht blos erschweren, sondern gar nicht zulassen muß. Ferner liest man weiter unten: „Die Ehe soll allerdings unauflöslich seyn, aber es bleibt hier auch nur beim Sollen. (Sehr bequem). Indem sie aber etwas Sittliches ist, kann sie nicht durch Willkühr, sondern nur durch eine sittliche Autorität geschieden werden, sey diese nun die Kirche oder das Gericht." Allein wenn die Ehe an sich, also ihrem innersten sittlichen Wesen nach, unauflösbar ist, so ist die Scheidung etwas Unsittliches, also kann eine sittliche Autorität sie nicht aussprechen, oder sie giebt sich darin zu etwas Unsittlichem her. Es macht einen peinlichen Eindruck, eine sonst so ernste Philosophie auf ihrem über den Köpfen der Zuhörer gespannten Seile mit der Balancirstange ihrer willkürlichen Dialektik in der Hand sich so hin und her biegen zu sehen. Eben so wird Stahl, wiewohl er den richtigen Gesichtspunkt ausdrücklich bezeichnet [3]), doch in der Ausführung von seiner confessionellen Ansicht beherrscht. Auch Ahrens, der mit edler sittlicher Wärme das Princip der Unauflösbarkeit als das anzustrebende Ideal anerkennt, macht doch daneben das Bedürfniß der Nachgiebigkeit gegen die menschlichen Unvollkommenheiten geltend, wobei er aber

2) Man sehe §. 48.

3) „Es ist, sagt er, der Einwand gegen die Unauflösbarkeit der Ehe, daß sie blos sittlich, nicht aber rechtlich von der Vernunft oder von Christus geboten sey, unstatthaft; denn für die Familie ist eben das moralische Princip zugleich das objectiv gestaltende, das, welches auch das Recht bestimmt."

vergißt, daß jenes Ideal vom neunten bis ins sechzehnte Jahrhundert allgemein bestand, und in vielen Ländern noch besteht, also doch auch erreichbar ist. Trendelenburg sagt: „Die Ehe sei ihrem Wesen nach darauf angelegt unlöslich zu sein; nur in dieser Voraussetzung liege ihre sittliche Kraft; das Recht müsse diesen Charakter wahren und die Ausnahmen wie eine verkümmerte Mißbildung betrachten. Hiernach könne die Ehescheidung nur als ein Rettungsmittel für den sittlich gesunden Theil angesehen werden“ [4]). Warnkönig spricht sich eben so mit Berufung auf den Engländer Bentham entschieden für die Lebenslänglichkeit der Ehen aus; über die Zulässigkeit von Ausnahmen erklärt er sich aber nicht [5]).

3) Das elterliche Verhältniß.

142. Die Familie als die von der Natur gewollte sittliche Ordnung zur Fortpflanzung der menschlichen Gattung und zur Ueberlieferung der menschlichen Sitte und Bildung begreift als zweiten wesentlichen Haupttheil das elterliche Verhältniß. Dieses beruht auf der physischen Thatsache, daß die Eltern dem Kinde, also einem sittlichen mit einer unsterblichen Seele begabten Wesen das Dasein gegeben haben. Hieraus entspringen in Verbindung mit jenen Absichten der Natur folgende Consequenzen. Erstens haben die Eltern die Pflicht, für die physische Erhaltung des Kindes Sorge zu tragen. Diese Pflicht ist von der Natur so tief in das elterliche Herz gegraben, daß sie regelmäßig als ein Act der elterlichen Liebe, nicht als eine auferlegte Pflichterfüllung geübt und empfunden wird. Wenn ausnahmsweise die Eltern jene Pflicht verabsäumen, so müssen nöthigenfalls die Gerichte ergänzend und strafend eingreifen, weil die Rechtsordnung eine solche von der Natur auferlegte Pflicht, so weit sie es vermag, zu unterstützen hat. Natürlich müssen aber auch die Kinder das Ihrige thun, um den Eltern jene Pflicht zu erleichtern. Sie müssen also im Hauswesen nach Umständen mit an die Hand gehen, auf Sparsamkeit

4) Trendelenburg Naturrecht §. 132.

5) Warnkönig Rechtsphilosophie §. 146.

bedacht sein, und sich nach der Anleitung der Eltern in den Stand setzen, sich selbst zu ernähren. Doch hört auch gegen ein durchaus ungerathenes Kind jene Pflicht nicht ganz auf; nur kann dann die Alimentation auf das Aeußerste beschränkt werden.

143. Zweitens haben die Eltern die Pflicht, dem Kinde auch die nöthige geistige Pflege durch eine angemessene bürgerliche und religiöse Erziehung zu geben. Die Erfüllung dieser Pflicht ist aber etwas so Relatives, sie hängt so sehr mit der Individualität, mit dem Stand und Vermögen, ja selbst mit dem Gewissen der Eltern zusammen, daß sich die Obrigkeit darin nicht einmischen darf, sondern der elterlichen Fürsorge vertrauen muß. Das Hauswesen bildet in so fern einen wahren Staat im Staate. Der Pflicht der Erziehung müssen natürlich auch die Rechte entsprechen, ohne welche jene nicht erfüllt werden kann. Diese zusammen machen die Erziehungsgewalt aus. Dazu gehört namentlich das Recht auf Gehorsam, und das Recht der Züchtigung um diesen zu erzwingen. Da die jedesmalige Anrufung der Obrigkeit zu diesem Zwecke schlechthin unausführbar ist, so geschieht sie durch Selbsthülfe. Doch ist dabei eine doppelte Einwirkung der Obrigkeit denkbar und selbst nothwendig. Einmal zur Unterstützung derselben, wenn die häusliche Züchtigung nicht hinreicht. Dann zur Beschränkung derselben, wenn die Züchtigung das Maß überschreitet und in Rohheit und Grausamkeit übergeht.

144. Die Pflicht der Erziehung und daher auch deren Rechte sind, wie man wohl bemerken muß, von der Natur beiden Eltern gleichmäßig auferlegt. Nur in der Zusammenwirkung von Vater und Mutter ruht die vollständige Erziehung. Wo die Ehe so ist, wie sie sein soll, macht sich dieses von selbst durch gegenseitige Besprechung und Uebereinstimmung. Wo es aber über einen Punkt der Erziehung aus Mangel an Verständigung zur Klage kommt, muß die Obrigkeit dem Willen des Vaters als des Hauptes des Hauses den Vorzug geben. Daraus folgt jedoch nicht, daß nach dem Tode des Vaters die Mutter dessen Willen nur fortzusetzen habe; sondern sie kann dann thun, was sie nach ihrem Gewissen für das Rechte hält. Denn ihr Recht ist ein von der

Natur eben so unmittelbares und selbstständiges, wie das des Vaters, nicht ihr von diesem delegirt; nur ist es während der Ehe dem Vater subordinirt, wird aber, wenn derselbe stirbt, frei und uneingeschränkt.

145. Drittens haben die Eltern das Kind auch in seinen Lebens- und Vermögensverhältnissen wohlwollend zu berathen und vor Nachtheil zu bewahren, und das Kind ist ihrem Rathe und Willen zu folgen verbunden; so namentlich bei der Eingehung einer Ehe. Jene Pflicht mit den daraus fließenden Rechten dauert aber nach der Natur der Sache nur so lange, als das Kind wegen unreifen Alters einer Berathung und Beschützung bedarf. Sie ist also einer Vormundschaft zu vergleichen, und es tritt darin das Juristische mehr als bei den anderen Punkten hervor. Dieses kann in den positiven Rechten die Veranlassung geben, das eigentlich Juristische von dem Natürlich-Sittlichen ganz zu trennen und ausschließlich dem Vater beizulegen. So ist es bei der väterlichen Gewalt des römischen, bei dem väterlichen Mundium des germanischen Rechts.

146. Allen diesen Beziehungen entsprechen nach der Ordnung der Natur auch bestimmte Pflichten der Kinder; vor Allem die Pflicht der kindlichen Liebe, Ehrfurcht und Pietät, mit den daraus fließenden Rechtspflichten, wie die der Alimentation; ferner die Pflicht des häuslichen Gehorsams; endlich die Pflicht des unmündigen Kindes zu Rechtsgeschäften die Zustimmung oder Vertretung der Eltern oder doch des Vaters einzuholen. Die Pflichten der ersten Art dauern so lange die Eltern leben; die der zweiten Art modificiren sich nach der vorrückenden Erziehung; die der dritten Art hören mit der Mündigkeit oder dem Selbstständigwerden des Kindes auf.

147. Das elterliche Verhältniß ist, wie die Familie überhaupt, zugleich eine sittliche und eine Rechtsordnung; so wird es auch von Hegel, Stahl, Ahrens, Moy aufgefaßt. Die älteren Naturrechtssysteme aber, welche Recht und Moral ganz trennen, und es nicht unter ihre das Rechtsgebiet bezeichnende Formel bringen konnten, überweisen es ganz der Moral; so Grotius und

besonders Thomasius. Kant wußte ihm jedoch in seiner platten Weise eine streng juristische Natur anzudemonstriren. „Da, sagt er, das Erzeugte eine Person ist, und es unmöglich ist, sich von der Erzeugung eines mit Freiheit begabten Wesens durch eine physische Operation einen Begriff zu machen, so ist es eine in praktischer Hinsicht ganz richtige und auch nothwendige Idee, den Act der Zeugung als einen solchen anzusehen, wodurch wir eine Person ohne ihre Einwilligung auf die Welt gesetzt, und eigenmächtig in sie herübergebracht haben; für welche That auf den Eltern nun auch eine Verbindlichkeit haftet, sie, so viel in ihren Kräften ist, mit diesem ihrem Zustande zufrieden zu machen. Sie können ihr Kind nicht gleichsam als ihr Gemächsel (denn ein solches kann kein mit Freiheit begabtes Wesen seyn) und als ihr Eigenthum zerstören, oder es auch nur dem Zufall überlassen, weil sie an ihm nicht blos ein Weltwesen, sondern auch einen Weltbürger in einen Zustand herübergezogen, der ihnen nun auch nach Rechtsbegriffen nicht gleichgültig seyn kann“ [1]).

148. Uneheliche Kinder stimmen mit den ehelichen darin überein, daß sie eben so gut sittliche, mit einer unsterblichen Seele begabte Wesen sind. Diejenigen, welche ihnen das Dasein gaben, haben daher nicht blos die Gewissens- sondern auch die Rechtspflicht, für ihre Alimentation und angemessene Erziehung zu sorgen. Sie unterscheiden sich aber darin, daß ihre Erzeugung von Seiten ihrer Eltern eine unsittliche Handlung ist [1]). Daraus folgt dreierlei. Erstens haftet an den Eltern eine Unehre, und auch an dem Kinde in so fern, als die Ehre der Eltern auch die seinige ist. Nicht aber auch ihre Verschuldung, weshalb diese Unehre nicht bis zu einer positiven Strafe gehen darf. Zweitens können sich die Eltern zu dem Kinde, in welchem ihnen stets ihr sittlicher Fehltritt vor Augen steht, nicht mit Freudigkeit bekennen. Das Kind hat daher gegen sie kein Recht auf häusliches Familienleben, und auf die volle standesmäßige Erziehung. Auch nicht

---

1) Kant Rechtslehre §. 28.

1) Man sehe §. 124.

auf das volle Erbrecht als Familienglied, sondern nur auf einen Theil unter dem Gesichtspunkt der Versorgung. Drittens kommt das Kind zu den Verwandten seiner Eltern weder in ein sittliches noch rechtliches Verhältniß, weil sie dessen Dasein vielmehr als eine der Familie widerfahrene Unehre betrachten, und weil sie für den Fehltritt eines Familiengliedes nicht einzustehen haben. Es hat daher auch kein Erbrecht gegen die Eltern und Verwandten seiner Eltern. Es gehört gar nicht zur Familie, weil diese nur durch die Ehe geschaffen und fortgepflanzt werden kann. Sollte, wie einige Naturrechtslehrer behaupten, schon das Naturband des Blutes Rechte erzeugen wie das eheliche Band, so würde dadurch die Bedeutung der Familie in einer ihrer für die bürgerliche Ordnung wichtigsten Wirkungen angegriffen werden. Der Beweis der unehelichen Abstammung kann gegen die Mutter wie bei der ehelichen durch die Geburt geführt werden. Gegen den Vater fällt aber die wichtige Präsumtion weg, welche bei den in der Ehe erzeugten Kindern den Beweis der Paternität bildet. Es kommt also hier vorzüglich auf freiwillige Anerkennung an. Fehlt diese, so ist der Beweis durch die Aussage der Mutter ein sehr unzuverläßlicher. Denn da sie jedenfalls einen Fehltritt einräumt und nicht mehr unbescholten ist, so bleibt nicht nur der Zweifel, ob sie denselben mit dem genannten Manne, sondern auch ob sie ihn nur mit ihm begangen habe. Die Klage ist daher, wenn auch nicht unbedingt auszuschließen, was die unglückliche Verführte ganz schutzlos lassen würde, doch aber mit Vorsicht zu behandeln.

4) Die Vormundschaft.

149. Das Zufällige, welches das Gesetz der Sterblichkeit mit sich führt, macht möglich, daß das Kind den Vater oder die Mutter zu einer Zeit verliert, wo es deren noch nicht entbehren kann. Hier muß ein künstliches Surrogat zu Hülfe kommen. Diese Ergänzung kann nur aus den Kreisen herkommen, welche das elterliche Haus unterstützend umgeben; also aus der Familie, oder vom Staate, oder von Beiden zusammen. Dieses sind die Grundgedanken des Institutes der Vormundschaft, welches sich als

in der Natur der menschlichen Verhältnisse beruhend in irgend einer Form bei allen Völkern findet.

150. Die Aufgabe dabei ist, das Fehlende möglichst zu ersetzen. Dieses Fehlende zeigt sich zunächst und vor Allem bei der Erziehung. Hier tritt aber eine besondere Schwierigkeit ein. Die Erziehung besorgen nämlich die Eltern regelmäßig ganz und gar selbst. Hingegen vom Vormund kann man dieses nicht verlangen; er hat daher nur die Art der Erziehung zu bestimmen; die Ausführung kann und muß er anderen Personen übertragen. Lebt die Mutter noch, so ist diese dazu am Meisten geeignet und selbst von der Natur dazu berechtigt. Ihr muß daher die Erziehung bleiben, auch wenn sie etwa nicht Vormünderin wird. Außer der Erziehung kommt aber noch etwas Anderes in Betracht, was regelmäßig, wenn beide Eltern noch leben, fehlt, nämlich daß das Kind Vermögen hat, entweder von der verstorbenen Mutter, oder vom verstorbenen Vater, oder von Beiden. Es muß daher für dessen Aufbewahrung und Verwaltung gesorgt werden. Hieran schließt sich eine dritte Aufgabe, die Vertretung des Kindes bei nothwendigen Rechtsgeschäften. Immer bleibt aber zwischen dem elterlichen Verhältnisse und dem des Vormundes ein Unterschied. Jenes ist eine Pflicht der Natur, wobei das Gesetz auf das elterliche Herz vertrauen kann. Dieses ist die Pflicht eines auferlegten Amtes, wobei also leichter Nachlässigkeit und Mißbrauch zu besorgen ist. Daher sind hier besondere Sicherheitsmaßregeln, Vereidung, Cautionsleistung, Rechnungsablage, Oberaufsicht der Staatsgewalt, nöthig.

151. Was die Bestimmung der Person des Vormundes betrifft, so ist es das Natürlichste, sich an den Willen der Eltern zu halten, wenn sie sich darüber ausgesprochen haben: man muß ihrer Einsicht und Fürsorge vor Allem vertrauen. Fehlt es an einer Bestimmung der Eltern, so muß man auf die Blutsfreunde zurückgehen, weil man diesen nach dem Bande der Natur das nächste Interesse für das Kind zutrauen kann. Man darf dieses jedoch nicht, wie in dem alten römischen Recht geschieht, mit ihrem eigenen Vermögensinteresse als die nächsten Erben des Kindes

in Verbindung setzen; vielmehr soll es ein recht uneigennütziges Interesse sein.

152. Die Dauer der Vormundschaft könnte und sollte streng genommen sich nach der individuellen Reife des Kindes richten. Dieses würde jedoch praktisch die größten Uebelstände mit sich führen. Daher bleibt nichts übrig, als dafür einen gleichmäßigen Termin festzusetzen. Dieses gehört zu der Seite des positiven Rechts, die vom Belieben abhängt. Freie kräftige Völker, welche möglichst früh selbstständig machen wollen, haben einen früheren Termin der Großjährigkeit als Andere. Dasselbe findet sich im Staatsrecht bei den Gliedern der regierenden Häuser. Man nimmt hier an, daß die sorgfältige Erziehung und die höhere Lebensstellung früher reif machen.

C) Das Vermögen und der Verkehr. 1) Abhängigkeit des Menschen von der Natur.

153. Gleichwie der Mensch zur Erhaltung der menschlichen Gattung dem Naturgesetz der Fortpflanzung unterworfen und dieses die Grundlage der wichtigsten Lebensordnungen und Rechtsverhältnisse ist: so ist auch der Mensch zu seiner individuellen Erhaltung durch andere Naturgesetze wesentlich an die Erzeugnisse der Natur gebunden [1]), und daraus geht die andere Hälfte der Lebens- und Rechtsordnungen hervor. In dieser Abhängigkeit von den Erzeugnissen der Natur stimmt der Mensch mit dem Thiere ganz überein. Diese Erzeugnisse zerfallen aber in dieser Beziehung in zwei Klassen. Einige, die Luft, das Licht, das Meer und Meeresufer, das vorbeiströmende Wasser, sind von der Natur dauernd und unvergänglich zum Gemeingut der Menschen und der Menschheit geschaffen, so daß von einem ausschließlichen Recht an denselben schon nach ihrer physischen Beschaffenheit nicht die Rede sein kann, und auch nicht zu sein braucht, weil sie ohne Bearbeitung, so wie sie sind, brauchbar sind, und auch durch den Gebrauch nicht erschöpft werden. In der Benutzungsart dieser

---

1) Man sehe §. 24.

Sachen ist auch zwischen dem Menschen und den Thieren wenig Unterschied. Anders ist es in Beziehung auf alle übrigen Naturprodukte. Hier unterscheidet sich der Mensch von den Thieren, wie man wohl bemerken muß, in drei Punkten: einmal darin, daß er von dem unumgänglich Nothwendigen mehr braucht als das Thier, nämlich auch Kleidung; zweitens darin, daß die Natur das, was das Thier braucht, unmittelbar und von selbst erzeugt, so daß es seine Nahrung nur zu suchen braucht und das Gefundene ohne Zubereitung genießen kann, während der Mensch selbst seine unentbehrlichsten Bedürfnisse der Natur durch Arbeit und Zubereitung abringen muß. Das große Grundgesetz, daß man im Schweiß seines Angesichts sein Brod essen soll, ist also nur der Menschheit nicht dem Thiere auferlegt [2]). Ein dritter Unterschied ist, daß der Mensch nicht wie das Thier blos auf die unumgänglichen physischen Bedürfnisse, sondern daß er auch auf Annehmlichkeiten seines irdischen Daseins und auf geistige Bedürfnisse der mannichfaltigsten Abstufung und auf die denselben entsprechenden Gaben der Natur angewiesen ist [3]), daß aber auch diese der Natur nur durch vielfache Arbeit und Kunst abgewonnen werden können.

2) Herrschaft des Menschen über die Natur.

154. Der Nachtheil, worin auf diese Weise der Mensch der Thierwelt gegenüber steht, wird aber durch einen anderen Vorzug weit überwogen. Das Thier nämlich bewegt sich beim Aufsuchen seiner Nahrung genau nur innerhalb der Gesetze seines Instinctes; es kann dazu nur wenige Kräfte der Natur außer ihm in Thätigkeit setzen, und es ist für immer an die seiner Gattung gesetzten Schranken gebunden. Hingegen dem Menschen sind Fähigkeiten angeboren, kraft welcher er die Naturkräfte, die Elemente [1]), und

---

2) Es ist eine, so viel ich weiß, noch nicht gemachte Bemerkung, daß jenes harte Gesetz auch die Thiere treffen kann, aber nur dann, wenn sie, wie das Pferd, der Ochs, im Dienste des Menschen und als dessen Arbeitsgehülfen ihr Brod verdienen müssen.

3) Man sehe §. 24.

1) Schon der Gebrauch des Feuers, dessen nur der Mensch fähig ist,

selbst die an Stärke ihm weit überlegenen Thiere seinen Bedürfnissen und Interessen nicht nur dienstbar machen, sondern darin auch eine fortschreitende Vollkommenheit erlangen kann. Mit der Erleichterung, welche diese Fortschritte der Befriedigung der Bedürfnisse gewähren, werden aber auch die Bedürfnisse selbst verfeinert und erweitert, so daß in der That der Fortschritt neue Bedürfnisse, die Bedürfnisse wieder den Fortschritt erzeugen. Der Mensch ist also allerdings mehr als das Thier von der Natur auf die Arbeit angewiesen; allein diesem Gesetze sind zugleich auch die größeren Mittel zur Herrschaft des Menschen über den Naturstoff an die Seite gestellt, und zwar so, daß die Uebung dieser Herrschaft zu einem stets größeren Fortschritt, und dadurch auch zur geistigen Vervollkommnung des Menschen führt. Indem also, wie wir gesehen haben, der Mensch zu einer fortschreitenden geistigen Entwicklung bestimmt und zu diesem Zwecke das Institut der Familie geschaffen ist[2]): so arbeitet die Natur auf dasselbe Ziel auch von einer ganz anderen Seite hin, und es wird nach dem tiefsinnigen Plane der Schöpfung selbst das scheinbar harte Gesetz der Arbeit der Entwicklung und dem Triumph des menschlichen Geistes dienstbar.

3) Form dieser Herrschaft.

155. Der Naturstoff soll also den Bedürfnissen und Interessen des Menschen durch Arbeit, das heißt durch Anwendung der individuellen Kraft, dienstbar gemacht werden. Diese Kraft erfordert aber, um fruchtbar zu sein, zweierlei. Erstens muß sie eine begränzte, das heißt auf einen bestimmten Theil des Natur-

---

giebt ihm über die Thiere ein unermeßliches Uebergewicht, Ballanche Instit. sociales chap. 9 (Oeuvres II. 244). Bernardin de Saint-Pierre remarque avec raison que l'usage du feu accordé à l'homme et refusé aux animaux mettait seul entre lui et eux une distance infinie. Les anciens avaient fait du feu le père de tous les arts. Le feu, accordé à l'homme pour s'en servir comme d'un instrument, a été aussi regardé par eux comme l'emblême du don de la parole.

2) Man sehe §. 39. 118.

stoffes gerichtet, und zweitens muß sie der Natur des Stoffes angemessen, eine dauernde und geordnete sein. Vor Allem tritt dieses bei der Bearbeitung desjenigen Naturstoffes hervor, an welchen der Mensch durch seine Bedürfnisse am Stärksten geknüpft ist, beim Grund und Boden. Die Unterscheidung desselben zur abgesonderten Cultur und das entsprechende ausschließliche Recht an den Erzeugnissen ist daher dem Ursprunge der Menschen gleichzeitig, und eine primitive Institution, welche durch die Familie und das Stammeshaupt gehandhabt wurde, und deren Bedeutung mit dem Wachsthum des menschlichen Geschlechts immer mehr zum Bewußtsein kam. Das Institut des Eigenthums ist also das große Grundgesetz, worauf die geordnete und fruchtbare Bearbeitung und Benutzung des Naturstoffes, die Erleichterung und Verfeinerung der menschlichen Bedürfnisse, die Sicherheit und das Interesse des Erwerbes überhaupt, die bürgerliche Ordnung, Cultur und Sitte beruht.

156. In welcher Weise der Boden zur Cultur occupirt wird, wie lange diese Occupation dauert und wirkt, hängt von der Beschaffenheit der Völker und Zeiten ab. Bei nomadischen oder Hirtenvölkern ist dieselbe rasch wechselnd. Auch bei seßhaften Völkern ist es denkbar, daß das Eigenthum einer Flur der Gemeinde oder dem Stamme als Ganzes zusteht und jedes Jahr nach einem bestimmten Gesetz zur Cultur aufs Neue repartirt wird. In allen Formen ist jedoch der in der Natur der Sache liegende Gedanke wirksam, daß der Boden zur Benutzung und Fruchterzeugung an individuelle Kräfte vertheilt, daß diese Kraft während ihrer auf die Fruchterzeugung verwendeten Thätigkeit respectirt, und daß an dem Erzeugten ein ausschließliches Recht anerkannt und geschützt werden muß. Die Entwicklung der Gesellschaft führt jedoch mit innerer Nothwendigkeit dahin, auch an dem Boden selbst ein dauerndes und ausschließliches Recht anzuerkennen und zu schützen. Denn erstens treibt die zunehmende Bevölkerung und die Verfeinerung der Bedürfnisse von selbst an, die Cultur des Bodens möglichst ergiebig und mannichfaltig zu machen; dieses aber erfordert einen nachhaltigen Fleiß, ein dauerndes Interesse, und

Erfahrungen, die nur durch längeren Bestand gewonnen werden können. Zweitens knüpfen sich an den dauernden Grundbesitz die Liebe der Heimath, milde Familiensitten, freudige und traurige Erinnerungen, kurz das, was zu einem gebildeten Volke unerläßlich ist, und was durch die blos persönlichen Bande der Stammesverwandtschaft schwer ersetzt werden kann. Drittens wird durch die Festigkeit des Grundbesitzes das Gefühl der Selbstständigkeit und ächten Freiheit genährt und erhöht; die Unverletzlichkeit des Grundeigenthums gehört zu den natürlichen Grundrechten.

4) Vom Eigenthum. a) Rechtsgrund desselben.

157. Die physische Unterlage des Eigenthumes ist also die in der Natur des Menschen begründete Nothwendigkeit, einen Theil des Naturstoffes seinem Willen und seiner Kraft zu unterwerfen, um davon den zur Befriedigung seiner physischen und geistigen Bedürfnisse nöthigen Vortheil zu ziehen. Diese Unterwerfung des Naturstoffes unter den Willen ist aber an und für sich nur etwas Thatsächliches, nichts Juristisches; blos der Sache gegenüber gedacht kann nicht von Recht sondern nur von Macht die Rede sein. Etwas Juristisches wird sie erst durch die Frage: Ob und wie weit andere Personen dieses Machtverhältniß einer Person zu einer Sache zu respectiren verbunden seien? Diese Frage setzt aber, da es einen Naturzustand nicht giebt, den Zustand der Gesellschaft voraus. Mit der Gesellschaft ist aber auch das Bedürfniß der Ordnung, und durch dieses die Nothwendigkeit eines rechtlichen Schutzes des Besitzes und Erwerbes gegeben [1]). Das Eigenthum als Rechtsverhältniß ist also wie die Familie ein nach den Thatsachen der Natur gebildetes schlechthin unentbehrliches Stück der gesellschaftlichen und bürgerlichen Ordnung. Es

---

1) Barante Questions constitutionnelles chap. 5. La propriété est évidemment le premier objet d'une société formée par des hommes libres. — La société a commencé par la possession mise sous la garantie commune. Ce principe de justice a reçu son application dès le moment où la société se formait, c'était sa règle.

beruht also allerdings auf dem positiven Recht, auf dem Gesetz[2]); allein nicht so, daß dieses es willkürlich erschafft, sondern so, daß dieses die Beziehungen des Menschen zum Naturstoffe und dadurch zu Dritten den Grundsätzen der Gerechtigkeit gemäß organisirt.

158. Das Rechtsinstitut des Eigenthumes ist also die Einrichtung, wodurch der Zusammenhang des Menschen und der menschlichen Kraft mit der Natur zur Erhaltung und Entwicklung des Menschen und der menschlichen Gattung in dauernder und geordneter Weise vermittelt wird. Als Rechtsverhältniß betrachtet enthält also das Eigenthum drei Momente: eine Sache, die den Bedürfnissen und Interessen dienstbar ist; eine Person, deren Herrschaft und Willen die Sache unterworfen ist; und die Rechtsordnung welche diesen Willen gegen Dritte schützt. Das am Reinsten Thatsächliche dabei ist das Bedürfniß und Interesse. Das Maß desselben ist so relativ und wechselnd, daß es für das Gesetz gar nicht den Bestimmungsgrund des von ihm zu gewährenden oder zu entziehenden Schutzes sein kann; es muß sich darauf beschränken, die rechtmäßigen Erwerbarten zu bezeichnen; das Erworbene aber muß es, gleichviel ob es Uebermaß scheint, ebenmäßig schützen. Auch die Elasticität der Bedürfnisse ist ein Werk der Natur, dem die politische Kunst ohne die gröbsten Eingriffe in die persönliche Freiheit und ohne die erheblichsten Nachtheile für die gesellschaftliche Entwicklung nicht entgegentreten kann. Der Ueberfluß erzeugt verfeinerte Bedürfnisse und durch diese eine gesteigerte Thätigkeit, welche doch auch der Industrie, den Wissenschaften und den Künsten zu Gute kommen. Beschränkungen im Gebrauche des Eigenthums können, Nothfälle abgerechnet, nicht vom Gesetz, sondern nur von der sittlichen Seite herkommen.

---

2) So sagen mit Recht unter Anderen Montesquieu und Bentham, und es ist gezwungen, wenn Ahrens dieses aus dem Grunde bestreitet, weil ja das Gesetz eine ungerechte Organisation des Eigenthums vornehmen könne. Ein Anderes ist aber die Frage: Ob es außerhalb des Staates ein Eigenthum als Rechtsinstitut gebe? Ein Anderes die: Wie es sich im Staate aus dem Rechtsgefühl zu einem Rechtsinstitut durchbilde und danach zu organisiren sei.

159. Ueber den Rechtsgrund des Eigenthums ist in den naturrechtlichen Systemen von jeher viel verhandelt worden. Der fast überall durchgehende Fehler ist aber der, daß man das Eigenthum, wie auch die Ehe, nur nach dem, was es für die Person ist, nicht aber als eine von der Natur gewollte Ordnung der bürgerlichen Gesellschaft auffaßte, woraus sich der Rechtsgrund desselben und das, was es für den Einzelnen ist, von selbst ergiebt. Dazu kommen aber noch mancherlei andere Irrthümer. Einige, wie Hugo, haben sich darin gefallen, die Ungerechtigkeit des Privateigenthums wegen dessen Nachtheile für die natürliche Gleichheit der Menschen hervorzuheben; allein dieses läuft auf unfruchtbares Hin- und Herreden hinaus. Die älteren Naturrechtslehrer, die sich dabei in den erträumten Naturzustand versetzen, gehen davon aus, daß Gott die Erde an sich allen Menschen gemeinschaftlich gegeben habe, und leiten das Privateigenthum aus einem stillschweigenden Zugeständnisse und Vertrage ab; so Grotius, Pufendorf, Thomasius; auch noch J. G. Fichte (Vater) mit eigenthümlichen Ansichten [1]). Wolff kommt damit nicht weiter, als zu einem Recht zu benutzen, das nur so lange man besitzt respectirt werden muß. Locke läßt aber aus jener Gemeinschaft an den durch eigenen Fleiß producirten Sachen Eigenthum hervorgehen.

160. Einen ganz anderen Weg betrat Kant. Das Recht am Mein und Dein deducirte er in seiner abstracten Manier aus dem Begriffe der Freiheit und des Willens; er räumte diesem aber im Naturzustande nur eine provisorische Geltung ein; ein definitives „Mein und Dein, sagte er, sei nur unter einer öffentlich

---

1) Fichte Grundlage des Naturrechts Th. II. §. 17. 18. Hier wird unter Anderen der Inhalt dieses Eigenthumsvertrages folgendermaßen bezeichnet: „Das Eigenthum eines Jeden wird durch jeden Anderen nur so lange anerkannt, als der erstere das Eigenthum des Letzteren selbst schont. Die geringste Verletzung desselben hebt den ganzen Vertrag auf, und berechtigt den Beleidigten, dem Beleidiger Alles zu nehmen, wenn er kann. Jeder sonach setzt sein ganzes Eigenthum als Unterpfand ein, daß er das Eigenthum aller Uebrigen nicht verletzen wolle." Man muß aber die seltsame Abhandlung selbst lesen.

gesetzgebenden Gewalt, das ist, im bürgerlichen Zustande möglich." Diesen letzteren Zusatz haben jedoch seine Schüler fallen lassen, und unter mancherlei Wendungen das Eigenthum auf rein logischem Wege, bald aus der Occupation bald aus der Specification oder Formation, zu begründen versucht. Hegel hat mit Reminiscenzen aus Kant und dem römischen Privatrecht den Begriff des Eigenthums als abstracten Rechts der Person unter den willkürlichsten Formeln[1]) auf die Spitze getrieben. Am richtigsten ist das Eigenthum als Product der bürgerlichen Gesellschaft von Warnkönig gewürdigt[2]). Stahl hat die Bedeutung desselben als Institut gut erkannt; doch findet sich dabei auch manches leere Gerede. Ahrens weist die Wechselbeziehung des Eigenthums und die Bedürfnisse des Menschen nach, spricht sich jedoch über dessen Natur als Institut der bürgerlichen Ordnung nicht aus, wodurch auf seiner Darstellung eine Unklarheit ruht. Taparelli sucht so gut es geht nach der älteren Manier ohne Staat aus dem Bedürfniß der Selbsterhaltung das Eigenthumsrecht zu construiren. Richtig sagt dagegen J. H. Fichte (Sohn): „Das Eigenthum ist der durch das Recht anerkannte und damit durch die öffentliche Rechtsmacht geschützte Besitz"[3]). Eben so Trendelenburg: „Erst die Anerkennung des Ganzen, also das Gesetz, giebt dem Willen in der Sache Bestand und verbürgt ihm über sie die allgemeine Verfügung"[4]). Was er aber über die ethische Grundlage des Eigenthums sagt, ist etwas gesucht.

b) Inhalt des Eigenthumsrechts.

161. Das Eigenthumsverhältniß in seiner juristischen Durch-

---

1) Was heißt zum Beispiel, wenn Hegel §. 41. schreibt: „Erst im Eigenthume ist die Person als Vernunft."

2) Warnkönig Rechtsphilosophie §. 152—163., Philosophiae iuris delineatio §. 84—94., Die gegenwärtige Aufgabe der Rechtsphilosophie (§. 113. Note 1) S. 271—281. Man findet bei ihm eine gute Prüfung der verschiedenen Meinungen.

3) Fichte System der Ethik Th. II. §. 94.

4) Trendelenburg Naturrecht §. 93.

bildung beruht, wie wir gesehen haben, auf dem Gedanken der dauernden Herrschaft einer Person über eine Sache, welche durch die Rechtsordnung anerkannt und gegen Dritte geschützt ist[1]). Es wird also dabei zwischen der Sache und dem Herrn ein unmittelbares juristisches Band gedacht, kraft dessen er mit ihr thun kann, was er will; dritte Personen kommen dabei nur zur Sprache um zurückgewiesen zu werden. Der Eigenthumsbegriff reducirt sich also auf zwei Momente: unbedingte Herrschaft des eigenen Willens, und unbedingte Ausschließung eines fremden Willens über die Sache. Dieses Letztere führt consequenterweise dazu, daß der Eigenthümer seine Sache auch jedem dritten Inhaber, gleichviel aus welchem Grunde derselbe besitzt, durch Klage abfordern kann. Darin zeigt sich hauptsächlich der juristische Charakter des Eigenthums. Doch kommt grade diese Seite, wenigstens bei Mobilien, mit anderen Gesichtspunkten leicht in Conflict. Zunächst mit Billigkeitsrücksichten, wenn der Dritte in gutem Glauben erworben hat. Daher hat das alte deutsche Recht den Schaden demjenigen von Beiden zur Last gelegt, der sich die größere Unvorsichtigkeit oder Nachlässigkeit vorzuwerfen hätte[2]). Dann auch mit dem Interesse des Handels und Verkehrs. Daher gestatten die neueren Gesetzbücher die Vindication nicht oder nur gegen Ersatz, wenn der Beklagte die Sache in einem öffentlichen Kaufladen erworben hat.

162. Das praktische Interesse am Eigenthum besteht aber nicht in dem abstracten Gedanken jener Herrschaft, sondern in dem, was man mit der Sache thun kann, in ihrer Brauchbarkeit. Diese, also die Beziehung derselben zu den menschlichen Bedürfnissen und Interessen, macht den Werth einer Sache aus. Dieser ist ein dreifacher. Der Eine besteht darin, daß man die Sache so wie sie ist nützlich gebrauchen kann; dieses ist der Gebrauchswerth. Der Zweite ist, daß sie nützliche Früchte erzeugen

---

1) Man sehe oben §. 157.

2) Man sehe meine Deutsche Rechtsgeschichte §. 537—541. Man sucht den Grund gewöhnlich in ganz anderen künstlichen Ansichten.

kann, der Fruchtwerth. Der Dritte ist, daß Einer die Sache, die ihm nutzlos ist, gegen eine Andere, die ihm nützlich oder nützlicher ist, umtauschen kann, der Tauschwerth. Die Befugnisse des Eigenthums sind also das Recht die Sache zu gebrauchen, zur Fruchterzeugung zu benutzen, und zu veräußern. In so fern eine Sache einen Geldwerth repräsentirt, ist mit ihr noch ein Viertes denkbar, die Verwendung als Unterpfand für eine Schuld. Ein Fünftes, das Recht seine Sache zwecklos zu zerstören, ist zwar unbestreitbar an sich auch in den Befugnissen des Eigenthums enthalten; allein das Gefühl und die öffentliche Meinung rügt dieses doch als einen der Bestimmung der Naturgaben widerstrebenden Mißbrauch. So lange derselbe blos zwischen dem Herrn und der Sache beruht, kann freilich die äußere Rechtsordnung ohne eine übermäßige Bevormundung und Verletzung der Freiheit sich nicht einmischen; wohl aber dann, wenn damit eine Kränkung der Rechte Dritter oder eine entschiedene Verletzung des sittlichen Gefühls verbunden ist.

163. Uebrigens giebt es Sachen, deren physische und daher auch rechtliche Beziehung zum Menschen ihrer Natur nach eine eigenthümliche ist. Man muß davon vier Arten unterscheiden. Erstens die von der Natur zum Gemeingut der Menschen und selbst der Thiere bestimmten Sachen, die Luft, das Licht, das Meer. Auf diese ist aus den schon angeführten Gründen ein Eigenthums- selbst ein ausschließliches Benutzungsrecht gar nicht anwendbar [1]). Zweitens die Flüsse und Häfen. Diese sind ebenfalls von der Natur gebildet und unterhalten, und lassen nach ihrer Beschaffenheit eine willkürliche Verfügung, daher den Eigenthumsbegriff, nicht zu. Doch aber bieten sie für den Verkehr und andere gemeine Interessen so wichtige Mittel dar, daß sie als von der Natur zum öffentlichen Gebrauche bestimmte Sachen anzusehen sind, deren Benutzung von der Staatsgewalt im Interesse Aller regulirt werden muß. Drittens die wilden Thiere und Fische.

---

1) Man sehe §. 152.

Das Eigenthümliche derselben besteht darin, daß sie sich ohne alles Zuthun der menschlichen Thätigkeit erhalten und vermehren, daß sie im wilden Zustande in Niemandes Eigenthum stehen, sondern dazu erst occupirt werden müssen, daß sie eine dem Menschen nützliche freie Gabe der Natur sind, daß es also gerechtfertigt ist, jenes Occupationsrecht, auch auf dem eigenen Grund und Boden, in geeigneter Weise zu beschränken, um deren völlige Vertilgung zu verhüten. Viertens die Metalle und anderen Bodenschätze. Das Eigenthümliche derselben besteht darin, daß sie von der Natur völlig gebildet sind, daß jedoch ihr Auffinden und das Herausschaffen des Gefundenen mit Wagniß und Unkosten verbunden sind, welche die Kräfte des Grundeigenthümers gewöhnlich übersteigen, daß aber Schätze, die Einer nicht heben kann, für ihn so gut wie nicht vorhanden sind, daß es also im gemeinen Interesse wichtig ist, Speculanten möglich zu machen, auch in fremdem Grund und Boden nach diesen Schätzen zu suchen und sie sich anzueignen.

c) Von dem Besitz.

164. Der Gebrauch und der Fruchtgenuß, welche die practische Seite des Eigenthums ausmachen, setzen vor Allem die stete Möglichkeit der factischen Einwirkung, also den Besitz, voraus. Rein thatsächlich betrachtet geht Besitz nur auf dasjenige, was man in seiner unmittelbaren Umgebung hat. Hier erscheint also die Person, der Wille, mit der Sache gleichsam in demselben Raume verbunden, so daß ein Angriff Dritter auf die Sache auch ein Angriff auf die Person ist. Ein solcher Besitz muß also als solcher in der Rechtsordnung aus demselben Grunde geschützt werden, aus welchem die Persönlichkeit zu schützen ist. Selbst wenn der Besitz seinem Rechtstitel nach ein unbefugter wäre, weil die Sache einem Anderen angehört, so darf dieser sie doch nicht eigenmächtig mit Gewalt zurückholen, weil diese Eigenmacht nicht isolirt gegen die Sache gerichtet, sondern zugleich ein Eingriff in die Sphäre der Persönlichkeit des Besitzers wäre. Der Begriff des Besitzes kann jedoch in entwickelten Vermögenszuständen nicht auf die Sachen in der unmittelbaren Umgebung beschränkt werden,

sondern man muß um der Ordnung willen annehmen, daß der einmal erworbene körperliche Besitz auch in der Entfernung durch den bloßen Willen beibehalten werde und fortdauere. Demgemäß muß man jenen Rechtsschutz auch auf diesen künstlichen Besitz anwenden. Dieses ist dann in der practischen Behandlung auf doppelte Art denkbar. Entweder betrachtet man einen Eingriff in den Besitz vorherrschend aus dem Standpunkt der verletzten Persönlichkeit, also eines Delictes. Dann muß der Thäter augenblicklich restituiren, und wird außerdem wegen des Delictes gestraft. Oder man trennt den Gesichtspunkt des Delictes von dem rein Privatrechtlichen, und legt dem Besitz schon als solchem gewisse juristische Wirkungen bei. Jenes ist die Auffassung des älteren deutschen, Letzteres die des römischen Rechts. Im Resultate treffen beide Auffassungen zusammen, namentlich darin, daß in zweifelhaften Fällen vorläufig immer der Besitz geschützt, und Besitzstörungen schnell und kräftig abgestellt werden müssen. Auch folgt aus dem Gesagten, daß bei einem solchen Besitz doch immer zweierlei vorhanden sein muß: der Wille als Ausdruck der Persönlichkeit und das aus dem körperlichen Erwerbe fortgesetzte Factum des Besitzens; denn ein Besitzen ohne Wollen ist für das Recht eben so wenig ein Besitz, als ein Wollen ohne Besitzen.

d) Erwerbarten des Eigenthums.

165. Da das Eigenthum die von der Rechtsordnung geschützte Willensherrschaft einer Person über eine Sache ist: so setzt der Eigenthumserwerb nothwendig einen Willensact voraus, woran die Rechtsordnung aus Gründen der Gerechtigkeit oder Zweckmäßigkeit diese Wirkung knüpft. Dabei macht es nach der Natur der Sache einen wesentlichen Unterschied, ob die Sache bereits im Eigenthum eines Menschen steht, oder nicht. Im ersten Falle muß natürlich der Wille des bisherigen Eigenthümers mitwirken, um die Sache zum Eigenthum des Anderen zu machen; er muß seinen Willen aus der Sache zurückziehen, und den des Anderen an die Stelle setzen. Es ist also dazu ein zweiseitiger Vertrag erforderlich. Daß schon durch diesen Vertrag das Eigen-

thum übergehe, ist allerdings denkbar, weil es sich um etwas Ideelles, um einen reinen Rechtsbegriff handelt. Gründe der Zweckmäßigkeit können es allerdings rathsam machen, dazu im positiven Recht auch eine äußere Handlung, eine Tradition, vorzuschreiben, damit mit dem Eigenthum zugleich auch der körperliche Besitz erworben sei. Noch mehr sprechen Gründe der Zweckmäßigkeit dafür, bei Grundstücken den Uebergang des Eigenthums an eine öffentliche Handlung, die Erklärung vor Gericht, die Eintragung in ein öffentliches Grundbuch, zu knüpfen.

166. Steht die Sache noch in keines Anderen Eigenthum, steht also der Erwerber lediglich der Sache gegenüber, so genügt, um sie zu der Seinigen zu machen, sein alleiniger Wille, weil in der Sache kein anderer Wille existirt, der sich dem Seinigen entgegenstellen könnte. Dieses ist der Fall bei wilden Thieren und Fischen, die also durch die bloße Thatsache der Occupation zu eigen gemacht werden. Ob diese Occupation eine unberechtigte war, wenn sie zum Beispiel auf fremdem Boden geschah, ist für die Eigenthumsfrage an sich gleichgültig; wohl aber kann dieses persönliche Ansprüche auf Vermögensstrafe begründen. Ein anderer Fall ist, wenn Einer einer Sache ihr Dasein giebt, entweder unter Mitwirkung des Bodens, wie bei der Frucht, oder durch seine rein persönliche Thätigkeit, wie bei einem Kunstwerk: so gehört sie demjenigen, der sie erzeugt; doch können auch hier persönliche Ansprüche entstehen, zum Beispiel wenn Einer aus fremdem Stoff ein Kunstwerk geformt, oder auf fremder Leinwand gemalt hat. Das römische Recht hat diese juristische Logik für alle Zeiten mustergültig entwickelt.

167. Eine besondere Erwerbart ist durch Verjährung von Seiten desjenigen, der eine Sache in gutem Glauben und durch einen rechten Titel, jedoch vom Nichteigenthümer, erworben und eine Zeitlang besessen hat. Dieses läßt sich aus der Natur der Sache nicht ableiten, setzt also immer eine Bestimmung des positiven Rechts voraus. Der Grund ist ein rein künstlicher, gesellschaftlicher, Sicherstellung des Erwerbes und Besitzes gegen allzu

alte Ansprüche[1]). Die Herleitung aus einer fingirten Zustimmung des alten Eigenthümers ist offenbar willkürlich; und die Berufung darauf, daß das Eigenthum vom Eigenthümer auch gebraucht werden solle, führt zu bedenklichen Consequenzen und beweist nichts gegen den alten Eigenthümer, der aus Unkunde seines Rechts dasselbe geltend zu machen versäumt hat.

e) Ueberlassung von Eigenthumsrechten an Dritte.

168. Die Befugniß des Eigenthümers geht auch dahin, einzelne Eigenthumsrechte einem Anderen zu überlassen, entweder gegen Geld oder unentgeltlich. Geschieht dieses dauernd, so kann man dieses in der Rechtsordnung so auffassen, daß dem Anderen neben dem Eigenthümer ein unmittelbares partielles Recht an der Sache zustehe, welches wie das Eigenthum mit einer Klage gegen jeden Dritten versehen sei. Solche dauernde partielle Rechte sind in einer dreifachen Richtung denkbar. Erstens in Beziehung auf Gebrauchsrechte. Hier ist zweierlei möglich. Einestheils kann einem Grundstück gegen ein Anderes das Recht zustehen, daß Dieses vom Herrn des Ersten ein Gebrauchsrecht leiden muß, zum Beispiel darüber zu gehen; oder daß der Herr des Zweiten ein Gebrauchsrecht unterlassen muß, zum Beispiel höher zu bauen. Dieses nennt man eine Prädialservitut. Anderentheils kann das ganze Gebrauchsrecht einer Sache einer Person concedirt sein. Zweitens in Beziehung auf den Fruchtgenuß und die Fruchterzeugung. Daraus entsteht das Recht des Ususfructus, der Emphyteusis oder Erbpacht, und Aehnliches. Drittens in Beziehung auf den Geldwerth der Sache. Darauf bezieht sich das Verhältniß des Pfandrechts. Alle diese Verhältnisse sind für unseren Zweck nur unter dem Gesichtspunkt zu erwähnen, in welcher Mannichfaltigkeit das Eigenthum den menschlichen Bedürfnissen und Interessen dienstbar gemacht werden kann.

---

1) Taparelli Naturrecht I. §. 979. betrachtet diesen Grund als selbst dem Naturrechte gemäß.

f) Verhältniß des Eigenthums zur Staatsgewalt.

169. Das Eigenthum ist nicht blos für die Einzelnen, sondern unbestreitbar auch für die bürgerliche Gesellschaft als Ganzes ein Gegenstand von der größten Wichtigkeit. Daher ist die Einwirkung der Staatsgewalt nicht blos zum Schutze, sondern auch zu nöthigen Beschränkungen gerechtfertigt. Doch sind hier die Gränzen sehr biegsam, und schwer nach allgemeinen Principien zu bestimmen. Es sind wohl drei Gesichtspunkte zu unterscheiden. Erstens, die Art des Gebrauchs und der Benutzung durch den Eigenthümer kann im Allgemeinen nicht von Staatswegen festgesetzt werden, sondern muß der eigenen Thätigkeit und Erfahrung überlassen bleiben; die Staatsgewalt kann darauf nur durch Belehrung und Beispiel einwirken. Zweitens kann einem Eigenthümer zu höheren staatlichen und gesellschaftlichen Zwecken das Opfer seines Eigenthums auferlegt werden; dieses jedoch immer nur gegen eine vollständige gerechte Entschädigung[1]). Drittens kann das Gesetz im gemeinnützigen Interesse auch ohne Entschädigung allgemeine Beschränkungen festsetzen, kraft deren man an seinem Eigenthum etwas Besonderes leiden oder unterlassen muß. Doch sind solche Beschränkungen mit der naturgemäßen Freiheit des Eigenthums möglichst in Einklang zu setzen, und für diese muß immer die Vermuthung gelten.

5) Die Arbeit und deren Theilung.

170. Der Mensch muß, wie gezeigt worden, der Natur das, was er von ihr braucht, durch Arbeit abgewinnen[1]). Diese Arbeit ist jedoch keine einfache; schon die Production noch mehr aber die Bereitung des Producirten setzen nicht nur mancherlei Anstrengungen sondern insgemein auch künstliche selbst wieder durch Arbeit zu verfertigende Werkzeuge voraus. Dadurch ist der Mensch von einer großen Abhängigkeit bedroht. Dieser ist jedoch zweierlei zur Seite gestellt, was dieselbe wesentlich vermindert. Das Eine

1) Man sehe §. 85.

1) Man sehe §. 152. 153.

ist die Thatsache, daß der Mensch durch Uebung überhaupt einer großen Vervollkommnung seiner Anlagen und Fertigkeiten fähig ist. Das Zweite ist die Wahrnehmung, daß wenn ein Mensch seine Kräfte auf eine besondere Art von Arbeit und Production beschränkt, sich dadurch seine Fertigkeit darin und deshalb auch der Ertrag bis ins Außerordentliche steigert. Durch diese Wahrnehmung und durch die den Menschen angeborene Verschiedenheit der Anlagen und Neigungen bildet sich von selbst eine Art von stillschweigender Uebereinkunft, kraft welcher die Menschen verschiedenartige Beschäftigungen erwählen. So führt die Zusammenwirkung mehrerer von der Natur in den Menschen und in den Naturstoff gelegten Thatsachen zu dem großen Grundgesetz der Theilung der Arbeit, welches die Fertigkeiten und Erfindungsgabe bis zu einem unglaublichen Grade weckt und ausbildet, die Abhängigkeit des Menschen von dem rohen physischen Stoffe mildert, die Erleichterung und Verschönerung des Lebens befördert, und die ganze geistige Entwicklung des Menschen beschleunigt.

6) Der Verkehr. a) Nothwendigkeit des Austausches der Werthe.

171. Die Theilung der Arbeit führt aber auch einen Uebelstand mit sich. Denn da nun Einer sich nicht Alles, was er braucht, selbst verfertigen kann: so hat sie die nothwendige Folge, daß ein Mensch an einigen Fleißproducten oder Fertigkeiten, die zur menschlichen Existenz gehören, Ueberfluß hat, Andere aber ihm mangeln. Da sich dieses jedoch in analoger Weise auch bei den anderen Menschen, womit er in Berührung kommt, wiederholt, so führt dieses von selbst dahin, daß sie untereinander das, wovon sie Ueberfluß haben, gegen das, was ihnen mangelt, austauschen. So entsteht aus der Theilung der Arbeit doch auch wieder eine Gemeinschaftlichkeit der Arbeit, wobei sich Jeder wohl befindet, und wobei Jeder an den Erfindungen und Fortschritten der Anderen ein Interesse hat, weil er selbst dadurch theils an der Leichtigkeit des Austausches theils an der Güte der einzutauschenden Producte gewinnt. Dieses ist eine der wichtigsten Vortheile der bürgerlichen Gesellschaft, und abermals ein Beweis, daß der Mensch von der

Natur zu einer solchen bestimmt sei. Ohne sie, in einem Zustande, wo Jeder sich Alles, was er braucht, selbst verfertigen müßte, würde der Mensch nicht über das Roheste des Daseins hinauskommen.

b) Bedingungen des Austausches.

172. Der Austausch der Producte oder Fertigkeiten, worauf die Theilung der Arbeit nothwendig hinführt, setzt aber zweierlei voraus. Erstens müssen die Werthe der auszutauschenden Gegenstände sich entsprechen, also mit einander verglichen werden können. Der Werth einer Sache oder Leistung bestimmt sich aber durch zweierlei: durch ihre Nützlichkeit für die menschlichen Interessen, und durch die Mühe, welche deren Erzeugung oder Verrichtung kostet. Es müssen also zum Austausch zwei Sachen oder Leistungen einander gegenüberstehen, die sich in beiden Beziehungen gleich sind. Zweitens müssen sich auch jedesmal Zwei begegnen, wovon der Eine das zuviel hat, was der Andere, und zwar grade in dem Augenblicke braucht, und umgekehrt. Es gehört also zum Verkehr und Austausch nothwendig zweierlei, Vergleichung der Werthe und Absatz.

c) Vom Gelde. α) Bedeutung desselben.

173. Die Erfüllung beider Bedingungen ist aber im rohen Zustande gedacht schwierig und großen Zufälligkeiten unterworfen. Denn was zunächst die Bestimmung des Werthes einer Sache für eine Person betrifft, so hängt dieser vor Allem von dem Bedürfniß ab. Es kann also vorkommen, daß der Eine die Sache des Anderen dringend bedarf, während Letzterer an der Sache des Ersten ein geringes Interesse hat, so daß der momentane Werth, den sie für ihn hat, mit der Mühe ihrer Production nicht im Verhältnisse steht. Dieses wird vermieden, wenn es ein allgemeines Tauschmittel giebt, welches den Werth, den eine Sache nach ihrer regelmäßigen Nützlichkeit und nach der Mühe ihrer Production hat, durch Vergleichung mit diesem Tauschmittel in Zahlen angiebt. Dieses ist das Geld. Noch mißlicher ist die zweite Bedingung, daß sich immer Zwei begegnen sollen, deren

auszutauschende Bedürfnisse sich genau und grade in dem Augenblicke entsprechen. Auch dieses wird durch die Erfindung des Geldes gehoben, indem man nun seine Sache dem Zweiten, der sie braucht, verkaufen, und für das Geld das, was man selbst braucht, von einem Dritten und Vierten kaufen kann. Oder man kann auch, wenn man sein Zuviel verkauft hat, aber in dem Augenblicke gar nichts von Anderen braucht, das Geld bis zu dem Augenblicke liegen lassen, wo man Etwas braucht. Durch das Geld wird also für den Verkehr viererlei bewirkt: es wird für den Naturalaustausch eine genaue Vergleichung der Werthe ermöglicht; es wird der schwerfällige Naturalaustausch ganz entbehrlich gemacht; es wird der Nachfrage und dadurch dem Absatz ein weiter Kreis, ein Markt, geöffnet; und es wird dadurch den Producten und Fertigkeiten ein durch das durchschnittliche Bedürfniß des großen Verkehrs bestimmter regelmäßiger Geldwerth beigelegt, wodurch sie den Zufälligkeiten der individuellen Schätzung enthoben werden.

β) Vom Stoff des Geldes.

174. Das Geld ist, wie gezeigt worden, ein Gegenstand, welcher, einen Theil dieses Gegenstandes als Einheit angenommen, den Werth, den eine Sache oder Leistung nach ihrer Nützlichkeit und nach der Mühe ihrer Production hat, nach dieser Einheit in Zahlen angiebt. Daraus folgt, daß der Stoff dieses Gegenstandes selbst auch, theils wegen seiner anderweitigen Nützlichkeit theils wegen der Mühe der Production, einen Werth haben muß, sonst ist er nicht geeignet, diesen Werth einer anderen Sache zu repräsentiren. Denkbar ist allerdings, daß eine Regierung einen an sich ganz werthlosen Stoff, zum Beispiel kleine Stücke von Leder, als Geld stempelt und in Umlauf setzt. Allein dieses wäre nur durch einen künstlichen Zwang einzuführen möglich, und würde sich selbst dadurch, als der Natur des Verkehrs widersprechend, auf die Länge doch nicht halten. Zu jener Eigenschaft müssen aber nach der Natur der Sache noch zwei Andere hinzukommen: der Stoff muß ein dauerhafter sein, und er muß auch in kleinen

Quantitäten Werth haben. Die Vereinigung dieser drei Eigenschaften findet sich nur bei gewissen Metallen, und diese sind daher von der Natur zum Gelde gewissermaßen prädestinirt. Der Werth des Metallgeldes hängt an sich von dem Gewicht des Geldstückes ab, nämlich von dem Nutzen, den so viel Loth Metall bei der Verwendung zur Industrie gewähren, und von der Mühe, die deren Production erfordert. Wenn aber einmal geprägtes Metallgeld erfunden und in Gebrauch gekommen ist, so erlangt dasselbe durch seine Nützlichkeit für den Verkehr einen künstlichen Werth, der über seinen natürlichen Metallwerth hinausgehen kann, zum Beispiel die Scheidemünze, oder unter Umständen die Goldmünzen, wenn große Geldtransporte oder Geldausfuhren in möglichst compendiöser Form zu machen sind. Dieses kann man den Circulationswerth des Geldes nennen.

175. Wenn einmal Metallgeld eingeführt und in dem Verkehr eingebürgert ist, so wird in der gemeinen Vorstellung der Circulationswerth die Hauptsache; das heißt man denkt bei einem Geldstück nicht an das, was es durch Einschmelzen werth ist, sondern was man dafür an Sachen kaufen kann. Dieses führt zu der Möglichkeit, ein rein künstliches Geld, ein Papiergeld, einzuführen, welches blos einen Circulationswerth hat. Dieses ist aber kein wirkliches directes Geld, sondern nur ein Repräsentant des realen Geldes, welches eben nur durch diese Repräsentation Werth hat, das heißt durch die Möglichkeit bei Zahlungen statt des wirklichen Geldes gebraucht zu werden. Zu dieser Möglichkeit müssen die Staatskassen mit dem Beispiel vorangehen; dieses wirkt dann von selbst durch das Verkehrsbedürfniß auf das Vertrauen der Privaten ein. Ein bloßer Befehl von oben herab ohne dieses Vertrauen erreicht den Zweck nicht vollständig, weil sich dann im Verkehr ein Unterschied der Preise bilden wird, je nachdem in Geld oder in Papier gezahlt wird, was die Staatsregierung nicht hindern kann und vielfache Nachtheile hat. Wenn aber das Papiergeld sich durch das Vertrauen wirklich eingebürgert hat, so kann es durch die Leichtigkeit der Behandlung und Versendung kommen, daß dieses Geldsurrogat einen Circulationswerth erhält, höher als der des

wirklichen Geldes, so daß für Papiergeld Aufgeld gezahlt wird. Möglich ist auch noch ein Papiergeld in der Art, daß ein Staat verzinsliche Anleihescheine ausgiebt, die wie Geld auf jeden Inhaber übertragbar sind. Doch besteht der Zweck und Nutzen dieser Staatspapiere weniger darin, ein Zahlungsmittel im Verkehr, als ein Mittel zur zinsbaren Anlegung von Capitalien zu sein. Immer steht aber beim Papiergelde im Hintergrunde das Vertrauen auf die Sicherheit des Staates, der Staatskredit, und daraus gehen die mit der Politik in Verbindung stehenden Schwankungen der Curse hervor.

γ) Von den Geldgeschäften.

176. Das Geld ist darin eigenthümlich, daß man es nicht gebrauchen kann ohne es entweder als solches zu zerstören, das heißt einzuschmelzen, was hier nicht in Betracht kommt, oder es auszugeben, also zu veräußern. Dieses Entäußern kann einen dreifachen Zweck haben: entweder verschenkt man es, oder man kauft sich dafür Etwas, oder man leiht es unter der Bedingung der Rückerstattung der gleichen Summe. Dieses Letztere macht das eigentliche Geldgeschäft aus. Daß der Anleiher die gleiche Summe wieder erstatten müsse, folgt aus den ersten Gesetzen der Gerechtigkeit. Ein Anderes ist aber die Frage, ob der Darleiher nach den Grundsätzen der juristischen Moral sich auch ein Aufgeld, Zinsen, bedingen dürfe? Dabei ist vor Allem hervorzuheben, daß der Anleiher das Geld nicht bei sich liegen lassen will, sondern es gebraucht, also ausgiebt. Es wird also zu unterscheiden sein, zu welchem Zwecke er dieses thut? Hier ist dreierlei möglich. Das Eine ist, daß er durch die Noth gedrungen lieh, um sich das Leben zu fristen und Subsistenzmittel zu verschaffen. Hier gewinnt er also durch das Geld des Anderen nichts, sondern er braucht es als reines Tauschmittel, und er muß, um es wieder zu erstatten, sich größere Anstrengungen und Entbehrungen auferlegen. Das Aufgeld, die Zinsen, sind also hier ein Gewinn, welcher der Noth des Anleihers abgepreßt wird, und diese vermehrt. In diesem Sinne hat das canonische Recht des Mittelalters nach dem Vorgange des

mosaischen Rechts alle Zinsen, auch die geringsten, als sündhaften Wucher verpönt und vor die geistlichen Strafgerichte gezogen; und das weltliche Recht hat dieses indirect bestätigt, indem es überhaupt die Sentenzen der geistlichen Gerichte gegen die Halsstarrigen durch bürgerliche Zwangsmittel unterstützte. So war in der That jene feine sittliche Ansicht auch zur Rechtsvorschrift gemacht.

177. Die zweite Möglichkeit ist, daß der Anleiher das Geld als ein Mittel braucht, um davon jährliche Einkünfte zu ziehen oder seine Einkünfte zu vermehren, das heißt, daß er sich dafür ein Grundstück kauft, um davon Früchte zu erzeugen. Hier kann der Darleiher für sich zweierlei geltend machen: erstens, daß er dem Anderen das Mittel zum Ankaufe des die jährlichen Früchte erzeugenden Grundstückes verschaffe; zweitens, daß er mit dem Capital, statt es zu verleihen, sich selbst ein Früchte erzeugendes Grundstück hätte anschaffen können. Unter beiden Gesichtspunkten kann er nach der Gerechtigkeit und Billigkeit in irgend einer Form sich einen Theil der jährlichen Einkünfte stipuliren, während der andere Theil der auf die Production verwendeten Arbeit des Anleihers entspricht, und diesem verbleiben muß. Dieses ist der Gedanke, welcher im Mittelalter dem Rentenkauf zum Grunde liegt, den auch das canonische Recht für durchaus erlaubt hielt. Wie hoch die stipulirten Renten sein dürfen, darüber läßt sich nichts bestimmen, sondern dieses hängt vom Verhältnisse des Geldwerthes der Grundstücke ab. Ist, wie im Mittelalter, das Geld selten und der Boden wenig werthvoll, so kann man sich für eine kleine Summe ein großes Grundstück und viele jährliche Früchte verschaffen; also wird sich dann auch der Darleiher hohe Procente der kleinen Summe als sein Aequivalent der reichen Bodenrente bedingen dürfen. Immer wird aber hier der Durchschnittspreis der Bodenfrüchte von selbst eine gewisse Schranke des Procentsatzes mit sich führen.

178. Die dritte Möglichkeit ist, daß in einem Zustand, wo Verkehr, Handel und Industrie blühen, der Eine leiht, um mit dem Gelde eine gewinnverheißende Speculation auszuführen. Da hier der Darleiher mit seinem Gelde dem Anleiher einen reichen Gewinn verschafft, und selbst den Gewinn entbehrt, den er, wenn

er selbst mit seinem Gelde speculirte, machen könnte, so ist es, wie im vorigen Falle, gerecht und billig, daß er sich, als einen Theil des durch das Darlehn dem Anderen verschafften und selbst entbehrten Gewinnes, Zinsen stipuliren dürfe. Hier entsteht jedoch die Frage, ob die Höhe der Zinsen lediglich der Verabredung zu überlassen, oder von Staatswegen ein Maximum zu fixiren sei? Für das Erste macht man geltend, daß das Geld wie eine Waare sei, wobei man Jedem die Bestimmung, wie viel sie ihm werth sei, selbst überlassen müsse; daß die Festsetzung eines Zinsfußes eine unbefugte Bevormundung sei, wodurch das Herleihen der Gelder zu großen Speculationen zum Nachtheil des Ganzen erschwert werde. Für das Zweite wird angeführt, daß nicht immer zu Speculationen, sondern häufig nur aus Noth geliehen werde; daß ohne Zinsgesetze die Noth schutzlos dem Wucher Preis gegeben, jedenfalls nur gegen hohe Zinsen werde geliehen erhalten können. Man wird sich also die Frage stellen müssen: Welcher Nachtheil größer sei, ob der, daß mit Zinsgesetzen der Capitalist nur an einem noch größeren Gewinn gehindert, oder der, daß ohne Zinsgesetze der bedrängte Arme dem Wucher der Geldmacht offenkundig Preis gegeben werde? Augenscheinlich ist es der sittlichen Idee des Staates würdiger, sich gegen das Letztere zu entscheiden. Dazu kommt aber, daß das Geld, wenn auch eine Waare, doch eine Waare ganz eigenthümlicher Art dadurch ist, daß es durch seine Unentbehrlichkeit und Mannichfaltigkeit der Verwendung demjenigen, der es im Ueberfluß besitzt, ein Uebergewicht giebt, wie bei keiner anderen Art von Waaren der Fall ist. Der Capitalist erhält dadurch die Möglichkeit, ohne alle eigene Anstrengung von der Anstrengung Anderer in Ueppigkeit zu leben, und wenn mit den Zinsgesetzen die letzten Schranken dieser Geldherrschaft fallen, so wird die Möglichkeit gegeben sein, daß der von der Noth gedrängte Handwerker, dem sein mühsamer Fleiß mit dem geliehenen Capital zwanzig Procent abwirft, fünfzehn Procent seinem müßigen Gläubiger abgeben muß, und daß dieser sich dessen ungestraft öffentlich rühmen darf [1]).

---

1) Diese wichtigen Fragen werden in den Lehrbüchern der Rechtsphi-

179. Eine andere Art von Geldgeschäften sind die Zahlungsversprechen. Das Geld ist ein so wichtiges Verkehrsmittel, das Ausbleiben einer fest zugesicherten Zahlung wirkt so nachtheilig auf die Erfüllung der eigenen Verpflichtungen und dadurch auf den Credit und selbst auf die bürgerliche Ehre zurück, daß es natürlich ist, solche Zusicherungen durch eine bestimmte Form festzustellen, dann aber mit einer besonderen Strenge zu behandeln. Dieses spricht sich auch in der einen oder anderen Weise in den Rechten der meisten Völker aus. In der bestimmtesten Form geschieht dieses in dem Institut des Wechselrechts. Ein Wechsel ist eine schriftliche Versicherung, daß der Inhaber an dem in der Urkunde bestimmten Tage bei einem Dritten oder bei dem Aussteller die darin genannte Geldzahlung erheben könne, widrigenfalls gegen das Vermögen des Ausstellers und selbst gegen dessen Person die strengste gerichtliche Execution Statt finden solle. Es ist gewissermaßen die Verpflichtung auf kaufmännisches Ehrenwort. Der Inhaber kann den Wechsel auf einen Dritten, dieser auf einen Vierten und so weiter übertragen, so daß jeder Uebertragende sich ebenfalls für die Zahlung nach Wechselstrenge verpflichtet. Dadurch nimmt der Wechsel die Natur eines kaufmännischen Papiergeldes an, und es werden dadurch die Verkehrsmittel wesentlich vermehrt.

180. Eine sehr wichtige Art von Geldgeschäften ist der Handel mit Staatspapieren. Als an den Inhaber zahlbare und verzinsliche Darlehnscheine sind sie wie Geld. Wegen ihres nach den Umständen wechselnden Curses, also Marktpreises, werden sie aber auch ein Gegenstand der Speculation, wie eine Waare, und wegen

---

losophie entweder ganz ignorirt, oder nur sehr oberflächlich berührt; so bei Hugo §. 343., Ahrens Rechtsphilosophie. Besonderer Theil. Zweite Abtheilung. Erster Abschnitt §. 9., Moy I. §. 37. Eine Ausnahme macht Taparelli I. §. 948—978., welcher zu denselben Resultaten kommt, jedoch aus zum Theil irrigen und schiefen Ansichten, denen man den Mangel an scharfer juristischer Bildung anmerkt. Der Vertheidiger der unbeschränkten Zinsenfreiheit ist Bentham Defence of usury 1787, wogegen sich aber doch auch Ahrens erklärt.

ihrer bequemen compendiösen Handhabung und Berechnung gehen solche Speculationen leicht ins Große. Der Grundgedanke dabei ist der Kauf und Verkauf, und es sind dabei auch dieselben Modificationen, wie bei diesem, möglich. Die einfache Form ist, wenn Einer Papiere zu dem laufende Curse kauft, natürlich weil er auf das Steigen des Curses rechnet, und also, wie jeder Käufer einer Waare, sie wieder höher zu verkaufen rechnet. Eine Modification ist, wenn Einer heute Papiere zum heutigen Curse kauft, die aber erst später geliefert werden sollen. Hier speculirt der Käufer auf das Steigen, der Verkäufer auf das Fallen der Curse. Ferner ist dabei möglich, daß der Käufer oder Verkäufer um eine gewisse Prämie, die jedenfalls zu entrichten ist, sich den Vortheil stipulirt, am Lieferungstage vom Geschäfte ganz abgehen zu können. Endlich ist es möglich, daß es gar nicht auf eine wirkliche Lieferung abgesehen ist, sondern nur auf Entrichtung der Cursdifferenz, die zwischen dem Tage des Abschlusses und dem Lieferungstage obwaltet. Dieses ist aber kein wirklicher Handel, weil die Waare fehlt, sondern ein eingekleidetes gewagtes Geschäft, wie eine Wette.

δ) Sociale Bedeutung des Geldes.

181. Die für unseren Standpunkt wichtigste Seite der Geldverhältnisse ist die Bedeutung, welche die Erfindung des Geldes und seiner Surrogate für die bürgerliche Gesellschaft hat. Ohne Geld wäre nach Außen hin die großartige Entwicklung des Handels und der dadurch geförderte Verkehr der Welttheile mit allen daraus fließenden Vortheilen für die Menschheit nicht möglich. Im Inneren aber würde der Handel nur auf den schwerfälligen Tauschhandel beschränkt sein, und dadurch eine Menge Zeit und Kräfte verloren gehen. Der Umsatz der persönlichen Leistungen würde dann nur gegen Naturalproducte geschehen können. Die nothwendige Folge wäre, daß die großen Grundbesitzer den Arbeitern unmittelbar kleine Grundstücke zum eigenen Anbaue gegen die Verpflichtung zu den für das Hauptgut nöthigen Frohndiensten überwiesen. Dadurch würden für einen großen Theil der

ländlichen Bevölkerung die Dienstverhältnisse einen an die Scholle gebundenen Charakter annehmen, dieser von selbst zur Erblichkeit hinneigen, eine Entwicklung des kleinen Bürgerstandes in den Städten kaum möglich sein, und fast alle freie gesellschaftliche Bewegung aufhören. Dieses war der Zustand im Mittelalter, der aber durch zweierlei gemildert wurde. Erstens durch den gemüthvollen wohlwollenden Geist, der alle diese Abhängigkeitsverhältnisse erfüllte. Dann durch den Klerus, welcher in seiner Mitte allen Talenten ohne Unterschied der Geburt eine geehrte gesellschaftliche Stellung darbot. So steht also das Geldwesen, ohngeachtet seiner Schattenseiten, mit der bürgerlichen Freiheit im nächsten Zusammenhang. Ganz verfehlt ist daher die Schwärmerei einiger Communisten, die grade im Interesse der bürgerlichen Freiheit das Geld abgeschafft wissen wollten. Den unbestreitbaren Nachtheilen des socialen Uebergewichts der Geldmacht muß allerdings, so schwer es auch ist, möglichst begegnet werden. Dieses geschieht auch theils durch die strenge Handhabung der Wuchergesetze, theils durch die einflußreiche Stellung, welche dem Talent und der geistigen Bildung in dem Beamtenstand und in der Landesvertretung anzuweisen ist.

d) Von den Verträgen. α) Wesen derselben.

182. Der Austausch der Sachen oder Leistungen, sei es unmittelbar oder durch Vermittlung des Geldes, ist zwar, wie wir gesehen haben, im Allgemeinen durch das System der menschlichen Bedürfnisse geboten: allein im Einzelnen setzt er, dem Grundprincip der menschlichen Freiheit gemäß, regelmäßig den freien Willen beider Theile voraus. Die erklärte Uebereinstimmung eines solchen beiderseitigen Willens zu jenem Zwecke ist ein Vertrag. Dieser Wille ist aber nicht wie einer Sache gegenüber ein unbegränzter, sondern indem er das Band eines zwischen zwei Personen eingegangenen Verhältnisses wird, schließt er auch die aus dem Begriffe der Persönlichkeit fließenden Bedingungen in sich. Daraus ergiebt sich zweierlei. Erstens setzt Jeder kraft des

Rechts auf Wahrhaftigkeit[1]) beim Anderen die Aufrichtigkeit voraus, und weiß, daß der Andere sie auch bei ihm voraussetzt. Keiner darf daher den Anderen über die Beschaffenheit und den Werth des Gegenstandes in eine wesentliche Täuschung versetzen, sondern dieses ist mehr oder weniger unredlich bis zur Arglist. Zweitens ist ein Vertrag nur dann Etwas, wenn er auch aufrichtig erfüllt wird, und Jeder rechnet kraft des Rechts auf Treue[2]) ebenfalls darauf, daß der Andere dieses freiwillig thue, und umgekehrt. Eine Täuschung darin ist ein Mißbrauch des Vertrauens, eine Verletzung des Rechts auf Treue, ein Wortbruch. Als wesentliche Bedingungen eines Vertrags treten also vier Momente hervor: ein Vermögensinteresse, die Willensfreiheit, die Pflicht der Aufrichtigkeit, und die Pflicht der Treue. Diese Gesichtspunkte liegen auch den Bestimmungen aller positiven Rechte zum Grunde[3]).

183. Bei den Rechtsphilosophen findet sich eine eigenthümliche Controverse über die Frage, in wie weit sich die rechtlich verbindliche Kraft der Verträge aus dem Naturrecht erweisen lasse? Dabei ist vor Allem zweierlei voraus zu schicken. Erstens, daß es sich dabei um solche Verträge handelt, deren Gegenstand seiner Natur nach ein juristischer, nicht, wie das Verlöbniß, ein blos moralischer ist[1]). Zweitens, daß diese Frage nicht als eine für den Naturzustand aufgeworfene anzusehen ist, da es einen solchen nicht giebt, sondern daß der Sinn derselben nur der sein kann, in wie fern in der Rechtsordnung die Erzwingbarkeit der Verträge aus juristischen Gründen zu rechtfertigen sei? Die Behandlung dieser Frage ist dadurch irrig und unklar geworden, daß man die Beziehung auf den Naturzustand nicht unumwunden aufgiebt, oder daß man den abstracten Freiheitsbegriff zu sehr in die Spitze

---

1) Man sehe §. 103.

2) Man sehe §. 105.

3) Die meisten Lehrbücher des Naturrechts verfolgen dieses ins Einzelne, bringen es aber doch nicht weiter, als unter etwas anderen abstracteren Ausdrücken zu lästigen Wiederholungen des aus dem römischen Recht Bekannten.

1) Ueber diese Begriffsbestimmung sehe man §. 71.

stellt, oder daß man als juristisches Unrecht nur die positive Vermögensbeschädigung ansieht. Selbst aber auch die Bekämpfer der irrigen Ansicht thun dieses nicht immer aus haltbaren Gründen [2]). Darüber ist man einig, daß derjenige, der die Leistung des Andern bereits empfangen, zur Gegenleistung juristisch verpflichtet sei. Hingegen aus der bloßen beiderseitig gemachten und acceptirten Zusage, meinen Manche, wie Schmalz, Warnkönig, könne ein Zwang auf Erfüllung nicht deducirt werden; denn daraus, daß man damals gewollt habe, folge nicht, daß man auch jetzt noch müsse. Allein da die Pflicht der Treue nicht eine bloße sittliche, sondern, wie oben gezeigt worden, auch eine Rechtspflicht ist, diese Pflicht aber überhaupt in der Erfüllung des Versprechens besteht: so ist auch diese Erfüllung eine Rechtspflicht, wenn das Versprochene juristischer Art ist, was hier beim Vertrage vorausgesetzt wird. Weniger scharf bezeichnet Stahl als Grund der Unhaltbarkeit jener Einwürfe: „daß man keinen geschichtlichen, durch Handeln bewirkten Zusammenhang zwischen dem Momente der Zustimmung und dem der Leistung annimmt, sondern nach dem Charakter der Abstraction jeden isolirt an dem Begriffe der Freiheit mißt" [3]). Hegel greift hier zu seiner Dialektik. „Die Aeußerung der Stipulation ist nicht eine Aeußerung überhaupt, sondern enthält den zu Stande gekommenen gemeinsamen Willen, in welchem die Willkür der Gesinnung und ihrer Aenderung sich aufgehoben hat" [4]). Kant, der sich in die unglaublichsten Feinheiten und Abstractionen verwickelt, kommt damit zu dem seine Philosophie bezeichnenden Resultate: „Die Frage ist: warum soll ich mein Versprechen halten? denn daß ich es soll, begreift ein jeder von selbst. Es ist aber schlechterdings unmöglich, von diesem kate-

---

2) In Beziehung auf die Literatur dieser unfruchtbaren Controverse genügt die Verweisung auf Warnkönig Rechtsphilosophie §. 176—179., Philosophia iuris §. 106—108.

3) Stahl Philosophie des Rechts Th. I. Buch III. Abschn. II. Kap. 4. Th. II. Buch III. §. 37.

4) Hegel Philosophie des Rechts §. 79. So hatte schon Krug deducirt.

gorischen Imperativ noch einen Beweis zu führen — Es ist ein Postulat der reinen Vernunft" [5]).

β) Arten der Verträge.

184. Das Gebiet der Verträge reicht so weit, als das Gebiet erlaubter Vermögensinteressen, die der menschlichen Freiheit erreichbar sind. Es findet sich daher hier die große Mannichfaltigkeit der Formen, die auch nach dem Bedürfniß und Interesse stets durch neue bereichert werden. Die Eigenthümlichkeit eines jeden Vertrages wird aber hauptsächlich durch zweierlei bestimmt: durch den Gegenstand der daraus entstehenden Verbindlichkeit oder zu machenden Leistung, und durch die Art der Gegenleistung. Danach ist es für die Rechtsphilosophie möglich, aus der Natur jedes Vertrages mit Beihülfe der juristischen Logik eine bis ins Einzelne ausgeführte Theorie desselben zu entwickeln. Dieses ist jedoch unnöthig, weil man damit doch nicht weiter kommt, als was die römischen Juristen mit der ihnen eigenthümlichen Schärfe und Consequenz des juristischen Denkens bereits geleistet haben. Man muß sich daher hier auf das Allgemeinste beschränken [1]). Die möglichen Gegenstände der Verträge sind auf fünf Klassen zurückzuführen. Die Erste sind Sachen. Dabei macht es einen Unterschied, ob die Sache eine individuell bestimmte ist, oder eine Gattung, Geld, Getraide; ob sie ganz zum Eigenthum hingegeben wird, oder blos zum Gebrauche. Die zweite Klasse sind persönliche Leistungen. Hier ist es für die Natur des Vertrages von wesentlichem Einfluß, ob dieselben gemeine Dienste sind, die nur physische Kraft und Uebung erfordern; oder solche, wozu technische Kenntnisse und Intelligenz erforderlich sind; oder Verrichtungen geistiger Art, die von der einen Seite Studium und Hingebung,

---

5) Kant Rechtslehre §. 19.

1) Auch die schon in der Schule des Wolff, dann von Kant, Hegel, Stahl, Ahrens und Anderen hier besprochene Classification der Verträge ist für die Rechtsphilosophie völlig unfruchtbar und wiederholt nur das, was in der Darstellung des positiven Rechts vorkommt. Die vollständige Uebersicht giebt meine Juristische Encyclopädie §. 194.

von der anderen Seite Vertrauen und Achtung voraussetzen. Die dritte Klasse von Verträgen sind diejenigen, welche die Vereinigung pecuniärer und persönlicher Kräfte zu einem gemeinschaftlichen Vortheil zum Gegenstande haben. Das Eigenthümliche derselben besteht theils in der Unbestimmtheit theils in der Dauer des Verhältnisses, weshalb diesem die Voraussetzung des Vertrauens und der Verträglichkeit beigemischt ist. Die vierte Klasse begreift die Sicherungsverträge, deren Zweck die Bestellung einer Sicherheit für eine andere Verbindlichkeit ist. Dieses geschieht entweder durch die Bestellung einer Bürgschaft, oder durch die eines Unterpfandes. Die fünfte Klasse sind die gewagten Geschäfte, wo der Eine gewiß Etwas gewinnt, der Andere gewiß etwas verliert, wo aber, wer der Gewinnende und Verlierende sei, von einem für beide Theile gleich ungewissen Ereigniß abhängig gemacht ist. Davon giebt es zwei Arten. Die Eine sind die Glücksverträge, wo man ohne Kraftanstrengung blos von der Gunst des Glückes einen Gewinn hofft. Diese haben juristisch und moralisch mehr oder weniger Gründe gegen sich, und sind daher im positiven Recht entweder zu verbieten oder doch für nicht klagbar zu erklären. Die andere Art sind die Versicherungsverträge, wo sich der Eine durch eine Prämie nur gegen den Schaden sichern will, den ihm ein zufälliges Ereigniß zufügen würde. Diese haben nicht nur nichts gegen sich, sondern sind als eine Veranstaltung haushälterischer Vorsicht vielmehr zu begünstigen.

185. Was die Gegenleistung betrifft, so theilen sich danach die Verträge in zwei Klassen: solche, wobei eine Gegenleistung vorkommt oder doch nach der Natur des Verhältnisses vorkommen kann; und solche, die wesentlich ohne Gegenleistung sind. Von den Ersten giebt es zwei Arten. Bei Einigen ist eine Gegenleistung nach der Natur des Vertrags schlechthin wesentlich, so beim Kauf; bei Anderen tritt ein Anspruch auf eine Gegenleistung nur eventuell ein, zum Beispiel gegen den Darleiher, wenn der Commodatar auf die Erhaltung der Sache etwas verwenden mußte. Die Verträge ohne Gegenleistung nennt man Liberalitäten. Die Freigebigkeit kann dabei verschiedene Stufen haben. Entweder

besteht sie in einer bloßen Gefälligkeit, wodurch man nichts einbüßt. So bei dem Commodatum, oder der Uebernahme eines Mandats. Oder der Eine macht sich positiv ärmer, ohne etwas dagegen zu empfangen. Dieses ist eine Schenkung. Das Interesse des Schenkers besteht hier blos in der Befriedigung einer persönlichen Affection, ist also nichts Juristisches. Eben diese Affection kann aber leicht zu Uebereilungen führen, wodurch man seinem Vermögen oder seinen Erben Schaden thut. Darauf beruhen die Bestimmungen der positiven Rechte, welche Schenkungen direct beschränken, oder an strengere Formen binden, um Uebereilungen entgegen zu wirken oder sich der ernstlichen Absicht des Schenkers zu versichern.

7) Vom Vermögen. a) Das Recht am Vermögen.

186. Die Mannichfaltigkeit der Sachen, deren der Mensch zu seiner Subsistenz theils durch deren unmittelbaren Gebrauch theils durch deren Verarbeitung bedarf, hat die Folge, daß jeder Mensch von einem mehr oder weniger großen Complex von Sachen umgeben ist, zu dem er sich als Ganzes in einem dauernden Verhältnisse denkt. Dieses ist das Vermögen. Es bildet mit der Person eine wenn auch in den einzelnen Bestandtheilen stets wechselnde Einheit, und bietet ihr den Stoff und die Sphäre dar, worin sie ihre physischen und geistigen Kräfte zur Production und zum Verbrauche übt und entwickelt. Die Elasticität der menschlichen Bedürfnisse, die Neigung zum dauernden Besitzthum, die durch Nachdenken und Uebung sich steigernde Production führen aber dahin, daß Einer weniger verbraucht als er einnimmt, und so sammelt sich bei ihm ein erweitertes bleibendes Vermögen, Capital, Reichthum. Ein Solches ist also in der ersten Hand ein Product der persönlichen Thätigkeit, des Fleißes, des Willens; es ist gleichsam eine Erweiterung der Persönlichkeit bis in das Gebiet des Sächlichen. Für den juristischen Begriff des Vermögens ergiebt sich daraus, daß dasselbe eine ideelle Einheit ist, welche zur Person gehört und die ihren Sitz hat, wo auch die Person den Mittelpunkt ihrer Lebensverhältnisse hat, also an deren Domicil.

187. Dieselben Thatsachen, welche auf die Bildung der Vermögen hinwirken, bringen aber auch deren Ungleichheit hervor und erzeugen solche immer wieder aufs Neue. Die Verschiedenheit der angeborenen Anlagen, des Fleißes, der Sparsamkeit, der Lebensbedürfnisse, des Glückes und Unglückes, haben die Verschiedenheit des Erwerbes und des Maßes der Ersparnisse zur nothwendigen Folge. Die Verschiedenheit der Vermögen ist daher die Wirkung von Naturgesetzen, welche die menschliche Kunst nicht ändern kann. In diesen Naturgesetzen liegen aber auch tiefe Absichten. Die Verschiedenheit der Vermögen erzeugt bei den Reichen verfeinerte Bedürfnisse, deren Befriedigung Kräfte und Fortschritte weckt[1]); sie macht ihnen die Hingebung an rein geistige Beschäftigungen und an öffentliche Interessen möglich; die Armen aber reizt sie zur Arbeit, zum Erwerbe, zur Erfindsamkeit. Die Gleichmachung und Gleicherhaltung der Vermögen ist also eben so sehr gegen das Interesse der Gesellschaft[2]) als gegen die Gesetze der Gerechtigkeit und bürgerlichen Freiheit, kraft welcher die Persönlichkeit nicht blos in der Person sondern auch in dem Vermögen

---

1) Man sehe §. 153.

2) Barante Questions constitutionnelles chap. 5. Interdire l'enrichissement, c'est à dire l'épargne, maintenir par tyrannie, l'égalité de fait, la poser comme principe social, c'est condamner la société à un état grossier, sans développement du bien-être corporel, sans essor des facultés morales. L'activité, l'intelligence, le travail tendent sans cesse à se développer, selon les inégalités individuelles. Il faudrait donc arrêter l'énergie humaine dans son cours naturel: ce n'est pas seulement la liberté civile qui serait supprimée, la liberté instinctive de l'âme serait enchainée aussi et retenue dans les régions inférieures. Chacun passerait à son tour sur la terre, sans excéder les limites de la case d'échiquier où l'égalité l'aurait enfermé. L'homme végéterait dans le présent, sans pouvoir jeter son regard sur l'avenir; toute supériorité sur les autres lui étant défendue, il ne pourrait songer à devenir supérieur à lui même. Ne s'appartenant pas, puisqu'il n'a point la liberté d'influer sur son propre sort invariablement réglé, il ne sentirait pas l'esprit de famille; la paternité elle-même deviendrait apathique et animale.

respectirt werden muß, welches durch ihren Willen und ihre Kraftanstrengung zusammengebracht worden ist.

188. Versuchen wir einen Staat mit absoluter Gleichheit und Gleicherhaltung der Vermögen einzurichten. Da ein solcher eine bis in die kleinsten Einzelnheiten des Hauswesens reichende Oberaufsicht nöthig macht, so muß der Staat in eine Menge kleiner örtlicher Gemeinden mit der erforderlichen Zahl von Aufsichtsbeamten eingetheilt sein. Nothwendig ist vor Allem, daß Keiner etwas erspart und zurücklegt; es muß also das von den Einen Ersparte jährlich auf Alle vertheilt werden, und da dieses gegen die Fleißigeren die größte Ungerechtigkeit wäre, so muß entweder der Fleiß auf ein gleiches Maß herabgestimmt, oder die Trägen müssen durch eingreifende Zwangsmittel zum gleichen Fleiße hinauf genöthigt werden. Der mächtige Antrieb zur Arbeit und Erfindsamkeit, welcher in dem Reiz des Erwerbes liegt, fällt weg. Einen Unterschied der Nahrung darf es nicht geben, weil, wer besser lebt, mehr verzehrt und weniger erspart, wogegen die Anderen zu kurz kämen. Es muß also in jeder Gemeinde von der Obrigkeit für jede Familie die gleiche Art der Nahrung, Speise und Trank, ja selbst der Zubereitung, nach den Jahreszeiten und Wochentagen vorgeschrieben, und darüber die genaueste Aufsicht geführt werden. Auch die Kleidung und die Leinwand muß für Alle gleich sein. Es muß also die gleiche Nationaltracht vorgeschrieben, und in den Fabriken nur dieselbe Art der Fabrication gestattet sein. Jede Auszeichnung, jeder Luxus ist verboten, weil er auf Unkosten der Anderen geschieht. Darüber, daher auch über die Einrichtung der Wohnungen, das Hausgeräthe, das Bettzeug, ist die strengste Aufsicht zu führen. Von der Entwicklung der Industrie und der Künste kann nicht die Rede sein. Die Heirathen, als leicht die Quelle der Sorgen und der Verarmung, sind an die strengsten Bedingungen gebunden, die ohne jede Nachsicht gehandhabt werden müssen. Reicher Kindersegen ist aus den Ersparnissen Anderer zu unterstützen, wenn solche dennoch gemacht werden. Ueberall muß der Aufsichtsbeamte mit freiestem Ermessen eingreifen, vertheilen, ausgleichen können. Auch in der Erziehung

der Kinder darf nur das Nothwendige, keine Begünstigung und kein Luxus herrschen. Die Bestimmung zu den feineren Beschäftigungen darf daher nicht den Eltern überlassen sein, sondern muß der Obrigkeit zustehen. Selbst die Art und das Maß der Vergnügungen muß gleichmäßig regulirt, und darauf auf das Strengste gehalten werden. So wäre der Staat der völligen Vermögensgleichheit.

b) Von der Vererbung.

189. Durch den Tod hört der Wille und die persönliche Kraft, wodurch das Vermögen zusammen gehalten wurde, auf; es ist also nun thatsächlich ohne Eigenthümer, herrenlos. Es ist nun eine dreifache Behandlung desselben möglich. Entweder giebt man es Jedem zur Occupation Preis; dieses würde zu den größten Unordnungen führen, und die Rechte der Gläubiger dadurch auf das Empfindlichste verletzt werden. Oder die Staatsgewalt zieht es zur beliebigen Verwendung für ihre Zwecke ein; dadurch wäre zwar für die Ordnung gesorgt, allein es würde dadurch alles Interesse am Sparen und Hinterlassen eines Vermögens gelähmt werden. Oder das Gesetz verfügt über die Nachfolge in einer Weise, wodurch das Interesse der Ordnung, der Gläubiger und des Erblassers möglichst in Einklang gebracht sind. Die Rücksicht auf den Erblasser enthält bestimmter ausgedrückt den Gedanken, daß die Kraft, wodurch bei Lebzeiten das Vermögen zusammen gebracht und zusammen gehalten wurde, auch nach dem Tode denjenigen zu Gute kommen solle, die zum Verstorbenen in einer besonderen Beziehung gestanden haben. Dieses ist auch, wenn auch unbewußt, der Gedanke, der bei allen Völkern den gesetzlichen Anordnungen der Erbfolge zum Grunde liegt. Es ist, wie Hegel richtig sagt, ein willkürlicher Einfall, das gesetzliche Erbrecht der Blutsfreunde daraus herzuleiten, weil sie bei der eintretenden allgemeinen Occupationsbefugniß des herrenlos gewordenen Vermögens als die gewöhnlich nächste Umgebung ohnehin schon das Meiste davon getragen haben würden [1]).

1) Hegel Philosophie des Rechts §. 178.

190. Hinsichtlich der Personen, die nach dem genannten Gesichtspunkt als die zur Erbfolge vorzüglich Berufenen zu betrachten sind, führt die Ordnung der Natur von selbst auf die Ansicht hin, daß, gleichwie der Verstorbene sein Dasein und seine Kraft von der Familie empfieng, und er mit dieser eine Einheit ausmachte, so auch sein hinterlassenes Vermögen als das Product seiner Kraft an sie fallen müsse. Der Gedanke des Erbrechts hat sich also aus der Familie entwickelt. Ueber den Begriff von Familie in diesem Sinne ist jedoch nach den gesellschaftlichen Zuständen eine doppelte Auffassung möglich. In den Naturstaaten nimmt die Familie vorherrschend eine politische Bedeutung an, und es tritt in ihr der Mannsstamm überall, auch im Erbrecht, als der vorzüglich Berechtigte hervor. Es ist also dann der Erbfolge, wenn auch unbewußt, eine künstliche politische Absicht beigemischt. So im alten Rom und bei den Germanen. In anderen Zuständen tritt das Politische zurück; es bleibt nur die natürlich-sittliche Auffassung des Bandes der Blutsfreundschaft ohne Unterschied des Manns- oder Weiberstammes, und der Gesichtspunkt der nach der Nähe des Grades sich modificirenden Verwandtschaftspflicht und natürlichen Affection. So im Justinianischen Recht und in den meisten heutigen Rechten [1]).

191. Es ist aber hinsichtlich der Berufung zur Erbfolge noch eine andere Ansicht möglich. Das Gesetz kann es dem Erblasser selbst unbedingt anheimstellen, in seinem letzten Willen denjenigen, der ihn beerben solle, zu benennen. Es wird ihm also dadurch überlassen, nur einen der Söhne, wenn er die Zersplitterung des Hofes vermeiden will, oder Einen aus dem Mannsstamm, wenn er es für das Interesse der Familie nöthig hält, oder Einen aus dem Weiberstamm, wenn er nur seiner natürlichen Affection folgen will, oder gar einen ganz Fremden zu berufen. Diese Erweiterung des Willens bis über eine Zeit hinaus, wo die Person nicht mehr existirt, ist allerdings etwas Außerordentliches, ein blos von der Verfassung gegebenes Freiheitsrecht,

1) Man sehe über diese Unterscheidung oben §. 122.

also ein Stück des öffentlichen Rechts. Wo das Gesetz diesen Standpunkt unbedingt eingenommen hat, geht die testamentarische Erbfolge schlechthin vor, und die der Familie kommt erst dann zur Sprache, wenn kein testamentarischer Erbe da ist. So in Rom seit dem Gesetze der zwölf Tafeln. Bei den alten Germanen galt grade die entgegengesetzte Ansicht: es konnte der Familie durch den letzten Willen schlechthin nichts entzogen werden.

192. Wägt man beide Ansichten gegen einander, so hat allerdings die Erste ein starkes Naturgefühl und selbst Rücksichten der Pietät für sich. Sie hat aber gegen sich, daß dadurch die Freiheit der Verfügung doch zu sehr beschränkt wird, und daß man rechtmäßige Gründe haben kann, sein Vermögen lieber einem Fremden als einem Verwandten zuzuwenden. Die zweite Ansicht hat für sich, daß der Erblasser regelmäßig am Besten die Angelegenheiten seines Hauses und seines Geschlechts beurtheilen kann und bestellen wird, wenn er darin freie Hand hat; daß grade diese Freiheit sein Interesse am Erwerb steigern und den Ernst seiner letztwilligen Verfügung erhöhen wird. Sie hat aber gegen sich, daß dadurch die Rücksicht auf die Bande des Blutes zu sehr in den Hintergrund gedrängt und von dem individuellen Belieben abhängig gemacht wird. Eben wegen dieser Gründe und Gegengründe zeigt sich bei allen Völkern auf einer gewissen Stufe der Entwicklung das Bestreben, beide Ansichten mit einander zu verschmelzen. Entweder so, daß man, wenn ganz nahe Verwandte da sind, die erste, neben entfernteren Verwandten die zweite zur Richtschnur nimmt, also dort eine letztwillige Verfügung nur mit Berücksichtigung des Pflichttheils, hier aber unbedingt gestattet. Oder so, daß über das selbst erworbene Vermögen als über ein Product der eigenen Kraft eine freiere Verfügung zugelassen wird, als über das von der Familie her ererbte Vermögen. In allen Fällen folgt aber aus dem oben angegebenen Begriffe des Vermögens, daß auch die Erbfolge als eine Succession in das Vermögen als eine Einheit aufgefaßt werden muß, was besonders wegen der Gläubiger von Wichtigkeit ist.

193. Immer liegt aber in dem Erbrecht etwas Ungewöhn-

liches, ein Gewinn, den man ohne alle eigene Kraftanstrengung blos dem Fleiße eines Anderen und dem directen oder indirecten Willen des Gesetzes verdankt. Darauf beruht und dadurch rechtfertigt sich auch die Ansicht, daß das Gesetz über ein solches Vermögen mit einer weit größeren Freiheit wie über andere Vermögen selbst verfügen oder verfügen lassen dürfe. Daher auch die leichte Möglichkeit der Einwirkung künstlicher politischer Absichten auf das Erbrecht. Am Stärksten zeigt sich diese bei der Erbfolge in den regierenden Häusern, wo die politische Idee, der Vortheil des Landes, jede Rücksicht der Privataffection in den Hintergrund drängen muß. Ein Gleiches ist, wenn auch in vermindertem Maßstabe der Fall im Adel, wo die Erhaltung des Glanzes des Geschlechts, im Bauernrecht, wo die Kraft und Untheilbarkeit des Hofes, die leitenden Ideen des Erbrechts sind. Auch die altrömische und altgermanische Successionsordnung waren politische. Selbst die jetzt im gemeinen Recht herrschende ist es ohne es zu wissen, weil dieselbe instinctiv durch die im Bürgerstande geltenden Interessen der freien Vermögenscirculation bestimmt wird. Kein Wunder, daß auch die Staatsgewalt durch eine hohe Erbschaftssteuer ihr politisches Interesse dabei geltend macht.

194. Die Rechtsphilosophen haben diese wichtige Lehre insgemein ganz einseitig und ohne allen politischen Geist behandelt. Hugo Grotius leitet das Intestaterbrecht als etwas Naturgemäßes aus dem vermuthlichen Willen des Verstorbenen ab. Allein woher hat Dieser das Recht auf Beachtung seines Willens zu einer Zeit, wo er nicht mehr existirt? Das Recht durch Testament über seinen Nachlaß zu verfügen, betrachtet er als den natürlichen Ausfluß des Eigenthumsrechts, wobei aber ebenfalls zu fragen ist, wie dieses auf eine Zeit hinaus wirken kann, wo der Eigenthümer nicht mehr ist? Pufendorf, welcher nach der von ihm angenommenen Abstraction diese Frage blos für den Naturzustand discutirt, tritt hinsichtlich des Intestaterbrechts Hugo Grotius bei; hinsichtlich der Testamente läugnet er aber deren Gültigkeit nach dem Naturrecht, weil zu einer Eigenthumsübertragung gehöre, daß der Wille des Veräußerers und der des Erwerbers in demselben

Zeitpunkt zusammentreffe [1]). Kant, welcher auf demselben Standpunkt wie Pufendorf steht, läugnet die Möglichkeit des Intestaterbrechts im Naturzustande schlechthin; hinsichtlich der Testamente aber kommt er mittelst willkürlicher Fictionen über die Schwierigkeiten weg. Denn wenn auch der eingesetzte Erbe vom Versprechen des Erblassers nichts wisse, so „erwerbe er doch stillschweigend ein eigenthümliches Recht an der Verlassenschaft als ein Sachenrecht, nämlich ausschließlich sie zu acceptiren. Da nun jeder Mensch nothwendigerweise, weil er dadurch wohl gewinnen, nie aber verlieren kann, ein solches Recht, mithin auch stillschweigend, acceptire, so könne der berufene Erbe die Erbschaft durch Annahme des Versprechens erwerben." Fichte spricht an sich dem Verstorbenen jedes Recht an seiner Hinterlassenschaft ab, und läßt dieselbe dem Staate als dem ersten Occupanten anheimfallen. Der Lebende könne jedoch auf die Zeit nach seinem Tode Wünsche hegen; die sichere Erfüllung derselben werde den Lebenden als ein Gut erscheinen; dieses könne zur allgemeinen Ueberzeugung, und in Folge davon die Gültigkeit der Testamente von Allen durch das Gesetz garantirt werden. Er betrachtet also, jedenfalls richtiger, die Testamente als ein Institut des positiven Rechts jedes Staates. Eben darauf verweist er auch hinsichtlich des Intestaterb- und Pflichttheilsrechts der Kinder [2]). Gros aus der Kantischen Schule läugnet die Rechtmäßigkeit des Erbrechts ganz als einen Eingriff in das allgemeine Occupationsrecht herrenloser Sachen. Auch Droste nimmt Letzteres an, und erklärt sowohl das testamentarische wie das Intestaterbrecht als nicht im Naturrecht begründet. Hegel geht etwas tiefer ein; allein von den feineren juristischen Gesichtspunkten, worauf es hier ankommt, hat er keine Ahnung; seine Kritiken des römischen Rechts sind ganz oberflächlich, und sein Excurs über Substitutionen und Familienfideicommisse zeigt eine Accommodation an den herrschenden Zeitgeist. Bei

1) Pufendorf De iure naturae et gentium lib. IV. cap. 10. 11.

2) Fichte Naturrecht Th. II. §. 19 K. Erster Anhang §. 60 (Werke III. 257. 367).

Stahl, wobei manches Richtige vorkommt, fehlt doch die politische Auffassung und daher das volle Verständniß des römischen und germanischen Erbrechts. Ahrens wird schwerlich befriedigen, und wiederholt zum Theil nur in allgemeineren Ausdrücken die Bestimmungen des positiven Rechts. Bei Hugo ist wie gewöhnlich viel Hin- und Herreden über die Gründe für und wider. Taparelli stellt den Grund der Intestatsuccession richtig dar; allein die Natur der Testamente hat er nicht erkannt. Röder ist in der richtigen Bahn und hat auch den Grund der Verirrungen seiner Vorgänger gut bezeichnet. Was W. von Humboldt über diesen Gegenstand sagt, zeigt theils den Einfluß der Kantischen Schule theils den der herrschenden Zeitideen und ist unbedeutend [3]). Am Richtigsten, wenn auch keineswegs erschöpfend, spricht sich Trendelenburg aus; doch klebt er zu sehr an den Begriffsformen des römischen Rechts [4]).

8) Von der Armuth. a) Im Allgemeinen.

195. Die Thatsachen, welche die Ungleichheit der Vermögen erzeugen, führen mit Nothwendigkeit dahin, daß es in einem Staate immer auch solche giebt, die, durch eigene oder fremde Schuld, gar nichts haben und auch nichts gelernt haben, was eine gesicherte selbstständige Subsistenz gewährt. In diesen stellt sich eine Klasse menschlicher Wesen dar, die von der Natur gleichmäßig zum irdischen Glück befähigt und von Gott gleichmäßig zur überirdischen Bestimmung berufen, zu jenem nur in sehr beschränkter Weise gelangen, zu dieser sich nur ungleich schwerer ausbilden können. Nieder gehalten seit früher Kindheit durch einen in Ungesundheit geborenen, mit schlechter Nahrung in Unreinlichkeit ohne gehörige Bekleidung aufgezogenen Körper, genöthigt sich zum kümmerlichen Erwerbe zu den schwersten und niedrigsten Diensten herzugeben, wird auch der Geist aus Mangel an Zeit und Mitteln auf der niedrigsten Stufe der Entwicklung festgehalten. Alles in

3) W. von Humboldt Ideen 1851. (Gesammelte Werke VII. 120—131).
4) Trendelenburg Naturrecht §. 141—145.

der Gesellschaft nimmt für sie eine ungünstige Stellung an. Der Fortschritt der Wissenschaften existirt für sie nicht, und auch das wenige ihnen mit Mühe Angelernte wird bald wieder vergessen. Die Wohlthat der Rechtspflege ist ihnen gleichgültig, und in den seltenen Fällen, wo sie ihnen nützen kann, durch die Armuth erschwert. Im Strafrecht werden sie ihrer ungleichen Lage dadurch inne, daß, was der Reiche an Geld, sie mit körperlicher Haft zu büßen haben. Auch das sittliche Urtheil ist darin gegen sie durchgängig ungerecht, daß es nicht genug in Anschlag bringt, wie manche Tugend für den Wohlhabenden so leicht, für den Armen aber wegen des Mangels an Bildung und des Reizes der Verführung so ungleich schwerer ist. Die höheren irdischen Vergnügungen sind für sie so gut wie gar nicht da, und die ihnen zugänglichen schweben immer am Rande des Unerlaubten, wodurch ihre Lage nur verschlimmert wird, und wogegen die Gesellschaft sie beständig bewachen muß. Selbst die Freiheit ist für sie, dem Tyrannen der Noth gegenüber, nur illusorisch. So groß diese Uebelstände sind, so ist doch die Gesetzgebung zu deren völligen Beseitigung durchaus ohnmächtig. Wohl aber ist es ihre Aufgabe, so weit sie es vermag, den Ursachen derselben entgegen zu wirken, die Lage der Armen zu mildern, und die aus der Armuth entspringenden Abhängigkeitsverhältnisse möglichst menschlich und sittlich zu ordnen, damit die Armen unten der rohen Last des Lebens nicht verkommen, die menschliche Würde und Bildung in ihnen aufrecht erhalten werden. Aber auch darin richtet die Staatsgewalt allein aus sich ohne die Beihülfe der Religion wenig aus. Denn nur durch diese kann bei den Wohlhabenden die wahre nachhaltige Theilnahme am Lose der Armen gerettet und unterhalten, den Armen die richtige Einsicht ihrer Lage und der Mittel sich zu helfen eingeflößt werden.

b) Abhängigkeitsverhältnisse aus der Armuth. α) Das Gesindeverhältniß.

196. Die Ungleichheit der Vermögen hat überhaupt die Wirkung, daß die minder Vermögenden indirect für die Vermögenden arbeiten, um von ihnen zu verdienen. Bei der absoluten Vermö-

genslosigkeit, der Armuth, tritt aber diese Wirkung in unmittelbarer Gestalt darin hervor, daß sich die Armen direct in die Abhängigkeit der Reichen begeben, um für sie zu arbeiten. Die Natur dieser Abhängigkeitsverhältnisse wird durch die Art der Arbeiten bestimmt. Danach giebt es drei Formen: das Gesindeverhältniß, das der Tagelöhner, und das der Fabrikarbeiter.

197. Das Gesindeverhältniß ist zwar nicht, wie die Sclaverei des Alterthums, ein erbliches, sondern es wird freiwillig durch Vertrag eingegangen. Allein der Gegenstand desselben ist die Verpflichtung zu häuslichen Diensten, und diese sind, wie man wohl bemerken muß, solche, die, wie das Bedürfniß dazu entsteht, gleich geleistet werden müssen. Der Dienstbote übernimmt demnach die Verpflichtung, den Anweisungen der Herrschaft auf der Stelle Folge zu leisten. Es liegt also in dem Verhältnisse, auf der einen Seite das Recht des Befehlens, auf der anderen die Pflicht des augenblicklichen Gehorchens, also ein wenn auch gemildertes Gewaltverhältniß. Kraft desselben steht der Herrschaft auch das Recht des Tadels und Verweises, also ein Züchtigungsrecht mit Worten zu. Ferner, da die Dienste sich auf das Innerste des Hauswesens beziehen, so nimmt das Verhältniß bis auf einen gewissen Grad auch den Charakter eines Familienverhältnisses an. Dadurch schließt es in sich ein Element der Fürsorge, was sich namentlich bei der Erkrankung des Dienstbotens zu äußern hat; ferner ein Element des Vertrauens, weshalb namentlich der Hausdiebstahl so schwer strafbar ist; endlich auch ein Element der Verantwortlichkeit, weshalb die Herrschaft zur Aufsicht über die Moralität nicht nur aus eigenem Interesse berechtigt, sondern auch im Interesse des Dienstboten verpflichtet ist.

198. Alles Dieses macht das Verhältniß zu einem durchaus eigenthümlichen, und so muß es auch die Gesetzgebung ordnen. Diese hat dabei besonders zweierlei ins Auge zu fassen. Erstens das Interesse der Humanität, indem sie das Harte, das jedenfalls in einem solchen Dienstzustande liegt, durch eine möglichst humane Behandlung von Seiten der Herrschaft zu mildern, jedenfalls rohe Behandlung abzuhalten hat. Zweitens das Interesse der Gesell-

schaft. Dieses beruht darauf, daß der dienende Stand eine überaus zahlreiche Klasse bildet, auf deren Disciplin und Sitten für das Ganze sehr Vieles ankommt. Insbesondere ist hervorzuheben, daß das weibliche Gesinde die Kategorie ist, woraus hauptsächlich die Hausmütter des niederen Bürgerstandes werden, wodurch also die guten wie die schlechten Sitten der höheren Klassen in die Familien der unteren Klassen übergehen. Die Dienstbotenordnungen haben daher zweierlei ins Auge zu fassen: daß sie einerseits die Autorität der Herrschaft gehörig unterstützen, andererseits aber auch das Gefühl ihrer großen Verpflichtungen in ihnen lebendig erhalten.

β) Das Tagelöhnerverhältniß.

199. Außer den häuslichen Diensten bedarf der Wohlhabende häufig für seine Person oder zu anderen Zwecken mechanische Arbeiten, wozu er sich Tagelöhner nimmt. Deren Verhältniß stimmt mit dem vorigen darin überein, daß es auf einem Vertrage beruht. Uebrigens aber ist es davon völlig verschieden. Erstens sind die Arbeiten nicht Dienste unbestimmter Art, die auf Befehl, so wie sie verlangt werden, geleistet werden müssen; sondern es sind Arbeiten bestimmter und begränzter Art, wozu die einmalige Anweisung genügt. Zweitens tritt der Tagelöhner nicht durch die Natur der Dienste in einen dauernden häuslichen Verband, sondern er wird nur wechselnd auf kurze Zeit gedungen. Das Verhältniß ist daher weder ein Gewaltverhältniß noch ein häusliches, sondern ein reines Obligationsverhältniß, ein Geding von Diensten und Arbeiten. Es fällt daher dabei die Pflicht der Fürsorge bei Erkrankung und das Recht der moralischen Beaufsichtigung weg. Eben deshalb erhält aber hier, besonders wegen der übereilten Heirathen, die Armenpflege und die Sittenpolizei um so mehr Beschäftigung.

γ) Das Fabrikarbeiterverhältniß [1]).

200. Die Eigenthümlichkeit des Verhältnisses der Fabrik-

---

1) Man sehe darüber Ducpetiaux De la condition physique et morale des jeunes ouvriers. Bruxelles 1843. 2 vol.

arbeiter wird durch folgende Thatsachen bestimmt. Erstens ist die Arbeit eine durchaus gleichförmige, monotone, die nur eine maschinenähnliche physische Thätigkeit erfordert. Zweitens muß diese Arbeit kraft der die Industrie beherrschenden unerbittlichen Nothwendigkeiten eine unausgesetzte, genau abgemessene, nur wenige Unterbrechungen zulassende Tagesarbeit sein. Drittens erfordern diese Arbeiten große Massen auf einen geringen Raum zusammen gedrängter Arbeiter. Viertens arbeiten diese vielen Arbeiter ins Unbestimmte hin, ohne zu wissen, wer die Producte ihres Fleißes brauchen wird; es fehlt ihnen also das den Handwerker hebende Gefühl, daß Vertrauen und gute Empfehlung den Besteller ihm zuführen und an ihn fesseln werden; es fehlt ihnen selbst das den Tagelöhner schmeichelnde Gefühl des Beifalls und der Aufmunterung des Herrn; sie arbeiten mechanisch und gedankenlos nur für den Fabrikherrn, welcher die Producte ihres Fleißes nur aufspeichert um sie an den Mann zu bringen, der also alle ihre Mühe und Arbeit nur braucht, um sie für sich zu Geld zu machen. So stellt sich darin die moderne Leibeigenschaft dar. Das Verhältniß beruht zwar auf einem Vertrag, also auf der Freiheit; allein diese ist nur etwas Illusorisches, das gegen die Macht des Bedürfnisses und des Massenhaften dieser Zustände nicht in Betracht kommt. Es drohen daher der Gesellschaft aus diesem Verhältnisse drei große Gefahren: für die persönliche Freiheit, für die Gesundheit, und für die Moralität; also überhaupt für die Humanität. Dieses hat die Gesetzgebung ins Auge zu fassen. Sie vermag jedoch auch hier allein für sich wenig, sondern sie muß die Religion und Kirche zu Hülfe rufen, durch die Einrichtung von Sonntagsschulen für die so früh zu den Fabriken verwendeten Kinder, und vor Allem durch die Pflege des Gefühls der Humanität bei den Fabrikherren selbst.

c) Vom Pauperismus.

201. Daß es in einem Staate Armuth gebe, ist nicht zu vermeiden; eben so wenig daß sich die Armuth regelmäßig in den Familien fortpflanzt. Die Erfahrung zeigt sogar, daß das Uebel

der Armuth durch die aus der Industrie für die Gesellschaft im Ganzen entspringenden Vortheile nicht vermindert sondern vermehrt wird. Einmal der Zahl nach, weil von dem Zuwachs der Population der größere Theil erfahrungsmäßig immer auf die Armen fällt, und die Industrie selbst in ihrem Dienste die Armuth erzieht. Dann auch der Intensität nach, weil bei der Anhäufung des colossalen Geldreichthums und Zunahme des Luxus der Contrast der Armuth um so schneidender hervortritt. Dieser Contrast und Anderes weckt unter den Armen selbst das Bewußtsein ihrer Lage; er stiftet unter ihnen Sympathien; die massenhafte Anhäufung im Fabrikwesen hilft diese entwickeln, und so wachsen sie zu einer drohenden Macht empor. Der Anblick des wachsenden Elendes führte ihnen auch aus den gebildeten Klassen die Theilnahme gefühlvoller Herzen zu, und regte philanthropische Bestrebungen zur Verbesserung ihrer Lage an. Bald aber bemächtigten sich auch die Gegner der bestehenden Ordnung dieses Themas, um durch erkünstelte Sympathien und trügerische Hoffnungen die Leidenschaften für sich zu entzünden [1]); und so entstand eine sociale Bewegung, die in Systeme gebracht eine eigenthümliche Literatur theils zur Grundlage theils zur Folge hatte [2]).

---

1) Gut charakterisirt dieses Barante Questions constitutionnelles chap. 3. Une continuelle excitation fut pratiquée; des doctrines denuées de raison ou de bonne foi furent propagées; on promit l'impossible et l'absurde; on irrita les âmes honnêtes; on enivra de sophismes et de déclamations les esprits désordonnés; on versa dans les plaies le venin de l'envie; on montra la société comme un pays à envahir, comme un butin à partager. Il ne s'agissait plus de libertés à revendiquer, de garanties violées ou insuffisantes; on offrait comme appât une révolution contre les indispensables conditions de toute société: ce n'était plus le sort du citoyen qu'on devait changer, c'était la nature humaine.

2) Zur Orientirung dienen: Stein Der Socialismus und Communismus des heutigen Frankreichs. Leipzig 1842. Zweite Ausgabe 1848. 2 Bde. (In dieser ist auch im Anhang III. die vollständige Literatur verzeichnet), Stein Geschichte der socialen Bewegung in Frankreich von 1789

202. Die Reihe eröffnete der Marquis von St. Simon (1760—1825). Nach einer bewegten, strebsamen, mit mancherlei nationalwirthschaftlichen und finanziellen Projecten erfüllten Jugend, die mit der völligen Zerrüttung seines Vermögens endigte, gab er in seiner ersten Schrift[1]) seine wunderlichen Anschauungen von den Zuständen der Gesellschaft und seine Vorschläge zu einer neuen Organisation derselben heraus, die er mit einer neuen ihm offenbarten socialen Religion in Verbindung brachte. Doch waren dieses nur unbestimmte unzusammenhängende Anfänge. Im Verlauf einer steigenden schriftstellerischen Thätigkeit, während welcher sich seit 1814 auch eine Schule um ihn bildete, concentrirten sich aber seine Bestrebungen in dem Gedanken, die Industriellen als die erste Klasse der Gesellschaft, und die Verbesserung ihrer Lage durch die Erhöhung zur ersten Stufe der Achtung und Macht als die zu lösende Aufgabe zu betrachten. Dieses ist die Seele seines Catéchisme des Industriels 1822, in welchem auch eine abenteuerliche Geschichte der Industrie in ihrem Verhältnisse zur bürgerlichen Gesellschaft in Frankreich seit der fränkischen Eroberung eingeflochten ist. In seinem Nouveau Christianisme 1825 wollte er jener Aufgabe auch eine religiöse Begründung und Verstärkung geben, brachte es jedoch, nach einer eben sowohl gegen die katholische Kirche als gegen den Protestantismus gerichteten einseitigen Kritik, nicht höher als zu dem von Niemand geläugneten Grundsatz der allgemeinen Bruderliebe, verbunden mit unklaren Gedanken über die Möglichkeit, die Religion auch dem irdischen Glück bestimmter dienstbar zu machen. So starb er nach einem bei edlen Bestrebungen und begeisterter Hingebung doch verfehlten Leben, das in andere Bahnen geleitet für ihn und Andere fruchtbarer hätte werden können.

203. Eine mehr praktische Gestalt erhielten seine Ideen erst durch seine Schüler. Der Eine, Bazard, faßte vorzüglich die

---

bis auf unsere Tage. Leipzig 1850. 3 Bde., Widmann Die Gesetze der socialen Bewegung. Jena 1851.

1) Lettres d'un habitant de Genève à ses contemporains 1802.

volkswirthschaftliche Seite ins Auge [1]). Um der Herrschaft des Vermögens über den Arbeiter, der Ausbeutung des Menschen durch den Menschen, entgegen zu wirken, verlangte er eine Einrichtung, wodurch die Individualität dem Ganzen schlechthin untergeordnet würde. Die Möglichkeit des Privaterwerbes sollte bleiben; aber das bisherige System des Erbrechts als die Quelle der unberechtigten Vermögensungleichheiten sollte aufgehoben und das Erbrecht nach dem Verdienst an die Stelle gesetzt werden. Zu diesem Zwecke muß in jedem Staate ein genau abgestuftes Bankensystem bestehen: eine Centralbank, darunter die Banken der Provinzen, der Cantone, der einzelnen Gemeinden. Daneben werden genaue Listen der Fähigsten aller Zweige geführt, und das durch den Tod erledigte Vermögen dem Fähigsten des betreffenden Zweiges zugetheilt. Einen Theil des Ertrages muß Jeder zum Unterhalt der Staatsbeamten, Gelehrten, Künstler abgeben. Für das Unterkommen der Kinder sorgt der Staat, der aber dazu auch ein öffentliches bis ins Kleinste durchgeführtes Erziehungssystem zu organisiren hat. Daß aber in einem solchen Zustande das Interesse am Ersparen wesentlich gelähmt, oder daß man gegen das Ende seines Lebens das Ersparte doch in irgend einer Form seinen Kindern zuzuwenden wissen würde, liegt am Tage, anderer Einwendungen nicht zu gedenken.

204. Ein anderer Schüler, Enfantin, befaßte sich mit der Gestaltung der neuen socialen Religion. Hingerissen von dem durch die Revolution von 1830 erregten Taumel decretirte das Simonistische Concil unter Reden und Blumenfesten die Abschaffung des Erbrechts, die Rückgabe des Eigenthums an die Hiérarchie suprême, die gemeinschaftliche Erziehung, die Emancipation der Frauen und die des Fleisches. Das Fleisch sollte durch die Arbeit und das Vergnügen geheiligt, der Kaiser und der Papst durch einen Vater der Menschheit und Stellvertreter des himmlischen Vaters ersetzt werden. Das neue Pontificat, zusammengesetzt

1) Doctrine de Saint-Simon. Exposition. Première année 1828—1829. Deuxième année 1830.

aus Mann und Weib, als Symbol des neuen gesellschaftlichen Individuums, wurde erfunden mit der Aufgabe, die Harmonie der Ehen aufrecht zu erhalten, zu welchem Zwecke ihm die Macht über die geheimsten ehelichen Verhältnisse beigelegt war. Hierüber brach aber durch den Widerspruch des Bazard eine Spaltung in der Schule aus, die auch nach dessen baldigem Tode fortdauerte. Inzwischen wartete Enfantin mit den ihm treu Gebliebenen auf „das Weib," um den zur Seite des „Vaters" hingestellten leeren Stuhl einzunehmen; allein es kam nicht, wiewohl dazu auch Bälle und Soiréen veranstaltet wurden. Den letzten Stoß erhielt die Schule 1832, wo die Häupter derselben vor die Assisen gefordert und zu Gefängnißstrafen verurtheilt wurden.

205. Während dieser in nichts verlaufenden Bewegungen erhob sich die Schule der Socialisten durch Fourier (1772—1837). Er wollte nicht die Aufhebung des Eigenthums, aber die Aufhebung der Einzelnwirthschaften, die Association der Familien zur Gemeinschaft der Arbeit, und die Theilung des Gewinnes nach dem dreifachen Verhältnisse der Arbeit, des Talentes und des Capitals. Diese Gedanken legte er schon in seiner ersten Schrift nieder [1]), jedoch verworren und ohne Methode, weshalb das Buch unbeachtet blieb. Nach einer langen Unterbrechung folgte seine zweite Schrift [2]), worin er seine Vorschläge in umständlicher praktischer Ausführbarkeit, jedoch vermischt mit einer unklaren materialistischen Religionsphilosophie, entwickelte. Auf etwa je eine Quadratmeile sollten zweitausend Personen in einem großen gemeinschaftlichen Gebäude (phalanstère) vereinigt werden und eine phalange bilden. Hier werden alle Arbeiten, Handwerke, Wissenschaften und Künste, auch Theater und dergleichen in Gemeinschaft betrieben, und dadurch ein zwiefacher Vortheil erreicht. Erstens

1) Théorie des quatre mouvements. 1808.

2) Traité de l'association domestique agricole 1822. 2 vol. 2e édition 1841. — Le nouveau monde industriel et sociétaire. 1829. — Die sämmtlichen Werke des Fourier sind später von der Schule in sechs Bänden herausgegeben worden.

werde dadurch die Production und der Gewinn gesteigert, und dieser genau vertheilt, $^4/_{12}$ dem Capital, $^5/_{12}$ der Arbeit, $^3/_{12}$ dem Talent. Zweitens erhielte dadurch jeder Gelegenheit und Antrieb, zu arbeiten, was er wollte, und die Möglichkeit, darin nach Belieben zu wechseln. So werde die Arbeit aufhören eine Last, sie werde und müsse ein Genuß sein. Zu diesem Zwecke hatte Fourier sich mit vielem Scharfsinn und mit einem überschwänglichen Aufwand der abstraktesten Terminologien ein eigenthümliches psychologisches System der Neigungen und Triebe zurecht gelegt, um nachzuweisen, wie aus der Befriedigung und Abspannung des Einen der Antrieb eines Anderen, und daraus der Wechsel der Arbeit mit Nothwendigkeit hervorgehe. Alles ist genau vorgesehen, nur das Eine nicht, daß der Wechsel der Arbeit mit dem großen Grundgesetz der Theilung der Arbeit und der dadurch bedingten Erleichterung und Vervollkommnung derselben im Widerspruch steht; auch ist, wie es scheint, auf eine sehr verbreitete Neigung, die Lust am Nichtsthun, zu wenig gerechnet. Jede phalange hat als Obrigkeit einen unarque. Mehrere Phalangen bilden eine Serie; alle Serien, wenn die Phalangen den ganzen Erdkreis unter sich haben, stehen unter dem omniarque, der in Constantinopel residirt. Welche ungeheure Vortheile dieses System nach seiner Vollendung haben könne, beweist Fourier in Zahlen dadurch, daß wenn dereinst die ganze Menschheit in 600000 Phalangen eingetheilt sein wird, durch die gut eingerichteten Hühnerhöfe der Phalangen die Möglichkeit gegeben sei, die ganze englische Staatsschuld in einem Jahre mit Eiern abzutragen. Dabei ist nur das Eine vergessen, wer alle diese Eier essen soll, da auf den Kopf in dem Jahr durchschnittlich 1600 Eier kämen. Die Schule dauert aber in Victor Considerant[3]) und Anderen fort, und hält die sociale Frage in Bewegung.

206. Die Verirrungen giengen aber immer tiefer, indem sie zugleich wohltönende Formeln zum Aushängeschild wählten, um

---

3) Destinée sociale; exposition élémentaire complète de la théorie sociétaire. 1836. 2e édition 1844. 2 vol.

die bethörten Arbeiter zu gewinnen und aufzureizen. So proclamirte Louis Blanc als ein Urrecht das Recht auf Arbeit [1]), das heißt er verlangte eine gesellschaftliche Organisation, die nicht nur im Allgemeinen die Möglichkeit von seiner Arbeit zu leben erleichterte und sicherte, sondern wo der Staat verpflichtet sei, individuell Jedem, der nach seiner Fähigkeit eine bestimmte Art von Arbeit verlangte, diese zu gewähren und zu bezahlen. Natürlich muß der Staat die bezahlten Arbeitsproducte wieder verkaufen. Er tritt also mit den Privatproducenten in eine Concurrenz, wodurch diese allmählig erdrückt werden. Alles drängt nun dahin, vom Staate unmittelbar Arbeit und Bezahlung zu verlangen. Es werden für alle Gattungen der Handarbeiten nach und nach öffentliche Fabriken eingerichtet und nach der strengsten gleichförmigen Ordnung gehandhabt werden müssen. Zuletzt wird der ganze Staat eine große Fabrik- und Verkaufanstalt, worin alle Freiheit und Bewegung der Individuen untergeht [2]).

207. Die Macht, womit diese großen Fragen in einer politisch aufgeregten Zeit auch ernstere und tiefere Denker ergriffen, regte das Bestreben an, dieselben tiefer philosophisch zu erfassen und auf dem Wege des Begriffs einer Lösung entgegen zu führen. Das Ausgehen von einseitigen Prämissen, das Hinwegsetzen über alle von der Natur dem Menschen und dadurch der menschlichen Gesellschaft gestellten Schranken und Aufgaben, das leidenschaftliche Einstürmen auf unbestimmte und unerreichbare Ideen, wozu man merkwürdigerweise doch immer auch einen religiösen Hintergrund erfinden mußte, führte aber doch nur zu unhaltbaren Träumereien, die man belächeln könnte, wenn sie nicht mit so gefährlichen die Massen verlockenden Irrthümern verbunden wären. Pierre Leroux, auf welchen auch die wenig verdaute deutsche Phi-

---

1) Organisation du travail 1841. Es sind davon viele Auflagen erschienen. — Système des contradictions économiques ou philosophie de la misère. 1846. 2 vol.

2) Dieses zeigt sehr anschaulich Barante Questions constitutionnelles chap. 6.

losophie vom Ich einwirkte, erklärte als das neue die Menschheit bestimmende Princip „das Dogma der Gleichheit" [1]). Auf anderen Irrwegen des philosophischen Nachdenkens, in welche auch falsch verstandene Klänge von Hegel hineinspielen, gelangte der energische Proudhon [2]) dazu, alles Eigenthum gradezu als Ungerechtigkeit, als Diebstahl, und das Erbrecht für einen Irrwahn zu erklären [3]).

208. Alles dieses zusammen steigerte sich zur Theorie des vollen praktischen Communismus, der absoluten unbedingten Gleichheit, ohne Unterschied der Personen, der Talente, ohne Eigenthum, ohne Obrigkeit, der Naturzustand mit Umsturz alles Bestehenden. So hatte schon in der ersten Revolution Babeuf gelehrt. Gegen ihn und seine gefährliche Partei war 1796 das Directorium kräftig aufgetreten, und von den 65 Angeklagten waren Babeuf und Darthé zum Tode verurtheilt worden. Die Richtung hatte jedoch fortgedauert, und organisirte sich seit der Revolution von 1830 in geheimen sich immer erneuernden Gesellschaften von mancherlei Namen. Seit 1835 wird diese die dermalige Gesellschaft in ihren untersten Grundlagen bedrohende Richtung unter dem Namen des Babouvisme zusammengefaßt. Seit 1837 macht sich dieselbe auch in verschiedenen Tagesblättern geltend. Es lassen sich davon mit ziemlicher Sicherheit drei Fractionen unterscheiden: die travailleurs égalitaires, die réformistes und die communistes im engern Sinne, welche, wenn auch nicht unter einander verbunden,

---

1) Essai sur l'égalité 1837. — De l'humanité, de son principe et de son avenir, où se trouve exposée la vraie définition de la religion et où l'on explique le sens, la suite et l'enchaînement du Mosaisme et du Christianisme. 1840. 3 vol.

2) Qu'est-ce que la Propriété? Recherches sur le principe du droit et du gouvernement. 1840. — Idée generale de la revolution au XIXe siècle. 2e édition 1851.

3) Dawider hauptsächlich geht Barante Questions constitutionnelles chap. 5. 6. Er sagt mit Recht: Au lieu de dire: »la propriété c'est le vol« il faut répéter ce qui a été dit souvent avec évidence: »la propriété c'est la liberté.« Man vergleiche oben §. 187. 188.

doch die Herrschaft des Proletariats zum gemeinschaftlichen Ziel haben. Der Gründer der dritten Abtheilung ist Cabet 1840, dem seine persönliche Thätigkeit und das in einer Schrift aufgestellte Bild eines communistischen Utopiens dazu den Namen verschafft hatten[1]). In dieser Schrift wird das Ideal einer Nation im Zustande der unbedingten Gütergemeinschaft, ohne Eigenthum, ohne Geld, ohne jeden Unterschied der Personen, mit gemeinschaftlichen Arbeitswerkstätten, dem genauesten Reglement aller Anschaffungen und Vergnügungen, jedoch überschwänglich reich an Glück und Unschuld, dem unwissenden bethörten Leser vor Augen gestellt.

209. Mittlerweile tauchte in Flugschriften und Tagesblättern als eine neue socialistische Idee der Gedanke auf, den Arbeitern durch Associationen unter sich zu helfen. Dadurch solle der Herrschaft des Capitals entgegengearbeitet, und der Gewinn, den der Fabrikherr aus den Anstrengungen seiner Arbeiter zieht, diesen selbst zugewendet werden. Aber auch dieser an sich richtige Gedanke scheitert an den Mitteln der Ausführung. Erstens hat der Fabrikherr allerdings allein den Gewinn; allein er hat auch allein die Beschaffung des Capitals und die Gefahr des Unternehmens. Sollte Beides bei den Arbeitern sein, so müßten sie das Capital durch Anleihen herbeischaffen, also doch einen Theil ihrer Arbeitskräfte zur Tilgung der unzweifelhaft hohen Zinsen verwenden, und würden bei dem ersten Unfall in die hilfloseste Lage gebracht werden. Zweitens müßte zur Leitung des Ganzen Einer mit den nöthigen technischen Kenntnissen an die Spitze gestellt, es müßte, um den Gewinn nach dem Fleiß und der Geschicklichkeit zu vertheilen, die genaueste Aufsicht und Verwaltung organisirt werden. Es müßten also Associationsbeamte angestellt werden, die über die Arbeiter eine gewisse Herrschaft hätten, den Unfleiß durch geringeren Antheil am Gewinn züchtigten, und für ihre Mühe besoldet würden. So würden also auch auf diesem Wege Ungleichheiten sich herstellen, und die Association zu einer Zwangsanstalt werden.

210. Allen diesen Verirrungen ist aber doch mehr oder

1) Voyage en Icarie. 1840. 2 vol. Und seitdem öfter.

weniger ein richtiger Gedanke beigemischt, nämlich daß die ungleiche Vertheilung der Glücksgüter eine Zufälligkeit, und daß die Armuth, auch die selbst verschuldete, jedenfalls ein großes Unglück ist, welches die Gesellschaft zu mildern nach Kräften bemüht sein muß. Der Irrthum besteht jedoch darin, daß man dieses auf dem Wege des äußeren Organismus und durch Mittel erreichen will, die mit der Natur der menschlichen Verhältnisse und Freiheit selbst im Widerspruche sind, und daß man dadurch das Uebel sogar ganz tilgen zu können vermeint. Auf blos äußerlichem Wege kann nur bis auf einen gewissen Grad geholfen werden; die Hauptsache muß die Religion thun. Begründet ist der Vorwurf, daß die Regierungen diesem eben so menschlich als politisch wichtigen Gegenstande noch nicht die erforderliche unausgesetzte und allseitige Aufmerksamkeit widmen, daß sie namentlich die wichtige Hilfe der Religion und Kirche nicht genug würdigen und unterstützen, nicht selten sogar aus falscher Rivalität hemmen. Das Christenthum und der von ihm belebte Associationsgeist schließen unerschöpfliche Hülfsquellen in sich, die auf dem Wege der wahren Liebe und Brüderlichkeit auch für die Gesellschaft dasjenige sicher leisten können, was der Communismus mit seiner Aufstachelung des Neides und des Hasses nimmermehr erreichen wird [1]).

---

1) Barante Questions constitutionnelles chap. 5. L'église prêchait les riches pour les pauvres, et les nouveaux apôtres prêchent les pauvres contre les riches; l'église veut que les riches soient charitables; ceuxci excitent les pauvres à la sédition. C'est que l'église a pour eux un amour véritable, tandis que les autres prédicateurs sont inspirés par la haine qu'ils ont conçu contre la société, où la raison publique se refuse à leur obéir; ils veulent se servir du pauvre comme d'un instrument de destruction. Sommer, au nom de la religion, le riche de remplir ses devoirs envers le pauvre, c'est resserrer les liens sociaux, c'est une oeuvre de concorde et de fraternité évangélique; susciter le pauvre au nom du droit, c'est un tocsin de guerre civile; c'est augmenter ses souffrances et non point les soulager.

D) Das Leben des Geistes. 1) Die Wissenschaft. a) Verhältniß derselben in der Gesellschaft.

211. Die Bestimmung der Menschheit in der irdischen Welt ist der stete Fortschritt in der Entwicklung des Geistes. Diesem Zwecke dient das Institut der Familie; ihm dient auch, wie gezeigt worden, die Nothwendigkeit der Arbeit, wodurch die Erfindungen geweckt, der Geist geübt und zum Nachdenken über sich und seine Verhältnisse zur Außenwelt angeregt wird [1]). Durch diese in der Außenwelt und in der angeborenen Natur des Geistes liegenden Triebfedern wird er in eine beständige Thätigkeit gesetzt. Durch diese kommt Alles, was er in sich schließt, in dem bürgerlichen Leben durch Einzelne nach und nach zur Erscheinung, wird durch die Sprache auch Anderen mitgetheilt, erlangt eine bleibende Form, und wird dadurch ein Element der Gesellschaft. Dieses zeigt sich zunächst an der Wissenschaft [2]). Diese ist in ihrem Wesen ein Erzeugniß des innersten Geisteslebens, also auch ein Product der Freiheit; der Geist kann auf diesem Gebiete keine Wahrheiten und Gesetze anerkennen, als die er aus sich selbst entdeckt und als wahr erkannt hat. Diese Freiheit schließt jedoch eine gewisse Gemeinschaft in der wissenschaftlichen Thätigkeit nicht aus, vielmehr ist ihr diese sogar förderlich. So entstehen die Schule und anderen wissenschaftlichen Anstalten. Als äußere Institute treten diese in die Organisation des Staates ein und lassen eine Einwirkung der Staatsgewalt zu, von deren Handhabung unten die Rede sein wird.

212. Die Summe der wissenschaftlichen Thätigkeit eines Volkes spricht sich in seiner Nationalliteratur aus. Diese ist das, wodurch es geistig fortlebt, wenn es auch äußerlich in dem Strome der Geschichte untergegangen ist, wodurch es andere Nationen befruchtet, und wonach hauptsächlich die Nachwelt abmißt, ob es zu existiren würdig war. Die Achtung vor seiner Literatur und deren geistigen Größen ist daher ein Ehrenpunkt für ein gebildetes Volk

---

1) Man sehe §. 39. 118. 153.

2) Man sehe §. 35.

und eine der edelsten Aeußerungen des Nationalgefühls, wenn auch dieselbe insgemein für den Betreffenden selbst zu spät kommt, da das wahre unbestochene Urtheil sich gewöhnlich erst nach dem Tode feststellt, und der Mann des ächten bescheidenen Wissens sich auch dem Weihrauch der Mitwelt absichtlich gern entzieht.

b) Von dem Recht an Geisteswerken.

213. Die Wissenschaft ist ihrer Natur nach kosmopolitisch und für die ganze Menschheit bestimmt. Auch der Mann der Wissenschaft entdeckt, erfindet, schreibt für die ganze Menschheit, und es ist ihm um die möglichste Verbreitung seiner Ideen zu thun. Es handelt sich dabei für ihn etwa nur um die Ehre der Autorschaft, die aber regelmäßig keiner Schätzung in Geld fähig ist. Seitdem aber durch die Erfindung der Buchdruckerkunst der Bücherverlag für den Verleger, und dadurch auch das in Verlag Geben für den Schriftsteller, möglicherweise ein lucratives Geschäft geworden ist, ist die Frage entstanden, welche Rechte aus der Autorschaft an Geisteswerken entstehen und welchen Rechtsschutzes dieselben fähig und bedürftig sind? Hier sind drei Fälle zu unterscheiden. Der Erste ist, daß man die Idee erzeugt, die Entdeckung gemacht, dieselbe aber noch nicht veröffentlicht hat. Hier ist man noch unbedingt Herr derselben, und dieses zeigt sich darin, daß man sie nach Belieben mittheilen oder für sich behalten, und daß man daraus allen Nutzen ziehen kann, den aus einem Geheimniß zu ziehen möglich ist. In so fern kann man hier auch von einem Eigenthum an der Idee reden.

214. Der zweite Fall ist, daß man die Idee in irgend einer Weise, aber noch nicht durch den Druck, veröffentlicht hat. Hier hört der Begriff von Eigenthum auf, weil von einer ausschließlichen Herrschaft daran nicht mehr die Rede sein kann. Es bleibt aber der Begriff von Autorschaft, also auch ein Recht auf die Vortheile der geistigen Autorschaft, und demnach auch ein Anspruch auf positiven Rechtsschutz derselben, so weit ein solcher möglich ist. Hinsichtlich der Frage, wie weit er möglich ist, sind zwei Fälle zu unterscheiden. Entweder handelt es sich um die Idee als bloße

Idee, oder die Idee ist in einem Manuscript zu Papier gebracht. Im ersten Falle ist wieder zweierlei möglich. Entweder eignet sich ein Anderer die Idee an und giebt sie als die seinige wieder. Dieses bildet ein literärisches Plagium. Dawider kann jedoch das positive Recht keine Hülfe gewähren; erstens weil die wissenschaftliche Ehre keine Schätzung in Geld zuläßt; zweitens weil die Vindication einer Idee nicht denkbar; und drittens weil ein stringenter Beweis der Aneignung nicht möglich ist. Es bleibt also hier nur ein Recht der Selbsthülfe, indem man den Anderen als Plagiar der wissenschaftlichen Mißachtung Preis giebt. Oder ein Anderer giebt die Idee unter des Autors Namen wieder. Hier fällt der Begriff des Plagiums weg; es bleibt nur der Vorwurf der Anmaßung, wogegen keine Rechtshülfe denkbar ist. Ist aber die Idee in einem Manuscript zu Papier gebracht, so findet an diesem ein gewöhnliches körperliches Eigenthum Statt; also auch im Falle der Entwendung eine Vindication und Diebstahlklage, und nach der unbefugten Veröffentlichung auch eine Klage auf den Gewinn.

215. Der dritte Fall ist, daß der Autor seine Idee nicht nur zu Papier gebracht, sondern auch durch den Druck veröffentlicht hat. Hier bleibt das Recht der Autorschaft mit den Wirkungen des Plagiums bestehen. Verloren ist aber das Recht auf die ausschließliche Benutzung der Idee als Idee, weil sie dem allgemeinsten Gebrauch übergeben ist. Verloren ist auch das ausschließliche Recht an den einzelnen Exemplaren, weil der Erwerber sie als unbedingtes Eigenthum erworben hat. Hieran schließt sich aber die Frage: ob er ein Exemplar auch in der Art benutzen dürfe, daß er es durch den Nachdruck vervielfältige und ebenfalls damit Handel treibe? Mit anderen Worten: Giebt es einen allgemeinen juristischen Gesichtspunkt, kraft dessen der Autor, der sein Buch dem Publikum zum allgemeinsten Gebrauch übergiebt, nur eine Art der Benutzung, den Nachdruck, davon ausnehmen, und sich das ausschließliche Verlagsrecht vindiciren kann? Dieses ist aber zu verneinen. Denn der Nachdruck greift das Recht der Autorschaft als solches nicht an; auch nicht das Recht an den Exemplaren des Verlegers; auch nicht direct dessen Verlagsrecht; sondern

er setzt sich nur mit ihm in eine gewerbmäßige Concurrenz. Für die Befugniß dazu spricht aber die natürliche Freiheit des Gewerbes, die nur durch ein Monopol, also durch Privilegien und positive Gesetze, beschränkt werden kann. So ist es auch mit dem Nachdruck. Daß solche beschränkende Gesetze, wenigstens für einen gewissen Zeitraum, die größte Billigkeit für sich haben, ist klar.

216. Abgesehen von den Juristen haben auch die Rechtsphilosophen ihren Scharfsinn an einer Deduction der Widerrechtlichkeit des Nachdruckes geübt. Kant betrachtet ein Buch als eine Rede des Autors an das Publikum, zu deren Mittheilung er nur dem Verleger die Vollmacht gegeben habe; der Nachdrucker maße sich also eine unrechtmäßige Geschäftsführung an. Allein ein Buch ist nicht eine Rede zum Hören, sondern eine Schrift zum Lesen. Der Autor hat nun allerdings dem Verleger die Vervielfältigung derselben zum Lesen übertragen; allein es läßt sich nicht juristisch beweisen, daß er dieses zu einem ausschließlichen Recht habe machen, das heißt daß er dritten Personen, die ein Exemplar erwerben, durch seinen bloßen Privatwillen die Beschränkung habe auferlegen können, damit alles Beliebige zu machen, nur nicht es nachzudrucken. Fichte legt dem Autor an seinem Werke ein geistiges Eigenthum bei, wovon er dem Verleger den Nießbrauch als das Recht der Vervielfältigung übertrage, und der Nachdrucker maße sich widerrechtlich diesen Nießbrauch an. Allein der Nachdrucker maßt sich das geistige Eigenthum des Autors nicht an, da er das Buch unter dessen Namen wiedergiebt. Er maßt sich auch das Benutzungsrecht des Verlegers nicht an, sondern er bestreitet nur, daß dasselbe ein ausschließliches sein müsse, und setzt sich nur, auf das Recht der Freiheit gestützt, mit ihm in eine gewerbliche Concurrenz. Hegel meint, der Autor bleibe „Eigenthümer der allgemeinen Art und Weise“ sein Eigenthum zu vervielfältigen; er habe dieses bei den einzelnen Exemplaren nicht mit veräußert, sondern sich vorbehalten. Allein dieser monströse Begriff von Eigenthum an der allgemeinen Art und Weise etwas zu fabriciren, heißt richtig ausgedrückt das Recht etwas gewerbmäßig zu

betreiben, und dieses kann eben als ein ausschließliches durch den bloßen Privatwillen nicht geschaffen werden.

2) Die Kunst.

217. Auf ähnliche Art wie die Wissenschaft führt der dem menschlichen Geiste eingepflanzte Schönheitssinn [1]) in der bürgerlichen Gesellschaft zur Uebung der Kunst und zur Erzeugung von Kunstwerken. Die Kunst ist Darstellung der Idee des Schönen im Stoffe. Sie ist also wie die Wissenschaft eine Production des Geistes, und zwar ein ganz unmittelbares, ein wahres Schaffen; in ihr ist Empfindung, Anschauung und Darstellung Eins. Die Reflexion führt der Empfindung eine künstlerische Idee und Aufgabe zu; diese nimmt sie in sich auf und steigert sich mit ihr zur Begeisterung, aus welcher ihr neue Anschauungen wie innere Offenbarungen entstehen, welche sie im Stoffe fixirt und für Andere objectiv macht. In der Kunst ist der Platonische Satz volle Wahrheit, daß die Begeisterung eine eigenthümliche Erkenntnißquelle des Göttlichen sei. Eben daraus folgt aber auch, daß das Gebiet der Kunst wie das der Wissenschaft frei sein muß. So wichtig auch die Pflege der Kunst für das öffentliche Leben sein mag, so kann die Staatsgewalt darauf doch nur von ferne einwirken, was unten weiter anzuführen ist.

3) Die Sittlichkeit.

218. Da jeder Staat eine Gemeinschaft von Menschen, also von sittlichen Wesen [1]), ist, so trägt er nothwendig ein sittliches Element in sich, ja dieses bildet seine wesentliche Grundlage. Auf dieser beruhen grade die Grundverhältnisse der bürgerlichen Gesellschaft, die Institute des Familienrechts, die Bedeutung der bürgerlichen Ehre, die Heilighaltung der Verträge, die Ehrfurcht vor der Autorität, ja das Recht überhaupt [2]). Die bürgerliche Gesellschaft ist um so vollkommener, je mehr der sittliche Geist

---

1) Man sehe oben §. 36.

1) Man sehe §. 30.

2) Man sehe §. 16. 17. 95—107. 120. 147. 183.

alle ihre Einrichtungen durchdringt. In so fern liegt eine tiefe Wahrheit in dem Ausspruche Hegels: der Staat sei der sich objectiv machende sittliche Geist [3]). Es ist daher eine Herabwürdigung der Idee des Staates, wenn neuere Rechtsphilosophen dessen Aufgabe blos in die Verwirklichung der Rechtsidee setzen und ihm die Sittlichkeit entziehen [4]). Diesem widerspricht auch die Wirklichkeit selbst, indem es noch nie einen Staat gegeben hat, der sich in dem Strafrecht und in der Staatspflege blos auf die Handhabung des Rechts beschränkt hätte. Ein Anderes ist allerdings die Frage, wie weit die Staatsgewalt in der Pflege der Sittlichkeit gehen könne und solle? Davon wird unten die Rede sein.

4) Der Frohsinn.

219. Eine eigenthümliche tief in der menschlichen Natur ruhende Kraft, die im bürgerlichen Leben überall durchbricht, ist der Frohsinn, die Lust an der Geisteserheiterung. Diese nicht zu hindern, vielmehr zu unterstützen ist selbst für das gemeine Wesen von großem Interesse. Dadurch wird der Arme, wenigstens für Stunden, dem drückenden Gefühl seiner Lage entrückt und ihm eine neue Spannkraft eingeflößt, der Reiche aber wohlwollend und mittheilend gemacht, überhaupt der Ernst des Lebens gemildert, das Gefühl des Wohlbehagens genährt, und der Geist der Unzufriedenheit gebannt, welcher in bewegten Zeiten den politischen Agitationen einen so großen Vorschub leistet.

220. Dieses Bedürfniß des menschlichen Gemüthes nach Frohsinn und Erheiterung und dessen Rückwirkung auf die Gesellschaft spiegelt sich insbesondere in folgenden Einrichtungen ab. Die Eine ist das Institut periodischer religiöser Festtage. Diese wirken schon durch die Macht der Religion, welche die Quelle der reinsten und dauerndsten Aufrichtung, Stärkung und Erheiterung des Geistes ist. Dazu kommt aber die mit ihnen verbundene Unterbrechung und Abspannung von der Arbeit, die Pflege der körperlichen Rein-

---

3) Man sehe §. 48.

4) Man sehe §. 47.

lichkeit und die Beförderung des geselligen Vergnügens. Beim Landvolk, das in Gebirgsgegenden in einsamen Höfen zerstreut lebt, oder für die Unfreien, die an bestimmten Wochentagen ihre Frohndienste leisten müssen, wirken die durch die religiösen Feste veranlaßten Zusammenkünfte und Befreiung von der Arbeit doppelt wohlthätig. Vor Allem wichtig ist ein wöchentlicher Festtag, der Sonntag. Wenn dieser der Industrie geopfert und zum Arbeitstag gemacht wird, so ist dem Armen fast die letzte Quelle, nicht blos der inneren Aufrichtung und Veredlung, sondern auch der Freudigkeit und des Lebensgenusses genommen, und er zum vollen Sklaven der Arbeit und Lastträger der Gesellschaft gemacht. Der Sonntag ist die wahre Magna Charta der Freiheit des Armen [1]).

221. Eine andere Einrichtung sind die Volksfeste, die eine selbstständige nicht religiöse Veranlassung haben. Jugendfrische Völker schaffen sich solche von selbst, und bringen damit nationale Erinnerungen, landwirthschaftliche Zwecke, Leibes- und Waffenübungen in Verbindung, was für Geist und Körper sehr wichtig ist. Solche Volksfeste können auch ganz absichtlich blos dem Volks-

---

1) Pradié La démocratie française chap. VII. Il faut renoncer à donner au peuple une éducation sociale en rapport avec la grandeur de ses devoirs dans une démocratie, s'il n'a pas un jour par semaine où il puisse se recueillir devant Dieu, et prêter l'oreille à un enseignement propre à élever son âme, et à lui faire comprendre ce que le travail même manuel a de noble, quand il est accepté comme un moyen d'expiation et de perfectionnement moral. Le repos du dimanche est le premier besoin d'une société démocratique, alors même qu'il ne serait pas le premier devoir de l'homme envers Dieu. On ne refuse pas le repos à la bête. Pour la démocratie révolutionnaire, l'homme est pire que la brute; il doit travailler toujours pour rester toujours brute. L'ouvrier est à ses yeux un mécanisme industriel, un producteur de richesse, et pas autre chose. Il est l'esclave de l'industrie ou de la science, comme le serf l'était de la glèbe. Il doit rester attaché à la fabrique, à l'atelier. Il en est un rouage essentiel, toujours en fonction, afin que la diminution des produits n'affecte en rien la richesse générale.

humor bestimmt sein, wie der Fasching. Wo solches lebendig aus dem Volke hervorgeht, soll man ihm freien Lauf lassen, wäre es auch nur, weil es den Geist des Volkes erfrischt, und weil der Humor auf kurze Zeit gleich macht, was sonst nach den conventionellen Abstufungen weit aus einander liegt. Die Grundbedingung solcher Feste ist jedoch Kraft und Unschuld; wo es einer Zeit daran fehlt und die Reflexion nachhelfen muß, versiegt der Volkswitz und sie werden frostig. Im kräftigen Mittelalter gab es eigene Narrenorden mit entsprechenden Festen, woran sich Personen aus den höchsten Ständen betheiligten.

222. Eine dritte Einrichtung ist das Schauspiel. Dieses Erheiterungsmittel ist nach unseren Sitten so sehr gesellschaftliches Bedürfniß geworden, es übt auf die Sittlichkeit und auf die öffentliche Meinung einen so großen Einfluß aus, daß es, zumal in den Hauptstädten, eine politische Bedeutung erlangt hat, und als ein wichtiger Gegenstand der Staatsfürsorge angesehen werden muß. Ein großer Fehler ist jedoch, daß es insgemein nur als Mittel des Vergnügens und Zeitvertreibes, oder gar des Sinnenreizes, nicht aber als Kunst behandelt, und daß der große Einfluß, den es als solche auf die Bildung und Veredlung des Volkes ausüben könnte, nicht in Betracht gezogen wird. Zu diesem Zwecke müßte allerdings nicht nur die dramatische Literatur hinreichenden Stoff liefern, um nur Ausgezeichnetes darzustellen, sondern es müßte auch jede Darstellung bis zu den Nebenfiguren herab wie ein Gemälde eine künstlerische Vollendung an sich tragen. Mittelmäßigen Dramen ist für das Volk das Volkstheater mit naturwüchsiger Wahrheit und Derbheit bei Weitem vorzuziehen.

223. Endlich gehört hieher die satirische und humoristische Literatur. Wenn diese mit wahrer Kraft und Geistesfreiheit auftritt, so übt sie auf den Volksgeist einen stärkenden und erfrischenden Einfluß aus. Richtig behandelt kann sie eine wahre sittliche Bedeutung erlangen, und ist nicht engherzig zu beschränken, wenn sie sich auch mit ihrer kecken Laune bis in die Regionen der Gesellschaft erhebt, worin das Conventionelle die stärkste Macht hat. Sie ist als eine wenn auch herbe Form der öffentlichen

Meinung zu achten. Jedoch giebt es auch für sie eine sittliche Schranke, worüber hinaus der Witz Frevel und Bosheit wird. Die erschütterndste Form des Humors ist der, welcher den tiefen Ernst und Seelenschmerz, womit er das Ringen des ächt Menschlichen mit dem Unwahren und Conventionellen der irdischen Verhältnisse umfaßt, auf das Verständniß der Menge verzichtend, hinter dem rauhen Schein von Kälte und Ironie verbirgt. Solches ist nur besonders begabten tiefen Naturen eigen, und für die Nachahmung gefährlich. Der humoristischen Literatur entsprach im Mittelalter das Institut des Schalksnarren an den fürstlichen Höfen, aus dessen Munde ein zur rechten Stunde angebrachtes Wort dafür Zeugniß gab, daß nach einem schönen Zuge der menschlichen Natur Heiterkeit und Humor mit dem Wohlwollen und Wahrheitsgefühl enge verschwistert sind.

E) Vom Unterschied der Stände. 1) Von den Ständen überhaupt.

224. Die Theilung der Arbeit und Beschäftigungen, die Ungleichheiten des Vermögens, der angeborenen Anlagen und Neigungen, der Einfluß des Erbrechts und andere Thatsachen bringen in der bürgerlichen Gesellschaft mannichfaltige Unterschiede und Kategorien von Personen hervor. Unter denjenigen, welche durch Wahl oder Geburt derselben Kategorie angehören, erzeugt die Gleichheit der Beschäftigung und bürgerlichen Stellung von selbst eine Gleichheit der Interessen, und dadurch eine gewisse Gleichförmigkeit der Denkart, der Bildung, und überhaupt einen gemeinschaftlichen Typus. So entsteht der Unterschied der Stände, welcher als ein Werk der Natur die Grundlage der bürgerlichen Gesellschaft bildet. In den jedem Stande eigenthümlichen Beschäftigungen entfaltet der Einzelne nach dem von der Natur der menschlichen Kraft gesetzten Maße die Thätigkeit, welche die Hauptsache des menschlichen Daseins, und in ihrer Gesammtheit das wahre Leben des Volkes ausmacht. Hier schöpft er seine Einsichten, seine Erfahrungen, die Richtschnur und den Antrieb seiner bürgerlichen Pflichterfüllung. Was der Einzelne für das bürgerliche Leben wirkt, was er dem Staate leistet, wirkt und leistet er regelmäßig

nur durch seinen Stand. Dieser ist die Atmosphäre, die Jeden zunächst umgiebt, die ihn belebt und worin er heimisch ist. Das Wort, Volk, ist nur eine Abstraction; die Realität sind die Stände; nur durch seinen Stand gehört der Einzelne seinem Volke an. Jede naturgemäße dauerhafte Organisation eines Staates muß daher auf den Unterschied der Stände basirt sein. Auch die republikanische Verfassung kann dessen nicht entbehren, wie in der Theorie Aristoteles, in der Praxis eine der besten Staatsverfassungen, die des Servius Tullius, beweist. Dabei ist nur zweierlei zu verhüten: erstens daß dadurch die Freiheit der socialen Bewegung nicht kastenartig gehemmt, und zweitens daß der Einzelne durch das Standesinteresse nicht zu sehr von dem Allgemeinen abgezogen werde. Letzteres wird von selbst vermieden werden, wenn der Organismus der Stände mit dem Organismus des Ganzen in der richtigen Weise in Verbindung gesetzt ist.

2) Die materiellen Berufsstände. a) Der Bauernstand.

225. Der Unterschied der Stände tritt in dem Verhältniß schärfer hervor, als die Beschäftigungen des Standes die Person mehr oder weniger ausschließlich in Anspruch nehmen und von dem Allgemeinen abziehen, am Schärfsten daher bei den Ständen, die den materiellen Bedürfnissen der bürgerlichen Gesellschaft zugewendet und davon in ununterbrochener täglicher Arbeit in Anspruch genommen werden. Diese materiellen Bedürfnisse erfordern aber dreierlei: erstens die Production der Urstoffe aus dem Boden der Erde, also Ackerbau und Viehzucht; zweitens die Bereitung der Urstoffe zum Gebrauch, oder die Gewerbe; drittens den Austausch und Vertrieb des aus dem Boden und durch den Gewerbfleiß Producirten, oder den Handel. Diesem entsprechen auch die drei Stände: der Bauern-, Gewerb- und Handelstand.

226. Bei dem Ackerbau treten vier Thatsachen hervor. Erstens beruht die Production des Bodens auf einer Verbindung der von der Natur in denselben gelegten Kräfte mit der Arbeitskraft des Menschen, und zwar so, daß Jene, also die Naturgesetze, durchaus das Ueberwiegende, Letztere, also der Wille, das Unter-

geordnete sind und sich der stetigen Ordnung der Natur fügen müssen. Zweitens hat die Production, so weit sie vom Fleiße abhängt, ihr regelmäßiges wenig wechselndes Maß; der besondere Segen und Unsegen hängt von Zufälligkeiten ab, wogegen die menschliche Kraft wenig vermag, worauf aber die menschliche Vorsicht auch zu rechnen hat. Drittens lernt der Mensch in diesem nahen Umgang und in der Abhängigkeit von der Natur seine Ohnmacht und die Abhängigkeit von Gott am meisten und immer wiederkehrend erkennen. Viertens erfordert der Ackerbau zu einem gedeihlichen Betriebe auch eine angemessene Größe des Hofes. Einestheils aus Rücksicht auf den Landbau selbst, der in kräftiger Weise nur mit Beihülfe der Viehzucht, schon wegen des Düngers, betrieben werden kann. Anderentheils auch aus Rücksicht auf die Personen, weil der zur Spatenwirthschaft verurtheilte Bauer der Leibeigene seiner kleinen Scholle wird, vor jedem Unfall für seine verhungernde Familie zittert, durch Nahrungssorgen von seiner Gemeinde abgezogen wird, und an Körper und Geist verkrüppelt.

227. Diesen vier Thatsachen entsprechen auch vier eigenthümliche Momente im Bauernstande: die aus dem engen Zusammenhang mit dem Grund und Boden entspringende Neigung zu festen Gewohnheiten und Macht des Herkommens; ein gleichförmiges Maß von Bedürfnissen, daher Frugalität in Nahrung und Kleidung, wozu eine den Wechsel der Mode abhaltende Landestracht höchst wichtig ist; Religiosität und Pietät gegen Gott, wovon der Segen der Natur herrührt [1]); und eine gewisse Größe und Untheilbarkeit des Hofes. Auf den Bauernstand ist daher die Kraft und Gesundheit der Staaten vorzüglich gegründet [2]). Das,

---

1) Sehr schön spricht darüber W. von Humboldt Ideen (Werke VII. 21. 22). Aehnlich äußert sich auch Hegel Philosophie des Rechts §. 203. In diesem Geiste ist auch das kirchliche Institut der Zehnten aufzufassen.

2) Barante Questions constitutionnelles chap. 6. Certes, on ne saurait parler avec trop de préférence, avec trop d'affection de l'agriculture. Au nom de la morale et de la politique, nous devons honorer cette première de toutes les industries. La vie de famille, une situation stable, un lendemain prévu, des habitudes regu

was den römischen Staat aus kleinen Anfängen so groß gemacht, ist, daß er so lange überwiegend den Geist und die Sitten eines dem Landbau ergebenen Volkes bewahrt hat. Es ist daher eine überaus wichtige Aufgabe diesen Geist in den Einrichtungen des Bauernstandes möglichst zu fixiren. Die Gesetzgebung vermag jedoch dazu wenig; das Meiste muß die Sitte und die Macht des Beispiels thun. Es liegt jedoch im unverdorbenen Bauernstande ein merkwürdiger Instinct, der ihn in dem, was ihm und dem Hofe frommt, sicher leitet, und er wird darin durch Uebereinkommen mit den Kindern, durch letztwillige Anordnungen und durch die einsichtige Anleitung der Gutsherrschaft schon das Richtige treffen, wenn ihm die Gesetzgebung nur völlig freie Hand läßt. Den Beweis giebt das alte deutsche Bauernrecht, dessen Uebereinstimmung mit den Bedürfnissen und der Gefühlsweise des Landvolkes sich in der Kraft und Gemüthlichkeit kund giebt, die aus den alten Weisthümern und Hofrechten hervorleuchtet. Auch die uneingeschränkte Testirfreiheit des alten römischen Rechts beruht auf dem Gedanken, dem Ermessen des Hausvaters in der Bestellung von Haus und Hof den weitesten Spielraum zu lassen[3]).

228. Der Geist des Bauernrechts muß der sein, daß der Hof und sein Interesse als die Hauptsache, die Menschen als die wechselnden Werkzeuge angesehen werden. Untheilbarkeit des Hofes, Erschwerung des Schuldenmachens und der Veräußerung, Vererbung blos an einen der Söhne mit Verpflichtung zur Ausstattung der Töchter und zu einer billigen Abfindung der anderen Söhne, auch zur Unterstützung im Falle von Unglück und Erkrankung, dieses sind die Bedingungen, wie der Bauernstand kräftig erhalten,

---

lières donnent à l'homme de la campagne un bon sens naturel et le calme d'esprit; il n'est point soumis aux hazards, qui ruinent parfois l'existence des ouvriers de la fabrique ou des marchands de la ville; il n'est pas troublé ni excité par les agitations des foules ou de la rue; ses relations avec le propriétaire plus riche que lui sont mutuellement bienvieillantes.

3) Dieser Gesichtspunkt wird insgemein nicht erkannt. Man sehe darüber meine Römische Rechtsgeschichte II. §. 629.

den Verwandtschaftspflichten genügt, dem Gewerbe- und Soldatenstand in den abgefundenen Söhnen gute Kräfte zugeführt, und die Gemeinde mit der Ernährung der Armen verschont wird. Selbst die Pachtverhältnisse müssen einen dauernden den Bauern an das Interesse des Hofes fesselnden Charakter annehmen, als Erbpachte, erbliche Colonate. Wird hingegen der Hofverband gelöst, die Veräußerung der Pertinenzen zugelassen, die Belastung mit Schulden erleichtert, die gemeine Erbfolge und Erbtheilung eingeführt, so hört die Stabilität des Hofes und mit ihr der Typus des Bauernstandes auf. Die durch die Erbtheilungen fortgehende Zersplitterung des Bodens erzeugt kümmerliche bäuerliche Wirthschaften, welche zu ihrer Subsistenz Pachtungen und andere Erwerbsquellen zu Hülfe rufen müssen, und doch zuletzt im ländlichen, die Fabriken bevölkernden Proletariate endigen. Mit den alten Verhältnissen schwinden die bäuerlichen Sitten; Leichtsinn, Luxus, frühes Heirathen führen zur Verarmung; der erste Unfall bringt den Bauern in Geldnoth und seinen Besitz unter Hypothek; an der Stelle der alten Grundherrschaft erhebt sich die neue Macht des Geldes mit nicht minder starken Banden der Abhängigkeit, nur ohne den wohlwollenden Geist der alten; in der dinglichen Abhängigkeit vom hypothekarischen Gläubiger entsteht eine neue Art von Obereigenthum, in den ihm pünktlich zu entrichtenden Zinsen, worin der Bauer die Früchte seiner Arbeit umsetzen muß, eine neue Art der Frohndienste; ein abermaliger Unfall drängt ihn zur Veräußerung, macht ihn zum Pächter oder Tagelöhner, oder treibt ihn mit Weib und Kind und dem Reste seiner Habe in die Fremde. So fällt das Grundeigenthum nach und nach an die Machthaber der Neuzeit, an die Capitalisten in den Städten [1]). Nun beginnt das System der Zeitpachtungen, welches für den persönlichen Zustand und Geist des Landvolkes

1) Man sehe darüber: Die heillosen Folgen der Bodenzersplitterung und deren Gefahren für ganz Europa an Frankreichs und Italiens agrarischer Zerrüttung nachgewiesen von G. F. W. Funke. Göttingen 1854. Auch handelt davon Sismondi Études sur les sciences sociales T. II. et III.

sehr nachtheilig ist[2]), schon aus dem Grunde, weil, wenn der Pächter den Boden mit seinem Fleiße gebessert hat, der Grundherr ihm nach Ablauf der Pachtzeit den Pachtzins steigert. Dawider muß dann die Gesetzgebung durch die möglichste Einführung des Erbpachtssystems eingreifen, was aber, wenn einmal diese Verhältnisse zerstört sind, seine Schwierigkeiten hat[3]).

b) Der Gewerbstand.

229. Das thatsächliche, die Eigenthümlichkeit des Gewerbstandes bestimmende Moment ist die Richtung der Arbeitskraft auf die möglichst vortheilhafte Bearbeitung der Naturproducte. Der Fleiß und die körperliche Anstrengung sind daher hier die Hauptsache und das eigentlich Producirende, nicht wie beim Ackerbau die Nebensache. Der Mensch wird hier vom Gewerbe gewissermaßen absorbirt, und diesem wird bis auf einen gewissen Grad selbst die Gesundheit geopfert, was beim Ackerbau nicht der Fall ist. Alles dieses thut der Gewerbtreibende nicht unmittelbar

---

2) Dieses zeigt gut Sparre Die Lebensfragen im Staate in Beziehung auf das Grundbesitzthum (Gießen 1842) I. §. 39.

3) Sismondi Études sur les sciences sociales II. 201. Le législateur doit chercher à conserver aux cultivateurs, dans la richesse qu'ils font naître, la plus grande part conciliable avec la continuation de leur travail, pour répandre le plus de bonheur sur la classe la plus nombreuse des citoyens; il doit fixer dans les champs et occuper aux travaux agricoles le plus grand nombre possible de citoyens; car à égalité de revenus, le pauvre y jouira de santé et de plus de bonheur que dans les villes. Il doit developper leur intelligence autant qu'un travail personnel assez rude peut le permettre: enfin et surtout il doit cultiver et affermir leur moralité. Dans ce but il doit donner de la stabilité à l'existence du cultivateur, favoriser tous les contrats qui lui donnent un droit permanent sur la terre, repousser au contraire ceux qui rendent sa condition précaire, et qui le laissent en doute sur son lendemain; car la moralité est intimement liée aux souvenirs et aux espérances, elle se nourrit par la durée, elle est nulle pour celui qui ne considère que le moment présent.

für sich, sondern für die Bedürfnisse und Behaglichkeit Anderer. Er ist daher fast noch mehr als der Bauernstand der Lastträger der Gesellschaft, und hat daher auch gegen die Gesellschaft den billigen Anspruch, daß seine redliche Arbeit lohnende Anerkennung finde. Als die Interessen des Gewerbstandes treten daher drei Hauptpunkte hervor: das Interesse des Producenten an der Sicherheit des Absatzes, das Interesse des Publikums an der Reichlichkeit und Güte der Arbeit; und die Rücksicht auf die persönliche Lage der Gewerbtreibenden für den Fall der Erkrankung, da das Gewerbe selbst leicht Krankheit erzeugt, diese aber hier unmittelbar Nahrungslosigkeit zur Folge hat, was beim Bauernstande anders ist.

230. Zur Lösung dieser Aufgaben kann man zwei Wege einschlagen. Der Eine ist, daß man das Gewerbe absichtlich in diesem Sinne durch eine Zunft- oder Gewerbeverfassung organisirt. Dadurch wird die Zahl der Meister, also die Production, nach dem Bedürfnisse der Consumtion, also dem Absatze, durch directe und indirecte Mittel in angemessener Weise beschränkt, für die Tüchtigkeit der Meister, also die Güte der Arbeit, durch die zum Meistergrade erforderlichen Bedingungen, namentlich die Anfertigung eines Meisterstückes als tüchtige Probearbeit, gesorgt, und für den Fall der Erkrankung Zunftkassen und gegenseitige Unterstützung eingerichtet, auch der Verarmung indirect durch die von selbst entstehende Beschränkung des zu frühen Heirathens entgegengewirkt. Der andere Weg ist die Zulassung der unbeschränkten Concurrenz, der Gewerbefreiheit. Dieser rechnet also hinsichtlich des Absatzes auf die Erfahrung der Handwerker, die aber auch das bittere Lehrgeld getäuschter Hoffnungen in sich schließt; hinsichtlich der Güte der Arbeit auf die Erfahrung des Publikums, das also das Lehrgeld für schlechte Arbeit zahlt; und hinsichtlich der Unterstützung erkrankter Handwerker auf die Gemeindekasse und die Privatwohlthätigkeit.

231. Dieses zweite System ist im Laufe dieses Jahrhunderts gegen das erste vorherrschend geworden: anfangs mit einem scheinbar glänzenden Erfolg. Allmählig zeigte jedoch die Erfahrung,

daß aus dieser Freiheit eine Ueberfüllung des Handwerks, der Gewerbe, der Fabriken entsteht, welche unter Allen eine stete ängstliche Spannung unterhält, den Gewinn für die Meisten durchschnittlich unbedeutend macht, den Handwerkerstand stets am Rande der Armuth und am Leihhause festhält, die Gemeindewohlthätigkeit in steigender Progression in Anspruch nimmt, und bei der geringsten Stockung im Absatz durch die brodlos werdenden Arbeiter für den Staat, die Gemeinden und die Privaten die größten Verlegenheiten erzeugt. Der Zerstörung der Handwerkerzünfte und der Einführung der Gewerbefreiheit verdankt die heutige Gesellschaft das immer wachsende städtische Proletariat, welches dieselbe mit den furchtbarsten Gefahren bedroht [1]). Einsichtige Gewerbeordnungen suchen daher wieder etwas auf das ältere System zurück zu lenken, indem sie zur Niederlassung als Meister eine Prüfung durch Sachverständige vorschreiben, und unter den Handwerkergesellen Hülfs- und Krankenkassen zu organisiren suchen.

1) Sismondi Études sur les sciences sociales II. 34. Le changement fondamental qui est survenu dans la société, au milieu de la lutte universelle créée par la concurrence et par l'effet immédiat de cette lutte, c'est l'introduction du prolétaire parmi les conditions humaines. — L'abolition des corporations et de tous leurs privilèges créa les premiers prolétaires, les journaliers des villes: chacun put entrer dans tout métier, et le quitter pour en choisir un autre; chacun put offrir à qui voulait l'employer sa force de corps et son adresse; chacun sans apprentissage, sans admission dans un corps, sans atelier et sans boutique, put travailler sur le capital d'autrui, dans l'entreprise d'autrui, avant d'avoir rien accumulé, et il crut gagner une liberté en perdant une garantie. D'abord les ouvriers, les prolétaires, ne furent qu'en petit nombre, et comme dans une situation d'exception à la suite des métiers; mais bientôt ils se multiplièrent par les causes que nous allons exposer, tandis que tous les anciens maîtres, compagnons et apprentis disparurent presque absolument, et aujourd'hui les prolétaires exécutent seuls la plus grande partie du travail des villes. — Hervorzuheben ist, daß Sismondi selbst früher ein eifriger Vertheidiger der unbedingten Gewerbefreiheit war.

Man wird aber wohl erst durch die bittersten Erfahrungen zur vollen Einsicht gelangen.

c) Der Handelstand.

232. Der Handel ist das bewegende Element, welches die Producte des Bodens und des Kunstfleißes in Umlauf bringt und ihnen Absatz verschafft, um durch deren vortheilhaften Verkauf selbst möglichst zu gewinnen. Er beruht also in der Verbindung der Arbeitskraft mit der gewinnbringenden Speculation. Dieser Gewinn ist durch die möglichste Raschheit des Absatzes, diese aber durch die möglichste Ausdehnung des Verkehrs bedingt. Freiheit und Raschheit der Bewegung nach allen Seiten gehört daher zu den Lebensbedingungen des Handels. In ihm liegt ein Drang nach räumlicher Ausdehnung, der alle nationalen und geographischen Hindernisse zu überwältigen strebt. Sein inneres Motiv ist zwar nur ein eigennütziges, Gewinnsucht. Doch bringt dieses durch den Verkehr und die Verbindungen, die es zwischen Nationen und Welttheilen stiftet, große, nicht blos materielle sondern auch geistige, Wirkungen hervor. Durch ihn nehmen die Individuen an den Producten der ganzen Erde Theil; die Völker sehen durch ihn ihre Schätze beständig wachsen, indem sie das Nothwendige mit dem Ueberflüssigen austauschen, und nicht nur die Producte ihres Landes, sondern selbst ihrer Händearbeit verhandeln; in diesem beständigen Contact, den der Verkehr zwischen den Völkern erzeugt, gehen auch alle nützliche und schönen Künste von den Einen auf die Anderen über, und indem der Handel den materiellen Zustand der Nationen vervollkommnet, bringt er auch unter ihnen einen Austausch gegenseitiger Hülfeleistung hervor, wodurch das Gefühl des allgemein Menschlichen immer mehr zum Bewußtsein kommt und zur That wird. So wird also auch diese materielle Seite des menschlichen Daseins den großen Absichten des Schöpfers dienstbar [1]).

233. Zum Betriebe des Handels ist zweierlei unentbehrlich,

---

1) Gut äußert sich so Taparelli Naturrecht I. 967. 968.

Ordnung und Geld. Die Ordnung zeigt sich vor Allem in der geordneten Führung der Handelsbücher. Diese ist so sehr die unentbehrliche Grundlage des soliden Handels, daß daraus eine gewisse Präsumtion für die Rechtlichkeit der Person und die Glaubwürdigkeit des Buches, im entgegengesetzten Falle aber das Gegentheil entsteht. Was das Geld betrifft, so kann doch nicht immer mit baarem Gelde gehandelt werden. Dessen Stelle vertritt dann der Credit, das heißt das Vertrauen, dasjenige, was man von dem Anderen zu fordern hat, sicher in Geld zu erhalten. Auf diesem Vertrauen beruht ein großer Theil des kaufmännischen Verkehrs; die Reinerhaltung desselben bildet daher das wesentliche Stück der kaufmännischen Ehre. Die formellste kaufmännische Zusicherung einer Zahlung ist die schriftliche durch einen Wechselbrief[1]. Dieser ist das kaufmännische Ehrenwort; die Nichterfüllung muß daher eine besondere Strenge der Execution, selbst gegen die Person, nach sich ziehen. Das ganze kaufmännische Wesen hat aber so viele technische Eigenthümlichkeiten, es schafft sich so sehr seine eigenen Bahnen, und fühlt das, was ihm nützt und schadet, so fein heraus, daß es sich von selbst auch in der bürgerlichen Gesellschaft seine eigenthümliche Berücksichtigung, Anstalten, Handelsgerichte und Privilegien erkämpft, wogegen nichts zu erinnern ist, wenn es nur gegen die anderen Stände die denselben zukommenden Eigenthümlichkeiten eben so bereitwillig anzuerkennen geneigt ist.

234. Dieses stete Drängen und Speculiren auf Gewinn zieht allerdings den Handelsstand leicht von den höheren Interessen des Staates und der Menschheit ab. Es fixirt sich in ihm eine gewisse Nüchternheit der Lebensanschauung, eine einseitige Werthschätzung der menschlichen Dinge, eine mit sich fertige Selbstzufriedenheit und Gleichgültigkeit gegen das, was über sein Niveau hinaus geht. Es ist daher nicht gut, wenn dieser Geist in einem Staate das Uebergewicht erhält. Doch aber muß dem Handelstande im Großen und Ganzen die ihm gebührende Beachtung zu Theil werden. Die durchgemachte Schule des Lebens, die Kenntniß der

---

1) Man sehe §. 179.

wirklichen Zustände, der Reichthum ausgebreiteter Erfahrungen, die Uebersicht der Weltlage, geben der höheren kaufmännischen Bildung ein eigenthümliches sehr ehrenwerthes Gepräge. An den Besitz des großen beweglichen Reichthums knüpfen sich edlere Lebensbedürfnisse, Geschmack, Beförderung der Künste, der Wohlthätigkeit und anderer gemeinnütziger Zwecke. Es ist daher eine wichtige Aufgabe der Staatskunst, den Geist des Handelsstandes mit dem Allgemeinen in der gehörigen Weise zu verbinden. Dazu dient besonders zweierlei. Erstens die richtige Organisation der Landesvertretung, worin der Handel und die Industrie neben dem Grundbesitz ihre angemessene Stelle finden. Zweitens die Sorgfalt für eine allgemeine Bildung. Die Einrichtung von Handelsakademien, worin die angehenden Kaufleute außer ihren Fachwissenschaften auch in der Geschichte, Literatur, Kunstgeschichte und Politik mit der richtigen Beziehung auf ihren Beruf unterrichtet werden, ist daher in unserer Zeit ein Gegenstand von großer Bedeutung.

3) Der Stand der großen Grundbesitzer.

235. Neben den Bauern, welche den Ackerbau mit eigener Hand zur Ernährung ihres Hausstandes betreiben, macht es sich aus einer Reihe von Ursachen von selbst, daß es Grundeigenthümer giebt, denen die Größe ihres Besitzthums die Landwirthschaft nach einem größeren Maßstabe mit Zuziehung fremder Arbeitskräfte und Maschinen zu betreiben gestattet. Diese Beimischung gewährt wichtige Vortheile. Einestheils für den Landbau, indem dieser auf größeren Gütern rationeller und unter steter Benutzung der fortschreitenden Erfindungen ausgeübt wird, was auch auf den kleinen Bauern vortheilhaft zurückwirkt[1]). Anderentheils auch für

1) Sismondi Études sur les sciences sociales II. 38. Selon les économistes anglais il y a beaucoup plus de profit et beaucoup plus d'économie à pratiquer l'agriculture par de grandes que par de petites fermes. L'inspection des travaux y est plus facile, moins de tems est perdu pour passer de l'une à l'autre; le fermier, maître d'un capital considérable, a reçu une éducation proportionelle à sa

die bürgerliche Gesellschaft. Der Stand der größeren Grundbesitzer vereinigt außer den dem Bauernstande überhaupt zukommenden Vorzügen noch besondere wichtige Eigenschaften. Mitten unter dem Landvolk lebend wird er mit dessen Bedürfnissen und Anschauungsweise vertraut und nimmt an dessen Leiden und Freuden Theil, während ihm die größere Unabhängigkeit seiner Lage die Möglichkeit gewährt, demselben mit Rath und That beizustehen, für Schule und Kirche thätig, und mit dem politischen Selbstgefühl, das ihm seine unabhängige Stellung einflößt, der Vertreter der bäuerlichen und der anderen das Grundeigenthum berührenden staatlichen Interessen zu sein. Auf diesen Stand ist daher bei der Organisation der Landesvertretung ganz vorzüglich Rücksicht zu nehmen.

236. Ein erfahrener und geistreicher Schriftsteller sagt darüber Folgendes: „Es genügt nicht, daß es in einer Nation Reiche gebe; es muß auch wenigstens ein Theil von ihnen auf dem Lande wohnen. Der Grundbesitz entwickelt bei dem Reichen Eigenschaften, an deren Erhaltung der Nation Vieles gelegen ist. Die Gutsbesitzer, die auf dem Lande leben, stehen dem Volke näher und sind mit ihm genauer bekannt. Sie hängen mit Interesse und Zuneigung an der Provinz, an dem Bezirk, den sie bewohnen. Sie haben ein lebhafteres Andenken der Vergangenheit, einen wärmeren Eifer für die Nachkommen; ihr Grundbesitz, der von Geschlecht zu Geschlecht übergeht, giebt ihnen einen Sinn für Stabilität, wodurch sie mitten in dem täglichen Wechsel der anderen Stände die Träger des conservativen Elementes werden. Ihr Aufenthalt auf dem Lande verbreitet dahin Civilisation, mildere Sitten, Geschmack und jene Eleganz, die bis auf einen Grad auch für das Landvolk vortheilhaft ist. Er dient dazu auf dem Lande, wenn auch nicht die Cultur der Wissenschaften selbst, doch aber deren Anwendung zu verbreiten, und dem Landmann die für den

fortune; aussi il dispose de plus d'intelligences et d'études; tous ses outils, ses bestiaux, ses bâtimens, sont meilleurs et de plus de durée; il est moins pressé de vendre, ensorte que ses marchés lui sont plus avantageux. — Alles Dieses gilt um so mehr, wenn der Besitzer des größeren Gutes Eigenthümer, nicht blos Pächter ist.

Ackerbau gemachten neuen Erfindungen und Entdeckungen mitzutheilen" [1]).

4) Der Adel.

237. Der Adel ist ein durch Geburt bedingter und sich fortpflanzender Stand, wodurch eine ausgezeichnete gesellschaftliche Stellung und besondere politische Rechte mitgetheilt werden. Ein solcher Stand hängt so sehr mit der öffentlichen Meinung zusammen, daß er blos durch politische Kunst nicht geschaffen werden kann. Er ist das Werk tief gehender thatsächlicher Verhältnisse, wodurch in einem Staate zu Gunsten einer bestimmten Kategorie von Personen feste auf Generationen hinaus wirkende Unterschiede der Macht, der geistigen Bildung und der politischen Stellung bestimmt worden sind. Alle diese blos äußerliche gesellschaftliche und politische Bedingungen genügen aber nicht, um den Adel gegenüber der den erblichen Unterschieden abgeneigten öffentlichen Meinung zu halten; sondern es muß noch zweierlei hinzukommen. Erstens muß in dem Stande das eigenthümliche ethische Element, die Standesgesinnung, die höhere Lebensauffassung, das Bewußtsein und die warme Hingebung an die durch den Stand bedingten Pflichten traditionell sein. Zweitens muß das Volk der Achtung vor seinen historischen Erinnerungen und des darauf gegründeten Verständnisses seiner öffentlichen Einrichtungen empfänglich sein.

238. Aus dem Gesagten ergiebt sich, daß die Entstehung und das Verhältniß des Adels bei jedem Volke verschieden ist. In irgend einer Form findet er sich bei jedem. Der deutsche Adel, von dem allein hier zu reden ist, bietet eines der merkwürdigsten Beispiele; seine Geschichte ist die des deutschen Reichs und Volkes. Schon in der ältesten Zeit gab es bei jedem Volksstamme einige durch großen Grundbesitz und durch die allgemeine Verehrung ausgezeichnete edle Geschlechter, aus welchen die Könige gewählt wurden. Durch diese Anschauung war auch dem Emporkommen neuer durch Thatenruhm sich auszeichnenden Geschlechter der Weg gebahnt. Aber auch in jedem freien Grundbesitzer lag Etwas, das

---

1) Sismondi Études II. 174.

ihn, den übrigen Freien und Halbfreien gegenüber, zu einem Adligen machte: der Freiheitsstolz, der enge und kräftige auf dem Mannsstamm ruhende Familienverband, die Herrschaft und Fürsorge für die von ihm abhängigen Leute, das Gefühl der besonderen Verantwortlichkeit, das Vorrecht der Schöffenbarkeit im Volksgericht. Im Fortschritte der Zeit bildete sich durch die Erblichkeit der hohen Reichsämter neben den wenigen noch übrigen alten Dynastengeschlechtern ein neuer hoher Reichsadel in den fürstlichen und gräflichen Häusern, in denen alle zu einem wahren Geschlechtsadel erforderliche Bedingungen zusammentrafen. Weiter abwärts entstand ein niederer Adel in den Geschlechtern der größeren Grundeigenthümer, welche sich beim persönlichen Dienst im Reichsheere, und mit diesem im Genusse der ächten Freiheit, der Waffenehre, der Schöffenbarkeit in den Landgerichten und der Steuerfreiheit behaupteten, während die kleineren Grundbesitzer, ihre Kriegspflicht durch Abgaben und Dienste bei einem mächtigen sie im Reichsdienste vertretenden Grundherrn ablösend, zu vogtei- und abgabenpflichtigen bäuerlichen Hintersassen ihres Schutzherrn herabsanken. Die gleiche Stellung wie jenen größeren Grundeigenthümern wurde denjenigen zu Theil, welche, nachdem der Lehndienst, das heißt der an ein Lehngut geknüpfte Ritterdienst, größtentheils an die Stelle des alten Reichsheerdienstes getreten war, Lehn, Kriegsdienst und Waffenlust in ihren Geschlechtern erblich gemacht hatten. So entstanden jene ritterlichen Geschlechter, die mit dem Ansehen und der Unabhängigkeit, welche ihnen der Besitz ihrer Allodien und Lehngüter gewährte, das des freien Mannes Würdigste, den Waffendienst für das Reich und ihren Fürsten, vereinigten. Was die germanische Gefühlsweise Edles und Großes in sich schließt, Kraft, Freiheitsstolz, Tapferkeit, Wahrhaftigkeit, Adel der Gesinnung, Treue und Hingebung [1]) gieng, wenn auch mit

---

1) Bezeichnend sind die Worte, womit ein Mann des edelsten britischen Freiheitsgefühls seine Betrachtung über das Ritterthum einleitet, Burke Betrachtungen über die französische Revolution (Gentz Ausgew. Schriften I. 137): „Die Zeiten der Rittersitte sind dahin. Das Jahrhundert der

den Unsitten der Zeit vermischt, in den Geist dieses Standes über, und verschaffte ihm, unterstützt durch die Bedeutung seines Grundbesitzes, in der Landesverfassung, im Rathe des Fürsten und in der höheren Gesellschaft eine so überwiegende Stellung, daß es selbst der Kirche bei sich die Vorzüge des Geistes gegen die der Geburt aufrecht zu halten Mühe kostete.

239. Wo der Adel naturwüchsig aus der Geschichte eines Volkes hervorgeht, und das ist was er sein soll, nimmt er in gesellschaftlicher wie in politischer Beziehung eine überaus wichtige Stelle ein. Durch die in ihm fortlebenden historischen Erinnerungen und durch seinen Grundbesitz enger mit dem Staate verbunden, ist sein Interesse der Erhaltung der bestehenden Ordnung und der Vertheidigung derselben mit Gut und Blut vorzugsweise zugewendet. Allen vorleuchtend in patriotischer Gesinnung, an Uneigennützigkeit und Opferwilligkeit, ist er für das Land in den Tagen der Freude die Zierde seiner Feste, in den Zeiten des Unglücks die Zufluchtsstätte des ungebrochenen Muthes und des zähen Widerstandes. Gehoben von dem gerechten Stolze, den ihm das Gefühl seiner Pflichten und die Unabhängigkeit seiner Lage einflößt, ist er aber nicht blos eine Stütze des Thrones, sondern auch ein Bollwerk der Freiheiten des Volkes, die sich, wie die Natur der Sache und die Geschichte lehren, gegen die ausschrei-

---

Sophisten, der Oekonomisten und der Rechenmeister ist an ihre Stelle getreten, und der Glanz für Europa ist ausgelöscht für immer. Niemals, niemals werden wir sie wieder sehen, diese edelmüthige Hingebung an Rang und Geschlecht, diese stolze Unterwürfigkeit, diesen würdevollen Gehorsam, diese Dienstbarkeit der Herzen, die selbst in Sclavenseelen den Geist und die Gefühle einer erhabenern Freiheit hauchte. Der uneigennützige Reiz des Lebens, die wohlfeile Vertheidigung der Nationen, die Pflanzschule männlicher Gesinnungen und heroischer Thaten ist dahin! Sie ist dahin, diese Feinheit des Ehrgefühls, diese Keuschheit des Stolzes, die einen Schimpf wie eine Wunde fühlte, die den Muth befeuerte, indem sie die Wildheit niederschlug, die Alles adelte, was sie berührte, und unter der das Laster selbst seinen halben Abscheu einbüßte, indem es seine ganze Rohheit verlor."

tende Alleinherrschaft blos durch sich zu halten ohnmächtig sind. „Mögen die Mittelklassen, sagt ein erfahrener freisinniger Staatsmann, von einem ihnen zugethanen Freunde diese Wahrheit annehmen: sie allein reichen nicht aus so wenig für den Fortschritt als den Widerstand, für die Freiheit als für die Ordnung. Sie bedürfen eines Gegengewichts, welches sie bald in ihren Uebereilungen zügelt, bald in ihren Schwächen unterstützt; und dieses Gegengewicht kann nur in dem politischen Einflusse der Klassen gefunden werden, deren Vermögen mehr befestigt und äußere Lage mehr gesichert sind, deren Gedanken und Zeit weniger von der Unruhe der Privatinteressen absorbirt werden, und welche, indem sie ihrer Natur nach zu den öffentlichen Geschäften mehr den Geist der Stetigkeit mitbringen, nicht der Gefahr ausgesetzt sind, so plötzlich von dem Widerspruch zur Nachgiebigkeit und von der Nachgiebigkeit zum Widerspruch überzugehen“ [1]).

240. Eine andere überaus wichtige Seite ist die innere Beziehung, welche zwischen dem Geschlechtsadel und der Erblichkeit der Krone besteht. Hierüber sagt ein anderer als sehr freisinnig bekannter Staatsmann Folgendes: „In einer erblichen Monarchie ist die Erblichkeit einer gewissen Klasse unentbehrlich. Man vermag nicht einzusehen, wie in einem Lande, wo aller und jeder Vorzug der Geburt vertilgt ist, man noch auf die Länge ein Vorrecht der Geburt zur Ueberlieferung der höchsten Würde dulden wird, derjenigen Würde, wobei die Ruhe und das Leben der Staatsangehörigen am Meisten betheiligt ist. Wenn eine Alleinherrschaft ohne eine erbliche Mittelklasse bestehen soll, so kann diese nur ein reiner Despotismus sein. Die Bestandtheile einer Alleinherrschaft ohne erbliche Mittelklasse sind: ein Einzelner der befiehlt, Soldaten die vollziehen, ein Volk das gehorcht. Um der Monarchie andere Stützpunkte zu geben, ist ein dauernder Zwischenkörper erforderlich: Montesquieu will einen solchen selbst in einer Wahlmonarchie. Ueberall wo man einen einzelnen Menschen auf eine solche Höhe erhöht, muß man ihn, wenn er nicht immer

---

1) Guizot L'église et la société chrétiennes p. 148.

die Hand am Schwert haben soll, mit Anderen umgeben, die ihn zu vertheidigen ein Interesse haben. Kein Engländer würde noch einen Augenblick an den Bestand der englischen Monarchie glauben, wenn die Pairskammer aufgehoben würde" [1]).

241. Von großer Bedeutung ist ferner der Einfluß, den der Adel auf das Landvolk ausüben kann. Wenn er darin seine Aufgabe begreift, so reicht dieser Punkt allein hin, um ihm eine ausgezeichnete Stellung in der gesellschaftlichen Organisation zu sichern. „Nach dem Bauernstande, sagt ein berühmter Schriftsteller, ist die für das Wohlbefinden einer Nation wichtigste Klasse die der Grundbesitzer, derjenigen, die man in vielen Ländern die Landedelleute nennt. Die gesellschaftliche Aufgabe derselben ist, mit den Bauern vermischt zu leben, um sie zu civilisiren und sie einigermaßen zu vergeistigen. Das Landleben entwickelt in ihnen, wie in dem kernhaften Bauern, Gesundheit, Rüstigkeit, Muth, Sinn für die Ordnung und Vaterlandsliebe. Die Wohlhabenheit, die Muße und die Erziehung bringen in ihren Bereich Intelligenz, Kenntnisse, mit dem Gefühl der menschlichen Würde und der Liebe der Freiheit. Wenn die ländliche Aristocratie mit den Bauern nur Beziehungen des Wohlwollens, der guten Nachbarschaft und der gegenseitigen Hülfe unterhält, theilt sie ihnen ihre Tugenden und Einsichten mit, sie leitet sie zum Dienste des Vaterlandes an, sie läßt sie am Einflusse der Wissenschaften auf den Ackerbau Theil nehmen, sie bildet ihre Sitten, und flößt ihnen besseren Geschmack ein; sie macht so aus allen Bewohnern des platten Landes ein gleichartiges durch Zuneigung und Vertrauen verbundenes Ganzes, welches die Nation zum Vertheidigungskriege stark, und im Inneren durch eine reichliche Consumtion und Reproduction, woran alle Theil nehmen, blühend machen wird" [1]).

242. Die politischen Vorrechte des Adels hängen von den historischen Zuständen ab, und es liegt im dringenden Interesse

---

1) Benjamin Constant Esquisse de constitution chap. 4. (Cours de politique I. 50).

1) Sismondi Études sur les sciences sociales III. 240.

des Adels selbst, sich darin mit den Meinungen und Bedürfnissen der Zeit im Einklang zu erhalten. Die Steuerfreiheit ist nicht mehr gerechtfertigt, seitdem der persönliche Ritterdienst abgekommen und der Kriegsdienst für Alle gleich geworden ist. Eben so wenig sind Vorrechte in dem Erwerbe öffentlicher Aemter oder der Offizierstellen jetzt mehr an ihrer Stelle[1]). Auch die Exemtionen des Gerichtsstandes können bei der heutigen Ausbildung der Rechtspflege unbedenklich schwinden. Wohl begründet ist aber die besondere Vertretung auf den Landtagen, und zwar nicht blos wegen des größeren Grundbesitzes sondern auch als persönliches Element nach zweckmäßig eingerichteten adligen Corporationen. Dafür läßt sich anführen, daß auch die Corporationen des Bürgerstandes, die Städte, ihre besondere Vertretung haben oder haben sollten, und daß der Adel unbestreitbar noch ein eigenthümliches Element der heutigen Gesellschaft bildet, welches daher auch in einer wahrhaft organisch eingerichteten Landesvertretung seinen Ausdruck finden muß.

243. Die unerläßliche Bedingung, ohne welche sich der Adel in seiner reellen Bedeutung auf die Länge nicht behaupten kann, ist aber der Grundbesitz. Es gehört daher zu seinen wesentlichen Interessen denselben durch Majorate und Fideicommisse gegen Zersplitterung zu schützen. Dieses Zusammenhalten des größeren Grundbesitzes ist auch bei gehörigem Maße für die Gesellschaft nicht nachtheilig vielmehr vortheilhaft[1]). Mit der Bewahrung des angestammten Besitzes verbindet sich als die eigenthümliche den Adel auszeichnende Gesinnung die Stammerinnerung, das Gedächtniß dessen, was die Vorfahren durch ihre Thaten und Verdienste dem Lande gewesen sind; daher auch das Bestreben, dieses durch äußere Mittel lebendig zu erhalten, woher die Stammbäume, Wappen, Hauschroniken, Familienarchive, besondere Begräbnißplätze, was Alles die Bedeutung hat, die Enkel zu mahnen, nicht aus der Bahn der Vorfahren herauszutreten und sich derselben auch durch die eigenen Thaten würdig zu erweisen. Nur durch diese Gesinnung

1) Die Gründe sehe man oben §. 94.

1) Man sehe §. 235. 236.

vermag sich der Adel zu behaupten, und er muß des Gesetzes eingedenk sein, daß Alles was einmal lebendig historisch bestand, nur durch die eigene Schuld untergeht.

5) Die geistigen Berufsstände.

244. Der Beruf des Menschen ist nicht blos dem Materiellen zugewendet, sondern geht auf das Höhere, Geistige[1]). Diesem entspricht die von der Natur gesetzte Anordnung, daß es unter den Menschen immer Solche giebt, die für das Geistige eine besondere Fähigkeit und Neigung haben, welche also nach dem Grundsatze der Theilung der Arbeit dieses zu ihrer ausschließlichen Beschäftigung wählen, und den Uebrigen das, was diese davon brauchen, verarbeitet mittheilen. So entsteht der Stand der Gelehrten und der Künstler. Sowohl die zurückgezogene Art dieser Thätigkeit als die damit verbundene allgemeine Bildung machen, daß diese Klasse von Personen in der Gesellschaft nicht so scharf als Stände sich auszeichnen, wenn nicht andere besondere Eigenthümlichkeiten hinzutreten, wie bei den Geistlichen, Staatsbeamten, Advocaten, Aerzten.

245. Ein Gesichtspunkt, der zunächst für diese Stände selbst, aus einem höheren Standpunkte aber auch für die Gesellschaft, von Belang ist, betrifft die Frage nach deren materiellen Unterhalt, da ihr Beruf ihnen die gleichzeitige Betreibung anderer Erwerbquellen nicht gestattet. Die Natur der Sache führt dahin, daß dazu diejenigen beitragen, welche von ihrer geistigen Thätigkeit Vortheil ziehen. Die Form, worin dieses geschieht, kann verschieden sein. Die natürlichste scheint, daß die geistige Arbeit individuell von demjenigen, der sie eben braucht, bezahlt werde. Diese hat aber den Nachtheil, daß sie die geistige Arbeit leicht herabwürdigt, und deren Werth von allen Zufälligkeiten der gemeinen Schätzung abhängig macht. Dennoch ist dieses nicht immer zu vermeiden, zum Beispiel bei Kunstwerken, literärischen Arbeiten, weil deren Werth ein zu relativer ist. Wo es aber geschehen kann,

1) Man sehe §. 35. 36. 39.

liegt es im Interesse sowohl beider Theile, als der Wissenschaft und Kunst selbst, und gehört also zu einem gebildeten Staate, daß eine öffentliche Anordnung in die Mitte trete. Diese kann doppelter Art sein. Entweder wird der Werth der geistigen Verrichtungen von Staatswegen in eine feste Taxe gebracht und dadurch den Zufälligkeiten der eigenen und fremden Schätzung entrückt; so bei den Advocaten, Aerzten. Oder es wird von Staatswegen unmittelbar für den vollständigen Unterhalt gesorgt; so bei den Staatsbeamten und zum Theil auch bei den öffentlichen Lehrern.

III. Von der Staatsverfassung. A) Von der Staatsgewalt. 1) Wesen derselben.

246. Ein Volk bildet einen Staat nur in so fern es eine selbstständige geordnete Einheit ausmacht. Solches ist aber nur dann möglich, wenn bei ihm auf irgend einem Punkte ein Wille besteht, welcher der höchste ist; denn wo zwei Willen mit gleichem Ansehen neben einander stehen, ist keine Einheit und Ordnung mehr. Ein Wille ist aber nur dann ein solcher, wenn er sich zu verwirklichen die Macht hat. Es muß also in jedem Staate eine höchste Gewalt sein, der gegenüber alle Anderen Gehorchende oder Unterthanen sind. Diese höchste Gewalt ist das, was man die Souverainetät nennt. Eine solche muß sich in jeder Verfassungsform finden; ein Staat, worin der höchsten Gewalt gegenüber die Einzelnen nicht Gehorchende sind und sein müssen, ist schlechthin unmöglich. Aus dem Begriff derselben als der höchsten Gewalt ergiebt sich dreierlei. Erstens ist sie nach Außen hin selbstständig und ausschließlich. Zweitens hat sie, als die höchste, äußerlich keinen Richter über sich, weil dieser sonst der höchste wäre [1]). Drittens ist sie als die über Alle erhabene, keiner Verantwortlichkeit nach unten unterworfene Autorität heilig und unverletzlich. Innerlich ist sie jedoch nicht willkürlich und unbeschränkt, sondern an die aus der Natur des Staates als einer sittlichen Ordnung hervorgehenden Gesetze gebunden.

1) So deducirt auch Kant Rechtslehre §. 49. und Anmerkung A.

2) Quelle der Staatsgewalt.

247. Der Staat ist eine göttliche Ordnung [1]), daher auch die Staatsgewalt, weil sie die nothwendige Bedingung der Erhaltung dieser Ordnung und mit ihr Eins ist. Bekleidet mit dem Schwerte der Gerechtigkeit zur Beschützung der Unschuld und zum Schrecken der Bösen, über alle Sterblichen erhaben bis zum furchtbaren Gericht über Leben und Tod, mit starker Hand Lohn und Strafe, Gnade und Verzeihung spendend, reich an Segnungen für jede Art des von ihr geschützten menschlichen Daseins, erscheint die Staatsgewalt in ihrer ernsten Majestät als der Ausdruck und das Abbild des göttlichen Willens auf Erden. Gleichwie also der Staat von Gott ist, so ist auch die in den Staat zur Erfüllung seiner Bestimmung gelegte Vollmacht, gleichviel welche übrigens seine Verfassungsform sein mag, eine Gewalt von Gott, nicht von den Menschen geschaffen oder verabredet [2]). Sie ist wie der Staat im Keime in die erste Familie niedergelegt; sie fand in der Autorität des Hausvaters und in dem Gehorsam der Untergebenen ihren ersten Ausdruck, mit den sich erweiternden Machtverhältnissen ihr Wachsthum, und in dem die irdische und überirdische Weltordnung verbindenden religiösen Glauben ihre Weihe. Ihre angebliche Entstehung durch den Socialvertrag ist eben so unhaltbar, wie dieser selbst [3]).

B) Vom Subjecte der Staatsgewalt. 1) Die Legitimität.

248. Damit die Gewalt wirklich walte, muß sie eine sichtbar thätige sein. Es muß also ein äußeres Organ da sein, welches mit der höchsten Gewalt bekleidet ist, deren Willen ausspricht und vollzieht. Die Beschaffenheit desselben hängt von der Verfassung jedes Staates ab, fällt also in den Bereich der Geschichte. Der Ursprung der Staatsformen geht wie der Ursprung der

---

1) Der Beweis ist im §. 45.

2) Sehr genau und ausführlich ist diese Frage mit allen ihren Consequenzen discutirt von dem spanischen Schriftsteller Balmes Protestantismus verglichen mit dem Katholicismus. Th. III. Kap. 48—51.

3) Man sehe dawider oben §. 50—52.

Staaten überall in die Nacht der Zeiten zurück; wir kennen nur ihre Entwicklungen und Veränderungen. Wo bei einem Volke die Gewalt in ununterbrochener Folge in derselben Form überliefert worden, oder wo zu der eingetretenen Veränderung die Inhaber der überlieferten Gewalt mitgewirkt oder dieselbe genehmigt haben, ist das dermalige Organ der Gewalt im vollen Sinne ein rechtmäßiges, legitimes. In diesem concurrirt also zweierlei: nicht blos ist die Gewalt, die es hat, von Gott, sondern es ist auch selbst von Gott, in dem Sinne, daß es das durch göttliche Fügung als durch eine lautere, durch keine menschliche Unthat oder Willkür befleckte Ueberlieferung berufene Werkzeug zur Stellvertretung der göttlichen Gerechtigkeit auf Erden ist. Eine solche Obrigkeit ist also in einem zwiefachen Sinne eine Obrigkeit von Gottes Gnaden [1]).

249. Die Ursache, weshalb diese aus der innersten Consequenz der Verhältnisse hervorgehende Wahrheit so oft mißverstanden oder geläugnet worden, liegt hauptsächlich in dreierlei. Erstens bezog man sie blos auf die Monarchie, während sie von jeder legitimen Gewalt, auch der in den Republiken, gilt [1]). Zweitens verstand man sie in einem zu überschwänglichen Sinne, und zog daraus falsche Schlüsse, was unten widerlegt werden wird [2]). Drittens wußte man sie mit den Thatsachen der Geschichte nicht in Einklang zu bringen. Kant gelangte aber doch dazu auf dialektischem Wege. „Ein Gesetz, sagt er, das so heilig (unverletzlich) ist, daß es, praktisch, auch nur in Zweifel zu ziehen, mithin seinen Effect einen Augenblick zu suspendiren, schon ein Verbrechen ist, wird so vorgestellt, als ob es nicht von Menschen, aber doch von irgend einem höchsten tadelfreien Gesetzgeber herkommen müsse, und das ist die Bedeutung des Satzes: „alle Obrigkeit ist von Gott,"

1) Auf diese so einfachen und doch so oft übersehenen Unterscheidungen kommt für die Wissenschaft wie für das Leben sehr Vieles an, wie sich gleich zeigen wird.

1) So bemerkt schon Zallinger Institut. iuris naturalis §. 200. 205. Dasselbe sagt Stahl Philosophie des Rechts II, 2. §. 74 (71).

2) Man sehe §. 270. 271.

welcher nicht einen Geschichtsgrund der bürgerlichen Verfassung, sondern eine Idee, als praktisches Vernunftprincip aussagt: der jetzt bestehenden gesetzgebenden Gewalt gehorchen zu sollen, ihr Ursprung mag seyn, welcher er wolle“ [3]). Anders legt sich J. H. Fichte die Sache zurecht. „Was da eigentlich herrschen soll im Volke, ist eben der allgemeine, objectiv vernünftige und sittliche Wille im Staate; die zur Person (oder zu Personen) gewordene rechtliche und sittliche Vernunft. Dies ist der einzig haltbare Sinn des Ausspruches: „Von Gottes,“ das heißt der Vernunft und der allgemeinen Sittlichkeit „Gnaden“ zu herrschen. Ein anderes göttliches Recht der Herrschaft läßt sich nicht erweisen“ [4]). Mit solchen Machtsprüchen kommt man aber über die tiefsinnige Frage nicht weg.

2) Die Macht der Thatsachen.

250. Zu den Unvollkommenheiten der menschlichen Zustände gehört, daß im öffentlichen Recht wie im Privatrecht nicht immer die Herrschaft des Rechts behauptet werden kann, sondern daß durch ungerechte Kriege, Revolutionen oder gewaltsame Veränderungen der Verfassung ein unrechtmäßiger Herrscher an die Stelle des rechtmäßigen kommt. Die Gewalt, welche Jener bekleidet, ist dann an sich immer die von Gott, nicht eine neu geschaffene; allein er für seine Person hat sie nur durch die Macht der Thatsachen, was keinen Rechtstitel bildet. Dennoch ist das Bedürfniß der Ordnung und der Continuität der Gewalt so stark, daß auch der bloße Besitz derselben, durch die gehörigen Machtmittel unterstützt, einen provisorischen Zustand schafft, welcher durch die Zusammenwirkung der Thatsachen Consistenz erlangen und ein definitiver werden kann. Zu diesen Thatsachen gehört vorzüglich die ausdrückliche oder stillschweigende Anerkennung der Majorität des Volkes und die Anerkennung von Seiten der auswärtigen Mächte. Beide können allerdings keine Rechte an der Gewalt geben, da sie

3) Kant Rechtslehre. Anmerk. A. zu §. 49.

4) J. H. Fichte System der Ethik. Th. II. §. 145.

selbst keine solche haben. Die Anerkennung der einen wie der anderen Art ist und bleibt also nur eine Thatsache; doch aber eine Thatsache von wichtigem Erfolge, weil sie zur Beschwichtigung der Gemüther, zur Entmuthigung des Widerstandes und dadurch zur Befestigung des Besitzstandes wesentlich beiträgt [1]). So geht dieser doch allmählig in die Rechtsordnung über; die göttliche Zulassung wird für die religiöse Auffassung zu einer göttlichen Fügung, und die neue Herrschaft zu einer Obrigkeit von Gottes Gnaden. Es bleibt da keine Wahl. Entweder ist der neue Machthaber gleich auf der Stelle eine Obrigkeit von Gott; oder er wird es nie; oder er wird es kraft der aus den vollendeten Thatsachen sprechenden göttlichen Zulassung und Fügung.

251. Wann die Thatsachen als vollendet gelten können, ist eine factische Frage, auf deren Beurtheilung der Charakter, die Grundsätze, die Neigungen und Interessen Einfluß ausüben. Es scheidet sich daher in diesem Uebergangszustand eine doppelte Klasse von Menschen: die Männer des strengen Rechts, die an der alten Ordnung mit ihren Bestrebungen und Hoffnungen bis aufs Aeußerste festhalten, und die Menschen der Accommodation, welche auf den nutzlos scheinenden Kampf verzichtend sich in die neuen Thatsachen ergeben. Es entsteht nun der bis ins Herz der Familien und in die Gewissen der Einzelnen reichende Zwiespalt; der schwere Kampf zwischen der Abneigung gegen die neue Herrschaft und den Pflichten, die man auch unter ihr uneigennützig und unbefleckt dem Vaterlande leisten kann [1]); die Verwirrung des Rechtsgefühls und der öffentlichen Meinung. Doch bleiben auch in sol-

---

1) Sehr schön charakterisirt dieses Barante Questions constitutionnelles chap. 1. (§. 253. Note 3).

1) In diesem Sinne sagt Dahlmann Politik §. 206: „Der einmal entschiedenen Umwälzung kann sich löblich auch der Vaterlandsfreund anschließen, derselbe der ihren Ausbruch mißbilligte, weil ein Zustand nicht dauern darf, in welchem die Regierung nirgend ist, weil sie überall ist; auswandern oder sich irgendwie entziehen in der Stunde, wo Alles was Gutes im Staate ist enger zusammentreten sollte, ward von jeher für unwürdig des guten Bürgers gehalten."

chen trüben Zeiten der Republikaner, der auf den Trümmern des geliebten Freistaates untergeht, der Royalist, der treu bis in den Tod für seinen König sein Herzblut opfert, leuchtende Gestalten, die, erhellt von dem Bewußtsein sicherer Pflichterfüllung, was für das menschliche Dasein das Höchste ist, selbst ihren Gegnern Achtung abnöthigen. Auch für die neue Herrschaft entstehen in dieser Uebergangszeit schwierige Aufgaben; ein Kampf um Selbsterhaltung in einer Lage, worin sie sich selbst gebracht hat; die täuschende Aushilfe einer Volksabstimmung, die als eine bloße Thatsache zwar alte Rechte zerstören helfen, nicht aber ein neues Recht schaffen kann [2]); die Verlegenheit, die Grundsätze der Herrschaft und Autorität für sich anzurufen, die man eben selbst mit Füßen getreten hat; daher jedenfalls die Pflicht der Schonung und Mäßigung gegen die Anhänger der alten Ordnung. Hieraus ergiebt sich aber auch, welche Segnungen die legitime Herrschaft in sich schließt. Sie allein vermag in der Tiefe des Gemüthes die Kräfte zur Hingebung an das gemeine Wesen zu pflegen, welche sich unter einer zweifelhaften Herrschaft im Mißtrauen und Hader verzehren.

3) Irrige Theorien.

252. Bei der Beurtheilung der verschiedenen Schulsysteme muß man den Ursprung der Gewalt und den Träger der Gewalt wohl unterscheiden. Der h. Thomas von Aquin († 1274) erklärt richtig die Gewalt und die ihr entsprechende Pflicht des Gehorsams als den Ausfluß der natürlichen und daher göttlichen Ordnung [1]),

---

2) Vortrefflich sagt darüber (1849) Barante Questions constitutionnelles chap. 1. Cette prétendue consultation adressée au peuple a été si souvent employée en France qu'on a pu en bien savoir la valeur. Elle n'a procuré aux établissements qui ont accompli cette formalité, ni durée, ni respect; lorsqu'il fallait, peu après, y recourir encore, l'idée de droit se retirait de la loi ancienne, mais ne venait pas consacrer la loi nouvelle; aucune pensée de stabilité ne s'attachait à cette oeuvre des maîtres actuels du pouvoir.

1) S. Thomas 2a. 2ae. qu. 104. art. 1. In rebus humanis ex ordine iuris naturalis et divini tenentur inferiores suis superioribus

die Ausübung derselben als eine göttliche Stellvertretung [2]), und als das Subject dieser Gewalt je nach der Verfassungsform das Volk oder den Fürsten [3]). Später verirrten sich aber die Theologen, namentlich die aus dem Orden der Jesuiten, der falschen Zeitrichtung folgend, theilweise in irrige Abstractionen. Der gelehrte und scharfsinnige Bellarmin (1542—1621) [4]) leitet mit Verwerfung eines ursprünglichen Naturzustandes [5]) die Gesellschaft aus der angeschaffenen Natur des Menschen, und die Nothwendigkeit der Gewalt aus dem Bedürfniß der von Gott und der Natur gewollten gesellschaftlichen Ordnung ab [6]). Die Gewalt im

obedire. — art. 2. Obedire autem superiori debitum est secundum divinum ordinem rebus inditum.

2) S. Thomas 1a. qu. 103. art. 6. In gubernatione duo sunt consideranda, scilicet ratio gubernandi, quae est ipsa providentia; et executio. Quantum igitur ad rationem gubernationis pertinet, Deus immediate omnia gubernat; quantum autem pertinet ad executionem gubernationis, Deus gubernat quaedam mediantibus aliis.

3) S. Thomas 1a. 2ae. qu. 90. art. 3. Ordinare autem aliquid in bonum commune est vel totius multitudinis vel alicuius gerentis vicem totius multitudinis. Et ideo condere legem vel pertinet ad totam multitudinem, vel pertinet ad personam publicam, quae totius multitudinis curam habet. — Eben so lautet es in der 1a. 2ae. qu. 98. art. 3.

4) Er handelt von diesen Fragen in Controvers. Tom. II. De membris ecclesiae lib. III. de laicis., Responsio ad defensionem octo propositionum Ioannes Marsilii ad capit. III.

5) De laicis c. 5. Hinc deducitur falsum esse, quod Marcus Tullius dicit in primo de inventione, fuisse olim tempus, quo homines vagarentur more bestiarum, deinde a sapiente quodam et eloquente homine vi eloquentiae persuasos convenire et simul vivere, quod idem etiam hodie dicere solent, quicumque eloquentiam laudandam suscipiunt. At revera nunquam fuit, nec esse potuit tale tempus. Nam etc.

6) De laicis c. 5. Principatus politicus adeo naturalis et necessarius est humano generi, ut tolli non possit, quin natura ipsa destruatur: hominis enim natura est, ut sit animal sociale. — Iam vero si natura humana socialem vitam requirit, certe requirit etiam regimen et rectorem: nam impossibile est multitudinem diu consistere,

Allgemeinen ist also von Gott[7]). Was aber das Subject derselben betrifft, so ist sie von Gott unmittelbar im Volke[8]), und wird von diesem auf Einen oder Mehrere übertragen. Jedoch geschieht dieses nicht beliebig, sondern kraft einer Naturnothwendigkeit, so daß die Gewalt der Obrigkeit im Allgemeinen auch kraft eines natürlichen und göttlichen Rechtes da ist[9]). Die Formen des Regiments im Einzelnen sind aber menschlichen Rechtes und hängen

---

nisi sit, qui eam contineat et cui sit curae bonum commune. — Necessario igitur rectores habendi sunt, si societas futura est.

7) De laicis c. 6. Certum est politicam potestatem a Deo esse. — Sed hic observanda sunt aliqua. Primo, politicam potestatem in universum consideratam, non descendendo in particulari ad monarchiam, aristocratiam, vel democratiam, immediate esse a solo Deo: nam consequitur necessario naturam hominis, proinde est ab illo, qui fecit naturam hominis: praeterea haec potestas est de iure naturae, non enim pendet ex consensu hominum: nam velint, nolint, debent regi ab aliquo, nisi velint perire humanum genus; quod est contra naturae inclinationem. At ius naturae est ius divinum; iure ergo divino introducta est gubernatio. — Responsio ad capit. III. Est omnium Doctorum communis sententia — potestatem Politicam immediate esse a Deo, quoad instinctum naturalem, quem habent homines curandi, ut ab uno aliquo, qui boni communis curam agat, gubernentur: et ex consequenti, semper esse inter homines, et qui imperent, et qui obtemperent.

8) De laicis c. 6. Secundo nota, hanc potestatem immediate esse tanquam in subiecto, in tota multitudine; nam haec potestas est de iure divino: at ius divinum nulli homini particulari dedit hanc potestati; ergo dedit multitudini. Etc. — Responsio ad capit. III. At nihilominus verum est, etiam potestatem Politicam principaliter et immediate sitam esse in multitudine hominum.

9) De laicis c. 6. Tertio nota, hanc potestatem transferri a multitudine in unum vel plures eodem iure naturae: nam respublica non potest per semetipsam exercere hanc potestatem, ergo tenetur eam transferre in aliquem unum vel aliquos paucos; et hoc modo potestas principum in genere considerata, est etiam de iure naturae et divino, nec posset genus hominum, etiamsi totum simul conveniret, contrarium statuere, nimirum, ut nulli essent principes vel rectores.

von der Zustimmung des Volkes ab[10]). Die Gewalt im Concreten ist also zwar an sich von Gott, jedoch durch Vermittlung einer menschlichen Veranstaltung[11]). Dabei sind auch Usurpationen und Ungerechtigkeiten möglich; jedoch können daraus durch göttliche Zulassung und Fügung legitime Regierungen werden[12]). In dieser Theorie ist also zweierlei irrig. Erstens, daß sie die Gewalt von Gott unmittelbar in das Volk legt, was eine rein willkürliche, für keine Zeit nachweisbare Fiction ist. Zweitens, daß sie daher die Uebertragung und Zustimmung des Volkes zum nächsten und allgemeinen Rechtstitel für den Besitz der Gewalt durch den Fürsten macht, während sie, wie oben gezeigt worden, nur eine außerordentlicherweise eintretende und wirksame Thatsache ist. Auf demselben Standpunkt steht auch der Jesuit Suarez (1611)[13]), unñ er ist im Orden bis in die neuere Zeit festgehal-

---

10) De laicis c. 6. Quarto nota, in particulari singulas species regiminis esse de iure gentium, non de iure naturae, nam pendet a consensu multitudinis constituere super se regem vel consulem vel alios magistratus, ut patet: et si caussa legitima adsit, potest multitudo mutare regnum in aristocratiam aut democratiam, et e contrario ut Romae factum legimus. — Responsio ad capit. III. Principes saeculares habent potestatem suam ex titulo humano, quia obtinent eam ex translatione, qua populi suam potestatem in principes transtulerunt.

11) De laicis c. 6. Quinto nota, ex dictis sequi, hanc potestatem in particulari, esse quidem a Deo, sed mediante consilio et electione humana, ut alia omnia, quae ad ius gentium pertinent. — Responsio ad capit. III. Ex hoc ipso etiam fit, principes potestatem suam quidem habere a Deo, sed mediante consensu populorum, atque idcirco non immediate a Deo.

12) De laicis c. 3. Adde, saepissime regna esse iusta et iniusta: a Deo et non a Deo: nam ex parte ipsorum occupantium et invadentium regna sunt latrocinia et iniusta, et proinde non a Deo: tamen ex parte divinae providentiae, quae utitur mala intentione hominum, et illam ordinat, vel ad peccata punienda, vel remuneranda bona opera, vel ad alios bonos fines, regna illa sunt iusta et legitima.

13) Suarez de legibus III. 3. 4.

ten worden [14]). Doch haben sich andere Moralisten dagegen erklärt [15]), und jetzt hat auch der Jesuit Taparelli den Irrthum seiner älteren Ordensgenossen widerlegen helfen [16]). Was aber Stahl gegen Suarez vorbringt [17]), würde beweisen, daß schon gleich nach einer vollbrachten Usurpation oder Revolution die Herrschaft eine legitime von Gott wäre, was nicht zugegeben werden kann [18]). Ganz irrig ist es endlich, Bellarmin als den Erfinder der Theorie der Volkssouverainetät zu verdächtigen [19]).

---

14) Dieses zeigt unter Anderen Zallinger (1784) Institut. iuris naturalis §. 204.

15) Concina Ord. Praedicat. (1715) Theologia Christiana Dogmatico-Moralis. Tomus Sextus. Lib. I. Dissert. 4. de leg. human. c. 2. Summae potestatis originem a Deo communiter arcessunt scriptores omnes. —Illud in disputationem vocant tum Theologi, tum Iurisconsulti, sitne a Deo proxime, an tantum remote haec potestatis summa? Immediate a Deo haberi contendunt plures, quod ab hominibus neque coniunctim neque sigillatim accepta haberi possit. Omnes enim patres familias aequales sunt, solaque oeconomica in proprias familias potestate fruuntur. Ergo civilem politicamque potestatem, qua ipsi carent, conferre aliis nequeunt. Tunc si potestas summa a communitate, tanquam a superiore, uni aut pluribus collata esset, revocari ad nutum eiusdem communitatis potest; cum superior pro arbitrio retractare communicatam potestatem valeat; quod in magnum societatis detrimentum recideret.

16) Taparelli Naturrecht I. §. 466—485.

17) Stahl Philosophie des Rechts Th. I. Buch III. Abschn. V. Kap. 1. Th. II. Abth. 2. §. 48 (42).

18) Man sehe §. 250.

19) Diese Entdeckung machte Ranke Historisch-politische Zeitschrift II. 606—612; ihm folgt Trendelenburg Naturrecht §. 154. Note. Wir wollen beide Theorien, die des Bellarmin und die der Volkssouverainetät, neben einander stellen. Nach der Ersten ist die Gewalt von Gott; nach der Zweiten lediglich von den Menschen. Nach der Ersten wird sie von Gott der Gesellschaft mitgetheilt; nach der Zweiten wird sie von den Menschen bei der Eingehung der Gesellschaft verabredet und geschaffen. Nach der Ersten wird sie von der Gesellschaft auf die Obrigkeit aus Nothwendigkeit kraft eines natürlichen und göttlichen Gesetzes, nach der Zweiten aus freiem Willen kraft eines Vertrages übertragen.

253. Der Lehre vom göttlichen Ursprunge der Gewalt grade entgegen steht die Theorie der Volkssouverainetät. Nach dieser ist die Gewalt beim Volke, ursprünglich und kraft eigenen Rechts, und ist von ihm auf die Obrigkeit, welchen Namen sie haben mag, übertragen. Diese Theorie ist jedoch unhaltbar. Erstens setzt sie die aus dem Naturzustande hervorgegangene Constituirung der Gesellschaft durch den Socialvertrag voraus, was eine willkürliche und unwahre Fiction ist[1]). Zweitens kann die öffentliche Gewalt mit dem Recht über Leben und Tod gar nicht durch einen Vertrag geschaffen werden[2]). Drittens ist in der constituirten Gesellschaft kein Organ vorhanden, wodurch neben den rechtmäßigen Inhabern der Souverainetät die Volkssouverainetät rechtmäßig ihren Willen kund geben[3]) oder die Gewalt einem Anderen dele-

1) Man sehe oben §. 50. 51.

2) Den Grund nennt in bündiger Kürze der Dominicaner Concina (§. 252. Note 15). Gut ausgeführt ist dieses auch von Balmes Th. III. Kap. 50.

3) Sehr gut sagt Barante Questions constitutionnelles chap. 1. En outre, comment se manifestera cette volonté? Comment, un certain jour, indépendamment de toute autorité et de toute règle sans être convoqué par un pouvoir existant, le peuple dans son ensemble, dans son unité, en libre délibération, en toute franchise de chaque citoyen, pourrait-il manifester sa souveraineté et en regler l'usage et la forme? Vraisemblablement un certain nombre d'hommes auront agi en son nom et argué de sa souveraineté pour renverser ou modifier l'autorité établie. En ce premier moment, le succès est seul juge; il prononce que c'est une émeute ou une révolution. Quelle qu'ait été l'issue de la lutte, la souveraineté du peuple n'a encore été qu'une bannière. A son ombre une autorité nouvelle s'y est installée; la nation n'y est encore pour rien. Comment, à quel moment, sous quelle forme, suivant quelles influences sera-t-elle ensuite consultée? C'est ce que décideront les conquérants du pouvoir. Or la puissance d'un fait accompli est grande, non seulement sur la masse inerte et ignorante, mais sur les caractères timides, sur les adorateurs de la victoire et même sur les bons citoyens qui craignent de tomber de mal en pis. La question n'est plus entière; le passé n'a plus d'existence; aucune alternative n'est présentée à ce

giren könnte[4]). Der Ursprung jener Theorie fällt mit der des Socialvertrages zusammen[5]). Scharf widerlegt wurde sie unter Anderen[6]) schon von Bossuet (1704) gegen den protestantischen Prediger Jurieu[7]). Vertheidigt wurde sie aufs Neue mit allen bis auf die äußerste Spitze getriebenen Consequenzen von J. J. Rousseau 1752, während Andere, wie Martini, Scheidemantel, Gentz, die Lehre vom Socialvertrag annahmen, den Folgerungen aber sich möglichst zu entwinden suchten. Allein es bleibt hier keine Wahl; jede Halbheit führt zur Inconsequenz und zur Unklarheit.

---

souverain absolu; aucun avenir n'est mis en balance avec le projet qui lui est offert.

4) Barante chap. 1. La souveraineté du peuple est — un principe abstrait, dont l'existence n'est pas plus réelle que l'existence du contrat social. De même que des hommes épars et libres ne se sont jamais préalablement assemblés pour former entre eux une société civile, de même cette société civile ne peut pas tout à coup abdiquer ses lois, renier ses magistrats et ses chefs, reprendre une souveraineté qu'elle n'a jamais exercée et la déleguer sous une forme librement choisie à une autorité, qui deviendra à jamais souveraine, parce qu'elle a dit un jour à ses commettants qu'ils étaient souverains.

5) Man sehe §. 52.

6) Nachweisungen giebt Haller Restauration der Staatswissenschaften Th. I. Kap. 11.

7) Gut ist diese Verhandlung resumirt von Barante Questions constitutionnelles chap. 1. L'opinion de Jurieu fut résumée, par lui même, dans la proposition suivante: »Il faut qu'il y ait dans la »société une certaine autorité, qui n'ait pas besoin d'avoir raison »pour valider ses actes. Or cette autorité n'est que dans le peuple.« Bossuet triomphe aisément de son adversaire, quand il lui impute de reconnaitre un droit de mal faire, un droit contre la justice. Il n'est pas moins fort, lorsqu'il lui demande si, avant que la société soit constituée, on peut dire qu'il y a un peuple; et comment, si elle est constituée, si elle a des lois, des chefs, des magistrats, la volonté du peuple, peut être manifestée d'une façon régulière; d'où il conclut qu'alors cette volonté n'est point constatée et agit comme un fait, non comme un droit.

254. Dieses zeigen auch die neueren Versuche, welche die Lehre von der Volkssouverainetät, nur verschleiert und unter täuschenden Phrasen versteckt, vortragen. Ein Beispiel ist Ahrens[1]. „Die Quelle der Staatsgewalt, sagt er, liegt in der Nation als „politischen Gesammtpersönlichkeit;" also mit anderen Worten: die Souverainetät liegt im Volke als Einheit. Wie sie an dasselbe gekommen sei, ist aber nicht gesagt, und da Ahrens die Entstehung des Staates aus einem vorhergegangenen Naturzustande verwirft[2], einen anderen Zeitpunkt für die Entstehung der Staatsgewalt in der „Gesammtpersönlichkeit der Nation" aber auch nicht nachweist, so ist Jenes nur eine in die Luft gestellte Behauptung. „Die Staatsgewalt, fährt er fort, wird aber in den einzelnen „Funktionen nur von denjenigen Organen ausgeübt, welche sich „in der fortschreitenden Entwickelung des Lebens in bestimmten „Formen ausgebildet haben." Durch welchen Rechtstitel aber diese Ausübung der Staatsgewalt an diese Organe kommt, wird hier weislich verschwiegen, und es bleibt dafür nichts übrig als entweder eine Usurpation, was kein Rechtstitel ist, oder eine ausdrückliche oder stillschweigende Delegation der souverainen Nation. „Durch diese Organe, heißt es weiter, wird die Gesammtpersönlichkeit aus einer bloßen indifferenten Masse zu einem wirklichen „politischen Organismus gestaltet, und es hieße daher zu den ersten rohen Anfängen der Staatsgesellschaft zurückkehren, wenn „man diese Organe aufheben, und die Gesammtheit selbst in die „unmittelbare Ausübung der Staatsgewalt einsetzen wollte." Hierin liegen zwei Irrthümer. Erstens wird dabei eine Zeit vorausgesetzt, wo die Gesammtheit der Nation eine rohe indifferente Masse bildete, was nicht nachweislich und mit den anderweitigen Aeußerungen des Verfassers im Widerspruch ist. Zweitens gestalten

---

1) Ahrens Organische Staatslehre. Besonderer Theil. Kap. 6 (4). §. 1. 3. Die Anerkennung, welche ich diesem Schriftsteller an anderen Orten erwiesen habe, beweist, daß es mir bei dieser Polemik nur um die Sache zu thun ist, und um den Wunsch, den Verfasser von einem sein Buch verunstaltenden Irrthum zu überzeugen.

2) Man sehe §. 52. Note 10.

und entwickeln sich die Organe der Gewalt, zwar nach dem in der Nation lebenden Bedürfnisse, nicht aber aus der in ihr liegenden Gewalt, sondern aus der Erweiterung und Vervollkommnung der Organe, die bereits mit der Gewalt bekleidet sind. „In „dieser Entwickelung, lautet es ferner, die durch verschiedene Ursa„chen gestört werden kann, können aber auch Fälle eintreten, wo „ein Organ oder mehrere verschwinden, absterben. In diesem „Falle tritt nothwendig die Gesammtpersönlichkeit der Nation her„vor, um durch ihren Bildungstrieb das verschwundene Glied „wieder hervorzurufen, sei es mit Hülfe der bestehenden Organe, „oder, wo dieses nicht möglich ist, durch selbstständige Schaffung „eines neuen Organs." Hier tritt also die Volkssouverainetät aus der idealen Phrase ins praktische Leben, damit aber auch alle Einwürfe, die dawider erhoben worden sind [3]). „Andererseits, „schließt der Verfasser, kann aber die Nation nicht das Recht in „Anspruch nehmen, weder für sich, noch für ihre unmittelbaren „Vertreter, beliebig durch einen Mehrheitsbeschluß eine constituirte „Gewalt in ihren Schoos zurückzuziehen, aufzuheben oder in dem „verfassungsmäßigen Verhältnisse zu den anderen Gewalten zu ver„ändern. Wo nicht jene abnormen Fälle eintreten, in welchen die „Lebenskraft der Nation sich bewähren muß, kann eine Aenderung „in den Gewalten und ihrem Verhältniß nur auf verfassungs„mäßigem Wege vorgenommen werden." Mit dieser wohlgemeinten Ermahnung soll also die souveraine Gesammtpersönlichkeit der Nation auf den Genuß des Selbstbewußtseins ihrer idealen Größe beschränkt und von der Einmischung in praktische Dinge zurückgehalten werden. Daß sie sich aber diese völlig inconsequente Beschränkung gefallen lassen werde, ist sehr zu bezweifeln. Mit der Ansicht von Ahrens verwandt, und wohl aus derselben entstanden, ist die von J. H. Fichte, welcher in der Verzweiflung in demselben Staate eine zwiefache Souverainetät, nämlich eine Volkssouverainetät und eine Fürstensouverainetät, annimmt [4]).

---

3) Man sehe §. 253. Note 3. 4.

4) J. H. Fichte System der Ethik Th. II. §. 145.

C) Von der Einrichtung der Verfassung. 1) Wesentliche Eigenschaften derselben.

255. Von dem Subjecte der Staatsgewalt muß alle zur Regierung des Staates nöthige Thätigkeit ausgehen. Der Inbegriff der darauf bezüglichen Organe und Einrichtungen macht die Verfassung eines Staates aus. Die Formen derselben können verschieden sein. In jeder Form, möge sie sein wie sie wolle, müssen sich aber die Eigenschaften und Anlagen vorfinden, die in dem Wesen der Gesellschaft als einer Vereinigung vernünftiger sittlicher Wesen begründet sind. Daraus ergiebt sich dreierlei. Vor Allem muß die Herrschaft nicht auf die bloße Gewalt, sondern auf Verstand und Einsicht gegründet, und das Streben danach allen Institutionen des Staates aufgeprägt sein. Es liegt in der Natur selbst des ungebildeten Menschen, daß er dem Uebergewicht der Intelligenz huldigt und sich ihm bereitwillig unterwirft. Dagegen sträubt sich der natürliche Verstand gegen eine Herrschaft, die sich blos auf die physische Uebermacht stützt. Die der menschlichen Natur angemessenste Verfassung, diejenige wonach auch die Menschheit unbewußt strebt, und der sie sich auch, wenn gleich unter Oscillationen, nähert, ist daher diejenige, wo sich die gesunde in den zum Urtheil berechtigten Volksschichten lebende Intelligenz in der Leitung der öffentlichen Angelegenheiten in der gehörigen Weise geltend machen kann. Umgekehrt sind die Verfassungen die fehlerhaftesten, wo der Bildungszustand derer, welche die Gewalt in Händen haben, mit dem der Regierten in einem Mißverhältnisse steht. Dann sind auch, wenn nicht zeitig Abhülfe geschah, immer Erschütterungen gefolgt.

256. Zweitens muß in der Verfassung die sittliche Hoheit und Machtvollkommenheit des Staates, das was man die Majestät nennt, gehörig hervortreten und auf die Gemüther wirken. Der Gedanke des Staates als einer sittlichen Ordnung, die allmächtig über den Einzelnen steht, und der sie mit voller Hingebung auf Leben und Tod unterworfen sein müssen, schließt etwas Gewaltiges in sich, was bei denen, die mit unverdorbenem Herzen und Sinn in diesen Gedanken eingehen, Ehrfurcht weckt und ge-

bietet. Auf diesem Gefühle beruht der des freien Menschen würdige Gehorsam. Ohne Ehrfurcht ist der Gehorsam entweder nur einer aus Furcht wie der eines Knechts; oder einer aus verstandesmäßigen Zweckmäßigkeitsgründen, also aus Eigennutz; und mit Beidem kann kein Gemeinwesen auf die Länge würdig und kräftig bestehen.

257. Drittens schließt der Begriff des Staates als eine Gemeinschaft vernünftiger sittlicher Wesen von selbst eine sittliche Beschränkung der Gewalt in sich. Diese muß daher jede Staatsform, wenn sie überhaupt eine des Menschen würdige sein will, anerkennen oder richtiger voraussetzen. Die Gewalt ist nicht für sich sondern für das Allgemeine da. Zu den Aufgaben einer jeden Verfassung gehört daher auch die, das Gefühl dieser Beschränkungen in den Organen der Staatsgewalt wahrhaft lebendig zu erhalten, wozu jedoch blos äußere Formen nicht zureichend sind. Von diesem Gefühle der sittlichen Beschränkung hängt das Wohl der Staaten wesentlich ab. Wo es fehlt tritt Eigennutz und Willkür ein, und die Regierung wird zur Despotie. Dieses kann wohl bemerkt nicht blos in der Monarchie, sondern auch in den Republiken der Fall sein.

2) Von den Formen der Verfassung.

258. Die Formen der Verfassungen sind zunächst ein Werk der Geschichte. Die unendliche Mannichfaltigkeit der menschlichen Zustände und der sie bestimmenden Ursachen haben auch eine große Mannichfaltigkeit und Abstufung der Staatsformen hervorgebracht. Der Einfluß der Eroberung, der Charakter eines Volkes, seine Liebe oder Gleichgültigkeit gegen die Freiheit, die Größe des Gebietes, der Reiz oder Mißbrauch der Herrschaft, das geistige Uebergewicht eines Einzelnen oder eines Standes und Anderes sind dabei maßgebend gewesen und müssen es auch noch jetzt sein. An die Erscheinungen der Geschichte kann und muß jedoch die Wissenschaft herantreten, sie ordnen und daraus Grundsätze und Erfahrungen abstrahiren.

259. Von den Staatsformen lassen sich drei Hauptarten

unterscheiden: die Monarchie, die Aristokratie und die Demokratie, je nachdem die höchste Gewalt einem Einzigen, oder dem Inbegriff der durch Geburt oder Cooptation sich ergänzenden regierenden Geschlechter, oder der Bürgergemeinde zusteht. Alle drei können, wie Aristoteles richtig sagt, gut sein, wenn die Gewalt verständig und gemäßigt zum Wohle des Ganzen gehandhabt wird. Die regierende Bürgergemeinde kann nie mit der Gesammtheit der Einwohner zusammen fallen, indem immer die Weiber und Unmündigen ausgeschlossen sind. Um aber nicht die Gewalt zu sehr bei der Menge zu lassen, giebt es insgemein noch andere Unterscheidungen des Vermögens und der Beschäftigung. So spitzt sich jede Demokratie in einem gewissen Sinne mehr oder weniger aristokratisch zu. Jene dreifache Eintheilung hat schon Aristoteles, wobei er jedoch die Aristokratie etwas unbestimmt nicht grade eine Herrschaft der Geschlechter, sondern überhaupt der Besten nennt[1]). Ihm sind Hobbes[2]), Spinoza[3]) und Andere gefolgt. Haller verwirft aber diese Eintheilung und läßt nur die in Monarchie und Republik zu, weil jede Demokratie mehr oder weniger aristokratisch sei[4]). Dieser Einwurf ist aber nicht ganz zutreffend, weil man doch immer die Aristokratie der Geschlechter von anderen Arten derselben als etwas Besonderes unterscheiden muß. Montesquieu theilt die Staatsformen ein in Republiken, Monarchien und Despotien. Allein die Despotie ist, wie Haller richtig einwendet, keine Staatsform, sondern die Verderbniß einer solchen, und es hat etwas Gesuchtes, wenn Montesquieu diese in eine Theorie bringen will. Sowohl die Monarchie als die Aristokratie können eine Theokratie sein, wenn die Gesetze als unmittelbare Willenserklärungen der Gottheit und die Herrscher als unmittelbare Bevollmächtigte derselben angesehen werden[5]). In christlichen Staaten kann dieses nicht mehr vorkommen.

---

1) Aristoteles Politik III. 7.

2) Hobbes de cive VII. 1—3.

3) Spinoza Tractat. polit. II. 17.

4) Haller Restauration der Staatswissenschaften I. Kap. 20.

5) Mit Recht hat Trendelenburg Naturrecht §. 200. Anm. die Aufstellung der Theokratie als einer vierten Staatsform verworfen.

260. Jenen drei Staatsformen stehen, wie schon Aristoteles bemerkt, drei Ausartungen gegenüber, wenn die Gewalt nicht mehr zum Wohle des Ganzen, sondern nur zum Vortheil derer, die sie in Händen haben, gebraucht wird: der Monarchie die Despotie oder Tyrannis, der Aristokratie die Oligarchie, der Demokratie die Ochlokratie. Diese drei Grundformen und die ihnen entsprechenden Ausartungen bilden, nach der Anschauung eines geistreichen Schriftstellers, unter sich einen Kreislauf, so daß mit einer Art von sittlicher Naturnothwendigkeit die eine Form in die andere übergeht: die Monarchie in die Tyrannis, die dann gestürzt wird und in die Aristokratie übergeht; welche dann ihrerseits in Oligarchie übergeht, und dann gestürzt wird und in die Demokratie übergeht; die dann ihrerseits in Ochlokratie verkehrt wird und in Anarchie übergeht, aus welcher dann als die letzte Krankheit der Staaten der Militärdespotismus hervorgeht, unter dem die Völker sich ausleben [1]). So viel Wahres hierin erfahrungsmäßig liegt, so ist es doch nicht als ein unüberwindliches Naturgesetz anzusehen; vielmehr ist es die Aufgabe des mit Vernunft und Freiheit begabten Menschen, durch die Erfahrung belehrt, jenen Ausartungen entgegen zu wirken.

3) Geistige Elemente der Verfassung.

261. Durch die Form der Verfassung und durch die Gesetze können nur die äußerliche Art und die Gränzen vorgezeichnet werden, wie und innerhalb welcher die Organe der Gewalt und die Unterthanen für das Wohl und die Zwecke des Ganzen thätig sein können und sollen. Was aber die Hauptsache, die inneren Triebfedern dieser Thätigkeit betrifft, so vermag die politische Kunst nicht diese zu schaffen, sondern sie fließen aus einer anderen Quelle und müssen von ihr vorausgesetzt werden. Diese Triebfedern sind bei denen, welche die höchste Gewalt auszuüben haben, das stete Bewußtsein der dadurch auferlegten Pflichten, das aufrichtige Streben nach Gerechtigkeit, die Sorgfalt für die gemeine Wohlfahrt,

---

1) So sagt Lasaulx Philosophie der Geschichte S. 104—106.

und der Geist der Selbstbeherrschung und Mäßigung. Auf Seiten der Unterthanen bestehen sie erstens in der Ehrfurcht vor der Autorität und dem daraus entspringenden willigen, des freien Menschen würdigen Gehorsam; zweitens in der Liebe zum gemeinen Wesen und in der daraus entspringenden Hingebung und Opferwilligkeit; drittens in dem Bürgersinn, das heißt in jener stillen und unbemerkten, von Ruhmsucht und Ehrgeiz entfernten, täglichen Uebung der bürgerlichen Tugenden, worin hauptsächlich das Leben des Staates besteht; viertens in der Mäßigung und Selbstbeherrschung, und zwar dieses um so mehr, je freier ein Volk ist [1]). So ist schon Aristoteles zu dem Resultate gekommen, daß die Bedingung der Güte und des Glückes des Staates, wie des einzelnen Menschen, die Tugend sei [2]).

262. Geht man aber auf den letzten Grund aller Tugenden und Pflichten zurück, so liegt derselbe in dem Gewissen, also in der Religion, das heißt in dem Bewußtsein des Zusammenhangs mit einer überirdischen Weltordnung und der daraus fließenden sittlichen Aufgaben des Menschen. Gleichwie dieses Bewußtsein den Menschen für jedes Lebensverhältniß mit einer eigenthümlichen durch nichts zu ersetzenden Schwungkraft erfüllt [1]), so insbesondere für den Staat, der den Menschen von der Wiege bis zum Grabe umfaßt, und mit den mannichfaltigsten Aufgaben an ihn herantritt. Ueberall wird hier die Macht und der Alles belebende Einfluß der Religion fühlbar, und ohne sie kann kein Staat bestehen. Sie erfüllt und durchdringt jeden Lebenskreis mit dem höheren Geiste der Pflichterfüllung. Sie schließt durch die Achtung und Heilighaltung jedes Rechts, des Hohen wie des Niedrigen, des Starken wie des Schwachen, das wahre erhaltende Element der

1) Guizot L'église p. 143. La liberté a besoin de vertu. Les nations ne sont capables de se gouverner elles-mêmes que lorsque les âmes se gouvernent fortement elles-mêmes. Je ne crois pas calomnier mon temps en disant que ce qui lui manque précisément, c'est le ferme gouvernement des âmes par elles-mêmes.

2) Aristoteles Politik VII. 1. 2. 3.

1) Man sehe §. 34. 40.

Gesellschaft in sich [2]). Sie heiligt durch den Eid die Bande der Zuneigung und Treue, welche den Fürsten und das Volk gegenseitig verknüpfen. Sie stellt sich der höchsten Gewalt ergänzend, mildernd, erleuchtend zur Seite, und wehrt durch ihre ernsten Ermahnungen den Mißbrauch derselben ab. Sie erhebt die Unterthanen zur Tugend des freien Gehorsams. Sie bewahrt durch die Gemüthskraft, welche sie in Schwung setzt und unterhält, den Nationen ihre Jugendlichkeit, und schützt sie vor der Trockenheit des Geistes und des Herzens, woran sie hinwelken und absterben [3]). Sie ist die Grundlage der Familien und der darin heran zu bildenden Zucht und Pietät. Sie dient den Gerichten durch den Eid als unentbehrliches Hülfsmittel zur Erforschung der Wahrheit. Sie giebt dem Kriegsmann auf dem Schlachtfeld den wahren Todesmuth. Sie bringt die Reichen und Armen einander näher, indem sie Jene zur Theilnahme und thätigen Hülfe antreibt, Diesen Dankbarkeit und Trost einflößt, überhaupt aber jede Lage des Lebens mildert, erhebt und durch Ergebung veredlen lehrt. Die Religion ist daher das eigentliche Band, welches den Staat zusammenhält, stark macht und vor Ausartung schützt.

---

2) Guizot L'église p. 167. Le caractère essentiel de l'esprit chrétien est le respect de la règle et du droit, de tous les droits, des droits de Dieu comme des droits de l'homme, des droits des gouvernements comme des droits des peuples, des droits du passé comme des droits de l'avenir. Le caractère dominant et permanent de l'esprit revolutionnaire est au contraire la passion, tantôt la passion de la licence, tantôt la passion d'une idée fixe et exclusive, devant laquelle s'évanouissent tous les droits qui la gênent, et à laquelle tous les moyens sont bons pour se satisfaire.

3) Guizot L'église p. 159. Il y a un symptôme assuré de la décadence, c'est la stérilité, la stérilité des esprits et des coeurs. Quand l'homme ne projette, n'espère et ne poursuit rien de meilleur et de plus beau que ce qu'il voit et ce qu'il possède, quand les générations humaines ne sont que vivre et mourir dans le présent, comme les générations des feuilles qui poussent et tombent, la société s'en va: sa grandeur et sa force même, si elle en conserve, ne lui servent plus qu'à prolonger son affaissement ou son agonie. — Société ou individu, la vie de l'âme, c'est l'avenir.

263. Diese große Wahrheit wurde schon in den Staaten des Alterthums, namentlich im römischen, durch die Sorgfalt für die Religion bekannt, worin sie die erhaltende Kraft des Staates verehrten. Das Christenthum hat diesem neue Gründe und Anschauungen hinzugefügt, und die Verfassungen des Mittelalters waren darauf gegründet. Erst dem irreligiösen Geiste der Neuzeit ist es unter den mannichfaltigsten Vorwänden gelungen, diesen Zusammenhang und mit ihm Eins der wichtigsten Fundamente der Ruhe und Wohlfahrt der Staaten zu erschüttern. Es ist erfreulich, diesen verderblichen Irrthümern Zeugnisse aus dem Munde der tiefsten Denker selbst der protestantischen Confession entgegenstellen zu können. Der unvergleichliche Leibnitz schrieb: „Hört die Religion auf, so wird man keinen Unterthan mehr finden, der für das Vaterland, für das gemeine Wohl, für das Gute und Gerechte, sein Vermögen, seine Würden oder gar sein Leben aufs Spiel setzen wird, wenn er unbekümmert um das Schicksal Anderer seinem Vortheil nachgehen und in Ehren und Reichthum seine Zukunft sicher stellen kann" [1]). Der sonst gegen die Religion ziemlich staatsmännisch nüchterne Montesquieu sagt: „Bayle stellt die gewagte Behauptung auf, daß wahre Christen keinen dauerhaften Staat bilden könnten. Warum nicht? Sie würden Bürger sein, die über ihre Pflichten sehr erleuchtet und von einem großen Eifer, sie zu erfüllen, beseelt wären. Je mehr sie ihrer Religion, um desto mehr würden sie ihrem Vaterlande schuldig zu sein glauben. Die Grundsätze des Christenthums tief in die Herzen eingegraben wären unendlich stärker, als jene falsche Ehre der Monarchieen, jene blos menschlichen Tugenden der Republiken, und jene sclavische Furcht der despotischen Staaten" [2]). Der vielkundige Geschichtschreiber Johannes Müller bezeugt als ausgemachte Wahrheit: „daß nach der Erfahrung aller Völker kein freies Volk ohne Sitten, noch diese ohne Religion bestehen mögen" [3]). Vortrefflich sagt der reformirte Prediger Naville: „Die christliche Reli-

1) Leibnitz Epistola censoria contra Pufendorf §. VI.
2) Montesquieu Esprit des loix liv. XXIV. chap. 6.
3) Johannes Müller Briefe Nr. 144 (Werke V. 271).

gion zeigt der menschlichen Gesellschaft das Ziel, welches sie sich stellen muß, und strebt sie mit dem Geiste zu durchdringen, wovon sie, um es zu erreichen, beseelt sein muß. Wenn der gesellschaftliche Fortschritt eine andere Richtung einschlägt, als die ihm diese Religion zu geben strebt, wenn er die Unterstützung, die sie ihm anbietet, zurückweist, wenn er sich blos auf die Gewalt, auf das Gesetz, auf staatswirthschaftliche Theorien stützen will, so führt er fast unvermeidlich zum Sensualismus, zur Ausartung, zum Wahnwitz, zum Verderben" [4]). In gleichem Geiste erhebt ein ernster protestantischer Staatsmann seine warnende Stimme: „Weder der Geist der Familie noch der politische Geist genügen zu der zu lösenden Aufgabe. Sie bedürfen der Beihülfe eines Geistes von noch höherer Abkunft, der noch tiefer in die Gemüther eindringt: der Hülfe des religiösen Geistes. Das ist das Eigenthümliche der Religion, daß sie eine Sprache für alle Menschen hat und sich Allen verständlich machen kann, den Hohen wie den Niedrigen, den Glücklichen wie den Unglücklichen, und daß sie mit Leichtigkeit in allen Schichten in allen Regionen der Gesellschaft auf und niedersteigt. Und das ist einer der bewunderungswürdigen Züge der christlichen Gesellschaftsverfassung, daß ihre Diener überall in der Gesellschaft verbreitet und gegenwärtig sind, zur Seite der Hütten wie der Paläste, in täglicher und inniger Berührung mit den geringsten wie mit den höchsten Lebensverhältnissen, Rathgeber und Tröster aller Arten des Jammers und aller Arten der Größe. — Hadert nicht mißtrauisch mit der Religion, fürchtet nicht die religiösen Einflüsse, die religiösen Freiheiten; lasset sie sich großartig mächtig äußern und entwickeln; sie werden euch schließlich mehr Frieden als Streit, mehr Hülfe als Verlegenheiten bringen. — Der religiöse Geist, der Familiengeist, der politische Geist, sind mehr als je dasjenige, was unsere Gesellschaft zu ihrem Schutze und zu ihrer Erhaltung bedarf. Weder der sociale Friede, noch die Ordnung, noch die Freiheit können ihrer Zusammenwirkung entbehren" [5]).

4) Naville De la charité légale (1836) II. 363.

5) Guizot De la démocratie en France (1849) chap. 7.

4) Von der besten Staatsform.

264. Der Zweck einer jeden Verfassung ist eine gerechte, einsichtsvolle und wohlwollende Regierung. Diese hängt vor Allem von der sittlichen und geistigen Disposition der Regierenden und Regierten ab; durch diese kann auch bei einer mangelhaften Staatsform die Regierung doch gut sein. Die Formen sind aber darum doch keineswegs gleichgültig, sondern sie üben auf die politische Bildung, den Geist und die Thätigkeit der Regierenden wie der Regierten einen wesentlichen Einfluß aus. Unter diesem Gesichtspunkt ist also eine Vergleichung der verschiedenen Staatsformen von Interesse.

265. Die Vorzüge der Demokratie bestehen in der Richtung auf das Allgemeine, die sie Allen einflößt, in dem großen Maß der politischen Thätigkeit und Bildung, die sie dadurch über Alle verbreitet, in dem Sinn für Freiheit, für Vaterlandsliebe, für die bürgerlichen Tugenden, den sie weckt und nährt. Sie hat aber, mit den oben genannten drei Eigenschaften verglichen[1]), gegen sich, erstens, daß regelmäßig die Intelligenz nicht bei der Masse ist; dieses ist nur unter ganz besonderen Umständen der Fall, bei sehr einfachen Sitten und Verhältnissen, zu deren Verwaltung der schlichte praktische Verstand zureicht. Reine Demokratien sind daher kaum möglich und finden sich in der Geschichte selten[2]); weder die griechischen Republiken[3]), noch Rom, wo der Senat, noch

1) Man sehe §. 255—257.

2) Dahlmann Politik §. 20. „Darum lehrt die Erfahrung aller Zeiten, daß reine Volksherrschaft nur in einem sehr kleinen und ungebildeten Staate statt hat, — nur da, wo in beschränktem Raume unter den einfachsten Lebensgewohnheiten hergebrachte Sitte so viel gilt als bei Andern das Gesetz.“

3) Lasaulx Philosophie der Geschichte S. 103. „Wenn wir von den freien Republiken des Alterthums hören, so meinen manche daß dort ein größeres Maaß von politischer Freiheit allen zugekommen sei als in unseren Monarchien. Das aber ist menschheitlich gemessen irrig; denn der größere Theil der Bevölkerung hatte dort gar keine politischen Rechte, und die größere Freiheit des kleineren Theiles war gegründet auf die gänzliche

die germanischen Staaten, wo die Häuptlinge die wichtigen Geschäfte vorher zu berathen hatten, können als solche gelten. Zweitens entbehrt die Demokratie der Majestät, und deshalb der Ehrfurcht, wodurch die höchste Gewalt so mächtig auf die Gemüther wirkt. Dieses kann auch weder durch den Schrecken des Gesetzes, noch durch das Ansehen der Bürgerversammlung, noch durch den Glanz der Volksfeste ersetzt werden. Nur durch die Weihe der Religion kann es geschehen, wie auch Rom in tiefer Einsicht bei seiner Magistratur that [4]); allein dieses geht über das Wesen der Demokratie hinaus und gehört einer anderen Ordnung an. Drittens ist das Hauptgebrechen der Demokratie dieses, daß das Volk, weil es Alles kann was es will, nichts sich gegenüber hat, wodurch es beschränkt wird. Die Majorität herrscht, das heißt die wandelbare Meinung der Masse, welche heute die verherrlicht, die sie morgen in die Verbannung schickt, und mit gemüthloser Unerbittlichkeit die Minorität erdrückt [5]). In der Demokratie gilt also in Wahrheit nur das Recht des Stärkeren; es giebt dort nur Sieger und Besiegte, und durch ein sonderbares Widerspiel ist die Staasform, welche als die freieste gilt, diejenige, wo die jeweilige

---

Unfreiheit des größeren Theiles. Der athenische Staat zählte zur Zeit seiner höchsten Blüthe etwa 500000 Einwohner, unter denen 135000 Freie und 365000 Sklaven waren."

4) Dieses ist die Bedeutung der auf den Grund der Auspicien decretirten lex curiata de imperio; dadurch wurde also die Obrigkeit eine von Gottes Gnaden. Man sehe meine Römische Rechtsgeschichte I. §. 23. 41. 67. 119.

5) Tocqueville De la démocratie en Amérique Tom. II. chap. 7. Il est de l'essence même des gouvernements démocratiques, que l'empire de la majorité y soit absolu: car en dehors de la majorité, dans les démocraties, il n'y a rien qui résiste. — La majorité a donc aux États une immense puissance de fait et une puissance d'opinion presqu'aussi grande; et lorsqu'elle est une fois formée sur une question, il n'y a pour ainsi dire point d'obstacles qui puissent, je ne dirai pas arrêter, mais même retarder sa marche, et lui laisser le temps d'écouter les plaintes de ceux qu'elle écrase en passant.

Herrschaft den Unterliegenden am Stärksten und Unmittelbarsten fühlbar wird. Dieses ist ein Widerspruch, der nur durch Schonung und Vermittlung ausgeglichen werden kann, wozu es aber der Majorität an Zeit und Stimmung fehlt[6]). Die Beschränkungen der demokratischen Staatsform liegen lediglich in dem Geistigen, in der Achtung vor dem Herkommen, in dem Gefühl der bürgerlichen Tugenden und Pflichten, und in dem Geiste der Mäßigung. Solche Verfassungen halten daher nur eine gewisse Zeit, und gegen die ausartende Demokratie giebt es keine Hülfe, weil dazu Jeder bei sich selbst anfangen müßte, was überall das Schwerste ist. Die ausgeartete Demokratie ist deshalb willkürlicher und zerstörender als der Despotismus. Rom schützte sich allerdings lange gegen diese Gefahren durch sein Tribunat. Allein mit dieser geheiligten, nicht blos die Massen leitenden, sondern auch über den Massen stehenden Gewalt war Rom auch nicht eine reine Demokratie; es wurde dazu erst, als Tiberius Gracchus gegen die Intercession eines Tribunen das Volk selbst anrief. Der der Demokratie vor der Monarchie nachgerühmte Vorzug der größeren Wohlfeilheit ist nur ein scheinbarer, wenn man dagegen die in der Magistratur, in den Gemeindeämtern und im Kriegs-

---

6) Sismondi Études sur les sciences sociales Tom. I. p. III. Rien n'est plus facile que de prouver la souveraineté d'une nation unanime; rien n'est plus difficile que de passer de là à établir celle de la majorité. — Le droit de la majorité n'est autre chose que le droit du plus fort; il est injuste sans doute, mais il serait plus injuste encore que l'autorité du plus faible l'emportât. — Il n'est pas inutile de connaitre toute l'injustice, tout l'asservissement qu'éprouvent les membres d'une minorité. — Nous apprendrons de là qu'une nation n'est vraiment libre et souveraine qu'autant qu'elle adopte sans cesse les voies de conciliations, et qu'au lieu de compter durement les voix, elle vise sans relâche à réunir les esprits; qu'elle n'est vraiment libre qu'autant qu'elle conserve à la minorité comme à la majorité ses droits à la souveraineté, et les moyens de les faire valoir; qu'elle est d'autant plus libre que la minorité est plus insignifiante, d'autant moins libre qu'elle approche plus de l'équilibre avec la majorité.

dienste unentgeltlich zu leistenden Lasten in Anschlag bringt. Auch führt diese Staatsform zu anderen eigenthümlichen großen Ausgaben hin [7]).

266. Die Aristokratie ist diejenige Staatsform, die der Entwicklung der staatsmännischen Intelligenz und Staatsklugheit vorzüglich günstig ist. Diese bildet sich in den regierenden Geschlechtern durch Uebung und Tradition von selbst, und wird zur Leitung und Beherrschung der Massen unerläßlich. Auch nimmt das Regiment in ihrer Hand durch das Uebergewicht der Bildung, des Reichthums und edler Sitten würdige der Masse imponirende Formen an. Staaten dieser Art bieten daher die größten Beispiele der Staatskunst und Staatsklugheit dar. Sie haben eine gewisse Zähigkeit der Staatseinrichtungen, eine Mischung von Patriotismus und Privatinteresse, die ihnen eine eigenthümliche Kraft und Dauer verleiht. Sie haben jedoch auch mancherlei Schattenseiten. Erstens nimmt eine solche Regierung nothwendig einen vormundschaftlichen Charakter an, welcher der Masse zwar wohlthätig ist, den sie aber doch, zu einer gewissen Bildungsstufe gelangt, nicht mehr erträgt, was dann insgemein große innere Kämpfe zur Folge hat. Zweitens mischt sich in die Regierung, der zu beherrschenden Masse gegenüber, leicht engherzige Aengstlichkeit oder allzugroße Sicherheit ein, wodurch sie in Eigennutz und Uebermuth ausartet. Drittens entspringt für diese Staatsform eine eigene Gefahr aus dem Reize der Herrschaft, welcher, unbefriedigt von dem den regierenden Geschlechtern gleichmäßig zustehenden Antheil, bald durch Kriegsthaten, bald durch Popularität, bald durch geheime Künste nach besonderen Auszeichnungen strebt. Daher die mißtrauische Beobachtung der regierenden Geschlechter unter einander, in deren Augen heimliche Angebereien gerechtfertigt und selbst Tugenden zu Staatsverbrechen werden können.

267. Die Monarchie ist diejenige Staatsform, welche durch

---

7) Lehrreich ist darüber Tocqueville De la démocratie en Amerique Tom. II. chap. 5.

die Concentrirung der Machtvollkommenheit und Majestät in einer Person die meiste Kraft hat und am Mächtigsten auf die Gemüther wirkt [1]): auch stellt sie, insbesondere die erbliche Monarchie, durch ihre Stetigkeit den Wechselfällen des Ehrgeizes und dem Streben nach Herrschaft das stärkste Bollwerk entgegen, und ist dadurch die dauerhafteste. Allerdings hat sie auch ihre Unvollkommenheiten; doch ist das, was ihr fehlt, leichter als bei jeder anderen Staatsform zu ergänzen möglich. Das Erste ist, daß sie zu dem höchsten und schwierigsten Beruf, den es auf Erden giebt, keine Garantie für die dazu erforderlichen Eigenschaften des Herrschers darbietet, und daß man den Unfähigen so gut hinnehmen muß wie den Fähigsten. Dieses ist jedoch durch eine zu festen Maximen durchgebildete Verwaltungskunst und ein entsprechendes intelligentes Beamtenthum zu ersetzen, welches in dieser Staatsform gewissermaßen eine Aristokratie des Geistes darstellt. Zweitens liegt in derselben die Gefahr, daß die so concentrirte Gewalt leicht von ihr selbst oder von denen, die ihr schmeicheln, als eine absolute und unumschränkte aufgefaßt wird. Diesem kann auf mancherlei Weise entgegengewirkt werden: durch den Organismus der Verfassung, durch eine intelligente Aristokratie, die dem Königthum eben so sehr zur kräftigen Stütze als zur heilsamen Beschränkung dient, durch das Gegengewicht eines nach Corporationen wohlgegliederten Volkslebens. Drittens zieht diese Staatsform, wenn sie Alles in die Hand des Monarchen und seiner Beamten bringt, die Unterthanen von dem politischen Leben ab, lähmt dadurch ihren Freiheitssinn und Gemeingeist und damit die edelsten Kräfte des Staates, und führt, da auch der thätigste Fürst nicht überall selbst auf den Grund sehen kann, mehr oder weniger zur Omnipotenz der Beamtenherrschaft. Diesem großen Uebel kann jedoch in der gehörig organisirten Betheiligung des Volkes an der Ausübung der Gewalt ein Gegengewicht gegeben werden. So bietet die in der richtigen Weise constituirte Monarchie die Mittel dar, die Vorzüge der anderen Staatsformen zu vereinigen, ihre

1) Dieses hebt auch Dahlmann Politik §. 137. hervor (S. 269).

Mängel zu vermeiden. Bei der Art der Ausführung wird allerdings Vieles auf die gegebenen Verhältnisse ankommen. Wenn man aber einmal die Monarchie um ihrer Vortheile halber will, so sind diese Vortheile nur dadurch zu erreichen, daß sie nicht eine scheinbare, sondern eine Wahrheit ist, das heißt daß in ihr kraft eigenen Rechts die Gewalt für die Regierung und Erhaltung des Ganzen mit der Verfügung über die darauf bezüglichen Machtmittel ruht, daß diese Gewalt durch die Verfassung in einzelnen Beziehungen beschränkt und an die Mitwirkung anderer Kräfte gebunden sein kann, daß diese Kräfte aber dadurch nicht Mitregierende und um so weniger die höchste Gewalt ihnen dienstbar werde [2]).

268. Ueber die beste Staatsform ist von jeher viel gestritten worden. Aristoteles, welcher die Vorzüge und Mängel der verschiedenen Formen abwägt, entscheidet sich für den Bürgerstaat, wo die höchste Gewalt beim Mittelstande, mit Ausschluß der Krämer und Handwerker, ruht, also für eine gemäßigte Vermögensaristokratie [1]). Sehr lehrreich stellt Dio Cassius die Vergleichung der Republik und Monarchie in den Personen des Agrippa und Mäcenas vor Octavian dar. Für die Republik, sagt Agrippa, spricht das angeborene Gefühl der Rechtsgleichheit und die daraus entspringende Abneigung gegen die Herrschaft eines Einzigen; ferner die Erweckung des Gemeingeistes und der bürgerlichen Tugenden. Die Nachtheile der Monarchie dagegen sind die Gefahren der Schmeichelei und Selbstsucht, die nothwendige Vermehrung der Steuern zum Unterhalt der stehenden Heere, die Nothwendigkeit die Strafgesetze im Sinne der monarchischen Ordnung zu schär-

---

2) Dahlmann Politik §. 24. „Eine solche Verbindung (der verschiedenen Staatsformen) ist auf mancherlei Weise möglich; nur steht gleich von Anfang her fest, daß, sobald die monarchische Gewalt mitaufgenommen ist, diese auch in der ersten Linie der Macht zu stehen kommt, denn sie darf nach keiner Seite hin sich dienend verhalten."

1) Aristoteles Politik III. 15. 16. IV. 2. 7. 8. 11. 12. V. 7. VII. 9. In seiner Ethik VIII. 13. erklärt er jedoch die Monarchie für die beste, die Republik für die schlechteste Staatsform.

fen und strenge zu handhaben, die Gefahren politischer Processe, die Schwierigkeit für eine so ausgedehnte Verwaltung zuverläßige Beamte zu finden, die große moralische Verantwortlichkeit, die den Alleinherrscher trifft, endlich die Schwierigkeit den zum Throne Würdigsten auszuwählen und die aus getäuschten Hoffnungen entstehenden Parteiungen und Spaltungen. Die Gründe des Mäcenas für die Monarchie dagegen sind rein praktisch staatsmännisch aus den Bedürfnissen und Gefahren der Gesellschaft und aus der Natur der Regierung eines großen Reiches entlehnt. Die falsche Freiheit, sagt er, insbesondere die Licenz der Rede, müsse gezügelt werden; von weisen Männern sei sie heilsam, von Thoren aber verderblich; sie sei bei diesen wie ein scharfes Schwert, das man in die Hand eines Kindes oder eines Wahnsinnigen gebe. Die Freiheit, wie das Volk sie verstehe, führe zur Terrorisirung und zur Knechtschaft der rechtlichen Leute, und gereiche Beiden zum Verderben. Er verlangt daher eine kräftige Alleinherrschaft als das alleinige Mittel der Zügellosigkeit der Massen zu steuern, Spaltungen und Bürgerkriege zu unterdrücken und das Reich in Ordnung zu erhalten; keineswegs aber Tyrannei, sondern eine gerechte und verständige Verwaltung, für Volk und Senat eine angemessene Freiheit, und überall Mäßigung mit der möglichsten Schonung der bestehenden Formen [2]). Nicht ganz klar ist, welche Gründe den edelsten und ernstesten römischen Geschichtschreiber bestimmten, sich gegen die aus den drei Staatsformen gemischte Regierungsform zu erklären [3]).

269. Im Mittelalter kam der h. Thomas von Aquin, mit Benutzung Aristotelischer Begriffe, unter dem Einfluß der damaligen Verfassungen zu dem Resultate, die aus den drei Staatsformen gemischte Wahlmonarchie für die beste zu halten [1]). Dieses

2) Dio Cassius LII. 4—40.

3) Tacit. Ann. IV. 33. Cunctas nationes et urbes populus aut primores aut singuli regunt: delecta ex iis et consociata rei publicae forma laudari facilius quam evenire, vel si evenit, haud diuturna esse potest.

1) S. Thomas 1a. 2ae. qu. 105. art. 1. Unde optima ordinatio

ist auch die Ansicht des Jesuiten Bellarmin, der jedoch die Aristokratie in den Beamtenstand setzt und zu selbstständig macht[2]). Weniger unbedingt drückt sich sein Ordensgenosse Suarez aus[3]). Dieselbe Haltung nimmt Taparelli an[4]). Hobbes stellt scharfsinnige Vergleichungen der drei Staatsformen auf und entscheidet sich für die Monarchie[5]). Ihm stimmt im Ganzen Pufendorf mit Umsicht und Unterscheidung bei[6]). Es lassen sich aber hier die vielen Meinungen nicht alle namhaft machen. Der geistreiche Tocqueville verwirft den Begriff der gemischten Staatsform ganz; das Prinzip der Verfassung, sagt er nicht ohne Grund, dürfe nur ein einziges, müsse aber in seiner Action durch die öffentlichen Einrichtungen beschränkt sein[7]). Ein eben so ernster als freige-

---

principum est in aliqua civitate, vel regno, in quo unus praeficitur secundum virtutem, qui omnibus praesit; et sub ipso sunt aliqui participantes secundum virtutem; et tamen talis principatus ad omnes pertinet, tum quia ex omnibus eligi possunt, tum quia etiam ab omnibus eliguntur. Talis vero est omnis politia bene commixta ex regno, in quantum unus praeest, ex aristocratia, in quantum multi principantur secundum virtutem, et ex democratia, id est potestate populi, in quantum ex popularibus possunt eligi principes, et ad populum pertinet electio principum.

2) Bellarmin. Controvers. Tom. I. De summo pontifice lib. I. cap. 1—4.

3) Suarez de legib. III. 4. Constat experientia magnam esse in hoc varietatem: nam alicubi est monarchia, et raro est simplex, quia supposita fragilitate, ignorantia et malitia hominum, regulariter expedit aliquid admiscere ex communi gubernatione, quae per plures fit, quae etiam est maior vel minor iuxta varias consuetudines et iudicia hominum: pendet ergo tota haec res ex humano consilio et arbitrio.

4) Taparelli Naturrecht I. §. 551—561.

5) Hobbes Leviathan c. 19. De cive I. 10.

6) Pufendorf De iure naturae VII. 5. §. 22.

7) Tocqueville De la démocratie en Amérique T. II. chap. 7. Le gouvernement qu'on appelle mixte m'a toujours semblé une chimère. Il n'y a pas, à vrai dire, de gouvernement mixte (dans le sens qu'on donne à ce mot), parce que, dans chaque société, on

sinnter deutscher Schriftsteller hat sich in edlen Worten, denen wir ganz beistimmen, unbedingt für die eingeschränkte erbliche Monarchie entschieden. „Die Mehrzahl des Volkes, sagt er, bedarf zu allen Zeiten dieser verständlichsten und gemüthvollsten aller Regierungsweisen, und unzählige Male hat sich an die alte Treue für ein angestammtes Haus die Erhaltung des ganzen Staats geknüpft. Die gebildete Minderzahl bedarf aber ihrer vielleicht noch mehr, als einer unübersteiglichen Schranke für den persönlichen Ehrgeiz, dieser Wucherpflanze der Bildung. Wer in diesem unter der Last so manches unabwendbaren Wechsels fast erliegenden Welttheile noch die Monarchie entwurzeln möchte, der vergißt, daß zwar oftmals aus der Ordnung die Freiheit, niemals aber aus der Freiheit die Ordnung hervorgegangen ist“ [8]).

IV. Von der Monarchie. A) Die Verfassung. 1) Das Wesen des Königthums.

270. Das Wesen der monarchischen Staatsform besteht darin, daß ein Einzelner die höchste Gewalt als eigenes Recht hat, nicht wie ein republikanischer Magistrat als ein Delegirter des Volkes. Er ist also, religiös ausgedrückt, König von Gottes Gnaden [1]). Indem aber diese Auffassung die königliche Gewalt nicht auf Zufall oder physische Uebermacht, sondern auf Gott den Urgrund der sittlichen Ordnung zurückführt, nimmt sie auch eine wesentliche Beschränkung in sie auf, nämlich den Begriff eines

finit par découvrir un principe d'action qui domine tous les autres. — Quand une société en vient à avoir réellement un gouvernement mixte, c'est à dire également partagé entre des principes contraires, elle entre en révolution ou elle se dissout. Je pense donc qu'il faut toujours placer quelque part un pouvoir social supérieur à tous les autres; mais je crois la liberté en péril lorsque ce pouvoir ne trouve devant lui aucun obstacle qui puisse retenir sa marche et lui donner le temps de se modérer lui même. — Ce qui me répugne le plus en Amérique, ce n'est pas l'extrême liberté qui y règne, c'est le peu de garantie qu'on y trouve contre la tyrannie.

8) Dahlmann Politik §. 137.

1) Man sehe §. 246—248.

von Gott verliehenen Amtes, einer von Gott auferlegten Pflicht, wovon auch vor Gott strenge Rechenschaft abzulegen sein wird. So wird durch diese Formel neben die äußere Unverantwortlichkeit, die zum Wesen der Monarchie gehört, die ernste Mahnung der inneren Verantwortlichkeit gestellt, und die höchste irdische Würde im Angesicht ihrer schweren Aufgaben an Demuth erinnert.

271. Zuerst wurde diese Formel nach der Beseitigung der Merovinger bei der Salbung Pippins gebraucht. Von da an wurde sie von der Kirche ununterbrochen festgehalten, und darauf ihre ernsten Ermahnungen in dem angegebenen Sinne gegründet[1]). Selbst die Erbfolge sollte nicht wie eine Vererbung im Sinne des Privatrechts, sondern als eine göttliche Fügung aufgefaßt werden[2]). Später, als der religiöse Geist der Verfassungen entwich und in demselben Verhältnisse der Absolutismus zunahm, wurde zum großen Nachtheile der Völker der tiefe Sinn jener Formel nicht mehr verstanden, oder gar dasjenige, was eine Mahnung zur Demuth war, von gedankenlosen Schmeichlern oder von übermüthigen Königen in das Entgegengesetzte verkehrt[3]). Doch bleibt die darin liegende Wahrheit ungeschwächt, und wird noch immer von gottesfürchtigen Fürsten erkannt und empfunden[4]).

---

1) Conc. Paris. VI. a. 829. lib. II. c. 2. Scire etiam debet (rex), quod causa, quam iuxta ministerium sibi commissum administrat, non hominum, sed Dei causa existit, cui pro ministerio, quod suscepit, in examinis tremendi die rationem redditurus est.

2) Conc. Paris. VI. a. 829. lib. II. c. 5. Nemo regum a progenitoribus regnum sibi administrari, sed a Deo veraciter atque humiliter credere debet dari.

3) Ludwig XIV. knüpfte daran den Ausspruch: Tenant, pour ainsi dire, la place de Dieu, nous semblons être participants de sa connaissance, aussi bien que de son autorité. Barante Questions constitutionnelles chap. 1.

4) Was ist auch, kann man fragen, den Völkern zuträglicher, ein König der sich König von Gottes Gnaden, oder Einer, der sich König von des Erbrechts Gnaden, oder von des Schwertes Gnaden, oder von des Zufalls Gnaden nennt?

2) Die Person des Königs. a) Die königliche Würde.

272. Nach der Natur des Königthums ist das Subject der höchsten Gewalt und die Person des Königs Eins. Was daher im Begriffe der höchsten Gewalt liegt, steht auch der Person des Königs zu. Erstens also die Majestät mit dem daraus fließenden Recht auf Ehrfurcht. Wo die Bedeutung des Königthums in den Gemüthern lebendig ist, wird sich dieses von selbst beim Fürsten in der durch seine Würde überall gebotenen würdevollen Haltung, in den Unterthanen durch respectvolle Begegnung kund geben. Zweitens die Unverletzlichkeit, was man auch durch Heiligkeit ausdrückt. Drittens die Unverantwortlichkeit. Beides muß für die öffentlichen Handlungen schlechthin gelten. Hingegen für die Privatverbindlichkeiten steht es mit der königlichen Würde nicht im Widerspruch, ist ihr vielmehr förderlich, wenn sich der König darin wie ein Privatmann dem Ausspruch der Gesetze und der Landesgerichte unterwirft. Bei religiösen Verbindlichkeiten, namentlich bei der Ehe, ist dieses sogar eine unerläßliche Nothwendigkeit. Das Strafrecht kann jedoch den König nicht treffen, weil als König eine Strafe zu bestehen der königlichen Würde, oder als König zum Bestehen der Strafe suspendirt oder entsetzt werden, der Natur des Königthums widerstreitet. Beim deutschen Wahlkönigthum wurde jedoch Letzteres nicht für unmöglich gehalten.

273. Die Monarchie erfordert auch in Allem, was sich auf die Person des Fürsten bezieht, entsprechende würdige Formen, und es hat viele Gründe für sich, daß diese feststehend seien. So entstehen das Cäremonial für die feierlichen Handlungen, die Regeln der Hofetiquette, die in der richtigen Weise selbst als Erziehungsmittel von Bedeutung sind, die Curialien der schriftlichen und mündlichen Anrede. Maß und Ausdruck werden sehr von der Gefühlsweise jeder Zeit abhängen. Doch ist es würdiger und selbst dem Interesse des Königthums zuträglich, falsche Ueberschwänglichkeiten zu vermeiden und solche Formen zu wählen, welche die Ehrfurcht des Unterthan mit der Gefühlsweise des freien Mannes vereinigen.

b) Das königliche Haus.

274. In der erblichen Monarchie, wo die Würde an der Dynastie haftet, ist das königliche Haus schon dadurch über die Unterthanen erhaben; aber auch in der Wahlmonarchie sprechen dafür die nahe Beziehung zum Könige und andere politischen Gründe. Der König übt daher über dasselbe, wie im alten römischen Recht jeder Hausvater, in Allem, was die Familieninteressen und die Familienehre betrifft, eine nur durch sich und sein Gewissen beschränkte Gewalt aus, und die Glieder desselben sind ihm zu einer besonderen Ehrerbietung und Willfährigkeit verpflichtet. Die Eintracht in der königlichen Familie ist für das Land eben so segenbringend, als die Zwietracht gefahrvoll. Die Eingehung von Privatverbindlichkeiten der Mitglieder des Hauses kann der König wegen deren Consequenzen an seine Genehmigung binden. Ueber ihre Vergehen kann er sich des traurigen Richteramtes nicht entziehen, wird aber in schweren Fällen die Aeltesten der Familie zuziehen, und todeswürdige Verbrechen, um seinem Gefühle und der öffentlichen Meinung zu genügen, an das oberste Landesgericht verweisen müssen.

c) Der königliche Unterhalt.

275. Zur Würde des Königthums gehört auch Munificenz und äußere Unabhängigkeit, also ein reichliches und festes Einkommen, das wenigstens bei Lebzeiten nicht vermindert werden kann. Am Angemessensten ist es, daß gleichwie die Würde selbst permanent ist, so auch an ihr eine permanente Dotation hängt, also ein Kronfideicommiß, oder bestimmte dazu ausgeschiedene Domänen. Wo dieses nicht sein kann, sollte doch grundgesetzlich ein von der Bewilligung der Stände unabhängiges Minimum der Civilliste festgesetzt sein. In der Erbmonarchie ist auch für die nachgeborenen Söhne und deren Linie und für die Ausstattung der Töchter zu sorgen, und dazu können besondere Bewilligungen der Stände nöthig werden. Ein blühendes Fürstenhaus ist aber für ein Land ein Segen, wogegen man nicht zu engherzig rechnen darf. Eine Versorgung der Prinzen mit einträglichen hohen Posten ist,

deren Tüchtigkeit vorausgesetzt, für das Haus wie für das Land gleich vortheilhaft; sonst ein verderblicher Nepotismus.

d) Die Thronfolge.

276. In den Republiken ist der Träger der höchsten Gewalt unsterblich. In der Monarchie aber bildet der Tod des Königs und der Eintritt eines Nachfolgers einen wichtigen in längeren oder kürzeren Zwischenräumen sich wiederholenden Abschnitt. Dieses ist ein Nachtheil dieser Staatsform, den die politische Kunst mit den der Natur derselben angemessenen Mitteln möglichst zu überwinden streben muß. Die zu lösende Aufgabe ist also die, daß die Einheit und Continuität der Staatsgewalt in dem mit ihr bekleideten Organe möglichst sichtbar bleibe, und der Wechsel der Personen mit der möglichst wenigen Unterbrechung vor sich gehe. Dieses gewährt die Erblichkeit, weil dadurch die königliche Würde als an etwas Dauerndem, an der Dynastie haftend dargestellt wird. Es wird dadurch auch am Bestimmtesten der Gedanke ausgedrückt, daß der König es von sich selbst, durch eine Thatsache der Natur, nicht der Menschen, ist [1]). Er wächst dadurch von selbst in die Gemüther und Hoffnungen der Unterthanen hinein. Nur durch die Erblichkeit wird jenes eigenthümliche starke Band möglich, welches den Fürsten und sein Volk in Glück und Unglück mit einander verbindet. Dieses spricht sich auch so sehr im Gefühle der Völker aus, daß man selbst in Wahlmonarchien vorzugsweise an der Dynastie festgehalten hat. Die religiöse Auffassung fügt noch den Glauben hinzu, der in einer Dynastie eine besondere Fügung Gottes verehrt und auf einen daran hängenden besonderen Segen vertraut. Jedenfalls beweist die allgemeine Durchbildung des Princips der Erblichkeit, daß in der menschlichen Natur ein Zug liegt, der darauf unwiderstehlich hinführt [2]).

---

1) Gut spricht darüber Stahl Philosophie des Rechts II, 2. §. 70 (68).

2) So sagt auch Hegel Philosophie des Rechts §. 281. Zusatz: „Es ist die innere Macht der Idee, die die Menschen selbst gegen ihr anscheinendes Bewußtseyn dazu nöthigt und in diesem Verhältniß erhält."

277. In diesem Zuge und Bedürfnisse besitzt auch die Erblichkeit eine weit breitere und dauerhaftere Stütze, als in den Regeln des politischen Verstandes und der Erfahrung, die man dafür geltend macht [1]). Doch haben auch diese an ihrer Stelle ihren Werth. Wahlen erregen die mächtigsten Leidenschaften, Bewegungen und Parteiränke, wogegen die feinsten Vorsichtsmaßregeln unzureichend werden; sie hinterlassen die Bitterkeit getäuschter Hoffnungen, Neid und eine geheime innere Spaltung, die allzuleicht in Bürgerkriege ausbricht. Der geborene König dagegen hat, frei von Nebenbuhlern und Mitbewerbern, weder Haß noch Neid, und das Land die Schrecknisse innerer Kriege nicht zu fürchten. Ferner wird der Wahlkönig, als Mensch zwischen seine Würde und die Zukunft seiner Familie gestellt, in die schwersten Versuchungen gebracht [2]), während für den geborenen König die Wohlfahrt des Landes mit der Wohlfahrt des Hauses aufs Innigste verbunden ist. Endlich entstehen aus den sich anhäufenden Königsfamilien durch die zu jeder Wahl sich mehrenden Prätendenten die größten Uebelstände. Alle diese Nachtheile würden auch durch die Verbindung der Wahlform mit der Erblichkeit, indem aus den Söhnen der Würdigste ausgewählt werden sollte, nicht vermindert, eher vermehrt.

278. Allerdings hat die Erblichkeit auch ihre Schattenseiten. Der stärkste Einwand ist, daß dabei die persönliche Fähigkeit und Würdigkeit des Thronfolgers als das Untergeordnete und Zufällige hingestellt wird. Aber auch die Wahl verbürgt nicht immer die Erhöhung des Würdigsten, vielmehr muß diese Erwägung nur zu oft gegen Parteirücksichten zurücktreten. Jedenfalls hat die Wahl den Nachtheil, daß sie einen Privatmann und mit ihm seine Familie unvorbereitet zu einer ganz neuen Stellung erhöht, während der geborene Thronfolger dazu erzogen wird. Diese Eindrücke der Erziehung, die bildende Kraft feiner Sitten, das Vorbild glorreicher Ahnherrn und Erinnerungen, die Achtung vor den Tradi-

1) Gut sind diese zusammengefaßt von Dahlmann Politik §. 101—103.
2) So bemerkt sehr richtig schon Aristoteles Politik III. 15.

tionen des Hauses, erhalten in ihm das Gefühl seines hohen Berufes lebendig, und lassen die Unterthanen das Zufällige vergessen, welches ihnen den Herrscher zugeführt hat.

279. Die Verleihung der königlichen Würde durch Wahl ist aber doch dem Wesen des Königthums nicht schlechthin zuwider. Denn diese darf nicht so aufgefaßt werden, als ob die königliche Gewalt in den Wählern selbst residirte, an sie durch den Tod zurückfiele und von ihnen jedesmal auf den Gewählten neu übertragen würde. Die Gewalt ist vielmehr von ihnen unabhängig da, unsichtbar im Princip der Verfassung, nur der Ausübung nach unterbrochen und suspendirt, wie dieses auch in der Erbmonarchie außerordentlicherweise vorkommen kann. Die Wahlmonarchie wird nicht in der Zwischenzeit eine Republik oder Aristokratie, und das Interregnum begreift nicht alle Rechte der königlichen Gewalt, sondern nur einzelne durch die Verfassung bezeichneten Gerechtsame. Die Wähler haben also nicht die königliche Gewalt selbst in ihrer Hand, sondern sie haben nur das Individuum zu bestimmen, welches König sein und dann kraft des Princips der Verfassung mit der königlichen Gewalt als eigenes Recht bekleidet sein soll. Der gewählte König ist daher nicht minder König wie der Geborene [1]). Allerdings liegt bei der Wahl das Mißverständniß sehr nahe, als ob der Gewählte seine Gewalt von den Wählern selbst delegirt erhalte. Daher ist es im Wahlreich besonders Bedürfniß durch die Feierlichkeit der Weihe und Krönung an die selbstständige Bedeutung und höhere Abkunft der Gewalt zu erinnern.

280. Dieses führt zu einem Punkte, den die Wahl- und die Erbmonarchie mit einander gemein haben, zu dem Bedürfniß einer religiösen Ergänzung. Beide sind aus dem religiösen Standpunkt als eine göttliche Fügung anzusehen; Beide wollen, daß der

---

1) So wird der Papst von den Cardinälen, der Bischof vom Kapitel gewählt; allein die päpstliche oder bischöfliche Gewalt selbst ruht nicht in dem Collegium der Cardinäle oder in dem Kapitel, sondern in dem Amt nach dem Grundgesetz der Kirche.

Berufene sich seiner hohen Würde und Pflicht bewußt sei, und sich vor derselben neige. Daher bei allen Völkern, wo es ein Königthum gab, eine mit religiösen Gebräuchen umgebene Krönung oder Inauguration. Die christliche Kirche hat dieses in den edelsten Formen ausgebildet. Das Wahlprincip, welches den möglichst Würdigen zu ermitteln strebt, kann dazu der Priesterschaft oder der Kirche eine Mitwirkung zur Ausschließung eines Unwürdigen einräumen; so im alten Rom durch die Befragung und Auslegung der Auspicien, im Mittelalter bei der römischen Kaiserwahl dem Papste. In der Erbmonarchie fällt dieses weg, und die Kirche ist hier blos auf die religiöse Function beschränkt. Doch ist es im Interesse der Monarchie wie in dem der Völker, daß dieselbe hier ihre lebendige Bedeutung bewahre.

281. In der Wahlmonarchie tritt durch den Tod des Königs regelmäßig ein Interregnum ein, dessen Nachtheilen zu begegnen eine wichtige Aufgabe der Verfassung ist. In der Erbmonarchie ereignet sich Jenes nur ausnahmsweise durch die Minderjährigkeit des Thronfolgers oder die eintretende Unfähigkeit des Regenten. Es muß dann, weil die Regierung nicht stille stehen kann, eine Regentschaft angeordnet werden. Dabei ist der Gesichtspunkt festzuhalten, daß der Regent zwar nicht König, aber auch nicht bloßer Stellvertreter ist, sondern daß er zwar ein außerordentliches, jedoch mit eigener Verantwortlichkeit und daher auch mit eigener Machtvollkommenheit versehenes Amt bekleidet. Hinsichtlich der Person des Regenten ist zwar die Nähe zum Throne das natürlich bestimmende Moment; aber ganz allein maßgebend ist dieses nicht, weil auch die Rücksicht auf die Person des Königs hinzukommt. Daher kann die Regentschaft durch das Gesetz oder durch besonderen Beschluß auch der Gemahlin oder der Mutter mit einem gehörigen Beistand zur Seite übertragen werden.

282. In so fern die königliche Würde ein eigenes Recht ist, kann darauf verzichtet werden. In so fern sie eine durch göttliche Fügung überkommene und übernommene Pflicht ist, darf dieses nur aus zureichenden Gründen geschehen. Doch kann darüber nur das eigene Gewissen Richter sein; denn einen Zwang zur Beibe-

haltung der Krone giebt es nicht. Eben so wenig aber auch zur Niederlegung derselben, und eine erzwungene Abdication ist unverbindlich. Sowohl das Recht wie die Pflicht sind aber nur für die Person selbst gegeben, und nicht wie ein Privatrecht veräußerlich. Die Uebertragung der Krone an einen Fremden ist sowohl dem Princip der Wahl- als dem der Erbmonarchie zuwider. Selbst die Zustimmung sämmtlicher Agnaten ist dazu nicht hinreichend, sondern es muß, um die Ehe zwischen der Dynastie und dem Volke zu lösen, die Zustimmung der ordentlichen oder außerordentlichen Vertreter desselben hinzukommen.

3) Die Unveräußerlichkeit und Untheilbarkeit des Reichs.

283. Die Bedeutung und Macht eines Reiches hängt physisch von der Größe des Gebietes und der Bevölkerung, moralisch von dem Gefühl des Volkes als einer durch gemeinschaftliche Schicksale und Aufgaben verbundenen Einheit, also von dem Nationalbewußtsein, ab. Beidem stehen willkürliche Veräußerungen des Staatsgebietes unmittelbar entgegen; sie sind Frevel gegen die eigene Existenz, welche nur durch die unwiderstehliche Macht der Thatsachen zu rechtfertigen sind. Dieselben Gründe gelten auch gegen die Theilungen durch Vererbung; sie finden sich nur auf einer niederen Stufe des Staatslebens, wo das Volk nur als Zubehör der Dynastie angesehen wird. Wo die Ausdehnung des Reichs Theilungen aus politischen Gründen nöthig machte, wie im römischen Reiche und nach Karl dem Großen, hat man doch immer unter den Theilen eine gewisse Verbindung zu unterhalten gestrebt. Jetzt ist die Untheilbarkeit der Reiche zu einem politischen Axiom geworden. Dieses hat aber auch eine entsprechende Successionsordnung nöthig gemacht. Die Ausschließung der Weiber vorausgesetzt, wofür sich viele Gründe geltend machen lassen, empfiehlt sich offenbar diejenige am Meisten, wobei ein einfaches Princip am Consequentesten so durchgeführt ist, daß die Augen des Volkes vom Zufall unbeirrt auf seinen Thronfolger oder auf die Linie, woraus es denselben zu erwarten hat, hingezogen werden. Dieses ist die Erbfolge im Mannsstamme nach der Erst-

geburt und dem Alter der Linie. Eine Vererbung durch Testament ist eben so unzulässig, als eine Uebertragung unter Lebenden.

4) Die königliche Gewalt. a) Inhalt derselben.

284. Die Staatsgewalt ruht, wie überhaupt die Idee des Staates, in der Nothwendigkeit einer sittlichen Ordnung, welche als eine mit Zwang und Strafe ausgestattete Herrschaft über den Einzelnen steht [1]). Sie begreift daher die ganze Machtfülle, welche zur Behauptung und Entfaltung dieser Ordnung erforderlich ist. Diese Machtfülle, in der Ausübung durch das damit bekleidete Organ gedacht, bildet dasjenige, was man die Staatsregierung nennt. Diese ist also die ununterbrochene, überall gegenwärtige, Alles belebende, alle Aufgaben und Interessen des Staates umfassende Thätigkeit, von welcher alle besonderen Organe und Thätigkeiten ausgehen, angeregt, beaufsichtigt und in Harmonie erhalten werden. Hierin stimmt die Republik mit der Monarchie überein. Der Unterschied ist jedoch der, daß in der Republik, da eine nur in Zwischenräumen thätige Volksversammlung blos einzelne Regierungsacte ausüben, nicht aber die ununterbrochene Regierung handhaben kann, der größte Theil derselben an einen Senat und an die Obrigkeiten vertheilt werden muß. Durch diese Vertheilung und die dadurch herbeigeführte Zerlegung der Gewalt selbst wird diese zwar im Interesse der bürgerlichen Freiheit beschränkt; allein sie verliert dadurch an Fülle und Lebendigkeit, und nimmt einen vorherrschend verstandesmäßigen Charakter an. Das Eigenthümliche der königlichen Gewalt besteht aber darin, daß sie die Vereinigung der Herrschergewalt in einer Person ist; daß das Gefühl der Verantwortlichkeit, das Gewissen, Gerechtigkeit, Wohlwollen, kurz Alles, was das sittliche Wesen des Menschen ausmacht, sich mit ihr unmittelbar verschmilzt; daß alles Edle und Große, wie es im Gemüthe des Menschen aufsteigt, in ihr alsbald zur weithin wirkenden That werden kann; daß sie daher überhaupt eine nicht nach abstracten Regeln zu umschreibende, sondern eine lebendige, für Alles wachsame und thätige Gewalt ist.

1) Man sehe darüber §. 43—46. 246. 247.

285. Versetzt man sich nun in die großen Aufgaben des Staatslebens, wie sie wirklich sind, so ergeben sich daraus drei Attribute der königlichen Gewalt. Erstens die Sorgfalt für das Ansehen, die Kraft und Machtstellung des Staates nach Außen wie im Inneren, weil dieses die Grundbedingung und Voraussetzung der Selbstständigkeit und Ordnung desselben ist. Zweitens die Handhabung der Gerechtigkeit im vollsten und edelsten Sinne, wodurch jedes Verdienst gewürdigt, jedes Recht geachtet und geschützt, jedes Unrecht abgehalten und gestraft wird. Drittens die Sorgfalt für die möglichste Wohlfahrt der Einzelnen wie des Ganzen. Was darunter gehört ist auf drei Gesichtspunkte zurückzuführen: die Sorge für die Erhaltung und Erhöhung der Religion, weil diese durch die Verknüpfung des jenseitigen mit dem diesseitigen Leben auch für Letzteres die reichsten Segnungen in sich schließt [1]); das willige Gehör zur Beschirmung aller Schwachen und Hülfsbedürftigen; endlich die wohlwollende Förderung und Unterstützung aller dem gemeinen Wohle nützlichen Unternehmungen und Anstalten. Um in allen diesen Richtungen zu wirken, ist zweierlei nothwendig: der königliche Wille muß sich vor Allem in den Gesetzen aussprechen, dann aber muß er auch für die kräftige Ausführung und Anwendung der Gesetze Sorge tragen. Die königliche Gewalt schließt daher, wie die Staatsgewalt überhaupt, nach der Art ihrer Thätigkeit betrachtet, die gesetzgebende und vollziehende Gewalt wesentlich in sich. Letztere ist dasjenige, was die eigentliche Regierung ausmacht [2]), und wenn der König davon nicht das Haupt ist, und sich darin in irgend einer Weise dienend verhält, so besteht in Wahrheit keine Monarchie mehr [3]).

286. Dem Mittelalter sind die Abstractionen über die Bestandtheile der Staatsgewalt und die darauf gegründete Eintheilung der Gewalten im Ganzen fremd; es begnügte sich die Aufgaben des Königthums in seiner sinn- und gemüthvollen Weise

1) Man sehe §. 262.

2) Dahlmann Politik §. 96.

3) Man sehe §. 267. Note 1.

auf pax, iustitia und defensio zurückzuführen, was im Wesentlichen das Richtige trifft. Die neueren Politiker und Rechtsphilosophen schlugen aber einen anderen Weg ein, indem sie von den materiellen Aufgaben und Gegenständen der Staatsgewalt ganz absehend, lediglich die äußere formale Art ihrer Thätigkeit als Eintheilungsgrund wählten [1]). Zuerst unterschied Locke die gesetzgebende und die vollziehende Gewalt. Dann machte Montesquieu die Eintheilung in die gesetzgebende, richterliche und vollziehende Gewalt, was lange Nachahmung fand, obwohl die richterliche Gewalt unter die vollziehende in jenem weiteren Sinne gehört [2]). Dahlmann nimmt daher nur zwei Gewalten an. So früher auch Warnkönig, welcher aber die vollziehende Gewalt weiter in die richterliche, administrative und vollziehende im engeren Sinne eintheilt [3]). Stahl unterscheidet eine dreifache Thätigkeit der Staatsgewalt: die Gesetzgebung, die Regierung, und das Gericht. Taparelli nimmt die Eintheilung in die Constitutiv-, Deliberativ-, Legislativ- und Executivgewalt an. Es klebt jedoch diesem ganzen Standpunkt unter Anderen der Mangel an, daß durch die versuchten Eintheilungen die Machtfülle, welche in der Staatsgewalt und namentlich im Königthum liegt, doch nicht erschöpfend und lebendig bezeichnet wird. Diesem Mangel wird auch nur theilweise dadurch nachgeholfen, wenn Manche, wie Dahlmann, ihrer formellen Eintheilung ein Verzeichniß der einzelnen königlichen Gerechtsame folgen lassen. Die Specialisirung ist hier fast ein eben so großer Mißgriff, als wenn man im Familienrecht ein Register aller zwischen Mann und Frau oder zwischen dem Vater und den Kindern möglicherweise vorkommenden Rechte aufführen wollte.

287. Das Ungenügende jener Abstractionen ist auch von mehreren Schriftstellern gefühlt worden. Der scharfsinnige Ben-

1) Eine gute beurtheilende Uebersicht der neueren Ansichten giebt Warnkönig in der oben (§. 113. Note 1) genannten Abhandlung S. 515—536.

2) So bemerkt mit Recht Dahlmann Politik §. 95.

3) Warnkönig Rechtsphilosophie (1839) §. 212.

jamin Constant nimmt für die constitutionelle Monarchie die Eintheilung in die legislative oder repräsentative, die richterliche und die vollziehende Gewalt an; allein er fügt noch eine vierte hinzu, welche er die königliche Gewalt nennt. Er bezeichnet als deren Aufgabe die Milderung und Vermittlung der anderen Gewalten. Unrichtig ist in dieser Auffassung unter Anderen, daß jene drei Gewalten, welche doch auch in der constitutionellen Monarchie wesentliche, wenn auch in der Ausübung beschränkte Bestandtheile der königlichen Gewalt sind, der königlichen Gewalt als einer besonderen vierten Art coordinirt werden. Allein jedenfalls wird dadurch bestätigt, daß die Abstraction von den drei Gewalten den Inhalt der königlichen Gewalt nicht erschöpft, sonderu daß etwas Lebendiges, überall Eingreifendes und Ergänzendes übrig bleibt, was eben die eigenthümliche ethische Macht des persönlichen Königthums ist [1]). Einigermaßen mit Constant verwandt ist die Construction von Hegel, wonach sich „der politische Staat in die substantiellen Unterschiede dirimirt: die Gewalt, das Allgemeine zu bestimmen und festzusetzen, die gesetzgebende Gewalt; der Subsumtion der besonderen Sphären und einzelnen Fälle unter das

1) Benjamin Constant Cours de politique T. I. p. 13—20. 210—219. Les trois pouvoirs politiques, tels quon les a connus jusqu'ici, le pouvoir exécutif, législatif et judiciaire, sont trois ressorts qui doivent coopérer, chacun dans sa partie, au mouvement général; mais quand ces ressorts dérangés se croisent, s'entrechoquent et s'entravent, il faut une force qui les remette à leur place. — La monarchie constitutionnelle a ce grand avantage, qu'elle crée ce pouvoir neutre dans la personne d'un Roi, déjà entouré de traditions et de souvenirs, et revêtu d'une puissance d'opinion, qui sert de base à sa puissance politique. — Le vice de presque toutes les constitutions a été de ne pas avoir créé un pouvoir neutre, mais d'avoir placé la somme d'autorité dont il doit être investi dans l'un des pouvoirs actifs. — La monarchie constitutionnelle nous offre, comme je l'ai dit, ce pouvoir neutre, si indispensable à toute liberté régulière. Mais on perd cet immense avantage, soit en rabaissant le pouvoir royal au niveau du pouvoir executif, soit en élevant le pouvoir exécutif au niveau du pouvoir royal.

Allgemeine, die Regierungsgewalt; der Subjectivität als der letzten Willensentscheidung, die fürstliche Gewalt, in der die unterschiedenen Gewalten zur individuellen Einheit zusammengefaßt sind, die also die Spitze und der Anfang des Ganzen, der konstitutionellen Monarchie ist“ [2]). In ähnlicher Weise theilt Ahrens die Staatsgewalt ein in die Regierung, die gesetzgebende und die vollziehende Gewalt, und er versteht unter Regierung die erste und oberste das Ganze leitende und zusammenhaltende Staatsgewalt [3]). Ihm ist Warnkönig beigetreten, auch mit Berufung auf den geistvollen französischen Schriftsteller Schützenberger, welcher diese Thätigkeit das pouvoir politique nennt [4]). Nicht ganz richtig ist jedoch, wenn diese Gewalt der gesetzgebenden und vollziehenden Gewalt als ein besonderer Zweig entgegengestellt wird. Sie, die wir oben die Staatsregierung genannt haben [5]), ist vielmehr die ganze Machtfülle der Staatsgewalt, aus welcher die anderen besonders benannten Zweige oder Arten hervorgehen, ohne daß sie doch dadurch erschöpft wird.

b) Beschränkungen der königlichen Gewalt.

288. Die königliche Gewalt ist ihrem Begriffe nach die höchste, also äußerlich betrachtet eine absolute; allein sie ist darum keine willkürliche; denn daraus, daß man factisch Alles kann, folgt nicht, daß man Alles darf. Sie wird also durch das allgemeine Pflichtgesetz beschränkt, daß davon nur ein gerechter und wohlthätiger Gebrauch gemacht werden darf. Dieses Pflichtgebot folgt erstens aus dem Gegenstand dieser Gewalt, indem sie eine Herrschaft über Menschen als vernünftig-sittliche Wesen ist [1]); zweitens aus ihrem Zwecke der Erhaltung der rechtlichen und sittlichen Ordnung, deren Grundpfeiler die Gerechtigkeit und die Liebe sind; drittens aus ihrem Ursprung, indem sie in ihrem letz-

2) Hegel Philosophie des Rechts §. 273.

3) Ahrens Organische Staatslehre. Besonderer Theil. Kap. 4 (2). §. 2.

4) Warnkönig in der genannten Abhandlung S. 517—520. 529—535.

5) Man sehe oben §. 284.

1) Man sehe §. 257.

ten Grunde aus Gott stammt[2]) und eine Stellvertretung Gottes auf Erden ist[3]).

289. Eben weil dieses Gesetz in der sittlichen Ordnung der Dinge begründet ist, macht es sich auch sammt den daraus fließenden Beschränkungen mit unwiderstehlicher Gewalt in der einen oder anderen Form in den Staaten geltend. Zunächst zeigt sich dieses in dem Ansehen der Religion, womit dieselbe dem Herrscher beschränkend entgegentritt. Dieser mildernde und beschränkende Einfluß der Religion fehlt in keinerlei Art von Staatsverfassung. Er ist aber grade in den Staaten am Wichtigsten, wo der Herrscher durch die Verfassung äußerlich am Wenigsten gebunden ist, und hier liegt oft in der Religion und Kirche die einzige Schranke gegen Willkür und das einzige Palladium der nationalen Freiheiten. Ferner bildet sich bei jedem Volke in dessen Charakter, Sitten, Gefühlsweise, Vorstellungen und selbst in seinen Vorurtheilen eine geheime geistige Macht, deren auch der unumschränkte Herrscher bedarf, die er schonen muß, und welcher er oft sogar ohne es zu wissen folgt. Endlich entstehen um den Monarchen aus dem Gefühle seiner Pflichten, aus angeborener Klugheit und Mäßigung, aus der Achtung vor den traditionellen Maximen des Hauses, aus dem unentbehrlichen Organismus der Geschäfte und aus anderen Thatsachen gewisse Schranken, worüber er nicht hinausgeht, und auch bei einem seine Freiheit nur einigermaßen fühlenden Volke nicht hinausgehen kann. Ganz unumschränkte Monarchien finden sich daher kaum; oder doch nur bei den Völkern, welche in einer andern Form nicht zu beherrschen sind.

c) Von den Staatsgrundgesetzen.

290. Jedes Volk hat durch das Zusammenwirken von einer Menge theils physischer theils geistiger Thatsachen einen eigenthümlichen Grundcharacter. Aus diesem entwickeln sich seine Begriffe

---

2) Man sehe §. 247. 248. 249. 270.

3) Bracton. Quod rex sub lege esse debeat, cum sit Dei vicarius, evidenter apparet.

von Herrschaft und Gehorsam, seine politische Denkart und gewisse Maximen, welche unbewußt seine Einrichtungen beherrschen, den Gang der Regierung bestimmen, die Harmonie der Gewalten unterhalten, und deren Ausübung mäßigen und beschränken. So lange diese Grundsätze in den Sitten und in der Praxis selbst leben, bedarf es einer schriftlichen Aufzeichnung derselben nicht; denn nicht daß ein Gesetz auf dem Papier steht, sondern daß es geübt wird, ist hier das Wesentliche. Ein Staat kann daher vollkommen gut constituirt sein, ohne daß ein Wort über seine Verfassung geschrieben ist; ja es ist selbst ein Zeichen der Gesundheit und des Wohlbefindens, wenn ein Volk der Scriptur gar nicht bedarf. Die Gesammtheit dieser in den Sitten, im Geiste, in den religiösen und politischen Ueberlieferungen einer Nation beruhenden, als unverbrüchlich geachteten Maximen machen deren Constitution im ächten und ursprünglichen Sinne aus.

291. Die fortschreitende Entwicklung eines Volkes, das wachsende Freiheitsgefühl, die durch Erfahrungen gereifte politische Einsicht können aber eine genauere Vertheilung und Begränzung der Gewalten oder noch tiefer gehende Veränderungen der Verfassung nothwendig machen. So entstehen absichtliche geschriebene Staatsgrundgesetze. Diese constituiren aber den Staat nicht, sondern setzen eine bereits constituirte Gesellschaft voraus; sie können und sollen daran nur verändern, verbessern [1]). Eben deshalb dürfen sie nicht tiefer einschneiden, als zur Ergänzung eines schadhaften Theiles oder zur Beseitigung des krankhaften Stoffes nöthig ist; was noch gesund ist, bedarf der Hand des Arztes nicht. Auf

---

1) Maistre Essai sur le principe générateur des constitutions politiques §. 28. Jamais on n'a écrit, jamais on n'écrira *a priori* le recueil des lois fondamentales qui doivent constituer une société civile ou réligieuse. Seulement, lorsque la société se trouve déjà constituée, sans qu'on puisse dire comment, il est possible de faire déclarer ou expliquer par écrit certains articles particuliers; mais presque toujours ces déclarations sont l'éffet ou la cause de très grands maux, et toujours elles coutent aux peuples plus qu'elles ne valent.

diesem Wege der organischen Entwicklung haben sich die Verfassungen gebildet, die durch ihre Kraft, Lebendigkeit und Dauer vor Allen gerühmt werden, die des alten Roms und die von England.

292. Seit dem letzten Decennium des vorigen Jahrhunderts ist aber zur Verbesserung der Verfassungen ein anderes Verfahren aufgekommen. Montesquieu hatte aus der englischen Verfassung eine Theorie von der Theilung und dem Gleichgewicht der Gewalten zur Garantie der politischen Freiheit abstrahirt, und überhaupt zur Ueberschätzung des Einflusses, den die politische Kunst und Absicht auf die Ausbildung des Rechts und der Staatsverfassung haben kann, wesentlich beigetragen. Die Folge davon war in der französischen Verfassungsurkunde von 1791 der Versuch, das alte historische Frankreich wegzuwischen, und nach einem doctrinären Schema, wobei Wahres und Falsches in einander floß, ganz neu zu constituiren. Dieses Verfahren ist auch in vielen anderen Ländern, mehr oder weniger tief eingreifend, nachgeahmt worden. Solche nach Titeln und Paragraphen abgefaßten Verfassungsurkunden hat man nun allein Constitutionen und die derselben theilhaftig gewordenen Länder allein constitutionelle Staaten genannt. Der rasche Wechsel dieser papiernen Constitutionen in Frankreich selbst, das stete Aendern und Nachhelfen in den anderen Ländern hat jedoch gezeigt, daß dieses der rechte Weg zur Gründung dauerhafter in das Leben des Volkes eindringender Verfassungen nicht ist, und daß man durch wohldurchdachte organische Gesetze auf die richtige Bahn einlenken muß [1]).

---

1) Barante Questions constitutionnelles chap. 7. On a souvent remarqué et déploré que le vrai sens du mot Constitution avait été faussé et denaturé. Les mœurs d'une nation, sa composition sociale, ses croyances, ses traditions, l'esprit de son histoire et de sa législation civile forment un ensemble qui la constitue. Tout cela peut être en tout ou en partie modifié, réformé. On peut donner à cette existence nationale des garanties écrites; mais aucun législateur ne peut faire subir à son pays une création nouvelle. Tout ce qui sera tenté contre les conditions vitales d'une société ne sera qu'une écri-

293. Da die geschriebenen Staatsgrundgesetze sich nothwendig an das Bestehende anschließen und davon ausgehen müssen, so muß auch die Art ihrer Errichtung durch die vorhandene Verfassung bestimmt werden. Wo also das Königthum bereits existirt, können sie nur von diesem ausgehen, sonst wäre schon ihre Abfassung eine Unterbrechung der Continuität des Rechts und illegitim [1]). Doch können dazu wegen der Wichtigkeit des Actes auch besondere Organe geschaffen werden, eine außerordentliche Nationalversammlung und dergleichen; nur muß die letzte Entscheidung beim Könige sein. Bei der Abfassung sind aber drei Punkte zu beachten. Erstens müssen die neuen Grundgesetze dem Bedürfnisse, dem Geiste und Bildungszustande des Volkes genau entsprechen; es muß sich dafür interessiren können und sie in seine Sitten aufnehmen, sonst bleiben sie ein todter Buchstaben. Ganz falsch ist es daher, wenn man die Verfassungsurkunde von einem anderen Staate entlehnt, gleichsam als ob ein solches Modell überall passen müßte. Zweitens muß man von der möglichsten Achtung der historischen Rechte ausgehen und solche nicht einseitig als Opfer fallen lassen, weil man sonst der Verfassung gleich von vorne herein in den Verletzten Gegner erweckt. Drittens muß das Wesen der monarchischen Verfassung unverletzt bleiben, und die königliche

---

ture provisoire, dictée par des circonstances passagères. Elle ne sera point protégée par cette auréole de respect dont les peuples environnent ce qui a duré et ce qui doit durer.

1) Sehr richtig schreibt Hegel Philosophie des Rechts §. 273. Zusatz: „Eine andere Frage bietet sich leicht dar: wer die Verfassung machen soll? Diese Frage scheint deutlich, zeigt sich aber bei näherer Betrachtung sogleich sinnlos. Denn sie setzt voraus, daß keine Verfassung vorhanden, somit ein bloßer atomistischer Haufen von Individuen beisammen sey. Wie ein Haufen, ob durch sich oder Andere, durch Güte, Gedanken oder Gewalt, zu einer Verfassung kommen würde, müßte ihm überlassen bleiben, denn mit einem Haufen hat es der Begriff nicht zu thun. Setzt aber jene Frage schon eine vorhandene Verfassung voraus, so bedeutet das „Machen" nur eine Veränderung, und die Voraussetzung einer Verfassung enthält es unmittelbar selbst, daß die Veränderung nur auf verfassungsmäßigem Wege geschehen könne."

Gewalt in dem, was zu ihrer gerechten und wohlthätigen Wirksamkeit gehört, aus Besorgniß des Mißbrauchs nicht mißtrauisch und engherzig beschränkt werden, weil dieses nothwendig in dem Fürsten eine geheime und gefährliche Abneigung gegen die Verfassung erzeugt [2]).

294. Zur richtigen Würdigung des Werthes geschriebener Constitutionen ist noch Folgendes zu bemerken. Erstens, es können allerdings im Staatsleben eines Volkes, besonders durch das Versäumniß zeitgemäßer Reformen, große Krankheitszustände eintreten, welche tief greifende und umfassende Gegenmittel nothwendig machen; jedoch muß man sich auch dann, wenn man etwas Dauerhaftes schaffen will, auf das Nothwendigste und Nächste beschränken, und davon die Wirkung abwarten [1]). Zweitens darf man von den constitutionellen Formen und Einrichtungen allein, seien sie auch noch so klug ausgedacht, das Heil eines Volkes nicht erwarten [2]); die Hauptsache bleibt immer der politische Geist der Nation; durch diesen können auch sehr mangelhafte Formen

---

2) Benjamin Constant Cours de politique T. I. p. VII. En rendant le gouvernement trop faible, vous le réduisez à envahir; ne pouvant atteindre son but nécessaire avec les forces qui lui appartiennent, il aura recours pour l'atteindre à des forces qu'il usurpera; et de cette usurpation, pour ainsi dire obligée, à l'usurpation spontanée, à l'usurpation sans limite, il n'y a qu'un pas.

1) Maistre Sur le principe générateur des constitutions §. 9. La faiblesse et la fragilité d'une constitution sont précisément en raison directe de la multiplicité des articles constitutionnels écrits.

2) Guizot L'eglise chap. 17. J'ai beaucoup d'estime et de goût pour le régime constitutionnel; mais je ne le tiens pas pour une panacée toute puissante. Il ne suffit pas d'établir dans un pays des élections, des chambres et le gouvernement parlementaire pour le délivrer de ses maux, lui donner tous les biens qu'on lui promet, et le soustraire aux funestes conséquences de toutes les fautes qu'on y commet. Les conditions du bon gouvernement des peuples sont plus compliquées; on ne satisfait pas à tous les interêts, on ne garantit pas tous les droits en mettant une constitution à la place d'un vieux pouvoir.

ergänzt werden, nicht aber umgekehrt[3]); es kommt daher wesentlich auf die Erziehung desselben an. Drittens können durch die constitutionellen Formen die inneren religiösen und sittlichen Beschränkungen der Gewalt nicht entbehrlich gemacht werden. Denn wenn zur höchsten Macht Gewissenlosigkeit und böser Wille hinzukommen, auf Seiten der Volksvertreter aber statt des Pflichtgefühls Corruption und feile Gesinnung herrschen, so wird trotz aller Gesetze doch mehr oder weniger Willkürherrschaft sein, und die constitutionellen Formen nur zur bequemeren Handhabung derselben dienen.

d) Von den rettenden Thaten.

295. In dem Staatsleben können, wie die Natur der Sache lehrt und die Erfahrung bestätigt, außerordentliche Zustände eintreten, wo zur Erhaltung und Rettung des Ganzen die gewöhnlichen verfassungsmäßigen Mittel nicht zureichen und nur außerordentliche Maßregeln helfen können. Dafür kann in der Verfassung selbst Fürsorge getroffen sein, wie im alten Rom durch Ernennung eines Dictators, in den heutigen Verfassungen durch Suspendirung gewisser Freiheitsrechte oder Verhängung des Belagerungszustandes. Solche Maßregeln sind ihrer Natur nach nur als vorübergehende gedacht und zugelassen, und daran muß man sich zunächst halten. Möglich ist jedoch, daß auch sie nicht zureichen, sondern daß der Staat von inneren Parteiungen und Gefahren bedroht ist, die ihn der Auflösung und Anarchie entgegenführen, und wogegen nur durchgreifende und dauernde Anordnungen schützen können. Dann ist theoretisch nach den Moralprincipien der Nothwehr dasjenige, was zur Rettung nothwendig ist, auch erlaubt, und für die Regierung aus zwei Gründen sogar Pflicht: erstens weil sie als die rechtmäßige besteht, und zweitens weil sie die

3) Maistre Sur le principe générateur des constitutions §. 7. La véritable constitution anglaise est cet esprit public, admirable, unique, infaillible, au-dessus de tout éloge, qui mène tout, qui sauve tout. — Ce qui est écrit n'est rien.

Machtmittel in Händen hat. Dieses ist dasjenige, was man rettende Thaten, oder in der unedlen Sprache der machiavellistischen Politik Staatsstreiche nennt. Man hat diese wohl mit den Revolutionen verglichen und Revolutionen von Oben genannt. Allein der Unterschied liegt darin, daß der Staatsstreich von einem rechtmäßig bestehenden Organ gegen eine das Recht bedrohende Gefahr, die Revolution von einer unberechtigten Gewalt gegen ein rechtmäßig bestehendes Organ gerichtet ist. Ob übrigens der Fall der Nothwehr wirklich vorliege, welche Mittel zur Abwehr nothwendig, wie lange dieselben anzuwenden, bis zu welchem Grade die bestehende Verfassung doch noch erhalten werden könne, Dieses und Anderes sind factische Fragen, worüber sich keine Theorie aufstellen läßt [1]). Mißlich bleibt immer, daß darüber der Betheiligte selbst auch der Richter ist. Die politische Moral hat daher nur die Ermahnung einzuschärfen, daß er darüber auf das Strengste mit seinem Gewissen Rath pflegen muß. Ueberhaupt greift in diese schwierigen Erörterungen die Macht der Thatsachen und des Erfolges ein, und danach giebt es auch gerechte Staatsstreiche, die mißlingen, ungerechte, die gelingen, und gerechte, die gelingen, jedoch von ihrem Urheber im ungerechtesten Maße ausgebeutet werden.

B) Die Handhabung der Regierung. 1) Der König und seine Organe.
a) Die Minister.

296. Die Verwaltung eines Staates ist so umfassend und verwickelt, daß der Fürst, in dessen Hand dieselbe zusammenfließt, mannichfacher Gehülfen zur Berathung und Ausführung bedarf. Zur Verwaltung gehört vor Allem die Festsetzung der sowohl den Staat im Ganzen als die einzelnen Verwaltungszweige betreffenden allgemeinen Maximen der Verwaltung und der Erlaß der zu deren Ausführung nöthigen Verordnungen und Maßregeln; dann

---

1) Bluntschli Allgemeines Statsrecht Buch VI. Kap. 20., wo übrigens diese Frage gut behandelt ist, versucht über die Schranken dieses „Staatsnothrechts" nähere Regeln aufzustellen. Allein der Maßstab wird doch immer vorherrschend durch die Thatsachen bestimmt.

die Entscheidung der in die Verwaltung einschlagenden wichtigen Streitfragen. Den König in diesen Beziehungen unmittelbar zu berathen, seine Befehle und Verfügungen entgegen zu nehmen und sie zur Ausführung zu bringen, ist die Aufgabe der Minister. Die Eigenschaften, worauf es bei diesem Amt ankommt, sind nach der Natur des Verhältnisses zweierlei: Gewissenhaftigkeit und Sachkenntniß. Die Erste soll ungerechten oder übereilten Befehlen des Fürsten mit Muth und Unabhängigkeit der Gesinnung entgegentreten; durch die Zweite soll der Fürst bei seinen Entschließungen berathen und geistig ergänzt werden. Die Minister repräsentiren also um die Person des Fürsten und in den von ihm unmittelbar ausgehenden Regierungshandlungen das Princip der Gerechtigkeit und das der Intelligenz.

297. Aus diesen Grundgedanken ergiebt sich zweierlei. Erstens gehört es zur Garantie einer gerechten und intelligenten Regierung, daß die königlichen Verordnungen von einem Minister contrasignirt seien, nicht blos zur Beglaubigung ihrer Aechtheit, sondern auch als Bürgschaft ihrer reiflichen Erwägung, und daß sie ohne die Contrasignatur nur als Entwürfe ohne Gültigkeit anzusehen seien. Doch sind nach der Natur der Sache solche Erlasse auszunehmen, die der König an das Staatsministerium richtet, um darin seine Ansichten und seine Willensmeinung über allgemeine Fragen und Maximen der Regierung kund zu geben; natürlich unbeschadet des Rechts der Minister, wenn ihre Ansichten dazu nicht stimmen, ihre Entlassung zu fordern, und unbeschadet der Verpflichtung, daß die zur Ausführung solcher Erlasse ergehenden Verordnungen contrasignirt seien. Zweitens folgt daraus, daß auf dem Amte des Ministers eine besondere Verantwortlichkeit ruht. Vom Könige kann man nicht überall die mögliche Sachkenntniß verlangen; wohl aber kann man es von dem Minister, der dieses Amt übernommen und den Erlaß contrasignirt hat. Eben so kann man von ihm fordern, daß er gegen ungerechte Befehle Einsprache thue, ihnen die Pflicht des passiven Widerstandes entgegenstelle, und wenn dieses fruchtlos ist sein Amt niederlege. Thut er dieses nicht, so liegt darin die stillschweigende

Erklärung, daß er den Fürsten als Minister vertreten und decken, und den entstehenden Tadel auf sich nehmen wolle. In so weit ist das Princip der Verantwortlichkeit der Minister in der sittlichen Natur der Verhältnisse, im Interesse der Unterthanen, und selbst in dem des monarchischen Princips begründet, indem dadurch das, was an dem Könige das menschlich Fehlbare ist, von seiner Würde getrennt und anderen Personen zur Last gelegt wird.

298. Die wichtige Frage ist jedoch die, wie diese Verantwortlichkeit zu handhaben sei? [1]). So viel versteht sich unter jeder Verfassungsform von selbst, daß wenn ein Minister Handlungen begeht, die unter den gesetzlichen Begriff von Amtsvergehen fallen, er nach den Gesetzen und von den gewöhnlichen Gerichten zu bestrafen ist. Es handelt sich also um den Geist der Regierung im Ganzen, um Acte der hohen Verwaltung, denen man Fahrlässigkeit, Einseitigkeit, Härte, Willkür, Vernachlässigung oder Verletzung der Landesinteressen, kurz das, was man eine schlechte Verwaltung nennt, vorwerfen kann. Das Nächste und Natürlichste ist, daß der Fürst, da er den Minister erwählt und auf ihn vertraut hat, ihn auch selbst wegen seiner Verwaltung zur Rechenschaft zu ziehen und zu bestrafen hat. Dieses versteht sich so von selbst, daß es auch in den äußerlich absolutistisch regierten Staaten zu allen Zeiten vorgekommen ist und vorkommt, indem der König seinen Minister mit mehr oder weniger Ungnade entläßt, wenn er durch sich oder Andere die Ueberzeugung von dessen Unfähigkeit oder Unredlichkeit gewonnen hat. Hierauf werden auch, wo ein einigermaßen gesundes Staatsleben besteht, die Macht der öffentlichen Meinung, die Vorstellungen freimüthiger Männer, die Stimme der Presse von selbst hinwirken. Wo eine Volksvertretung besteht, muß dieser auch zu diesem Zwecke das Recht der förmlichen Beschwerdeführung zustehen. Der Zusammenwirkung dieser Mittel wird der Fürst regelmäßig nicht widerstehen können,

---

1) Eben so freisinnig als gemäßigt und edel ist diese Frage discutirt von Benjamin Constant De la responsabilité des ministres (Cours de politique II. 55—124).

so daß, wenn man bei demselben nicht gradezu Blindheit oder Böswilligkeit voraussetzen will, selbst eine verfassungsmäßig beschränkte Monarchie mit diesem Maß und dieser Handhabung der Verantwortlichkeit der Minister ganz wohl auskommen kann.

299. Wenn man sich jedoch damit nicht begnügen, sondern den Zweifel und das Mißtrauen auf die Spitze treiben will, so wird man nach einem Mittel suchen, um auch unabhängig vom Fürsten und selbst gegen den Willen desselben durch die Volksvertretung einen Minister aus dem Amte zu entfernen und zur Verantwortung und Strafe zu ziehen, was natürlich nur im Wege einer Anklage und förmlichen Procedur geschehen kann. Dieses ist vorzugsweise dasjenige, was man im constitutionellen Staatsrecht unter der Verantwortlichkeit der Minister versteht. Theoretisch ist dieses allerdings, wenn man für alle denkbaren Fälle Fürsorge treffen will, in der Consequenz desselben begründet. Indem aber dadurch die Person der Minister von der des Königs völlig abgelöst wird, verändert sich unvermerkt der Geist ihrer Stellung; sie treten in den Vorder-, der König in den Hintergrund. Mit der Leichtigkeit des Angriffes wächst der Reiz, und es werden gegen die Minister die beiden Waffen des constitutionellen Lebens geschärft: Ausdruck des Tadels und der Mißliebigkeit und die Versetzung in Anklagestand.

300. Was das Erstere betrifft, so ist das Recht dazu allerdings, wie gezeigt worden, in der Natur des öffentlichen Lebens begründet. Allein neben dem monarchischen Princip ist es mit Maß und Umsicht zu handhaben, wenn es nicht mit diesem Princip in Widerspruch kommen soll, was immer mit großen Staatskrisen endigt. Denn die Minister sind doch immer die vom Fürsten selbst gewählten und mit dessen besonderem Vertrauen bekleideten Räthe, und die von ihnen contrasignirten Verordnungen sind immer der Ausfluß des königlichen Willens. Die gegen sie gerichteten Angriffe fallen daher mehr oder weniger doch auf den König zurück. Ferner aber führt dieses ohne Maß und Umsicht angewandte System des Tadels von selbst allmählig zu einer parlamentarischen Praxis und Taktik, auf die mißliebigen Minister so

lange einzustürmen, bis daß der König sie entläßt, und diejenigen wählt, welche der Volksvertretung zusagen. So geht unvermerkt die Regierung selbst an die Kammern über; es entsteht die Herrschaft der Majoritäten, und das Königthum verwandelt sich in ein bloßes Schattenbild, bis daß einmal ein großer Fürst, der sich fühlt, einen leicht wieder nach der andern Seite zu weit gehenden Umschwung bewirkt. Also auch hier bestätigt sich die Wahrheit, daß es in der Politik bei einem an sich richtigen Princip auf das Maß und die Selbstbeherrschung in der Anwendung ankommt [1]).

301. Was den andern Weg, die Versetzung in Anklagestand betrifft, so ist schon erwähnt worden, daß Vergehen gegen den Staat oder im Amte, welche an Privaten oder Beamten strafbar sind, natürlich auch gegen die Minister im gewöhnlichen Wege verfolgt werden können und müssen; also namentlich auch der Hoch- und Landesverrath, die Bestechung, die Veruntreuung öffentlicher Gelder. In so weit ist die Verantwortlichkeit der Minister nichts Besonderes. Ob sie etwas Besonderes werden soll, hängt von zwei Vorfragen ab: Soll wegen solcher Vergehen gegen die Minister eine Anklage auf außerordentlichem Wege durch die Kammern gestattet sein? Und giebt es eine eigenthümliche Gattung von Amtsvergehen, welche nur von Ministern begangen werden können? Die erste Frage ist, wo eine Volksvertretung besteht, zu bejahen, theils weil die Anklage der Minister im gewöhnlichen Wege durch ihre hohe Stellung erschwert sein kann, theils weil der Volksvertretung ein besonderes Wächteramt zugestanden werden muß. Die zweite Frage ist ebenfalls zu bejahen, insofern es sich um Verordnungen und Regierungsmaßregeln handelt, die eine Verletzung der Verfassung enthalten; denn diese sind Vergehen, die durch die eigenthümliche Stellung der Minister bedingt und nur dadurch möglich sind. Deshalb muß also auch eine Anklage und Bestrafung zulässig sein, natürlich aber nur, den allgemeinen

1) Sehr gut äußert sich darüber auch Bluntschli Allgemeines Staatsrecht Buch IV. Cap. 20. 21.

Principien der Strafbarkeit gemäß, mit der Berücksichtigung, ob die Verletzung der Verfassung eine unzweideutige und absichtliche ist. Will man aber weiter gehen und eine strafrechtliche Ministerverantwortlichkeit nicht blos wegen der Verfassungsmäßigkeit, sondern auch wegen der Zweckmäßigkeit ihrer Regierungsacte organisiren, so müßte bei der Unmöglichkeit deren Kriterien zu specialisiren die Beurtheilung, wie in England, ganz dem politischen Tacte der Kammern überlassen werden, was aber seine großen Bedenken hat und für uns ganz zu verwerfen ist. Selbst der Buchstabe der Verfassung kann nicht immer maßgebend sein, weil „keine Gesetzgebung dem Drange aller Umstände gewachsen ist und die Thatsache manchmal den Minister über das Gesetz hinausreißen muß“ [1]). Man hilft sich dann formell damit, daß die Minister die Ausschreitung hinterher von der Kammer als gerechtfertigt erklären lassen, was aber den vollendeten Thatsachen gegenüber entweder zu einer bloßen Form werden oder zur rein persönlichen Rache ausgebeutet werden kann.

302. Sehr wichtig ist die Frage, vor welchen Gerichtshof solche Anklagen gebracht werden sollen? Wird die strafrechtliche Verantwortlichkeit der Minister auch auf die Zweckmäßigkeit ihrer Handlungen bezogen, so geht die Beurtheilung des Gerichtshofes über das Juristische hinaus und wird überwiegend eine politische. Der Gerichtshof muß dann auch ein möglichst unabhängiger politischer Körper sein, und ein solcher findet sich nur in einer Pairskammer oder einem Oberhause. So in England. In diesem Falle muß das Unterhaus allein den Ankläger machen. Es muß aber das Oberhaus in der öffentlichen Meinung und in den politischen Traditionen des Landes sehr befestigt sein, um das ganze Gewicht eines solchen Richteramtes tragen zu können. Geht aber die Verantwortlichkeit der Minister nur auf eigentliche Straffälle, so ist es am Zweckmäßigsten den höchsten Gerichtshof des Landes mit dem Richteramt zu bekleiden; nur muß er dann in möglichster Vollständigkeit und Feierlichkeit fungiren. Angemessen ist es dann

---

1) So sagt Dahlmann Politik §. 133.

auch, zur Erhebung der Anklage die Uebereinstimmung beider Häuser zu verlangen[1]), weil, wenn das eine Haus anklagen wollte, das Andere nicht, dieses von Anbeginn an bis zur Verurtheilung oder Freisprechung hin eine höchst nachtheilige Spaltung und Parteiung im Lande hervorrufen würde.

303. Soll nach erfolgter Verurtheilung dem Könige die Begnadigung gestattet sein? Zu den Schachzügen zwischen Königthum und Parlament, woraus sich zum Theil die englische Verfassung entwickelte, gehört, daß, nachdem das Haus der Gemeinen das Recht der Ministeranklage verlangt hatte, der König den Diener seines Willens durch Begnadigung vor der Strafe schützte. Da dieses den Zweck der Verantwortlichkeit zu vereiteln schien, so ließ man die Krone bei der Berufung des Hauses Braunschweig 1701 auf dieses Recht ein für allemal Verzicht leisten. Dieses halten daher Manche jetzt für ein unbedingtes Erforderniß des constitutionellen Systems[1]). Allein es liegt darin etwas Engherziges, Argwöhnisches und Rachsüchtiges, was selbst mit einem Grundgedanken der constitutionellen Monarchie im Widerspruch steht[2]). „Jede Beschränkung der Art, sagt Benjamin Constant mit

1) So thut, wohl bemerkt, auch Dahlmann Politik §. 135.

1) So Dahlmann Politik §. 132.

2) Benjamin Constant De la responsabilité des ministres chap. 12. (Cours de politique II. 114). Un roi peut, dira-t-on, commander à ses ministres des actes coupables, et leur pardonner ensuite. C'est donc encourager par l'assurance de l'impunité le zèle des ministres serviles, et l'audace des ministres ambitieux? Pour juger cette objection, il faut remonter au premier principe de la monarchie constitutionnelle, je veux dire à l'inviolabilité. L'inviolabilité suppose que le monarque ne peut pas mal faire. Il est évident que cette hypothèse est une fiction légale, qui n'affranchit pas réellement des affections et des faiblesses de l'humanité, l'individu placé sur le trône. Mais l'on a senti que cette fiction légale était nécessaire pour l'interêt de l'ordre et de la liberté même, parce que sans elle tout est désordre et guerre éternelle entre le monarque et les factions. Il faut donc respecter cette fiction dans toute son étendue. Si vous l'abandonnez un instant, vous retombez dans tous

Recht, würde überdies das Wesen einer constitutionellen Monarchie zerstören; denn in einer solchen Monarchie muß der König, um den englischen Ausdruck zu gebrauchen, die Quelle aller Barmherzigkeit wie die aller Ehren sein. Will man ebenmäßig die Monarchie und die Freiheit aufrecht erhalten, so trete man mit Muth gegen die Minister auf um sie zu entfernen; aber im Könige schone man den Menschen, indem man zugleich den Fürsten achte. Man ehre in ihm die Regungen des Herzens; denn die Regungen des Herzens sind immer ehrwürdig. Man argwöhne in ihm nicht Irrthümer, welche die Verfassung zu ignoriren verbietet. Man dränge insbesondere ihn nicht dazu, dieselben durch Maßregeln der Strenge zu sühnen, welche, indem sie an treuen Dienern die allzu große Ergebenheit strafen, Verbrechen sein würden."

304. So ist es mit dem Recht der Ministeranklage wie mit anderen großen politischen Befugnissen; es kommt Alles auf deren richtigen Gebrauch an. „Es sei, sagt Dahlmann, das äußerste Mittel des Widerstandes" [1]), und es muß dabei das Wesen der Monarchie unversehrt bleiben. Denn, sagt sehr schön Dahlmann, „wir bedürfen gleich unsern Vorfahren eines Königs, der persönliches Leben hat, der sein Urtheil über Staatssachen in der Wahl würdiger Rathgeber und in der Standhaftigkeit diese selbst dem Gewoge der Kammern gegenüber festzuhalten, an den Tag legt, und jene Fülle von Macht der Gnade und des Reichthums zu gebrauchen weiß, über deren Verwendung zwar die öffentliche Meinung, aber keine Anklage der Minister wacht" [2]). Ueberdies zeigt die Erfahrung, daß die Ministerverantwortlichkeit den ihr nach-

---

les dangers que vous avez tâché d'éviter. Or vous l'abandonnez en restreignant les prérogatives du monarque, sous le prétexte de ses intentions. Car c'est admettre que ses intentions peuvent être soupçonnées. C'est donc admettre qu'il peut vouloir le mal, et par conséquent le faire. Dès-lors vous avez détruit l'hypothèse sur laquelle son inviolabilité repose dans l'opinion. Dès-lors le principe de la monarchie constitutionnelle est attaqué.

1) Dahlmann Politik §. 136.

2) Dahlmann Politik §. 133.

gerühmten Vortheil, das Königthum zu decken, in großen Krisen doch nicht erfüllt, indem in Frankreich trotz der Charte zweimal die Könige selbst wegen ihrer mißliebigen Regierung vertrieben worden sind. Dieses ist ein Beweis, daß man auf diese künstliche Stütze nicht allzu sehr vertrauen und deren Vortheil nicht allzu hoch anschlagen muß.

b) Die Rathgeber der Regierung.

305. Die Güte und Intelligenz der Regierung ist durch die sorgfältige Berathung ihrer Handlungen und Erlasse bedingt [1]). Diese geht also vor Allem die Minister an. Ihr Amt ist jedoch so umfassend und ihre Verantwortlichkeit so groß, daß sie einer Unterstützung dabei bedürfen. Dazu dienen in dem Ressort jedes einzelnen Ministers die Räthe, die er sich aus Männern des Faches wählt. Wichtige allgemeine Fragen müssen in der Gesammtheit der Minister berathen werden. Dieses genügt jedoch nicht, weil ihrer zu Wenige sind, und weil sie selbst in ihren Meinungen befangen sein, oder unter ihnen zwiespaltige Meinungen bestehen können. Es ist daher für die Güte der Verwaltung eine große Gewähr, wenn eine größere, die Regierung berathende Körperschaft, der Staatsrath, besteht. Ein solcher, aus den anerkannten Capacitäten richtig zusammengesetzt, ist eine wahre Stärkung der Regierung und erhöht das Vertrauen in dieselbe so sehr, daß er die Volksvertretung bis auf einen gewissen Grad entbehrlich machen, wenigstens mit ihr concurriren kann [2]). Daß auch die Minister dazu gehören müssen, versteht sich von selbst. Seine Thätigkeit muß sich auf zweierlei erstrecken: auf die Vorberathung der Gesetze, welche die Regierung an die Kammern bringen will, und auf hohe Verwaltungsfragen und Verwaltungsconflicte. Bei der Vorbera-

---

1) Daher nimmt Taparelli eine eigene Deliberativgewalt an, was jedoch irrig ist (§. 389. Note 3).

2) In diesem Sinne äußert sich über die Wichtigkeit und Nothwendigkeit eines wohlorganisirten Staatsrathes auch Bluntschli Allgemeines Staatsrecht Buch VII. Cap. 6.

thung der Gesetze könnten selbst die Sitzungen mit Nutzen öffentlich sein. Seine Declarationen über Verwaltungsfragen sind jedoch keine Entscheidungen, sondern nur Gutachten, die aber von der Regierung als normativ publicirt werden können. Der Staatsrath kann durch die an ihn zu richtenden Recurse selbst der Zufluchtsort der Personen und Interessen werden, die sich durch eine hohe Autorität verletzt fühlen, und dadurch zur Popularität der Regierung wesentlich beitragen.

306. Neben dem Allem muß aber auch noch dem Könige eine persönliche Thätigkeit bleiben. Er muß bei einem Zwiespalt unter den Ministern sich für eine Meinung entscheiden; er hat Minister zu entlassen und neue anzustellen; er soll überhaupt der Regierung von höchster Stelle ihren Geist und Impuls geben. Am Besten ist es, wenn dann der König sich allein zu helfen weiß. Dieses wird jedoch vollständig selten der Fall sein, und der König wird sich dann für seine Person unmittelbar Rathgeber suchen. Man könnte versucht sein, auch dafür eine stehende Behörde einzusetzen, einen königlichen Geheimenrath, ein Cabinetsconseil. Daraus können jedoch für das verantwortliche Staatsministerium die größten Schwierigkeiten entstehen. Man muß dieses daher dem Tacte und dem Vertrauen des Königs überlassen. Der glücklichste Fall ist, wenn Einer der Minister dieses Vertrauen vollständig genießt. Zu den großen Uebelständen des constitutionellen Staatslebens gehört jedoch, daß dem König ein System und ein Ministerium aufgedrungen werden kann, das seine Sympathie und sein Vertrauen nicht hat, wo also der König, wenn er nicht seine Ueberzeugung wie eine Windfahne ändern oder überhaupt gar keine Ueberzeugung haben soll, auf Männer seiner Richtung zurückgreifen und sich, wie er kann, zu helfen suchen wird.

c) Die Beamten.

307. Zum Regieren genügt nicht die Berathung und Festsetzung der Grundsätze der Verwaltung; das Wesentliche ist deren Verwirklichung und Anwendung auf die einzelnen bürgerlichen Verhältnisse. Hierin besteht hauptsächlich das eigentliche Verwalten

Zur Erledigung der dazu gehörenden mannichfaltigen und verwikkelten Geschäfte sind zuverlässige sachkundige Männer erforderlich. Diese sind die Beamten. Der richtige Organismus dieser Geschäfte durch die Vertheilung derselben an bestimmte Aemter macht den wichtigsten Theil der Verfassung aus. Je mehr sich die Staatsthätigkeit ihrer Aufgabe bewußt wird, um desto mehr wird sich dieses auch in dem Organismus der Aemter abspiegeln. Es werden dann die Zweige der Verwaltung unterschieden, gegen einander begränzt, und Jeder in sich in der entsprechenden Weise organisirt. So entstehen feste bis in die untersten Schichten herab gegliederte Ordnungen, die nicht blos als Garantie einer guten Verwaltung, sondern auch als Schranken gegen Willkür von der größten Bedeutung sind.

308. Es kommt aber dabei wesentlich die Persönlichkeit der Beamten in Betracht. Diese erfordert dreierlei: die entsprechenden Kenntnisse, moralische Reinheit und Zuverläßigkeit, und Hingebung an den Beruf. Nach dem jetzigen Charakter der Verwaltung ist zu den Staatsämtern ein großes Maß theoretischer Kenntnisse erforderlich, und es ist eine Hauptaufgabe des heutigen Unterrichtswesens, diese zu gewähren und sich derselben zu versichern. Dabei ist jedoch die Gefahr zu vermeiden, daß dieses nicht in eine mechanische Abrichtung ausarte. Auch ist die Ergänzung durch praktische Erfahrungen unentbehrlich. Alles Dieses führt von selbst darauf hin, daß die Staatsämter lebenslängliche sein müssen. Daraus folgt dann weiter von selbst das successive Aufsteigen im Amte, theils nach Maßgabe der gewonnenen Uebung und Erfahrung, theils zur Belohnung treuer Dienstleistung.

309. In der Verleihung eines Staatsamtes liegt die Uebertragung des Rechts und der Pflicht, einen Theil der öffentlichen Gewalt in bestimmten Verhältnissen auszuüben. Diese Verleihung muß daher unmittelbar oder mittelbar von der Quelle der öffentlichen Gewalt, also vom Könige, ausgehen. In so fern sind die Beamten königliche Gehülfen, und wegen ihrer Unterordnung, königliche Diener zu nennen. In so fern sich aber der Dienst nicht auf die Person des Königs, sondern auf das Oeffentliche,

auf den Staat, bezieht, und durch das öffentliche Gesetz geregelt ist, ist der Ausdruck, Staatsdiener, als der würdigere vorzuziehen [1]). Die aus dem Amte entspringenden Pflichten des Staatsbeamten sind die treue gewissenhafte Führung des Amtes, und die Unterordnung also der Gehorsam gegen seinen Vorgesetzten in dem, was seines und dessen Amtes ist. Ganz unbedingt ist also die Pflicht des Gehorsams, selbst gegen die höchste Gewalt, nicht; sie erstreckt sich auf das, was der Sittlichkeit und den bestehenden Gesetzen und Rechtsformen unzweideutig widerspricht, gewiß nicht, sondern hier ist der Beamte nicht blos berechtigt sondern selbst verpflichtet, je nach seiner Stellung Remonstration, Verweigerung, Abdankung entgegen zu setzen [2]). Es liegt ihm also immer eine gewisse Prüfung der Rechtmäßigkeit des auszuführenden Befehles ob [3]). Für die zweifelhaften Fälle lassen sich keine Regeln geben, sondern hier muß das individuelle Gefühl entscheiden, und man wird die allzu ängstliche Widersetzlichkeit wie den allzu ergebenen Gehorsam mit Nachsicht beurtheilen müssen.

310. Außer den blos auf die Ausführung sich beziehenden Pflichten stehen aber die Beamten als solche nach der Natur der Sache zum Könige überhaupt in einem besondern Verhältniß der Treue und Ergebenheit; und gleichwie der König sie als solche anzuerkennen und zu ehren die Pflicht hat, so sind umgekehrt auch

---

1) So auch Stahl Philosophie des Rechts II, 2. §. 93 (81).

2) So sagt auch Stahl. Schön spricht darüber der von ihm angeführte biedere Moser Von der deutschen Reichsständen Landen S. 1157: „Wie aber, wenn ein Landesherr einem Collegio, Rath, Beamten, Officiere u. s. w. Etwas befiehlt, davon man weiß, daß es gegen die Landesverfassung sey? Wer Gott mehr fürchtet als Menschen, oder auch nur sonst ein recht ehrlicher Mann ist, der lehnt es mit Bescheidenheit ab und thut es nicht, sondern leidet lieber darüber, was er nicht ändern kann. Weil aber Wenige so denken, so geht es halt wie es geht; so wird es aber auch an dem großen Weltgerichte dem, der es befohlen, und dem, der es befolget hat, gehen wie es gehen wird."

3) Gut ist dieses discutirt von Benjamin Constant De la responsabilité des ministres chap. 4. (Cours de politique II. 67—79).

sie verpflichtet, in der Anhänglichkeit und Ergebenheit gegen ihn, natürlich immer innerhalb der Gränzen des erlaubten Gehorsams, in guten wie in bösen Tagen den Anderen als Beispiel voranzugehen. Ein sehr achtbarer freigesinnter Schriftsteller spricht sich darüber in folgender Weise aus. „Der Geist der Treue reicht weiter als die Pflicht des Gehorsams. Diese wird erfüllt, wenn der Beamte die erhaltenen Aufträge in Form und Inhalt erfüllt. Jene aber bindet und hält ihn in seinem übrigen freien Wirken. Der Beamte, welcher in einzelnen und sogar in wichtigen Beziehungen eine andere politische Ueberzeugung hat als seine Oberen und diese unter Umständen ausspricht, verletzt zwar die Treue nicht schon aus diesem Grunde. Aber wenn er sich mit den dauernden Grundprincipien, worauf die Staatsregierung beruht, im Widerspruch befindet und als Feind jener handelt, wenn er zum Beispiel in der Monarchie sich als Republikaner erklärt und für die Einführung der Republik arbeitet, oder umgekehrt in der Republik als Beamter für die Monarchie wirkt, dann verletzt und bricht er das Band der Treue, das ihn als ein Glied eines einheitlichen Staatsorganismus mit diesem verbindet. Eben so wenn der Regierungsbeamte an systematischer das heißt consequent auf Sturz oder Lähmung der Regierung gerichteter Opposition Theil nimmt, so ist das ein Treubruch, den keine Regierung dulden kann, wenn sie nicht an innerm Zwiespalt zu Grunde gehen will. Die systematische Feindschaft der Beamten gegen das Ministerium, wie wir dieselbe in Deutschland hier und da erfahren haben, ist, auch wenn im Einzelnen kein Ungehorsam vorliegt, Auflösung der Treuverhältnisse und Anarchie. Nicht die abweichende und selbst nicht die feindliche Gesinnung ist ein Treubruch, denn diese kann das Individuum in sich verschließen und dennoch in amtlicher Stellung seine Pflicht in weitestem Umfang in guten Treuen erfüllen; aber die Bethätigung solcher Gesinnung im Staate ist es, denn dabei kann weder die nöthige Harmonie der Staatsgewalt noch ihre Sicherheit bestehen. Ist dabei der Gegensatz zwischen der Ueberzeugung des Beamten und dem Staatsprincip oder der politischen Richtung der Regierung so schroff und unversöhnlich geworden, daß jener sich durch sein Gewissen gedrungen fühlt, seine Feindschaft durch Wort und That zu äußern, und nicht mehr in Treuen diesem Staate zu dienen und seinem Obern sich unterzuordnen vermag, dann kann er diesem inneren Conflict der Ueberzeugung und der Amtstreue als ein ehrlicher Mann schwerlich anders entgehen, als indem er auf ein Amt resignirt, in welchem er die Treue nicht halten kann" [1]).

311. Nach der Natur der Geschäfte sind die Regierungs- oder Verwaltungsbeamten und die Justizbeamten zu unterscheiden. Zur Verwaltung gehört dreierlei: erstens der Inbegriff der dem Amte nach der Staatsverfassung auferlegten Aufgaben; zweitens das Recht die zur Ausführung derselben nöthigen Anordnungen und Befehle zu erlassen; drittens die Pflicht den von dem Vorgesetzten zu diesem Zwecke erhaltenen Aufträgen und Befehlen Folge zu leisten. Es hat also dabei die menschliche Einsicht und Thätigkeit mancherlei Spielraum. Die Aufgabe des Justizbeamten dagegen ist einfach die, das bestehende Recht in den ihm vorgelegten Fällen auszusprechen und zur Geltung zu bringen. Er hat daher nicht die Macht, nach eigenem Willen etwas anzuordnen und ab- oder hinzuzuthun; eben so wenig ist er dabei an höhere Anordnungen oder Aufträge gebunden; er ist blos dem Willen des Gesetzes, so wie er denselben erkennt und erkennen muß, untergeben. Seine Thätigkeit ist daher eine durchaus einfache und gebundene.

312. Zur Lebenslänglichkeit der Aemter gehört nothwendig ein damit verbundenes hinreichendes Auskommen. Sollten sie lebenslänglich jedoch unentgeltlich sein, so würden entweder die Aemter nur an Vermögende kommen, wovon zum größten Nachtheil der armen Talente eine reine Vermögensaristokratie die Folge wäre; oder es müßte den dürftigen Beamten neben dem Amte ein Nahrungszweig gestattet sein, was mit der Würde des Amtes unvereinbar ist. Die Einrichtung besoldeter Aemter hat jedoch mehrere wichtige Aufgaben im Gefolge. Erstens ist zu sorgen, daß

1) Bluntschli Allgemeines Staatsrecht Buch VII. Cap. 3. §. 7.

nicht mehr besoldete Aemter geschaffen werden, als der öffentliche Dienst wirklich verlangt. Denn der Ueberfluß ist hier ein kostspieliger Luxus, wovon die Last auf die Unterthanen zurückfällt und ganz besonders zum Mißvergnügen reizt. Es muß also ein Amt eine öffentliche Dienstleistung auferlegen, die den Mann vollauf in Anspruch nimmt. Zweitens ist die Form des Einkommens von Wichtigkeit. Eine Besoldung in Naturalien hat große Inconvenienzen. Eben so die in gelegentlichen Gefällen, Sporteln; und wenn solche nicht ganz zu vermeiden ist, so ist doch für eine würdige Form der Entrichtung zu sorgen. Die Entrichtung von kleinen Geschenken für Gefälligkeiten im niederen Staatsdienst ist aber eine wahre Herabwürdigung desselben und ein immer weiter gehender Krebsschaden, dem mit der größten Strenge begegnet werden sollte. Drittens ist das Maß des Einkommens genau nach dem Bedürfniß und der Stellung des Beamten zu beschränken. Diese Beschränkung führt freilich den Nachtheil mit sich, daß der Staatsdienst durchaus nicht die Aussicht auf Erwerb eines eigenen Vermögens gewährt, welche bei gleicher Kraftanstrengung andere bürgerliche Beschäftigungen, insbesondere im Handel und in der Industrie, regelmäßig darbieten, daß daher der Beamte durchschnittlich auf die Ersparniß eines Vermögens für sein Alter und für seine Hinterbliebenen verzichten muß. Daher ist es billig, daß sich der Staat derselben durch Pensionen und andere Berücksichtigung annehme. Auch entspringt daraus noch etwas Anderes. Da nämlich der Beamte seinen Söhnen in der Regel kein Capital zu einem eigenen Etablissement geben kann, das Ergreifen eines Gewerbes aber wie eine Erniedrigung erscheint, so bildet sich thatsächlich die Regel, daß die Söhne von Beamten wieder zum Staatsdienste bestimmt und erzogen werden. So wird der Beamtenstand in Masse betrachtet gleichsam ein erblicher Stand; es entwickelt sich in ihm ein traditioneller Geist, der auf das Staatsleben mächtig einwirkt und weit mehr als man auf der Oberfläche bemerkt. Er wird ein Haupttheil des gebildeten Mittelstandes, in welchem er den Sinn für das Oeffentliche wach zu halten und in der richtigen Weise zu leiten hat, der unter den rein materiellen Beschäftigungen und Interessen desselben leicht erlahmt oder eine falsche Richtung nimmt [1]).

313. Die Beamten sind zur Verwaltung so unentbehrlich, daß die Regierung zur Uebernahme von Staatsämtern, wie zum Militärdienste, zwingen müßte, wenn sich dazu keine Freiwilligen fänden. Da jedoch ein solcher Zwang für den Staat höchst nachtheilig und fast unausführbar sein würde, so muß schon die freiwillige Bestimmung zum Staatsdienste von Staatswegen als etwas dem Gemeinwesen Nützliches und Unentbehrliches berücksichtigt und begünstigt werden. Dieses geschieht dadurch, daß die nach der gehörigen Vorbereitung sich Meldenden nicht willkürlich, sondern nach festen Regeln angenommen oder zurückgewiesen werden. In der Verleihung und Uebernahme eines Staatsamtes liegt aber zweierlei: von Seiten des Staates die Bedingung treuer zureichender Dienstleistung und Hingebung; von Seiten des Beamten das Vertrauen auf die Festigkeit des als lebenslänglich gewählten Berufes und auf die dadurch bedingte würdige Stellung. Es sind also hier zwei wichtige Gesichtspunkte zu vermitteln: einerseits ist der Beamte gegen willkürliche Entsetzung, andererseits ist aber auch das Staatsinteresse gegen untaugliche Beamte sicher zu stellen. Hier ist nun gewiß, daß die Entsetzung vom Amte und Gehalt eine harte Strafe ist, die nur wegen Vergehen und in Folge eines förmlichen Verfahrens nach gehörter Vertheidigung des Beschuldigten geschehen kann. Eben so ist es gewiß, daß die Staatsregierung einen Beamten nach ihrem Ermessen mit voller Belassung seines Einkommens in Ruhestand versetzen kann; denn die Dienste sind nichts Privatrechtliches sondern eine öffentliche Leistung; die Staatsgewalt allein hat darüber zu urtheilen, ob sie die Dienste überhaupt oder die Dienste grade dieses Beamten noch brauchen kann; und der Beamte hat nicht ein Recht darauf auch wirklich gebraucht zu werden.

314. Zwei Punkte sind aber zweifelhaft. Erstens, ob eine Entsetzung vom Amte nur durch den Ausspruch eines Gerichts-

1) Gut spricht darüber Hegel Philosophie des Rechts §. 297.

hofes im gewöhnlichen Rechtsweg zulässig sein solle? Dieses ist zu verneinen, weil der Staatsdienst nicht etwas Privatrechtliches sondern ein öffentliches Institut ist, welches einen eigenthümlichen freieren Maßstab der Beurtheilung verlangt[1]). Die mögliche Gefahr, die darin allerdings für die Beamten liegt, muß dadurch vermindert werden, daß das Verfahren doch alle wesentlichen Elemente der gerichtlichen Procedur in sich trägt, daß die Entscheidung durch eine Behörde geschehe, deren Stellung die unparteiische Erwägung verbürgt, und daß gegen dieselbe ein Rekurs an eine noch höhere Behörde möglich und zur definitiven Entsetzung die Bestätigung des Königs nöthig sei. Zweitens, kann ohne Vergehen und ohne Disciplinarverfahren die Versetzung eines noch dienstfähigen Beamten in Ruhestand mit Verkürzung des Gehaltes geschehen? Am Gehalt ist überhaupt zweierlei zu unterscheiden. Ein Theil desselben ist als ein Ersatz dafür anzusehen, daß man sich im Interesse des Staates dem Beamtenstand bestimmte und auf einen anderen Nahrungsstand verzichtete. Ein anderer Theil ist der Ersatz für die wirklichen Dienste, die man dem Staate leistet. Wenn also die Staatsregierung die Dienste nicht mehr brauchen kann oder will, was blos von ihrem Ermessen abhängen muß, so muß sie auch einen entsprechenden Theil des Gehaltes abzuziehen das Recht haben. Dazu kommt, daß nach der eigenthümlichen Natur des Staatsdienstes Charakterfehler wie Unverträglichkeit, Mangel an gutem Willen, an Fleiß, an Energie, ohne Vergehen zu sein, doch zum Amte mehr oder weniger untauglich machen können. Hier würde also ohne jene Befugniß die Regierung nur die Wahl haben, einen solchen Beamten zum Nachtheil des öffentlichen Dienstes zu behalten, oder ihn mit dem vollen Gehalte zum Nachtheil der Staatskasse zu quiesciren. Auch solche Fälle an ein förmliches Verfahren zu binden geht nicht, denn, sagt Dahlmann richtig, „die Gesetze haben keinen Maßstab für die Gradationen der Tüchtigkeit und keine Wage für das Gewicht der Gesinnung und des öffentlichen Vertrauens im heutigen Staatsleben.“ Das Maß

---

1) Dieser Ansicht ist auch Dahlmann Politik §. 255. 256.

des Standes- oder Ruhegehaltes muß jedoch ein zureichendes und durch das Gesetz geregelt sein. Eine Ausnahme muß aber bei den Justizbeamten in der Art gemacht werden, daß sie nur durch einen richterlichen Spruch ihres Amtes und Gehaltes entsetzt werden können. Dieses beruht auf zwei Gründen. Erstens weil der Dienst des Richteramtes sich in einer juristisch genau zu bemessenden Sphäre bewegt; zweitens weil dadurch die für die Handhabung der Gesetze und für die bürgerliche Freiheit so wichtige Unabhängigkeit des Richteramtes sicher gestellt ist.

315. Der Beamtenstand ist ein Institut von der höchsten Bedeutung; er trägt das eigentliche Wohl und Wehe des Volkes in Händen; denn die besten Gesetze sind unzureichend, wenn die Organe der Anwendung roh und schlecht sind. Er muß daher für die Staatsregierung ein Gegenstand der größten Aufmerksamkeit sein. Eine blos mechanische Geschäftscontrole genügt nicht; es kommt darauf an den Geist der Beamtenwelt zu bilden und zu erheben, Rechtschaffenheit, Würde und humanes Benehmen in ihr zur stehenden Sitte zu machen. Darauf führt schon von selbst eine tüchtige allgemeine Bildung, welche demjenigen, was das Geschäftsleben Gewöhnliches und Mechanisches an sich hat, zum Gegengewichte dient; dann auch, wie Hegel richtig sagt, die Großartigkeit des Staates, die Beschäftigung mit den in einem großen Staate vorhandenen großen Interessen, welche den Geist erhebt und die Gewohnheit allgemeiner Ansichten und Interessen erzeugt [1]). Es muß aber auch von Seiten der Regierung befördert werden durch eine ehrenvolle vertrauende und würdige Behandlung, die sie den Staatsbeamten erweist, durch die Unterstützung des Gefühls und Begriffs der Beamtenehre. Von diesem sittlichen Impulse hängt die Güte der Verwaltung wesentlich ab [2]).

316. An dem Beamtenwesen hängen aber auch große Gefahren. Der Untergang der alten Ordnungen in Frankreich nö-

1) Hegel Philosophie des Rechts §. 296.

2) Gut äußert sich darüber Trendelenburg Naturrecht §. 383.

thigte die Regierung, die republikanische so gut wie die monarchische, sich theils eine neue Stütze theils ein Surrogat der früheren Selbstverwaltung der Provinzen und Städte zu geben, und sie schuf diese in einer zahlreichen von der Regierung blind abhängigen Beamtenklasse. Daraus gieng ein bis ins Kleinste ausgebildeter Beamtenstaat, eine wohl abgerichtete Regierungsmaschine hervor, deren Einfluß durch den ihr anklebenden Schein der Thätigkeit, Regelmäßigkeit und Ordnung auch auf die Gebildeten wirkte [1]). In Deutschland, wo an den Höfen der Fürsten dazu schon Vieles vorbereitet war, wurde dieses begierig nachgeahmt. Es entstand nun das System des Vielregierens und der Centralisation, wodurch alle Fäden der Verwaltung in die Hand der Minister zusammengebracht, und von dort als dem Herzen des Staates aus alle Pulsschläge des öffentlichen Lebens bestimmt wurden. Diese Bureaukratie ist der eigentliche Träger der Idee des omnipotenten und allwissenden Staates geworden. Es hat sich in ihr ein traditioneller Geist, ein gewisser Maßstab der Lebensanschauungen, eine gewisse Glätte der allgemeinen Bildung, kurz ein eigenthümlicher Typus festgesetzt, dessen Eindruck kaum bedeutende Charaktere zu widerstehen vermögen. Mit dem Bewußtsein ihrer Macht ist mit einem merkwürdigen Instinct die Abneigung gegen Alles, was darunter nicht paßt, verbunden, namentlich gegen die Freiheit der Kirche und gegen Alles, was Selbstregierung ist. Vom Monarchen der Form nach abhängig, ist sie es in der That wenig. Sie bildet einen compacten Körper, von welchem unbewußt die Krone selbst beherrscht wird. Durch einen Ministerwechsel kann der Fürst die Personen seiner Umgebung verändern, allein das System selbst bleibt, und die neu Eintretenden werden ohne es zu wissen in dasselbe hineingezogen. Gegen diese großen die Kraft des Volkslebens bedrohenden Gefahren kann, wie Hegel richtig bemerkt, nur zweierlei schützen: von oben herab die kräftige Hand des Herrschers, von unten herauf die Organi-

---

1) Gut charakterisirt dieses so der Engländer Samuel Laing übersetzt bei Heller Preußen der Beamtenstaat (1844) S. 60.

sation von Corporationen, woran sich die Macht und Willkür des Beamtenthums bricht [2]).

2) Von der Mitwirkung des Volkes bei der Regierung. a) Politische Bedeutung der Familie.

317. Die Mitwirkung des Volkes bei der Regierung kann zwar nach den Formen der Verfassung größer oder geringer sein; allein ganz null ist sie nirgend, sondern überall findet sie in einem gewissen Maße, wenn auch nur unsichtbar und unbewußt Statt. Zunächst geschieht dieses durch die Familie. Dieser fällt die Sorgfalt für das, was die Grundbedingung und Voraussetzung alles Staatslebens ist, für die bürgerliche Erziehung [1]), also für die Fähigkeit regiert zu werden, fast ganz anheim. Solches ist ein Werk der Natur, welches durch keine Kunst ersetzt werden kann; die Schule und die Kirche können sich an die Familie nur anlehnen und sie ergänzen, nicht aber sie entbehrlich machen [2]). Auf der Familie beruht die Tradition der bürgerlichen Sitten und Tugenden, ohne welche kein Gemeinwesen bestehen kann; in ihr empfängt der Mensch die für das öffentliche Leben unentbehrliche Ehrfurcht vor der Autorität [3]) und die Uebung des vertrauenden Gehorsams, die Gefühle und Erinnerungen, welche ihn an

---

2) Hegel Philosophie des Rechts §. 297.

1) Sehr richtig sagt Aristoteles Politik V. 9.: „Ein höchst wichtiges, aber nun überall vernachlässigtes Mittel zur Erhaltung der Staaten ist ferner, daß die Kinder von Jugend auf gleich in den Grundsätzen erzogen werden, welche die Staatsverfassung fordert: denn die nützlichsten Gesetze und die genaueste Uebereinstimmung aller Glieder des Staates zum gemeinen Besten sind unnütz und vergeblich, wenn nicht auch Alle, von Jugend auf, dem Sinne der Gesetze und dem Geiste des Staats gemäß erzogen und dazu gewöhnt worden sind."

2) Ein Fehler des Aristoteles Politik VIII. 1. 2. ist, daß er der öffentlichen Erziehung zu viel Macht, und der Familie einen zu geringen Antheil beilegt. Eben dadurch sind seine Vorschläge unnatürlich und unbrauchbar.

3) Montesquieu Esprit des loix V. 7. Rien ne maintient plus les moeurs qu'une extrême subordination des jeunes gens envers les vieillards.

Heimath und Vaterland knüpfen; durch sie wird er in die nöthige Kenntniß der bestehenden Ordnung und Gesetze eingeführt, der Hausvater ist daher der unentbehrliche Mittelsmann zwischen der Staatsgewalt und der nachwachsenden Generation. Sein Amt ist in Beziehung auf diese eine wahre Magistratur, sein Hauswesen ein geschlossener Kreis von eigenthümlichen Rechten und Pflichten, worüber er nur seinem Gewissen Rechenschaft schuldig ist, und worin die Staatsgewalt nicht eingreifen kann, also in der That wie ein Staat im Staate. Es ist von der größten Wichtigkeit, daß die Gesetzgebung diese Bedeutung der Familie erkenne, und sie in diesem Sinne organisiren helfe. Sie muß sorgen, daß die Autonomie des Hausvaters für das Innere des Hauswesens überall respectirt, seine Autorität, soweit es nöthig ist, auch von Seiten der Staatsgewalt kräftig unterstützt werde. Für die Republik, wo der Bürger an der Allgewalt des Staates Theil zu nehmen hat, ist, daß er in der strengen Familienzucht Selbstbeherrschung gelernt habe, noch wichtiger als in der Monarchie, wo die Unterordnung für Alle eine bleibende ist [4]). Aus jener Autorität entspringt allerdings auch die Pflicht, davon den rechten Gebrauch zu machen, und daher auch eine gewisse Verantwortlichkeit nach Außen für deren Delicte. So sind nach allen Seiten hin die schwersten und auch für das Gemeinwesen folgenreichsten Pflichten auf die Schultern des Hausvaters gelegt, und es zeigt sich hier ganz vorzüglich, wie das Gewissen, also das sittliche Element und die Religion, dem Staatsleben zu Hülfe kommen müssen.

b) Die Gemeinden.

318. Ein anderes sehr wichtiges Organ für die Mitwirkung des Volkes bei der Regierung ist die Gemeinde, das heißt die

4) Montesquieu V. 7. L'autorité paternelle est encore très utile pour maintenir les mœurs. Nous avons déjà dit que dans une république il n'y a pas une force si réprimante que dans les autres gouvernemens. Il faut donc que les loix cherchent à y suppléer: elles le font par l'autorité paternelle.

organisirte Einheit derjenigen, die denselben bleibenden Wohnsitz haben. Die Entstehung der Gemeinden beruht auf zwei Thatsachen: erstens auf dem Zusammenhang des menschlichen Daseins mit dem Grund und Boden und daher mit festen Wohnsitzen [1]); zweitens auf dem Bedürfniß der Nachbarschaft zum materiellen und geistigen Verkehr und Austausch. Diese Nachbarschaft stiftet mächtige gemeinschaftliche Sympathien und Interessen, wodurch gemeinschaftliche Berathungen und feste Ordnungen veranlaßt werden. Dieser Organisation von unten herauf kommt auch die staatliche Organisation von oben herab entgegen, indem dieselbe auch für ihre Zwecke an der örtlichen Gemeinde einen Anhaltpunkt hat, dessen keine Regierungskunst entbehren kann. Denn so weit auch das Beamtenwesen ausgebildet werden mag, so ist doch in allen Fällen, wo es auf genaue Kenntniß der Personen und Oertlichkeiten, also auf die eigentliche Anwendung, ankommt, die Mitwirkung der Gemeinde unerläßlich; so bei der Umlegung der Steuern, der Aushebung zum Kriegsdienst, der Durchführung ortspolizeilicher Anordnungen, der Armenpflege. Dieses liegt so sehr in der Natur der Sache, daß es sich bei allen selbst den übrigens despotisch regierten Völkern findet, wo sich dann freilich der Despotismus auch in der strengen Verantwortlichkeit der Gemeinden äußert.

319. Es ist nun für einen wohlgegliederten Staat von der größten Wichtigkeit, die Gemeinde sowohl in sich als im Verhältniß zum Staate gehörig zu organisiren. Dabei ist vor Allem ins Auge zu fassen, daß die Commune nicht als eine bloße Handhabe der Verwaltung, sondern als eine wesentliche Bedingung und Unterlage der bürgerlichen und politischen Freiheit angesehen und behandelt werden muß [1]). Freie Communaleinrichtungen sind für die Freiheit, was die Elementarschulen für die Wissenschaft; sie machen sie populär und lehren das Volk sich derselben zu bedienen.

---

1) Man sehe oben §. 55.

1) Tocqueville De la démocratie en Amerique T. I. chap. 5. C'est dans la commune que réside la force des peuples libres.

Ohne sie kann ein Volk eine schonende wohlwollende Verwaltung, ja bis auf einen gewissen Grad den Schein einer freien Regierung haben; allein den Geist der Freiheit hat es nicht, und das Regiertwerden von oben herab mit seinen Nachtheilen ist im Wesentlichen doch da. Die Communalfreiheit dagegen gereicht eben so sehr dem Einzelnen als dem Ganzen zur größten Wohlthat. Der Bürger hängt sich an seine Gemeinde in dem Verhältniß als er sie stark und unabhängig findet; die Theilnahme an deren Regierung reizt und nährt seinen Patriotismus wie seine Opferwilligkeit; sie bietet ihm die mannichfaltigste Gelegenheit zur Befriedigung des anspruchlosen und deshalb um so verdienstvolleren Gemeinsinnes. In dieser begränzten und seinen Einsichten angemessenen Sphäre lernt er sich auch als Glied des Ganzen fühlen; er gewöhnt sich an die Formen, worüber hinaus die Freiheit in Anarchie ausartet; er gewinnt Geschmack an der Ordnung, lernt die Harmonie der Gewalten verstehen, und bildet sich klare und praktische Begriffe sowohl über die Natur seiner Pflichten als über den Umfang seiner Rechte [2]).

320. Um nun die Commune in diesem Sinne zu organisiren, ist zweierlei festzuhalten. Erstens ist die Gemeinde vor Allem ein Werk der Natur; die politische Kunst vermag dazu wenig, sondern muß bemüht sein, den von der Natur gegebenen Verhältnissen nachzugehen. Zweitens gehört zur Communalfreiheit vor Allem der derselben empfängliche Geist. Dieser läßt sich nicht befehlen, auch nicht durch Formen einhauchen, sondern er muß, wo er nicht von selbst ist, erzogen werden, und man muß dabei Geduld haben. Man muß dazu die zunächst bildungsfähige Schicht, dergleichen sich überall eine findet, auswählen und nur allmählig fortschreiten. Mehr Freiheit als die Masse versteht und gebrauchen kann, zieht bald deren Mißbrauch und dadurch deren Untergang nach sich [1]).

---

2) Ich bediene mich hier zum Theil der schönen Worte von Tocqueville.

1) Tocqueville T. I. chap. 5. La commune est la seule association qui soit si bien dans la nature, que partout où il y a des

321. Zu den von der Natur gegebenen Thatsachen gehört vor Allem der Unterschied zwischen der Stadt- und Landgemeinde. Die Stadtgemeinde ist die Stätte, wo in einem kleinen Raume fast alle Interessen und Gegensätze des menschlichen Daseins sich zusammengedrängt finden: die Unterschiede des Vermögens im Grundbesitz und Capitalreichthum; die Unterschiede der Nahrungszweige vom Großhändler an bis zum Krämer und Handwerker herab; die Gegensätze der materiellen und geistigen Beschäftigungen und die sich daran knüpfenden großen Unterschiede der Bildung. Alles dieses muß bei der Vertheilung der Selbstverwaltung berücksichtigt sein. Es müssen der zusammengedrängten leicht entzündbaren Masse bestimmte Gegengewichte und Einschränkungen gegeben werden. Die Mannichfaltigkeit und Verwicklung der Geschäfte macht zu deren Führung wissenschaftliche Bildung und stehende Beamte erforderlich. Alles Dieses ist bei der Landgemeinde anders. Die Gleichförmigkeit der Beschäftigung, der Interessen, der Bildung machen eine sehr einfache Verwaltung möglich; und es entwickelt sich in ihr der Geist der Oertlichkeit und die Anhänglichkeit an das Hergebrachte, welche als ein Gegengewicht

---

hommes réunis, il se forme de soi-même une commune. La société communale existe donc chez tous les peuples quels que soient leurs usages et leurs lois; c'est l'homme qui fait les royaumes et crée les républiques; la commune parait sortir directement des mains de Dieu. Mais si la commune existe depuis qu'il y a des hommes, la liberté communale est chose rare et fragile. Un peuple peut toujours établir de grandes assemblées politiques, parce qu'il se trouve habituellement dans son sein un certain nombre d'hommes chez lesquels les lumières remplacent jusqu'à un certain point l'usage des affaires. La commune est composée d'élements grossiers qui se réfusent souvent à l'action du législateur. La difficulté de fonder l'indépendance des communes, au lieu de diminuer à mésure que les nations s'éclairent, augmente avec leurs lumières. Une société très civilisée ne tolère qu'avec peine les essais de la liberté communale; elle se révolte à la vue de ses nombreux écarts, et désespère du succès avant d'avoir atteint le résultat final de l'experience.

gegen die allzugroße Beweglichkeit des städtischen Geistes in der Verfassung sehr zu beachten und zu pflegen sind. „Angebliche Freunde der Freiheit, sagt ein sehr achtbarer politischer Schriftsteller, haben gern bei jeder Veranlassung große Geringschätzung und Abneigung gegen den Geist der Oertlichkeit, gegen die Einflüsse des Kirchspieles, an Tag gelegt. Allein eben nur durch die Commune und durch das Kirchspiel hat die Mehrzahl der Bürger das Gefühl des Vaterlandes. Dort sind sie wirklich sie selbst, und ihre Meinungen und Empfindungen gehören dort wirklich ihnen selbst an. Auf diesem Boden sind sie fremden Einflüssen weniger zugänglich. Es ist dort weniger leicht sie für Wahlintriguen zu werben, die weit von ihnen entfernt durch die Leidenschaften einer Partei oder den Ehrgeiz einer Coterie angezettelt worden sind. Warum sollte man Machinationen befördern, welche den Landmann nur zum eigenen Vortheil ausbeuten wollen? Warum diese ländliche Bevölkerung, welche die Mehrzahl der Nation ausmacht, abhängig machen oder zurücksetzen? Der Einfluß des Kirchspiels ist wahrlich eben so gut wie der Einfluß des Straßenpflasters; und den Pflug führen giebt eine eben so gute politische Erziehung als das Hin- und Herwerfen des Webschiffes" [1]).

322. Die Verfassung der Staatsgemeinden kann auf mannichfache Art eingerichtet werden; es kommt dabei auf den allgemeinen Bildungszustand, auf die Größe der Stadt, auf das Herkommen Vieles an. Die Grundlage bildet die Bürgergemeinde, der Inbegriff der mit dem activen Bürgerrecht begabten Einwohner. Dieses kann außer dem Wohnsitz an mehr oder weniger Bedingungen geknüpft sein; man thut wohl dabei eine gewisse Vorsicht zu beobachten, weil die allzu leichte Aufnahme fremder Elemente den örtlichen Bürgersinn schwächt. In der Bürgergemeinde entstehen von selbst nach den Beschäftigungen und Nahrungszweigen besondere Kategorien oder Berufsklassen, und es liegt in der Natur der Sache, daß diese zum Behuf ihrer eigenthümlichen Interessen in sich organisirt werden [1]). Diese naturgemäße Unterlage

1) Barante Questions constitutionnelles (1849) chap. 2.

1) Man sehe §. 224.

ist aber auch zur organischen Gliederung der Bürgergemeinde für allgemeine Zwecke zu benutzen, für Wahlen oder zur Abhaltung von Bürgerversammlungen. Es ist eine der wichtigsten Aufgaben, eine solche den modernen Zuständen genau entsprechende Unterscheidung nach Berufsklassen in die städtische Verfassung einzuführen[2]). Die Eintheilung blos nach dem Census oder nach Stadtbezirken vermag nicht unter den Genossen ein wahrhaft lebendiges Band, worauf Alles ankommt, zu stiften, weshalb auch die Wahlen so lässig betrieben oder ein Spiel des Zufalls und der Intrigue werden.

323. Zur städtischen Verfassung gehört ein Bürgermeister mit Beigeordneten als unmittelbaren Gehülfen und Stellvertretern; neben ihm ein Stadtrath. Der Bürgermeister ist das Haupt und der Mittelpunkt der städtischen Verwaltung, der dieselbe überall in Thätigkeit zu setzen, zu beaufsichtigen und das Erforderliche zur Ausführung zu bringen hat. Der Stadtrath dient zur Berathung und Beschlußnahme der Gemeindeangelegenheiten. Er ist von und aus der Bürgerschaft zu wählen und periodisch zu erneuern, um die Ausschließung untauglicher Mitglieder möglich zu machen; eine Ergänzung blos durch Cooptation löst ihn zu sehr von der Bürgerschaft ab. Allerdings kommt Alles darauf an, diese Wahlen so zu organisiren, daß sie mit Einsicht und Interesse geschehen und nicht Gegenstand der Parteigetriebe werden. Der Bürgermeister und die Beigeordneten sind nicht von der Bürgerschaft, sondern vom Stadtrath zu wählen; jedoch muß wegen der Wichtigkeit der Persönlichkeit sowohl für die Gemeinde als für den Staat der Staatsregierung ein entscheidender Einfluß dabei zustehen. Für den Bürgermeister ist aus denselben Gründen wie bei den Staatsämtern eine angemessene Besoldung nothwendig. Daß die Wahl nicht auf Lebenszeit sondern nur auf bestimmte Jahre geschehe, hat einige Gründe für, aber auch wichtige Gründe gegen sich. Die anderen städtischen Aemter sollten möglichst unentgeltlich sein. Doch läßt sich dieses nicht durchführen, wo das Amt den ganzen Mann in Anspruch nimmt, oder specielle Fachkenntnisse verlangt, oder

2) Dafür erklärt sich auch Dahlmann Politik §. 248.

auf Lebenszeit verliehen wird, wie das des Stadtsyndikus, des Stadtrendanten, des Stadtschreibers. Will man der Verfassung eine noch breitere Grundlage geben, so kann man neben dem Stadtrath für gewisse besonders wichtige Sachen die Genehmigung der ganzen Bürgerschaft verlangen, zum Beispiel zur Contrahirung von Schulden, Einführung neuer Statuten. Die Abstimmung mit Ja oder Nein ist dann nach den organischen Gliederungen der Bürgerschaft, wo solche bestehen, oder getheilt nach Bezirken, oder durch Abgabe von Stimmzetteln vorzunehmen [1]).

324. Die Aufgabe und der Umfang der Communalverwaltung ist unter dem Gesichtspunkt aufzufassen, daß die Gemeinde der regelmäßige Mittelpunkt ist, worin sich das menschliche Dasein mit allem seinem Wechsel und seinen Gegensätzen von der Wiege bis zum Grabe abspinnt. Alles was daher den Menschen und die menschliche Gesellschaft im Guten wie im Bösen berührt, geht auch die Gemeinde an, und fällt mehr oder weniger unter ihre Aufsicht und Pflege: die öffentliche Sicherheit, die bürgerliche Nahrung, der Verkehr, die Armuth, der Gesundheitszustand, die Schule, die Kirche, die Sittlichkeit und Sittenlosigkeit, die Bildung des Schönheitssinnes, die öffentlichen Lustbarkeiten und Erheiterungen. Es bietet sich daher hier den städtischen Behörden ein überaus reiches Gebiet der Thätigkeit dar, wobei es auf Ortskenntniß und persönliche Hingebung wesentlich ankommt. Es müssen deshalb für die verschiedenen Zweige im Stadtrath besondere Deputationen gebildet werden, wozu auch geeignete Männer aus der Bürgerschaft zuzuziehen sind. Eine sehr wachsame Verwaltung erfordert insbesondere das Communalvermögen und die damit zusammenhängende städtische Besteuerung. Zur Erhöhung des öffentlichen Interesse dient vorzüglich eine angemessene Publicität, namentlich die öffentliche Darlegung des städtischen Haushaltes und Uebersicht der gesammten städtischen Verwaltung.

325. Die Verfassung der Landgemeinden kann natürlich weit einfacher sein. An der Spitze ein Schultheiß und einige Schöffen

---

1) Man vergleiche dazu unten §. 355.

oder Dorfgeschworene: daneben die Gemeindeversammlung der ansässigen Hausväter. Diese haben auch den Schultheißen und die Schöffen unter Vorbehalt der höheren Bestätigung zu wählen; nur auf gewisse Jahre, weil man hier rüstige Leute braucht. Wo die Gemeindeversammlung zu groß ist, ist es zweckmäßig einen Ausschuß gewählter Gemeindeverordneten an ihre Stelle treten zu lassen. Die Gegenstände der Verwaltung sind dieselben wie in den Städten, nur auf den Zuschnitt der ländlichen Verhältnisse reducirt. Für die Schule und Kirche ist es sehr wohlthätig, wenn ein Gutsherr von höherer Bildung und mit größeren Mitteln deren Interessen aus eigenem Antrieb oder als Patron in besonderer Weise mit zu vertreten hat.

326. Was endlich das Verhältniß der Gemeinde zum Staate betrifft, so beruht dieses auf der Vereinigung von zwei Gesichtspunkten. Einerseits ist die Gemeinde nicht als eine politische Schöpfung der Staatsgewalt, als bloße Staatsanstalt oder Verwaltungsbezirk aufzufassen; sie ist ein Werk der Natur, welches seine eigenen Zwecke und die Bedingungen seines eigenen dauernden Daseins in sich trägt. Es muß ihr daher für ihren Lebenskreis Selbstständigkeit und eigener Wille, also eine vom Staate verschiedene Persönlichkeit beigelegt, sie muß als eine Corporation anerkannt werden. Dieses gilt auch hinsichtlich ihres Vermögens, welches durchaus nur wie Privatvermögen, nicht als Staatsvermögen behandelt werden darf. Andererseits greift aber auch das Staatsinteresse tief in die Gemeinde ein. Denn sie erzieht die Bürger nicht blos für sich, sondern auch für den Staat; die Ordnung, der Wohlstand, der sittliche und religiöse Geist der Gemeinde sind auch die seinigen; die Anstalten der staatlichen Regierung, der Rechtspflege, der Polizei, des Militärwesens, haben in ihr ihren Sitz uud lehnen sich vielfach an sie an. Die Gemeinden bilden daher, wenn auch bis auf einen gewissen Grad selbstständige, doch aber immer organische Glieder des gesammten Staatskörpers, von deren Gesundheit die des Ganzen wesentlich abhängt. Darüber hat also die Staatsregierung zu wachen, die Verfassung durch ihre Gesetze einzurichten und zu verbessern, die Bildung

neuer Gemeinden zu bewilligen, die Verwaltung zu beaufsichtigen, wichtige Beschlüsse zu genehmigen, Ausschreitungen entgegen zu treten, Conflicte zu entscheiden, und die Verbindung der Gemeinden mit dem Gesammtkörper, namentlich durch eine angemessene Repräsentation derselben, zu unterhalten. Die Beaufsichtigung und Mitwirkung der Staatsgewalt ist insbesondere bei der Verwaltung des Gemeindevermögens und der Communalsteuern nothwendig, weil davon für die Kraft und den Wohlstand eines Staates so Vieles abhängt, und dabei nach der Erfahrung so leicht Saumseligkeiten und Unregelmäßigkeiten eintreten. Das Verhältniß der Gemeinde zum Staate muß überhaupt so eingerichtet sein, daß die Gemeinde die Selbstständigkeit besitzt, welche zur Belebung und Entwicklung des Bürgersinnes gehört, die Staatsgewalt aber die Einwirkung genießt, welche zur Mittheilung des Geistes ihrer höheren Ordnung, Einsicht und Erfahrung erforderlich ist.

327. Die Wichtigkeit der Gemeinde für den Staat, die eingerissene Neigung Alles von oben herab zu regieren und zu bevormunden, die Besorgnisse vor den großen Gefahren, welche die in falsche Bahnen geleitete Communalfreiheit allerdings für den Staat haben kann, alles Dieses hat die Staatsregierungen ungünstig gegen dieselbe gestimmt, und ihr grade von der Seite Gegner erweckt, von wo sie ihre hauptsächliche Stütze und Förderung zu erwarten hat. Dawider kann sie nur ein sehr gemäßigter und besonnener Gebrauch dieser Freiheit und ein ächter Gemeingeist schützen [1]). Andererseits mögen aber auch die allzu großen Anhänger

---

1) Tocqueville De la démocratie en Amérique T. I. chap. 5. Parmi toutes les libertés celle des communes, qui s'établit si difficilement, est aussi la plus exposée aux invasions du pouvoir. Livrées à elles mêmes, les institutions communales ne sauraient guère lutter contre un gouvernement entreprenant et fort; pour se défendre avec succès, il faut qu'elles aient pris tous leurs developpements et qu'elles se soient mêlées aux idées et aux habitudes nationales. Ainsi, tant que la liberté communale n'est pas entrée dans les mœurs, il est facile, de la détruire, et elle ne peut entrer dans les mœurs qu'apres avoir long-temps subsistée dans les lois.

der bureaukratischen Centralisation beherzigen, daß dieselbe zwar eine äußere Regelmäßigkeit und Ordnung, nicht aber den Geist zu schaffen vermag, welcher die wahre Kraft der Staaten ausmacht[2]).

c) Die Corporationen.

328. Das bürgerliche Leben besteht zum geringsten Theile in dem, was die Einzelnen für den Staat unmittelbar thun; es besteht in demjenigen, was Jeder in dem besonderen Kreise, der seinen Lebensruf ausmacht, wirkt. Dieses durch entsprechende Einrichtungen zu ordnen, zu fördern, zu überwachen ist daher eine wichtige Aufgabe des staatlichen Organismus. Durch Beamte von oben herab läßt sich dieses aber nicht bewerkstelligen, weil dazu die Verhältnisse zu mannichfaltig und eigenthümlich sind und die Leitung derselben eine Menge praktischer Kenntnisse und Erfahrungen voraussetzt, die nur durch das Leben und die Uebung im Berufe selbst erworben werden. Die Natur wird aber, wenn sie ihrem Zuge folgen kann, die Betheiligten von selbst auf den richtigen Weg führen, daß sie sich in Genossenschaften vereinigen, und ihre Zwecke und Interessen mit gemeinsamer Hand fördern. Die Staatsgewalt hat dabei nichts zu thun, als das,

---

2) Tocqueville T. I. chap. 5. La centralisation parvient aisément, il est vrai, à soumettre les actions extérieures de l'homme à une certaine uniformité qu'on finit par aimer pour elle même, indépendamment des choses auxquelles elle s'applique. — La centralisation réussit sans peine à imprimer une allure régulière aux affaires courantes; à régenter savamment les détails de la police sociale: à réprimer les légers désordres et les petits délits; à maintenir la société dans un *status quo* qui n'est proprement ni une décadence ni un progrès; à entretenir dans le corps social une sorte de somnolence administrative que les administrateurs ont coutume d'appeler le bon ordre et la tranquillité publique. Elle excelle, en un mot, à empécher, non à faire. Lorsqu'il s'agit de remuer profondément la société, ou de lui imprimer une marche rapide, sa force l'abandonne. Pour peu que ses mesures aient besoin du concours des individus, on est tout surpris alors de la faiblesse de cette immense machine; elle se trouve tout-à-coup réduite à l'impuissance.

was sich naturwüchsig von selbst macht, in den Organismus des Ganzen als Corporation aufzunehmen und mit demselben in der richtigen Uebereinstimmung zu erhalten. Dieses gilt nicht blos von den Genossenschaften der Handwerker und Kaufleute, sondern auch für wissenschaftliche Anstalten, für Advokaten, Aerzte, überhaupt für alle eigenthümliche Lebens- und Berufskreise. Selbst die Kirche ist nur eine ins Große gehende Anwendung dieses Grundgedankens.

329. Durch die Einrichtung von Corporationen werden nicht blos für den Einzelnen sondern auch für das Ganze die wichtigsten Vortheile erreicht. Erstens wird durch die Corporation das Interesse des Einzelnen und dessen Thatkraft für das gemeinsame Interesse, also der Gemeinsinn, gesteigert, und durch die Vereinigung dieser Kräfte auch für den Staat als Ganzes eine große Energie und Lebendigkeit gewonnen. Zweitens wird in der Corporation durch die höhere und niedere Stellung, die sie ihren Mitgliedern anweist, die richtige Vertheilung zwischen Herrschen und Gehorchen gefördert, worauf der gesunde Staatsorganismus beruht; es wird dadurch dem bis auf einen gewissen Grad löblichen Ehrgeize, sich unter seinen Mitbürgern Ansehen und Geltung zu verschaffen, eine ihm angemessene Sphäre angewiesen und er dadurch vor Abwegen geschützt. Drittens ist aber vor Allem der von der Corporation ausgehende moralische Einfluß zu würdigen. In ihr bildet sich das Gefühl und der Begriff einer besondern genossenschaftlichen Ehre, die durch die Erfüllung der jedem Stande eigenthümlichen Pflichten bedingt ist und zu deren Reinerhaltung die Genossenschaft selbst als Wächter und Richter auftritt. Dadurch übt sie über die Berufsthätigkeit und über die bürgerlichen Sitten ihrer Mitglieder eine nachhaltige Aufsicht aus, die durch keine Staatspolizei ersetzt werden kann. So wird sie der mächtige Hebel zur ehrenhaften Erfüllung des gewählten Lebensberufes, die Werkstätte der bürgerlichen Tugenden, der Stützpunkt der darauf gegründeten bürgerlichen Ehre und Ehrenhaftigkeit überhaupt. Mit Recht sagt Hegel: „Heiligkeit der Ehe und die Ehre in der Corporation sind die Momente, um welche sich die Des-

organisation der bürgerlichen Gesellschaft dreht." Die Corporationen sind daher zu einem wahrhaft organischen kräftigen und edlen Staatsleben schlechthin unentbehrlich [1]).

330. Das Mittelalter fand in der Selbstregierung, welche die Bildung von Corporationen gewährt, die Befriedigung des germanischen Freiheitsgeistes, in der Fülle der Hülfsmittel, welche die Association in sich schließt, die Erhöhung seiner Lebensinteressen und die Verstärkung seiner Thatkraft. Daher der wunderbare Reichthum der Schöpfungen, welche jene denkwürdige Zeit, fast ohne alle Beihülfe von oben herab, in allen Richtungen des menschlichen Daseins, der Wissenschaft, Kunst, des politischen Lebens, der Gewerbe, des Handels, der Hingebung an höhere Lebenszwecke, hervorbrachte. Der Geist der Neuzeit ist dagegen aus zwei Gründen den Corporationen ungünstig gestimmt worden: von oben herab durch die bureaukratische Abneigung gegen alles Selbstregieren, von unten herauf durch das falsche auf die völlige Isolirung der Individuen gerichtete Freiheitsgefühl. Vortrefflich sagt darüber Hegel Folgendes: „Wenn man in neueren Zeiten die Korporationen aufgehoben hat, so hat dieses den Sinn, daß der Einzelne für sich sorgen solle. Kann man dieses aber auch zugeben, so wird durch die Korporation die Verpflichtung des Einzelnen, seinen Erwerb zu schaffen, nicht verändert. In unseren modernen Staaten haben die Bürger nur beschränkten Antheil an den allgemeinen Geschäften des Staates: es ist aber nothwendig, dem sittlichen Menschen außer seinem Privatzwecke eine allgemeine Thätigkeit zu gewähren. Dieses Allgemeine, das ihm der moderne Staat nicht immer reicht, findet er in der Korporation. Wir sahen früher, daß das Individuum für sich in der bürgerlichen Gesellschaft sorgend, auch für Andere handelt. Aber diese bewußtlose Nothwendigkeit ist nicht genug: zu einer gewußten und denkenden Sittlichkeit wird sie erst in der Korporation. Freilich muß über dieses die höhere Aufsicht des Staates seyn, weil sie sonst verknöchern, sich in sich verhausen und zu einem elenden Zunft-

1) In diesem Sinne äußert sich auch Trendelenburg Naturrecht §. 180.

wesen herabsinken würde. Aber an und für sich ist die Korporation keine geschlossene Zunft: sie ist vielmehr die Versittlichung des einzeln stehenden Gewerbes und sein Hinaufnehmen in einen Kreis, in dem es Stärke und Ehre gewinnt" [1]).

d) Die Provinzialstände.

331. Die Art, wie die größeren Staaten entstehen, bringt es mit sich, daß jeder Staat mehr oder weniger ein zusammengesetzter ist, das heißt, daß die einzelnen Landestheile durch ihre Geschichte, ihre örtliche Lage, ihre agrarischen, commerciellen und industriellen Interessen, ihren Geist und Bildungszustand, oft auch durch die Religion und Sprache ihren eigenthümlichen von einander unterschiedenen Typus haben. Es gehört zu den wichtigsten Aufgaben der Staatskunst diese Eigenthümlichkeiten zu beachten und daraus für die Kraft und Lebendigkeit des Ganzen Vortheil zu ziehen. So entsteht die Eintheilung in Provinzen. Diese dürfen nicht bloße Verwaltungsbezirke sein, wiewohl auch schon dadurch, wenn die Eingeborenen bei der Anstellung gehörig berücksichtigt werden, die Verwaltung an Volksthümlichkeit gewinnt: sondern sie müssen als organische mit einer angemessenen Selbstregierung und Vertretung versehene Glieder des Ganzen behandelt werden. In allen die materiellen und geistigen Interessen der Provinz in eigenthümlicher Weise berührenden Fragen der Gesetzgebung und Verwaltung muß der Provinzialvertretung je nach dem Grade dieser Eigenthümlichkeit das Recht der Entscheidung oder Begutachtung zustehen. Da es sich dabei um ganz concrete das Wohl und Wehe der Provinz unmittelbar berührende Verhältnisse handelt, so ist die Vertretung auf die Schichten der Gesellschaft zu stützen, worin diese Verhältnisse zu Hause sind, und so einzurichten, daß die verschiedenen Interessen durch Männer, die damit durch Beruf und Erfahrung vollkommen vertraut sind, vertreten werden: auf Büchergelehrtheit und Schönrednerei kommt dort nichts an. Die Provinzialvertretung wird daher die Gemeinde-

1) Hegel Philosophie des Rechts §. 255. Zusatz.

verfassung zum Unterbau haben müssen. Das Verhältniß der Staatsregierung muß so sein, daß ihr verfassungsmäßig alle Mittel zustehen, sowohl die Provinzialvertretung in Bewegung zu setzen, als auch die übermäßige Bewegung derselben zu beherrschen und in ihre Schranken zurückzuweisen.

e) Die Reichsstände. α) Grundgedanke dieser Einrichtung.

332. Wenn ein Staat das ist, was er sein soll, und das Bewußtsein davon in der politischen Bildung des Volkes durchdrungen ist, so muß er so organisirt sein, daß die Intelligenz der Regierung sich mit der in den verschiedenen Schichten des Volkes durch Erfahrung und Nachdenken heranbildenden Intelligenz verbindet, und von ihr unterstützt in stets fortschreitender Vervollkommnung die großen Aufgaben und Interessen des Staates zur Lösung bringt. Denn wie groß auch das Bestreben der Regierung nach gründlichster Kenntniß derselben, wie wohlwollend auch ihre Absichten sein mögen, so ist doch ihre Auffassung leicht eine mangelhafte und einseitige, und es machen sich die Interessen des Staates in anderer Weise beim Fürsten und seinen Rathgebern, in anderer im Volke selbst fühlbar. Es handelt sich also darum Beides zu vermitteln und mit einander zu verbinden. Es ist unvermeidlich, sich dabei Regierung und Volk bis auf einen gewissen Grad entgegengesetzt zu denken. Allein es ist nur der Gegensatz der Auffassung, der zum Ausdruck der wahren Gesammtintelligenz ausgeglichen und verarbeitet werden soll. Das Verhältniß ist also nicht so zu fassen, als ob die Interessen des Volkes denen des Fürsten gegenüber zu vertreten seien; denn in dem wahren Staate sind die Interessen des Volkes zugleich die des Fürsten und umgekehrt; die Aufgabe ist daher richtig ausgedrückt vielmehr die, durch gegenseitige Verständigung den Fürsten von den Interessen des Volkes zu überzeugen und sie dadurch zu seinen eigenen zu machen, und umgekehrt. Noch weniger ist das Verhältniß so zu denken, als ob das Volk seine Rechte gegenüber der Regierung zu schützen habe; denn die Regierung darf nicht als eine das Volk bedrohende Macht hingestellt werden, wogegen dieses sich mißtrauisch

verwahren müsse. Factisch geschieht dieses durch die Volksvertretung allerdings auch; allein es darf nicht als Grundprincip angesehen werden, sonst wird in die Verfassung ein geheimer Zwiespalt aufgenommen, welcher ihr früh oder spät verderblich wird. „Die Stellung der Regierung zu den Ständen, sagt sehr richtig Hegel, soll keine wesentlich feindliche seyn, und der Glaube an die Nothwendigkeit dieses feindseligen Verhältnisses ist ein trauriger Irrthum. Die Regierung ist keine Partei, der eine andere gegenübersteht, so daß beide sich möglichst viel abzugewinnen und abzuringen hätten, und wenn ein Staat in eine solche Lage kommt, so ist dieß ein Unglück, kann aber nicht als Gesundheit bezeichnet werden" [1]).

333. Jene dem vollendeten Staate allein entsprechende Auffassung des Verhältnisses der Regierung zur Volksvertretung ist aber noch in keinem der heutigen Staaten ganz durchgedrungen. Alle heutigen Verfassungen haben sich mehr und weniger aus den Kämpfen zwischen der fürstlichen Gewalt und der Volksfreiheit entwickelt, und die Eindrücke davon leben unbewußt sowohl in dem Gefühle der Fürsten als in dem der Völker fort. Es wird noch lange Zeit währen und noch mancher hochherziger Beispiele oder bitterer Erfahrungen bedürfen, bevor aus der Ueberzeugung, daß die Stärke der Regierung uud die wahren Freiheiten des Volkes sich gegenseitig bedingen, und aus der von dieser Ueberzeugung durchdrungenen Gesinnung eine höhere harmonische Staatenordnung erblüht. Von jenen Eindrücken und dem dadurch gegebenen Dualismus wird selbst, mit Ausnahme von Hegel, die philosophische Staatslehre unserer Zeit mehr oder weniger beherrscht. Allerdings wird diese Wissenschaft, um sich nicht ganz über ihre Zeit zu versteigen, nicht durchaus davon abstrahiren dürfen, jedoch so daß sie immer auf die höhere Auffassung möglichst hinlenkt.

334. Die Mitwirkung der Volksvertretung wird vor Allem bei der Gesetzgebung an ihrer Stelle sein. Schon die Berathung mit ihr giebt die Gewährleistung der gründlichsten und vielseitigsten Erwägung, was ein wesentliches Moment dabei ist. Die

1) Hegel Philosophie des Rechts §. 301. Zusatz.

Abrathung wird für eine umsichtige Regierung von selbst der Verwerfung des Gesetzes gleich gelten. Wenn jedoch der Staat als die organisirte Einheit von Haupt und Gliedern, und das Gesetz als der Ausdruck des intelligenten Willens dieser Einheit aufgefaßt wird: so muß der Volksvertretung nicht blos eine berathende, sondern eine entscheidende Stimme zustehen [1]). Auf dieses Resultat haben auch die meisten Verfassungskämpfe hingeführt. Eine andere Thätigkeit der Volksvertretung ist die Prüfung des Staatshaushaltes und die Zustimmung zu den dadurch bedingten Steuern [2]). Die großen Aufgaben einer gut geordneten Verwaltung setzen von selbst die Aufbringung der dazu erforderlichen Mittel voraus, und dazu müssen sich die Regierung und das Volk ganz vorzüglich mit Offenheit und Vertrauen die Hand reichen. Der Gang unserer landständischen und Steuerverfassung, die steigenden Staatsbedürfnisse, die Rücksicht auf den bürgerlichen Wohlstand haben jedoch die Mitwirkung der Volksvertretung bei der Besteuerung in den heutigen Verfassungen stark in den Vordergrund gestellt, und es gehört politische Reife und patriotische Gesinnung dazu, dieses wichtige Recht nicht einseitig auszubeuten [3]). Endlich muß der Volksvertretung das Recht zustehen, die Regierung auf die staatlichen Bedürfnisse und auf die Gebrechen der Verwaltung, wie solche in den verschiedenen Schichten der Bevölkerung empfunden werden und zum Bewußtsein kommen, aufmerksam zu machen, die Mittel der Abhülfe in Vorschlag zu bringen, und so die

---

1) Chalybäus Speculative Ethik II. §. 142. 204. legt als wesentlich in das Gesetz den Begriff, der Ausdruck des Wissens und Wollens „Aller," der „wirkliche" Wille Aller zu sein. Allein dieses ist eine willkürliche nirgends zutreffende Fiction. Der Staat ist allerdings die organisirte Einheit Aller: aber das Gesetz ist das, was die dazu bestellten Organe dieser Einheit „nach ihrem eigenen Wissen und Wollen" als Wille „für Alle" vorschreiben.

2) Man sehe das Nähere unten §. 387.

3) Gut sagt Hegel §. 301. Zusatz: „Die Steuern, die die Stände bewilligen, sind nicht wie ein Geschenk anzusehen, das dem Staate gegeben wird, sondern sie werden zum Besten der Bewilligenden selbst bewilligt."

Intelligenz der Regierung aus dem Standpunkt ihrer Einsicht und Erfahrung zu ergänzen. Abgesehen von diesen Einzelnheiten übt aber die Volksvertretung schon dadurch, daß sie ist, auf die Wachsamkeit der Regierung wie auf den politischen Sinn der Unterthanen einen wichtigen belebenden Einfluß aus.

β) Organisation der Volksvertretung.

335. Die große Aufgabe der Zeit ist aber, die Mitwirkung des Volkes in der richtigen Weise zu organisiren. Da die Berufung allgemeiner Volksversammlungen wie in den Staaten des Alterthums nicht mehr ausführbar ist, so kann jene Mitwirkung nur durch Abgeordnete geschehen. Dieses kann einen doppelten Sinn haben. Entweder hat der Abgeordnete blos nach dem Willen und Auftrag seiner Committenten zu handeln und zu stimmen; oder er soll sich seine Ansicht ganz frei, nach seinem Gewissen und seiner Ueberzeugung, erst an Ort und Stelle bilden. Das Erste hat für sich, daß dadurch der Abgeordnete auf den Boden der realen Verhältnisse und Lebensanschauungen gestellt wird; es hat aber gegen sich, daß dann grade der Hauptvortheil verloren geht, den die gemeinschaftliche Berathung zur Bildung einer gründlichen und vielseitigen Ansicht bezweckt. Geht man also von dem zweiten Gesichtspunkt aus, so gewinnt die Vertretung einen ganz andern künstlichen Sinn. Sie bezieht sich nicht auf einen gewissen Bezirk oder Stand, sondern sie bezieht sich auf alle zur Berathung kommenden allgemeinen und besonderen Interessen, und zwar so, daß dabei lediglich die eigene Einsicht maßgebend sein soll. Die Abgeordneten vertreten also, strenge genommen, Niemanden, sondern handeln in ihrem eigenen Namen. Damit aber doch die wirklichen Interessen des Volkes durch sie bestellt werden, und der Begriff von Volksvertretung eine gewisse Wahrheit bleibe, ist zweierlei erforderlich. Erstens müssen die Abgeordneten Männer sein, welche die Einsicht, die Fähigkeit und den guten Willen mitbringen, sich durch gründlichen Austausch der Meinungen über die mannichfaltigsten Fragen und Verhältnisse des öffentlichen Lebens eine selbstständige Ueberzeugung zu bilden. Zweitens müssen sie auch Solche

sein, die im Volke stehend, durch Gleichheit der Gesinnung und Interessen mit ihm verbunden, und mit dessen Wohl und Wehe durch Erfahrung vertraut, die Fähigkeit erlangt haben, auch die allgemeineren Fragen der Gesetzgebung und Verwaltung im Sinne des Volkes zu besprechen und zu beurtheilen.

336. Um aber die Männer dieser Art zu finden, muß man von der Anschauung des wirklichen Lebens ausgehen. Das Wort, Volk, ist, wie schon oben bemerkt, eine Abstraction; in der concreten Wirklichkeit ist es eine Zusammensetzung vielerlei Kategorien, Personenklassen oder Stände. Die praktischen Erfahrungen und Einsichten, die Einer sammelt, sammelt er zunächst in der Kategorie, der er angehört [1]). Also werden zur wahren Volksvertretung durchschnittlich diejenigen die Geeignetesten sein, welche in ihrer Kategorie die Erfahrensten und Tüchtigsten sind. Denn erstens werden sie über die besonderen Interessen ihrer Kategorie, als die Männer vom Fache, ihre belehrende Stimme und ihr gereiftes Urtheil in die Wagschale der Berathung legen. Zweitens werden diejenigen, die in einer Sphäre des bürgerlichen Lebens gehörig durchgebildet und bewährt sind, durchschnittlich auch über die Fragen von höherem und allgemeinem Interesse sich ein gediegenes und selbstständiges Urtheil zu bilden im Stande sein, jedenfalls mehr als die, welche in keiner Sphäre gründlich zu Hause sind.

337. Da die Abgeordneten das Volk nicht als Abgeordnete eines gewissen Bezirkes oder Standes, sondern nur durch die Gemeinschaft der Gesinnung und Interessen vertreten sollen, so ist es nicht grade schlechthin nothwendig, daß sie aus Wahlen hervorgehen [1]). Zweckmäßig ist es allerdings, weil dadurch doch ein Band

1) Man sehe oben §. 224.

1) Allerdings, schreibt Bluntschli Allgemeines Staatsrecht Buch V. Cap. 7 (6)., ist die Wahl kein absolutes Erforderniß. Edm. Burke 1792: „Wo zwischen denen in deren Namen gehandelt wird, und denen, welche in derselben Namen handeln, eine Gemeinschaft der Interessen, eine Verwandtschaft der Ansichten und Wünsche statt findet, da ist wirkliche, obgleich nicht förmliche Stellvertretung. In manchen Fällen ist diese wirkliche Stellvertretung besser als die förmliche, in welcher die Vertreter

mehr zwischen ihnen und dem Volke ist, und weil sich nicht leicht ein anderer befriedigender Weg finden läßt. Die Wahlen sind jedoch die Seite der Verfassung, die den größten Zufälligkeiten ausgesetzt und dadurch von Gefahren bedroht ist, wogegen nur die richtige Zusammensetzung der Wahlkörper schützen kann. Diese müssen daher so eingerichtet sein, daß die Wähler, durch ihr wohlverstandenes gemeinschaftliches Interesse zur Betheiligung an der Wahl angetrieben, mit Einsicht und selbstständigem Urtheil die Tüchtigsten und Würdigsten auszuwählen befähigt sind. Eine Bildung der Wahlcollegien blos nach der Kopfzahl oder auch nach dem Census wirft die Urtheilsfähigen und Urtheilslosen durch einander, und vermag unter den Wählern nicht ein lebendiges Band und gemeinschaftliches Bewußtsein zu stiften; sie führt daher entweder Gleichgültigkeit oder künstliche Einflüsse und Agitationen im Gefolge. Anders ist es, wenn die Wähler nach den Berufsklassen oder Ständen geschieden und, wie oben bemerkt, auf die Wahl des Tüchtigsten in jeder Kategorie angewiesen sind. Es wären also die verschiedenen Berufsklassen nach dem dermaligen Zustande der Gesellschaft in jeder Provinz oder in jedem Kreise genau zu organisiren, und aus jeder derselben die angemessene Zahl durch directe oder indirecte Wahlen zur Landesvertretung zu entsenden.

338. Daß diese Form, und sie allein, der Natur des organischen Staates und der Aufgabe der Volksvertretung entspreche, haben gewichtige Stimmen ausgesprochen. Hegel schreibt: „In dem ständischen Elemente der gesetzgebenden Gewalt kommt der Privatstand zu einer politischen Bedeutung und Wirksamkeit. Derselbe kann nun dabei weder als eine ungeschiedene Masse, noch als eine in ihre Atome aufgelöste Menge erscheinen, sondern als das, was er bereits ist, nämlich unterschieden in

---

von denen, an deren Statt sie zu handeln haben, erwählt sind. Das Volk kann sich in seiner Wahl täuschen, selten täuscht die Gemeinschaft der Gesinnungen und Interessen. Allein jene wirkliche Stellvertretung hat keine lange und sichere Dauer, wo sie nicht, wenigstens zum Theil, auf die förmliche gestützt ist."

den auf das substantielle Verhältniß und in den auf die besonderen Bedürfnisse und die sie vermittelnde Arbeit sich gründenden Stand. Nur so knüpft sich in dieser Rücksicht wahrhaft das im Staate wirkliche Besondere an das Allgemeine an. — Der Staat ist wesentlich eine Organisation von solchen Gliedern, die für sich Kreise sind, und in ihm soll sich kein Moment als eine unorganische Menge zeigen. Die Vielen als Einzelne, was man gerne unter Volk versteht, sind wohl ein Zusammen, aber nur als die Menge, eine formlose Masse, deren Bewegung und Thun eben damit nur elementarisch, vernunftlos, wild und fürchterlich wäre. Wie man in Beziehung auf Verfassung noch vom Volke, dieser unorganischen Gesammtheit, sprechen hört, so kann man schon zum Voraus wissen, daß man nur Allgemeinheiten und schiefe Deklamationen zu erwarten hat. — In so fern die Abgeordneten von der bürgerlichen Gesellschaft abgeordnet werden, liegt es unmittelbar nahe, daß dieß diese thut als das, was sie ist, somit nicht als in die Einzelnen atomistisch aufgelöst und nur für einen einzelnen und temporairen Akt sich auf einen Augenblick ohne weitere Haltung versammelnd, sondern als in ihre ohnehin konstituirten Genossenschaften Gemeinden und Korporationen gegliedert, welche auf diese Weise einen politischen Zusammenhang erhalten" [1]). In derselben Weise hat sich auch ein anderer tiefsinniger Denker ausgesprochen [2]).

339. Vortrefflich äußert sich über diese Frage auch Bluntschli: „Gewöhnlich werden die stimmberechtigten Staatsbürger in eine Anzahl von Wahlkreisen vertheilt, ohne Rücksicht auf ihre besonderen Eigenschaften, und jedem Wahlkreise nach der Kopfzahl seiner Glieder oder der Bevölkerung, die er umschließt, eine Anzahl Repräsentanten zugetheilt. Die Mehrheit wählt, und die Minderheit wird dann nicht weiter berücksichtigt. Diese Einrichtung empfiehlt sich meistens durch die Allgemeinverständlichkeit einfacher arithmetischer Verhältnisse und durch die demokratische

---

1) Hegel Philosophie des Rechts §. 303. 308.

2) Chalybäus Speculative Ethik II. §. 206. 207.

Betonung der Gleichheit Aller. Vor einer organischen Erkenntniß des Staates erscheint sie als roh und ungenügend. Weder die Vollständigkeit noch die Wahrheit der Volksrepräsentation finden in ihr Garantien. Es ist nur zufällig, wenn die verschiedenartigen Interessen des Handels, der Fabrication, der Handwerke, der Landwirthschaft, wenn ferner die Interessen der Bildung und Wissenschaft, wenn die Kenntniß des Rechts hinreichende Vertretung erhalten; die Wahlart selbst weiß von alledem nichts. Sie hat wenig Gewähr in sich, daß wirklich die tugendhaftesten und einsichtsvollsten Männer gewählt werden. Nur allzu oft waren und sind diese Wahlen ein Spiel der Parteien und ihrer Leidenschaften. Anstatt einer Vertretung der Volksinteressen gingen und gehen aus ihnen nur zu häufig Versammlungen hervor, in welchen die politischen Leidenschaften und Vorurtheile vornehmlich repräsentirt sind, und die wirklichen und dauernden Interessen des Volkes den wechselnden Stimmungen der Parteien unbedenklich hingeopfert werden. Weit besser und dem Repräsentativsystem in Wahrheit zusagender ist die Eintheilung des Volks nach den wichtigsten Gruppen der Berufs- und Lebensweise, so daß unter den Wählern selbst eine Gemeinschaft der Anschauung und der Interessen stattfindet, und ein gesundes und freies Urtheil über die Tüchtigkeit der Candidaten vorausgesetzt werden kann, für den Staat aber eine wahre Vertretung aller großen Bestandtheile und Interessen des gesammten Volkes in richtigen Verhältnissen gesichert wird. Es ist ein großer Irrthum, daß eine derartige ständische Vertretung dem mittelalterlichen ständischen System, nicht dem modernen Repräsentativsystem angehöre. Sie entspricht vielmehr der Grundidee der Volksrepräsentation, welche ein wahres Bild des Volkes sein soll, durchaus, und ist erst deren wirkliche Erfüllung" [1]). In demselben Sinne spricht sich Trendelenburg aus, der gut hervorhebt, daß selbst „die Unterschiede nach dem Census nur ein zweifelhafter Nothbehelf sind, der nach der allgemeinen Erfahrung in der Bewegung der Dinge nicht

1) Bluntschli Allgemeines Staatsrecht Buch V. Cap. 7 (6).

Stand hält, weil ihnen ein tieferer ethischer Unterschied gebricht" [2]). Sehr bündig sagt Dahlmann: „Als gleichartige Masse zeigt sich das Volk bloß im berufslosen Pöbel" [3]).

γ) Die Lehren der Geschichte.

340. Eine gewisse Betheiligung der Unterthanen an der Regierung durch Mitberathung und Beschließung ist ein Bedürfniß des germanischen Freiheitsgefühls, das sich in allen Umwandlungen der deutschen Verfassung in mannichfaltigen Formen geltend gemacht hat. Dieses Freiheitsrecht heftete sich insbesondere an den großen Grundbesitz, der theils bei den Stiften und Klöstern theils bei der Ritterschaft des Landes war. Das Aufblühen der Städte machte, namentlich zum Zwecke der Besteuerung, auch deren Zuziehung nothwendig. So wurden die Landtage aus den Prälaten, der Ritterschaft und den Abgeordneten der Städte zusammengesetzt: hin und wieder wurden auch Vertreter des Bauernstandes beigezogen. Jeder Stand hatte dem Landesherrn gegenüber seine historisch begründeten Freiheiten, Rechte und Pflichten: seine Abgeordneten waren die Häupter aus seiner Mitte; diese prüften und erwogen lediglich von ihrem Standpunkte aus die gemachten Vorlagen und Ansinnen, und gaben auch so, jeder Stand als eine Curie für sich, ihre Stimmen. Der Vorzug dieser Einrichtung besteht darin, daß die Vertreter die erfahrensten und angesehensten Männer ihres Standes sind, daß sie die Absichten und Interessen derer, wovon sie entsendet sind, genau kennen und in deren Geiste wirken, daß also hier der Gedanke der Vertretung eine volle Wahrheit ist. Mangelhaft ist jedoch dieses System darin, daß die Besonderheit der Stände ausschließlich in den Vordergrund gestellt, dadurch der Standesgeist genährt und die unbefangene Würdigung der höheren allgemeinen Interessen gefährdet wird. Allerdings trat dieser Nachtheil weniger hervor, weil nach dem damaligen einfachen Zustande der Gesellschaft jene drei Stände dieselbe wirklich erschöpfend re-

---

2) Trendelenburg Naturrecht §. 207.

3) Dahlmann Politik §. 143.

präsentirten. Die Geschichte der landständischen Verfassung zeigt daher viele Beispiele, wo in dieser Form die gemeine Wohlfahrt und Freiheit sehr würdig und nachdrücklich vertreten wurden.

341. Im Gegensatze zu dieser Verfassung hat das nach der englischen Art in Frankreich ausgebildete und anderwärts vielfach nachgeahmte Repräsentativsystem den Grundgedanken an die Spitze gestellt, daß der Abgeordnete nicht einen Stand, nicht seinen Bezirk oder seine Wähler, sondern das ganze Volk vertreten und dabei lediglich nach seiner Ueberzeugung stimmen solle. Man hätte damit, um die Tüchtigkeit der Wahlen zu sichern, die Unterscheidung des Volkes nach Berufsklassen verbinden und sowohl das Wahlrecht als die Wählbarkeit auf die Mitglieder jeder Klasse beschränken sollen [1]). Man hat jedoch bei der Bildung der Wahlkreise blos eine gewisse Kopfzahl zum Maßstab genommen, und es wird von den in dieser Kopfzahl Wahlberechtigten, direct oder indirect durch von ihnen gewählte Wahlmänner, ein Abgeordneter des Kreises gewählt. Die Natur der Sache und die Erfahrung zeigen aber an diesem System große Gebrechen. Erstens fehlt es den Wählern unter einander an jeder organischen Gliederung und Gemeinschaftlichkeit. Die Folgen davon sind Gleichgültigkeit der Einen, Parteiagitationen der Anderen, womit die mannichfaltigsten Künste der Täuschung Hand in Hand gehen. Diese Mängel werden auch durch indirecte Wahlen nicht gehoben, nach Umständen eher vermehrt. Zweitens begründet die richtige Wahlart von selbst zwischen den Wählern und dem Gewählten ein auf der erprobten Gemeinschaft der Gesinnung und Interessen beruhendes Vertrauen, welches auch demselben bei seinen nach eigener Einsicht zu bildenden Abstimmungen zur Seite bleiben wird. Hingegen die falsche Wahlart, wo die Wähler den zu Wählenden nur unbestimmt oder auf Empfehlung Anderer kennen, regt gleich vom Anbeginn das Mißtrauen auf, ob er wirklich auch im Sinne der Wähler stimmen werde. Um sich dessen zu versichern, fordert man ihm sein politisches Glaubensbekenntniß oder ein verpflichtendes Programm

---

1) Die Gründe sind in §. 335—337. ausgeführt.

ab, setzt also bei ihm, im Widerspruch mit dem Grundgedanken der Verfassung selbst, eine bereits fest gebildete Ansicht voraus, die er sich doch erst durch die gemeinschaftliche Berathung bilden soll, und bringt ihn so in Gefahr, worin kein gewissenhafter Mann sich begeben darf, entweder eine gegebene Zusage zu brechen oder einer Ueberzeugung, die er später als die bessere erkennt, nicht folgen zu dürfen [2]). Andere an diesen falschen Standpunkt sich anschließenden Folgen sind das bleibende Bestreben der Wähler die Ueberzeugung ihres Abgeordneten zu beherrschen, ihn wegen seiner Abstimmungen zur Rechenschaft zu ziehen, Zusendung von Mißtrauensvota, Aufforderung sein Mandat niederzulegen, was Alles dem Grundprincipe und Zweck dieser Verfassung schnurstracks widerspricht, indem es die Leidenschaft der Massen an die Stelle ruhiger Erwägung setzt [3]).

342. Ein dritter mit dem falschen Wahlsystem insgemein verbundener Uebelstand ist, daß der Abgeordnete nicht nothwendig aus den Eingesessenen des Wahlbezirkes zu wählen ist, sondern aus allen Staatsangehörigen gewählt werden kann. Dadurch hört jede persönliche Beziehung zu den Wählern vollends auf; die Wahl wird Sache des Zufalls, der Empfehlung, der Bewerbung, welche durch Anpreisungen in den öffentlichen Blättern und durch persönliches Erscheinen mit einem mundgerecht gemachten Programm unterstützt wird. Diese Nachtheile sind auch weit größer als die, daß bei dem richtigen Wahlmodus etwa das eine oder andere politische Talent nicht zur Wahl gelangt, indem diesen die Presse oder der Beamtenstand noch hinreichende Möglichkeit, sich nützlich

2) Dahlmann Politik §. 176. „Keine Vollmachten dürfen den Deputirten an den Willen seiner Wähler binden; denn die Kammern sollen Gesetze geben und nicht das Volk, nicht die Wähler." — In demselben Sinne äußert sich sehr nachdrücklich auch Bluntschli Allgemeines Staatsrecht Buch V. Cap. 15 (14).

3) Dahlmann Politik §. 140. „Jedweder stimmt nach Gewissen und nach der Einsicht, die er mitbringt, oder die ihm durch die Berathschlagung mit seinen Mitständen zuwächst. Keine Verantwortlichkeit gegen die Wähler; kein Recht dieser ihre Vollmacht zurückzunehmen."

zu machen, darbieten. Viertens endlich gewährt die falsche Wahlart keine Garantie, daß die besonderen Interessen der verschiedenen Lebens- und Berufskreise, die doch von der größten Bedeutung sind, neben den allgemeinen in der angemessenen Weise vertreten werden. Wenn man auch den Begriff der Vertretung nicht mehr wie sonst ausschließlich auf sie bauen will, so ist es doch das andere Extrem, sie principiell zu ignoriren [1]).

δ) Von der ersten Kammer.

343. Wenn durch die Wahlen der Zweck immer sicher erreicht würde, alle staatlichen Interessen, des Ganzen wie der Einzelnen, vollständig und gleichmäßig durch dazu ganz geeignete Männer repräsentirt zu sehen, so wäre eine einzige Kammer hinreichend. Allein die in den gewöhnlichen Schichten des Volkes sich entwickelnde Intelligenz wird doch vorherrschend durch das Gefühl der ihnen zunächst liegenden Interessen bestimmt und dieser Geist geht von selbst auch in ihre Wahlen über. Die höhere staatliche Auffassung nnd Gesinnung wird durchschnittlich nur in den besonderen Kreisen einheimisch sein, die durch die Unabhängigkeit ihrer Lage, ihre Bildung und ihren höheren Lebensberuf dazu befähigt sind. Es gehört daher zur Natur des organischen Staates diesem Elemente seine besondere Vertretung und zwar so zu gewähren, daß es als das höhere Geistige gegen das Uebergewicht der Masse unbedingt sicher gestellt ist. Daher die Nothwendigkeit einer ersten Kammer, welche der zweiten mit gleichen Rechten zur Seite steht. In ihr wird sich nach ihrer Zusammensetzung von selbst ein mehr zur Erhaltung des Bestehenden geneigter Geist fixiren, welcher die von der Volkskammer ausgehende allzu große Bewegung mäßigt, und in allmähliger Verständigung für die nöthigen Neuerungen

1) Zur genaueren Vergleichung des älteren ständischen und des modernen Repräsentativsystems ist lehrreich: (Jarcke) Die ständische Verfassung und die deutschen Constitutionen. Leipzig 1834. Den Weg der nothwendigen Vermittlung beider Systeme zeigt Stahl Philosophie des Rechts Th. II, 2. §. 101—104. 108. 109 (89—93. 97, 98).

die rechte Zeit und das rechte Maß finden läßt. Vor allem wichtig ist eine erste Kammer für die Krone, welche, der Volkskammer allein gegenüber gestellt, sich mit ihrem Nein kaum zu behaupten vermöchte. Eine erste Kammer ist daher für die Monarchie unentbehrlich, und zwar um so mehr, je breiter die Basis ist, worauf die Volkskammer aufgeführt ist [1]). Es gehört aber zu den schwierigsten Aufgaben der politischen Kunst eine solche, wo sie nicht schon ist, zu schaffen. Es werden dann die Elemente dazu mit sorgfältigster Berücksichtigung der historisch gegebenen Zustände in dem großen Grundbesitz, in dem Landesadel, in den großen Körperschaften, in hervorragenden Vertretern der Intelligenz, gesucht werden müssen. Alles wird jedoch nicht helfen, wenn sich nicht in der ersten Kammer und in den ihr zur Unterlage dienenden Ständen der traditionelle politische Geist entwickelt, welcher, indem er Uebereilungen abwehrt, den nothwendigen Verbesserungen mit hellem Blicke bereitwillig entgegenkommt. Umgekehrt wird sich die politische Reife eines Volkes in der Achtung bethätigen, die es einem solchen Staatskörper auch da erweist, wo dessen Anschauung augenblicklich mit der der Volksvertretung nicht zusammentrifft. Eben darin sollte man England mehr als geschieht zum Vorbild nehmen [2]).

f) Die öffentliche Meinung.

344. Von dem politischen Leben ist die Mitwirkung der öffentlichen Meinung unzertrennlich; ja es beruht darin seine eigentliche Kraft. Sie drückt in ihrem normalen Zustande die in den zum politischen Fühlen und Denken befähigten Schichten des Volkes vorherrschende Auffassung und Beurtheilung der öffentlichen Einrichtungen, Bedürfnisse und Anordnungen nach Maßgabe des ungekünstelten praktischen Verstandes aus, und ist daher

---

1) Dafür erklären sich auch Dahlmann Politik §. 144. 145., Bluntschli Allgemeines Staatsrecht Buch V. Cap. 6 (5), Trendelenburg Naturrecht §. 186. Anderer Meinung ist Chalybäus Speculative Ethik II. §. 208.

2) Man sehe darüber das Zeugniß des Benjamin Constant (§. 240).

für die Regierung ein eben so wichtiger Wegweiser als durch ihre Zustimmung eine kräftige Unterstützung. Etwas der Art findet sich bei jedem Volke, wenn es nicht durch das unbedingte Vertrauen zu der Regierung ersetzt wird, was aber eigentlich auch eine Form der öffentlichen Meinung ist. Der reale Kern und Antrieb derselben ist das Interesse am Guten, Gerechten, allgemein Menschlichen, wofür das Volk einen merkwürdigen sicheren Instinct hat [1]). Dazu kommen jedoch die mancherlei Zufälligkeiten, welche die Stimmungen des Augenblickes, beschränkte Auffassung und Leidenschaften mit sich führen. Es ist daher die Aufgabe der Regierung, das in der öffentlichen Meinung Richtige zu beachten, das Irrige durch Wort und That zu widerlegen. Eben diese Wechselwirkung und dieser Kampf ist es, was die Regierung auf der Höhe ihrer Aufgabe erhält und ihre Ueberlegenheit sichert. Das richtige Verhältniß wird durchschnittlich dieses sein, daß die Regierung die öffentliche Meinung zu befriedigen trachte, nicht aber ihr dienstbar sei [2]).

345. Der Werth der öffentlichen Meinung ist durch die politische Erziehung und Reife des Volkes bedingt. Diese ist in der Hauptsache das Werk der Zeit und der Ereignisse; sie kann aber auch durch künstliche Mittel befördert werden. Das Eine ist die Organisation der Gemeinden, Corporationen und Stände, wodurch den Einzelnen auf dem Wege der Erfahrung die Gelegenheit zur Bildung eines klaren praktischen Urtheils über öffentliche Dinge gegeben wird. Das Andere ist die angemessene Oeffentlichkeit der Verwaltung, insbesondere die der ständischen Verhandlungen, indem durch den hier Statt findenden lebendigen Gedankenaustausch zwischen der Regierung und der Volksvertretung das Volk ganz vorzüglich zur Einsicht in die Aufgaben und Schwie-

---

1) Gut nennt Trendelenburg Naturrecht §. 210. diesen sittlichen Kern der öffentlichen Meinung „das die Ereignisse begleitende und treibende öffentliche Gewissen.“

2) Gute Bemerkungen findet man bei Stahl Philosophie des Rechts II, 2. §. 136. 137 (107. 108), Hegel Philosophie des Rechts §. 316—318.

rigkeiten der Staatsführung angeleitet wird[1]). Das dritte Erziehungsmittel ist die politische Literatur. Der Maßstab der politischen Reife wird aber immer die Enthaltsamkeit von dem oberflächlichen Aburtheilen oder Nachsprechen und die Selbstbeherrschung sein, welche Dahlmann mit dem ernsten Worte auferlegt: „Der Einzelne muß zuvor in seinem eigenen Wesen die billig herrschenden Gewalten von den billig dienenden unterscheiden lernen, ehe er von Staatssachen zu urtheilen unternimmt“[2]).

346. Durch die seit der ersten französischen Revolution in der europäischen Menschheit eingetretenen Ereignisse ist die politische Erziehung der Völker rasch fortgeschritten, und das Freiheitsgefühl und die dadurch bestimmte öffentliche Meinung haben eine ungewöhnliche Stärke und Bedeutung erlangt. Es hat sich aber auch durch herbe Erfahrungen die Wahrheit herausgestellt, daß dieses zur wahren Freiheit und zum wahren Glücke der Völker nicht genügt, wenn nicht damit deren moralische Erziehung Hand in Hand geht. Ein dieser Zeiten sehr kundiger Staatsmann schreibt darüber Folgendes: „Die Freiheit bedarf der Tugend. Die Völker sind nur dann fähig sich selbst zu regieren, wenn die Seelen sich selbst vollständig in der Gewalt haben. Was unserer Zeit fehlt, ist eben die feste Herrschaft der Seelen über sich selbst. Bis dahin ist die politische Erziehung Frankreichs hauptsächlich

---

1) Schon 1824 sagte darüber Hegel Philosophie des Rechts §. 315. Folgendes: „Die Oeffentlichkeit der Ständeversammlungen ist ein großes, die Bürger vorzüglich bildendes Schauspiel, und das Volk lernt daran am Meisten das Wahrhafte seiner Interessen kennen. Es herrscht in der Regel die Vorstellung, daß Alle schon wissen, was dem Staate gut sey, und daß es in der Ständeversammlung nur zur Sprache komme; aber in der That findet grade das Gegentheil statt; erst hier entwickeln sich Tugenden, Talente, Geschicklichkeiten, die zu Mustern zu dienen haben. Freilich sind solche Versammlungen beschwerlich für die Minister, die selbst mit Witz und Beredsamkeit angethan seyn müssen, um den Angriffen zu begegnen, die hier gegen sie gerichtet werden; aber dennoch ist die Oeffentlichkeit das größte Bildungsmittel für die Staats-Interessen überhaupt.“

2) Dahlmann Politik §. 8.

auf zwei Wegen geschehen, durch Bücher und durch Revolutionen; zwei sehr unzureichende oder sehr verkehrte Mittel, wenn ein Volk sich selbst zu regieren lernen soll. Die Bücher geben denen, die daraus ihre politische Bildung schöpfen sollen, insgemein ein etwas unbestimmtes und eingebildetes Wissen, welches mehr zum theoretischen Absprechen und Kritisiren als zum praktischen Urtheilen und Handeln fähig macht. Die Revolutionen sind eine allgemeinere und wirksamere Schule; ihre politischen Lehren dringen überall hin, jedoch nicht um allenthalben wahre und patriotische Einsichten zu verbreiten. Sie wecken und schärfen die Geister, drängen sie aber auch in falsche Bahnen; sie machen die Herzen schlecht, kalt, stumpf; sie verbreiten den Cultus der Lüge und der Gewalt, nicht den des Rechts und der Freiheit. Die ganze Zukunft steht in Gefahr, wenn die Sorge dafür in die Hand solcher so wenig und so schlecht zum Regieren erzogener Geschlechter gelegt ist" [1]).

g) Die politische Presse.

347. Ein sehr wichtiger Bestandtheil des öffentlichen Lebens ist die Besprechung der öffentlichen Angelegenheiten durch die Tagespresse. Diese hat die Aufgabe, die politische Einsicht, wie sie in der Wissenschaft, in der staatsmännischen Erfahrung und in dem Leben des Volkes herangereift ist, in populärer Form auf die täglichen Ereignisse anzuwenden, und dadurch denen, die sich dafür interessiren, ein Urtheil möglich zu machen. Sie ist daher richtig behandelt einerseits ein überaus wichtiges politisches Erziehungsmittel des Volkes und der öffentlichen Meinung, andererseits durch die Zustimmung und Widersprüche, die sie weckt, für die Regierung ein Fingerzeig der sich bildenden oder gebildeten Ansichten und Stimmung. Ueberhaupt aber ist sie durch den weit reichenden geistigen Einfluß, den sie der schriftstellerischen Thätigkeit, durch die mit Unterhaltung gemischte Belehrung, die sie dem Unkundigen, durch den täglichen Reiz, den sie der gebildeten Gesellschaft gewährt, ein Gemeingut, worüber der Freiheitsgeist mit

1) Guizot L'église et la société chrétiennes p. 143—145.

einer ganz besonderen Aufmerksamkeit wacht, welche deren Behandlung zu einer der schwierigsten Aufgaben der Gesetzgebung und Verwaltung macht.

348. Um diese Aufgabe zu lösen, ist vor Allem ins Auge zu fassen, daß die politische Tagespresse eine literärische Thätigkeit durchaus eigenthümlicher Art ist. Sie wirkt gleichzeitig auf eine große Masse aufmerksamer Zuhörer, und kann in so fern der Rede in einer großen Volksversammlung verglichen werden; sie ruft durch ihre bündige populäre Form und durch das Ansehen des gedruckten Wortes bei dem großen Kreise der Leser Eindrücke hervor, die nicht leicht zu verwischen sind; sie vermag durch ihr tägliches Erscheinen der öffentlichen Meinung eine nachhaltige Richtung zu geben; sie hat in den auftauchenden Tagesfragen, Regierungsmaßregeln und praktischen Interessen ein Gebiet zum Gegenstande, wo Jeder in Lob und Tadel und mit Leidenschaft Partei zu nehmen allzu leicht geneigt ist; sie bildet eine tief in die Gemüther und in die Gesinnung eingreifende Macht, deren Einfluß über das bloße Urtheilen hinaus das Gebiet der unmittelbaren That berührt, und welche daher durch ihre Zustimmung eben so sehr die Regierung stärken als durch den ihr erregten Widerspruch schwächen und ihr Verlegenheiten bereiten kann.

349. Eine andere Eigenthümlichkeit der politischen Tagespresse ist, daß dieselbe nicht nur wie jede wissenschaftliche Veröffentlichung Gründlichkeit und Wahrheitsliebe verlangt, sondern daß diese Letztere die häufig wiederkehrende Veranlassung hat, sich auch im augenblicklichen Gegensatz zur Regierung bewähren und ihre Probe als politischer Freimuth bestehen zu müssen. Hierauf beruht nicht nur der Werth, den sie als Mittel der Belehrung für das Volk wie für die Regierung haben kann, sondern es liegt auch in der Offenheit ihrer Kritik für das urtheilende Publikum ihr hauptsächlicher Reiz und eine Befriedigung, die selbst für die Regierung nicht unvortheilhaft wirkt [1]). In der der öffentlichen

---

1) Nicht ohne Grund sagte Hegel Philosophie des Rechts §. 317.: „Das Princip der modernen Welt fordert, daß, was jeder anerkennen soll,

Rede gestatteten Freiheit fühlt sich Jeder mit geehrt, in deren Beschränkung mit verletzt. Dieses sind die mächtigen Gründe, worauf sich die Anforderung der Freiheit der politischen Presse stützt [2]). Natürlich hat aber diese Freiheit, wie jede Freiheit, ihre sittlichen und rechtlichen Schranken. Erstens an der Pflicht der Wahrhaftigkeit, die hier um so größer ist, je weiter der Kreis ist, worauf die Täuschung nnd Unwahrheit wirkt. Zweitens an dem Recht auf Ehre, welches gegen diese wie gegen jede Meinungsäußerung in der entsprechenden Weise geschützt sein muß. Drittens an der in der Natur des Staates begründeten Pflicht, mit dem Freimuth der Beurtheilung in der Form die Mäßigung und Achtung zu verbinden, welche man der Regierung und ihren Organen, den bestehenden Gesetzen und öffentlichen Anordnungen schuldig ist [3]).

350. Die schwierige Frage ist aber, wie und durch wen diese Beschränkungen der Preßfreiheit aufrecht zu halten sind? So viel versteht sich von selbst, daß die Mißbräuche der Presse, in so fern sie Vergehen gegen Privatpersonen oder gegen den Staat bilden, in den Strafgesetzen vorgesehen und mit Strafen bedroht sein müssen. Seit der Erfindung der Buchdruckerkunst ist aber auch eine Präventivmaßregel aufgekommen, nämlich daß die Schrift vor ihrem Erscheinen einer Censurbehörde vorgelegt werden muß, welche nach ihrem Ermessen die Veröffentlichung untersagen kann. Diese Einrichtung hat unbestreitbar für sich, daß durch die schlechte Presse ein Schaden gestiftet werden kann, welcher durch die nach-

---

sich ihm als ein Berechtigtes zeige. Außerdem aber will jeder noch mitgesprochen und mitgerathen haben. Hat er seine Schuldigkeit, das heißt sein Wort dazu gethan, so läßt er sich nach dieser Befriedigung seiner Subjectivität gar Vieles gefallen."

2) Gut sagt Trendelenburg Naturrecht §. 210.: „Es gehört zur Vollendung des Menschen im Großen, mit welchem sich auch erst der Einzelne vollendet, daß er in der öffentlichen Meinung sein sittliches Bewußtsein ausbilde und empfinde; und der Rede und der Schrift und dem Druck gebührt die Freiheit, welche hierzu führt."

3) Sehr scharf und lehrreich äußert sich darüber nach seiner philosophischen Weise Hegel §. 319.

folgende Strafe gar nicht gut zu machen ist, daß vielmehr durch dieselbe das Interesse des Publikums an der Schrift und deren Verfasser oft noch gesteigert, die zuerkannte Strafe durch Theilnahmebezeugungen und Geldbeiträge illusorisch gemacht, und dadurch die öffentliche Meinung verworren und verdorben wird. Gegen die Censur spricht jedoch überwiegend, daß davon eine Bevormundung uud ein Schein von Willkür unzertrennlich ist, den unsere Zeit nicht mehr erträgt; daß unseren geistig so entwickelten Zuständen gegenüber die geschickte Handhabung der Censur Männer von einer Höhe der Intelligenz und einer Umsicht erfordert, deren ein Staat für diese undankbare Function nicht leicht die hinreichende Zahl besitzt; und daß durch eine engherzige und ungeschickte Censur nicht nur die öffentliche Meinung und das Freiheitsgefühl empfindlich verletzt, sondern auch die Regierung selbst auf das Aeußerste compromittirt wird [1]. Deshalb ist jetzt die Censur in den meisten Ländern abgeschafft.

351. Die Androhung von Strafen mag bei den gewöhnlichen literärischen Veröffentlichungen gegen den Mißbrauch der Presse genügen; die Eigenthümlichkeiten der politischen Tagespresse machen jedoch bei dieser besondere Maßregeln theils nothwendig theils rathsam. Erstens ist dieselbe eine wesentlich für das öffentliche leicht erregbare Leben des Augenblicks bestimmte und in dasselbe eingreifende Thätigkeit, deren Ueberschreitung daher auch augenblicklich entgegen zu treten für das Allgemeine von dringender Wichtigkeit sein kann. Um dieses möglich zu machen, muß das Blatt gleichzeitig mit seinem Erscheinen der Polizeibehörde mitgetheilt werden, welche dasselbe, wenn sie darin ein Preßvergehen erblickt, mit Beschlag belegen kann, jedoch in schnellster Frist die richterliche Entscheidung veranlassen muß. Zweitens ist die Herausgabe eines politischen Tagesblattes eine stetige politische

1) Aus diesen und anderen Gründen erklärte Stahl schon 1846 die Abschaffung der Censur für rathsam, Philosophie des Rechts II, 2. §. 111. Zweite Auflage. In diesem Geiste äußert sich auch Trendelenburg Naturrecht §. 210.

Thätigkeit von nachhaltiger und weitgreifender Wirkung für das Volk wie für die Regierung. Es ist daher durchaus gerechtfertigt, daß dieselbe nur solchen Männern anvertraut sei, welche durch ihre Bildung und gesellschaftliche Stellung eine gewisse Garantie für die Erfüllung ihrer Aufgabe darbieten. Sie ist ein geistiger Geschäftsbetrieb, ein Gewerbe höherer Art, welches daher an Concessionen und Cautionen gebunden werden kann. Drittens giebt es eine gewisse Bürgschaft größerer Zurückhaltung und Umsicht, wenn die Verfasser der Artikel in einem Tagblatt verpflichtet sind, sich dazu durch ihre Namensunterschrift zu bekennen; auch lernt dadurch das Publikum die Wortführer besser unterscheiden und beurtheilen. Viertens erfordert die Pflicht der Wahrhaftigkeit und Gerechtigkeit, daß ein Blatt, welches einen persönlichen Tadel oder Angriff aufgenommen hat, gehalten sei, alsbald auch die Vertheidigung unentgeltlich aufzunehmen, weil die Vertheidigung in einem andern Blatte und vor einem andern Publikum den erlittenen Nachtheil nicht sicher gut macht. Diese Bestimmungen sind auch zum Theil in die neueren Preßgesetze aufgenommen.

352. Alle diese Maßregeln genügen aber nicht, sondern die Wichtigkeit der politischen Presse macht es der Regierung zur Pflicht, derselben eine große Aufmerksamkeit zu widmen, das was sie Gutes bringt zu benutzen, ihrer schlechten Richtung in der geeigneten Weise zu begegnen und auf die Bildung der öffentlichen Meinung belehrend und fördernd einzuwirken. Der Gegenstand ist wichtig genug, um dafür eine eigene Institution zu schaffen, wodurch Männer von wissenschaftlichem Rang und politischer Einsicht den ehrenvollen Beruf erhielten, in jenem Sinne geistig thätig zu sein [1]). Es würde dadurch auch eine Schule für talentvolle politische Schriftsteller angebahnt, woran es auf Seiten der Regierungen so sehr fehlt. Jedenfalls muß die Staatsregierung in der augenblicklichen Berichtigung von gegen sie angeführten falschen Thatsachen wachsam sein. Das beste Mittel gegen die Mißbräuche

---

1) So bemerkt mit Recht Bluntschli Allgemeines Staatsrecht Buch XII. Cap. 4.

der Presse ist aber für die Regierung immer eine mit Offenheit und Würde geführte Verwaltung, und gegen persönliche Angriffe eine auf ihr gutes Gewissen gestützte Gleichgültigkeit und großartige Verachtung [2]). Gegen die ganz ausartende Presse oder in stürmischen Zeiten darf aber die Regierung auch strenge Maßregeln nicht scheuen, und sie wird dazu als zu einem nothwendigen Acte der Selbsterhaltung alle Wohldenkenden auf ihrer Seite haben [3]).

h) Die politischen Vereine.

353. Das politische Interesse führt bei einem Volke leicht dahin, daß sich stehende Vereine bilden, entweder um durch Besprechung politischer Fragen sich über eine gemeinschaftliche Ansicht zu einigen, oder zu praktischen socialen Zwecken, oder gar um auf den Gang der Regierung durch Petitionen oder bei den Wahlen oder sonst in irgend einer Weise einzuwirken. So wünschenswerth eine ruhige leidenschaftlose Theilnahme des Volkes am politischen Leben an sich ist, so haben doch solche Vereine auch wichtige Bedenken gegen sich. Das Erste ist, daß sie, wie Bluntschli richtig bemerkt, als etwas Selbstgeschaffenes nicht zu dem Staatskörper gehören und ein unorganisches Element in demselben sind. Es fehlt ihnen daher an dem inneren Gegengewicht, welches der Geist der Staatsinstitutionen in sich trägt; sie werden leicht einseitig, oppositionell, und hauptsächlich von der Persönlichkeit ihrer Führer abhängig. Das Zweite ist, daß sich solche Vereine insgemein nur in bewegten Zeiten bilden, wo aber grade jene Gefahren am stärksten und fast unvermeidlich sind, weil ihnen nun überwiegend die oppositions- und neuerungssüchtigen Elemente zufließen. Das

---

2) Sehr der Nachahmung würdig sagte der Kaiser Theodosius I. (393). Si quis modestiae nescius turbulentus obtrectator temporum nostrorum fuerit, eum poenae nolumus subiugari —: quoniam si ex levitate processerit, contemnendum est; si ex insania, miseratione dignissimum: si ab iniuria, remittendum. So die c. un. C. si quis imperatori maledixerit (9. 7).

3) So urtheilt auch Trendelenburg Naturrecht §. 210.

Dritte ist, daß die in solchen Vereinen herangebildete Parteiansicht und Parteirichtung zu einer von der Staatsgewalt nicht mehr zu bewältigenden und daher deren Autorität verdunkelnden und untergrabenden Macht wird. Diese Macht ist ganz der der politischen Presse vergleichbar, nur noch weit größer. Denn die der Presse wirkt nur durch das geschriebene Wort, jene durch die weit stärkere Gewalt der Rede; das durch die Presse veröffentlichte Wort läßt eine öffentliche Widerlegung zu, die in dem Vereine gesprochene Rede nicht und klingt ungestört nach; das Wort der Presse vernimmt zunächst nur der vereinzelte Leser, die Rede aber gelangt gleichzeitig an eine absichtlich durch Gleichheit der Gesinnung und Parteiinteressen verbundene Masse, deren Mitglieder die frischen Eindrücke aus dem Verein mit nach Hause nehmen und danach ihre Handlungen einrichten. So erwächst aus den Vereinen eine Clubherrschaft, welche nach den Umständen den constituirten Behörden hindernd oder gar sie dominirend entgegentritt. Es ist daher für die Staatskunst sehr wichtig, dem Trieb nach politischen Vereinen in den staatlich organisirten Corporationen und Genossenschaften eine Befriedigung zu ermöglichen, und auch allgemeine politische Discussionen in dieselben zu ziehen. In der Natur derselben liegt von selbst Etwas, das gegen die obigen Nachtheile und Gefahren schützt [1]). Gegen die selbstständigen politischen Vereine muß aber die Staatsgewalt ihre Autorität und Beaufsichtigung mit Nachdruck handhaben, und dazu in einem gut geordneten Staate mit den nöthigen gesetzlichen Mitteln versehen sein [2]).

354. Bei der Beurtheilung dieser Frage kommt es aber nicht blos auf den Inhalt sondern auch auf den Umfang und die Organisation eines Vereines an. Erschöpfend äußert sich darüber Bluntschli in folgenden Worten: „Abgesehen von dem Zwecke

---

1) Man sehe §. 329.

2) Mit Recht schreibt Bluntschli mit Berufung auf Washington: „Eine Regierung, welche die Vereine nicht zu bekämpfen wagt, wenn sie irgend gefährlich sind, leistet damit auf ihre Existenz im Princip Verzicht."

kann schon die Form eines Vereins große Bedenken erregen, und die Auflösung desselben rechtfertigen. Wenn derselbe nämlich die Eintheilung des Landes und die Gliederung des Volkes nachbildend sich über das ganze Staatsgebiet oder ganze Provinzen verbreitet, und einen inneren Organismus hervorbringt, durch welchen die überall zerstreuten Vereine wie Gemeinden einem Bezirks- oder Kreisausschusse untergeordnet, und diese hinwieder von einem Centralausschusse geleitet werden, so erscheint eine derartige Verbindung wie ein Staat in dem Staate, und selbst wenn der Zweck des Vereins löblich, und dieser sogar der Staatsregierung befreundet sein sollte, so kann die Existenz desselben doch im Widerspruch sein mit dem das ganze Volk umfassenden Staat. Die Vereinsmacht concurrirt dann mit der Staatsmacht, und die Vereinsregierung ist der Rival der Staatsregierung, oder mischt sich mit dieser so, daß diese ihren reinen Staatscharakter verliert, und zu bloßem parteiischen Clubregiment herabsinkt" [1]).

i) Die Volksversammlungen.

355. Volksversammlungen zu politischen Zwecken haben für sich, daß dadurch der Gemeingeist in besonderer Weise angeregt wird. Sie haben aber gegen sich, daß ruhige Prüfung und Besonnenheit des Urtheils nicht bei der Masse ist, daß diese vielmehr durch die Kunst der Rede und andere Zufälligkeiten allzu leicht bestimmt wird. In ihnen liegen, wie die Lehren der Geschichte zeigen, die Elemente der Pöbelherrschaft, der unerträglichsten Form der ausartenden Freiheit, wogegen der Militärdespotismus das letzte Rettungsmittel ist. Es ist daher von der größten Wichtigkeit, Volksversammlungen in der richtigen Weise zu behandeln und zu beschränken. Sie sind entweder verfassungsmäßige oder freiwillige, außerhalb der Verfassung stehende. Bei Ersteren ist die innere Einrichtung, der Gegenstand und die Geschäftsordnung durch das Gesetz genau zu bestimmen und mit Strenge zu handhaben. Sie werden in monarchischen Staaten zu allgemein staat-

---

1) Bluntschli Allgemeines Staatsrecht Buch XII. Cap. 8.

lichen Zwecken nicht leicht anders vorkommen als zu Wahlen, und auch dazu sind sie wenig geeignet [1]). Eher sind allgemeine Bürgerversammlungen in der städtischen Verwaltung zu wichtigen Beschlußnahmen denkbar und hin und wieder in Anwendung. Jedoch ist auch dann die Beschränkung zu treffen, daß über die Proposition nach Darlegung ihrer Motive ohne Discussion nur mit Ja oder Nein abzustimmen ist. Aber auch solche Versammlungen werden besser durch andere Formen ersetzt [2]).

356. Die Behandlung der freiwilligen nicht durch die Verfassung angeordneten Volksversammlungen muß durch die beiden Thatsachen bestimmt werden: erstens, daß sie regelmäßig nur in bewegten Zeiten vorkommen, da es in ruhigen Zeiten an einer Veranlassung und an Besuchenden fehlt; zweitens, daß die Berufung derselben immer nur von Einem oder Wenigen ausgeht, welche sich der Zustimmung einer Volksmasse als eines Mittels zu einem im Voraus gefaßten Zwecke bedienen wollen und daher in diesem Sinne auf dieselbe einwirken. Sie sind daher von vorn herein Parteiversammlungen, und haben in verstärktem Maße alle Gründe gegen sich, welche gegen die Behandlung politischer Fragen durch eine ganz unorganische Masse gelten [1]). Wenn sie daher

---

1) Den Grund sehe man im §. 337.

2) Man vergleiche dazu §. 323.

1) Bluntschli Allgemeines Staatsrecht Buch XII. Cap. 9. charakterisirt die Volksversammlungen auf den Grund seiner eigenen Erfahrungen sehr gut mit folgenden Worten: „Sie sind ihrer Natur nach weniger Volks- als Parteiversammlungen, und gewöhnlich werden sie zur Parteidemonstration benutzt. Zwar nimmt nicht bloß die Partei Antheil, sondern oft auch größere Theile des übrigen Volkes, das nicht zum voraus schon Partei genommen hat. Aber die Einladung und die ganze Leitung derselben geht regelmäßig von einer Partei aus. Diese ist es, welche die Anordnung bestimmt, die Vorschläge machen und begründen läßt, für die Redner, zuweilen auch für die Bravorufer sorgt, und die Ausführung des Beschlossenen übernimmt. Gewöhnlich bemächtigt sich die Partei einer populären Frage, und indem sie eine gefällige Fahne aushängt, und die ihrigen in Bewegung versetzt, sammelt sie so um sich her größere Schaaren.

auch vom Staatsleben wegen ihres möglichen Nutzens nicht ganz auszuschließen sind, so sind doch die größten Vorsichtsmaßregeln geboten und gerechtfertigt. Sie müssen der Ortsbehörde eine angemessene Zeit vorher mit Angabe des Zweckes, der Stunde, des Ortes und des leitenden Ausschusses angezeigt werden; die Erscheinenden müssen unbewaffnet sein; die Ortsbehörde muß das Recht haben, Abgeordnete in die Versammlung zu schicken, denen ein besonderer Platz einzuräumen und über die Namen der Redner Auskunft zu geben ist; diese müssen befugt sein, bei eintretender Aufreizung zu strafbaren Handlungen die Versammlung für aufgelöst zu erklären, worauf die Anwesenden sich sofort zu entfernen bei Strafe verpflichtet sind. Bei Versammlungen unter freiem Himmel sind noch größere Beschränkungen gerechtfertigt. Das beste Gegenmittel haben allerdings die guten Bürger dadurch in der Hand, daß sie auch ihrerseits Volksversammlungen halten, und dieses kann unter Umständen für sie Pflicht sein.

3) Von den Streitigkeiten zwischen der Regierung und dem Volke.

a) Friedliche Ausgleichung derselben.

357. Eine jede Verfassung, möge sie auch noch so vorsichtig ausgedacht sein, läßt der Möglichkeit Raum, daß bei tiefer eingreifenden Ereignissen des öffentlichen Lebens zwischen dem Fürsten

---

Auch eine Menge Indifferenter und nur Neugieriger wird herbeigelockt, und hilft das Gewicht der Masse vergrößern. Ist die Leitung geschickt und das Ziel klar, treten Redner auf die Bühne, welche es verstehen, das Gemüth der Menge zu ergreifen und zu stimmen, so entwickelt sich leicht während der Volksversammlung ein gewaltiger Massengeist, der alle Einzelnen erfüllt und fortreißt, und wie ein angeschwollener Strom jeden Widerstand anders Gesinnter überfluthet und bricht. Die Menge verläuft sich zwar wieder, aber der empfangene Impuls geht mit ihr, und theilt sich in noch größeren Kreisen der Umgebung mit. Die Führer aber haben oft in Einer Stunde eine Autorität gewonnen, welche ihre bisherige Bedeutung vervielfältigt, und eine Macht erobert, vor der zuweilen die bestehende Staatsregierung erzittert. Es giebt keine andere Offenbarung der öffentlichen Meinung, welche an Stärke und Gewalt dieser gleichkommt."

und dem Volke über die Auslegung und Gränzen der beiderseitigen Rechte oder über die Art ihres Zusammenwirkens ein Conflict entsteht. Dieses gehört zu den unheilvollen Wechselfällen, wovon das Glück, der innere Friede, oft die Existenz der Staaten abhängt. Die Vernunft strebt daher nach Mitteln, denselben zu begegnen. Das directeste Mittel wäre die Errichtung eines europäischen Gerichtshofes, der solche Streitfragen zu entscheiden hätte. Das Bedenken, welches diese Einmischung in die inneren Angelegenheiten eines Staates hat, wird dadurch aufgewogen, daß eine solche Einmischung der auswärtigen Mächte durch Parteinahme für den Einen oder den Anderen sich direct oder indirect doch von selbst macht, wodurch aber der Zwiespalt nicht vermindert sondern eher vermehrt wird. Ein anderes Mittel ist eine Föderativverfassung, wo eine solche besteht oder möglich zu machen ist. Dieser Vortheil ist von so großem Werthe, daß schon um deswillen Föderativverfassungen anzurathen sind. Andere Mittel sind die Unterwerfung unter einen Schiedsrichter, die Vermittlung einer wohlgesinnten auswärtigen Macht. Jedes Mittel ist besser, als fortgesetzter Hader, wodurch die Kluft zwischen dem Fürsten und dem Volke erweitert und zuletzt Selbsthülfe, also die Errichtung einer militärischen Gewaltherrschaft oder eine Revolution und Vertreibung des Fürsten, herbeigeführt wird. Das sicherste Mittel trägt aber jeder Theil in sich selbst, durch den Geist der Mäßigung und der ächten Vaterlandsliebe, die sich zu bewähren keine bessere Gelegenheit hat, als diese.

b) Vom passiven Widerstand.

358. Zu den unerfreulichen Discussionen, wozu die Unvollkommenheit der menschlichen Zustände die Veranlassung giebt und welche in der Wissenschaft nicht zu umgehen sind, gehört die Frage: Was geschehen dürfe, wenn ein Fürst, seine Herrschaft mißbrauchend, Befehle erläßt, welche den Grundgesetzen der Religion, der Gerechtigkeit oder der bestehenden Verfassung gradezu entgegen sind? In solchen Fällen ist der passive Widerstand, das heißt Nichtgehorchen nicht nur ein Recht, sondern, wo es sich um

religiöse und sittliche Gesetze handelt, selbst eine Pflicht, weil man sich nicht zum Mitschuldigen eines fremden Unrechts machen darf. Man greift auch durch dieses Nichtgehorchen nicht in das Recht des Fürsten ein, weil er über jene Schranken hinaus keine Rechte hat [1]), und mit dem Recht zu befehlen auch die Pflicht zu gehorchen aufhört. Natürlich ist immer eine unzweifelhafte Ueberschreitung jener Schranke vorauszusetzen, sonst ist das Nichtgehorchen eine strafbare Widersetzlichkeit [2]); auch muß dabei die dem Fürsten schuldige Ehrerbietung gewahrt bleiben. So gedacht würde der Staat der vollkommenste sein, wo der Fürst zu einem ungerechten Befehl auch nicht einen einzigen Diener fände.

359. Die Pflicht des passiven Widerstandes ist in der sittlichen Natur des Menschen begründet und durch die Vorschriften des Christenthums bestätigt [1]). Sie ist daher, nach dem Vorgang des h. Thomas von Aquin [2]), von den Moralisten und Rechtsphilosophen, namentlich aus der Schule der Jesuiten [3]), immer anerkannt, und von dem Jesuiten Kardinal Bellarmin selbst gegen ungerechte Verordnungen des Papstes vertheidigt worden [4]). Auch

1) Der unten anzuführende h. Thomas von Aquin drückt dieses so aus: quia ad hoc ordo potestatis divinitus concessus non se extendit.

2) Man vergleiche §. 309.

1) Act. IV. 19. V. 29.

2) S. Thomas Summa theolog. 1a. 2ae. quaest. 96. art. 4.

3) Suarez de legibus III. 10. (Si rex) in ipsis legibus ferendis exercet iniustitiam et iniquitatem, praecipiendo rem turpem, tunc non inducit obligationem per talem actum. Nam lex iniqua non est lex, nec potestas regia est data ad tales leges ferendas. Possunt ergo tunc subditi et debent non obedire regi in tali praecepto, si de re iniqua sit; non tamen propterea possunt illi obedientiam absolute negare in his, quae iusta fuerint.

4) Bellarmin. Controvers. Tom. I. De summo pontifice II. 29. Sicut licet resistere pontifici invadenti corpus, ita licet resistere invadenti animas vel turbanti Rempublicam, et multo magis si Ecclesiam destruere niteretur. Licet, inquam, ei resistere, non faciendo quod iubet, et impediendo ne exequatur voluntatem suam: non tamen licet eum iudicare, vel punire, vel deponere, quod non est nisi superioris.

die neueren Staatsrechtslehrer heben sie mit umsichtiger Verwahrung gegen möglichen Mißbrauch hervor[5]). Doch lösen auch sie die mißliche Frage nicht, wer entscheiden solle, wenn namentlich bei behaupteten Verfassungsverletzungen darüber, ob wirklich ein zum passiven Widerstand berechtigender Fall vorliege, Streit entsteht.

c) Von den Revolutionen.

360. Eine andere vielbesprochene Frage des philosophischen Staatsrechts ist: Ob gegen einen an sich rechtmäßigen Fürsten, der aber ungerecht regiert, im äußersten Falle auch activer Widerstand, also zuletzt Absetzung und gewaltsame Vertreibung erlaubt sei. Dieses ist aus folgenden Gründen zu verneinen. Erstens hat der König seine Würde nicht vom Volke, sondern aus eigenem Rechte[1]); es kann sie ihm daher rechtmäßig nicht entziehen. Zweitens ist nach dem Begriff der Monarchie die Gewalt des Königs die höchste; sie hat daher in der irdischen Ordnung dem Rechte nach keine höhere über sich. Drittens wird in allen Verfassungsurkunden die Unverletzlichkeit der königlichen Würde als Grundgesetz aufgestellt; dieses ist aber eine Wahrheit nur durch seine Unbedingtheit; ohne diese wird es zur bloßen Phrase. Viertens mangelt es den Unterthanen dem Könige gegenüber immer an einem rechtmäßigen Organ des Gesammturtheils; es tritt also nothwendig die Gewalt der Massen ein, oder vielmehr derer, die sich zu Stimmführern der Massen aufwerfen[2]). Fünftens müßte, wenn Revolutionen unter Umständen rechtmäßig wären, dieses nicht nur in eine feste Theorie gebracht sein, sondern es müßte dieser auch für die Anwendung ein Gerichtshof zur Seite stehen, was Beides unausführbar und mit der Natur der Monarchie im Widerspruch wäre. Es handelt sich daher hier um einen Grundsatz,

---

5) Dahlmann Politik §. 202., Bluntschli Allgemeines Staatsrecht Buch XII. Cap. 10.

1) Man sehe §. 270.

2) Sehr gut bezeichnet dieses Barante Questions constitutionnelles chap. 1. (§. 253. Note 3).

den sowohl die Wissenschaft als die Rücksichten des Staatswohles und der Staatsklugheit für schlechthin unbedingt erklären müssen, weil sich für die Ausnahmen keine Theorie geben läßt, die Gestattung von Ausnahmen aufs Unbestimmte hin aber Alles in Frage stellt und die wichtigsten Entscheidungen von Eindrücken des Augenblickes und der Leidenschaften abhängig macht. Der passive Widerstand, würdige beharrliche Remonstrationen, männliche Duldung und Ausdauer, sind die Waffen, in deren Gebrauch gegen eine ungerechte Regierung ein Volk seinen Rechtssinn und seine politische Reife zu bewähren hat, und welche es wenn auch langsamer doch sicherer zum Ziele führen.

361. Aristoteles hat die Materie von den Revolutionen ausführlich, jedoch nicht unter einem sittlichen Gesichtspunkt, sondern nur als Ereignisse, nach ihren möglichen Veranlassungen und Erfolgen, analysirt [1]). Das Ansehen dieses Philosophen [2]), die im alten Testamente erwähnten Vorgänge gegen gewaltsame Herrscher, die Einmischung der Grundsätze von der Nothwehr, alles Dieses brachte in die Behandlung dieser Frage bei den Schriftstellern des Mittelalters eine sehr unbefangene und freisinnige Richtung. Dazu kamen die Eindrücke des damaligen Staatsrechts, welches den Reichsständen in gewissen Fällen gewaltsamen Widerstand oder, wie beim Kaiser, sogar die Entsetzung vom Reiche gestattete. Auch hatte jene Zeit für diese Verhältnisse einen ganz andern Maßstab dadurch, daß der Kirchenbann den bürgerlichen Gehorsam lösen, und der Papst als Wächter des christlichen Gesetzes und der öffentlichen Moral gegen ungerechte Fürsten angerufen werden konnte. Der active Widerstand wurde daher keineswegs schlechthin ausgeschlossen. Johannes von Salisbury († 1180) erklärt nach vielen Beispielen des alten Testamentes die Tödtung des tyrannischen Fürsten nicht nur für erlaubt, sondern selbst für gerecht und billig [3]), wiewohl er doch, nach dem Beispiel des David gegen Saul,

1) Aristoteles Politik V. 1—7.

2) Der h. Thomas bezieht sich beständig auf ihn als den Philosophus schlechthin.

3) Ioannis Sarisber. Policraticus III. 15. ed. Giles. Porro tyran-

Gebet und Ergebung als das sicherste Mittel der Abhülfe empfiehlt[4]). Der h. Thomas von Aquin legt der Abbestellung eines tyrannischen Regiments nicht den Charakter eines Aufstandes bei, insofern nicht daraus für das Volk größerer Nachtheil entsteht, als aus der tyrannischen Herrschaft selbst[5]). Sein Schüler mahnt aber in solchen traurigen Lagen zur Geduld und Besonnenheit, verwirft aus dem christlichen Standpunkt schlechthin die von Einigen zugelassene Tödtung des Tyrannen, und weist, wenn alle verfassungsmäßigen oder sonst erlaubten Mittel erschöpft sind, als letzte Zuflucht auf die göttliche Hülfe hin[6]). Der Geschmack der Zeit gefiel sich jedoch in solchen gewagten Untersuchungen, wodurch sich das Concilium von Kostnitz, auf Veranlassung der durch eine

num occidere non modo licitum est, sed aequum et iustum. — VIII. 17. Est tyrannus, qui violenta dominatione populum premit, sicut qui legibus regit princeps est. — Man vergleiche dazu IV. 1. VIII. 20.

4) Policraticus VIII. 20. Et hic quidem modus delendi tyrannos utilissimus est, et tutissimus: si qui premuntur, ad patrocinium clementiae Dei humiliati confugiunt, et puras manus levantes ad Dominum, devotis precibus flagellum, quo affliguntur, avertant.

5) S. Thomas Summa theolog. 2a. 2ae. quaest. 42. art. 2. Regimen tyrannicum non est iustum, quia non ordinatur ad bonum commune, sed ad bonum privatum regentis. — Et ideo perturbatio huius regiminis non habet rationem seditionis; nisi forte quando sic inordinate perturbatur tyranni regimen, quod multitudo subiecta maius detrimentum patitur ex perturbatione consequenti quam ex tyranni regimine.

6) (Aegidius Colonna) De regimine principum I. 6. Et quidem si non fuerit excessus tyrannidis, utilius est remissam tyrannidem tolerare ad tempus, quam tyrannum agendo multis implicari periculis, quae sunt graviora ipsa tyrannide. — Et si sit intolerabilis excessus tyrannidis, quibusdam visum fuit, ut ad fortium virorum virtutem pertineat tyrannum interimere; seque pro liberatione multitudinis exponere periculis mortis: cuius rei exemplum etiam in veteri Testamento habetur. Sed hoc Apostolicae doctrinae non congruit. — Quod si omnino contra tyrannum auxilium haberi non potest, recurrendum est ad regem omnium Deum, qui est adiutor in opportunitatibus in tribulatione.

Schrift des Franciscaners Jean Petit hervorgerufenen Bewegungen, gedrungen sah, in seiner fünfzehnten Sitzung (1415) den Lehrsatz von der Rechtmäßigkeit des Tyrannenmordes ausdrücklich zu reprobiren. Dieses hinderte jedoch den Fortgang der entgegengesetzten Ansicht nicht. Luther [7]) und Melanchthon [8]) erklären unter Umständen den Tyrannenmord für gerechtfertigt; Letzterer sogar für ein Gott wohlgefälliges Opfer [9]). Der spanische Jesuit Mariana widmete der Frage eine eingehende Untersuchung, die, wenn auch mit mancherlei Unterscheidungen und Restrictionen, doch unter Umständen ebenfalls auf die Erlaubtheit des Tyrannenmordes hinausläuft [10]). Der Ordensgeneral Aquaviva stellte diesem aber (1610) ein Decret entgegen, wodurch er allen Mitgliedern des Ordens diese von der Kirche verurtheilte Lehre auch nur disputationsweise zu behandeln untersagte. Ueber das Recht, den

---

7) Luther Tischreden (Jena 1603. Fol. 482): Ob man einen Tyrannen, der wider Recht und Billigkeit, nach seinem Gefallen handelt, möge umbringen? Antwort: — Item, wenn er diesem sein Weib, dem andern seine Tochter, dem dritten seine Aecker und Güter mit Gewalt neme, und die Bürger und Unterthanen tretten zusammen, und könnten seine Gewalt und Tyrannei länger nicht dulden noch leiden, so möchten sie ihn umbringen, wie einen andern Mörder und Straßenräuber. — Man sehe über Luther und Melanchthon auch Dahlmann Politik §. 202. In anderen Stellen spricht sich aber Luther auch anders aus. Diese sind angeführt von Stahl Philosophie des Rechts. Dritte Aufl. II, 2. §. 150.

8) Melanchthon Argum. Psalmi LIII. (Corpus Reformat. ed. Bretschneider XIII. 1125). Iudicio humanae rationis verum est concessam esse defensionem adversus Tyrannum inferentem manifestam et atrocem iniuriam. Et si in tali defensione Tyrannus interficitur, defensor iudicatur iuste fecisse.

9) Melanchthon. epist. Vito Theodoro (Corpus Reformat. ed. Bretschneider III. 1075). Er schreibt hier über Heinrich VIII.: Anglicus Tyrannus Cromwellum interfecit et conatur divortium cum Iuliacensi puella. Quam vere dixit ille in Tragoedia: non gratiorem victimam Deo mactari posse quam Tyrannum. Utinam alicui forti viro Deus hanc mentem inserat.

10) Mariana De rege et regis institutione (Toleti 1598) lib. I. cap. 6. 7.

an sich rechtmäßigen Fürsten wegen ungerechter Regierung zu entsetzen, wurde inzwischeu in der alten Weise fortdisputirt. Der Jesuite Suarez († 1617) verneinte es als Regel, machte jedoch, von der irrigen Grundanschauung verleitet [11]), eine Ausnahme, wenn das ganze Volk gegen den ungerechten Fürsten aufstände [12]). Der Spanier Johann Marquez vom Orden des h. Augustinus (1612) ließ zwar gegen gottlose Befehle einen gewissen Widerstand zu, niemals aber Tödtung oder gewaltsame Entsetzung; selbst im Falle eines persönlichen Angriffes des Fürsten auf das Leben eines Unterthanen müsse dieser sich eher tödten lassen, nach der Meinung des Dominicus von Soto unbedingt, nach der Meinung des Marquez wenigstens dann, wenn der Tod des Fürsten zu großen Unruhen im Staate Veranlassung gäbe [13]). So wurden diese schwierigen Probleme in den Schulen mit einer Unbefangenheit discutirt, die um so größer war, je weniger der christliche Geist der Zeit Gefahren der Anwendung besorgen ließ.

362. Eine neue praktische Anregung erhielten diese Untersuchungen in England durch die Hinrichtung Karls I. (1649). Die Theologen der Hochkirche unter Karl II. und Jacob II. verwarfen

---

11) Man sehe darüber §. 252.

12) Suarez Disp. 13. de bello. Sect. 8. Certa veritas est, contra huiusmodi tyrannum (nämlich den an sich rechtmäßigen Fürsten im Gegensatz des Usurpators) nullam privatam personam, aut potestatem imperfectam posse iuste movere bellum aggressivum, atque illud esset proprie seditio. Probatur, quoniam ille, ut supponitur, verus est Dominus: inferiores autem ius non habent indicendi bellum, sed defendendi se tantum: quod non habet locum in hoc tyranno: namque ille non semper singulis facit iniuriam, atque si invaderent, id solum possunt efficere, quod ad suam defensionem sufficeret. At vero tota Respublica posset bello insurgere contra eiusmodi tyrannum, neque tunc excitaretur proprie seditio. — Ratio est: quia tunc tota Respublica superior est Rege: nam, cum ipsa dederit illi potestatem, ea conditione dedisse censetur, ut politice, non tyrannice regeret, alias ab ipsa posset deponi.

13) Marquez El Gobernatore Christiano (Lalam. 1612) I. 8. Die Stelle ist auch angeführt bei Balmes Protestantismus Th. III. Kap. 57.

mit Berufung auf die h. Schrift jeden Widerstand gegen die von Gott gesetzte Obrigkeit, selbst im Fall der äußersten Tyrannei, und die Rechtsgelehrten unterstützten dieses durch die Schwierigkeit ja Unmöglichkeit, für die zuzulassenden Ausnahmen eine sichere Gränze zu finden. Bald aber wurde jenes Recht doch als der äußerste Act der Nothwehr eines freien Volkes gegen eine tyrannische Regierung vertheidigt und in die dortige staatsrechtliche Doctrin aufgenommen [1]). In Frankreich führte die Theorie vom Socialvertrag und das daraus abgeleitete Princip der Volkssouverainetät [2]) von selbst zum Rechte der Insurrection, wie es die Constitution von 1793 proclamirte [3]), und zum Recht des Volkes seine Könige abzusetzen; und auch die späteren Constitutionen, welche die Person des Königs für unverletzlich erklärten, haben die praktische Geltendmachung jenes Rechts nicht abzuwehren vermocht. In Deutschland erklärte Kant sehr nachdrücklich es als „Pflicht des Volkes, einen, selbst den für unerträglich ausgegebeneu Mißbrauch der Gewalt, dennoch zu ertragen, weil sein Widerstand wider die höchste Gesetzgebung selbst niemals anders, als gesetzwidrig, ja als die ganze gesetzliche Verfassung zernichtend gedacht werden muß" [4]). Hingegen nach Fichte „ist das Volk nie Rebell, und der Ausdruck, Rebellion, von ihm gebraucht, ist die höchste Ungereimtheit, die je gesagt worden; denn das Volk ist in der That und nach dem Rechte die höchste Gewalt, über welche keine geht, die die Quelle aller anderen Gewalt und die Gott allein verantwortlich ist. Nur gegen einen Höheren findet Rebellion statt. Aber was auf der Erde ist höher, denn das Volk! Es könnte nur gegen sich selbst rebelliren, welches ungereimt ist" [5]). Haller hält im Geiste seines Systems den gewaltsamen Widerstand als das äußerste Mittel

1) Die lehrreichen Verhandlungen darüber giebt Macauly The history of England from the accession of James the second cap. 9.

2) Man sehe §. 52. 253.

3) Man sehe §. 115.

4) Kant Rechtslehre §. 49. Anm. A.

5) So wörtlich Fichte Grundlage des Naturrechts Th. I. §. 16 (Werke III. 182).

der Vertheidigung und Abwehr gegen offenbare Bedrückung nach der Vernunft und dem natürlichen Recht für erlaubt[6]). Mit ihm stimmen, wohl ohne es zu wissen, Dahlmann[7]) und Bluntschli[8]) überein, indem sie wie er das Unbestimmte und daher für die Anwendung Bedenkliche dieser Doctrin durch ernste Mahnungen zu mildern suchen[9]). So im Wesentlichen auch Chalybäus[10]) und Ahrens[11]). Die Jesuiten Zallinger[12]) und Taparelli[13]) lassen aber theils aus religiösen theils aus rationellen Gründen blos den passiven Widerstand zu. Eben so Stahl[14]) und Trendelenburg[15]). Hegel hat sich auf die mißliche Frage nicht eingelassen.

363. Der Fluch, welcher den Revolutionen anklebt, rührt daher, daß sie zwar Rechte durch Gewalt umstoßen, nicht aber ein Recht schaffen können. Sie hinterlassen daher durch die Zerreißung

---

6) Haller Restauration der Staatswissenschaften Th. II. Kap. 41.

7) Dahlmann Politik §. 200—207.

8) Bluntschli Allgemeines Staatsrecht Buch VI. Cap. 3. Buch XII. Cap. 10.

9) Dahlmann §. 206. sagt: „Jede Revolution ist nicht bloß das Zeugniß eines ungeheuren Mißgeschicks, welches den Staat betroffen hat, und einer keineswegs bloß einseitigen Verschuldung, sondern selbst ein Mißgeschick, selbst schuldbelastet. Darum werden weise und gewissenhafte Männer weder das Gelingen einer Revolution, darum weil es ihre Straflosigkeit verbürgt, als ihre Rechtfertigung darstellen, noch die zögernde Hand zur Widersetzlichkeit erheben, als wenn kein Mittel sonst mehr übrig bleibt, der allgemeinen Herabwürdigung zu entgehen. — Auch die aufs Beste ausgehende Revolution ist eine schwere Krise, die Gewissen verwirrend, die innere Sicherheit unterbrechend und nicht minder alle Staatsverträge gefährdend.“

10) Chalybäus Speculative Ethik Th. II. §. 200. 201.

11) Ahrens Rechtsphilosophie. Besonderer Theil. Kap. 2. §. 3., Organ. Staatslehre. Besonderer Theil. Kap. 6 (4). §. 1.

12) Zallinger Instit. iuris natur. §. 213.

13) Taparelli Naturrecht Th. II. §. 1000—1045.

14) Stahl Philosophie des Rechts II, 2. §. 154—155. Dieser Abschnitt ist erst in der dritten Auflage hinzugekommen.

15) Tendelenburg Naturrecht §. 214. 215.

der Continuität des Rechts in dem Rechtsgefühl der Nation etwas Unbefriedigtes und eine Lücke, welche die neue Regierung zu ihrer eigenen Behauptung, so gut es geht, auszugleichen suchen muß. Zuletzt greift man zu dem verzweifelten Mittel der Ratification durch das Volk vermöge einer allgemeinen Abstimmung, die aber aus zwei Gründen nichts beweist. Erstens, weil dabei dem Volke ein gefährliches Recht angedichtet wird, das es in Wahrheit nicht hat [1]) Zweitens, weil eine solche von den augenblicklichen Machthabern angeordnete und beeinflußte, in der Aufregung der Leidenschaften oder gar unter dem Terrorismus der Waffen oder des Pöbels vorgenommene Abstimmung nicht als der freie besonnene Ausdruck der Nation gelten kann [2]). So werden durch die Revolutionen zu gleicher Zeit das Rechtsgefühl, die Freiheit und die Wahrheit mit Füßen getreten [3]).

364. Schwierige Fragen treten nach Revolutionen auch dann ein, wenn die eingedrungene Regierung von der alten rechtmäßigen Gewalt wieder gestürzt wird. Ist dann Letztere an die von Jener vorgenommenen öffentlichen Acte, namentlich an die von ihr eingegangenen Verträge und contrahirten Staatsschulden gebunden? Dem abstracten Rechte nach scheint dieses verneint werden zu können, weil derjenige, der mit einer blos thatsächlich bestehenden Regierung Verträge schließt, sich den daraus für ihn entstehenden Nachtheil selbst beizumessen hat, ja denselben gewissermaßen zu verdienen scheint, weil er durch seine Handlung zur Befestigung der unrechtmäßigen, und zur Entsetzung der rechtmäßigen Regierung mehr oder weniger mit beigetragen hat. Dawider spricht jedoch, daß in der Natur des Staates das Bedürfniß einer Continuität liegt, welche nicht die geringste Unterbrechung gestattet.

---

1) Man sehe §. 250. 251.

2) Gut spricht darüber Barante Questions constitutionnelles chap. 1 (§. 251. Note 2. §. 253. Note 3).

3) Mit edlem sittlichen Unwillen schreibt Guizot L'église chap. 15. Nous n'avons pas repoussé les violences et les mensonges du pouvoir absolu pour accepter les mensonges et les violences du suffrage universel.

Gleichwie der Staat auch nicht einen Augenblick aufhören kann, Staat zu sein, so kann er auch nicht einen Augenblick ohne Regierung sein. So wie der Staat selbst, so bildet also auch die Regierung, trotz allen Wechsels der Individuen, ein und dasselbe Rechtssubject. Gleichwie die Rechtspflege auch unter Revolutionen ihren Gang fortgeht, und die von der illegalen Regierung eingesetzten Gerichte doch vollkommen gültig Recht sprechen, so ist dieses auch für andere öffentliche Acte anzunehmen. Besondere Umstände können allerdings ein anderes Verhalten rechtfertigen [1]).

d) Von den Mitteln Revolutionen vorzubeugen.

365. Alle Gründe, womit die Wissenschaft die Revolutionen bekämpft, vermögen doch nicht sie wirklich abzuhalten und erweisen sich den Thatsachen gegenüber ohnmächtig aus drei Gründen: weil von Seiten der Machthaber nach der Unvollkommenheit der menschlichen Zustände Mißbräuche vorkommen, welche die öffentliche Meinung verletzen und verwirren; weil bei der Masse nie Intelligenz und religiöser Sinn genug herrscht, um sich blos auf den passiven Widerstand zu beschränken; endlich weil die Leidenschaften, welche zu Umwälzungen reizen, die einmal davon ergriffene unkundige Menge den Warnungen der Vernunft und Erfahrung unzugänglich machen und sie jeder Verführung und Verlockung Preis geben. Für die Erhaltung der Staaten ist es daher von der größten Wichtigkeit, einem Uebel, dessen Bekämpfung nach seinem Ausbruche lediglich zu einer Frage der Macht wird, in seiner Entstehung mit allen Mitteln vorzubeugen [1]).

366. Die moralische Stütze der Regierung beruht vor Allem in der Ehrfurcht vor der Autorität, wozu durch die Religion und in der Familie der Grund gelegt werden muß. Mit Recht hebt Aristoteles hervor, daß die nützlichsten Gesetze nichts helfen, wenn nicht der Geist der Jugenderziehung auf Gehorsam und Selbst-

---

1) Gut spricht darüber Trendelenburg Naturrecht §. 216.

1) Diese Frage hat schon Aristoteles Politik V. 8—11. ausführlich behandelt, worin manches Brauchbare vorkommt.

beherrschung angelegt ist. Das Zweite ist der Sinn für Recht und Gesetzlichkeit. Die Regierung soll daher, wie Aristoteles einschärft, an Anderen auch nicht die kleinste Abweichung von den Gesetzen nachsehen, und in der Achtung vor den Gesetzen und der bestehenden Rechtsordnung überall mit ihrem eigenen Beispiel vorangehen, auch da, wo ihr dieselbe hinderlich und deren Modification wünschenswerth ist. Die Ehrfurcht vor dem Bestehenden und die daraus fließende Abneigung gegen Willkür ist eben so sehr das Palladium der Regierung als der Freiheiten des Volks. Das Dritte ist, daß sich die Regierung das Vertrauen und die Zuneigung des Volks als zu einer gerechten und wohlwollenden Regierung erwerbe, was durch die ernste und unparteiische Handhabung der Gesetze, durch die aufmerksame und nachhaltige Pflege aller gemeinen Interessen, und durch einen in diesem Geiste thätigen, humanen und gebildeten Beamtenstand bewirkt wird. Das Vierte ist, daß das monarchische Princip dem Volke zur Befriedigung seines Freiheitsgefühls den Antheil an der Regierung gestatte, welcher sich mit dessen politischem Bildungszustand verträgt. Die falsche Freiheit wird am Sichersten durch die wahre bekämpft werden. Es handelt sich um das, was Aristoteles für alle Staatsformen als „die Mittelste" empfiehlt. Fünftens muß die Regierung dafür besorgt sein, daß, wie auch Aristoteles mit Nachdruck hervorhebt, der Theil des Volks, welcher die Erhaltung des Staates will und dafür stärker interessirt ist, in der Verfassung und im öffentlichen Leben mehr vermöge, als derjenige, welcher dieses nicht will. Es gehört zu den wichtigsten Aufgaben der Staatskunst einen Staat so zu organisiren, daß diese conservativen Elemente in der Volksvertretung, in der Gemeindeverfassung, in den Corporationen an ihre richtige Stelle gebracht und unterstützt seien. Das Sechste endlich ist, daß die öffentlichen Einrichtungen, besonders diejenigen, welche die Rechtsgleichheit berühren, worauf auch Aristoteles den größten Werth legt, mit dem Bildungszustande der Zeit und mit der öffentlichen Meinung fortwährend in Einklang erhalten werden. Dabei können allerdings Verhältnisse, die sich aus der Vergangenheit als historische wohlerworbene Rechte vererbt haben, mit dem Geiste und den Zuständen der Gegenwart in einen solchen Conflict kommen, daß die Umwandlung derselben durch das Staatswohl geboten wird. Hier muß die Regierung zur rechten Zeit auf eine Ausgleichung bedacht sein. Wann aber jener Augenblick eingetreten sei, erfordert eine umsichtige Erwägung, denn dieses ist ein Fall, wo die Meinung der Masse leicht irrt. Auch muß, wo historisch begründete Rechte zum Opfer verlangt werden, mit den Betheiligten der Weg der Verhandlung und Entschädigung betreten, es muß das Bedürfniß der Umwandlung durch wiederholte sich stets verstärkende Gründe allmählig so zum allgemeinen Bewußtsein gebracht werden, daß es zuletzt bei den Widerstrebenden selbst zur Ueberzeugung wird. So schreiten die öffentlichen Einrichtungen in wohlthätigen Reformen ruhig, sicher und befriedigend fort. Hingegen die einseitige und gewaltsame Verletzung eines rechtmäßigen Besitzstandes, komme sie von unten oder von oben, ist nicht Reform sondern Revolution, und zu gleicher Zeit unrecht, unpolitisch und gefährlich; unrecht, weil sie die Heiligkeit des bestehenden Rechts antastet; unpolitisch, weil sie dem Gesetze und der Verfassung in den in ihren Rechten Gekränkten bleibende Gegner erweckt; gefährlich, weil sie das Rechtsgefühl erschüttert und in eine Bahn einlenkt, wo keine feste Gränze zu finden ist.

367. Welche Mittel man aber auch gegen Revolutionen vorkehren mag, das Hauptmittel ruht doch zuletzt in eines Jeden eigener Brust und in der Herrschaft, die darin Jeder über sich selbst auszuüben die Kraft hat. Mit ergreifender Wahrheit stellt daher Dahlmann der verirrten Richtung der Zeit folgende ernste Mahnung entgegen: „Der revolutionäre Sinn, der auf Revolutionen wie auf öffentliche Lustbarkeiten Rechnung macht, die nicht allzu lange ausbleiben dürfen, ist von der Vaterlandsliebe viel weiter entfernt als die träge Verehrung alles ländlich sittlich Hergebrachten es ist, über die er so vornehm sich zu erheben pflegt. Die Vaterlandsliebe schlägt ihre Wurzel in den Oertlichkeiten, welche sich um die Wiege des Menschen versammelten; sie bleibt vielleicht daran hangen und verschließt sich provinzialistisch gegen die Entwickelung von Volk und Staat in ihren großen Dimen-

sionen; allein der beschränktere Sinn bewahrt den menschlichen Neigungen, welche die vier und zwanzig Stunden jedes Tags zusammenhalten, seine Treue, bis vielleicht die Stunde der Noth ihn weiter hinaus zu blicken zwingt. Der revolutionäre Sinn hat seine flache Wurzel im Verstande, ist familienlos, heimathlos. Für ihn gelten nur die großen Verhältnisse. Er möchte das Jahrhundert umgestalten, unbekümmert ob die nächste Heimath mit ihrem Glücke und ihrer Sitte ein Opfer des Umschwungs wird. Zwar wird die Nachwelt dem angebildeten politischen Quietismus die Ehre nicht zollen, die er sich selbst verschwenderisch zumißt; aber wer das Reich, dessen geborener König jeder ist, die Beherrschung seiner eigenen Seele, wohl verwaltet, und ein Bild des guten Staates in seiner Familie zeigt, der verbessert die öffentliche Sitte, welche die Trägerin aller freiheitlichen Einrichtungen ist, und bewahrt auch unter einer Despotie ein unverletzliches Gebiet der Freiheit" 1).

C) Die Mittel der Regierung. 1) Das Militär. a) Bestimmung und Eigenschaften desselben.

368. Eine Grundbedingung der Existenz eines Staates ist die Möglichkeit, seine Autorität und Unabhängigkeit sowohl gegen seine Unterthanen als gegen andere Staaten durch eine äußere Macht zu behaupten. Diese Macht organisirt ist das Militär 1). Die Bestimmung desselben ist eine dreifache: zur Durchführung der Gesetze gegen widerspenstige Einzelne, zur Bekämpfung der Rebellen, und zur Vertheidigung gegen Angriffe von Außen. Die letztere Bestimmung ist die wichtigste und darauf, auf den Krieg, bezieht sich die Organisation des Militärwesens hauptsächlich. Es

---

1) Dahlmann Politik §. 207.

1) Von diesem Gegenstand wird auch von den neueren Rechtsphilosophen ausführlich gehandelt: Taparelli Naturrecht II. §. 1217—1230., Hegel Philosophie des Rechts §. 325—328., Stahl Philosophie des Rechts II. 2. §. 156—159 (116—119), Bluntschli Allgemeines Staatsrecht Buch VII. Cap. 7., Trendelenburg Naturrecht §. 195. 196. Man kann dieses nicht, ohne in das Concrete genauer einzugehen.

kommt dabei auf zwei Hauptpunkte an. Erstens muß die bewaffnete Macht zur augenblicklichen Hülfe bereit, also so eingerichtet sein, daß sie beim Aufgebot gleich auf der Stelle vollständig kriegsfertig erscheinen kann. Zweitens muß sie an Ort und Stelle zum Angriff wie zur Vertheidigung die möglichste physische Kraft und Energie entwickeln. Dieses ist aber durch zweierlei bedingt: durch die zweckmäßige Anordnung des sachkundigen Befehlshabers, und durch die möglichst rasche und genaue Ausführung von Seiten der Untergebenen. Letzteres erfordert aber vor Allem zweierlei: die unbedingte Unterordnung der Einzelnen unter die Befehle der Oberen, und die nur durch Einübung zu erwerbende Fertigkeit der Einzelnen, die gegebenen Befehle in Masse gleichförmig ausführen zu können. Die wesentlichen Requisite des Militärs sind also Subordination und mechanische Ausbildung. Beides reicht aber noch nicht hin; es muß in dem Militär auch ein moralischer Antrieb bestehen, welcher das Mechanische belebt, es durch freiwillige Thatkraft verstärkt und durch die eigene Einsicht ergänzt. Dieses ist der militärische Geist. Er besteht in dem Gefühl und Bewußtsein des dem Militär obliegenden wichtigen und ehrenvollen Berufes und in der daraus fließenden freudigen Hingebung an die damit verbundenen schweren Pflichten.

369. Das Heer enthält also seiner Natur nach zwei enge verbundene Theile: die rein Gehorchenden, und die Führer nach ihren verschiedenen Abstufungen. Erstere bilden die bei weitem größere Masse. Ihre Bestimmung ist die pünktliche durch die eigene Thatkraft unterstützte Ausführung des Befohlenen; darüber hinaus reicht ihre Aufgabe und Verantwortlichkeit nicht. In ihnen ruht die eigentliche physische Kraft des Heeres, nnd in ihrer Einübung wie in ihrem ganzen Thun ist das Mechanische das bei weitem Ueberwiegende. Das Bedürfniß ihrer Abhärtung und die durch ihre große Zahl gebotenen Rücksichten der Oeconomie machen hinsichtlich der Verpflegung, Wohnung und Bekleidung eine gewisse rauhe Behandlung unvermeidlich. So stellt sich in ihnen vorzüglich die Härte und Schattenseite des Kriegsdienstes dar. Hingegen bei den Führern ist der Reiz des Befehlens, das Gefühl

einer eigenen Verantwortlichkeit, das Erforderniß einer militärischen und allgemeinen Bildung, die Freiheit von den rauhesten Seiten des Dienstes und eine höhere gesellschaftliche Stellung. Ein so greller Gegensatz zwischen zwei so enge zusammengehörenden und sich täglich so nahe berührenden Elementen findet sich in keinem andern Lebenskreise. Er gehört zu den thatsächlichen vieles Andere beherrschenden Eigenthümlichkeiten der Heeresverfassung [1]), die möglichste Milderung desselben aber zu den Aufgaben, wozu sich Humanität und Klugheit die Hand reichen. Dieses geschieht durch einen gewissen kameradschaftlichen Ton und Geist, der von der höchsten bis zu den untersten Stellen gegen die Gemeinen besteht, durch die ehrenvolle Behandlung und Auszeichnung derselben, deren sie um so würdiger sind, je geringer ihr Lohn für ihren mühsamen Dienst ist, und durch die Gewährung zulässiger Erholungen und Vergnügungen.

b) Von dem Militärstande.

370. Das Militär hat einen durchaus eigenthümlichen Beruf, der ihn mehr als jede andere Berufsart von der bürgerlichen Gesellschaft absondert, und es ist an denselben mit den stärksten Banden gebunden. Es bildet daher in Wahrheit einen eigenen Stand [1]). Als solcher hat es seinen eigenen Standesgeist, welches der oben bezeichnete militärische Geist ist, und seine eigene Standesehre. Diese beruht, wie bei jedem Stande, in der Bewährung und Reinerhaltung der die eigenthümlichen Standespflichten bedingenden Gesinnung, also hier in der Tapferkeit und Treue. Die Tapferkeit besteht nicht in der Todesverachtung allein, denn diese

---

1) Diese so wichtige Thatsachen wird von den Rechtsphilosophen gar nicht beachtet.

1) Sehr richtig sagt Hegel §. 326.: „Daß die bewaffnete Macht des Staates, ein stehendes Heer, und die Bestimmung für das besondere Geschäft seiner Vertheidigung zu einem Stande wird, ist dieselbe Nothwendigkeit, durch welche die anderen besonderen Momente, Interessen und Geschäfte zu einer Ehe, zu Gewerbs- Staats- Geschäfts- u. s. f. Ständen werden."

kann auch bei roher Brutalität vorkommen; sie besteht in der Todesverachtung um des Berufes willen, aus Pflichtgefühl und Vaterlandsliebe. Die militärische Treue besteht in der im tiefsten Gemüth ruhenden unerschütterlichen und aufopfernden Ergebenheit an den Stand und an die durch denselben gegen die Vorgesetzten und Genossen vorgezeichneten Pflichten. Sowohl die Tapferkeit wie die Treue gehen über die Linie des gewöhnlichen Menschen hinaus. Darauf beruht einerseits die Achtung, welche die anderen Stände dem Kriegerstand bewußt oder unbewußt erweisen; andererseits das männliche Selbstgefühl, welches den Kriegsmann erfüllt und in ihm den Anspruch und den Ehrgeiz wach hält, von den Anderen geachtet zu werden und in ihren Augen als tapfer zu gelten. Dieses Ehrgefühl und der darauf beruhende Standesstolz sind nicht nur natürlich, sondern auch für den Geist des Militärstandes förderlich, insofern sie einen Antrieb bilden, sich dieses Standes würdig zu zeigen, und wenn sie nicht mit einer Ueberhebung über die anderen Stände verbunden sind [2]). Jener dem Militärstande wegen seines Berufes zustehenden Achtung und Auszeichnung muß aber auch dessen äußere Haltung entsprechen. Er muß fühlen, daß Rohheit und Grausamkeit den

---

2) Trendelenburg Naturrecht §. 196. faßt dieses in folgender Weise auf: „Es läßt sich fragen, inwiefern die Ehre es wirklich verdiene, als ein ethischer Mittelpunkt bezeichnet zu werden. Der Soldat liebt es sich in dem Spiegel fremder Meinung zu betrachten. Es erhebt ihn, daß es Andere erfreuet, sich ihn als einen Tapferen vorzustellen; er erträgt es nicht, daß sie von ihm niedrig denken und er aus ihren Augen sein Bild in häßlicher Verzerrung zurückempfange. Die Abhängigkeit von fremder Vorstellung erscheint darin als sittliche Schwäche. Wenn indessen die Meinung, in welcher sich der Einzelne bespiegelt, die rechte Werthschätzung in sich trägt, wie eine solche in dem Geiste des sittlichen Ganzen vorausgesetzt werden muß, und die Sorge des Staates und die Sorge des Kriegsherrn sein soll: so ist das Ehrgefühl eine Stütze der Mannstugend; und es ist kaum zu denken, daß sich Tapferkeit und Gehorsam gegen ein solches Ehrgefühl gleichgültig verhalten. Denn Tapferkeit entspringt zunächst aus dem Gefühl der Selbstständigkeit, welches dem für Ehre empfindlichen Stolze nahe liegt."

Beruf entehren, Menschlichkeit, Edelmuth und gute Sitte ihn veredeln.

371. Alles Dieses gilt an sich sowohl für die Gemeinen als für die Führer; allein es modificirt sich in der äußeren Erscheinung und Behandlung nach dem zwischen Beiden bestehenden thatsächlichen Unterschiede. Bei den Gemeinen wiegt allerdings die Tapferkeit und Treue gleich schwer wie bei den Führern, und muß auch auf gleichem Fuße anerkannt und belohnt werden. Allein die geringere Bildung und rauheren Beschäftigungen schwächen bei ihnen die Wirkung jener Eigenschaften für die Veredlung des Charakters und der Sitten. Daher muß zweierlei zu Hülfe kommen: erstens die Mannszucht, welche im Frieden wie im Kriege die Rohheit und Leidenschaften zügelt; zweitens die Religion, welche nicht blos die guten Sitten schützt, sondern auch die Treue und Tapferkeit verstärkt, und daher wie der edelste Theil der Mannszucht geachtet und aufrecht erhalten werden muß[1]). Bei den Führern aber erzeugt die Verbindung der Tapferkeit und Treue mit der höheren Stellung und Sitte das erhöhte Gefühl der militärischen Ehre, welches einerseits die Wahrhaftigkeit, den Muth und eine edle Haltung als die besonderen Standespflichten anerkennt, andererseits aber auch in der äußeren Begegnung die entsprechenden Rücksichten verlangt. Verbindet sich mit diesem Gefühl auch wahre innere Bildung, Humanität und Religion, so wird daraus das vollendete Bild edler Männlichkeit und Ritterlichkeit.

c) Von der Bildung des Heeres.

372. Die Aufgabe der Militärorganisation ist, dem Staate ein seiner Macht entsprechendes jeden Augenblick kriegsbereites und eingeübtes Heer zur Verfügung zu halten. Dieser Zweck scheint am Einfachsten dadurch erreicht zu werden, daß jeder Bürger zugleich Soldat ist, so daß man im eintretenden Falle nur die erforderliche Zahl der kriegsfähigen Bürger unter die Waffen zu

---

1) So bemerkt mit Recht Taparelli Naturrecht II. §. 1229.

rufen und nach beendigtem Kriege wieder zu entlassen braucht. So war es in den ersten Jahrhunderten der römischen Republik. Die heutigen Zustände machen dieses aber unausführbar. Denn erstens wären, um für den Krieg gleich ein geübtes Heer zu haben, in Friedenszeiten stete Waffenübungen der Bürger nothwendig, was sich aber mit den bürgerlichen Beschäftigungen nicht verträgt. Zweitens würde durch die in dem Nahrungszweig eintretende Unterbrechung, namentlich der Handwerkerstand, zu Grunde gerichtet. Im Alterthum war dieses anders, weil die Handwerke vielfach von den Sclaven und Freigelassenen betrieben wurden [1]). Drittens müßte, wenn nicht eine einzige Schlacht den Ruin zahlloser Familien herbeiführen sollte, bei der Aushebung ein Unterschied zwischen den verheiratheten und unverheiratheten Bürgern gemacht werden, was aber nach anderen Seiten hin Uebelstände, namentlich den der möglichst frühen Verheirathung, herbeiführen würde. Das Heer muß also aus Solchen gebildet sein, welche, so lange sie demselben angehören, ausschließlich diesem Berufe dienen, und daher, regelmäßig unverheirathet und von den bürgerlichen Beschäftigungen getrennt, von diesem Berufe auch ernährt werden. Es muß also ein „stehendes Heer“ sein. Für die allgemeine Bürgerpflicht bleibt aber natürlich das übrig, daß Jeder zu den Kosten der Wehrverfassung als zum Bestand des Staates unentbehrlich nach Verhältniß im Wege der Besteuerung, oder durch Naturalleistungen, wie Einquartierung und Spanndienste, beitragen muß.

373. Um ein stehendes Heer zu schaffen, sind verschiedene Wege denkbar. Es handelt sich dabei darum, es aus Solchen zu bilden, die zu diesem schweren und rauhen Berufe vor Allem wahre Lust und frischen Lebensmuth mitbringen, jedoch auch der damit zu verbindenden höheren Gesinnung und Gefühle der Ehre und Treue empfänglich sind. Die Geschichte zeigt hier mancherlei lehr-

---

1) In Rom waren die Legionen hauptsächlich aus dem Landvolk gebildet, und die Handwerke hatten dazu eine exceptionelle Stellung, wie aus der Centurienverfassung des Servius Tullius bekannt ist.

reiche Versuche. Im fränkischen Reiche gab es noch kein stehendes Heer und es wurde der Heerbann zu jedem Kriegszug aus allen freien waffenfähigen Männern gebildet. Der große Druck und die Schwerfälligkeit dieses Systems machte sich schon Karl dem Großen fühlbar, uud führte später dazu, daß man den Heerbann größtentheils durch den Lehndienst ersetzte, der das stehende Heerwesen jener Zeit ausmacht. Jeder Fürst und reichsunmittelbarer edler Herr war nun Reichsvasall, und verpflichtet, sich beim Aufgebot des Kaisers mit einer seinem Reichslehn entsprechenden Zahl geübter Kriegsleute beim Reichsheere zu stellen. Jeder Reichsvasall hatte gegen seine Untergebenen die alten Heerbannrechte; allein er entbot dazu das Landvolk regelmäßig nicht mehr, sondern erhielt von ihnen Abgaben; den wirklichen Dienst leistete er durch seine Vasallen, die bei dem an sie weiter gegebenen Aufgebot sich mit der nach ihren Lehn festgesetzten Zahl geübter Kriegsknechte aus ihren Grundholden unter ihm einfinden mußten. So war für den eintretenden Kriegsfall für ein in den Waffen geübtes durch die Bande der ritterlichen Ehre, der Lehnstreue und der Grundherrlichkeit enge verbundenes Heer gesorgt [1]). Als mit der veränderten Kriegsführung die Lehnsreiterei unzureichend wurde, nahm man neben ihr zur Aushülfe blos vorübergehend für die Dauer des Krieges herumziehendes Kriegsvolk, desgleichen immer zu haben war, in Sold, was zwar eine geübte, abgehärtete und kriegslustige, allein rohe und gesinnungslose Truppe lieferte. Nachdem seit dem sechszehnten Jahrhundert das System der auch in der Friedenszeit stehenden Heere aufgekommen war, bildete und ergänzte man diese durch Werbung um Geld, wozu natürlich das Inland die Mehrzahl lieferte. Dieses hat den Vortheil, daß nur derjenige Soldat wird, der es werden will und dazu Lust und Beruf in sich spürt, und die Geschichte der älteren wie der neuesten Kriege, namentlich von England, zeigt, daß ein so gebildetes Heer, was man auch gegen jenen Modus sagen mag, durch den

1) Der von Stahl Philosophie des Rechts II, 2. §. 157 (117) gegen das Vasallenheer ausgesprochene Tadel ist etwas gesucht und unwahr.

Geist seiner Feldherrn und Führer einer großen Tapferkeit, Treue und nationalen Gesinnung fähig ist[2]). Manche Staaten haben sogar ihr stehendes Heer ganz aus Ausländern, namentlich Schweizern, geworben. Dieses hat allerdings gegen sich, daß eine Nation, die nicht von den eigenen Landeskindern sondern von Fremden vertheidigt wird, den militärischen Geist und das damit verbundene Gefühl der Ehre und Selbstständigkeit einbüßt. Daß aber eine so geworbene ausländische Truppe durch das ihr erwiesene Vertrauen zu einer besonderen Tapferkeit, Treue und Aufopferung angefeuert werden kann, wird durch die Geschichte bewiesen.

374. Man kann aber auch zur Bildung und Ergänzung des stehenden Heeres ein ganz anderes System, das der allgemeinen Militärpflicht, zum Grunde legen, so daß Jeder beim Eintritt des kriegspflichtigen Alters zum Kriegsdienst gezogen, eingeübt und nach zwei, drei Jahren wieder entlassen wird. Dieses System hat allerdings nach der idealen Seite hin wichtige Vorzüge[1]). Es

---

2) Stahl schreibt zwar, „der Werbekontrakt habe etwas Unsittliches, indem er Lebensaufopferung und Lebensberuf zum Gegenstand des Kaufes mache.“ Allein, so bemerkt dawider mit Recht Bluntschli Allgemeines Staatsrecht Buch VII. Cap. 7., „jeder Beruf beruht zunächst auf individueller Anlage und Willensbestimmung, und der Sold ist doch nur das nothwendige Aequivalent für die Berufsleistung, welcher wie bei den Aemtern von dem Staate bestimmt wird. Wer sich anwerben läßt, erklärt nur, ‚daß er Willens sei, als Soldat dem Staate berufsmäßig zu dienen. Darin liegt nichts Unsittliches.“

1) Stahl Philosophie des Rechts II, 2. §. 157. sagt darüber: „Für das sittlich-politische Verhältniß ist der allgemeine Waffendienst jedenfalls von reinem und unbedingtem Werth. Er erhöht die Züge der Subordination, Gesetzlichkeit, Pünktlichkeit, und die Züge des Selbstgefühls und der Ehre durch die ganze Bevölkerung, bringt umgekehrt wieder in das Heer einen Zug der Gesittung und des Anstandes, und bindet endlich alle Klassen der Nation in einer höchsten Gemeinschaft und Gleichheit.“ Ihm stimmt Trendelenburg Naturrecht §. 195. bei. Man kann dieses Alles zugeben, darf sich aber doch über die Kehrseite nicht täuschen. Mit bloßen idealen Anschauungen schlägt man nicht die aus derberen kriegsgeübteren Elementen zusammengesetzten Heere.

hat aber auch wichtige Gründe gegen sich[2]). Erstens ist es rein objectiv betrachtet ein Eingriff in die persönliche Freiheit und eine weit gehende Verfügung über die Persönlichkeit, daß zu einem mühsamen Berufe, welcher mehr als jeder Andere Neigung und Hingebung verlangt, ein unbedingter Zwang Statt finde[3]); doch können Gewöhnung, die unbedingte Gleichheit der Last für Alle und der nationale Sinn das Gefühl dieses Zwanges mildern. Zweitens wird sich während der kurzen Dienstzeit nicht die volle Abhärtung und Kriegstüchtigkeit und nicht die Anhänglichkeit und Hingebung an den aufgedrungenen Beruf, die zum militärischen Geiste gehören, entwickeln; es muß darauf gerechnet werden, daß eine große Zahl freiwillig fortdienen; auf diesen wird hauptsächlich die Tradition des militärischen Geistes beruhen, und es wird namentlich das Officiercorps aus Solchen bestehen müssen. Drittens werden den bürgerlichen Berufs- und Nahrungszweigen eine Menge von Arbeitskräften entzogen; der junge Mann wird grade in dem Alter, wo er Geschicklichkeit und Vervollkommnung erwerben soll, in eine ganz andere Beschäftigung gebracht, und muß nach der dreijährigen Unterbrechung entwöhnt und oft mit Unlust an die alte Arbeit zurückkehren. Viertens ist der Militärstand für den ungebildeten Menschen keineswegs eine Schule der Moralität, und er bringt aus demselben allzuleicht Demoralisation in das bürgerliche Leben zurück. Es entsteht bei diesem System für die Regierung die doppelt schwere Verpflichtung, über die Moralität des Soldaten zu wachen, was aber in der Ausführung sehr schwierig ist. Fünftens ist der Zwang zu diesem rauhen Beruf für die-

2) Diese sind in Beziehung auf Preußen beleuchtet von dem Engländer Samuel Laing übersetzt in Heller Preußen der Beamtenstaat (1844) S. 75—96.

3) Dieses hebt nicht blos der Engländer Laing hervor. Auch Bluntschli Allgemeines Staatsrecht Buch VII. Cap. 7. schreibt: „Ein Staatszwang, welcher das Individuum ohne Noth aus seinen Studien und aus seinen Berufs- und bürgerlichen Verhältnissen hinaus reißt, erscheint denn von da aus als ein Eingriff in die individuelle Freiheit, welcher durch das Bedürfniß des Staates selten hinreichend gerechtfertigt wird."

jenigen doppelt hart, die nach ihren Vermögensverhältnissen an ein weicheres Leben gewöhnt sind. Man macht solchen durch die Anmeldung als Freiwillige mit eigener Ausrüstung die Abkürzung der Dienstzeit auf ein Jahr möglich. Allein dieses hat, abgesehen von der darin liegenden Begünstigung der Reichen vor den Armen, den Nachtheil, daß Solche, wenn sie im Fall eines Krieges aus der Reserve zum Dienst herangezogen werden, minder abgehärtet und kriegstüchtig sind. Der mit der größeren Bildung verbundene höhere Geist kann dabei allerdings Vieles ersetzen.

375. Man kann aber, unter Beibehaltung der allgemeinen Militärpflicht, die Ergänzung des stehenden Heeres auch so einrichten, daß man jährlich aus den in das kriegspflichtige Alter Eintretenden nur einen Theil, etwa die Hälfte, durch das Loos auszieht, wofür aber auch die Dienstzeit verdoppelt werden muß; den vom Loos Betroffenen ist es dann gestattet, sich einen Stellvertreter entweder aus den frei Gezogenen oder aus den Ausgedienten zu stellen. Dieses System hat wichtige Vortheile. Erstens besteht das Heer wegen der längeren Dienstzeit aus einer größeren Zahl älterer abgehärteter Leute. Zweitens bilden die aus den Ausgedienten gezogenen Stellvertreter einen Kern vorzüglich kriegstüchtiger und kriegslustiger Mannschaft. Drittens erhält der Stellvertreter, der es auch zwei- und dreimal sein kann, in dem Ersatzgeld eine Summe, deren Zinsen ihm unter der Fahne zu Gute kommen, und die ihm nach seinem Austritt zur Begründung einer bürgerlichen Nahrung dient. Die Meinung, daß ein solches durch Conscription gebildetes Heer an patriotischem oder militärischem Geiste niedriger stehe, wird durch die französischen und österreichischen Heere widerlegt, welche nach diesem Systeme gebildet sind. Ueberhaupt kommt es bei diesem für die Existenz der Staaten höchst wichtigen Gegenstande darauf an, jede Einseitigkeit zu vermeiden, und das den höheren Geist des Militärs belebende Ideale mit den Thatsachen und Anforderungen der nüchternen Wirklichkeit in Einklang zu bringen.

376. Zur Verstärkung der bewaffneten Macht ist auch die Organisation einer Landwehr möglich. Dieser kann ein doppelter

Gedanke zum Grunde gelegt werden. Entweder ist sie blos zur Landesvertheidigung gegen den eindringenden Feind bestimmt. Dann ist der Landwehrmann nur ein bewaffneter Bürger; die Waffenübung muß dann mehr durch Ueberlieferung von Vater auf Sohn in Verbindung mit den bürgerlichen Sitten selbst mit den Volksfesten geschehen, und was an der technischen Ausbildung fehlt, wird durch die Begeisterung für den heimathlichen Heerd, durch die genaue Kenntniß der Oertlichkeit und durch das treue Zusammenhalten ersetzt. Eine solche Einrichtung ist nicht nur für ihren nächsten Zweck sondern überhaupt für den Geist und die Sitten des Volks sehr ersprießlich und sollte überall organisirt werden. Oder aber man behandelt die Landwehr als einen wesentlichen für den Krieg vorbehaltenen Theil des stehenden Heeres, in welchem jeder Waffenfähige nach den im stehenden Heere zurückgelegten Dienstjahren bis zu einem gewissen Alter verbleibt. Diese Einrichtung hat den Vortheil, daß sie die Streitkräfte des Staates sehr vermehrt. Sie hat aber auch Vieles gegen sich. Erstens wird bei der heutigen hohen technischen Ausbildung des Waffendienstes eine solche Landwehr den stehenden Heeren im offenen Felde nicht leicht gewachsen sein. Zweitens kann, da man ihr Officiere aus der Linie geben muß, zwischen diesen und den Gemeinen nicht das durch den täglichen Verkehr bedingte enge Verhältniß bestehen, worauf doch so vieles ankommt. Drittens wird es schwer halten, dem unmittelbar aus den bürgerlichen Beschäftigungen, oft widerwillig, Herausgenommenen den Geist der militärischen Disciplin einzuhauchen. Viertens entstehen, da die Berufenen häufig jung Verheirathete sind, durch die Nahrungslosigkeit ihrer Zurückgebliebenen für die Communen unerschwingliche Ansprüche und Lasten [1]). Wenn man dieses System der Landwehr annimmt, so kann man daneben noch einen Landsturm organisiren, welcher dann die Stelle der Landwehr im obigen Sinne einnimmt.

1) Die enthusiastischen Theoretiker mögen sich darüber von den Ortsbehörden belehren lassen. Das Naturrecht muß sich vor Allem an die Natur der Sachen halten.

d) Verhältniß der bewaffneten Macht zur Regierung.

377. In der bewaffneten Macht beruht die physische Kraft der Herrschaft. Diese gilt und wirkt als solche auf die Gemüther nach Außen wie nach Innen nur durch die Gewißheit, daß ihr eine Macht zur Seite steht, womit sie mit unwiderstehlicher Gewalt ihren Willen erzwingen kann. Die Verfügung über sie bildet also das wesentliche Stück der Herrschergewalt. Der König, und er allein, ist daher das Haupt der bewaffneten Macht, in welchen Formen sie auch organisirt sein möge; nur ihm hat das Heer den Eid der Treue und des Gehorsams zu leisten. Eine Vereidigung desselben auch auf die Verfassung ist wider den anerkannten Satz, daß „die bewaffnete Macht wesentlich eine gehorchende sein soll," und trägt den Keim der unheilvollsten Spaltungen in sich [1]). Allerdings sind auch für das Militär Fälle denkbar, wohin sich die Pflicht des Gehorsams nicht erstreckt [2]). Allein man muß nicht Alles in eine Theorie bringen wollen, wovon eher vorauszusetzen ist, daß es nie eintreten werde [3]). In den Stufen abwärts befehligen die vom Könige ernannten Führer nach Maßgabe ihrer Instructionen, von denen sie nur in außerordentlichen Fällen, immer aber nur im Geiste ihrer Pflichten, abgehen dürfen. Im Inneren des Staates bringt die für die bürgerliche Freiheit wichtige Geschiedenheit der militärischen und bürgerlichen Gewalt es mit sich, daß das Militär zur Aufrechthaltung der öffentlichen Ruhe oder zur Vollstreckung der Gesetze regelmäßig nur auf Requisition der Civilbehörde einschreiten darf.

2) Die öffentlichen Einkünfte. a) Quellen derselben. α) Die Besteuerung.

378. Die Existenz eines Staates ist, gleichwie durch eine zureichende physische Macht, so auch durch die zureichenden Geldmittel bedingt, welche zur Beschaffung und Erhaltung jener Macht

---

1) Davon handelt genauer Stahl Philosophie des Rechts II, 2. §. 159.

2) Dieses erkennt auch Stahl an.

3) In diesem Sinne äußert sich auch Bluntschli Allgemeines Staatsrecht Buch VI. Cap. 16.

und der anderen staatlichen Einrichtungen erforderlich sind. In so fern nun der Staat nur das als Einheit organisirte Volk, jeder Einzelne also ein Glied des Ganzen ist und sich als solches fühlen muß: so ist die Existenz des Ganzen auch die der Einzelnen, und es müssen daher die zu Jener erforderlichen Mittel nöthigenfalls von Diesen aufgebracht werden. Hierauf beruht das Recht der Staatsgewalt zur Besteuerung, und die Pflicht der Unterthanen, sich derselben zu unterwerfen. Diese ist also nicht aus der Vergeltung der Vortheile, die der Einzelne vom Staate hat, herzuleiten, sondern dieses gehört einem niederen Standpunkte der Auffassung an [1]). Die Begründung des Rechts der Besteuerung durch das angebliche Staatsobereigenthum ist aber eine bedenkliche und veraltete Vorstellung.

379. Aus dem Begriff der Besteuerung folgt, daß dieselbe eine allgemeine und möglichst gleichmäßige sein muß. Eine Ausnahme ist nur da gerechtfertigt, wo eine Person oder ein Stand dem Staate unmittelbar Dienste leistet, wovon Andere wegen ihrer Abgaben befreit sind, wie dieses im Mittelalter bei der Ritterschaft der Fall war; oder wo ein Vermögen ohnehin zu öffentlichen Zwecken dient, wie das der milden Stiftungen. Was aber die Ausführung jenes Grundsatzes, das System der Besteuerung, betrifft, so ist dieses eine tief in die bürgerlichen Zustände eingreifende, und daher verwickelte Frage, wobei man sich vor zu unbedingten Theorien hüten muß. Es kommt dabei auf die Verbindung von drei Gesichtspunkten an: daß Jeder nach dem Maß seiner wirklichen Steuerkraft besteuert werde; daß die Entrichtung für ihn möglichst schonend und unmerklich, und daß die Erhebung für den Staat möglichst leicht und sicher sei. Da es sich um jährlich wiederkehrende Abgaben handelt, so hängt natürlich die Steuerkraft vor Allem von dem Maß der jährlichen Einkünfte

1) So sagen auch Stahl Philosophie des Rechts II, 2. §. 161 (121)., Taparelli Naturrecht II. §. 1176. 1177., Bluntschli Allgemeines Staatsrecht Buch X. Cap. 5., Trendelenburg Naturrecht §. 159.

eines Jeden ab [1]). Es frägt sich nur, wie man dieselben zur Besteuerung heranziehe? Dazu ist ein zwiefacher Weg denkbar: entweder direct, indem man die Einkünfte ermittelt und nach Verhältniß besteuert; oder indirect dadurch, daß die Artikel besteuert werden, wozu man die Einkünfte verbraucht. Das Erste scheint abstract genommen der Gerechtigkeit am Meisten zu entsprechen. Dennoch stehen große Bedenklichkeiten und Schwierigkeiten entgegen. Erstens ist um die Einkünfte genau zu ermitteln, eine staatliche Einsicht und Controle der Privatvermögen nöthig, welche nur auf Unkosten der bürgerlichen Freiheit, und selbst dann nicht vollständig, zu erreichen ist. Zweitens ist das Maß der Einkünfte, namentlich bei Kaufleuten und Handwerkern, von Jahr zu Jahr wechselnd und von mancherlei Zufälligkeiten abhängig. Drittens müßte, um gerecht zu sein, nicht blos das Einkommen, sondern auch die Zahl der Familienglieder in Anschlag gebracht werden,

1) Stahl betrachtet als den eigenthümlichen Gegenstand der Besteuerung das Socialvermögen. „Es giebt nämlich, sagt er, ein Nationalvermögen oder sociales Vermögen, das nicht Summe des Vermögens der Einzelnen ist, sondern nur im Ganzen besteht, das ursprünglich und allein der Societät ist als ein ungesondertes aber auch ungebildetes, zum Theil als bloße Möglichkeit des bestimmten Vermögens, das erst zum Vermögen der gesonderten Einzelnen wird und in ihrem Besitz erst bestimmte Gestalt erhält. Dieß ist die Möglichkeit des Vermögenserwerbs und des Vermögensgenusses, die eben nur in der Societät liegt." Denn, so fügt er erläuternd hinzu, die Möglichkeit des Vermögenserwerbs, das ist die Möglichkeit, allgemeine Vermögenswerthe zu erwerben, sei offenbar ein sociales Vermögen; nicht der Einzelne habe sie, sondern nur die Gemeinschaft und gewähre sie dem Einzelnen. Eben so sei auch die Möglichkeit des Vermögensgenusses, das ist durch sein erworbenes Vermögen, durch den Geldeswerth, die besondere Befriedigung zu erhalten, ein sociales Vermögen. „Auch diese gewähre nur die Gemeinschaft dem Einzelnen." Offenbar geschraubt und willkürlich ist aber bei dieser Auffassung, daß man die aus der Societät für den Einzelnen fließenden Vortheile, die doch nur eine „Möglichkeit" sind, ein „Vermögen" nennt. Auch führt dieses auf die von Stahl selbst verworfene Ansicht zurück, der Einzelne zahle an den Staat Steuern wegen der Vortheile, die er vom Staate hat. Bluntschli nennt daher diese Auffassung mit Recht eine Fiction, die der Kritik der Jurisprudenz nicht Stand halte.

was wegen des steten Wechsels schwer ausführbar ist. Viertens ist die Entrichtung dieser Steuer eine sehr fühlbare, und bei stokkenden Einnahmen drückend. Aus diesen und anderen Gründen ist es gewiß, daß die ganze Besteuerung blos auf die Einkommensteuer zu gründen, nicht ausführbar ist.

380. Die Verbrauchssteuern theilen sich nach ihrem Gegenstande in zwei Klassen. Die Eine begreift die Abgaben, welche von den im Inlande erzeugten Lebensbedürfnissen erhoben werden, vom Getreide, Vieh, Bier, Wein, Branntwein und Anderem. Der Producent zahlt hier die Steuer gleichsam vorschußweise, und erhält sie von den Consumenten in dem danach erhöhten Preise erstattet. Diese Art der Besteuerung hat für sich, daß der Besteuerte sie in dem täglichen Verzehr entrichtet, ohne daß er es erheblich merkt, und daß bei der Elasticität der menschlichen Bedürfnisse Jeder zum Theil in der Hand hat, wie viel er zur Steuer beitragen will. Sie hat aber auch mancherlei Bedenken gegen sich. Erstens sind vor Allem die zum Leben unentbehrlichen Artikel, Brod, Fleisch, von den Luxusartikeln zu unterscheiden, und jene nach Verhältniß geringer zu besteuern. Zweitens macht die Größe der Familien, Sparsamkeit und Geiz bei gleichem Einkommen doch die Ausgaben und daher den Beitrag zu diesen Steuern sehr ungleich. Drittens ist auf dem platten Lande die Erhebung derselben zum Theil sehr schwierig. Viertens wird durch diese Steuerform der Reiz der Defraudation geweckt, was auf die Moralität des Volkes nachtheilig wirkt und kostspielige Schutzmittel nöthig macht. Die zweite Klasse der Verbrauchssteuern sind die Zölle von den Artikeln, welche vom Auslande her eingeführt werden. Hier leistet der Einführende in dem Zoll den Vorschuß, den die mancherlei Hände, durch welche die Waare geht, beziehungsweise wiedererstatten, bis daß sie zuletzt an die Consumenten kommt. Diese Steuerart hat dieselben Vortheile und Nachtheile, wie die vorige; nur ist die Erhebung an den Gränzen eine leichtere. Es ergiebt sich daraus, daß auch die Verbrauchssteuer oder indirecte Einkommensteuer nicht, ohne ungerecht zu werden, zur ausschließlichen Form der Besteuerung gewählt werden darf.

381. Wenn nun aber weder die directe auf Abschätzung gegründete Einkommensteuer noch die indirecte als Verbrauchssteuer, wegen der damit verbundenen Zufälligkeiten und der daraus hervorgehenden Ungleichheiten, als alleinige Mittel zur Deckung des Staatsbedarfes gebraucht werden dürfen: so müssen daneben noch andere Formen der Besteuerung ausgedacht werden. Auch bei diesen sind die in der Natur der Sache liegenden beiden Grundsätze festzuhalten: daß sie nur vom Vermögen erhoben werden können, und daß dabei die möglichste Gleichmäßigkeit zu erzielen ist. Eine dieser Formen ist die Grundsteuer. Diese hat für sich, daß deren Object der genauesten Ermittlung und Abschätzung fähig ist. Auch bringt der Eigenthümer oder Pächter dieselbe bei dem Preise seiner Producte in Anschlag, so daß sie zum Theil indirect auf die Consumenten fällt. Dennoch kann man auch diese Form nicht zur alleinigen Art der Besteuerung wählen, weil der vom Producent zu machende Vorschuß ein zu großer und im Falle eines Mißjahres ein ganz unmöglicher wäre. Eine andere Form ist die Capitalsteuer, deren Object aber schwer zu ermitteln ist. Eine dritte Form ist die Gewerbsteuer. Hier wird also ganz besonders der Ertrag des persönlichen Fleißes besteuert, der aber schwer genau abzuschätzen ist. Uebrigens liegt auch in dieser Steuer zum Theil eine Verbrauchssteuer, insofern als der Gewerbtreibende dieselbe auf die Preise seiner Artikel schlägt. Es hängt also das Steuerwesen mit den bürgerlichen Zuständen genau zusammen, und wirkt von dem nächsten davon betroffenen Punkte auf ganz entfernte zurück. Man muß daher genau erwägen, auf wem in letzter Instanz die Last ruhen bleibt. Selbst ein fehlerhaftes Steuersystem rectificirt sich für die unteren Klassen und bürgert sich ein durch den Einfluß, den es stillschweigend auf die Größe des Taglohns ausübt. Es ist daher bei Aenderungen im Steuerwesen große Vorsicht nöthig, weil die Zeiten des Ueberganges die schwierigen sind.

382. Man hat zur Erhöhung der Staatseinnahmen und zur Erleichterung der unteren Klassen in Verbindung mit communistischen Ideen das System der progressiven Einkommensteuer

in Vorschlag gebracht, das heißt daß von einem gewissen Maß des Einkommens aufwärts Classen gebildet werden, für welche die Besteuerung nicht in gleichen Procenten des Einkommens sondern in stärkeren Proportionen steige. Dieses hat scheinbar für sich, daß über eine gewisse Gränze hinaus das Einkommen in steigendem Verhältniß immer mehr Luxus und Ueberfluß werde, also auch in steigendem Maßstabe besteuert werden dürfe. Allein dawider reden folgende Gründe. Erstens ist es willkürlich und despotisch, von oben herab die Gränzen zu bestimmen, wo das Bedürfniß aufhört und das Uebermaß anfängt; dieses ist wegen der Elasticität der menschlichen Bedürfnisse und wegen der an ein großes Vermögen geknüpften socialen Stellung und steigenden Anforderungen nicht thunlich. Zweitens reizt das kolossale Vermögen zu großartigen Unternehmungen, die auch dem Allgemeinen zu Gute kommen, und wozu man die Neigung durch eine ungleiche Besteuerung nicht lähmen soll. Drittens ist diese Ungleichheit mehr oder weniger ein Eingriff in das Privatrecht, indem dasjenige, was eine besondere Gabe des Glückes, des Fleißes oder des Talentes ist, nicht deshalb ein Object ist, worüber die Staatsgewalt in besonderer Weise zu verfügen das Recht hat [1]). Es bleibt als besondere Besteuerung des Reichthums nur die Besteuerung der Luxusartikel übrig, und auch diese ist mit Maß einzurichten, damit sie nicht nachtheilig auf die Consumtion und dadurch auf die Production selbst zurückwirke.

β) Andere Quellen der öffentlichen Einkünfte.

383. Die großen Bedürfnisse eines Staates machen es nothwendig, außer den regelmäßigen Steuern noch andere Einnahmequellen zu schaffen. Es muß dabei die Aufgabe sein, solche zu wählen, die durch einen inneren Grund gerechtfertigt sind. Dahin gehören zunächst die Gebühren und Gefälle, welche bei Gelegen-

---

1) Bluntschli erkennt neben den für die progressive Einkommensteuer sprechenden Gründen auch die Bedenken dawider an. Taparelli Naturrecht II. §. 1178. scheint derselben unbedingt das Wort zu reden.

heit öffentlicher Functionen von den Privatpersonen zu entrichten sind, welche diese Functionen lediglich in ihrem Privatinteresse nachgesucht haben, wie die Gerichtsgebühren, die Gebühren für Anstellungspatente, Dispensationen und andere Gnadenacte, für die Eintragung in die Hypothekenbücher, für die Legalisirung von Testamenten, für die Ausfertigung von Zeugnissen und dergleichen. Solche Gebühren stehen nicht unter dem Gesichtspunkt von Steuern sondern einer Gegenleistung. Diese ist jedoch nicht so aufzufassen, als ob sie für die öffentliche Function selbst gegeben würde; denn diese, insbesondere die Rechtsprechung, muß als durchaus unentgeltlich gedacht werden; sie ist nur ein billiger Beitrag zu den Unkosten, die für den Staat aus der Anstellung des zu jenen Functionen nöthigen Personals entstehen. Nothwendig ist aber, daß diese Gegenleistung durch eine Taxe fixirt und auch in eine würdige Form der Entrichtung gebracht sei, wozu sich die Form der Stempelabgabe vorzüglich eignet. Diesen Gebühren äußerlich ähnlich, allein der Sache nach eine wirkliche Steuer ist die nach Procenten des Werthes bestimmte Abgabe, welche bei Eigenthumsveränderungen von Grundstücken zu entrichten ist. Bei den Lehngütern und verliehenen Bauerngütern kam ein solches Laudemium als Anerkennung des Obereigenthums und als Vergeltung der neuen Verleihung vor. Dieses paßt aber hier nicht, weil der Staat nicht Obereigenthümer ist. Die den Verkehr nicht unerheblich belastende Abgabe ist daher eine fiscalische Erfindung, wofür sich kein Grund anführen läßt, als daß sie viel einbringt [1]). Verwandt damit ist die Erbschaftsteuer; doch läßt sich diese, wenn sie nur auf entferntere Verwandten beschränkt wird, eher rechtfertigen.

384. Zu Quellen der öffentlichen Einkünfte eignen sich ferner solche Sachen, die auf der Gränze zwischen dem Privatrecht und dem öffentlichen Rechte liegen, und dadurch eine besondere Einwirkung der Staatsgewalt in der einen oder der anderen Richtung möglich oder nothwendig machen [1]). Dazu gehören zunächst

---

1) So urtheilt auch Bluntschli Allgemeines Staatsrecht Buch X. Cap. 4.

1) Man sehe darüber §. 163.

die öffentlichen Gewässer. Diese sind an sich dem gemeinen Gebrauche bestimmt. Allein die Nothwendigkeit denselben von Seiten der Staatsgewalt im Interesse Aller zu beaufsichtigen und zu regeln, rechtfertigt es, von denjenigen, denen diese Benutzung besonderen Vortheil bringt, auch eine besondere Abgabe zu erheben. Man hat diese fiscalische Seite unter dem Namen des Wasserregals ausgebildet. Zweitens die Mineralien und anderen Bodenschätze. Der leitende Gesichtspunkt dabei ist der, die vollständige Gewinnung derselben, unbehindert vom Eigenthümer der Oberfläche, zu ermöglichen. Dazu ist ein zwiefacher Weg denkbar. Entweder wird der Staatsregierung das alleinige Occupationsrecht der Bodenschätze in dem Staatsgebiet beigelegt, welches sie durch Verleihung an Privaten gegen gewisse Garantien überträgt; dieses wird unter dem Bergregal verstanden. Oder das Gesetz giebt Jedem, der darum nachsucht, unmittelbar dieses Occupationsrecht innerhalb des ihm angewiesenen Reviers. In beiden Fällen ist eine Abgabe vom Ertrage gerechtfertigt. Drittens die wilden Thiere. Dabei sind nach der Natur der Sache zwei Gesichtspunkte maßgebend. Erstens, daß das Jagdrecht nur über einen größeren zusammenhängenden Bezirk von reeller Bedeutung ist; und zweitens, daß die Ausübung der Jagd durch Jeden auf seinem Grundeigenthum bald zur Zerstörung alles Wildes führen würde. Man hat daher das Jagdrecht über das ganze Staatsgebiet als Regal dem Fiscus beigelegt, der es gegen eine Abgabe an Privaten weiter verleiht. In der neuesten Gesetzgebung hat man aber zur Erreichung jener Zwecke einen anderen Weg eingeschlagen, wodurch jene Abgabe an den Fiscus weggefallen ist[2]). In analoger Weise können gewisse Gewerbe, welche im gemeinnützigen Interesse eine besondere Beaufsichtigung verlangen, oder welche dem Luxus der großen Massen dienen, zu einer Quelle der Staatseinkünfte gemacht werden, entweder indem darauf gegen eine Abgabe Concession ertheilt wird, wie beim Salz- und Tabaksdebit, bei der

2) Dieses ist nach seinen rationellen Gründen beleuchtet in meinem Deutschen Privatrecht §. 185.

Fabrication der Spielkarten; oder indem das Gewerbe zu einer unmittelbaren Staatsanstalt gemacht ist, wie bei der Brief- und Fahrpost, den öffentlichen Telegraphen, der Staatslotterie.

385. Die natürlichste Quelle der öffentlichen Einkünfte bildet aber immer der Ertrag des Staatsvermögens, wo ein solches besteht; die Steuern sind nur als das Subsidiäre zu betrachten. Ein gewisses Vermögen hat und bedarf jeder Staat in den Gegenständen, die nicht durch ihren Ertrag, sondern unmittelbar durch ihren Gebrauch den Zwecken des Staates dienen, wie die öffentlichen Gebäude, Anstalten, Sammlungen. Es gehört zur Würde des Staates, daß diese sich durch Geschmack, Ordnung und Reinlichkeit auszeichnen. Verschieden davon ist das Vermögen, welches nur mittelbar durch die daraus zu ziehenden Einkünfte den Zwecken des Staates dient. Dieses sind die Domänen. Solche gewähren dem Staate, der sie in hinreichender Masse besitzt, eine große Sicherheit und Festigkeit und andere Vortheile, namentlich zur unabhängigen Dotation der Krone und zur Einwirkung auf den Geist der ländlichen Bevölkerung. Sie sind daher, wo sie noch bestehen, als ein den Staat gegen Wechselfälle sicherndes und für die nachfolgenden Geschlechter anvertrautes Gut zu erhalten [1]).

b) Von der Feststellung des Staatshaushaltes.

386. Die Steigerung der Staatsbedürfnisse und die davon unzertrennliche Vermehrung der Steuerlast machen für den Staat eine sehr genaue Ordnung seines Haushaltes nothwendig. Es kommt dabei, wie bei jedem Privatmann, auf das richtige Verhältniß zwischen den Ausgaben und Einnahmen an. Bei den Ausgaben kann jedoch nicht das schlechthin Nothwendige allein das Maßgebende sein. Die Würde, die Machtstellung des Staates, die Pflege der gemeinnützigen Interessen führen ihm stets neue Aufgaben zu, deren Lösung er sich nicht entziehen kann. Eben so ist die Steuerkraft einer größeren und geringeren Anspannung fähig, was sich nicht grade nach Zahlen abschätzen läßt, schon

---

1) Gut äußert sich in diesem Sinne auch Trendelenburg Naturrecht §. 160.

deswegen nicht, weil selbst die Steuern richtig verwendet die Vermögenscirculation und den Nationalwohlstand vermehren helfen. Die Staatsregierung muß daher bei der Feststellung der Ausgaben und Einnahmen mit Umsicht aber auch mit einer gewissen Freiheit zu Werke gehen. Um eine klare Einsicht zu gewinnen, ist eine gewisse Specialisirung unentbehrlich, was das Recht nicht ausschließt, die bei dem einen Posten gemachten Ersparnisse für einen Anderen zu verwenden.

387. Wo eine Volksvertretung besteht, schließt sich deren Thätigkeit an das Gesagte an[1]). Früher, wo der Staatsbedarf weit geringer und die Einkünfte der Kammer durch die Kammergüter und andere Gefälle fest gesichert waren, erstreckte sich das Recht der Landstände nur auf die Bewilligung neuer Steuern zu genau bestimmten Zwecken. Jetzt paßt aber diese Entgegenstellung zu dem fortgeschrittenen Begriffe vom Staate als einer organischen Einheit nicht mehr[2]). Es steht daher der Volksvertretung die Einsicht und Prüfung des ganzen Staatshaushaltsetats nach seinen einzelnen Posten zu, worin von selbst das Recht enthalten ist, unter Nachweisung zureichender Gründe die Ermäßigung einzelner Ausgabeposten zu verlangen. Bei der Ausübung dieses Rechts sind jedoch folgende Regeln festzuhalten. Erstens muß die Volksvertretung auf die Regierung vertrauen und deren Vorschläge nicht engherzig verkürzen oder verwerfen, da dieselbe auf ihrem Standpunkte das, was zum Regieren gehört, besser zu würdigen weiß. Zweitens dürfen der Regierung die Mittel zu eingegangenen Verpflichtungen nicht vorenthalten werden. Drittens muß sich die Prüfung strenge nur an die Sache halten, und es dürfen in dieselben keine fremdartigen Motive, als Mißliebigkeit der Regierung und dergleichen, eingemischt werden. Aus diesem Allem ergiebt sich auch, daß von einem Steuerbewilligungs- oder Steuerverweigerungsrecht im alten Sinne nicht mehr die Rede sein darf[3]).

---

1) Man sehe oben §. 334.

2) So bemerkt gut Stahl Philosophie des Rechts II, 2. §. 104 (90).

3) Dahlmann Politik §. 171. „Von Steuerbewilligung im Sinne des

c) Von den Staatsschulden.

388. Die regelmäßigen Ausgaben eines Staates müssen so eingerichtet sein, daß sie mit Beihülfe der Abgaben nach Maßgabe der Steuerkraft des Landes bestritten werden können. Wenn jedoch ungewöhnliche Ausgaben erforderlich sind, so ist die Regierung nicht nur berechtigt, sondern selbst verpflichtet, sich durch Contrahirung einer Staatsschuld zu helfen, damit die Last nicht lediglich auf die gegenwärtige Generation falle. Dieses ereignet sich in drei Fällen. Erstens in Folge einer eingetretenen unabwendbaren Noth, wie zur Führung eines Krieges. Hier rechtfertigt sich das Gesagte durch die zwischen dem Staate der Gegenwart und dem der Zukunft bestehende Einheit und Solidarität. Zweitens zur Ausführung großer gemeinnütziger Unternehmungen, deren Vortheile auch den nachfolgenden Geschlechtern zu Gute kommen. Drittens zu großen der Staatscasse direct Gewinn bringenden Unternehmungen. In diesem Falle sind jedoch zwei Beschränkungen zu beobachten: daß der Gewinn der Speculation ein gesicherter sei, und daß die Zinsen der Anleihe von dem übrigen Staatshaushalte ganz getrennt lediglich aus dem Gewinn bestritten werden. Im letzten Falle ist auch immer, in den beiden ersten Fällen wo möglich, auf die successive Tilgung der Staatsschuld aus Ersparnissen Bedacht zu nehmen, und zu diesem Zwecke ein besonderer Amortisationsfond zu stiften. Durch die Pünktlichkeit der Zinszahlung kann allerdings der Credit eines Staates sich so halten, daß er mit Leichtigkeit immer von Neuem geliehen erhält; für die Privaten

---

Mittelalters kann gar nicht mehr die Rede sein, denn der Staat kann keinen Tag ohne Steuern bestehen; es hieße, den Staat bewilligen." — Bluntschli Allgemeines Staatsrecht Buch V. Cap. 12 (11). „Es ist klar, daß das Unterhaus, wenn es die Macht, die Steuern zu bewilligen oder zu versagen, völlig rücksichtslos und unbeschränkt ausüben darf, es eben damit auch die Macht besitzt, alle anderen Gewalten im Staate sich unterzuordnen und so die ganze Verfassung umzustürzen." In demselben Sinne äußert sich Stahl Philosophie des Rechts II, 2. §. 104 (93)., Trendelenburg Naturrecht §. 208.

kann dieses als eine bequeme Art der Geldspeculation oder der Anlegung ihrer Kapitalien erscheinen, und für den Staat selbst ist es in so fern vortheilhaft, als dadurch eine große Zahl von Personen für seine Existenz besonders interessirt werden. Da jedoch mit der neuen Schuld die Zinsenlast und dadurch die Steuerlast wächst: so ist es klar, daß Jenes doch eine Gränze haben muß. Auch entstehen aus der Anhäufung der Staatsschulden für die Privaten bei einer eintretenden Krisis die größten Calamitäten und auch für die Staaten, indem die große Speculation sich unvermeidlich dieses Gegenstandes bemächtigt, eine drückende Abhängigkeit von der dadurch herauf beschworenen kolossalen Geldmacht. Es gehört daher zur guten Staatsführung, die Vermehrung der bestehenden Staatsschulden möglichst zu vermeiden, auf deren Verminderung möglichst Bedacht zu sein.

D) Thätigkeit der Regierung. 1) Allgemeine Formen derselben.
a) Die Gesetzgebung.

389. Die Erfüllung der in den Staat von der Natur gelegten Aufgaben, so weit die menschliche Kunst und Absicht dazu mitwirken kann[1]), setzt die darauf zu richtende Thätigkeit der Organe der Staatsgewalt voraus. Bei dieser Thätigkeit sind zwei Gesichtspunkte zu unterscheiden: die allgemeinen Formen und die Gegenstände derselben. Der Form nach theilt sich dieselbe in zwei Arten: in die Gesetzgebung und in die Handhabung und Anwendung der Gesetze oder die Verwaltung, was man auch die executive Gewalt im weiteren Sinne nennt. In beiden Richtungen ist zu einer guten Staatsführung eine berathende Thätigkeit unerläßlich; diese kann und muß sogar durch besondere Organe vertreten sein[2]). Es ist jedoch irrig, daraus unter dem Namen der Deliberativgewalt eine besondere Art der Staatsgewalt zu machen[3]). Sie ist keine verwaltende, sondern nur eine vorbereitende Thätigkeit.

1) Man vergleiche darüber das in den §. 43. 46. Gesagte.
2) Man sehe §. 305. 306.
3) So thut Taparelli Naturrecht II. §. 1049. 1064—1073.

390. Die Gesetzgebung umfaßt alles dasjenige, was bei der Feststellung und Entwicklung der Staats- und Rechtsordnung durch bewußte absichtliche Veranstaltung geschehen kann und muß [1]). Unter sie fällt daher erstens Alles, was die Ordnung, Thätigkeit und Wohlfahrt des Staates als Ganzes angeht, was zusammen das öffentliche Recht ausmacht: also die Grundgesetze der Verfassung, in so weit zu deren Gründung und Ausbau eine urkundliche Festsetzung nöthig ist; ferner die organischen Gesetze, wodurch einzelne Theile der Verfassung näher ausgebildet werden; endlich die Gesetze über die einzelnen Verwaltungszweige, öffentlichen Einrichtungen und Anstalten, als die Rechtspflege, das Kirchen- und Schulwesen, das Militär- und Finanzwesen, die Polizei in ihren verschiedenen Anwendungen. Zweitens gehört unter die Gesetzgebung dasjenige, wodurch die Rechte der Einzelnen zu einander bestimmt werden, das Privatrecht [2]). In der durch die Gesetze festgestellten Ordnung, und darin allein, beruht der Staat als vernünftiger sittlicher Organismus mit seiner die Willen der Einzelnen beherrschenden Macht. Um dieses zu erreichen muß also die Gesetzgebung überall von dem Streben nach dem Vernünftigen erfüllt sein [3]). Zur Vernünftigkeit eines Gesetzes gehört aber, daß es gerecht oder sittlich gut, nützlich und in Bezug auf die Mittel der Ausführung passend sei [4]). Der Gesetzgeber muß daher neben dem, was ihm sein durch Nachdenken und Erfahrung gebildeter Verstand als das Gute, Gerechte und Nützliche an die Hand giebt, wesentlich auch die Möglichkeit der Verwirklichung in Betracht ziehen [5]). Er muß sich bewußt sein, daß er nie auf einem ganz unabhängigen Boden steht, wo er blos nach seinem Willen verfahren könnte. Die gegebenen Zustände, die Sitten, der Geist der Nation setzen ihm überall unsichtbare Schranken entgegen, und und zwar grade um so mehr, je roher und daher geistig unbe-

---

1) Man sehe darüber §. 66. 67.

2) Ueber dessen Charakter sehe man §. 61. 62. 63.

3) Gut spricht darüber Trendelenburg Naturrecht §. 186.

4) Näher entwickelt ist dieses von Taparelli Naturrecht II. §. 1075—1085.

5) Man vergleiche dazu das im §. 20. Gesagte.

weglicher sein Volk ist. Seine Aufgabe muß daher die sein, zunächst von dem Vorhandenen ausgehend die darin fühlbar werdenden Mängel zu verbessern, und mit dem Bedürfniß, der fortschreitenden Bildung und dem nationalen Bewußtsein gleichen Schritt haltend die Verfassung und das Recht ihrer relativen Vollendung immer mehr entgegen zu führen. Was man von den großen Gesetzgebern des Alterthums und ihren Erfindungen sagt, beruht zum Theil auf einer irrigen Anschauung. Ihre Kunst bestand vielmehr darin, in dem Kampfe zwischen dem Alten und Neuen und in den dadurch herbeigeführten inneren Krisen das Recht des Gewordenen und das Recht des Werdenden in der richtigen Weise zu vermitteln.

391. Sowohl das Freiheitsgefühl als die Entwicklung des politischen Lebens drängen darauf hin, daß zur Gesetzgebung die Mitwirkung der Volksvertretung nothwendig sei [1]). Dadurch wird eben so sehr die Uebereinstimmung des Gesetzes mit den herrschenden Bedürfnissen und Ansichten verbürgt, als dessen Ansehen und die Bereitwilligkeit seiner Befolgung erhöht. Für die reife und vielseitige Erwägung bietet die Unterscheidung der Volksvertretung in zwei Kammern eine fast unentbehrliche Gewährleistung dar [2]). In einer solchen Verfassung ist also zu einem Gesetze die Uebereinstimmung der Krone mit beiden Kammern wesentlich, und jeder dieser drei Factoren kann durch seine Nichtzustimmung das zu Stande Kommen des Gesetzes hindern; vor Allem also auch der König, weil er sonst ein geringeres Recht hätte, als jeder der beiden anderen Factoren, und nur der Diener ihres Willens wäre [3]). Aber nicht blos die Entscheidung sondern auch die Anregung zu neuen Gesetzen durch eine an die Regierung gerichtete Empfehlung muß der Volksvertretung zustehen, weil ihr das Bedürfniß dazu in besonderer Weise fühlbar werden kann. Die Aus-

---

1) Man sehe oben §. 334.

2) Gut entwickelt dieses Trendelenburg Naturrecht §. 186.

3) Das königliche Veto muß also nicht blos aufschiebend, sondern von unbedingter Gültigkeit sein. So Dahlmann Politik §. 120.

arbeitung des vorzulegenden Gesetzesentwurfes selbst, was man die Initiative im engeren Sinne nennt, wird aber am Besten der Regierung überlassen, weil bei dieser das Uebergewicht der dazu nöthigen Erfahrung und wissenschaftlichen Kräfte ist[4]). Es muß dann für Diese Ehrensache sein, den Entwurf in Form und Inhalt so vollendet vorzulegen, daß er möglichst wenigen Ausstellungen ausgesetzt ist, wozu die vorherige Discussion in einem Staatsrathe wesentlich beitragen wird[5]). Zur Vorberathung und Berichterstattung über den von der Regierung vorgelegten oder zu dem etwa von der Kammer selbst auszuarbeitenden Entwurf muß in dieser eine Commission aus sachkundigen Männern niedergesetzt werden. Das Recht der Einzelnen bei der Berathung im Plenum Verbesserungsvorschläge zu machen, kann zwar zur Vollkommenheit des Gesetzes beitragen; jedoch führt es auch leicht zu zeitraubenden Discussionen und zu nicht genug durchdachten Abänderungen, welche die Einheit des ganzen Gesetzes stören; es muß daher jedenfalls mit Maß und Umsicht ausgeübt werden. Der von den Kammern genehmigte Entwurf wird durch die königliche Sanction zum Gesetz und durch die auf den Grund derselben von der Regierung zu geschehenden Promulgation oder Publication für die Unterthanen verbindlich. Daß ein nicht auf verfassungsmäßigem Wege entstandenes Gesetz von den Behörden nicht beachtet

4) Mit Recht sagt Trendelenburg Naturrecht §. 181. „Es kann in den Theilen, welche in gesetzgebenden Versammlungen vertreten sind, das Bedürfniß eines Gesetzes lebendiger gefühlt werden, als im Centrum, aber die abwägende Ausgleichung der Theile gegen einander bleibt der Regierung, der im Mittelpunkt wie in stiller Gleichheit schwebenden Vernunft des Ganzen, aufbehalten. In dem Willen der Gesetzgebung ist vornehmlich die Regierung die erfahrene Vernunft." — Sonderbarer Weise hat in England grade die Krone das Recht der Initiative nicht, angeblich um dieselbe nicht in den Kampf der Parteien zu ziehen. Allein der Sache nach werden die Entwüfe insgemein im Ministerium ausgearbeitet und als Motion durch ein befreundetes Parlamentsglied eingebracht, Bluntschli Allgemeines Staatsrecht Buch V. Cap. 10 (9).

5) Man sehe §. 305.

zu werden braucht, versteht sich von selbst, weil es schon seiner Form nach kein Gesetz ist. Ob aber ein in der verfassungsmäßigen Form zu Wege gebrachtes Gesetz wegen seines verfassungswidrigen Inhaltes von den Gerichten als nicht vorhanden behandelt werden dürfe, ist aus überwiegenden Gründen zu verneinen, weil die Einheit des staatlichen Organismus und seiner Thätigkeit gestört würde, wenn der einzelne Richter nach seiner subjectiven Meinungsverschiedenheit sich der höheren Autorität des Gesetzgebers entziehen dürfte [6]).

b) Die Verwaltung.

392. Die Verwaltung im weiteren Sinne begreift die gesammte Thätigkeit der Regierung, welche sich auf die Anwendung der Gesetze und die Handhabung der danach gebildeten Ordnung bezieht. Dazu gehört vor Allem die Erledigung der täglichen in bunter Mannichfaltigkeit sich darbietenden und wiederholenden Aufgaben des öffentlichen Dienstes, was man die Verwaltung im engeren Sinne nennt. Dieselbe geschieht je nach den verschiedenen Zweigen durch die denselben entsprechenden Beamten [1]). Sie enthält nothwendig zwei Attribute. Erstens hat der Beamte das in dem gegebenen Falle Erforderliche durch Gebot oder Verbot anzuordnen; zweitens muß seiner Anordnung auch die Möglichkeit zur Seite stehen, derselben gegen Ungehorsam oder Widerspruch nöthigenfalls mit Gewalt Folgsamkeit zu erzwingen. Dieses Letztere bildet die Executivgewalt im engeren und eigentlichen Sinne. Die möglichen Mittel derselben sind Beschlagnahme des Vermögens und Zwangsmittel gegen die Person durch Einsperrung oder gar körperliche Züchtigung. Dieses ist also die Seite der öffentlichen Gewalt, welche mit den Individuen am unmittelbarsten in Berührung kommt, wo also durch Willkür oder Rohheit der

---

6) Näher ausgeführt ist dieses von Stahl Philosophie des Rechts II, 2. §. 180. 181 (138. 139). Im Wesentlichen übereinstimmend ist Bluntschli Allgemeines Staatsrecht Buch V. Cap. 16 (15).

1) Darüber sehe man oben §. 307.

Beamten die persönliche Freiheit am Leichtesten verletzt wird. Zur Sicherstellung derselben ist daher die Art und das Maß der einer Verwaltungsbehörde zustehenden Zwangsmittel durch das Gesetz festzustellen; oder es wird die Executivgewalt den Verwaltungsbehörden ganz entzogen, so daß sie gegen den Ungehorsamen die Hülfe der Gerichte und deren Zwangsmittel anrufen müssen. Doch sind dann für die Fälle Ausnahmen zu machen, wo das Interesse des öffentlichen Dienstes augenblickliche Folgeleistung verlangt.

393. Die Anwendung der Gesetze oder die Verwaltung im weiteren Sinne begreift wesentlich auch die Macht, die Rechtsstreitigkeiten unter Privaten zu entscheiden und die Verletzungen der Gesetze durch Strafe zu ahnden, also die richterliche und die Strafgewalt. Der Unterschied von der übrigen Verwaltung ist jedoch der, daß es dort nur darauf ankommt, das bestehende Recht auszusprechen und das gestörte Recht herzustellen, während die Verwaltung es vorherrschend mit der Regelung factischer Verhältnisse zu thun hat, und dazu auch mit einer gewissen Herrschaft (imperium), das heißt mit dem Recht nach eigenem Ermessen Anordnungen zu treffen und Machtbefehle zu erlassen, versehen sein muß. Hierauf beruht der Gegensatz zwischen der Justiz und der Verwaltung im engeren Sinne, den auch in dem Organismus der Aemter durchzuführen die Neuzeit im Interesse der bürgerlichen Freiheit für nützlich erachtet hat, weil in der That der Geist der Verwaltung in beiden Zweigen ein verschiedener ist [1]. Es können aber bei dieser Scheidung zwischen der Verwaltung und den Rechten der Einzelnen Conflicte entstehen, wobei es zweifelhaft ist, ob deren Lösung zur Competenz der Verwaltungsbehörden oder der Gerichte gehöre, zum Beispiel bei Entschädigungsansprüchen an den Staat, bei der Theilung der Gemeindegüter, bei den durch einen Beamten zugefügten Beschädigungen. Die öffentliche Meinung wird in der Entscheidung durch die Gerichte

1) Bei der römischen Magistratur bestand diese Scheidung nicht; jedoch war ihr imperium, soweit es die bürgerliche Freiheit bedrohte, durch Gesetze beschränkt.

immer eine größere Garantie der Unparteilichkeit erblicken. Jedoch darf diesem leicht einseitigen Gesichtspunkte nicht das wahre öffentliche Interesse untergeordnet werden. Es ist daher für den Staat wie für die Privaten von Wichtigkeit, solchen Conflicten durch umsichtige Gesetze möglichst vorzubeugen [2]), und für die Fälle, wo sie dennoch eintreten, zur Entscheidung der Competenzfrage eine in der gehörigen Weise zusammengesetzte Behörde anzuordnen.

394. Zur Verwaltung im weiteren Sinn gehört auch das Recht der Regierung, bindende allgemeine Verordnungen zu erlassen. In so fern diese sich blos auf die Ausführung der Gesetze beziehen, ist das Recht dazu klar. Eben so ist es andererseits gewiß, daß das Gebiet des Privatrechts nur durch eigentliche Gesetze, nicht durch bloße Verordnungen regulirt werden kann. Allein im übrigen Staatsleben giebt es Vieles, was gar nicht auf Gesetzen, sondern auf ungeschriebenen beweglichen Maximen beruht, oder wo das Gesetz doch nur die allgemeine Richtung zu bezeichnen vermag, die nähere Organisation aber dem Ermessen der Regierung überlassen sein muß. Hierzu muß dieser also das Recht zustehen, durch allgemeine Verordnungen einzugreifen und zu ergänzen. Die Gränze zwischen diesem Recht und der eigentlichen Gesetzgebung ist allerdings eine biegsame, wofür sich keine allgemeinen Regeln angeben lassen. Auf der einen Seite erfordert die kräftige Leitung und Entwicklung des Staatslebens jene Thätigkeit der Regierung nicht engherzig und mißtrauisch zu beschränken [1]); auf der anderen Seite darf dieselbe auch nicht zur Umgehung und Schwächung der Gesetzgebung mißbraucht werden [2]).

---

2) Den Versuch die Gränze zwischen der Rechtspflege und Verwaltung nach wissenschaftlichen Regeln zu bestimmen, machen Stahl Philosophie des Rechts II, 2. §. 173—179 (132—137)., Bluntschli Allgemeines Staatsrecht Buch VIII. Cap. 5.

1) Das ius edicendi der römischen Magistrate, dem Rom so Vieles verdankt, kann darin als Vorbild dienen.

2) In diesem Geiste äußern sich auch Stahl Philosophie des Rechts II, 2. §. 57 (55)., Bluntschli Allgemeines Staatsrecht Buch V. Cap. 9 (8)., Warnkönig in der oben (§. 113. Note 1) genannten Abhandlung S. 523., Trendelenburg Naturrecht §. 181.

395. Endlich erfordert die Anwendung der Gesetze und die Erhaltung der danach gebildeten Ordnung nothwendig die stete Aufsicht über alle Theile derselben, insbesondere über alle Zweige der öffentlichen Verwaltung. Die Regierung oder Verwaltung im weiteren Sinne schließt also auch das Recht der Oberaufsicht wesentlich in sich [1]). Es ist für die Güte der Verwaltung von der größten Wichtigkeit, daß diese Aufsicht in der gehörigen Weise organisirt sei. Als Mittel dazu dient regelmäßig schriftliche Berichterstattung der Unterbehörden an die höheren, was jedoch keineswegs zureichend ist. Weit eindringlicher, aber in der Ausführung schwieriger, sind Visitationen der Oberbeamten an Ort und Stelle, um sich durch eigene Anschauung von den Zuständen zu unterrichten; jedoch muß dann auch für wahrhafte unparteiische Männer gesorgt sein, die an Ort und Stelle auf ihr Gewissen Auskunft geben, wie dieses im fränkischen Reiche bei den Rundreisen der königlichen Sendboten der Fall war. Wesentlich nicht blos für die Wohlfahrt der Unterthanen, sondern auch für das monarchische Princip ist, daß auch das Oberaufsichtsrecht des Königs überall energisch hervortrete; daß er also schriftlich und mündlich leicht zugänglich sei, und den Beschwerden eine rasche, gerechte und unparteiische Berücksichtigung zu Theil werde.

2) Gegenstände der Regierung. a) Die höhere Staatsleitung.

396. Das Leben des Staates hat einen unerschöpflichen Inhalt; es ist in steter Bewegung und Entwicklung begriffen, und jeder Tag führt ihm neue Aufgaben zu. Man mag daher die Gewalten noch so sehr zergliedern und in besonderen Zweigen organisiren; es bleibt immer eine Gewalt und Thätigkeit zurück, die sich nicht erschöpfen, nicht in feste Gränzen binden läßt, sondern welche, den Blick auf das Große und Ganze gerichtet, dasselbe geistig leitet und beherrscht, dessen Erhaltung bewacht und

---

1) Es ist also incorrect, wenn man dieses Recht als eine besondere Art der Gewalt den anderen Gewalten coordinirt hat. So bemerkt mit Recht Warnkönig in der genannten Abhandlung S. 527.

dem gesammten Staatsleben den zu seiner gedeihlichen Entwicklung nöthigen Impuls giebt [1]). Diese Thätigkeit begreift zunächst dasjenige, was man die innere Politik nennen kann. Dazu gehört vor Allem die schwierige Aufgabe, die Entwicklung der Verfassung so zu leiten und zu beherrschen, daß einerseits den fortschreitenden Bedürfnissen genügt, andererseits der historische Grundcharakter und die überlieferten Grundmaximen des Staates bewahrt und gegen übereilte Neuerungen geschützt werden. Sie muß mit hellem Blick und unablässiger Wachsamkeit zwischen der Vergangenheit und Zukunft vermittelnd eintreten, unhaltbar gewordene Zustände mit möglichster Schonung der daran geknüpften Rechte umgestalten, und überhaupt den nothwendigen Reformen aus eigenem Antriebe entgegen kommen, um unbegründete Anforderungen um so entschiedener zurückzuweisen. Sie hat dazu die Gesetzgebung in Thätigkeit zu setzen und deren Geist mit Umsicht zu lenken. Sie sorgt für die Einheit und den Zusammenhang des Ganzen, für die nothwendige Verschmelzung und mögliche Erhaltung der provinziellen Eigenthümlichkeiten, für den dem Bildungszustande des Volkes angemessenen Geist der Verwaltung, wie viel davon an die Staatsbehörden zu ziehen oder der Selbstthätigkeit der Unterthanen zu überlassen ist. Sie giebt dem öffentlichen Geiste, der patriotischen Gesinnung, eine würdige Nahrung und Richtung, bestimmt den Geist der Volkserziehung, der Pflege der Wissenschaften, der Behandlung der Rede- und Preßfreiheit. Sie beaufsichtigt alle besonderen Thätigkeiten und Organe der staatlichen Verwaltung, hält dieselben im Einklang, löst die eintretenden Conflicte, und lenkt sie den durch das Wohl des Ganzen vorgezeichneten Bahnen zu. Endlich schließt sie in letzter Instanz die Fülle der Gewalt, aber auch die Verantwortlichkeit, für die Erhaltung des Staates in ihrer starken Hand, und muß davon in außerordentlichen Zeiten auch durch außerordentliche Mittel Gebrauch machen. Eben so große Aufgaben liegen dieser hohen Staatsleitung für die äußere Politik ob. Sie hat mit der größten Anstrengung und

---

1) Man sehe oben §. 284. 287.

Wachsamkeit für die angemessene Machtstellung des Staates zu sorgen, und dafür nicht blos im Inneren durch die Ausbildung einer tüchtigen Militärmacht, sondern auch nach Außen hin durch die würdige und kluge Benutzung völkerrechtlicher Relationen thätig zu sein. Allianzen, Handelsverträge, glanzvolle Expeditionen, wohlangebrachte Vermittlungsversuche, bieten dazu mannichfaltige Mittel dar. Insbesondere wird aber mit dem moralischen Ansehen, welches sich die Regierung eines Staates im In- und Auslande zu erwerben weiß, auch die Machtstellung desselben erhöht werden. Diese gesammte höhere Staatsleitung ist aber ein Gebiet, welches über die gewöhnliche Verwaltungskunst hinausgeht, und wodurch sich das Talent großer Staatsmänner oder großer Fürsten zu bewähren hat.

b) Die bürgerliche Rechtspflege. α) Begründung derselben.

397. Die sittliche Ordnung, deren Ausdruck und Verwirklichung der Staat ist, schließt den Begriff der Gerechtigkeit wesentlich in sich. Der Staat ist vor Allem eine Rechtsordnung, und er ist dieses dadurch, daß sich die Idee des Gerechten je nach dem fortschreitenden Bewußtsein in den Sitten, Gesetzen und Einrichtungen desselben kund giebt und befestigt[1]). Das bloße Setzen dieser Rechtsordnung genügt aber nicht; sie muß auch eine Macht sein, welche den Willen und die Freiheit der Einzelnen beherrscht, und welche von demjenigen, dessen Recht durch einen Anderen verletzt wurde, gegen diesen zur Herstellung des Rechts wirksam angerufen werden kann. Die hierauf bezügliche öffentliche Thätigkeit bildet die bürgerliche Rechtspflege. Diese ist ein wesentliches Stück des Staatsgewalt, weil sich dadurch allein der Begriff des Staates als einer Rechtsordnung wider die aus der menschlichen Freiheit entspringenden Gebrechen der Gesellschaft behauptet und realisirt[2]).

1) Man sehe §. 58. 59. 64—68. 390.

2) W. von Humboldt Ideen (Werke VII. 132) leitet die Rechtspflege aus der Nothwendigkeit der Uebertragung aller eigenmächtigen Verfolgung des Rechts von den Einzelnen an den Staat ab. Dieses zeigt den niederen Standpunkt, wozu selbst ein großer Denker von der Flachheit der in seiner Zeit gangbaren Rechtsphilosophie herabgezogen wurde.

Sie ist dasjenige, wodurch den Einzelnen die Unentbehrlichkeit und Wohlthat der sie im Staate umgebenden Rechtsordnung vor Allem fühlbar gemacht wird. Daraus ergiebt sich zweierlei. Erstens, daß die Anrufung der Rechtspflege zu den Grundrechten eines Staatsangehörigen gehört, weil sich nur dadurch für ihn der bürgerliche Rechtsschutz verwirklicht. Es gehört daher zur Pflicht der Staatsgewalt, Jedem auch dem Aermsten die Betretung des Rechtsweges möglich zu machen und zu erleichtern. Zweitens, daß Jeder, der auf jene Wohlthat für sich Anspruch macht, sie auch den Anderen zugeben muß, und also verpflichtet ist, Jedem vor Gericht Rede zu stehen. Hierauf beruhen die Maßregeln, welche gegen denjenigen, der sich der Klage nicht stellt, unter dem Gesichtspunkte gerechtfertigt sind, daß durch das Versäumniß des Beklagten die Rechte des Klägers nicht beeinträchtigt werden dürfen.

β) Organe der Rechtspflege.

398. Die Rechtspflege bedarf wie jede Thätigkeit der Staatsgewalt zu ihrer Handhabung bestimmter Organe. Diese sind die Gerichte. Die ihnen zu jenem Zwecke zustehende Gewalt heißt die Gerichtsbarkeit oder Jurisdiction. Dieselbe ist, wie gezeigt worden, ein wesentlicher Bestandtheil und Ausfluß der Staatsgewalt überhaupt, also in der Monarchie ein Ausfluß der königlichen Gewalt. Die Gerichte werden also vom Könige eingesetzt und besetzt und mit ihrer Gewalt investirt; ihre Erkenntnisse werden im Namen des Königs verkündigt und vollzogen; der König übt über deren vorschriftmäßige Thätigkeit die Oberaufsicht aus; er ordnet zu diesem Zwecke Visitationen an, erledigt die Beschwerden wegen verweigerter oder verzögerter Rechtspflege, und erläßt die zum geregelten Gange derselben nöthigen allgemeinen reglementarischen Verordnungen. Der Inbegriff der in der königlichen Gewalt enthaltenen auf die Rechtspflege sich beziehenden Attribute wird die Justizhoheit genannt [1]).

1) Man sehe darüber Bluntschli Allgemeines Staatsrecht Buch VI. Cap. 17., wo auch die darauf bezüglichen Bestimmungen neuerer Verfassungsurkunden angeführt sind.

399. Die Jurisdiction begreift ihrem Zwecke gemäß zwei Befugnisse. Erstens hat das Gericht das zur Herstellung des verletzten Rechts Erforderliche durch seinen Ausspruch gebietend oder verbietend auszusprechen; zweitens muß es auch die Macht haben, seinen Ausspruch gegen den Ungehorsamen mit Zwang zu vollstrecken. In der Jurisdiction ist also nothwendig eine gewisse Zwangsgewalt (imperium) enthalten, und darin stimmt sie mit anderen Zweigen der Verwaltung überein[1]). Eigenthümlich ist sie jedoch darin, daß das Gericht nicht nach seinem Ermessen etwas anzuordnen, zu verwalten oder zu schaffen, sondern nur das, was in dem gegebenen Falle Rechtens sei, auszusprechen, zu schützen oder herzustellen hat. Die Rechtspflege muß, um ihren Zweck zu erfüllen, lediglich der im Gesetze zum Bewußtsein gewordenen und ausgesprochenen Idee des Gerechten, sie darf nicht irgend einem besonderen Willen oder Zwecke, sei dieser auch noch so nützlich, dienstbar sein. Hierauf beruht der Grundsatz der Unabhängigkeit des Richteramtes, worin der Einzelne mit Recht die wesentliche Sicherstellung seiner Rechtssphäre und dadurch seiner Freiheit gegen willkürliche Eingriffe erkennt. Aus diesem Grundsatz ergiebt sich weiter viererlei. Erstens, es geht zwar alle Gerichtsbarkeit vom Könige aus; allein was die Ausübung derselben, die Rechtssprechung im Einzelnen betrifft, so ist dieselbe durchaus selbstständig und ohne allen Vorbehalt an die Gerichte übertragen, und dadurch jede Einwirkung durch Cabinetsjustiz ausgeschlossen. Zweitens beruht darauf die angestrebte Trennung zwischen der Justiz und Verwaltung, um dadurch das Gebiet der Ersteren reiner auszuscheiden[2]). Drittens gründet sich darauf die Unabsetzbarkeit des Richteramtes, um dadurch die Unabhängigkeit seiner Gesinnung zu sichern[3]). Viertens gehört zu der einen Jeden umgebenden Rechtssphäre auch das ihm regelmäßig zustehende Gericht. Keiner darf daher seinem natürlichen Richter entzogen werden, weil schon in

---

1) Man sehe §. 392.
2) Man sehe §. 393.
3) Man sehe §. 314.

der Anordnung eines Ausnahmegerichts die Gefahr einer einseitigen Richtung der Rechtssprechung liegt. Wo, wie im Mittelalter, das Recht vorherrschend Gewohnheitsrecht, und das Volk nach Ständen und Berufskreisen scharf geschieden ist, liegt eine besondere Gewährleistung für Recht und Freiheit darin, daß Jeder von seines Gleichen gerichtet werde. In den heutigen Zuständen kann aber davon nicht die Rede sein[4]).

γ) Thätigkeit des Gerichts.

400. Die Aufgabe der bürgerlichen Rechtspflege ist, wie bemerkt, die Herstellung eines verletzten Privatrechts. Sie ist also zwar im Ganzen eine für die öffentliche Ordnung unentbehrliche Institution; allein ihre Thätigkeit im Einzelnen geschieht nicht für das Oeffentliche, sondern nur für ein verletztes Privatinteresse. Die Gerichte haben daher bei einer privatrechtlichen Verletzung, die zu ihrer Kenntniß kommt, nicht aus eigenem Antriebe thätig zu sein; dieses wäre eine eben so sehr in die bürgerlichen Verhältnisse störend eingreifende als für die persönliche Freiheit unerträgliche Bevormundung, da Jedem die Wahrung oder Nichtwahrung seiner Rechte selbst anheim gestellt sein muß. Das Gericht hat sich daher durchaus abwartend zu verhalten, bis daß es durch die Klage zur Thätigkeit aufgefordert wird. Eben so hat es sich dem Beklagten gegenüber zu verhalten, und es muß demselben eben so, ob und wie er sich vertheidigen wolle, lediglich selbst überlassen sein. Hieraus ergiebt sich zweierlei. Erstens, daß die Thätigkeit des Gerichts sich blos auf die Function des Urtheilens und die Vollstreckung des Urtheils beschränkt; und zweitens, daß die Frage, worüber zu urtheilen ist, im Gericht durch die Thätigkeit der Parteien selbst festgestellt werden muß. Es muß daher in der Procedur in irgend einer Form einen Abschnitt geben, wo dasjenige, worum es sich für die gerichtliche Entscheidung handelt, nach der Rede

---

4) Die Art, wie Stahl Philosophie des Rechts II, 2. §. 171 (131). diesen Grundsatz auch in die heutigen Zustände hinein demonstriren und darin wieder finden will, ist leere Sophistik.

und Gegenrede der Parteien bündig resumirt ist, und woran sich das Gericht allein zu halten hat, wenn auch die Parteien in ihren Angaben materiell geirrt oder zu ihrem Nachtheil etwas versäumt haben.

401. Die urtheilende Thätigkeit des Gerichts enthält die Entscheidung von zwei Fragen: ob in dem von den Parteien vorgelegten Falle das bestehende Recht verletzt, und wie dasselbe herzustellen sei? Vorausgesetzt wird dabei natürlich, daß das Thatsächliche des Falles für die richterliche Ueberzeugung gewiß sei. Die Mittel zu dieser Ueberzeugung aufzusuchen und namhaft zu machen, kann nicht Sache des Gerichts, sondern muß der Thätigkeit der Partei überlassen sein; das Gericht hat derselben nur das Herbeischaffen dieser Mittel möglich zu machen und zu erleichtern, und dieselben nach dem allgemeinen logischen und psychologischen Gesetzen auf seine Ueberzeugung zur Hervorbringung einer moralischen und juristischen Gewißheit wirken zu lassen. Jene Thätigkeit der Parteien ist dasjenige, was man das Beweisen nennt. Diesen Beweis vorausgesetzt, so schließt die erste Frage die Vergleichung des vorgelegten Falles mit den geltenden Rechtsregeln zum Zwecke der Subsumtion unter die darauf passende voraus. Zur Erledigung der zweiten Frage ist nur zweierlei denkbar: Herstellung des verletzten Rechts durch Leistung des schuldigen Gegenstandes selbst, oder, wo dieses nicht thunlich, durch Leistung des möglichen Ersatzes entweder in Vermögen oder durch eine persönliche Genugthuung. Auf Eines davon muß also jedes condemnirende Urtheil gerichtet sein. Hieran schließt sich nothwendig die Execution durch Zwang, wenn der Verurtheilte nicht freiwillig erfüllt.

402. Wie die Gerichte zum Zwecke jener Thätigkeiten zu organisiren seien, läßt sich nicht unbedingt sagen, sondern dabei kommt es auf äußere Verhältnisse und Erfahrungen an. Alles in die Hand von Einzelrichtern zu legen, mag die Energie der Rechtspflege erhöhen; allein es bleibt dabei der Unkenntniß, Nachlässigkeit oder Parteilichkeit zu viel Spielraum. Die Concurrenz Mehrerer zur Rechtspflege ist aber in verschiedenen Formen denkbar.

Wo das Recht durchaus populär in den Sitten und Gewohnheiten des Volkes lebt, kann man zum Urtheilen achtbare Männer aus dem Volke, insbesondere Grundbesitzer oder Standesgenossen, berufen. Der Richter hat dann blos die Leitung der Verhandlungen bis zum Schlusse des Beweisverfahrens und die Execution des Urtheils. Der Ausspruch über Recht und Unrecht selbst geschieht aber von den Beisitzern auf Grund der ihnen innewohnenden populären Rechtskenntniß oder nöthigenfalls mit Beihülfe der bei anderen Männern aus dem Volke einzuholendeu Erkundigung. So war es bei den deutschen Schöffengerichten, und so kann es bei den adligen Standes-, den Handels- und Gewerbegerichten noch jetzt sein. Eine andere mögliche Form ist folgende. Der Richter hat die Behauptungen und Gegenbehauptungen der Parteien mit den darauf gegründeten Anträgen zu vernehmen, und spricht bedingterweise aus, wie das Urtheil lauten müsse, je nachdem dieselben wahr oder nicht wahr wären. Die weiteren Verhandlungen über diese Wahrheit oder Unwahrheit, also die Beweisführung, wobei es auf Unparteilichkeit und gesundes Urtheil vorzüglich ankommt, verweist er an einen das Vertrauen der Parteien besitzenden oder verdienenden Privatmann, der nach dem Ergebniß derselben den bedingten Richterspruch in einen unbedingten zu verwandeln hat. So war die Einrichtung zur Zeit der römischen Republik. Sie setzt aber voraus, daß sich immer eine Zahl geeigneter Männer findet, welchen man diesen lästigen und zeitraubenden Dienst als Geschworene auferlegen kann, und sie ist daher in anderen Zeiten nicht anwendbar. Wo das Recht seinen populären Charakter eingebüßt hat und ein Gegenstand mühsamen Studiums geworden ist, wird man in der collegialischen Besetzung der Gerichte mit wissenschaftlich gebildeten Richtern die Gewährleistung für die Güte der schwierig gewordenen Rechtssprechung finden, und es sondert sich dadurch das Richteramt vom Volke völlig ab. Es wird aber der in den Richtercollegien traditionell werdende Geist des Berufes und das Bewußtsein der daran geknüpften Pflichten dafür ein hinreichender Ersatz sein. Für die nur für Einzelne passenden Verrichtungen, wie die Vernehmung von Zeugen, wird dann vom Collegium ein Mitglied committirt. Uebrigens kann den Gerichten jeder Form außer der Gerichtsbarkeit, die sich auf die Entscheidung von Streitsachen bezieht, auch die Befugniß zur Vornahme oder Beglaubigung von Rechtsgeschäften beigelegt sein, wie bei Schenkungsacten, Testamenten, Eintragung von Hypotheken. Dieses wird die freiwillige Gerichtsbarkeit genannt. Im Begriffe der Gerichtsbarkeit liegt jedoch dieses Recht nicht; es bildet ein besonderes Attribut, dessen Verbindung mit den Gerichten nur auf Zweckmäßigkeitsgründen beruht, welches aber jetzt besser davon getrennt wird, damit die eigentliche Thätigkeit der Gerichte und die Würde des Richteramtes sich um so reiner herausstelle [1]).

δ) Das gerichtliche Verfahren.

403. Alle Procedur setzt einen unter zweien bestrittenen Rechtsanspruch voraus, und ihr Zweck ist, denselben durch das Gericht nach seiner vom Recht oder Unrecht gewonnenen Ueberzeugung entscheiden zu lassen. Zur Begründung des Rechts und zur Hervorbringung dieser Ueberzeugung hat aber, wie oben bemerkt, nicht das Gericht selbst thätig zu sein, sondern dazu haben die Parteien im Gericht die erforderlichen Schritte zu thun. Das Gesetz weist nur das Gericht an, diese Schritte in geordneter Weise bei sich vornehmen zu lassen und zu unterstützen, bis daß die Verhandlungen zu dem Punkte gediehen sind, wo es seinen entscheidenden Ausspruch thun kann. Die den Parteien zur Erreichung ihres Zweckes vorgezeichneten oder frei gestellten Schritte sind also für sie zugleich gesetzliche Rechte, denen bestimmte Pflichten des Gerichts entsprechen. So giebt es ein Recht der Klage, ein Recht der Einrede, ein Recht und eine Pflicht der Beweisführung, ein Recht des Gegenbeweises, ein Recht auf gerichtliche Vernehmung eines Zeugen, auf Vornahme einer Ortsbesichtigung, und vieles Andere.

---

1) Was Stahl Philosophie des Rechts II, 2. §. 172. wider diese Trennung sagt, zeigt Unklarheit und Befangenheit.

404. Der einfachste Fall für das Verfahren ist, wo die Parteien über das thatsächliche Verhältniß einig sind und nur über die sich daraus ergebenden rechtlichen Wirkungen, also blos über die Rechtsfrage, streiten. Das Gericht kann dann, nach Anhörung ihrer Gründe und Gegengründe, gleich nach der ihm pflichtmäßig beiwohnenden Kenntniß des positiven Rechts das Urtheil sprechen. Betrifft aber der Widerspruch der Parteien auch thatsächliche Verhältnisse, so muß vom Gericht zuvor, ehe es sein Urtheil fällen kann, auf den Grund ihrer Reden und Gegenreden, festgestellt werden, welche Thatsachen und von wem sie zu beweisen seien. Die Partei hat dann ihre Beweismittel namhaft zu machen, und das Gericht hat auf ihr Anrufen zur Benutzung derselben in angemessener Weise mitzuwirken, wie zur Herbeischaffung und Vernehmung der Zeugen, zur Verification der Urkunden, zu einer Ortsbesichtigung. Nach beendigtem Beweisverfahren wird dann das Urtheil zwei Momente enthalten: ob für die Ueberzeugung des Richters der auferlegte Beweis wirklich erbracht, und in wie weit demgemäß der Beklagte zu verurtheilen oder zu entbinden sei? So stellt die Procedur im Großen und Ganzen eine nach den Regeln des Syllogismus auf die Wahrheit und auf die richterliche Ueberzeugung hin gerichtete logische Operation dar. Um mit möglichster Unparteilichkeit, Ordnung und Kürze zu diesem Ziele zu gelangen, sind formelle Regeln über die Handlungen der Parteien und des Gerichts unentbehrlich; sie müssen jedoch immer diesem Endzwecke mehr oder weniger dienstbar sein. Dabei kann man die Leitung des Processes, die Vorladung, die Mittheilung der Schriftstücke, in die Hand des Gerichts legen, oder sie vorherrschend der Thätigkeit der Parteien selbst überlassen; man kann die Zulässigkeit des Zeugenbeweises beschränken, die Beweiskraft des Eides normiren. Dieses gehört zu den positiven Seiten des Proceßrechts, worüber die Erfahrung und Zweckmäßigkeitsgründe zu entscheiden haben.

405. Zur geordneten Führung eines Processes ist die Beihülfe der Scriptur bis auf einen gewissen Grad unentbehrlich. Ein rein mündliches Verfahren ist nur in sehr einfachen Zuständen

denkbar, wo durch Rede und Gegenrede, mit den Zeugen gleich zur Hand, dem Richter das Sachverhältniß alsbald klar gemacht und von ihm nach dem populären offenkundigen Recht auf der Stelle entschieden werden kann. Jetzt aber erfordert die Mittheilung der Klage, die genaue Formulirung der Anträge und Anderes, was zur Vorbereitung und Feststellung des Processes gehört, durchaus der Fixirung durch die Scriptur. Hingegen die rechtliche Ausführung, worin alles Vorbereitete zusammengefaßt und der richterlichen Anschauung vorgeführt wird, ist in mündlichem Vortrag zu machen. Es wird dadurch auf das Wahrheitsgefühl des Richters weit sicherer und unmittelbarer gewirkt, als die schriftliche Ausführung oder der aus den Acten gemachte Auszug eines Referenten zu thun vermag. Die Befriedigung, welche diese Mündlichkeit dem Gefühle gebildeter Völker gewährt, beruht aber darauf, daß das Recht nicht blos Sache des Verstandes sondern auch des Gefühles und daher des unmittelbaren Eindruckes ist [1]). Durch diese Mündlichkeit erhält auch ein anderes für die Rechtspflege wichtiges Moment, die Oeffentlichkeit, ihr praktisches Interesse. Allerdings geht der einzelne Proceß nur die Parteien an, und ist in so fern blos Privatsache. Allein die Rechtspflege an sich als Institution ist ein Stück der öffentlichen Ordnung, an dessen Dasein und Wirksamkeit Jeder ein wesentliches Interesse zu nehmen hat. Indem sie in ihrer Uebung das über Alle leuchtende Antlitz der Gesetze darstellt: wird durch die Oeffentlichkeit derselben im Volke der Sinn für Gesetzlichkeit genährt, der Richter an seine hohe Aufgabe und an die derselben entsprechende würdige Haltung erinnert.

406. Durch das Urtheil muß der Streit unabänderlich beendigt werden; die Ordnung und Festigkeit der bürgerlichen Verhältnisse könnten nicht bestehen, wenn immer wieder auf die alten Ansprüche zurückgegangen werden könnte. Der richterliche Spruch muß also unter den Parteien eine unabänderliche formelle Wahrheit schaffen, selbst wenn durch Versäumniß oder Unkenntniß gegen

---

1) Man sehe oben §. 65.

das materielle Recht verstoßen wäre. Dieses ist allerdings eine Fiction, allein eine für die Rechtsordnung unentbehrliche. Ihr gegenüber steht freilich die Gefahr, daß durch menschliche Unvollkommenheit des Richters das materielle Recht leicht gekränkt werden kann. Diese führt zu dem Gedanken, gegen ein richterliches Urtheil, ehe es rechtskräftig wird, die Berufung an eine höhere Instanz zu gestatten. Wo das Recht so einfach und populär ist, daß darüber der Richter nicht irren kann, wird eine solche Berufung nicht anders denn als Behauptung einer absichtlichen Ungerechtigkeit gestattet und durchzuführen sein. So im alten germanischen Recht. Wo hingegen das Recht künstlich und wissenschaftlich verwickelt, und dadurch beim besten Willen ein Irrthum möglich ist, wird die Zulassung mehrerer Instanzen als Garantie dawider und zur Beruhigung des Rechtsgefühls kaum zu vermeiden sein. Allerdings liegt darin, daß der Ausspruch eines Gerichts, darum daß es das Höhere ist, als der bessere gelten solle, immer etwas Conventionelles; auch wird durch die möglicherweise sich widersprechenden Urtheile das Gefühl der Sicherheit des Rechts und das dadurch bedingte Vertrauen auf die Rechtspflege im Volke keineswegs gefördert. Es wäre daher wünschenswerth, durch die Bildung eines moralisch und wissenschaftlich ausgezeichneten Richterstandes eine so sorgfältige Besetzung der Gerichte schaffen zu können, daß die öffentliche Meinung in einem einmaligen Spruch eine vollständige Garantie und Befriedigung fände.

407. In der Rechtspflege stellt sich daher, so sorgfältig ausgedacht auch die Regeln der Procedur sein mögen, immer ein gewisses Mißverhältniß zwischen deren großen ethischen Zwecke und der durch die menschlichen Unvollkommenheiten getrübten Sicherheit der Erreichung desselben dar. In jedem etwas verwickelten Proceß liegt daher mehr oder weniger etwas Gewagtes, worauf selbst im bösen Glauben und in dem Bewußtsein des Unrechts speculirt werden kann. Hieraus ergiebt sich dreierlei. Erstens ist es der sittlichen Bedeutung des Institutes angemessen, dem Mißbrauche desselben zum leichtsinnigen Processiren oder zur arglistischen Chicane beim Kläger wie beim Beklagten durch processualische Bußen

entgegen zu treten. Das römische Recht war daran sehr reich, und es spricht sich auch darin sein edler sittlicher Geist aus. Jetzt hat es sich größtentheils verloren, weil unser Recht leider so verwickelt geworden ist, daß sich Einer über sein Recht oder Unrecht leicht täuschen kann, und weil die Einmischung solcher sittlichen Absichten dem Geiste der heutigen Procedur widerstreitet. Zweitens ist es aus dem öconomischen wie aus dem sittlichen Gesichtspunkte rathsam, daß die Parteien, um dem Wagniß des Processirens und den sich daran knüpfenden Leidenschaften zu entgehen, sich gütlich vergleichen, und die Gesetze schreiben zuweilen den der Klage vorhergehenden Sühnversuch selbst als eine Pflicht vor. Der Erfolg dieser Vorschrift würde ein noch größerer sein, wenn mit der Ausführung nicht eine Gerichtsperson, sondern ein angesehener durch das öffentliche Vertrauen bezeichneter Mitbürger betraut würde [1]). Drittens beruht auf verwandten Gründen das Institut von den Parteien erwählter Schiedsrichter, die ohne an die strengen formellen Regeln gebunden zu sein blos nach ihrem billigen Ermessen erkennen sollen. Auch diese Einrichtung ist von Staatswegen zu begünstigen und zu unterstützen.

c) Die Bestrafung der Vergehen. α) Die Idee und Nothwendigkeit der Strafe.

408. Der Begriff des Guten ist nicht vom Menschen geschaffen, sondern stammt aus der übersinnlichen sittlichen Weltordnung, welche in Gott ihren Ausgangs- und Schlußpunkt hat, und welche sich dem Menschen durch das Gewissen als eine über allen geschaffenen sittlichen Wesen stehende Macht ankündigt [1]). Um ein Glied dieser sittlichen Weltordnung zu sein, muß der Mensch ihr nicht als ein von den Gesetzen der Naturnothwendigkeit beherrschtes, sondern als ein sittliches, also mit Freiheit begabtes

---

1) In diesem Sinne äußert sich auch Bluntschli Allgemeines Staatsrecht Buch VIII. Cap. 3. §. 3.

1) Von der Richtigkeit dieser Sätze hängt alles Folgende ab, und man muß darüber mit sich im Klaren sein. Man sehe §. 30. 31. 32.

Wesen angehören [2]). Kraft dieser Freiheit kann er das Gute wollen, und er macht sich dann durch sein eigenes Verdienst zum lebendigen Gliede derselben. Er kann aber auch das Böse wollen, und dann setzt er sich durch seine Schuld mit derselben in Widerspruch. Dieser Widerspruch kann nicht bestehen bleiben, weil sonst die sittliche Weltordnung keine Macht und aller Unterschied zwischen dem Guten und Bösen aufgehoben wäre, was aber eben so sehr der Erkenntniß des göttlichen Wesens als der Stimme des Gewissens widerstreitet. Da jedoch das Geschehene nicht ungeschehen gemacht werden kann, so ist nur zweierlei denkbar. Das Eine ist, daß die Stimme des Gewissens den Thäter die Macht der durch ihn verletzten sittlichen Ordnung erkennen läßt, ihn derselben durch Reue und Seelenschmerz als freiwillige Strafen Genugthuung zu leisten antreibt, und daß er sich dadurch zum lebendigen Gliede derselben herstellt. Das Andere ist, daß den Thäter von seiner Reue und Gesinnung unabhängig eine Strafe treffe, als das allein denkbare Mittel, damit sich die verletzte sittliche Ordnung gegen ihn als eine Macht behaupte, das Geschehene für ihn verwischt werde und sie in den Augen ihrer übrigen Mitglieder als hergestellt gelte. Zugleich muß aber die Strafe, weil sie in dem Thäter ein wenn auch gefallenes Glied der sittlichen Weltordnung zu achten hat, den Gedanken in sich aufnehmen, daß, indem sich ihm durch sie jene Macht offenbart, dadurch sein Gewissen geweckt, und in der Strafe zu seiner eigenen Befriedigung das Sühnmittel der begangenen Verletzung erkennen werde [3]). In

2) Man sehe §. 82.

3) Etwas geschraubt drückt dieses Stahl Philosophie des Rechts II, 2. §. 170 (130). so aus: „Ist der Thäter schuldig, so ist Strafe nicht eine Verletzung seiner Persönlichkeit und ihres Rechts, sondern vielmehr ihre Befriedigung. Denn indem er ein Glied der menschlichen Gemeinschaft ist, welche die sittliche Ordnung will und handhabt, so ist das Gesetz und die Gerechtigkeit, die solche Herstellung fordern, zugleich sein eigenes Wesen und Wollen, nur entkleidet von seiner Willkühr, das ist von seiner Persönlichkeit und Freiheit, soweit sie sich seinem Wesen entfremdet haben. Seine wahre Persönlichkeit fordert daher diese Strafe nicht minder, als

so fern aber die sittliche Weltordnung in Gott ihren Mittelpunkt hat, geht die Idee der Strafe in letzter Instanz auf den Begriff eines persönlichen allwissenden und gerechten Gottes, der das Gute belohnt und das Böse bestraft, zurück.

β) Die Strafgewalt des Staats.

409. Die sittliche Weltordnung zerfällt in die irdische und überirdische Welt. Der Mensch gehört kraft seiner unsterblichen Seele beiden Ordnungen an, und zwar so, daß, weil er für Beide dasselbe sittliche Wesen ist, Beide auch für ihn, obgleich zeitlich geschieden, doch geistig Eins sind, und in Beiden für ihn hinsichtlich des Guten und Bösen, der Belohnung und der Strafe dieselben Begriffe und Gesetze gelten [1]). Es muß also auch in der irdischen Weltordnung gegen das Böse eine Strafe und strafende Gerechtigkeit geben, und diese muß dem Staate und der Staatsgewalt zustehen, weil er nach der Absicht Gottes die Verwirklichung der sittlichen Ordnung in der irdischen Welt ist und sein soll [2]). Die Strafgewalt des Staates ist also nicht eine bloße Nachahmung, sondern ein Ausfluß und eine Uebertragung der Strafgewalt Gottes, nur mit der Beschränkung, daß sie nicht absolut, sondern nur für die irdische Welt geschehen, und daß sie in die Hand einer irdischen, also in ihrer Wahrnehmung und Erkenntniß beschränkten, Obrigkeit gelegt ist. Daraus folgt, daß die Art der Strafe, welche blos im Inneren des Menschen von dem Gewissen durch Reue und Seelenschmerz ausgeht, nicht in ihren Bereich fällt, weil sie diese zu erzwingen keine Macht hat. Sie

---

die öffentliche Ordnung sie fordert." — In gleicher Weise schreibt Trendelenburg Naturrecht §. 60. „Daher ist die Strafe dahin gerichtet, daß der Thäter — sie als nothwendige Folge seiner Schuld, als verdiente Strafe einsehen und — als Abbüßung seines Unrechts und der göttlichen Ordnung gegenüber als Sühne empfinden könne. In diesen Beziehungen ist die Strafe das Recht des Thäters und keine Verletzung, sondern eine Anerkennung seiner Persönlichkeit."

1) Man sehe oben §. 40.

2) Man sehe §. 43. 45. 247.

hat es nur mit den Erscheinungen in der äußeren Rechtsordnung und mit äußeren Strafmitteln zu thun. In so fern diese äußere Ordnung aber doch der Ausdruck und das Abbild der sittlichen Weltordnung sein soll, trägt sie auch, wie oben nachgewiesen wurde, die Nothwendigkeit solcher Strafen in sich, als das allein mögliche Mittel, damit sich die in ihr verletzte sittliche Ordnung gegen den Uebelthäter als eine Macht behaupte, das Geschehene verwischt und gesühnt, und sie, so weit es geschehen kann, in ihrer Reinheit und Würde hergestellt werde. So ist die Strafgewalt des Staates als äußerer Rechtsordnung durch die sittliche Weltordnung gesetzt, zugleich aber auch gegen dieselbe begränzt. Gleichwie jedoch der Mensch kraft seiner unsterblichen Seele untrennbar Beiden angehört, so kann auch jene Gränze zwischen dem Aeußeren und dem Inneren doch nicht unbedingt inne gehalten werden, sondern die äußere Strafe sucht, wo sie kann, das rein Geistige zu Hülfe zu rufen und sich aus ihm zu ergänzen. Dieses zeigt sich in drei Beziehungen. Erstens in dem Einfluß, den die Reue und der Seelenschmerz des Verbrechers auf die Minderung des Strafmaßes ausübt [3]). Zweitens darin, daß die Strafe, wie oben gezeigt, immer auch die Idee der Erweckung und Befriedigung des eigenen Gewissens und dadurch die Anregung der Reue und Besserung in sich aufnehmen muß [4]). Drittens darin, daß die Strafe von selbst auch auf das Rechts- und Sittlichkeitsgefühl des Volkes wirkt, und daß die Obrigkeit diese Wirkung möglichst befördern muß. Nur die ethisch-religiöse Begründung der Strafgewalt vermag alle diese Erscheinungen zu erklären und in einen consequenten Zusammenhang zu bringen. Es gehört zu den Verdiensten von Stahl, diese vielfach verkannte und verdunkelte Wahrheit wieder geltend gemacht zu haben; doch hat er die Einheit und den unmittelbaren Zusammenhang der irdischen und überirdischen Welt, worauf hier

---

3) Möge dieses durch den Spruch des Richters, oder durch das subjective Gefühl der Geschworenen, oder durch das Begnadigungsrecht geschehen, der Grund und Zusammenhang bleibt immer derselbe.

4) Man sehe §. 408.

Alles ruht, nicht scharf genug hervorgehoben [5]). Ein ähnlicher Fehler bei gleicher Grundanschauung herrscht bei Savigny [6]).

410. Eine obrigkeitliche Strafgewalt findet sich bei allen Völkern auf jeder Stufe der Cultur, und zwar wird sie bei Naturvölkern mehr oder weniger tiefsinnig mit religiösen Anschauungen, insbesondere mit der Idee einer durch die Strafe zu bewirkenden Sühne, in Verbindung gebracht. Dieses ist ein Beweis, daß in der unmittelbar, blos durch das Gewissen bestimmten und von der Reflexion noch ungetrübten Empfindung eine Ahnung des richtigen Verhältnisses liegt. Das Christenthum, welches das diesseitige und jenseitige Leben in die engste Verbindung bringt, erhob diese zur Klarheit, indem es die irdische Strafe als den Ersatz und die Abwehr der göttlichen [1]) und als Antrieb zur Besserung [2]), und die strafende Obrigkeit als den Vertreter des

---

5) Stahl Philosophie des Rechts II, 2. §. 182. 183 (140. 141).

6) Savigny System I. §. 9. „(Der Staat) hat das verletzte Recht an sich zu vertreten und wiederherzustellen, ohne Rücksicht auf das individuelle Interesse. Dieses geschieht durch die Strafe, durch welche der menschliche Wille, im beschränkteren Gebiet des Rechts, das in der höheren Weltordnung waltende Gesetz sittlicher Vergeltung nachbildet."

1) S. Hieronym. c. a. 387. in c. 6. c. XXIII. q. 5. Respondebimus Deum, ut omnium rerum, ita et suppliciorum quoque scire mensuras, et non praeveniri sententia iudicis: nec illi in peccatorem exercendae dehinc poenae aufferri potestatem: et magnum peccatum magnis diuturnisque lui cruciatibus. Si quis autem punitus sit (propter levius peccatum) — tales postea non puniri, quia culpa levis praesenti supplicio compensata sit. — S. Augustin. a. 412. in c. 3. ibid. Ex occasione terribilium iudicum ac legum, ne aeterni iudicii poenas luant, corrigi eos cupimus.

2) S. Augustin. c. a. 426. in c. 37. c. XXIII. q. 5. Pertinet ad innocentis officium, non solum nemini malum inferre, verum etiam cohibere a peccato, vel punire peccatum, ut aut ipse qui plectitur, corrigatur experimento, aut alii terreantur exemplo. — Idem a. 414. in c. 4. ibid. Et plectendo et ignoscendo hoc solum bene agitur, ut vita hominum corrigatur.

göttlichen Willens auffaßte[3]). Die Philosophie des Mittelalters stellte dieses dialektisch so dar, daß, nachdem der Mensch in dem Vergehen seinen Willen der Ordnung der göttlichen Gerechtigkeit entgegengesetzt, die Wiederherstellung derselben und die Ausgleichung mit ihm nur durch die Strafe geschehen könne, das heißt dadurch, daß er im Gegensatz zu jenem Willen nach der Ordnung der göttlichen Gerechtigkeit etwas leiden müsse. Die Strafe sei also der Ausdruck des göttlichen Willens, der dadurch gegen den verbrecherischen Willen seine Macht behaupte. Auch werde durch die Strafe der Verbrecher innerlich geheilt, und das bei Anderen entstandene Aergerniß gesühnt[4]).

411. Es trat aber in den drei letzten Jahrhunderten die Richtung ein, die Strafgewalt des Staates von der ethisch-religiösen Grundlage abzulösen, und als eine blos menschliche Veranstaltung zu rechtfertigen[1]). Dieses mußte auf Abwege und

---

3) S. Augustin. a. 414. in c. 4. c. XXIII. q. 5. Hominum iniquitatem etiam Apostolus Paulus non tantum de iudicio futuro, verum etiam de praesentibus secularibus potestatibus terruit, asserens, et ipsas ad dispensationem divinae providentiae pertinere. — S. Hieronym. c. a. 410. in c. 29. ibid. Qui malos percutit in eo, quod mali sunt, et habet vasa interfectionis, ut occidat pessimos, minister est Domini.

4) S. Thomas 1ª. 2ªᵉ. qu. 37. art. 6. Actus peccati facit hominem reum poenae, in quantum transgreditur ordinem divinae iustitiae, ad quem non redit nisi per quamdam recompensationem poenae, quae ad aequalitatem iustitiae reducit, ut scilicet qui plus voluntati suae indulsit quam debuit, contra mandatum Dei agens, secundum ordinem divinae iustitiae aliquid contra illud quod vellet, spontaneus vel invitus patiatur. Quod etiam in iniuriis hominibus factis observatur, ut per recompensationem poena reintegretur aequalitas iustitiae. — Requiritur autem adhuc poena ad sanationem aliarum virium animae, quae per peccatum praecedens deordinatae fuerunt, ut scilicet per contraria curentur. Requiritur etiam ad restituendum aequalitatem iustitiae, et ad amovendum scandalum aliorum, ut aedificentur in poena qui sunt scandalizati in culpa.

1) Davon handeln: Hepp Darstellung und Beurtheilung der deutschen

ungenügende Theorien führen, weil der reflectirende Verstand blos menschlicherweise betrachtet keine Erklärung dafür aufweisen kann, warum die widerrechtliche Zufügung eines Uebels die Zufügung eines anderen Uebels als rechtlichen Ersatz nothwendig fordere, woher der menschlichen Obrigkeit einem Menschen ein Uebel zuzufügen das Recht zukomme, und wie der Staat als blos menschliche Verbindung für menschliche Zwecke zur Strafe Güter entziehen dürfe, die er nicht selbst ertheilt hat. Der nächste Ausweg schien, jenes Recht an den Staat von den Einzelnen gelangen zu lassen. Schon Hobbes deducirte dieses sehr gezwungen so, daß Jeder auf das Recht der eigenen Vertheidigung durch die Errichtung des Staates Verzicht geleistet, und dadurch dieses Recht für Alle der Staatsgewalt übrig gelassen worden sei [2]). Später leiteten Viele, namentlich Beccaria, das Strafrecht des Staates unmittelbar aus dem Socialvertrage her, wodurch Jeder die Strafgewalt, die er über sich selbst besitze, an die Gesellschaft übertragen habe. Allein, abgesehen davon, daß Keiner sich selbst zu tödten das Recht hat, dieses also auch nicht übertragen kann, so zerfällt diese Begründung mit der Theorie des Socialvertrages von selbst [3]). Andere versuchten daher den Nachweis, daß die Strafgewalt an den Staat von dem Verbrecher selbst komme, indem derselbe durch sein Vergehen sich sein eigenes Maß und Recht gesetzt, also auch der Gesellschaft die Befugniß eingeräumt habe, ihn nach demselben Maße zu messen und ihm Böses mit Bösem zu vergelten. Allein die Einräumung einer solchen Befugniß ist eine willkürliche Fiction, woran der Verbrecher nicht denkt, die also aus seinem Willen nicht hergeleitet werden kann; die Wie-

---

Strafrechts-System. Heidelberg 1845. 2 Th., Köstlin Neue Revision der Grundbegriffe des Criminalrechts (1845) §. 198—207.

2) Hobbes Leviathan c. 28. Dawider bemerkt treffend Pufendorf de iure naturae VIII. 3. §. 1.: Ius poenas sumendi esse diversae naturae a iure seipsum conservandi: cumque illud exerceatur in subiectos, intelligi non posse, quomodo iam tum in statu naturali exstiterit, ubi nemo alteri subiectus est.

3) Man sehe §. 50—52.

dervergeltung ist also entweder eine bloße Rache, wodurch sich die Gesellschaft zu dem Unrecht erniedrigen würde, welches an dem Anderen zu bestrafen ist; oder es muß das Recht dazu aus einem anderen Grunde hergeleitet werden. Andere suchten zu jenem Resultate dadurch zu gelangen, daß der Staat die Strafe gedroht, daß der Verbrecher die Drohung erkannt, sich also durch die That freiwillig der Vollziehung der Drohung unterworfen habe. Allein das Recht die Strafe zu drohen setzt das Recht die Strafe zu vollziehen voraus; letzteres kann also durch Ersteres nicht begründet werden, sondern das Recht zu strafen muß, wenn die Drohung eine rechtmäßige sein soll, schon durch etwas Anderes begründet sein.

412. Man mußte also, da der Weg von den Einzelnen aus zu nichts führt, aus dem Standpunkte des Staates zur Strafgewalt desselben zu gelangen suchen. Das Nächstliegende ist, daß nach der Verderbniß der menschlichen Natur die Gesellschaft und die Sicherheit Aller nicht bestehen könnte, wenn die Bösen nicht durch die Furcht vor der Strafe im Zaume gehalten würden [1]). Es wird also aus dem Zwecke des Staates die Nothwendigkeit der Abschreckung von Vergehen, und aus dieser das Recht Strafen zu drohen und zu vollziehen abgeleitet. Andere suchten die Strafe dadurch zu rechtfertigen, daß, da der Verbrecher durch seine That seine Geneigtheit zur Uebertretung des Rechtsgesetzes positiv bewiesen habe, der Staat berechtigt sei, durch den schreckenden Eindruck der Strafe in ihm der Wiederholung des Vergehens vorzubeugen. In allem Diesem liegt in so fern eine Wahrheit, als die Strafe von selbst auch eine die Gesellschaft schützende und erhaltende und eine den Verbrecher zur Besinnung bringende Wirkung in sich schließt. Jedoch folgt aus jenen Gesichtspunkten allein für sich nur die Zweckmäßigkeit und relative Nothwendigkeit, nicht aber die absolute innere Gerechtigkeit der Strafe [2]). Diese und der

---

1) So in der Hauptsache schon Pufendorf de iure naturae VIII. 3. §. 6. Weiter ausgebildet wurde dieses Utilitätsprincip von Filangieri, Beccaria, Romagnosi und Anderen.

2) Sehr richtig sagt darüber Stahl Philosophie des Rechts II, 2.

Mensch, woran sie vollzogen wird, wird also dabei blos als Mittel für den Zweck und das Interesse der Gesellschaft behandelt, und es wäre dadurch auch jede Art und Härte der Strafe gerechtfertigt. Auch würde daraus folgen, daß der Staat ein Vergehen, wovon er für sich nichts zu fürchten hat, auch nicht das Recht zu bestrafen habe. Wieder Andere haben die Strafe nur aus dem Zwecke der Besserung rechtfertigen wollen. Allein, so gewiß in dem ethischen und religiösen Begriffe der Strafe die Richtung auf die Besserung mit enthalten ist, so würde doch, wenn dieses der alleinige Rechtsgrund der Strafe wäre, daraus folgen, daß gegen den größten jedoch reumüthigen und gebesserten Verbrecher nur eine leichte oder gar keine Strafe zulässig wäre, und es würde also der Bestrafung der Verbrechen jeder objective Maßstab entzogen sein [3]).

413. Auf diese Untersuchungen wirkte in Deutschland auch die neuere Philosophie theils fördernd theils nachtheilig ein. Kant erklärte das Strafgesetz als „kategorischen Imperativ," welcher die Bestrafung des Verbrechers nur darum fordere, „weil er verbrochen hat;" die Strafe dürfe „niemals blos als Mittel, ein anderes Gute zu befördern, für den Verbrecher selbst oder für die bürgerliche Gesellschaft verhängt werden" [1]). Hierin lag in so fern ein Fortschritt, als er das Verbrechen und die Strafe nach einem Gesetze der Vernunft in eine nothwendige Verbindung brachte; allein weiter als zu einer blos logischen Nothwendigkeit kam er dabei nicht. Durch Fichte gieng jedoch dieser Fortschritt wieder verloren, indem er das Strafrecht des Staates rein äußerlich aus dem von ihm construirten Bürgervertrage ableitete. „Alle Rechte

§. 184 (142). „Es erschiene danach die Strafe nicht als ein rechtlich Nothwendiges, wie jeder Unbefangene sie doch als solches erkennt, sondern nur als ein factisch Nöthiges, und deßhalb Erlaubtes, und der Verbrecher könnte in der Strafe kein Gericht einer sittlichen Macht, das er verdiente, sondern nur ein Erliegen unter einer äußeren Gewalt erkennen."

3) Gut erläutert dieses Köstlin §. 165.

1) Kant Rechtslehre §. 49. Anmerkung E.

die der Bürger hat, habe er nur unter der Bedingung, daß die Rechte aller übrigen Bürger vor ihm sicher seien. Sobald dieses nicht ist, ist der Vertrag vernichtet." Der Verbrecher wird dann „vogelfrei" und vom Staate ausgeschlossen. Da jedoch „dem Staate ebensoviel an der Erhaltung seiner Bürger gelegen sei, so sei es zweckmäßig, an die Stelle der verwirkten Ausschließung andere Strafen zu setzen." Dieses geschehe durch den „Abbüßungsvertrag" kraft dessen Alle Allen versprechen, sie nicht auszuschließen, „sondern ihnen zu verstatten, die Strafe auf andere Weise abzubüßen, und sie nach erfolgter Besserung wieder unter sich aufzunehmen." Durch diesen Vertrag „erhält sonach der Verbrecher ein Recht auf den Versuch der Besserung," und es entstehe also daraus für den Staat die Pflicht, durch die Strafe auf die Besserung hinzuwirken [2]). Diesen willkürlichen nnd flachen Abstractionen gegenüber brachte Hegel das Verbrechen und die Strafe durch die Formel in einen innerlich nothwendigen Zusammenhang, daß der in dem Unrecht enthaltene das Recht negirende Wille durch die Strafe wieder negirt und dadurch das Recht hergestellt werden müsse [3]). Es beruht also diese Formulirung, welche nach ihrer dialektischen Seite mit der des h. Thomas von Aquin große Aehnlichkeit hat [4]), auf dem Princip der Gerechtigkeit, die zu ihrer Herrschaft die Strafe uothwendig fordert, und die Theorie ist nur in so fern unvollständig, als dieses Alles blos als Begriff und als logische Nothwendigkeit hingestellt bleibt, und nicht an die überirdische Weltordnung und an die göttliche Gerechtigkeit als die reale sittliche Nothwendigkeit angelehnt wird.

414. An Hegel hat sich Köstlin angeschlossen, nur mit der Erweiterung, daß er auch die Negirung des Verbrechens in der Subjectivität des Verbrechers durch Abschreckung und Besserung desselben in den Zweck der Strafe aufgenommen hat [1]). Chaly-

---

2) Fichte Grundlage des Naturrechts §. 20 (Werke III. 260—285).

3) Hegel Philosophie des Rechts §. 82. 95—99.

4) Man sehe §. 410. Note 4.

1) Köstlin Revision §. 160—165. 199—204.

bäus setzt mit Anklängen aus Hegel und Stahl als Begriff und Zweck der Strafe „die Wiederherstellung der Herrlichkeit, Würde, Autorität der Rechtsidee gegen die verbrecherische Negation derselben“ [2]). Aber auch unabhängig von Hegel ist man auf die Idee der Gerechtigkeit als die nothwendige Grundlage des Strafrechts gekommen, so Warnkönig und Andere[3]). Auch Ahrens erkennt als den Rechtsgrund der Strafe das Princip der Gerechtigkeit, und daher als den nächsten directen Zweck derselben die Herstellung des Rechts an; allein als deren mittelbaren letzten und höchsten Zwecke bezeichnet er die Besserung des Thäters, die möglichste Schadlosmachung des Verletzten, und für den Staat die Abschreckung von Verbrechen[4]). Auf derselben Grundlage stehend und Alles zusammenfassend nennt Trendelenburg „die Strafe in ihrem inneren Zwecke Macht des Rechts für den Thäter, Macht des Rechts für den Gekränkten und Macht des Rechts in der Gemeinschaft,“ will aber beim Thäter wesentlich auch den Zweck der Besserung ins Auge gefaßt wissen[5]). J. H. Fichte (Sohn) betrachtet auch die Strafe „als eine durch die Idee vergeltender Gerechtigkeit mit ethischer Nothwendigkeit geforderte Sühne der Schuld,“ will aber, daß dieselbe „in ihrer rechtlichen Form ganz von selbst und nach ihrer innern Beschaffenheit sittliches Bußmittel werde“ [6]). Taparelli begründet die Strafgewalt der Obrigkeit aus der im Willen Gottes beruhenden Bestimmung der Gesellschaft, die äußere Ordnung im diesseitigen Leben zu erhalten; sie müsse also auch diese, wo sie durch ein Vergehen verletzt würde, durch die Strafe herstellen, und indem sie dieses thue, erfülle sie eine dreifache Pflicht: gegen den Schuldigen, indem sie ihm durch die Strafe eine Anregung zum sittlichen Guten giebt; gegen die Glieder der Gesellschaft, indem sie ihr sittliches Urtheil stärkt und

2) Chalybäus System der speculativen Ethik II. §. 160.
3) Warnkönig Rechtsphilosophie §. 174.
4) Ahrens Organische Staatslehre. Besonderer Theil. Kap. 4. §. 2.
5) Trendelenburg Naturrecht §. 52—69.
6) J. H. Fichte System der Ethik II. §. 104—107.

verbessert; und gegen Gott, weil sie dadurch die Begriffe der natürlichen Gerechtigkeit, worauf er die Gesellschaft gegründet hat, für unantastbar erklärt[7]). In diesem Allem liegt mehr oder weniger die Bewegung von der blos auf äußerliche Zwecke gestützten Begründung des Strafrechts zur ethischen, die auf die religiöse als den letzten Schlußpunkt hinführt.

γ) Von den Vergehen.

415. Die Strafe setzt nach ihrem Begriffe und Zwecke ein wider die sittliche und rechtliche Ordnung begangenes Unrecht voraus. Da jedoch dem Staate die Uebertragung der Strafgewalt Gottes nicht absolut, sondern nur für die irdische Welt geschehen ist, so ist in dem Unrecht eine zwiefache Beziehung zu unterscheiden: die zur überirdischen und die zur irdischen Welt. In der ersten Beziehung heißt das Unrecht Sünde, in der zweiten bildet es das Unrecht im engeren Sinne. Das Verhältniß Beider zu einander ist dieses, daß jedes bewußte Unrecht auch Sünde ist, weil der Mensch für die irdische und für die überirdische Welt geistig dasselbe Wesen ist; daß aber nicht umgekehrt jede Sünde auch Unrecht im engeren Sinne ist. In dieser Hinsicht ist vielmehr eine doppelte Art von sündhaften Handlungen zu unterscheiden: solche die nur Sünden sind und sein können, weil sie ihrer Natur nach nur in die übersinnliche Welt fallen; und solche die auch in die irdische Rechtsordnung gezogen werden können, es aber nicht nothwendig müssen. Erstere sind die sündhaften Handlungen, die blos in Gedanken bestehen; diese gehen die irdische Strafgewalt gar nicht an. Hinsichtlich der sündhaften Handlungen, die als äußerlich erkennbare unter sie gezogen werden können, läßt sich aber, in wie fern sie es auch sollen, keine feste Gränze angeben, sondern dieses hängt davon ab, in wie weit sich bei einem Volke nach der Stufe seiner Cultur Religion, Sittlichkeit und Recht zu einer Einheit durchdringen[1]). Nach dem Standpunkte

7) Taparelli Naturrecht I. §. 801. 802.

1) Was Stahl Philosophie des Rechts II, 2. §. 185 (143). zur Be-

der heutigen Reflexion werden Handlungen, die nur als Aeußerung einer wider die Religion und Sittlichkeit gerichteten Gesinnung verletzend sind, dem irdischen Strafrecht entzogen werden. Ganz irrig wäre es jedoch, den Begriff der Strafbarkeit nur auf solche Handlungen begränzen zu wollen, wodurch Rechte anderer Menschen verletzt werden. Alle positiven Strafgesetze gehen auch über diese Gränze hinaus.

416. Im Bereiche der äußeren Rechtsordnung, in welcher die irdische Gewalt die Gesetze der Sittlichkeit und Gerechtigkeit aufrecht zu halten hat, ist aber weiter eine zwiefache Art des Unrechts zu unterscheiden. Entweder begeht Einer gegen einen Andern eine Handlung, die der Sache nach unrecht ist, die er aber für Recht hält. Dieses ist das blos materielle oder unbefangene Unrecht. Solches ist nicht Gegenstand des Strafrechts, sondern der bürgerlichen Rechtspflege, wo das Gericht das, was Rechtens ist, ausspricht, und durch den auferlegten Vermögensersatz das Recht herstellt. Oder aber das Unrecht wird mit dem Bewußtsein desselben begangen. Dieses ist aus dem rein sittlichen Standpunkte innerlich eine Sünde und äußerlich ein strafbares Vergehen. Die Unvollkommenheiten der bürgerlichen Ordnung bringen es jedoch mit sich, daß in derselben der zweite Gesichtspunkt schwer unbedingt durchzuführen ist, weshalb man im Bereiche der Vermögenssphäre und der darauf bezüglichen bürgerlichen Geschäfte nicht jede wenn auch bewußte Unaufrichtigkeit und Täuschung als ein eigentliches Vergehen bestrafen kann, sondern sich begnügen muß, daraus vor dem Civilgericht eine Klage auf Ersatz oder auf Rescission des Geschäfts zu gestatten. Man kann dieses das bewußte Civilunrecht nennen. Die Gränze zwischen ihm und dem strafbaren Vergehen läßt sich nicht unbedingt bestimmen, sondern hängt von dem Geiste eines jeden Volkes und seines positiven Rechtes ab [1]). Die Vergehen unterscheiden sich aber nach der

---

stimmung jener Gränze beibringt, ist sehr schwankend und zum Theil leeres Gerede.

1) Wie relativ diese Gränze ist, zeigt sich zum Beispiel darin, daß

Schwere derselben und daher nach der Art der Bestrafung in Verbrechen und Vergehen im engeren Sinne. Beide haben das Gemeinschaftliche, daß dabei eine größere oder geringere, nähere oder entferntere Verletzung der ethischen und durch das positive Recht sanctionirten Grundprincipien, worauf die Ordnung des Staates, der Familie, des Eigenthums und die Rechte der Individuen beruhen, vorausgesetzt wird. Außer diesen ethischen Grundprincipien, welche die irdische Rechtsordnung nicht erfindet, sondern aus der sittlichen Ordnung in sich aufnimmt und durch die Strenge schützt, giebt es aber Einrichtungen und Verordnungen, welche sie rein nach menschlicher Absicht und Veranstaltung zu ihrem Schutze oder zur Förderung ihrer Zwecke erzeugt und durch Strafen wahrt. Dazu ist sie auch berechtigt, theils weil die Aufgabe die sittliche Ordnung in der irdischen Welt durchzuführen nach der Natur der Sache solche Aeußerlichkeiten und Zufälligkeiten mit sich führt, theils weil dem Staate außer jener höheren Beziehung auch die auf die Verbesserung und Verschönerung des irdischen Daseins zufällt [2]). Die nach solchen künstlichen conventionellen Gesichtspunkten verpönten Handlungen können nach der Schwere der Strafen ebenfalls entweder Verbrechen oder bloße Vergehen sein, und unter diesen werden die Leichtesten Polizeivergehen genannt. Das Gebiet der Vergehen ist daher aus ethischen und conventionellen oder politischen Gesichtspunkten gemischt, und die Art und Gränze dieser Mischung ist bei jedem Volke durch den Geist seines positiven Rechts bedingt [3]).

---

manche Fälle, wo das römische Recht die blos civilrechtliche actio de dolo gestattete, jetzt mit einer Strafklage verfolgt werden können. Es zeigt sich auch darin, daß die Römer bei mehreren solcher civilrechtlichen Klagen eine actio in duplum oder die Strafe der Infamie gegen den Verurtheilten eintreten ließen, also nach ihrem sittlichen Gefühle doch eine Strafe beizumischen sich gedrungen fühlten.

2) Man sehe §. 37. 43. 46.

3) Stahl II, 2. §. 185 (143). hat auch hier versucht, die Gränzen gegen das Civilunrecht und gegen die Polizeivergehen näher zu bestimmen; allein dieses ist ihm so wenig gelungen, als es Hegel und Köstlin gelungen

417. Die widerrechtliche That wird aber zum strafbaren Vergehen jedenfalls nur durch die sittliche Verschuldung, das heißt daß und so weit sie dem Willen zugerechnet werden kann. Nach dieser Seite hin fallen die Gesetze der äußeren Rechtsordnung und die der unsichtbaren sittlichen Welt, die Behandlung des Vergehens und die der Sünde, ganz zusammen. Nach den möglichen Abstufungen des Willens hat auch die Zurechnung verschiedene Grade, von dem mit der bestimmtesten Ueberlegung und Absicht gefaßten Vorsatz an bis zu der blos als Unvorsichtigkeit zu bestrafenden Verschuldung herab. Auch müssen innerhalb dieser Gränzen für die Strafbarkeit noch alle Umstände in Betracht kommen, welche die Freiheit des Willens aufheben oder wesentlich modificiren, wie Blödsinn, jugendliches Alter, Trunkenheit, Leidenschaften, gewisse Krankheitsformen. Dieses ist die Seite des Strafrechts, wo das Subjective des Thäters sich in die That mit so vielen und feinen Nuancen mischt, daß dafür das Subjective des Richters allein einen zureichenden Maßstab hat.

418. Umgekehrt genügt aber auch der Vorsatz allein in der irdischen Rechtsordnung zur Strafbarkeit nicht [1]), sondern er muß sich in einer erkennbaren That kund gegeben haben. Unter dieser Voraussetzung ist aber auch schon der Versuch des Verbrechens strafbar; denn wenn er auch noch nicht das Verbrechen selbst ist, so ist er doch sittlich betrachtet immer eine verbrecherische That. Nur kann die Strafe des Versuches nicht so hart wie die des vollendeten Verbrechens sein, weil die Möglichkeit der freiwilligen Unterlassung in Anschlag gebracht werden muß. Man muß nun drei Stadien unterscheiden. Das Erste, wo zwar das Verbrechen mit Etwas vorbereitet wird, der Thäter aber doch noch vorherrschend als im Zustande der Versuchung und des inneren Kampfes angesehen werden kann. Hier soll wegen der noch sehr zweifel-

---

ist, die er ganz richtig bekämpft. Die Philosophie muß sich auf diesem Gebiete so biegsamer menschlicher Anordnungen nicht mehr zumuthen als sie leisten kann.

1) Ueber den Grund sehe man §. 409.

haften wirklichen Ausführung von einer Bestrafung gar nicht die Rede sein. Das Zweite ist, wo die Vorbereitung zu einem Punkte gediehen ist, wo sie den Entschluß der Ausführung überwiegend anzeigt. Hier ist eine Strafe, aber nur eine gelinde gerechtfertigt. Das Dritte ist, wo die Ausführung selbst wirklich begonnen hat, aber durch zufällige Umstände die Vollendung gehindert wurde. Hier muß eine scharfe Strafe eintreten, jedoch nicht die volle, weil doch noch im letzten Augenblicke eine Aenderung des Entschlusses möglich war. Mit dem Versuch des Verbrechens scheinbar übereinstimmend jedoch dem Begriffe nach völlig verschieden ist der Fall, wo Alles, was zur Vollendung des Verbrechens gehörte, von Seiten des Thäters geschehen ist, dieses jedoch durch Zufall den beabsichtigten Erfolg nicht gehabt hat. Dieses ist ein dem Willen nach also sittlich vollendetes, jedoch dem Erfolge nach also factisch mißlungenes Verbrechen zu nennen. Dafür muß daher der Strenge nach die volle Strafe eintreten, und wenn im Gefühle etwas liegt, das für eine Milderung spricht, so ist dieses, wenn man nicht den rohen Zufall als Grund anrufen will, nur aus der ethisch-religiösen Anschauung zu begründen, daß, weil die Vorsehung die Seele und das Gewissen des Thäters ohne sein Verdienst vor den Folgen seiner bösen That bewahrt hat, auch die irdische Gerechtigkeit ohne sein Verdienst milder mit ihm verfahren könne und müsse.

δ) Von den Strafen.

419. Die Bedeutung der Strafe in der irdischen Rechtsordnung ist, daß sich durch sie der Wille des Gesetzes gegen den Privatwillen, wodurch es verletzt wurde, als eine Macht bewähre und dadurch das Ansehen desselben hergestellt werde [1]). Dieses kann nach der Verletzung nur dadurch geschehen, daß der Thäter wegen derselben kraft des verletzten Gesetzes etwas, das er nicht will, was ihm also mehr oder weniger Schmerz verursacht, also ein Uebel, leiden muß. Die Strafe kann also nur in der Zufü-

---

1) Man sehe §. 408. 409.

gung eines Uebels bestehen. Da die irdische Strafgewalt, wenn auch aus der überirdischen Ordnung stammend und sich auf sie beziehend, doch nur in der irdischen Welt wirkt, so können ihre Strafmittel nur in der Zufügung eines irdischen Schmerzes durch Entziehung irdischer Güter bestehen. Solche lassen sich auf fünf Klassen zurückführen: das Leben, Leib und Glieder, die Freiheit, die Ehre, das Vermögen. Alle Strafen können also nur Lebens-, Leibes-, Freiheits-, Ehren- oder Vermögens-Strafen sein.

420. Die Größe der Strafe muß sich ihrem Begriffe und ihrer Bestimmung gemäß nach einem zwiefachen Gesichtspunkte richten: nach der Intensität und Bedeutung des sittlichen Willens, der sich in dem Gesetze ausspricht und als eine Macht aufrichtet, oder mit anderen Worten nach der ethischen und rechtlichen Bedeutung des verletzten Verhältnisses; und nach der Intensität des Privatwillens, der sich jener Macht gegenüber gestellt hat, also nach dem Grade der bösen Absicht und Verschuldung, weil je intensiver jener Privatwille ist, um so stärker er die Machtäußerung des Gesetzes herausfordert. Nach diesen beiden Momenten bestimmt sich auch die Beziehung, welche die Strafe zur überirdischen sittlichen Weltordnung hat, und dadurch ein wesentlicher Unterschied der Strafen selbst. Handelt es sich um eine mit voller Absicht begangene Verletzung eines der sittlichen und rechtlichen Grundverhältnisse, so tritt die ethische Bedeutung der Strafe und der Auftrag der Obrigkeit, dadurch die überirdische Ordnung in dieser irdischen Welt zu handhaben, nach ihren drei Seiten hin in ihrer vollen Energie hervor [1]). Die Strafe hat also hier erstens die Bedeutung, durch den dem Verbrecher zugefügten Schmerz die Macht des Gesetzes gegen ihn zu bewähren und die verletzte Gerechtigkeit zu sichern. Zweitens soll sie, indem sie dem Verbrecher die Macht des Gesetzes in den Folgen der Uebertretung unmittelbar fühlbar macht, wo möglich auf die Reue und Besserung desselben einwirken. Drittens soll auch in der Gesellschaft durch die Strafe das Ansehen des Gesetzes behauptet und gestärkt, und vor

---

1) Ueber diese drei Beziehungen sehe man §. 408. 409.

Verbrechen gewarnt und zurückgeschreckt werden. In allen drei Beziehungen ist die irdische Strafe auch der überirdischen Weltordnung dienstbar. Besteht aber das Vergehen nur in der Verletzung conventioneller blos auf Zweckmäßigkeitsgründen und gesellschaftlichen Interessen beruhenden Anordnungen, so ist zwar die Strafe noch immer der Aufrechthaltung des Gesetzes also der Herrschaft der Rechtsidee in entfernter Weise dienstbar; auch kann und muß damit noch immer der Gedanke der Züchtigung und Besserung verbunden werden: allein in der Hauptsache bezweckt sie doch nur den Schutz und die Erhaltung der äußeren staatlichen Ordnung als solcher; sie kann daher nicht als Ausfluß und Vertretung der göttlichen Strafordnung betrachtet werden. Danach ist in diesen Fällen die Art und das Maß der Strafe zu bestimmen, und es üben darauf die Culturzustände und künstliche Absichten einen großen Einfluß aus.

421. Das höchste Maß der Strafe ist die Todesstrafe. Sie findet sich bei allen Völkern; ein Beweis, daß in dem menschlichen Gemüthe etwas liegt, das dieselbe rechtfertigt. Dieses ist das Gefühl, daß derjenige, der sich an den heiligsten göttlichen und menschlichen Gesetzen vergieng, seine Schuld durch Verlust des Höchsten und Heiligsten, was der Mensch hat, sühnen müsse. Es ist jedoch schwer, diesen Zusammenhang der erwachenden Reflexion klar zu machen. Vor Allem ist es gewiß, daß wenn man nicht an eine unsterbliche Seele des Menschen glaubt, die Todesstrafe als eine absolute Vernichtung ein abscheulicher barbarischer Act ist. Jener Glaube allein genügt aber nicht, wenn man nicht auch den Glauben hinzu nimmt, daß durch diese furchtbare, das Maß der rein menschlichen Befugnisse weit übersteigende Strafe die göttliche Gerechtigkeit gesühnt und die verwirkte göttliche Strafe gemildert werde. Darin liegt von selbst, daß die Obrigkeit durch die Beihülfe eines Dieners der Religion dem Verbrecher die Todesstrafe unter diesem Gesichtspunkt darstellen und ihn durch die reumüthige Unterwerfung unter dieselbe dem ernsten Gerichte beruhigter entgegen zu führen möglichst bemüht sein muß. Nur in der ethisch-religiösen Begründung der Strafgewalt ist eine Rechtferti-

gung der Todesstrafe möglich. Ohne diese ist sie nur eine rohe Rache, oder ein grausames Abschreckungsmittel, oder ein feiges Mittel der Unschädlichmachung, oder überhaupt Willkür[1]). Ohne sie verwandelt sich auch das furchtbar ernste Amt des Scharfrichters in das eines gedungenen Knechts der mordenden Gesellschaft.

422. Mit dieser Begründung stimmt im Wesentlichen Stahl überein, wenn man ihm auch in seiner Dialektik nicht überall beistimmen kann[1]). Kant fordert kraft der Gerechtigkeit für den Mord die Wiedervergeltung, wovon er aber den Beweis schuldig geblieben ist, und dehnt dieses durch eine seltsame Argumentation auch auf Staatsverbrechen aus[2]). Hegel rechtfertigt für den Mord die Wiedervergeltung durch die Todesstrafe als die adäquateste Negation der Negation[3]); allein Niemand wird sich dadurch befriedigt fühlen, daß der Scharfrichter blos zum Executor einer logischen Formel gemacht wird. Taparelli erkennt keine Gründe für die Nothwendigkeit, sondern nur für die Zweckmäßigkeit der Todesstrafe an, um die Gesellschaft theils gegen den Rückfall des Verbrechers, theils gegen Andere durch das abschreckende Beispiel zu sichern[4]). Dieses ist aber wie oben bemerkt willkürlich und unzureichend. Auch Trendelenburg weiß den Gebrauch der Todesstrafe nicht anders, als durch die nach Umständen eintretende Nothwendigkeit der Abschreckung zu rechtfertigen[5]). Wenn man aber einmal das irdische Strafrecht von der Religion ganz trennen und blos auf menschliche Vollmacht und Anordnungen oder auf dialektische oder logische Formeln ohne einen realen religiösen Hintergrund stützen will: so ist es das allein Consequente, die Todesstrafe schlechthin zu verwerfen. Diejenigen, welche wie Beccaria das Strafrecht der Gesellschaft aus dem Socialvertrag ab-

---

1) Sehr schön und ernst zeigt dieses auch Balmes Protestantismus und Katholicismus Th. III. Kap. 50.

1) Stahl Philosophie des Rechts II, 2. §. 186 (145).

2) Kant Rechtslehre §. 49. Anmerkung E.

3) Hegel Philosophie des Rechts §. 101. Zusatz.

4) Taparelli Naturrecht I. §. 830—842.

5) Trendelenburg Naturrecht §. 70.

leiteten, sprachen ihr daher das Recht der Todesstrafe ab, weil Keiner das Recht, sich unter Umständen von ihr tödten zu lassen, ihr habe übertragen wollen noch können. Auch Fichte deducirte aus seinem Bürgervertrag [6]) als die höchste zulässige Strafe zunächst nur die Erklärung der Rechtlosigkeit; aus dieser folge aber allerdings die Möglichkeit der Tödtung: „nicht daß man ein Recht dazu habe, sondern, daß auch kein Recht dagegen ist." Der Staat der sich auf keine andere Weise vor dem Verbrecher schützen könne, dürfe ihn dann tödten. „Er sei dann ein schädliches Thier das niedergeschossen wird" [7]). In verwandter Weise leitet Chalybäus aus dem Verbrechen den Verlust „der Geltung als Rechtsperson" ab, aus diesem die Pflicht „der Gesammtheit, ein solches Subject aus der Staatsgesellschaft zu bannen," aus dieser aber nur das Recht der Deportation oder der lebenslänglichen Einsperrung [8]). J. H. Fichte (Sohn) gründet den Begriff der Strafe zwar auf gerechte Wiedervergeltung. Aber als gerecht betrachtet er die Todesstrafe nicht, vielmehr als „ein vom Staate sittlich nicht zu verantwortendes und daher schlechthin zu vermeidendes Uebel" [9]). Jedenfalls ist aber die Todesstrafe etwas so furchtbares, daß sie als das Aeußerste der irdischen Gerechtigkeit angesehen werden muß. Sie durch Martern zu schärfen, erscheint als rohe Grausamkeit und Rachsucht, oder als ein die Rechtspflege entehrendes Abschreckungsmittel.

423. Die Leibesstrafen sind entweder Verstümmlungen an Gliedmaßen oder körperliche Züchtigungen. Auf Erstere kommen rohe Völker leicht entweder nach dem Gesichtspunkt der genauen Wiedervergeltung, oder um dem Verbrecher die bleibende schmerzliche Erinnerung seiner That einzuprägen, oder um ihn allen kenntlich, oder auch um ihn unschädlich zu machen. Unser Gefühl verwirft aber diese Strafformen mit Recht, weil dabei das rein

---

6) Man sehe oben §. 413. Note 2.

7) Fichte Grundlage des Naturrechts §. 20 (Werke III. 278—284).

8) Chalybäus Speculative Ethik II. §. 163.

9) J. H. Fichte System der Ethik II. §. 106. 107.

äußerliche barbarische Mittel mit dem sittlichen Zwecke der Strafe zu sehr im Mißverhältnisse steht. Körperliche Züchtigungen mögen für eine niedere Culturstufe unentbehrlich scheinen. In einem Zustande fortgeschrittener Bildung sind sie verwerflich, weil sie zu ausschließlich und mechanisch an die rein physische Seite des Menschen gerichtet durch ihren vorübergehenden Eindruck auf das Geistige sehr zweifelhaft, jedenfalls nur aus niederen sinnlichen Motiven, wirken, von dem verhärteten Sträfling leicht vergessen werden und überhaupt mehr erbittern und entehren als bessern. Selbst in der Beschränkung auf Solche, die sich durch wiederholte Vergehen als unverbesserlich erwiesen haben oder welche die Einsperrung als eine erwünschte Unterkunft ansehen, sind sie abzurathen, weil es besser ist, solche Unvollkommenheiten zu ertragen, als etwas für das edlere Gefühl Bedenkliches in das Gesetz aufzunehmen. Als Strafmittel bleiben daher hauptsächlich Freiheitsstrafen, welche durch Zwangsarbeit, Schmälerung der Kost und Anderes in angemessener Weise geschärft werden können, nur so daß dieses nicht in Mißhandlung übergehe. Indem aber die Natur dieser Strafe der Staatsgewalt die dauernde Einwirkung auf die sittliche Besserung der Sträflinge in vorzüglicher Art möglich macht, erwächst dazu für sie nach ihrem Zusammenhaug mit der überirdischen Weltordnung auch eine mit schwerer Verantwortlichkeit verknüpfte Pflicht[1]). Sie hat daher in den Strafanstalten nicht nur über die Erfüllung der religiösen Pflichten, über Sittlichkeit und Anstand auf das Sorgfältigste zu wachen: sondern sie muß auch darauf bedacht sein, daß die Sträflinge der bürgerlichen Gesellschaft als gebessert wiedergegeben werden können. Sie hat für diese wichtige und schwierige Aufgabe, weil das staatliche Beamtenthum dazu ohnmächtig ist, die Mitwirkung der Kirche und der christlichen Liebe in Anspruch, und auf die confessionellen Bedürfnisse mit vollster Unparteilichkeit Rücksicht zu nehmen. In wie fern die völlige Isolirung als Zucht- und Besserungsmittel zu benutzen sei, ist mit Umsicht nach der Seelenkunde und Erfahrung

---

1) Man sehe §. 408. 409.

zu beurtheilen; jedoch darf sie nie bis zur Peinigung oder geistigen Mißhandlung gehen.

424. Was die Ehrenstrafen betrifft, so führt jede, auch die geringste Verurtheilung für das Ehrgefühl etwas Peinliches und für die öffentliche Meinung etwas Tadelswerthes mit sich; allein dieses ist nur etwas Factisches, das wieder verwischt und vergessen werden kann. Bei Vergehen, die eine tief verderbte und verworfene Gesinnung voraussetzen, wovon eine Herstellung nicht leicht zu hoffen ist, ist dieses aber anders. Hier bleibt in der öffentlichen Meinung mit Recht eine dauernde Wirkung zurück, und es wäre daher eine Kränkung der unbescholtenen Bürger, den Sträfling ihnen in Ansehung der bürgerlichen Ehre fernerhin gleich zu stellen. Es muß daher in solchen Fällen, die das Gesetz näher zu bestimmen hat, die Verurtheilung die Verminderung oder den Verlust der bürgerlichen Ehrenrechte zur Folge haben[1]). Selbstständige Ehrenstrafen, wie die Ausstellung am Pranger, haben zwar für sich, daß sie das sittliche Urtheil des Gesetzes über die Verwerflichkeit der That in der unmittelbarsten Form kund geben: sie haben aber gegen sich, daß der rohe verhärtete Verbrecher ihnen Hohn spricht, der der Reue und Scham noch zugängliche aber völlig erniedrigt und abgestumpft wird. Lächerliche Strafen, die den Schuldigen blos dem Gespötte aussetzen sollen, sind des Ernstes der Strafjustiz unwürdig, welche niemals durch ihr trauriges Amt die Veranlassung zu einer Volksbelustigung geben darf. Die Vermögensstrafen endlich sind ein zwar unentbehrliches, doch aber aus dem höheren Standpunkt sehr problematisches Strafmittel: erstens, weil sie auf die Voraussetzung eines an sich nicht sehr edlen Zuges der menschlichen Natur, die Anhänglichkeit an das Geld, gebaut sind; zweitens, weil der Arme und der Reiche davon in ganz ungleichen Verhältnissen betroffen wird. Jedenfalls sind dieselben so einzurichten, daß die Bußen, abgesehen von dem rein civilrechtlichen Schadenersatz, nicht an den Verletzten, sondern

---

1) Die Gründe, welche J. H. Fichte System der Ethik II. §. 91. dawider geltend macht, sind augenscheinlich unzureichend.

an den Staat fallen, weil es etwas Unwürdiges hat, durch das Vergehen des Einen einen Andern zu bereichern, oder gar durch Gewinn zur Anklage zu reizen. Dieses sollte selbst von den Geldstrafen wegen Injurien gelten, weil für eine Ehrenverletzung einen Geldersatz zu nehmen, grade dem feineren Ehrgefühl widerspricht. Ueberhaupt ist aber die Festhaltung einer bestimmten Proportion zwischen den Vergehen und Strafen für die positive Gesetzgebung eine unerläßliche jedoch höchst schwierige Aufgabe, und auch bei der größten Genauigkeit modificiren sich die einzelnen Fälle wieder so verschieden, daß dem richterlichen Ermessen durchaus ein Spielraum innerhalb eines Minimums und Maximums gelassen sein muß.

ε) Das gerichtliche Verfahren.

425. In der Strafrechtspflege vereinigen sich nach dem Gesagten je nach der Beschaffenheit der Vergehen drei Gesichtspunkte: die Vertretung der Idee der Gerechtigkeit in der irdischen Weltordnung, der Schutz und das Interesse der Gesellschaft, und die an die Strafe möglichst anzuknüpfende und durchzuführende sittliche Einwirkung. Unter jedem dieser Gesichtspunkte ergiebt sich die Verfolgung der Vergehen als eine Pflicht der Staatsgewalt; sie darf nicht wie ein civilrechtlicher Anspruch blos dem Belieben des Verletzten anheim gestellt werden. Wo dieses vorkommt, beruht es auf der niederen Auffassung der Strafe als einer bloßen Befriedigung der Rache oder des Privatinteresses. Eben dadurch, sagt Hegel mit Recht, daß statt der verletzten Partei das verletzte Allgemeine auftritt und die Verfolgung und Ahndung des Verbrechens übernimmt, hört diese auf, nur subjective und zufällige Wiedervergeltung durch Rache zu sein, und verwandelt sich in die wahrhafte Versöhnung des Rechts mit sich selbst, in Strafe[1]. Hinsichtlich der Art, wie die Staatsgewalt jene Pflicht erfüllt, ist aber eine doppelte Form denkbar. Die Eine ist, daß das Gesetz jeden Mitbürger als Vertreter des Oeffentlichen zur Anklage

---

1) Hegel Philosophie des Rechts §. 220.

beruft. Dieses beruht auf einem allzu großen Vertrauen in den patriotischen Sinn, wobei leicht zu viel oder zu wenig geschieht, und wodurch der Leidenschaft und anderen Zufälligkeiten ein zu weites Feld geöffnet wird. Das Richtige ist daher, die Strafverfolgung unmittelbar an den Staat zu ziehen. Selbst der Gedanke dieselbe zunächst den Privaten, subsidiär aber einer öffentlichen Behörde zuzuweisen, ist nicht zu billigen, weil sich die Staatsgewalt ein so wichtiges und ernstes Amt nicht aus der Hand nehmen lassen darf, und weil diese Einmischung von Privatpersonen der Würde der Rechtspflege leicht Abbruch thut. Wird dieser Gesichtspunkt in seiner ganzen Bedeutung aufgefaßt und organisirt, so muß ein eigenes Amt, das des Staatsanwaltes, geschaffen werden, welcher als der Wächter der Gerechtigkeit und Gesellschaft die zur öffentlichen Kunde kommenden Vergehen als Ankläger vor Gericht zu bringen und deren Untersuchung und Bestrafung zu betreiben hat. Dieses Amt, auf dessen würdige Besetzung große Sorgfalt zu verwenden ist, ist so aufzufassen, daß es mit Energie und Schärfe, jedoch ohne Leidenschaft, als Organ einer höheren Macht dem Verbrecher gegenüber trete, und daß dabei der Ton der Anklage den sittlichen Ernst und Unwillen aus der Seele des Stimmführers des Gesetzes in die Gesellschaft zu übertragen geeignet sei.

426. Das Strafverfahren enthält seiner Natur nach drei Bestandtheile: die Anschuldigung oder Anklage, die Untersuchung und das Erkenntniß. Die Anschuldigung setzt eine wenigstens den Schein eines Vergehens begründende Thatsache und einen gegen eine Person als den Urheber vorliegenden Verdacht voraus. Beides zu ermitteln und zu begründen ist zunächst die Sache des Staatsanwaltes, dem alle zu diesem Zwecke nöthigen Befugnisse zustehen müssen, wovon er aber mit Schonung Gebrauch zu machen hat. Dazu muß, so weit das Interesse der Rechtspflege es verlangt, selbst das Recht der Verhaftung gehören, auch auf die Gefahr hin, daß dieselbe einen Unschuldigen treffe; nur ist aus diesem Grunde mit der möglichsten Rücksicht zu verfahren, und es müssen die Räume der Untersuchungshaft und die der Strafhaft

durchaus geschieden sein. Die Untersuchung und das Erkenntniß beruhen bei dem Gericht. Der durch die Untersuchung nothwendige häufige Verkehr mit dem Angeschuldigten, dessen Persönlichkeit und Benehmen, erzeugen aber so leicht günstige oder ungünstige Stimmungen über denselben, daß es für die Reinheit des Urtheils sicherer ist, die Untersuchung von dem erkennenden Gerichte ganz zu trennen und in die Hand eines eigenen Instructionsrichters zu legen. An diesen hat sich also der Staatsanwalt zu wenden, ihm die Gründe seines Verdachtes vorzulegen, und durch ihn die zur Ueberführung des Angeschuldigten ihnen geeignet scheinenden Verhöre, Untersuchungen und Beweisaufnahmen vornehmen zu lassen. Daß alle diese Verhandlungen sorgfältig und getreu zu Papier gebracht werden, bringt der davon beim Gericht zu machende Gebrauch mit sich. Nach beendigter Untersuchung beginnt, wenn sich dadurch der Verdacht bestätigt hat, die förmliche Anklage durch den Staatsanwalt vor Gericht, indem er die gewonnenen Resultate demselben im Beisein des Verklagten vorführt. Diesem muß zu seiner Vertheidigung das letzte Wort zustehen. Diese Verhandlungen müssen mündlich sein, weil dafür die bei der bürgerlichen Rechtspflege angeführten Gründe noch in verstärktem Grade sprechen 1); sie müssen auch öffentlich sein, weil dadurch der sittliche Eindruck der Strafrechtspflege ganz besonders verstärkt wird.

427. Das Erkenntniß enthält wie bei der bürgerlichen Rechtspflege zweierlei: Entscheidung über die Richtigkeit der Thatsache, das heißt hier der Schuld oder Nichtschuld, wobei auch die Grade der Zurechnung wesentlich in Betracht zu ziehen sind; und die Anwendung des Gesetzes, das heißt hier im Falle der Schuld die Verurtheilung zu dem gesetzlichen Strafmaße. Die zweite Function muß ihrer Natur nach von dem Gerichte selbst als dem rechtskundigen Munde des Gesetzes ausgehen. Die Erste kann aber von dem Gerichte getrennt und einem Ausschuß von Männern aus dem Volke beigelegt sein, die als Geschworene auf ihren Eid nach

---

1) Man sehe §. 405.

ihrer aus den mündlichen Verhandlungen gewonnenen Ueberzeugung den Wahrspruch zu thun haben. Das, was das Gefühl für diese Einrichtung besticht, ist nicht das Mißtrauen als ob rechtskundige Männer minder gut urtheilen würden, als rechtsunkundige; sondern daß das Vertrauen in die Gerechtigkeit der Strafe dadurch erhöht wird, daß die Schuld dem schlichten Verstande und dem natürlichen Rechtsgefühl gewissenhafter Männer aus dem Volke klar geworden ist [1]). Andere Vorzüge dieser Einrichtung sind die dadurch geweckte größere Theilnahme an der Strafrechtspflege, die erhöhte sittliche Einwirkung derselben auf die bürgerliche Gesellschaft, die den Bürgern gewährte Theilnahme an einer sehr würdigen öffentlichen Thätigkeit, und der davon ausgehende Einfluß auf politische Bildung und auf das Gefühl der Bürgerehre. Doch hat dieselbe auch ihre Schattenseiten. Die Berufung an das natürliche Gefühl führt auf ein unbestimmtes Gebiet, wo subjective Motive, der Eindruck der Persönlichkeit, die Macht der Beredsamkeit, leicht unbewußt das unbefangene Urtheil trüben. Im Gedränge seines Gefühls wird es dem Geschworenen schwer, bei seinem Ausspruch blos die Thatfrage im Auge zu behalten und nicht auch die rechtliche Wirkung, die Strafe, mit hinein zu ziehen; er geräth, vielleicht aus ganz edlen Motiven, in die Versuchung, die klare Thatsache zu verneinen, blos um die Bestrafung abzuwenden und in politisch aufgeregten Zeiten können die Geschworenengerichte, wie die Geschichte bezeugt, zu Werkzeugen des grimmigsten Parteihasses herabgewürdigt werden. Diesen Mängeln ist daher möglichst entgegenzuwirken. Vor Allem ist in den Geschworenen das Gefühl ihres wichtigen Berufes und der daran geknüpften beschworenen Pflicht der Wahrhaftigkeit lebendig zu erhalten, und der Richter hat dafür durch seine Ansprache mit Ernst

---

1) So sagt mit Recht Bluntschli Allgemeines Staatsrecht Buch VIII. Cap. 4. Es liegt auch etwas Wahres in dem Ausspruch von Hegel Philosophie des Rechts §. 227., durch das Geschworenengericht solle der Ausspruch über Schuld oder Unschuld aus der Seele des Verbrechers gegeben werden.

und Energie thätig zu sein. Insbesondere hat derselbe durch die resumirende Zusammenstellung der Beweise darauf zu wirken, daß ihr Ausspruch nicht lediglich Sache des Gefühls, sondern auch des gebildeten Verstandes sei [2]). Ferner ist die Fähigkeit, Geschworener zu sein, als ein wichtiges bürgerliches Ehrenrecht zu behandeln, und an ein reifes Alter, Ansäßigkeit oder einen bestimmten bürgerlichen Beruf zu knüpfen; auch ist bei der Bildung des Geschworenengerichts für den einzelnen Fall durch Anwendung des Looses und durch die Zulassung von Recusationen für die möglichste Unparteilichkeit Sorge zu tragen. Endlich wird mit Recht bemerkt, daß es neben den gewöhnlichen Vergehen, zu deren Beurtheilung die gewöhnliche Lebenserfahrung verständiger Männer hinreicht, doch auch solche giebt, wo zur Beurtheilung der Thatfrage und der Schuld Einsicht und Kenntnisse erforderlich sind, die nur in einem engeren Kreise zu finden sind. Es müßte daher zwischen allgemeinen und speciellen Schwurgerichten unterschieden werden [3]).

428. Die Verhandlungen zwischen dem Ankläger und Angeklagten haben den Zweck dem Gericht die Ueberzeugung von der Schuld oder Unschuld des Letzteren beizubringen. Es ist jedoch noch ein dritter Fall möglich, nämlich daß es weder die eine noch die andere Ueberzeugung gewinnen, dieselbe also auch nicht mit gutem Gewissen aussprechen kann. Dieses ist allerdings für den Angeschuldigten ein Nachtheil, allein nach der Unvollkommenheit der menschlichen Zustände nicht zu vermeiden. Man muß dann von dem Gesichtspunkt ausgehen, daß die Verhandlungen ihren Zweck nach keiner Seite erreicht, mithin als ungeschehen zu betrachten seien. Es ist also einerseits der Verklagte von der Anklage in der angemessenen Form zu entbinden, und ohne jeden Nachtheil in dieselbe Lage wie jeder andere unbescholtene Bürger zurückzu-

---

2) Darauf wird auch in England, wie Bluntschli bemerkt, mit Sorgfalt gehalten.

3) So bemerken mit Anderen Bluntschli Allgemeines Staatsrecht Buch VIII. Cap. 4., Trendelenburg Naturrecht §. 193.

versetzen. Andererseits muß dem Gericht das Recht verbleiben, bei neuen Beweisen wieder gegen ihn eben so gut wie gegen jeden andern Bürger klagend aufzutreten. Ihn wegen der damaligen Entbindung von der Anklage auch für die Zukunft gegen eine erneute Anklage unbedingt sicher zu stellen, ist rationell nicht zu rechtfertigen, und wäre eine Art von Prämie, die man ihm ohne Grund vor den übrigen Bürgern beilegte. Allerdings liegt darin, daß jener Mittelweg nicht, sondern nur Verurtheilung oder Freisprechung zugelassen wird, für den Staatsanwalt ein Antrieb, sowohl bei der Erhebung von Anklagen behutsamer, als in der Betreibung derselben thätiger zu sein; auch hat die nach einer Anklage zurückbleibende Möglichkeit einer nochmaligen Verfolgung für das bürgerliche Gefühl etwas Peinliches. Aus diesen Gründen wird das Institut der sogenannten Lossprechung von der Instanz jetzt vielfach angefochten. Namentlich ist es bei den Geschworenengerichten nicht zugelassen. Die Geschworenen sind also durch das Gesetz gezwungen, die Ueberzeugung von der Unschuld auszusprechen, wenn sie dieselbe auch innerlich nicht haben, und es wird ihnen eine Unfehlbarkeit aufgenöthigt, die zu den Bedingungen des menschlichen Wissens nicht stimmt.

ζ) Von dem Begnadigungsrecht.

429. Man muß von der Begnadigung zwei wesentlich verschiedene Arten unterscheiden. Ist die Sentenz zwar dem Buchstaben des Gesetzes gemäß, liegen aber in der Eigenthümlichkeit des Falles sittliche Beweggründe, die eine besondere Berücksichtigung verlangen, so ist die Milderung oder der Erlaß der Strafe nur uneigentlich Begnadigung zu nennen; sie ist vielmehr ein Act der wahren lebendigen den Buchstaben des Gesetzes berichtigenden Gerechtigkeit. Anders aber ist die Frage, ob wegen eines ganz außerhalb der Sache liegenden Beweggrundes begnadigt werden darf, wegen dringender Fürbitte, aus Rücksicht auf eine wohlverdiente Familie, oder gar wegen ganz zufälliger Gründe, die in dem Augenblick das Herz des Fürsten zur Milde stimmen, zum Beispiel wegen eines glücklichen Familienereignisses, oder weil es

das erste Strafurtheil ist, das er nach seinem Regierungsantritt zu bestätigen hat. Mit der religiösen Strafansicht ist es allerdings ganz wohl verträglich, daß sich die irdische Strafgerechtigkeit der Strafe begebe und dieselbe der göttlichen anheimstelle. Auch die Rücksicht auf das gesellschaftliche Wohl steht nicht entgegen. Denn dieses erfordert zur Herrschaft der Gesetze zwar wesentlich die Macht zu strafen; es fordert aber nicht nothwendig immer auch die wirkliche Ausübung dieser Macht; sondern die Rechtsordnung kann bestehen, wenn auch in einzelnen Fällen die Strafe erlassen wird. Hingegen nach dem Begriff der abstracten Gerechtigkeit gemessen scheint es nicht zulässig, und erscheint vielmehr als Willkür und Ungerechtigkeit gegen die, welche wegen des gleichen Vergehens die Strafe wirklich erleiden müssen. Dennoch hat das Begnadigungsrecht nicht blos die allgemeinste Uebung, sondern auch die unbedingte Zustimmung des sittlichen Gefühles für sich. Dieses beruht näher analysirt auf zwei Gründen. Erstens auf der Thatsache, daß der Seele des Menschen von Gott nach seinem Ebenbilde neben dem Sinne des Gerechten auch das Gefühl der Barmherzigkeit und Gnade eingepflanzt ist, und daß es daher nach den Absichten Gottes zum freien Walten der sittlichen Persönlichkeit gehört, Beides neben einander zu üben. Zweitens beruht es darauf, daß in der realen sittlichen Weltordnung die Gerechtigkeit nicht als eine bloße abstracte Idee, sondern als eine von einer freien Persönlichkeit getragene Macht zu denken ist, die also zu ihrer Sühne die Strafe nicht nach einem außer ihr liegenden Gesetze der Nothwendigkeit absolut fordern muß, sondern sich, wenn sie will, diese Sühne durch Verzeihung auch selbst geben kann. So darf also auch der Fürst, als die die irdische Gerechtigkeit tragende Macht, jenen in seine Brust gelegten edlen Regungen folgend, in einzelnen Fällen auf die Strafe verzichten und das Vergehen durch Verzeihung gesühnt erklären. Eben darin liegt von selbst, daß das Begnadigungsrecht immer nur dem Fürsten, nie den Gerichten, zustehen kann, weil diese das Recht anzuwenden, nicht die Macht zu verzeihen haben. Desgleichen folgt daraus, daß dasselbe in dem innersten Gemüthe seinen Sitz hat, wo neben der Erwägung des Verstandes das volle Recht der Empfindung waltet, dem hier keine feste Gränze gesetzt werden kann. Es muß dem Gewissen und dem Gefühle des Fürsten überlassen bleiben, das Begnadigungsrecht so zu üben, daß der Ernst, den die Aufrechthaltung der Rechtsordnung fordert, mit der Milde, die ihm sein Herz einflößt, in Einklang erhalten werde.

430. Die Rechtmäßigkeit des Begnadigungsrechts hat die Rechtsphilosophen auf verschiedene Weise beschäftigt. In Ansehung der Verbrechen der Unterthanen gegen einander verwirft Kant es durchaus, weil hier die Straflosigkeit das größte Unrecht gegen dieselbe sei. Er betrachtet also hier irrig die Strafe nicht als eine Sühne der Gerechtigkeit, sondern des Verletzten, hätte aber doch dann eine Sühne durch Verzeihung desselben zugeben müssen [1]). Bentham, der Alles blos nach Verstandesregeln und nach der Zweckmäßigkeit abmißt, will ebenfalls das Begnadigungsrecht abgeschafft wissen; die Gesetze, sagt er, seien mild, die Ausführung unerbittlich [2]). Hingegen Hegel betrachtet es nach seinem überschwänglichen Begriff vom Staate als Ausfluß der Souverainetät des Monarchen; „denn nur ihr komme die Verwirklichung der Macht des Geistes zu, das Geschehene ungeschehen zu machen, und im Vergeben und Vergessen das Verbrechen zu vernichten." Damit steht jedoch sein Zusatz im Widerspruch, wo es wörtlich heißt: „Die Begnadigung ist die Erlassung der Strafe, die aber das Recht nicht aufhebt; dieses bleibt vielmehr, und der Begnadigte ist nach wie vor ein Verbrecher" [3]). Mit bloßen dialektischen Formeln ist die Frage nicht abzumachen. Köstlin begründet mit Anklängen an Hegel die Begnadigung durch die zu Zeiten eintretende Nothwendigkeit einer dritten, die gesetzgebende und richterliche Gewalt vermittelnden Gewalt; allein er handelt nur von der oben genannten uneigentlichen Begnadigung, deren Begründung keine

1) Kant Rechtslehre §. 49. Anmerkung E. II.

2) J. Bentham Oeuvres T. I. p. 185.

3) Hegel Philosophie des Rechts §. 282.

Schwierigkeit hat, nicht aber von der eigentlichen [4]). Eben so ist es bei Moy [5]) und Trendelenburg [6]). Stahl betrachtet die Gnade wie die Gerechtigkeit als wesentliche Attribute der sittlichen Macht; allein die nähere Begründung und Begränzung ist mangelhaft und schwankt zwischen der eigentlichen und uneigentlichen Begnadigung hin und her [7]). Bluntschli begnügt sich mit der Berufung auf das edlere Gefühl, welches auch in der Brust des Monarchen sein Recht behaupten dürfe [8]). Taparelli postulirt aus dem Recht zu strafen auch das Recht zu verzeihen, läßt sich aber auf den näheren Zusammenhang nicht ein [9]). So leicht hat man es mit einem der schwierigsten Probleme der Rechtsphilosophie genommen.

d) Die Pflege der gemeinen Wohlfahrt. α) Aufgabe derselben.

431. Durch das Leben in der Gesellschaft wird sich der Mensch erst alles dessen, was ihm dieselbe für die Entwicklung seiner physischen und geistigen Eigenschaften und dadurch für die Verschönerung und Veredlung seines Daseins leistet und leisten kann, bewußt. In demselben Verhältniß, wie dieses Bewußtsein, entwickelt sich in der Gesetzgebung und Verwaltung das Bestreben, diese Interessen der Einzelnen und dadurch das Wohl des Ganzen absichtlich zu fördern. So entsteht mit der fortschreitenden Ausbildung des Staates der Begriff der Polizei, als der selbstbewußten auf die Wohlfahrt der Einzelnen wie des Ganzen gerichteten staatlichen Thätigkeit. Diese bewegt und beherrscht ein Gebiet des reichsten und edelsten Inhaltes, dessen Gränzen sich gar nicht übersehen lassen und sich selbst in dem Verhältniß, als sie darauf vorschreitet, vor ihr erweitern. Allen Mängeln, welche die Unvollkommenheit der menschlichen Natur der bürgerlichen Gesellschaft mittheilt, sucht sie vorbeugend entgegen oder lindernd zur

---

4) Köstlin Neue Revision §. 218—221.
5) Moy Philosophie des Rechts II. §. 57.
6) Trendelenburg Naturrecht §. 83.
7) Stahl Philosophie des Rechts II, 2. §. 187 (145).
8) Bluntschli Allgemeines Staatsrecht Buch VI. Cap. 17.
9) Taparelli Naturrecht I. §. 793—798.

Seite zu treten, alle Vorzüge derselben zu fördern und zu erhöhen. Mit den Schattenseiten der menschlichen Zustände im steten Kampfe darf sie nie ermüden, nie stillstehen, und in der fortschreitenden Verbesserung derselben eröffnet sich ihrem wohlwollenden Eifer ein unerschöpfliches Feld, worauf die Erfahrung ihr immer neue Aufgaben zuführt. So resumirt sich in der Polizei, diese im wahren Sinne aufgefaßt, das Bewußtsein vom Staate, wie er ist, mit seinen Leiden und Freuden, mit der fortschreitenden Erkenntniß seiner Unvollkommenheiten und dem gleichen Schritt haltenden Streben der Verbesserung [1]). Diese Thätigkeit auf einem so beweglichen und unbestimmbaren Gebiete kann nicht wie die der Rechtspflege in feste Regeln gebracht sein; die Justiz ist, wie Stahl richtig sagt, nur erhaltend und wiederherstellend und tritt nur im Falle der Verletzung ein; die Polizei hingegen ist schöpferisch und muß sich daher ihre Aufgaben nach dem Maße der entstehenden Bedürfnisse nach ihrem freien Ermessen wählen können. Diese Freiheit und Unbestimmtheit hat allerdings gewisse Gefahren. Einerseits wird in demselben Verhältniß als diese überall hin eindringende, beobachtende und vorbauende Thätigkeit der Polizei sich ausdehnt, die Sphäre der individuellen Freiheit eingeengt, wodurch jene unbequem und gehässig wird, und weit entfernt als Wohlthat empfunden zu werden, vielmehr zum Widerspruche reizt. Es muß daher mit maßvoller Berücksichtigung des Freiheitsgefühles die richtige Gränze beobachtet, und namentlich auf schonende und würdige Formen gehalten werden. Andererseits erzeugt die mit Wohlwollen und Umsicht gehandhabte Polizei, die Alles auf sich nimmt, leicht eine behagliche Bequemlichkeit, welche die Einzelnen von der Mitwirkung zu den gemeinsamen Interessen abzieht, die bürgerliche Thätigkeit erschlafft, und zuletzt nach chinesischer Art Alles der Regierung von Oben überläßt. Das richtige Verhältniß ist daher, daß die Polizei für ihre

---

1) Stahl Philosophie des Rechts II, 2. §. 163 (123) nennt die Polizei die Offenbarung der Weisheit des Staates. Dieses ist doch wohl etwas zu überschwänglich.

Zwecke vor Allem die Kräfte der Einzelnen frei walten lasse, dieselben belebe, deren Hindernisse beseitige und sie durch die staatlichen Anstalten ergänze [2]). Dieses Verhältniß wird durch die richtige Verbindung der Corporationen mit dem staatlichen Organismus erzielt werden [3]). Was übrigens die mannichfaltigen Aufgaben der Polizei betrifft, so läßt sich die gesammte Staatspflege auf zwei Gesichtspunkte zurückführen, auf Erhaltung und auf Verbesserung und Entwicklung. Diesen entspricht die Sorgfalt für den Landfrieden und die bürgerliche Sicherheit, und die Pflege des gemeinen Wohles, wobei weiter das physische und das geistige Wohl zu unterscheiden ist. In allen diesen Richtungen wird sich aber die Rechtsphilosophie weniger in das Gebiet der Begriffe als in das der Erfahrung und der Beobachtung der menschlichen Natur und Bedürfnisse versetzen müssen.

β) Die Sorgfalt für den öffentlichen Frieden und die bürgerliche Sicherheit.

432. Die erste Lebensbedingung der bürgerlichen Gesellschaft ist die Erhaltung des Ganzen wie der Einzelnen. Die nächste Aufgabe der Polizei ist daher die Vorbeugung und Abwehr der dieselbe bedrohenden Gefahren. Die Maßregeln, welche auf die Erhaltung und Sicherheit des Staates als Ganzen gerichtet sind, können die hohe Polizei genannt werden. Diese umfaßt alles dasjenige, was die Gesetze und die bestehenden Einrichtungen zur Verhütung von Staatsverbrechen und öffentlichen Ruhestörungen regelmäßig verordnen bis zu den außerordentlichen Maßnahmen, welche die Staatsklugheit und die Pflicht der Selbsterhaltung ge-

---

2) Mohl Polizeiwissenschaft bestimmt die Aufgabe der Polizei blos negativ dahin, die Hindernisse zu beseitigen, welche der allseitigen Entwicklung des Individuums im Wege stehen. Allein dieses bestreitet mit Recht Stahl Philosophie des Rechts II, 2. §. 165 (125).

3) Man vergleiche oben §. 328—330. In diesem Sinne hat Hegel Philosophie des Rechts §. 249. sehr richtig die Corporation der Polizei eingefügt. In ähnlicher Weise verfährt Trendelenburg Naturrecht §. 179. 180.

bieterisch vorschreiben[1]). Die großen hier zu schützenden Interessen können leicht über die Wahl der gewöhnlichen Mittel hinaus führen. Doch sind nicht alle Mittel für erlaubt zu achten. Unsittliche sind entschieden zu verwerfen, und auch unedle, wie Denunciationen und Spione, sind der Regierung unwürdig und ihrem moralischen Ansehen nachtheilig, weil sie die Ansichten der höheren Behörden von den Berichten niedrig gesinnter Personen abhängig machen. Sie sind daher nur als Repressalien zu entschuldigen oder wenn einem geheimen die Existenz des Staates bedrohenden Feinde nicht anders beizukommen ist. Auf die Erhaltung der Einzelnen beziehen sich die polizeilichen Anordnungen zur Sicherstellung von Leib und Leben gegen die durch Absicht oder Leichtsinn Anderer drohenden Gefahren. Dazu gehören namentlich die Verordnungen gegen das Aushängen Gefahr bringender Gegenstände, ein Theil der Baupolizei, die Beaufsichtigung der Bergwerke und anderer für Leben und Gesundheit wichtigen Gewerbe, namentlich der Apotheken, auch die Vorschriften gegen das allzu frühe Beerdigen. Die Gewandtheit und rasche Hülfe, welche man von der Polizei erwartet, macht die Anstellung eines mannichfaltigen Personals nothwendig, das sich in diesem Dienste gegenseitig unterstützen muß. Auch sind besondere Maßregeln der Beaufsichtigung unentbehrlich, wozu namentlich das Paßwesen gehört.

433. Die Polizei in dieser Richtung auf Erhaltung und Sicherheit ist vorherrschend vorbeugend und abwehrend; sie trägt daher ein Princip des Mißtrauens an sich, welches, wenn sie damit zu nahe an die Individuen heran tritt, vorzüglich verletzend wirkt. Es muß daher bei deren Organisation und Ausführung die Aufgabe sein, die möglichst größte Sicherheit durch möglichst geringe Beschränkungen hervorzubringen. Insbesondere sind dabei die wesentlichen Freiheitsrechte, die Gewährleistung gegen willkürliche Verhaftung, die Wohnung, das Briefgeheimniß zu respectiren[1]). Auch müssen ihre Anordnungen gehörig zur öffentlichen

1) Man sehe darüber §. 295.

1) Man sehe §. 85. 107.

Kenntniß gebracht sein. Unvermeidlich ist, daß denselben eine Strafgewalt wegen Nichtbeachtung zur Seite stehe. Allein es ist für die bürgerliche Freiheit sehr wichtig, daß diese Strafgewalt nicht unmittelbar der polizeilichen Executivbehörde selbst, sondern auf deren Antrag einem Polizeigericht in vereinfachten judiciären Formen zustehe. Allerdings würde durch Jenes die Energie der Polizeiverwaltung sehr verstärkt. Allein es liegt doch der Mißbrauch allzu nahe; und es genügt für das praktische Interesse, wenn der Polizeibehörde das Recht der vorläufigen Verhaftung zusteht [2]).

γ) Die Pflege des physischen Wohles. A) Die Polizei der Lebensmittel.

434. Die Thatsache, daß der Mensch zu seiner Existenz täglich der Lebensmittel bedarf, die er sich jedoch nicht selbst erzeugen kann, macht dieselben zum ersten und wichtigsten Gegenstande des bürgerlichen Verkehrs. Dieser führt aber auch die Versuchung mit sich, denselben zur möglichsten Bereicherung zu mißbrauchen. Da die Consumenten Lebensmittel blos kaufen um zu leben und zu verzehren, nicht um daran zu verdienen, da also der übermäßige Gewinn ein solcher ist, welcher lediglich der Noth der Anderen und zwar der Aermsten wie der Reichsten abgepreßt wird und massenhaft auf die Gesellschaft drückt: so ist es durch das Interesse Aller geboten, daß hier die staatliche Fürsorge wachsam sei. Gewöhnlich ist dieses auch der erste Gegenstand, woran sich die Thätigkeit der Polizei entwickelt. Die Mittel zu jenem Zwecke sind theils directe theils indirecte. Die directen sind die Festsetzung bestimmter Brod- und Fleischtaxen, was aber wegen der Verschiedenheit der Güte auch manche Schwierigkeiten hat, und die Bestrafung des Wuchers. Die indirecten sind die Begünstigung

2) Anderer Meinung sind Stahl Philosophie des Rechts II, 2. § 166 (127), Bluntschli Allgemeines Staatsrecht Buch VII. Cap. 9., welche der Polizei ein durchaus selbstständiges Strafrecht vindiciren wollen. Allein ihre Unterscheidung zwischen den Polizeistrafen und den anderen höheren Strafen, zwischen Züchtigung und eigentlicher Strafe, ist in dieser Unbedingtheit nicht haltbar. Man sehe oben §. 420.

des Verkehrs, die Sorge für Concurrenz, besonders aber die rechtzeitige Anlegung von Getreidemagazinen von Seiten des Staates oder der Gemeinden, um bei steigender Theurung damit auf die Herabdrückung der Preise zu wirken, in äußersten Fällen auch Verbote der Getreideausfuhr. In jenes Gebiet der Polizei gehört ferner die Beaufsichtigung der Märkte gegen das Feilbieten verdorbener oder verfälschter Lebensmittel, und die Sorgfalt für richtiges Maß und Gewicht.

B) Die Sorgfalt für den gemeinen Wohlstand.

435. Der Mensch ist von dem Schöpfer auf die Gaben der Natur nicht blos zur Befriedigung seiner unentbehrlichsten Bedürfnisse, sondern auch für die Annehmlichkeit und Verschönerung seines Daseins angewiesen [1]). Diese Gaben werden in den mannichfaltigsten Formen durch den Fleiß Einzelner erzeugt und zubereitet, und an die Uebrigen, die derselben bedürfen, gegen irgend eine Gegenleistung veräußert. Der Mensch ist also, um seines Daseins sich zu erfreuen, wesentlich auf den Verkehr, also auf die bürgerliche Gesellschaft angewiesen [2]). Der Zustand, daß in einem Staate Alle oder doch die Meisten die Mittel besitzen, um sich das, was nach ihren Verhältnissen zu einem lebensfrohen Dasein gehört, von Anderen zu verschaffen, macht den bürgerlichen Wohlstand aus. Die Erhaltung desselben ist durch zweierlei bedingt. Erstens durch den gesicherten Besitz der Mittel, deren man zur Bestreitung der einer behaglichen Existenz entsprechenden Anforderungen bedarf. Zweitens durch Mäßigkeit und Sparsamkeit, kraft welcher man nicht über das Maß seiner Mittel hinausgeht. Jenes macht die physische, dieses die moralische Seite dieses Verhältnisses aus. Jene Mittel können aber doppelter Art sein. Entweder bestehen sie in einem bleibenden Vermögen, Grundstücken oder Capitalien, von deren Einkünften man lebt. Oder sie bestehen in einer persönlichen Thätigkeit höherer oder niederer Art, die

1) Man sehe §. 24. 37. 153. 154.
2) Man sehe §. 170. 171.

man Anderen gegen eine durch das Bedürfniß bestimmte Entgeltung leistet.

436. Die Natur hat in den Menschen die mannichfaltigsten Antriebe gelegt, um für die Beschaffung und Erhaltung der den Wohlstand begründenden Mittel selbst thätig zu sein, und daran hat sich die politische Kunst vor Allem zu halten. Die bürgerliche Gesellschaft kann jedoch darauf auch fördernd einwirken. Sie thut dieses unbewußt und von selbst schon dadurch daß sie ist, indem erst dadurch der den Wohlstand und dessen Werth bestimmende Austausch von Erzeugnissen und Leistungen möglich ist. Sie kann jedoch dafür auch absichtliche Veranstaltungen treffen, und dieses ist für sie sogar Pflicht. Erstens weil das Streben des Menschen nach irdischer Wohlfahrt im richtigen Maße ein durchaus berechtigtes ist[1]), und daher auch im Staate seinen Ausdruck und seine Berücksichtigung finden muß. Zweitens weil der bürgerliche Wohlstand auch die Unterlage und der Hebel der geistigen Entwicklung eines Volkes ist. Drittens weil derselbe auch die Kräfte des Staates als Ganzes vermehrt und verstärkt.

437. Die Mittel, wie die Staatspflege auf die Beförderung des Wohlstandes wirken kann, sind nun folgende. Erstens hat dieselbe vor Allem für die möglichste Erleichterung und Hebung des Verkehrs Sorge zu tragen, weil in der That sowohl die Bildung als der Genuß des Wohlstandes durch den Verkehr bedingt ist. Unter diesen Gesichtspunkt gehört zunächst die Einführung und Regulirung des geprägten Geldes, als des unentbehrlichsten Verkehrsmittels[1]). Das Münzwesen fällt daher wesentlich unter die Staatspolizei; eben so die Behandlung und Beaufsichtigung der Surrogate des Geldes, des Papiergeldes. Aus demselben Gesichtspunkt entspringt die Anlegung und Begünstigung der Wochen- und Jahresmärkte, die Sorgfalt für die Anlegung und den Unterhalt der öffentlichen Wege nach ihren verschiedenen dem Bedürfnisse entsprechenden Dimensionen, die Regulirung der

---

1) Man sehe §. 38.

1) Man sehe oben §. 173—175.

Benutzung der Ströme und Flüsse als Wasserstraßen, die Begünstigung und eigene Benutzung aller dem Verkehr dienlichen neuen Erfindungen, wie der Eisenbahnen, Posten, Telegraphen. Es wird dabei von den Umständen abhängen, ob die Staatsgewalt diese als Monopole in ihre eigene Hand nehmen, oder ob sie dieselben unter ihrer Aufsicht den Privaten überlassen will. Zweitens ist zwar die gleiche Vertheilung der materiellen Güter zu erreichen nicht möglich, und dieselbe würde vielmehr für die Gesellschaft verderblich sein [1]). Andererseits ist aber auch die allzu große Anhäufung von Vermögen in einer Hand und der daraus entspringende grelle Gegensatz von Reichthum und Armuth für die Gesellschaft ein Uebel, wogegen jedoch schwer Mittel zu finden sind. Zu diesen rechnet man die Beschränkungen des Erwerbes der todten Hand, der Fideicommisse und Majorate, wobei man aber mit anderen Gesichtspunkten in Conflict kommt [2]). Das Hauptmittel haben die ärmeren Klassen selbst in der Hand, wenn sie den Luxus der Reichen nicht mit machen, und diese sich daran zu ihrem Vortheil verbluten lassen. Drittens hat für die Erhaltung und Sicherung des Vermögens regelmäßig Jeder selbst zu sorgen. Doch kann auch hier die staatliche Fürsorge vielfach eingreifen. Dahin gehören vor Allem die Anstalten zum Schutz gegen Feuersgefahr und Wassersnoth; die Begünstigung der Assecuranzen, welche gegen die das Vermögen bedrohenden Zufälle Sicherheit und Ersatz gewähren. Ferner gründet sich auf diesen Gesichtspunkt das Institut der Vormundschaft, weil bei Unmündigen die Einmischung des Staates zur Sicherung des Vermögens gerechtfertigt ja selbst geboten ist. Auch die Einrichtung der Grund- und Hypothekenbücher, die Anstellung von Notarien und anderen Beamten der freiwilligen Gerichtsbarkeit sind aus der Fürsorge des Staates, das Eigenthum und die Rechtstitel des Vermögenserwerbes sicher zu stellen, hervorgegangen. Viertens hat die Regierung die Nahrungsquellen, besonders die der unteren Klassen, möglichst ergiebig

---

1) Man sehe §. 187. 188.

2) Man sehe §. 243.

zu erhalten, dazu auch aus Darlehnkassen Unterstützung zu gewähren, und in Zeiten außerordentlicher Noth aus eigenen Mitteln oder mit Beihülfe der Privatwohlthätigkeit für Beschäftigung und Verdienst der Arbeiter zu sorgen [3]). Fünftens gehört zur Pflege des gemeinen Wohlstandes auch die Sorgfalt für die Uebereinstimmung der Population mit der Productionskraft des Bodens und den übrigen Nahrungsquellen. Doch läßt sich im Falle des Mißverhältnisses schwer durch künstliche Mittel Rath schaffen, und es wird der eigenen Noth sich zu helfen überlassen bleiben müssen. Das einzige im Großen wirksame Mittel wird die Colonisation nach Außen sein, worauf daher die Staatspflege ihre Aufmerksamkeit zu richten hat [4]). Sechstens endlich muß die Regierung neben diesen auf die Erhaltung und Beförderung des Wohlstandes gerichteten physischen Mitteln auch auf die oben erwähnten moralischen, die Mäßigkeit und Sparsamkeit, bedacht sein. Darauf bezieht sich das wohlthätige Institut der Sparkassen. Doch wird dieser Seite der Staatspflege hauptsächlich die Schule und Kirche zu Hülfe kommen müssen.

438. Die staatliche Fürsorge für den gemeinen Wohlstand muß sich auch in der Aufmerksamkeit zeigen, welche sie den Quellen desselben, dem Ackerbau, den Gewerben und dem Handel, und den denselben entsprechenden Ständen zuwendet. Dieses ist so sehr in der Natur der Sache begründet, daß es sich in jedem Zustande der Gesellschaft in irgend einer Form kund giebt. Bei dem Ackerbau kommt zweierlei in Betracht. Das Erste ist, daß darauf die Erzeugung der unentbehrlichsten Lebensbedürfnisse beruht, an deren Fülle und Wohlfeilheit Jeder das dringendste Interesse hat. Diesem entspricht von Seiten des Staates das Bestreben, den Ackerbau möglichst zu heben, zu erleichtern und productiv zu machen. Daher die Förderung landwirthschaftlicher Kenntnisse durch Musterwirthschaften, ländliche Volksschulen, landwirthschaftliche Lehranstalten und Vereine; die Ermunterung zur verbesserten Cul-

---

3) Man sehe oben §. 78.

4) Davon handelt Taparelli Naturrecht II. §. 1110—1129.

tur durch Preisvertheilungen und Feste; das Betreiben der Consolidirung und Arrondirung des Grundbesitzes durch den Austausch zerstreuter Parcellen; die Sorgfalt für die Urbarmachung öder Ländereien; die Einrichtung von Creditanstalten zur Förderung landwirthschaftlicher Unternehmungen und Verbesserungen. Das Zweite ist das Interesse, welches die Wohlhäbigkeit des Bauernstandes nicht blos für ihn selbst, sondern für die ganze Gesellschaft hat. Dieses beruht besonders auf drei Punkten. Erstens weil der Bauernstand der zahlreichste Stand im Staate ist, dessen Wohlstand auf alle Zweige der Consumtion und dadurch auf Gewerbe und Industrie wesentlich zurückwirkt. Zweitens weil von der Wohlhäbigkeit des Bauernstandes dessen physische Kraft und Gesundheit abhängt, was für den Staat, namentlich für das Militärwesen, von der größten Wichtigkeit ist. Drittens weil es selbst eine Pflicht der Humanität ist, dem für die Gesellschaft wichtigsten Stande, auf welchem hauptsächlich deren Lasten ruhen, eine behagliche Existenz möglich zu machen. Alle die Hebung des Ackerbaues bezweckenden Einrichtungen wirken natürlich auch auf den Flor des Bauernstandes. Außerdem zielen dahin noch besondere Maßregeln. Die wichtigste ist die Sorge für den freien und möglichst vortheilhaften Absatz der landwirthschaftlichen Producte, also Einrichtung zweckmäßiger Getreidemärkte, gute Verkehrsmittel im Inlande, freie durch ein entsprechendes Zoll- und Handelssystem geschützte Ausfuhr ins Ausland. Früher lag in den gutsherrlich-bäuerlichen Einrichtungen Vieles, was direct oder indirect auf die Erhaltung des Flors der bäuerlichen Wirthschaften hinwirkte; und auch über die freien Bauern übten die Gerichte aus Rücksicht auf ihre gewöhnliche Unkunde der Rechtsverhältnisse eine vormundschaftliche Fürsorge, wodurch sie bei Veräußerungen und bei der Eingehung von Rechtsgeschäften beschränkt und gegen Nachtheil geschützt waren. Jetzt hingegen wird in der Freiheit des Bauernstandes und in dem Besitze eines freieigenen Grundstückes der Antrieb zu einem erhöhten Selbstgefühl und dadurch ein Mittel zur Hebung des Landbaues und des Bauernstandes gefunden. Demgemäß hat die staatliche Fürsorge den Weg eingeschlagen, die

Bande der Gutsherrlichkeit zu lösen und durch die Aufhebung der daraus herrührenden Reallasten möglichst ein freies unbelastetes Grundeigenthum herzustellen. Es muß jedoch jener persönlichen Freiheit eine angemessene Bildung zur Seite gestellt, und daher auf die Landschulen eine erhöhte Sorgfalt verwendet werden. Auch wird die Staatspolizei an der aus diesen Umwandlungen sich ergebenden Vermehrung des ländlichen Proletariats, Verschuldung des Bauernstandes und Nachtheilen der Zeitpachten neue Aufgaben zu lösen erhalten. Sowohl auf das Interesse des Landbaues als das des Bauernstandes bezieht sich auch die Frage nach der gesetzlichen Beschränkung oder Zulassung der Theilungen der Bauerngüter, worüber aber die Ansichten getheilt sind [1]).

439. Das Verhältniß der Staatspflege zu den Gewerben gründet sich auf zwei Gesichtspunkte. Erstens daß jedes Mitglied der bürgerlichen Gesellschaft der Erzeugnisse des Gewerbfleißes mehr oder weniger bedarf und an der Güte und Wohlfeilheit derselben interessirt ist. Zweitens daß die Gesellschaft auch an dem Wohlstand der Gewerbtreibenden interessirt ist, weil der Stand, der von der Handarbeit lebt, im Falle der Erkrankung und Verarmung unmittelbar der Gesellschaft zur Last fällt. Es handelt sich also darum, die Heranbildung guter Handwerker zu sichern und zum Betreiben eines Handwerkes nur solche zuzulassen, deren Geschicklichkeit dem Publikum gute Arbeit und ihnen selbst ein angemessenes Verdienst verbürgt. Zu diesen Zwecken ist die Mitwirkung des Handwerkerstandes selbst, also eine entsprechende Organisation desselben, und zur Niederlassung als Meister die Prüfung durch Fachgenossen nothwendig [1]). Zur höheren Ausbildung der Handwerker ist auch durch Gewerbschulen zu sorgen. Nicht minder zieht das Gewerbe im Großen, das Fabrikwesen, die Aufmerksamkeit des Staates in mehrfacher Hinsicht auf sich [2]). Das Eigenthümliche dabei ist, daß es sich um die massenhafte Anhäu-

---

1) Man sehe über alle diese Verhältnisse §. 226—228.

1) Man sehe §. 229—231.

2) Man sehe §. 200.

fung von Personen handelt, wobei nicht von Wohlstand sondern nur von der nothdürftigen täglichen Existenz die Rede sein kann, wo also Nahrungslosigkeit durch Krankheit, Alter, Stockung der Arbeit augenblicklich die grellsten und selbst für die öffentliche Ruhe gefährliche Folgen erzeugt. Die Regierung muß daher für den Fall der eintretenden Brodlosigkeit Fürsorge thun, die Errichtung von Sparkassen und Unterstützung der Arbeiter untereinander betreiben, die Fabrikherren zur Mitwirkung dazu und zu anderer Beihülfe anhalten, was dadurch gerechtfertigt ist, daß die Fabrik eine so eigenthümliche massenhafte und der Hülfe bedürftige Bevölkerung an den Ort herangezogen hat, wogegen der Fabrikherr in bösen Zeiten des Gewinnes eingedenk sein muß, den sie ihm in guten Tagen verschafft hat. Andererseits muß die Regierung die inländische Fabrikation als die Nahrungsquelle einer zahlreichen Bevölkerung begünstigen und schützen; durch Handelsverträge die ihr den Absatz ins Ausland sichern; durch Schutzzölle gegen eine allzu nachtheilige Concurrenz vom Auslande her; durch die Ertheilung von Erfindungspatenten; durch das Verbot der täuschenden Nachahmung von Fabrikzeichen; durch die Beförderung von Industrieausstellungen, welche den Wetteifer anregen und die ausgezeichneten Leistungen rasch bekannt machen.

440. Der Handel ist eine überaus wichtige Quelle des gemeinen Wohlstandes aus einem dreifachen Grunde: weil er den Producten des Bodens und des Kunstfleißes Absatz verschafft und dadurch die Producenten bereichert; weil er den Consumenten die Gegenstände, deren sie bedürfen, herbeischafft und in möglichster Wohlfeilheit liefert; endlich weil er eine große Zahl von Personen in den mannichfaltigsten Abstufungen beschäftigt und ihnen dadurch Nahrung und Gewinn bringt [1]). Er muß daher für die Staatspflege ein Gegenstand der größten Aufmerksamkeit sein. Diese zeigt sich zunächst in der Anbahnung und Beförderung der nationalen Verbindnngen, wodurch den Producten des Inlandes nach Außen hin ein vortheilhafter Absatz verschafft, oder für den

1) Man vergleiche dazu §. 232—234.

Bedarf aus dem Ausland vortheilhafte Bezugsquellen eröffnet werden. Dieses macht die Aufgabe der Handelspolitik aus, womit auch das System der Zölle in Beziehung steht. Ferner zeigt es sich in der Anordnung und Begünstigung der Einrichtungen, welche den kaufmännischen Verkehr fördern und sichern. Dazu gehört die Anstellung von Mäklern als mit öffentlicher Glaubwürdigkeit versehenen Mittelspersonen, gleichsam kaufmännischen Notarien; die Errichtung von Börsen als Mittelpunkten des kaufmännischen Verkehrs und der kaufmännischen Besprechungen; die Einsetzung von Handelsgerichten und Handelskammern; die besondere Glaubwürdigkeit der Handelsbücher; die Begünstigung der Handelsetablissements und Handelsgesellschaften und der Schutz der Handelsfirmen gegen Mißbrauch und Täuschung, aber auch die Sicherstellung des Publikums durch die Prüfung der Solidität neu entstehender Actiengesellschaften und durch Anordnung der Veröffentlichung aller in dem Personenbestand und anderen Verhältnissen einer Gesellschaft eintretenden, das Interesse Dritter berührenden Veränderungen.

C) Die Armenpflege.

441. Neben den Vortheilen, welche die bürgerliche Gesellschaft gewährt, steht aber auch ein großer Nachtheil, die Armuth. Dieses ist ein gesellschaftliches Uebel, welchem die Gesellschaft sowohl aus Gründen der Menschlichkeit als wegen ihrer selbst möglichst entgegenarbeiten muß. Dieses ist jedoch schwierig, weil die Verwaltung dazu der Mitwirkung sowohl der Wohlhabenden als der Armen selbst bedarf. In Beziehung auf Erstere ist vor Allem die Frage zu beantworten, ob dabei auf die Privatwohlthätigkeit zu rechnen, oder ob das Armenwesen als ein organisirtes öffentliches Institut lediglich aus den dazu umgelegten Armensteuern zu bestreiten sei. Für Letzteres spricht scheinbar, daß dadurch die Armenpflege mehr gesichert und äußeren Zufälligkeiten enthoben, und die Last wie billig auf Alle gleichmäßig vertheilt wird. Dennoch sprechen dawider wichtige Gründe. Erstens erfordert eine wirksame Armenpflege eine persönliche vom Gefühle der Nächstenliebe gelei-

tete Aufopferung und Hingebung, welche sich dem Geleise einer bureaukratischen Administration nicht nach Belieben einhauchen läßt. Zweitens werden dadurch die Armen als auf ein ihnen gesetzlich zustehendes Anrecht trotzig gemacht. Drittens verlangt dieses System gegen die arbeitsfähigen Armen einen mit unerbittlicher Strenge durchgeführten Arbeitszwang, weil man den Wohlhabenden nicht die gesetzliche Pflicht auferlegen kann, für arbeitsfähige Müßiggänger zu steuern. Viertens fordern die mit der Armensteuer Belasteten billigerweise den strengsten Schutz gegen das lästige Almosenfordern. Daher die schärfsten Maßregeln gegen die Bettler, und consequenterweise selbst Strafen gegen das Almosengeben, als wodurch die Bettelei zur Belästigung der Anderen fortwährend ermuntert wird. So wird durch dieses System auf der einen Seite der Sinn für Wohlthätigkeit, auf der andern das Gefühl der Dankbarkeit erstickt. Das Richtige ist daher, daß der Staat oder die Gemeinde, wenn sie auch der Armensteuer nicht leicht ganz entbehren können, diese doch auf das Minimum beschränken, und die Privatwohlthätigkeit möglichst beleben müssen, wozu die Religion und der Geist der Association die wirksamsten Hebel sein werden. Darin liegt eine Fülle moralischer und materieller Hülfsmittel, welche keine Verwaltungskunst auch nur annähernd zu ersetzen vermag.

442. Dieses vorausgesetzt, so handelt es sich bei der Armenpflege um drei Punkte. Der Erste ist die Unterstützung der unverschuldeten zur Arbeit unfähigen Armuth. Dafür muß die öffentliche wie die Privatwohlthätigkeit nach Kräften thätig sein. Es kommt jedoch dabei nicht auf das bloße Geben an, sondern es muß auch die richtige Verwendung des Gegebenen beaufsichtigt und durch Rath und That unterstützt werden. Dieses ist nicht leicht anders als durch Associationen ausführbar, deren Mitglieder je eine gewisse Zahl armer Familien zur Beaufsichtigung übernehmen. Jedoch müßten diese dann auch durch eine gewisse disciplinäre Autorität unterstützt werden. Noch besser ist es, wenn solche Armen in Armenhäusern untergebracht werden, worin die

gute Verpflegung mit einer gewissenhaften sittlichen und religiösen Disciplin vereinigt ist.

443. Der zweite Punkt ist die Behandlung arbeitsfähiger Bettler. Wenn diese von der Gesellschaft ernährt sein wollen, so ist diese auch gegen sie zu der Anforderung berechtigt, daß sie das ihrige dazu thun. Jedoch ist dabei zu unterscheiden, ob die Noth aus unverschuldeter Arbeitslosigkeit oder aus Arbeitsscheu herrührt. Im ersten Falle muß die öffentliche und Privatwohlthätigkeit für die Beschaffung von Arbeit thätig sein. Der in England eine Zeit lang zur Ausführung gebrachte Gedanke, solche Armen der Reihe nach in die Häuser der Wohlhabenden umzulegen, um dort für diese zu arbeiten, ist jedoch für die Hauswesen eine große Last und für die Gesundheit wie für die guten Sitten gefährlich. Im zweiten Falle befinden sie sich gegen die Gesellschaft in einem delictähnlichen Zustande. Daher ist diese zu ihrer Abwehr zu deren Einsperrung in einem Arbeits- und Correctionshause berechtigt, jedoch so daß die Arbeit immer nur gezwungene Beschäftigung nicht Strafe ist, und auch nach ihrem Werthe vergütet werden muß, weil auch gegen verschuldete Armuth immer die Pflichten der Humanität bestehen bleiben. Anweisung von Arbeit in Tretmühlen, wie in England, und dergleichen mag zur Abschreckung wirksam sein, erniedrigt aber den Menschen zum Thiere. Uebrigens muß in solchen Arbeitshäusern die sittliche und religiöse Disciplin doppelt strenge sein, wenn sie nicht zu Anstalten der völligen Verwilderung ausarten sollen.

444. Der dritte Punkt ist, den Ursachen der Armuth vorbeugend entgegen zu wirken. Hier öffnet sich für die staatliche Fürsorge ein weites jedoch schwieriges Feld. Das Nächste ist, den fleißigen aber durch Unfälle herabgekommenen Bürger durch eine angemessene Unterstützung im nahrungsfähigen Stande zu erhalten. Dazu dient die Errichtung von Darlehnskassen und überhaupt jede Beihülfe, welche noch die eigene Thatkraft und somit das bürgerliche Ehrgefühl in Schwung erhält. Insbesondere kann die Association dafür wirksam sein. Die Hauptsache ist aber immer, den Sinn für Häuslichkeit und Sparsamkeit zu pflegen und

gegen die denselben bedrohenden Gefahren zu schützen. Daher die angemessene Beschränkung der Wirthshäuser und öffentlichen Lustbarkeiten, des Luxus, die möglichste Vorkehrung gegen leichtsinniges und allzu frühes Heirathen. Das Meiste muß jedoch hier die Religion und Sitte thun; ohne deren Unterstützung ist die Polizei ohnmächtig, und muß dann lieber auf ihre Gegenwirkung verzichten, als sich in vergeblichen Anstrengungen zu erschöpfen. Es treten Zustände der Gesellschaft ein, wo man das falsche Freiheitsgefühl den Strafen seiner eigenen Verschuldungen überlassen muß [1]).

D) Die Sorgfalt für den Gesundheitszustand.

445. Zu der irdischen Wohlfahrt des Menschen gehört wesentlich auch die Gesundheit. Der Schutz und die Pflege derselben muß daher eine unerläßliche Aufgabe der öffentlichen Fürsorge sein. Diese hat sich in folgenden Punkten zu äußern. Der Erste und Wichtigste ist, der Entstehung und Verbreitung der Krankheiten möglichst entgegenzuwirken. Die Hauptsache muß dazu allerdings die Familie thun. Doch kann die Sanitätspolizei vielfach mitwirken, durch die Sorgfalt für reine Luft und gesundes Wasser, für den Abfluß der Straßen in den Städten, für Beseitigung der Kloaken und Sümpfe, für reinliche und gesunde Wohnungen der dürftigen Klassen, für gute Badeanstalten; durch das Verbot ungesunder Anlagen; durch geeignete Belehrung bei eintretenden Epidemien; durch die Durchführung erprobter Schutzmittel wie die Schutzpockenimpfung; durch die Anordnung von Quarantäne-Anstalten und dergleichen. Immer wird aber auch in diesem Zweige die Religion und Sittlichkeit mithelfen müssen, weil den tiefsten und geheimsten Feinden der Gesundheit, den Leidenschaften und

---

1) Ausgezeichnete Werke über diesen Gegenstand sind: Villeneuve de Bargemont Économie politique chrétienne ou recherches sur la nature, et les causes du paupérisme. Paris 1834. 3 vol., Naville De la charité légale, de ses effets, de ses causes et spécialement des maisons de travail. Paris 1836. 2 vol., Buret De la misère des classes laborieuses en Angleterre et en France. Paris 1841. 2 vol.

dem Laster, auf dem blos äußerlichen Wege nicht beizukommen ist. Zweitens hat die Staatsgewalt die Anstalten, welche eine große Anzahl von Personen auf eine die Gesundheit bedrohende Art beschäftigen, namentlich die Bergwerke und Fabriken, zu beaufsichtigen, und auf die angemessene Beschränkung der Arbeitsstunden mit unnachsichtlicher, allerdings oft schwer durchzuführenden Strenge zu halten. Drittens hat die Regierung dafür zu sorgen, daß die Erkrankenden nicht einer unwissenden und ungeschickten Behandlung Preis gegeben werden. Daher das Erforderniß einer Prüfung und öffentlichen Approbation für ausübende Aerzte, Wundärzte, Hebammen, Apotheker, die Erleichterung und Sicherung einer guten Pflege durch öffentliche Heilanstalten, Irrenhäuser und dergleichen. Viertens gehört hieher die Stärkung und Ausbildung der Körperkraft durch regelmäßige gymnastische Uebungen. Im Alterthum wurde darauf bei der Kindererziehung wesentlich gehalten [1]), und im Mittelalter waren bei den höheren Ständen von Jugend an die Beschäftigungen, Vergnügungen und Feste auf dieses Ziel gerichtet. Der Einfluß der Gesundheit und Körperkraft auf das sittliche und geistige Leben, die Wichtigkeit derselben für das Militärwesen, nehmen auch jetzt noch für diesen Gegenstand die öffentliche Fürsorge um so mehr in Anspruch, als sich in dem Fabrikwesen ein sehr gefährlicher Feind derselben erhebt. Die Hauptsache, freilich auch das Schwierigste ist, solche regelmäßige Körperübungen, da, wo sie am Meisten Bedürfniß sind, bei den unteren Klassen und beim Landvolk, ein- und durchzuführen.

δ) Die Pflege des geistigen Wohles. A) Aufgabe der Staatsgewalt.

446. Die Menschheit ist zu einer stets fortschreitenden Entwicklung und Vervollkommnung bestimmt [1]), und in demselben Verhältniß, wie diese Bestimmung erfüllt wird, nimmt auch das geistige, ja selbst das leibliche Wohl der Einzelnen zu. Umgekehrt ist es das von der Natur den Einzelnen eingepflanzte Streben nach

---

1) Davon handelt Aristoteles Politik VIII. 3. 4.

1) Man sehe §. 39.

Förderung ihres geistigen und leiblichen Wohles, wodurch der Fortschritt der Menschheit im Ganzen bestimmt wird. Diese reichhaltige Wechselwirkung und das daraus hervorgehende Wachsthum des allgemeinen wie des individuellen Wohles vollzieht sich in der bürgerlichen Gesellschaft, im Staate[2]). Diese darf sich jedoch nicht damit begnügen, das Gebiet darzustellen, auf welchem sich die Kräfte und Thätigkeiten der Einzelnen einander begegnen, verbinden und entwickeln; sondern sie wird und muß auch in dem Maße, als sie sich dadurch ihres Inhaltes und ihrer Aufgaben bewußt wird, zu der Pflege des physischen auch die des geistigen Wohles nach allen dessen der Natur des Menschen entsprechenden Beziehungen hinzunehmen. Darin öffnet sich der edelste aber auch schwierigste Theil der staatlichen Fürsorge.

B) Die Pflege der Sittlichkeit.

447. Der Mensch ist ein sittliches mit einer unsterblichen Seele begabtes Wesen[1]). Von dieser Seite gehört er wesentlich der überirdischen Weltordnung an, und es ist nach dieser Seite hin eine wesentliche Bestimmung seines irdischen Daseins sich darin durch seine sittliche Vervollkommnung zu dem überirdischen vorzubereiten und auszubilden[2]). Diese Beziehung und die ihr entsprechende Pflege der Sittlichkeit hat auch die staatliche Ordnung in sich aufzunehmen aus drei Gründen: weil sie der Ausdruck der überirdischen Weltordnung in dem irdischen Dasein ist[3]), weil sie alle, also auch die sittlichen Interessen des Menschen zu schützen und zu fördern hat[4]), und weil durch Sittlichkeit und Tugend das wahre Wohl des Menschen auch in seinem zeitlichen Dasein, also auch das des Staates, bedingt ist. Jene Thätigkeit der Staatsgewalt hat jedoch eine Schranke darin, daß sie auf den

---

2) Man sehe §. 43. 45. 46.

1) Man sehe §. 30.

2) Man sehe §. 40.

3) Man sehe §. 409.

4) Man sehe §. 95. 218.

letzten Antrieb des Sittlichen, die Gesinnung und das Gewissen, durch ihre Zwangsgebote nicht einwirken kann, sondern es kommt dabei wesentlich auf die freie, von der eigenen Ueberzeugung und Erkenntniß des Sittlichen geleitete Selbstbestimmung an[5]), welche Erkenntniß nur mit rein geistigen Mitteln, also durch die Moral und Religion, hervorgebracht und von der Kirche gepflegt werden muß [6]). Daraus folgt, daß die Staatsgewalt sittliche Handlungen blos als solche, wenn sie nicht zugleich Rechtspflichten sind, nicht bei Strafe gebieten kann, weil sie eben durch diesen Zwang deren Charakter und Verdienst als sittliche Handlung zerstören würde. Abgesehen von diesem directen Zwange kann und muß aber die Staatsgewalt ihrem ethischen Charakter entsprechend doch auf die Sittlichkeit theils positiv fördernd theils negativ abwehrend einwirken. Ersteres thut sie durch die Begünstigung und Unterstützung aller auf die Hebung der Sittlichkeit gerichteten Unternehmungen, Einrichtungen und Kräfte, also vor Allem der Religion und Kirche, weil darin der letzte Grund und die für den Staat unentbehrliche Pflege des Sittlichen ruht [7]). Es gehören aber dahin auch alle sittliche Zwecke verfolgende Vereine, wie die Mäßigkeitsvereine, die Vereine zur Verbreitung guter Bücher, zur Pflege sittlich verwahrloster Kinder, zur Besserung der Sträflinge. Es steht der staatlichen Fürsorge in dieser Richtung ein sehr weites und edles Gebiet offen, zu dessen Anbau sie aber auch in der Religion die nachhaltigste Beihülfe finden wird. Die Staatsgewalt kann aber auch zu solchen sittlichen Zwecken unmittelbar thätig sein, durch aufmunternde Belohnungen, durch die Beförderung guter sittlicher Volksbücher, durch die Auszeichnung würdiger Männer, sowohl Lebender als Verstorbener. Insbesondere aber muß der Staat allen seinen Einrichtungen und den dabei thätigen Beamten den Geist einzuhauchen suchen, daß deren Wirksamkeit überall den

---

5) Man sehe §. 16.

6) Gut bezeichnet dieses Verhältniß Bluntschli Allgemeines Staatsrecht Buch VII. Cap. 9.

7) Man sehe §. 261. 262. 263.

Ausdruck des sittlichen Pflichtgefühls an sich trage, und daß durch deren Beispiel dieser Geist möglichst allgemein werde. Es muß die Aufgabe des Staates sein, die sittliche Bildung mit allen ihm zu Gebote stehenden Mitteln so zu heben, daß das Rechte und Gute um ihrer selbst willen geübt und die Rücksicht auf Zwang ganz in den Hintergrund gedrängt wird [8]). Die abwehrende Thätigkeit der Staatsgewalt auf dem Gebiete des Sittlichen muß sich in zwei Richtungen äußern. Erstens darin, daß sie die der Sittlichkeit möglicherweise Gefahr bringenden Anstalten in der angemessenen Weise beaufsichtigt und beschränkt; so die Leihbibliotheken, das Schauspiel, die Schaubuden, das öffentliche Ausstellen von Kunstgegenständen, und die Presse, da die Preßfreiheit an der Sittlichkeit unbestreitbar eine unübersteigliche Schranke hat. Zweitens darin, daß sie die der Unsittlichkeit oder verderblichen Leidenschaften dienstbaren Unternehmungen, wie Bordelle, Spielhäuser, Hazardspiele, nicht duldet [9]).

448. Die der Staatsgewalt im Gebiete der Sittlichkeit gesetzten Schranken zeigen sich insbesondere in dem Falle, wo Einer durch unsittliche Handlungen oder durch ein unehrenhaftes Betragen das öffentliche Sittlichkeitsgefühl verletzt und sich in den Augen seiner Mitbürger herabsetzt, ohne doch grade wider die Strafgesetze zu verstoßen. Hiefür müßte es in einem vollkommen ausgebildeten Staate ein Sittengericht geben, welches als Organ der öffentlichen Meinung durch Rügen und Ehrenstrafen den Schuldigen bis zur Besserung aus der Reihe der ehrenhaften Bürger auszustoßen die Macht hätte. Ein solches Gericht war bei den Römern die Censur. Man erkannte dabei ganz richtig, daß die Handhabung einer solchen Macht nicht an formelle Gesetze gebunden werden könne, sondern dem Gefühle überlassen sein müsse, und daß daher die Garantie gegen deren Mißbrauch lediglich

---

8) Gut spricht darüber Ahrens Organische Staatslehre. Besonderer Theil. Kap. 1. §. 4.

9) Sehr bestimmt und scharf erklären sich in diesem Sinne auch Ahrens und Bluntschli.

lich in der Persönlichkeit zu finden sei, weshalb zu Censoren nur die anerkanntesten Ehrenmänner aus den Consularen gewählt wurden. Dieses ist der Grund, warum in unseren Zuständen eine solche Einrichtung kaum möglich ist. Es könnte jedoch ein Ersatz darin gefunden werden, wenn in jedem der verschiedenen bürgerlichen Stände und Lebenskreise aus den Genossen des Standes ein Ehrengericht oder Disciplinarrath gebildet würde, welcher über die Verstöße wider die besonderen Standespflichten wie gegen die allgemeine Ehrenhaftigkeit zu wachen hätte. So dürften sich, wie Ahrens richtig bemerkt, „auch in den geistigen Gebieten der Wissenschaft, Literatur, Presse, durch die Anwendung einer genossenschaftlichen Disciplin, Kräfte zur Unterdrückung und Verhinderung schlechter Richtungen, unsittlicher in Lüge, Entstellung und dergleichen sich kund gebenden Handlungen, finden lassen, welche die bisherigen Präventiv- und Repressivmaßregeln vergebens gesucht haben".

C) Die Pflege der Wissenschaften. a) Aufgabe des Staates.

449. Der Fortschritt, dessen der Mensch und die Menschheit fähig und wozu sie bestimmt sind, ist vor Allem durch die Fortschritte der menschlichen Erkenntnisse, und durch den daraus hervorgehenden Ausbau der Wissenschaften bedingt [1]. Durch das dem menschlichen Geiste von seinem Schöpfer eingepflanzte Streben nach Wahrheit und Erweiterung seiner selbst macht er alles ihm irgend Erreichbare, die Natur, den Menschen und seine Geschichte, die übersinnliche Welt, sich selbst, zum Gegenstande seiner Beobachtung und Forschung, und stellt die Resultate durch die Sprache und Schrift für Andere zur Anregung und weiteren Ausbildung dar. Indem so der Geist durch den Ausbau der Wissenschaften den Inhalt der Schöpfung immer mehr durchdringt und verstehen lernt, schreitet er nicht blos in der geistigen sondern auch in der sittlichen Vervollkommnung immer fort, in so fern ihn jede Wahrheit seinem Schöpfer und seiner Bestimmung näher bringt.

1) Man sehe oben §. 211.

So mit den höchsten geistigen und sittlichen Interessen des Menschen innigst verwachsen, müssen die Wissenschaften auch für den Staat ein Gegenstand der angelegentlichsten Fürsorge sein. Nicht minder auch für die Kirche, weil diese überall die Religion mit der wahren menschlichen Bildung zu einigen trachten muß. Beide werden also darin einander zu unterstützen und nöthigenfalls zu ergänzen haben.

450. Der staatlichen Einwirkung auf die Wissenschaften stellt jedoch die Natur des Gegenstandes wichtige Schranken entgegen. Die Werkstätte der wissenschaftlichen Thätigkeit ist das innerste Geistesleben, ihr Sporn der dem Geiste eingeborene Drang nach Wahrheit, ihr Ziel und ihre Befriedigung eine auf innere von ihr als unwiderleglich anerkannte Gründe gestützte Gewißheit. Die Staatsgewalt kann daher auf diesem Gebiete nicht als Autorität, sondern nur zur Unterstützung und Pflege des seinen Antrieben und Anstrengungen frei überlassenen wissenschaftlichen Geistes thätig sein. Selbst diese blos äußerliche Thätigkeit erfordert zu ihrer gedeihlichen Handhabung einen eigenen Verwaltungskreis, der aus Männern der Wissenschaft zusammengesetzt ist, und muß mit großer Umsicht und Beachtung der Freiheit der Wissenschaft gebraucht werden. Sie hat sich insbesondere in drei Punkten zu äußern. Erstens darin, daß sie den Erscheinungen der Literatur genau folgt, die wissenschaftlichen Verdienste ehrt, und ausgezeichnete Schriftsteller des Auslandes zu gewinnen sucht. Es handelt sich aber allerdings darum, daß sie das ächte Verdienst von dem Scheine zu unterscheiden verstehe, und nicht selbst absichtlich oder unbewußt einer einseitigen Richtung dienstbar sei. Zweitens hat die Staatsregierung junge talentvolle Gelehrte, wissenschaftliche Entdeckungen und verdienstvolle Unternehmungen mit Geldmitteln zu unterstützen, und für die Beschaffung öffentlicher Sammlungen und anderen wissenschaftlichen Materials Sorge zu tragen. Drittens muß sich der Staat der geordneten Ueberlieferung der Wissenschaften durch Unterrichtsanstalten annehmen. Es liegt zwar in den Menschen einerseits der natürliche Antrieb, das erworbene Wissen Anderen durch Unterricht mitzutheilen, und andererseits das Bedürfniß, den

Unterricht aufzusuchen. Allein das Unterrichtswesen eines Volkes bedarf, um wahrhaft fruchtbar zu sein, so sehr der Planmäßigkeit, der richtigen Vertheilung und dauernder Erfahrungen, daß es nicht lediglich der Privatfürsorge überlassen sein darf, sondern daß eine öffentliche Anstalt, der Staat oder die Kirche, es in die Hand nehmen muß. Dadurch tritt allerdings ein äußerer Organismus in das Gebiet der Wissenschaft ein; jedoch betrifft dieser, wohl bemerkt, nicht den Inhalt und Ausbau der Wissenschaften an sich; dieser muß immer der eigenen freien Bewegung und Entwicklung überlassen bleiben; er betrifft nur den Unterricht in denselben, also etwas Aeußerliches, das einer Organisation fähig und bedürftig ist. Es handelt sich dabei um drei Fragen: welcher Theil des Wissens Gegenstand des Unterrichts sein, in welcher Ordnung und Methode derselbe ertheilt werden, und wer ihn zu ertheilen berufen sein solle? Je mehr sich der Gegenstand des Unterrichts dem elementären Wissen nähert, je mehr derselbe also nur wiederholender und mechanischer Art ist, um desto mehr wird das Maß und die Methode äußerlich normirt werden können. Je höher er sich erhebt, um desto mehr wird der Selbstthätigkeit und Eigenthümlichkeit des Lehrers überlassen werden müssen. Jedenfalls ist aber das Lehren auf jeder Stufe ein so schwieriges Geschäft, daß dazu nur diejenigen zugelassen oder bestellt werden dürfen, welche ihre Fähigkeit dazu vor Männern des Faches dargethan haben. Das Einzelne ist nun nach den Stufen des Unterrichts verschieden.

b) Die Volksschule.

451. Die unterste Stufe ist die Volksschule, welche dem Kindes- und frühesten jugendlichen Alter bestimmt ist. Die erste Entwicklung der Gefühle und Begriffe, worauf alle Bildung beruht, erhält das Kind durch die Familie, und diese nach den tiefen Absichten der Natur angelegte Verbindung kann durch keine politische Kunst entbehrlich gemacht werden [1]). An sie schließt sich

---

1) Man sehe §. 118. 124. 143. 317.

aber die Volksschule ergänzend und weiter fortbildend an. Ihre Aufgabe ist theils Unterricht theils Erziehung. Der Unterricht begreift als für das ganze Volk bestimmt dasjenige, was die elementäre Grundlage jedes weiteren Wissens und das Bedürfniß einer jeden auch der untersten Stufe des bürgerlichen Berufes bildet, also Lesen, Schreiben, Rechnen und Uebung des Gedächtnisses; darüber hinaus ist mit Vorsicht nur dasjenige aufzunehmen, dessen Kenntniß für alle Schichten des Volkes, für den Bürger wie für den Landmann, bleibenden Werth hat und ihrem Gesichtskreise entspricht. Die Erziehung muß darauf gerichtet sein, das Herz und Gemüth, den Sinn für das Reine, Wahre und Edle in der dem Alter angemessenen Weise zu entwickeln. Dieser Theil ist noch wichtiger als der Unterricht, weil in dem Kindesalter die sittlichen Eindrücke am leichtesten eingehen und am dauerndsten wurzeln, und weil ein verwahrloster Unterricht leicht nachgeholt werden kann, eine verwahrloste Erziehung aber nicht. Hülfsmittel dazu sind ausgewählte passende Stücke für die Lese-, Schreibe- und Gedächtnißübungen, Denksprüche, biographische Züge, insbesondere auch der Gesang mit angemessenen Texten. Vor Allem wird aber die Religion und Kirche für die Erziehung wie der Familie so auch der Volksschule zu Hülfe kommen müssen und die Staatsgewalt muß ihr darin einen freien ungehinderten Einfluß einräumen. Eben deshalb muß die Volksschule den confessionellen Charakter genau berücksichtigen. Der Gedanke, in der Volksschule vom Schullehrer eine confessionslose blos natürliche Religionslehre vortragen zu lassen, würde sich für die Jugendbildung und dadurch für den Staat noch verderblicher erweisen, als das Vorhaben, die Volksschule von der Religion ganz zu emancipiren und den religiösen Unterricht lediglich den Familien und der Kirche anheim zu stellen [2]). Als Hebel der Erziehung ist auch die Erweckung und Pflege der nationalen und patriotischen Gesinnung zu gebrauchen; doch muß dieses mit Maß und Geschick

---

2) So erklärt sich sehr bestimmt auch Bluntschli Allgemeines Staatsrecht Buch IX. Cap. 9., Trendelenburg Naturrecht §. 211.

geschehen, damit es wirklich in die Herzen der Kinder eindringe und nicht zu blos äußerlichen Redensarten werde. So einfach diese Aufgaben scheinen, so hängt doch deren Lösung lediglich von der entsprechenden Tüchtigkeit der Schullehrer ab, und es muß auf diesen für den Staat so überaus wichtigen Stand die größte Sorgfalt verwendet und ihm auch ein seiner mühsamen Thätigkeit entsprechendes Einkommen gesichert werden. Die Bildung der Schullehrer wird am Besten in eigenen Seminarien betrieben werden. Mehr Kenntnisse, als zu ihrem Berufe gehört, erzeugen fast unvermeidlich Selbstüberhebung und Unlust an dem sich stets wiederholenden elementären Unterrichten. Das Wichtigste ist die Bildung ihres Charakters, daß sie ihren Beruf nicht als eine Nahrungsquelle, sondern aus Liebe zur Jugend mit christlicher Gesinnung und Hingebung unter den daran geknüpften Beschwerden und Entbehrungen treu und freudig üben. In diesem Geiste fassen die religiösen Orden denselben auf, und dadurch ist in der That die gedeihliche Wirksamkeit der Volksschule für Staat und Kirche bedingt [3]).

---

3) Die Erfahrungen der Neuzeit liefern dazu warnende Belege. Vortrefflich sagt darüber Bluntschli Allgemeines Staatsrecht Buch IX. Cap. 9: „Die Schullehrer werden auf den Seminarien mit Kenntnissen beladen, welche sie in der Volksschule nicht brauchen können oder nicht brauchen sollten. — Dadurch wird ein gelehrter Dünkel in ihnen gereizt und zugleich der ungestillte Durst nach höherem Wissen, das nicht in die Volksschule gehört. Diese verliert so, worauf Alles ankommt, ihre Einfachheit und ihre moralische Gesundheit, und geräth in einen überreizten Zustand. Viele Lehrer werden unzufrieden mit ihrer naturgemäß niedern und beschränkten, wenn auch noch so nöthigen und ehrbaren Berufsthätigkeit. — Manche werden sogar verleitet, sich für die Schöpfer einer neuen Cultur zu halten, und als die Begründer einer neuen Gesellschaft. — Es ist eine hochwichtige Erfahrung, daß in verschiedenen europäischen Staaten ein großer Theil der neu aufgeschossenen Schullehrer gegen die Kirche und den Staat zuweilen öffentlich, mehr noch im Stillen, feindlich gewirkt und eine verneinende und revolutionäre Stimmung in den untern Volksschichten verbreitet hat, und hier und da zu einem eng verbundenen Hülfscorps der Anarchie und Auflösung geworden ist. Diese Erfahrung darf der

452. Der Pflicht des Staates für den Volksunterricht zu sorgen, entspricht aber auch die Pflicht der Eltern, denselben für ihre Kinder wirklich zu benutzen. Diese Pflicht entspringt den Kindern gegenüber aus der Verpflichtung der Eltern für deren sittliche und geistige Ausbildung und die dadurch bedingte Nahrungsfähigkeit möglichst zu sorgen [1]), also auch die ihnen dazu dargebotenen Mittel, die sie sich nicht selbst geben können oder wollen, zu benutzen. Dem Staate gegenüber entspringt sie im Allgemeinen daraus, daß der Staat gegen die Einzelnen auch sittliche Aufgaben zu erfüllen hat [2]), insbesondere aber dadurch, daß die Unterlassung derselben nicht blos zum Nachtheil der Kinder und des Hauses, sondern auch des Staates selbst gereicht, indem aus einer unerzogenen unwissenden und nahrungsunfähigen Masse hinsichtlich der Bewachung und Verpflegung für den Staat die größten Lasten entstehen. Eine Obervormundschaft des Staates durch Aufstellung eines Unterrichtszwanges ist also durch das Interesse der Einzelnen wie des Ganzen durchaus gerechtfertigt [3]). Ein staatliches Monopol anf die Volksschule folgt freilich daraus nicht, sondern es muß der natürlichen Freiheit gemäß den Eltern der Ersatz derselben durch häuslichen Unterricht und Privaten die Errichtung von Elementarschulen möglich sein, wenn dieselben dem Staate die zur Erfüllung ihres Zweckes nöthigen Bürgschaften darbieten.

c) Die mittleren Schulen.

453. Auf der von der Volksschule zu legenden für Alle nothwendigen Grundlage erheben sich die besonderen den materiellen

---

moderne Staat nicht leichtsinnig gering schätzen; denn der Boden, auf dem er steht, wird so unbemerkt überall untergraben und Unkraut gesäet, das, wenn es aufgegangen ist, schwer wieder ausgerottet werden kann."

1) Man sehe §. 142. 143.

2) Man sehe §. 446.

3) Uebereinstimmend sind darin auch Bluntschli Allgemeines Staatsrecht Buch IX. Cap. 9., Ahrens Organische Staatslehre. Besonderer Theil. Cap. 1. §. 4., Trendelenburg Naturrecht §. 211.

und geistigen Bedürfnissen des Menschen entsprechenden Gegenstände des Wissens, und die darauf bezüglichen Unterrichtsanstalten. Davon sind drei Stufen zu unterscheiden. Die unterste betrifft die Kenntnisse, welche zum Betriebe des rein materiellen und mechanischen Berufs- und Nahrungszweiges, dem Landbau und den Handwerken, gehören. Diesen entsprechen die landwirthschaftlichen und Gewerbschulen. Der Zweck derselben ist, die Kenntnisse und technischen Vortheile, welche man sonst durch die Uebung erwirbt, methodisch beizubringen, was jedenfalls abkürzt und weiter führt. Jedoch müssen dieselben, jedem gelehrten Anstriche fern, in einfacher derber Weise blos auf das Praktische gerichtet sein. Von einem Zwange, sie zu besuchen, kann natürlich nicht die Rede sein. Die zweite Stufe begreift die Kenntnisse, die zwar auch rein praktischen Berufszweigen zugewendet sind, jedoch Solchen, die als mehr kunstmäßig einen größeren Apparat wissenschaftlicher Vorbereitung bedürfen, wie das Bauwesen nach seinen verschiedenen Zweigen, die Feldmesserkunst, der Bergbau, das Maschinen- und Fabrikwesen, die Handelskunde. Diesen entsprechen höhere technische Schulen, die sich in den oberen Klassen auch bis in die höchsten Regionen der mathematischen und physikalischen Wissenschaften erheben können. Ein Zwang solche Schulen zu besuchen und sich über die dort erworbenen Kenntnisse auszuweisen, ist gegen Solche gerechtfertigt, welche sich mit einer Profession dem Publikum anbieten, wobei, wie bei den Baumeistern und Bauunternehmern, dessen Sicherheit betheiligt ist. Die dritte Stufe begreift die Kenntnisse, welche die Grundlage der gelehrten Bildung ausmachen, sei es für Solche, welche sich einem besondern Fachstudium widmen, oder für Solche, welche sich eine höhere wissenschaftliche Bildung um ihrer selbst willen aneignen wollen. Diesen entsprechen die gelehrten Schulen. Die Grundlage derselben ist das Studium der klassischen alten Sprachen, theils wegen der durch nichts zu ersetzenden bildenden Kraft, welche dasselbe an sich ausübt[1]), theils

---

1) Richtig sagt Dahlmann Politik §. 264: „Karl V. hat doch darin Recht, daß der Mensch so viele Seelen hat, wie er Sprachen versteht. —

als Schlüssel zum Verständniß der hohen Vorzüge des Alterthums und der Bedeutung, die es als das eine Element unserer Cultur besitzt. Gleichwie aber die Werke des Alterthums durch die Kirche erhalten und überliefert worden sind, so ist daneben in den gelehrten Schulen auch das Christenthum und die christliche Wissenschaft als das andere Element unserer Bildung zu pflegen [2]). Die Methode muß dem Alter der Schüler und ihrer Bildungsstufe gemäß, so eingerichtet sein, daß der Unterricht sich nicht auf den freien Vortrag beschränken darf, sondern mit der steten Uebung der Schüler und der Anspannung ihrer Thätigkeit und Aufmerksamkeit verbunden sein muß [3]). Es kommt aber in diesem Jugendalter nicht blos auf Unterricht sondern wesentlich auch noch auf Erziehung an; also wie in der Familie auf Autorität. „Es muß daher in den Händen der Lehrer eine starke disciplinäre Gewalt ruhen“ [4]), welche, wo die moralischen Antriebe des Pflicht- und Ehrgefühls nicht zureichen, mit Ernst und Strenge einschreiten

---

Eine Sprache aus dem Grunde lernen, heißt denken lernen; die Naturgeschichte mehrerer Sprachen vergleichen können, lehrt von dem Innern der Völker verstehen, was in keiner politischen Geschichte steht.“

2) Sehr schön sagt Dahlmann Politik §. 291.: „Alle höhere Bildung und namentlich auch der Fortschritt in bewußter Staatsbildung ist dem neueren Europa durch das Christenthum und mit ihm geworden. — Die christliche Vorzeit hat Gliedmaßen unseres Daseins geschaffen, denen wir nicht entsagen können, auch wenn wir wollten. Als die Franzosen in der Revolution mit der allen Christen gemeinsamen Zeitrechnung auch die Wocheneintheilung verwarfen, welche das Christenthum aus dem Judaismus auf uns gebracht hat, kündigte sich solch ein Wollen an; aber sie hätten auch der nothwendigen Einheit der Ehe, dem Nichtaussetzen der Kinder, dem tieferen Principe des Strafrechts, der Nächstenliebe über den Staat hinaus, sie hätten der Grundlage ihrer ganzen Bildung entsagen müssen, um ihre vermeinte Höhe zu erreichen.“

3) Gegen die Neigung, die Methode der Universität in der Schule nachzubilden, erklärt sich sehr scharf Dahlmann Politik §. 271.

4) So sagt Dahlmann, der sich mit scharfem Tadel gegen die Verweichlichung der neueren Schuldisciplin ausspricht.

darf, was sich freilich nicht durch Instructionen und Gesetze normiren läßt.

b) Die Universität.

454. Auf der von den gelehrten Schulen gelegten allgemeinen wissenschaftlichen Grundlage erhebt sich der Ausbau der einzelnen Wissenschaften bis zu der höchsten Spitze hin. Dieser geschieht durch die Gelehrten, welche dafür theils durch wissenschaftliche Werke theils durch Lehren thätig sind. Aus der Vereinigung solcher lehrenden Gelehrten entstehen die Lehranstalten der obersten Stufe. Die Aufgabe derselben ist theils die, den Inhalt einer Wissenschaft nach dem dermaligen Standpunkt des Wissens dem dazu reifen Lebensalter vorzutragen und gemeinnützig zu machen; theils aber auch die, die Wissenschaft durch die in dem Unterricht und in literarischen Arbeiten niedergelegten Forschungen weiter zu führen, und Andere zu dieser Thätigkeit aufzumuntern. Beides kann für jede einzelne Wissenschaft zur Noth in an verschiedenen Orten zerstreut liegenden Specialschulen geschehen. Die Vereinigung derselben zu einer großen Gesammtlehranstalt, zu einer Universität, hat jedoch entschieden für sich, erstens, daß die einzelnen Wissenschaften doch nur Theile des großen Gesammtorganismus des Wissens sind und sich unter einander berühren; zweitens, daß eine solche Vereinigung für den Lehrer wie für die Lernenden den Blick erweitert und die Vielseitigkeit fördert; drittens, daß mit der Fachwissenschaft eine höhere allgemeine Bildung durch philosophische, historische oder philologische Studien zu verbinden für jeden Stand und Beruf und zum Theil selbst für den Staat von Wichtigkeit und Interesse ist. Es sind aber die Wissenschaften überhaupt in zwei Hauptklassen einzutheilen, in diejenigen, welche die irrationale Natur, und diejenigen, welche den Menschen zum Gegenstande haben. Erstere sind die mathematischen und physikalischen Wissenschaften. Letztere beziehen sich entweder auf den Menschen als physisches Wesen, die Heilkunde; oder auf den Menschen als Geist. Diese beschäftigen sich entweder mit dem menschlichen Geiste an sich, die Philosophie;

oder mit der Erscheinung des Geistes im Staate, die Rechts- und Staatswissenschaften; oder mit der Erscheinung des Geistes in der Geschichte, die historischen und philologischen Wissenschaften; oder mit der Beziehung des Geistes zu Gott und dem jenseitigen Leben, die Theologie. Das Gebiet der Wissenschaft zerfällt also in die Theologie, die Rechts- und Staatswissenschaften, die Heilkunde, die philosophischen, die historischen und philologischen, und die mathematischen und physikalischen Wissenschaften.

455. Das Wesentliche der Universitäten ist der Geist der wissenschaftlichen Forschung, der in allen diesen Gebieten bis an die äußersten Gränzen vordringt, sich in rastlosem Eifer neue Bahnen und neue Methoden schafft, und mit Liebe und Hingebung für die Ueberlieferung der Wissenschaften an die junge Generation zu deren Anwendung und weiteren Ausbau thätig ist. Dieser Geist und diese Bahnen können von der Staatsregierung nicht vorgezeichnet werden; denn woher sollte dieser diese Einsicht und Weisheit kommen? Er kann nur in dem Lehrkörper selbst erzeugt, gepflegt und überliefert werden. Dieser kann daher auch nur durch sich selbst ergänzt werden, und zwar in doppelter Weise. Erstens dadurch, daß er die neu angehenden Lehrer in seiner Mitte ausbildet, über deren erlangte wissenschaftliche und Lehrbefähigung entscheidet, und sie als angehende Lehrer unter ihrer Aufsicht zuläßt. In dieser Function, da sie rein wissenschaftlicher Art ist, muß der Lehrkörper von der Staatsgewalt ganz unabhängig sein. Zweitens dadurch, daß er auch zur Berufung und wirklichen Anstellung der Lehrer in seiner Mitte mitwirkt. Jedoch machen die Gefahren einer gewissen Einseitigkeit, der persönlichen Gunst und Mißgunst, und selbst die finanziellen Erwägungen die Concurrenz der Staatsregierung in hohem Grade rathsam. Nur muß die dabei thätige Behörde auch selbst den entsprechenden hohen und unparteiischen wissenschaftlichen Standpunkt einzunehmen bedacht und befähigt sein.

456. Eine andere Einwirkung der staatlichen Fürsorge auf die Universitäten als die zur angemessenen Besetzung der Lehrstellen, zur Herbeischaffung der materiellen Mittel, zur Feststellung des

Schematismus der Lehrvorträge und ähnlicher Aeußerlichkeiten ist dem Geiste dieser Verhältnisse zuwider. Eine Bevormundung des Inneren der Wissenschaft widerstrebt ihrer Natur; sie muß ihrer eigenen freien Bewegung überlassen sein. Jedoch hat diese Freiheit wie jede vernünftige Freiheit ihre innere und äußere Gränze. Gegen den Irrthum ist allerdings regelmäßig auf die berichtigende Kraft der Wissenschaft selbst zu vertrauen und diese dazu aufzubieten. Wenn jedoch der Irrthum seinen Sitz in den Regionen aufschlägt, wo die unmittelbaren Triebfedern der Handlungen ruhen, wenn er hier die Gemüther der Religion, der Sittlichkeit, der bürgerlichen Ordnung entfremdet: so darf die Staatsgewalt dessen Lehre nicht dulden, weil es ein innerer Widerspruch wäre, die Handlungen zu bestrafen, die vergiftete Quelle aber, woraus diese Handlungen fließen, unter ihrer Aufsicht und Pflege bestehen zu lassen. Ueber diese schwierige und allerdings mit Umsicht zu behandelnde Frage spricht sich ein freisinniger Schriftsteller folgendermaßen aus: „Wenn die Lehre in offene Feindschaft ausartet gegen die Grundlagen der Staatsordnung und des Rechts, wenn zum Beispiel die Revolution als das wahre Princip der Politik, der Communismus als das berechtigte System des Privatrechts von dem Katheder der Universität gelehrt wird, oder wenn die Lehre in augenfälligen Widerspruch geräth mit der ganzen Bestimmung der Anstalt, wenn zum Beispiel in der theologischen Facultät auf Zerstörung des Christenthums hingearbeitet, oder wenn die öffentliche Moral durch unsittliche Vorträge beleidigt und verletzt wird, dann beginnt das Recht des Staates, nicht bloß durch Hebung der entgegengesetzten Geisteskräfte, sondern gradezu hemmend solchem Mißbrauch zu wehren; und vergeblich beruft man sich da auf Lehrfreiheit, wo die Verkündigung der Lehre zum Unrecht wird gegen den Staat und gegen die Anstalt, welche ihr die Freiheit gewährt haben. Das Lehramt des Professors ist ein öffentliches, seine Lehrfreiheit daher auch durch die nothwendigen Rücksichten der öffentlichen Ordnung und Wohlfahrt beschränkt. Würde der Staat ruhig zusehen, wie ein großer Theil der jugendlichen Generation, von deren Ausbildung sein eignes

Schicksal zu großem Theile bestimmt werden wird, dem geistigen und sittlichen Verderben und von Lehrern zugeleitet wird, die überdem mit öffentlicher Autorität ausgerüstet, von ihm selbst der Jugend empfohlen worden sind, so würde er an der Jugend sich schwer verschulden und an sich einen Selbstmord begehen" [1]).

457. Es handelt sich aber bei den Universitäten nicht blos um die Lehre und die Lehrer; es handelt sich wesentlich auch um die akademische Jugend; denn von dieser hängt die Zukunft der Wissenschaft und zum Theil die des Staates ab. Für sie soll die Universität die letzte Vorbereitungsstufe sein, von welcher sie, ausgestattet mit den für den erwählten Lebensberuf nöthigen Kenntnissen und mit der im Umgang mit den Wissenschaften erworbenen höheren Gesinnung, in das bürgerliche und öffentliche Leben übertreten soll. Es muß ihr daher das Maß der Freiheit und Selbstbestimmung eingeräumt sein, welche dem vorgeschrittenen Jugendalter entspricht und zur kräftigen männlichen Ausbildung des Geistes und des Charakters unerläßlich ist. Diese Freiheit schließt jedoch die Einwirkung der Staatsgewalt nicht aus, wodurch die Studien in die richtigen Bahnen geleitet und vor Abwegen bewahrt, und wodurch dem jugendlichen Alter kostspielige Erfahrungen und die Reue einer nutzlos verlorenen Zeit erspart werden [1]). Der Staat hat darin nach dem Uebergewicht seiner besseren Einsicht gegen die Studierenden wie gegen deren Eltern Pflichten, womit er es nicht leicht nehmen darf. Der edelste Ausdruck der akademischen Freiheit und Eigenthümlichkeit ist die akademische Sitte. Diese in ihrer Reinheit gedacht beruht auf dem Gefühle, daß die Hingebung an die Wissenschaft und der tägliche Umgang mit den Studien Geist und Gemüth über das Gewöhnliche hinaus heben, und ihnen eine edlere Lebensanschauung und Lebensauffassung mittheilen, die sich auch in dem Verhalten der Studierenden

---

1) Bluntschli Allgemeines Staatsrecht Buch IX. Cap. 11.

1) Bluntschli Allgemeines Staatsrecht Buch IX. Cap. 11. sagt: „Die Lernfreiheit auf Seite der Studenten — darf nicht als Freiheit nicht zu lernen mißverstanden werden."

sowohl unter sich als nach Außen abspiegeln soll, und ihr darin ohne Unterschied des Standes und der Geburt gleiche Pflichten und gleiche Rücksichten auferlegt. Abneigung gegen alles Unedle und Gemeine, Achtung vor der Wissenschaft und ihren Vertretern, Wahrhaftigkeit und Treue, Gemüthlichkeit, Heiterkeit und jugendliche frische Lebenslust sind die Grundzüge, die sich darin zu einem anmuthigen Bilde mischen. Sie ist das große Erziehungsmittel, welches einerseits vor pedantischem Schulwesen andererseits vor Rohheit schützt, und wodurch die Universität dem Staate nicht blos zur Wissenschaft abgerichtete Köpfe, sondern auch Charaktere liefern soll [2]). Auch das leicht reizbare jugendliche Ehrgefühl nimmt darin eine Stelle ein, und kann nicht anders als durch genossenschaftliche Ehrengerichte in die richtigen Bahnen geleitet werden. Wie weit auch die Wirklichkeit von jenem Bilde entfernt sein mag, so birgt sie doch einen gewissen Kern, auf dessen Bewahrung und Ausbildung man sorgfältig bedacht sein muß.

e) Die Akademie.

458. Zur Förderung des Glanzes der Wissenschaften dient auch die Stiftung von Akademien. Der Gedanke dabei ist der, eine aus den anerkanntesten wissenschaftlichen Größen zusammengesetzte Körperschaft zu schaffen, die schon durch ihr Dasein die der Wissenschaft gezollte Ehre bezeugt, und ihre Mitglieder, wo möglich auch Andere, zu einer die Wissenschaft bereichernden und erweiternden schriftstellerischen Thätigkeit anregen soll. Diese äußert sich hauptsächlich in einer dreifachen Weise: durch Vorträge, welche

2) Sehr scharf spricht sich Dahlmann Politik §. 264. über die Nachtheile des bloßen Wissens für den Charakter aus. „Die Kluft zwischen Wissen und Können, Kraft des Verstandes und Kraft des Charakters, ist ungeheuer groß geworden. Die am meisten von Tapferkeit lesen und lehren, sind sie tapfer? bringen sie wirklich dem Vaterlande Opfer? Ist nicht die Mehrzahl der Wissenden mit ihrem Wissen mehr äußerlich behängt als davon durchdrungen, gehemmt dadurch in ihrer Bewegung, statt daß der Widerschein der edelsten Beschäftigungen sich in jeder That des wahrhaft Wissenden abspiegeln sollte?"

die Mitglieder in periodischen Sitzungen zu halten verpflichtet sind und welche nach dem Charakter der Versammlung den Stempel der Meisterschaft an sich tragen sollen; durch wissenschaftliche Werke, welche die Akademie anregt, mit pecuniären Mitteln unterstützt und unter ihren Auspicien erscheinen läßt; endlich durch Preisfragen, welche sie aufstellt und censurirt. Eine eigentlich schöpferische Thätigkeit können aber die Akademien als solche nicht haben, da alle tüchtigen wissenschaftlichen Leistungen doch zuletzt den Individuen angehören, und deren etwaige Eigenschaft als Akademiker darauf sicherlich nur einen geringen Einfluß hat. Dennoch können sie durch ihre anregende Thätigkeit und durch die unter den Gelehrten bewirkte engere Verbindung immer einen heilsamen Einfluß ausüben, wenn sie in großartiger Weise in ihrer Zusammensetzung die ächte Universalität der Wissenschaft darstellen, und keiner einseitigen befangenen Richtung dienstbar sind. Der Gedanke, die Akademie zu einem wissenschaftlichen Centralorgane zu machen, welches der Staatsgewalt in ihren Beziehungen zur Wissenschaft berathend und erleuchtend zur Seite stände, ist aber gewiß unausführbar, da die Wissenschaft selbst gegen eine solche Autorität, würde sie auch noch so leise gehandhabt, gewiß reagiren würde [1]).

D) Die Pflege der Kunst.

459. Aus dem in der Tiefe der menschlichen Seele eingepflanzten Schönheitssinn erheben sich in den mannichfaltigsten Richtungen die Regungen und Schöpfungen der Kunst, üben nach der Anlage der menschlichen Natur auf die Sitten, die Charaktere und die Beschäftigungen einen tief gehenden Einfluß aus, und werden zu den edelsten Bedürfnisseu der gebildeten Gesellschaft [1]). Dadurch tritt auch die Kunst in den Kreis der Staatspflege ein. Ihr inneres Gebiet muß allerdings frei sein; Autorität ist hier

---

1) Jenes ist die Idee von Bluntschli Allgemeines Staatsrecht Buch IX Cap. 12., der übrigens den Werth der Akademien sehr richtig beurtheilt.

1) Man sehe §. 36. 217.

noch weniger zulässig als im Gebiete der Wissenschaft, weil in diesem Vieles doch auf beweisbaren Begriffen, die Kunst aber auf innerer Anschauung und Begeisterung beruht. Die Staatspflege kann daher nur durch äußerliche Förderung thätig sein. Dazu gehört die Unterstützung angehender talentvoller Künstler, die Gründung von Kunstschulen und Kunstakademien, die Anlegung von Kunstsammlungen, die Unternehmung großer Kunstwerke, besonders solcher, welche die Kräfte der Privaten übersteigen. In allen Gebieten der Kunst bietet das Religiöse die reichsten und tiefsinnigsten Motive dar, und auf diese Richtung hat die Staatsgewalt in Vereinigung mit der Kirche eine vorzügliche Pflege zu verwenden, weil sie am tiefsten und unmittelbarsten in das Gefühl und Verständniß des Volkes eingreift und am Meisten bildend wirkt. An sie schließt sich die staatliche und vaterländische Kunst würdig an in Bildsäulen, Gemälden, Monumenten, öffentlichen Gebäuden. Ueberall, wo sie kann, soll die Staatsgewalt auf guten Geschmack bedacht sein, weil dieser unmerklich den Sinn des Volkes bildet und veredelt. Einen tiefen Einfluß auf die Sitten und den Charakter kann richtig behandelt die Musik ausüben [1]; doch hat sich diese der Einwirkung des Staates ganz entzogen, kann und muß aber in der Volksschule noch ein Gegenstand besonderer Aufmerksamkeit sein. Auch das Theater, diese große Bildungsschule der Alten, ist fast nur zu einem Mittel des Zeitvertreibes und Sinnenreizes herab gesunken.

E) Die Pflege der geistigen Erheiterung.

460. Wenn die Heiterkeit bei dem einzelnen Menschen unbestreitbar ein Zeichen der geistigen Gesundheit und des inneren Gleichgewichts ist, so ist dieses eben so beim Volke als Ganzes. Sie muß daher aus Gründen der Humanität wie der Staatsklugheit so gut wie die leibliche Gesundheit ein Gegenstand der Staatspflege sein. Die Hauptsache soll allerdings aus dem Geiste des Volkes selbst kommen, der sich von selbst seine eigenen Formen

1) Davon handelt sehr umständlich Aristoteles Politik VIII. 3. 5. 6. 7.

und Bahnen schafft [1]). Doch muß die Staatsgewalt möglichst leitend und veredlend einzuwirken bemüht sein. Die große Gefahr trägt freilich diese Geistesrichtung des Volkes in sich selbst durch die leichte Neigung zum Uebermaß und zur Rohheit, wodurch sich die gebildeten Stände davon abwenden. Diesen Ausartungen hat daher die Polizei mit Energie entgegen zu treten. Das Wichtigste ist allerdings im Volke selbst den Sinn für Maß und Schicklichkeit zu bilden. Dazu müssen vor Allem die Familie, dann die Schule, das Beispiel und Ansehen der höheren Klassen, aber auch geeignete öffentliche Ermahnungen mit Berufung an das Ehrgefühl, thätig sein. Wenn aber Volksfeste unheilbar in Rohheit ausarten, so ist es für den gebildeten Staat Pflicht, sie mit Kraft zu unterdrücken.

---

1) Man sehe §. 219—223.

Drittes Kapitel.

Die Menschheit.

I. Idee der Menschheit.

461. Die Idee des Staates, so erhaben sie auch gefaßt werden mag, befriedigt den Geist nicht. Er fühlt, daß die Nationalität doch immer etwas Beschränktes ist, und empfindet den Drang, sich über dieselbe zu erheben. Indem die philosophische Betrachtung diesem Triebe folgt und sich denselben klar macht, steigt sie auf zur Idee der Menschheit als einer alle Völker und Staaten umfassenden Einheit. So erhebt sich über der Nationalität die Idee der Humanität, welche für den Geist wie für das Herz die Quelle der edelsten und erhabensten Empfindungen und Anschauungen ist. Indem sich der Einzelne nicht mehr als ein vereinzeltes zufälliges Wesen, sondern als Glied eines großen Ganzen fühlt und weiß, nimmt er auch an Allem, was die Menschen irgendwie berührt, Antheil. Dieser Antheil manifestirt sich in der Sphäre der Empfindung in der Form der allgemeinen Menschen- oder Nächstenliebe, welche die höchste und edelste Blüthe des menschlichen Gefühls ist. In der Sphäre des Geistes offenbart er sich in der Form des cosmopolitischen Interesse, worin sich die höchste und edelste Blüthe der Geistesbildung darstellt. Die reale Unterlage für die Idee der Menschheit als einer Einheit ist aber die Abstammung der Menschen von einem einzigen Stammelternpaare [1]); ohne diese ist jene Idee nur eine Fiction. Eben

1) Man sehe darüber §. 38.

darum haben die Völker des Alterthums, weil sie, mit Ausnahme der Juden, die Erinnerung an jene einheitliche Abstammung verloren hatten, auch die Idee der Menschheit nicht gekannt oder nur dunkel geahnet. Die Herstellung derselben zum allgemeinen Bewußtsein ist das Werk des Christenthums, welches eben dadurch die Grundlage einer ganz neuen geistigen Auffassung, der Humanität und cosmopolitischen Anschauung, überhaupt der Philosophie der Menschheit geworden ist [2]).

II. Der menschheitliche Verkehr.

462. Die Idee der Menschheit beruht aber nicht in der bloßen Sphäre der Speculation, sondern die Natur selbst hat eine Menge Beziehungen und Bedürfnisse geschaffen, wodurch Thätigkeiten geweckt werden, welche über den Bereich des einzelnen Staates und Volkes hinausgehen, auf andere Nationen einwirken, unter denselben Verkehr und Verbindungen anregen, und dadurch den Willen des Schöpfers bekunden, daß die Völker sich nicht auf

---

2) Guizot L'église et la société chrétiennes chap. 14. Le christianisme a fait deux choses également grandes et nouvelles. Il a placé la simple qualité d'homme en dehors et au-dessus de toute circonstance accidentelle et locale, en dehors et au-dessus de la nationalité comme de la condition sociale. Selon la foi chrétienne, l'étranger est un homme et possède les droits inhérents à la qualité d'homme, aussi bien que le compatriote. En même tems que son origine est divine, l'idée fondamentale du christianisme est essentiellement et par excellence humaine. Sous l'empire de cette idée, le christianisme a considéré tous les hommes, tous les peuples comme liés entre eux par d'autres liens que la force, par des liens indépendants de la diversité des territoires et des gouvernements. Tous les hommes, tous les peuples étaient compris dans sa mission: „Allez et instruisez toutes les nations.“ En travaillant à convertir toutes les nations, le christianisme a entendu aussi les unir, et faire pénétrer dans leurs rapports des principes de justice et de paix, de droit et de devoir mutuels. C'est au nom de la foi et de la loi chrétienne qu'est né, dans la Chrétienté, le droit des gens.

sich selbst beschränken können, sondern einander bedürfen und ergänzen, und sich als Glieder einer höheren Einheit empfinden und betrachten lernen sollen. Dazu gehört vor Allem die Thatsache, daß der Erdball mit seinen mannichfaltigen Erzeugnissen genau den Bedürfnissen und Annehmlichkeiten des Menschen entspricht, daß aber diese Erzeugnisse nicht überall dieselben sind, sondern nach den Zonen wechseln und daher aus einer Zone den anderen zugeführt werden müssen. So bringt der Handel die Nationen zu einander in ein befreundetes Verhältniß [1]). An die jeder Zone eigenthümlichen Producte knüpft sich zu deren Verarbeitung ein der Zone eigenthümlicher Kunstfleiß, der ebenfalls durch den Handel, welcher dessen Erzeugnisse verbreitet, zum Gemeingut aller Nationen gemacht wird. Eben so sind die Erfindungen, die Wissenschaften, die Künste, alle geistigen Erzeugnisse cosmopolitischer Art und gehören der ganzen Menschheit an. Insbesondere aber geht die Religion, indem sie den Menschen als solchen in seiner unmittelbaren Beziehung zu Gott erfaßt, über die Sphäre des Nationalen hinaus; wo sie sich wahrhaft als Religion das heißt als absolute Wahrheit fühlt und weiß, betrachtet sie sich eben darum als für alle Menschen und für die ganze Menschheit bestimmt; sie entsendet nach allen Seiten hin ihre Boten, um alle Nationen, gleichwie sie von Gott als eine Einheit ausgegangen, ihm wieder als eine Einheit vorzustellen und zuzuführen. So wirken nach den großen Absichten des Schöpfers eine Menge materieller und geistiger Thatsachen zusammen, um die Idee der Menschheit auch äußerlich zu offenbaren und zur praktischen Geltung zu bringen.

III. Das Völkerrecht. A) Begriff und Entstehung desselben.

463. In demselben Verhältnisse als durch diese Thatsachen unter den Angehörigen verschiedener Nationen in Beziehung zu einander das allgemein Menschliche zum Bewußtsein kommt, theilt sich dieses auch den Staaten als Ganzes mit, und es entwickelt

---

1) Man sehe §. 232.

sich daraus sowohl bei den Regierungen wie bei den Einzelnen die Einsicht, daß daraus gegen die anderen Staaten und deren Angehörigen sowohl Pflichten als Rechte entspringen. Diese Pflichten sind dieselben, welche als in der sittlichen Natur des Menschen begründet, überhaupt unter den Menschen, in so fern sie auf die Eigenschaft als sittliche Wesen Anspruch machen, Statt finden, nämlich die Pflicht der Gerechtigkeit und des Wohlwollens [1]). Diese Pflichten sind auch an und für sich von dem Verhalten der anderen Staaten unabhängig. Der Staat und seine Angehörigen üben sie um ihrer eigenen sittlichen Natur willen, also aus Gewissen, aus Pflicht gegen sich selbst und gegen den göttlichen Willen. Auf dieser Stufe ist das Völkerrecht eines Staates ein Stück seines Religionsrechts und seiner öffentlichen Moral, die er übt, um sich nicht vor Gott eines sündhaften Unrechts schuldig zu machen [2]). Indem aber andere Staaten sich zu demselben Standpunkte erheben, werden in dem gegenseitigen Verkehr die von Jedem bei sich als heilig geachteten Grundsätze des Völkerrechts stillschweigend zu einer gemeinsamen Norm, welche von ihnen als sie gegenseitig verpflichtend anerkannt und befolgt wird. So entsteht ein positives Völkerrecht. Es beruht rationell wie alles Recht auf dem eingeborenen Sinn für Gerechtigkeit und Wohlwollen; es setzt aber zu seiner Verwirklichung ein System von Staaten voraus, welche unter sich ein Völkerrecht wollen und die darauf bezüglichen Grundsätze als bindend anerkennen [3]). Freilich steht diesem Völkerrecht nicht wie dem positiven Recht im Staate ein gerichtlicher Zwang zur Seite. Allein dieser wird zum Theil dadurch ersetzt, daß wer es verletzt, sich dadurch der Gemeinschaft entzieht und widersetzt, und sich dadurch in mancherlei Gefahr und Nach-

---

1) Man sehe §. 32. 33.

2) Am deutlichsten tritt dieses im alten Rom in der Thätigkeit der Fetialen bei völkerrechtlichen Fragen hervor.

3) Gut erörtert diese Begründung des Völkerrechts Warnkönig in der oben (§. 113. Note 1) genannten Abhandlung S. 622—653., wo man auch eine vollständige Kritik der anderen Ansichten findet.

theil bringt. Allerdings ist es aber wahr, daß das Völkerrecht zu seiner Durchführung in höherem Grade der Mitwirkung des Gewissens bedarf. Daher wurden auch im Alterthum die völkerrechtlichen Verträge in einer religiösen Form geschlossen und unter den besondern Schutz der Götter gestellt.

464. Das Völkerrecht ist also in seiner Entstehung ein Inbegriff sittlicher Grundsätze, die sich ein gebildeter Staat in seinem Verhalten gegen andere Staaten auferlegt. Durch die Uebereinstimmung mehrerer Staaten wird daraus eine gemeinsame Norm, worauf sich ein Staat gegen den anderen berufen kann. In dieser Art hat schon das alte Rom ein wohlgegliedertes Völkerrecht gekannt [1]). Die Ausbildung desselben hängt aber überhaupt von zwei Bedingungen ab: von dem Grade worin sich bei den Völkern die Idee der Humanität entwickelt, und von der Nähe der Gemeinschaft, in welcher sie sich zu einander betrachten und fühlen. In beiden Beziehungen hat das Christenthum und die Kirche als die alle Nationen umfassende sichtbare Gemeinschaft tief eingewirkt, und nach dem Verfall des römischen Reiches unter den neuen Staaten gemeinschaftliche Interessen und ein Völkerrecht geschaffen, welches in die Maximen und Gesetze der Kirche niedergelegt von ihr und ihrem Oberhaupte als gleichsam einem Völkertribunal gehandhabt und durch die Strafe des Kirchenbannes geschützt wurde. Mit der fortschreitenden Bildung und Entwicklung der internationalen Beziehungen erhielt auch das Völkerrecht immer mehr Bestimmtheit und Reichhaltigkeit. Dieses geschah theils auf positivem Wege durch völkerrechtliche Verträge, theils durch das Organ der Wissenschaft. Schon seit dem vierzehnten Jahrhundert wurden in den Werken der Moraltheologen auch völkerrechtliche Fragen im Anschluß an die kirchenrechtlichen Vorschriften discutirt. Allmählig wurde die Behandlung freier und mehr rationell, und seit dem siebzehnten Jahrhundert brachte die Wissen-

---

1) Die Beweise giebt meine Römische Rechtsgeschichte I. §. 72—79. Zu unbedingt ist der Ausspruch von Guizot L'eglise chap. 14.: Dans l'antiquité payenne le droit des gens n'existait pas.

schaft systematische Werke über das Völkerrecht hervor, welche man als den Ausdruck des geltenden und gelten sollenden Völkerrechts anerkannte und mit Autorität bekleidete. So wurde das Völkerrecht, abgesehen von den Völkerverträgen, zu einem Inbegriff theils gewohnheitrechtlich überlieferter theils rationell begründeter Maximen, deren Befolgung als die Bedingung der Gemeinschaft und des Verkehrs gebildeter Nationen angesehen wird. In keiner anderen juristischen Disciplin ist der Einfluß des Rationellen, also der Rechtsphilosophie, so unmittelbar und positiv wie in dieser; sie hat dieselbe größtentheils geschaffen.

B) Uebersicht des Inhaltes.

465. Das Völkerrecht beruht also auf drei Grundgedanken: auf dem Grundsatz der Unabhängigkeit der in den Kreis desselben eintretenden souveränen Staaten; auf der Anerkennung einer unter ihnen bestehenden Gemeinschaft; und auf der Unterwerfung unter die im Geiste dieser Gemeinschaft stehend gewordenen anerkannten Rechtsnormen. Es wiederholen sich daher in dieser Völkerverbindung analoge Verhältnisse wie in einer staatlichen Verbindung. Wie hier die Individuen, so sind dort die Staaten und Völker die Rechtssubjecte. Diese besitzen Eigenthum; sie bilden eine stehende Gemeinschaft; sie sind unter einander im Verkehr; es entstehen unter ihnen besondere Rechte und Verbindlichkeiten; und es kann auch die Nothwendigkeit eintreten, dieselben durch Zwang geltend zu machen. Das System des Völkerrechts zerfällt daher in sechs Lehren: von den Staaten und Völkern als den Rechtssubjekten; von ihrem Eigenthum; von der unter ihnen bestehenden Gemeinschaft und deren Wirkungen; von der Art und den Formen des gegenseitigen Verkehrs; von den unter ihnen möglichen besonderen Rechten und Verbindlichkeiten; und von der nach Völkerrecht möglichen Art der Rechtsverfolgung.

C) Nähere Ausführung. 1) Von den Rechtssubjecten im Völkerrecht.

466. Die Voraussetzung des Völkerrechts ist das Dasein mehrerer selbstständiger von einander unabhängiger Staaten oder

Völker; denn wenn ein Volk von einem andern abhängig ist, so gehört sein Verhältniß zu diesem nicht dem Völkerrecht sondern dessen Staatsrecht an. Jenes Dasein beruht aber auf der Thatsache der Natur, welche die Menschheit durch den Unterschied der Sprachen und Anderes sich in Nationen scheiden ließ, und ohngeachtet aller Mischungen immer wieder scheiden läßt. Wenn nun die Nationen unter einander ein rechtliches und friedliches Verhältniß wirklich wollen und nach der Religion und Moral auch wollen müssen, so müssen sie vor Allem jene Thatsache mit den darin liegenden Consequenzen anerkennen. Jeder Staat muß daher die Anderen als selbstständig und unabhängig betrachten, eben so wie er auch von ihnen so betrachtet sein will. Dieses ist das Grundprinzip, wovon alles Völkerrecht ausgeht. Es stehen also, wie im Staate die Individuen, so im Völkerrecht die Staaten oder Völker als gleiche Rechtssubjecte einander gegenüber. Daraus ergiebt sich Folgendes. Erstens besitzt jeder Staat gegen die Anderen die unmittelbar in dem Begriff der Persönlichkeit enthaltenen Rechte, also das Recht auf Existenz und das Recht der freien Selbstbestimmung innerhalb der Sphäre seines eigenen Willens. Um diese Eigenschaft und Rechte in Anspruch nehmen zu können, muß natürlich ein Volk als Person organisirt sein, das heißt eine constituirte Regierung besitzen. Erst dadurch wird es zum Staate und zu einer mit Willen begabten Persönlichkeit. So lange daher ein Volk sich noch nicht über eine Regierung geeinigt hat, ist kein Rechtssubject vorhanden, womit die anderen Staaten in ein rechtliches Verhältniß treten könnten. Sobald aber eine solche Regierung constituirt ist, ist auch die Möglichkeit des völkerrechtlichen Verkehrs gegeben, wenn auch jene Regierung nach dem Staatsrecht des Landes nicht die rechtmäßige sein sollte. Es tritt jedoch in diesem Falle leicht ein Uebergangszustand ein, in welchem auf das Verhalten der anderen Staaten politische und moralische Erwägungen Einfluß haben dürfen. Zweitens sind solche Staaten innerhalb der ihnen zustehenden Willenssphäre von einander durchaus unabhängig. Die Einmischung des einen Staates in die inneren Angelegenheiten eines Anderen ist daher regelmäßig unbefugt. Ausnahmen sind aber gerechtfertigt, abgesehen von positiven Staatsverträgen, wenn durch das, was bei einem anderen Volke vorgeht, die eigenen Rechte bedroht oder schädliche Einflüsse zu befürchten sind, oder wenn die Anarchie und innere Auflösung einen Grad erreicht haben, daß die Einmischung zur Rettung eines kranken Gliedes der völkerrechtlichen Gemeinschaft durch die Moral geboten ist, oder nach dem Rechte der Selbsterhaltung um der nachtheiligen Intervention eines Andern zuvorzukommen oder entgegen zu treten. Es muß jedoch in diesem Falle die Einmischung, sobald die Gefahr vorüber ist, aufhören, und daraus kein Vortheil gezogen werden. Drittens stehen die Staaten dem Rechte nach einander völlig gleich, wenn auch auf dem Boden der Politik die Größe des Gebietes, die Machtverhältnisse, die Bildung, Unterschiede des Uebergewichts und des Ranges begründen können. Daß jene rechtliche Gleichheit gegen das factische Uebergewicht geschützt sei, daran haben alle Staaten, vorzüglich die kleineren, ein gleiches Interesse. Dieses kann nur dadurch geschehen, daß man die historisch gewordenen Staatenverhältnisse als etwas Festes betrachtet, worüber Alle zu wachen haben, und woran von einem Staate einseitig nichts geändert werden darf. Dieses ist dasjenige, was man das System des Gleichgewichts nennt. So unvollkommen und biegsam diese Vorstellung auch ist, so liegt doch darin sittlich und rechtlich betrachtet eine völkerrechtliche Wahrheit, woran man sich in Ermanglung eines Bessern halten muß [1]).

---

1) Scharf charakterisirt dieses System Trendelenburg Naturrecht §. 228. „Es beruht zunächst dies Gleichgewicht auf Selbsterhaltung. In der Machterweiterung des einen Staates sieht der andere sich gefährdet, ähnlich wie in Neid und Eifersucht die Wachsamkeit des natürlichen Menschen sich kund giebt. Einer schließt sich an den Andern an, um des Dritten wachsende Macht niederzuhalten. Hinter diesem Bollwerke, das aus dem Affekt des natürlichen Menschen die Staaten erfunden haben und an dem sie seit drei Jahrhunderten bauen, ohne es unüberwindlich zu machen, mag etwas Besseres sich bilden, als es selbst ist, da es vorläufig dient, den Frieden zu erhalten. Aber so lange nur die Gerechtigkeit des Neides und der Eifersucht die schützende Macht dieser Ruhe ist, so lange nur mecha-

2) Von dem Eigenthum der Staaten nach Völkerrecht.

467. Aus der völkerrechtlichen Anerkennung der Persönlichkeit eines Staates folgt auch die Anerkennung seines Eigenthumes als des Rechts auf die seinem Willen unterworfenen Sachen. Jedoch ist hier, wie im Privatrecht, eine doppelte Art von Sachen zu unterscheiden. Das Meer kann nicht Gegenstand eines solchen Eigenthums sein, weil es von der Natur zum gemeinen Gebrauche aller Nationen bestimmt ist und die Unterwerfung unter eine dauernde ausschließliche Besitznahme nicht zuläßt. Es liegt im dringenden Interesse des Völkerverkehrs und der Humanität, diesen völkerrechtlichen Grundsatz aufrecht zu halten. Eine Modification ist nur hinsichtlich des Meeresstriches längs eines Küstenlandes zu machen, theils weil darüber von der Küste aus eine dauernde ausschließliche Herrschaft möglich, theils weil diese zur Selbstvertheidigung nothwendig ist. Gegenstand des völkerrechtlichen Eigenthums ist aber vor Allem das Staatsgebiet jeder Nation. Dieses Eigenthum begreift analog dem privatrechtlichen Eigenthum zweierlei. Erstens das Recht der Staatsgewalt innerhalb des Staatsgebietes die ihr zweckmäßig scheinenden Anordnungen zu treffen, als Zölle anzulegen, die Ansiedlung oder den Durchzug von Fremden zu verbieten, vorbehaltlich des Rechts der andern Staaten eben so zu thun. Zweitens das Recht, die anderen Staaten von der Einwirkung auf das Staatsgebiet schlechthin auszuschließen. Diese Unverletzlichkeit des Staatsgebietes gehört zu den Grundbedingungen des nationalen Daseins und eines völkerrechtlichen Verhältnisses. Erworben wird dieses Eigenthum durch Occupation, durch Vertrag mit dem bisherigen Eigenthümer, durch kriegerische Eroberung, wovon unten, und durch den Beschluß eines

nisch Gewicht und Gegengewicht berechnet wird, damit Jeder wisse, es sei auf der andern Seite so viel Kraft zum Widerstande, als auf der seinen zum Angriff, so lange das Gleichgewicht nicht auf einem sittlichen Schwerpunkt ruht: so lange kann jeder Staat, dessen Kraft wächst oder der die Gewichte anders zu vertheilen weiß, das Gleichgewicht verrücken, und so lange ist in letzter Linie jeder Staat zur Wahrung seiner Rechte auf seine Macht gestellt."

völkerrechtlichen Staatencongresses, wobei freilich nach der Unvollkommenheit der menschlichen Zustände wie im öffentlichen Recht das Recht der Macht der Thatsachen oft weichen muß. Zur Occupation nach Völkerrecht genügt aber nicht die bloße Besitzergreifung; denn da hier nicht wie im Privatrecht ein Gesetz und eine Obrigkeit da ist, die den Occupanten schützt, so muß dieser sich selbst schützen, sich also auch in die Lage setzen, die Sache die er als sein Eigenthum behalten will, als solche zu vertheidigen. Gegenstand der Occupation ist ein unbewohntes Gebiet unbedenklich. Aber auch gegen wilde Völker, welche keinen völkerrechtlichen Verband anerkennen, ist die Occupation nicht wider das Völkerrecht sondern nur eine Frage der eigenen Moral und des Gewissens, welches aus dem Standpunkte des Christenthums und der Humanität, die Unterwerfung solcher Völker, um sie durch milde Behandlung der Cultur zu gewinnen, nicht als rechtswidrig, vielmehr nach Umständen selbst als Pflicht erkennen wird [1]).

3) Von der völkerrechtlichen Gemeinschaft.

468. Durch die Anerkennung des Völkerrechts ist von selbst unter den Staaten eine Gemeinschaft gesetzt. Der Grundgedanke derselben ist der, daß die Staaten sich gegenseitig nicht als gleichgültig oder feindselig, sondern als befreundet betrachten und einander alles dasjenige gewähren wollen, was nach der Natur der Sache und nach dem völkerrechtlichen Herkommen in diesem Begriffe liegt. Die Wirkungen davon zeigen sich theils im Verhältniß der Staaten zu einander, theils im Verhältnisse jedes Staates zu den einzelnen Angehörigen der anderen Staaten. In der ersten Beziehung bestehen dieselben in Folgendem. Erstens muß ein Staat die Rechte des Anderen achten und darf denselben nicht willkürlich mit Gewalt und Krieg überziehen. Zweitens haben, wie in der staatlichen Gemeinschaft die einzelnen Menschen, so in der

1) Richtig sagt Moy Philosophie des Rechts II. §. 67. „Ihre wilde Freiheit einer geordneten Herrschaft unterzuordnen ist so wenig rechtswidrig, als es in der Sphäre des Privatrechts unerlaubt ist, einen ganz oder theilweise unzurechnungsfähigen Menschen einer Curatel zu unterwerfen."

völkerrechtlichen Gemeinschaft die Staaten unter einander ein Recht auf Achtung, das heißt auf Anerkennung ihrer inneren und äußeren Würde, weil dieses die erste Voraussetzung einer Gemeinschaft ist. Sie haben sich daher auch die äußeren Ehrenbezeugungen zu erweisen, die zur Natur einer solchen gebildeten Gemeinschaft gehören, oder durch das Herkommen oder Vertrag festgesetzt sind. Drittens haben die Staaten unter einander ein Recht auf Wahrhaftigkeit und auf Treu und Glauben, weil diese von der sittlichen Würde und Gemeinschaft unzertrennlich sind. Viertens fließt aus dem Begriffe der Gemeinschaft das gleiche gemeinschaftliche Recht der Benutzung der Sachen, welche nicht Eigenthum eines besondern Staates, sondern ihrer Natur nach zum gemeinschaftlichen Gebrauche der Menschheit bestimmt sind, namentlich des Meeres, wobei zwar Verträge und Herkommen Beschränkungen machen können, jedoch besonders bewiesen werden müssen. Hieraus fließt das Recht der freien Schiffahrt, welches den Grundgedanken in sich schließt, daß das Schiff gleichsam ein Gebietstheil der Nation bleibt, zu welcher es als Eigenthum des Staates oder eines Privaten gehört, und daß es wie ein solcher zu respectiren ist. Fünftens haben die Staaten die Angelegenheiten, welche das Interesse Aller berühren, gemeinschaftlich zu berathen und zu beschließen, wozu bei großen Fragen die Abhaltung eines Congresses geeignet sein kann. Ein sehr würdiger Gegenstand einer solchen gemeinschaftlichen Thätigkeit sind auch die menschheitlichen Interessen, wie die Abschaffung des Sclavenhandels. Es sollte auch das Verbot allzu mörderischer Kriegswaffen dahin gehören, deren sich fortwährend steigernde traurige Erfindsamkeit mit der gerühmten Civilisation und Humanität sehr im Widerspruche steht. Sechstens stehen die Staaten unter einander in einem Verhältnisse des Wohlwollens, kraft dessen sie sich durch Rath und Vermittlung unterstützen, und sich an freudigen wie traurigen Ereignissen Theilnahme bezeugen.

469. In Beziehung auf die Angehörigen der einzelnen Staaten folgt aus dem Begriffe der völkerrechtlichen Gemeinschaft, daß jedes Mitglied des einen Staates auf dem Gebiete der Anderen

nicht als rechtlos angesehen werden darf, sondern als Glied eines befreundeten Staates einer rechtlichen und rücksichtsvollen Behandlung versichert sein muß. Es müssen ihm also die Gerichte zum Schutze seiner Person und seines Eigenthums dieselbe Hülfe wie einem Inländer gewähren. Je nach dem höheren sittlichen Standpunkt muß dieses selbst für die Mitglieder barbarischer Nationen, welche kein Völkerrecht anerkennen, gelten, weil dieselben doch immer als Glieder der Menschheit zu achten sind. Aus dieser Anerkennung der juristischen Persönlichkeit des Fremden folgt auch, daß das inländische Gericht, vor welchem ein Fremder als Kläger oder als Beklagter auftritt, nicht immer schlechthin nach dem inländischen Recht zu entscheiden hat, sondern in manchen Fällen billigerweise auf das Heimathsrecht des Fremden Rücksicht nehmen muß, namentlich da, wo es sich um mit der Persönlichkeit enge zusammenhängende Rechtsfragen handelt, wie der Termin der Großjährigkeit, Familienverhältnisse, die Ordnung der Erbfolge. Die aus der völkerrechtlichen Gemeinschaft der Staaten gegen die Einzelnen entspringende Pflicht des Schutzes erstreckt sich jedoch nicht auch auf den Fremden, der aus seinem Staate wegen Vergehen flüchtig geworden ist; vielmehr folgt eher daraus, daß er an seinen Staat ausgeliefert werden sollte. Dennoch geschieht dieses nicht; nicht unaufgefordert, weil diesem als einem Verrathe des erwiesenen Vertrauens das sittliche Gefühl, nicht aufgefordert, weil dem das Gefühl der Selbstständigkeit des Staates widerspricht. Auf der andern Seite giebt es aber doch Vergehen', wo das sittliche Gefühl oder das Interesse Aller die Bestrafung oder Unschädlichmachung des Verbrechers fordert. Es müssen sich daher die Staaten über die Vergehen, wo die Auslieferung des Flüchtlings erfolgen soll, durch Verträge verständigen. Jedenfalls widerspricht es aber der völkerrechtlichen Gemeinschaft und der unter befreundeten Staaten gebotenen Rücksicht, wenn die in dem einen Staate aufgenommenen Flüchtlinge von dort aus gegen andere Staaten Ränke und Feindseligkeiten anspinnen.

4) Von dem völkerrechtlichen Verkehr.

470. Aus der völkerrechtlichen Gemeinschaft fließt wesentlich auch die Nothwendigkeit und das Recht des völkerrechtlichen Verkehrs. Dieser bezieht sich ebenfalls theils auf die Staaten als solche, theils auf die einzelnen Angehörigen derselben. In der ersten Beziehung ist der Verkehr nur durch die Inhaber der Staatsgewalt, durch die Regenten, möglich. Diese haben sich also gegenseitig bei ihren Berührungen und Mittheilungen die Rücksichten und würdigen Formen der Aufnahme zu gewähren, welche ihrer hohen Stellung und der Wichtigkeit der Interessen angemessen ist. Sie handeln dabei entweder in Person oder durch Bevollmächtigte. Ersteres geschieht nur in außerordentlichen Fällen, wo ein Fürst mit dem ganzen Gewicht seiner Persönlichkeit einzutreten für nöthig findet. Der gewöhnliche Verkehr der Staaten zu einander findet daher durch Gesandten Statt. Diese sind nach der Natur der Sache das unentbehrliche Mittel, um unter den Nationen völkerrechtliche Verhältnisse und Verbindnngen zu knüpfen, geknüpfte zu unterhalten, zerrissene herzustellen. Diese für das Interesse der Nationen wie der Menschheit gleich wichtige Thätigkeit ist ohne einen freien gesicherten Zutritt und Aufenthalt nicht möglich. Die unbedingte Unverletzlichkeit der Gesandten ist daher ein Fundamentalsatz des Völkerrechts, dessen Nothwendigkeit selbst von barbarischen Völkern gefühlt wird, und dessen Nichtachtung zu den strengsten Maßregeln mit Hintansetzung jeder völkerrechtlichen Rücksicht berechtigt. Zur freien unabhängigen Stellung des Gesandten gehört ferner, daß er als nicht in dem fremden Territorium sondern gleichsam noch im eigenen Lande stehend und von hier aus verhandelnd, gedacht werde. Es wäre ein innerer Widerspruch und würde zu großen Verwicklungen führen, wenn er als unmittelbarer Repräsentant seines Fürsten und Staates dem andern Fürsten auf gleicher Linie gegenüber stehen, und doch den Gesetzen dessen Territoriums unterworfen sein sollte. Er ist daher nach dem sogenannten Princip der Exterritorialität zu beurtheilen. Die Haltung eines Gesandten muß aber aus dem sittlichen Standpunkt betrachtet die sein, daß er mit Eifer und Wachsamkeit den Inter-

essen seines Staates diene, auch die gegen denselben gerichteten geheimen Ränke aufmerksam verfolge, sich aber zu gleichen nicht herablasse, für alles Edle, Gute und der Menschheit Nützliche Partei nehme, das Vertrauen der andern Regierung durch offenes und würdiges Benehmen zu gewinnen, am wenigsten aber gegen dieselbe im Geheimen zu operiren und zu wirken suche. Es wird sich auch hier zeigen, daß die redliche Politik zugleich die klügste und dankbarste ist.

471. In Beziehung auf die Angehörigen der einzelnen Staaten äußert sich das Völkerrecht in dem Schutze, den jeder Staat denselben bei sich zum Zwecke des Verkehrs gewähren muß. Dieses liegt im Geiste des Völkerrechts um so mehr, als grade der Verkehr durch die Einzelnen, der Handel, der Austausch der Erfindungen, die Mittheilung der Wissenschaften und Künste, das Mittel sind, wodurch die Nationen unter einander in Verbindung gebracht werden und sich als Glieder einer höheren Einheit betrachten lernen [1]). Das Mindeste ist daher, daß den Angehörigen befreundeter Nationen der freie Zutritt gewährt werde, nur unbeschadet der Maßregeln, welche zur eigenen Sicherheit erforderlich scheinen. Das Interesse des Verkehrs und daher des Völkerrechts geht aber noch weiter, und führt zu Staatsverträgen, wodurch über die Behandlung der gegenseitigen Unterthanen im Handelsverkehr, im Recht der Beerbung und Vererbung, in der Rechtsverfolgung, genauere Bestimmungen festgesetzt werden. Stellt man sich auf den höchsten Standpunkt, so sind der Verkehr und die darauf bezüglichen Anstalten, die Posten, Eisenbahnen, Telegraphen, nicht als Angelegenheiten der Privaten, nicht einmal der einzelnen Staaten, sondern der ganzen Menschheit anzusehen, und es ist daher von den Staaten als Theilen derselben durch wechselseitige Verträge für deren ineinander greifende Verbindung zu sorgen. Eben so sind die Wissenschaften und Künste als ein Gemeingut der Menschheit zu betrachten, zu dessen Schutz und Förderung sich alle Staaten die Hand reichen würden. Hieraus fließen die Staatsverträge,

---

1) Man sehe §. 462.

wodurch die literärischen Erzeugnisse des einen Landes in dem Andern gegen Nachdruck geschützt werden. So erwächst aus dem Völkerrecht auch ein auf die Einzelnen bezügliches internationales Privatrecht.

5) Von den Völkerverträgen.

472. Besondere Verhältnisse und Verbindlichkeiten können unter den Staaten wie unter Privaten durch Verträge geschaffen werden. Solche setzen wie jeder Vertrag die Uebereinstimmung zweier Willen voraus. Sie können daher nur von demjenigen geschlossen werden, der für den Staat wollen kann, also vom Regenten, entweder in Person oder durch seinen Bevollmächtigten, in welchem Falle jedoch wegen der Möglichkeit der Vollmachtüberschreitung die Ratification vorbehalten ist. Sie müssen mit Aufrichtigkeit ohne Täuschung und Hinterlist eingegangen werden, weil die Staaten als sittliche Gemeinwesen dieses einander schuldig sind. Hingegen sind Völkerverträge dadurch, daß sie durch Zwang oder aus Furcht vor Zwang zu Stande gekommen sind, nicht ungültig, weil es in Ermanglung eines höheren Gerichtes zu den völkerrechtlichen Befugnissen jedes Staates gehört, seine Ansprüche und Interessen mit eigener Macht zur Geltung zu bringen, und er ist darin nur durch sein Gewissen und durch die Rücksichten der Politik beschränkt. Doch giebt es Formen des Zwanges, welche als durch das Völkerrecht autorisirt nicht angesehen werden können, namentlich der durch hinterlistige Gefangennehmung und persönliche Bedrohung des Regenten zur Abschließung des Vertrages. Jedenfalls gehört es aber zur Gültigkeit des Vertrages, daß der Regent zu dessen Abschließung nach der Verfassung seines Staates berechtigt sei. Gegenstand der Völkerverträge kann Alles sein, was im Verhältnisse der Staaten zu einander ihre Rechte und Interessen oder die ihrer Angehörigen berührt, und worüber zu verfügen ihre Regenten das Recht und die Macht haben. Dazu ist selbst die Aufopferung der politischen Existenz eines Staates und dessen Unterwerfung unter die Herrschaft des Andern zu rechnen, weil das Dasein eines Staates nur eine historische und politische Thatsache ist, und es eine sittliche Pflicht

als Staat zu bestehen nicht giebt [1]). Jedoch geht ein solcher Vertrag über die Befugnisse des Regenten hinaus, und es sind dazu außerordentliche Maßnahmen nothwendig [2]). Die verbindende Kraft der Völkerverträge beruht wie bei den Privaten darauf, daß Treu und Glauben die Grundbedingung des auch unter den Staaten bestehenden Rechts auf Achtung und gegenseitigen Verkehr sind [3]). In ihnen liegt auch das wichtige Mittel, den praktischen Bedürfnissen des Völkerrechts zu folgen, dessen Lücken zu ergänzen, dieses schwankende Gebiet zu fixiren, und den Mangel positiver Rechtsnormen einigermaßen zu ersetzen. Es ist daher im dringenden Interesse der Staaten wie der Menschheit, die Unverletzlichkeit der Verträge als Grundmaxime des Völkerrechts festzuhalten, weil sonst nichts mehr feststeht, und nur Macht und Willkür entscheiden. Allerdings giebt es über den Staaten kein Gericht, welches die Verträge schützt und deren Erfüllung erzwingt. Um so wichtiger ist es, daß die öffentliche Meinung darüber wache und Gericht halte, und daß die Staaten, welche die Gerechtigkeit und Wahrhaftigkeit als die Grundfesten des Friedens und der öffentlichen Ordnung verehren, dem verletzten Theile wenigstens ihre moralische Unterstützung gewähren.

6) Von der Verfolgung der Rechte nach Völkerrecht.

473. Der allein der Vernunft und Moral entsprechende Weg zur Entscheidung von Rechtsstreitigkeiten ist unter den Staaten wie unter Privaten durch den Ausspruch eines unparteiischen sachkundigen Gerichts. Wenn es auch ein über den Staaten stehendes Gericht nicht giebt, so ist doch immer die Unterwerfung unter ein gemeinschaftlich erwähltes Schiedsgericht möglich. Auf dieses Ziel muß daher die allgemeine Vernunft, wie sie sich in der fortschreitenden Civilisation kund giebt, unablässig hinarbeiten und es zu einer völkerrechtlichen Nothwendigkeit zu erheben trachten.

---

1) Man sehe darüber Moy Philosophie des Rechts II. §. 75.

2) Man sehe oben §. 282.

3) Man sehe §. 182. 183.

So lange dieses Ziel nicht erreicht ist, bleibt freilich den Staaten zum Schutz und zur Verfolgung ihrer Rechte nur Selbsthülfe, also zuletzt Krieg, übrig. Indem aber durch diesen die Entscheidung lediglich von der Macht und dem Zufall abhängig gemacht wird, so ist dieses Mittel als an sich durchaus vernunftwidrig, und wegen des unsäglichen Jammers, den es über Unschuldige verbreitet, als eine Geißel der Menschheit, und als eine nur in der Unvollkommenheit der menschlichen Zustände begründete Nothwendigkeit anzusehen, die das Völkerrecht ganz zu beseitigen und einstweilen möglichst zu lindern bemüht sein muß. Wenn auch die Kriege durch den furchtbaren Ernst, womit sie in alle Lebensverhältnisse zerstörend eingreifen, zur Abhärtung, Prüfung und Läuterung der Völker, zur Entwicklung ihrer Kräfte, zur Erweckung und Stärkung der nationalen Gesinnung, ja selbst zu einer gehobenen religiösen und sittlichen Auffassung des Lebens, beitragen: so reicht dieses doch, um den Krieg zu einem nothwendigen Stück der Weltordnung zu erheben, nicht hin, und es wäre um die Perfectibilität der Menschheit schlecht bestellt, wenn nicht zuletzt durch die Macht der Religion und Humanität dieselben Wirkungen erzielt werden können[1]).

---

1) Jene Anschauung findet sich schon bei Baco de augmentis scientiarum VIII. 3. §. 8. Nullum omnino corpus, sive sit illud naturale sive politicum, absque exercitatione sanitatem suam tueri queat. Regno autem, aut reipublicae, iustum atque honorificum bellum loco salubris exercitationis est. Bellum civile profecto instar caloris febrilis est; at bellum externum instar caloris ex motu, qui valetudinem imprimis conducit. Ex pace enim deside atque torpente et emolliuntur animi, et corrumpuntur mores. — Hegel Philosophie des Rechts §. 234. construirt den Krieg gradezu als etwas Nothwendiges, und erkennt in ihm ein „sittliches Moment," die Bedeutung, „die sittliche Gesundheit der Völker zu erhalten und sie vor der Fäulniß zu bewahren, worin sie ein dauernder oder gar ein ewiger Friede versetzen würde." Auch Trendelenburg Naturrecht §. 229. weiß von dem Kriege so viele vortheilhafte Wirkungen zu rühmen, daß die Völker den Urhebern der Kriege eigentlich zum Danke verpflichtet wären. Alles dieses ist jedoch ein-

474. Die Rechtfertigung des Krieges liegt also lediglich darin, daß es zur Zeit unter den Staaten im äußersten Falle ein anderes Mittel zur Verfolgung ihrer rechtmäßigen Ansprüche gegen einander nicht giebt. Von dieser Thatsache muß das Völkerrecht in der Beurtheilung des Kriegs ausgehen. Daraus folgt vor Allem, daß nur der Krieg als ein gerechter anzusehen ist, welcher zur Abwehr eines erhobenen oder drohenden unrechtmäßigen Angriffes, oder zur Sicherung oder Herstellung bedrohter oder verletzter rechtmäßiger Interessen erhoben wird. Allerdings werden beide Theile darüber, ob dieses so sei, regelmäßig verschiedener Ansicht sein, und Jeder wird sein gutes Recht und das Unrecht des Andern in einem Manifest der Welt darzulegen suchen. Aber schon darin liegt die Anerkennung eines Princips und ein Fortschritt; und es ist Sache der öffentlichen Meinung, das fehlende Richteramt zu übernehmen, und dem gerechten Kriege ihre moralische Unterstützung zu leihen.

475. In den Voraussetzungen, unter welchen allein ein Krieg nach Völkerrecht gerechtfertigt ist, liegt ferner, daß ein solcher nicht um seiner selbst willen, sondern nur als das letzte übrig gebliebene Mittel, den Anderen zur Anerkennung des bestrittenen Anspruchs zu zwingen, also um des Friedens willen, geführt wird. Es wird also dadurch das Band zwischen beiden Staaten nicht völlig zerrissen, sondern nur suspendirt, und es bleibt davon immer noch Einiges im Hintergrund stehen. Dieses Gefühl und die unter dem Einflusse des Christenthums fortschreitende Macht der Civilisation und Humanität haben ein völkerrechtliches Herkommen erzeugt, wodurch in die Kriegsführung eine gewisse Mäßigung und gewisse Beschränkungen gebracht worden sind. Man kann diese unter folgende Gesichtspunkte bringen. Erstens haben

---

seitig und übertrieben. Denn dem sinkenden römischen und dem byzantinischen Reiche hat es an Kriegen nicht gefehlt, und dennoch wurden die Kräfte immer stumpfer und die Sitten immer schlechter. Eben so ist von den sittlichen Wirkungen der neuesten Kriege wenig zu rühmen. Es kommt also dabei noch auf manches Andere an.

die Staaten auch im Kriege noch die Menschheit und die daraus fließenden Gesetze über sich. Sie müssen sich daher gegenseitig die Rücksichten der Menschlichkeit erweisen, welche mit dem Zwecke der Kriegsführung verträglich sind. Kriegsgefangene dürfen daher nicht getödtet oder zu Sclaven, sondern nur unschädlich gemacht, und es muß für die Verwundeten die gehörige Sorge getragen werden. Ausnahmen können nur eintreten, wo der Gegner selbst jede Schonung zurückgewiesen und den Kampf absichtlich bis auf das Aeußerste getrieben, oder wo die eigene Existenz nur durch die Vernichtung des Gegners gesichert werden kann. Zweitens müssen auch im Kriege unter den beiderseitigen Staaten und ihren Vertretern die Verpflichtungen fortbestehen, welche unmittelbar aus der sittlichen Würde, die Jeder noch in sich selbst und in dem Andern zu achten hat, hervorgehen. Dazu gehört namentlich die Heiligkeit des gegebenen Wortes, das auch gegen den Feind als unverbrüchlich gelten muß. Drittens liegt es im Gefühle gebildeter Völker, womit sich unbewußt mehr oder weniger eine religiöse Auffassung verbindet, daß der Krieg nicht nach Räuberart sondern in einer tapferer Männer würdigen Weise geführt werde. Es muß daher von beiden Seiten mit offenen ehrlichen Waffen gekämpft werden. Heimtückische Mittel, wie die Vergiftung der Lebensmittel und Brunnen, sind wider das Völkerrecht; eben so Verrath und Hinterlist, wo man das arglose Vertrauen, worin man absichtlich den Feind versetzt, hintergeht, wo freilich die Gränze zwischen erlaubter Kriegslist oft schwer zu bestimmen ist. Zur würdigen Kriegsführung gehört auch, daß dieselbe durch eine förmliche Kriegserklärung eröffnet werde, als letzte Mahnung und als Warnung an den andern Staat und dessen Unterthanen, danach ihre Maßregeln zu treffen. Ueberhaupt sollen die Feindseligkeiten nicht im Geiste eines persönlichen Hasses, sondern einer Pflichterfüllung, die Jeder an dem Andern achtet, geführt werden. Viertens soll der Krieg als eine Machtfrage möglichst nur auf die Heere als die zur Entscheidung derselben pflichtmäßig berufenen Personen beschränkt sein, und die Feindseligkeiten über diesen Kreis hinaus nicht willkürlich ausgedehnt werden. Gewaltthätigkeiten gegen den wehrlosen Bürger und Landmann sind daher gegen das Völkerrecht und gegen die Disciplin gut geordneter Heere. Umgekehrt sind aber auch Solche, die ohne Beruf an den Feindseligkeiten Theil nehmen wollen, beim Heere nicht zu dulden und zu bestrafen. Fünftens ist nach jenem Gesichtspunkt der Begriff der erlaubten Kriegsbeute nur auf das, was zum feindlichen Heere gehört, zu beschränken. Das Privateigenthum ist zu schonen, so weit es nicht zu den Bedürfnissen des Heeres nöthig ist. Hinsichtlich des beweglichen Staatseigenthums ist das Occupationsrecht dessen, was zur Kriegsführung dient, gerechtfertigt; die Wegnahme von Anderem, wie der öffentlichen Kassen und Magazine, namentlich von Kunstwerken, gehört aber mehr zu der Räuber Art. Die Gewährleistung für die Befolgung aller dieser Regeln liegt allerdings zur Zeit hauptsächlich nur in der Sitte und in der öffentlichen Meinung; allein diese übt doch eine geistige Macht aus, welche die Wissenschaft möglichst zu unterstützen hat.

476. Der durch den Krieg unter zwei Staaten eingetretene Zustand der Gewalt kann nur entweder durch die Vernichtung und Einverleibung des besiegten Staates oder durch einen Friedensschluß beendigt werden. Zu Ersterem ist der Sieger allerdings äußerlich berechtigt, weil die ganze Frage durch den Krieg zu einer reinen Machtfrage geworden, er also in der Benutzung seiner Macht nur durch sein Gewissen und durch Rücksichten der Klugheit beschränkt ist. Andererseits dauert aber von Seiten des vertriebenen Fürsten, so lange er nicht Verzicht geleistet hat, der Kriegszustand fort, und mit ihm das Recht zu Allem, was zur Wiedererlangung seines Staates führen kann. Ein Friedensschluß wird vor Allem auf die Anerkennung oder Regulirung der Ansprüche gerichtet sein müssen, welche die Veranlassung des Kriegs geworden sind; auch wird sich der Unterliegende den Ersatz der Kriegskosten auferlegen lassen müssen. Allein der Friedensschluß kann und wird regelmäßig viel weiter gehen. Denn indem beide Theile einander mit Gewalt bis zur Bedrohung der gegenseitigen Existenz gegenüber getreten sind, so liegt darin auch eine Warnung für die Zukunft und ein Antrieb, die beiderseitige Machtstellung

in dem Friedensvertrage so zu ordnen, daß der Gefahr für den Sieger oder für Beide möglichst vorgebeugt werde. Es werden daher durch den Friedensschluß selten blos alte Verhältnisse hergestellt, sondern meistens neue und umfassende Rechte und Verhältnisse geschaffen. Eben dadurch greifen Kriege so tief in die Weltgeschichte ein. Jene Wirkungen äußern sich insbesondere auch hinsichtlich der gemachten Eroberung, die erst durch den Friedensschluß aus einer bloßen Thatsache zu einem Recht erhoben wird. Dabei ist es eben so sehr Sache der Menschlichkeit als der Klugheit, in denselben auch Bestimmungen über die Behandlung des eroberten Landes hinsichtlich der Religion, der Nationalität, der Staatsschuld und dergleichen aufzunehmen und unter die Garantie des Völkerrechts zu stellen.

477. Aus der Selbstständigkeit und Unabhängigkeit der Staaten folgt bei einem Kriege zwischen zwei Staaten für dritte Mächte das Recht sich neutral zu halten und diese Neutralität selbst mit gewaffneter Hand zu schützen. Die Wirkung davon ist, daß der neutrale Staat für sich, sein Gebiet, seine Angehörigen und deren Eigenthum die Behandlung und Rücksichten wie unter befreundeten Staaten verlangen kann. Daher muß auf neutralem Gebiete feindliches Privatgut und umgekehrt neutrales Privatgut in feindlichem Gebiete doch geschützt sein; und deshalb auch feindliche Waare auf neutralem Schiffe und neutrale Waare auf feindlichem Schiffe, so daß in so weit noch immer der Verkehr der neutralen mit den kriegführenden Staaten bleibt. Um so weniger kann unter den neutralen Staaten der Verkehr durch den Krieg beeinträchtigt werden. Andererseits müssen dieselben aber auch die strengste Unparteilichkeit beobachten, und sich jeder Handlung enthalten, wodurch der eine Theil in der Kriegsführung zum Nachtheil des Andern direct oder indirect begünstigt würde. Der Verkehr der neutralen Staaten mit jedem der kriegführenden Staaten ist daher so einzurichten, daß er nicht in die Kriegsmaßregeln störend eingreift und nicht dem Einen zum Zwecke des Kriegs Vorschub leistet. Jeder neutrale Staat muß daher auch zur See die von einer kriegführenden Macht gegen die Andere eingerichtete Blocade respec-

tiren, und darf Keinem von Beiden auf neutralen Schiffen Truppen oder anderes Kriegsmaterial, was als Kriegscontrebande gilt, auch nicht als Handelsartikel, zuführen.

D) Das Völkerrecht der Zukunft.

478. Das Völkerrecht jeder Zeit, so unvollkommen es auch sein mag, ist der Ausdruck einer sittlichen Idee, die sich in dem Gefühle der Völker ankündigt und sich durch gegenseitige Anerkennung zu einer objectiven Norm und dadurch zu einer Macht zu machen strebt. Diese Idee und dadurch das Völkerrecht ist, wie dessen Geschichte zeigt, eines steten Fortschrittes fähig. Dieser Fortschritt ist sogar durch die Bewegung der Weltgeschichte bedingt, durch welche Alles, was der menschliche Geist in sich schließt, zur Erscheinung gebracht und zum Gemeingute der Menschheit gemacht wird. Es ist also allerdings ein Ziel denkbar, wo die Idee der Menschheit selbst in einem alle Völker einigenden Organismus verwirklicht wird, durch welchen den einzelnen Staaten für ihre inneren Angelegenheiten ihre Eigenthümlichkeit und Selbstständigkeit gewahrt, in ihren Ansprüchen und Streitigkeiten unter einander aber Krieg und Selbsthülfe ausgeschlossen und für eine friedliche und rechtliche Entscheidung gesorgt ist [1]). Wie nah oder fern dieses Ziel sei, ist gleichgültig; die Wissenschaft als das Organ des Geistes hat dasselbe im Auge zu behalten, die Gemüther darauf hinzulenken, und die Wege, die dazu hinführen, anbahnen zu helfen. Je mehr der Gedanke der Humanität zur Geltung gebracht, je mehr die öffentliche Meinung in dem Sinne gebildet und erzogen wird, daß sie die einseitigen Machtbestrebungen der Fürsten oder Völker unterscheiden lernt und nicht duldet, je mehr religiöse Gegensätze verschwinden und das Christenthum und die Kirche ihre einigende Kraft über die Völker ergießen können: um desto mehr wird jenes große Ziel näher gerückt. Jeder engere Staatenbund, der unter den Mitgliedern den Krieg ausschließt, ist dazu schon ein bedeutender Schritt. Die Einsetzung eines aus den

---

1) Gut spricht darüber Trendelenburg Naturrecht §. 218. 235.

würdigsten und sachkundigsten Männern besetzten völkerrechtlichen Schiedshofes, der bei eintretenden Irrungen über das Recht und Unrecht sein Gutachten abzugeben hätte, würde, auch ohne daß demselben weiter ein Zwang zur Seite stände, von unberechenbarer moralischer Wirkung sein. Ganz vollendet wäre jedoch der Organismus der Menschheit erst durch ein mit Zwangsgewalt versehenes völkerrechtliches Tribunal. Allerdings könnte der Zwang gegen einen mächtigen Staat noch zum Kriege führen. Allein dieser Krieg wäre nicht Selbsthülfe, weil er sich auf einen unparteiischen richterlichen Spruch stützte.

IV. Die Weltgeschichte.

479. Das Leben der Menschheit in seiner Totalität bildet die Weltgeschichte. Diese ist die Reihenfolge der Thaten des Geistes, die durch die Sprache und das Leben in der Gesellschaft fortgepflanzt, immer neue Thaten wecken und neue Entwicklungen hervorrufen [1]). Der Ausgangspunkt derselben ist das erste Menschenpaar; die handelnden Glieder sind die aus demselben hervorgegangenen Familien, Stämme, Völker; ihr bewegendes Princip ist der dem ersten Menschen eingepflanzte Geist, der im Keime Alles in sich schloß, was durch die Menschen geworden ist und noch werden wird [2]), die Schicksale und Scheidung der Völker, der Ausbau der Staats- nnd Rechtsordnungen, die Erfindungen, Künste und Wissenschaften. Die Organe, wodurch so der Geist Geschichte wird, sind die Völker im Zusammenhange mit allen unsichtbaren und unbewußten Thatsachen, wodurch deren Eigenthümlichkeit bestimmt wird [3]); in den Völkern sind es die Individuen, die kraft ihrer besonderen Begabung von sich Thaten des Geistes ausgehen lassen, welche dauernd und neue Thaten anregend fortwirken. So ist die Weltgeschichte ein großes Drama, in welchem die Individuen, die Völker, ja selbst die Welttheile je nach ihrer Befähigung zur Ent-

---

1) Man sehe §. 39. 211.

2) Man sehe §. 38.

3) Man sehe §. 24. 57.

wicklung der Menschheit ihren Beitrag leisten [4]), bis daß Alles, was der menschliche Geist in sich schließt, zur Verwirklichung gekommen sein wird [5]).

480. Die Geschichte ist der Geist als That. Indem aber der Geist rückwärts seine Thaten anschaut und dieselben in Beziehung und in ihrem Zusammenhang mit der fortschreitenden Entwicklung seiner selbst erfaßt, schafft er eine neue Wissenschaft, die Philosophie der Geschichte, das Höchste aber auch das Schwierigste, wozu sich die philosophische Betrachtung erheben kann, indem sie alles Vorhergegangene, die Geschichte, die Sprachentwicklung, die Staatenbildung, das Recht, die Philosophie, Kunst und Wissenschaft der einzelnen Völker in sich aufnimmt, und diese als Einheit, als Geschichte der Menschheit und als Weltliteratur, begreifen will [1]). Es ist jedoch nicht der menschliche Geist allein, der die Geschichte der Menschheit macht; sondern der vom Christenthum erleuchtete Geist lernt in ihr auch das Walten der göttlichen Vorsehung um so mehr erkennen [2]), als in den Grundlehren und

---

4) So sagt auch Ahrens Allgemeine Staatslehre. Besonderer Theil. Kap. 5 (3): „Einem jeden Volke ist durch seine eigenthümliche Anlage eine besondere Aufgabe in der geschichtlichen Entwicklung der Menschheit geworden, und soll immer vollständiger in Ergänzung und in möglichst harmonischer Ausgleichung mit dem Berufe der andern Völker vollführt werden."

5) Dahlmann Politik §. 8. „Wir glauben an ein großes gemeinsames Werk der Menschheit, zu welchem das einzelne Staatenleben nur die Vorarbeiten liefert, an eine auch äußerliche Vollendung der menschlichen Dinge am Ende der Geschichte."

1) In dieser Weise hat Hegel Philosophie des Rechts §. 352—358. nach seiner pantheistischen Anschauung die Weltgeschichte als Manifestation des Weltgeistes zu construiren versucht. Einen Versuch zu einer Philosophie der Geschichte von einem ganz andern Standpunkt aus giebt Taparelli Naturrecht II. §. 1615—1672. Weder die Philosophie noch die Geschichtsforschung sind aber so weit vorgerückt, als zu einer solchen Wissenschaft nöthig ist, und es fließt daher in solchen Versuchen Wahres und Willkürliches in einander.

2) Sehr gut sagt Ahrens Allgemeine Staatslehre. Besonderer Theil.

Thatsachen des Christenthums von der Erschaffung des ersten Menschenpaares, vom Sündenfall und von der Erlösung, und nur dadurch, die Anschauung von der Menschheit als einer Einheit und von deren providentiellen Bestimmung gegeben ist.

481. Jedes Volk, welches in der Geschichte auftritt, ist nicht von sich da, sondern nur in Folge einer bis an den Ursprung des menschlichen Geschlechts zurückgehenden Reihe von Thatsachen, also als ein Glied des Ganzen. Jedes füllt also auch in diesem, wenn es auch spurlos vergeht, eine Stelle aus. Allein als Glieder der Weltgeschichte zählen nur die Völker, welche entweder durch große Machtentwicklung die äußeren Schicksale der anderen Völker bestimmt, oder welche durch die geistigen Schöpfungen, welche sie in der Religion, in ihrer Staats- und Rechtsverfassung, in den Künsten und Wissenschaften hervorgebracht und in ihrer Literatur hinterlassen, auf die anderen Nationen einen bestimmenden Einfluß ausgeübt haben und noch ausüben [1]). Beides sind Thaten des Geistes, welche er in der Wechselwirkung zwischen der Freiheit und einer Menge unsichtbarer Ursachen vollbringt. In so fern also jedes Volk in der Geschichte nur die Bedeutung hat, die es sich

---

Kap. 5 (3): „Bei dieser geschichtlichen Entwicklung (der Menschheit) muß aber auch der höchste, thätige Factor, die göttliche Vorsehung, als völkerleitende Macht beachtet werden; der Mensch soll freilich in eigener vernünftiger Einsicht und nach seinem sittlichen Gewissen den Weg des Guten und Gerechten verfolgen, aber auch in dem höheren Zusammenfassen und dem anscheinend zufälligen Zusammentreffen der Begebenheiten, so wie in der Richtung und dem Gerichte der Geschichte den Gang der Vorsehung erkennen und verehren, und darnach die eigene Bahn wieder in hellerem Lichte bemessen. — Die wahre philosophische Staatslehre gewährt auch hier durch den Aufblick zu den höheren menschheitlichen Ideen einen tieferen Blick in die Geschichte, bewahrt vor abstracten Trennungen und Abgrenzungen, und erwartet den endlichen Einklang der natürlichen und geistigen Elemente im socialen und politischen Leben von dem, unter der höheren Leitung der Vorsehung wirkenden, die Völker belebenden, Geiste der Menschheit.“

1) Man sehe §. 212.

durch seinen Geist giebt und zu behaupten weiß, ist die Weltgeschichte ein Weltgericht. Allein dieses Weltgericht ist doch nur das der Völker und Staaten in ihrer vergänglichen irdischen Erscheinung [2]). Davon völlig verschieden und in einem ganz anderen Buche verzeichnet ist die Geschichte des einzelnen Menschen als unsterblichen Wesens, die Vorbereitung die er sich zu seinem überirdischen Dasein gegeben, die Führung die ihm dafür zu Theil geworden, und das Gericht das jenseits seiner wartet [3]).

2) Hierin liegt der Unterschied von der pantheistischen Auffassung bei Hegel Philosophie des Rechts §. 340—347. 352.

3) Guizot Histoire de la civilisation de l'Europe leçon I. p. 14. Les sociétés humaines naissent, vivent et meurent sur la terre; là s'accomplissent leurs destinées. Mais elles ne contiennent pas l'homme tout entier. Après qu'il s'est engagé à la société, il lui reste la plus noble partie de lui même, ces hautes facultés, par lesquelles il s'élève à Dieu, à une vie future. — Nous, personnes individuelles, êtres doués de l'immortalité, nous avons une autre destinée que les états.

Viertes Kapitel.

Der Mensch als unsterbliches Wesen.

I. Von der Religion.

482. Alles Leben der Staaten und der Menschheit ist Erscheinung und Entwicklung des Geistes in der irdischen Welt. Dieses ist jedoch nur die eine Seite seines Daseins. Die Andere ist seine Eigenschaft als unsterblicher Geist, als Glied einer überirdischen unvergänglichen Welt[1]). Da aber der Geist, der in dem Menschen in der irdischen Welt thätig ist, und derjenige, den der Mensch in die überirdische Welt mitnimmt, ein und dasselbe sittliche Wesen ist: so besteht nothwendig auch ein gewisser sittlicher Zusammenhang der diesseitigen und jenseitigen Welt, welcher der ist, daß Erstere neben ihrer Eigenschaft, der von Gott gewollte Schauplatz der irdischen Manifestation des Geistes zu sein, auch als Vorbereitung desselben für die Zweite aufgefaßt werden muß. Den Antrieb zu dieser Vorbereitung erhält der Mensch durch das ihm eingeborene Gefühl der Religiosität, welche ihn seinen Zusammenhang mit Gott und seine unvergängliche Bestimmung ahnen und empfinden lehrt[2]). Die nähere Anleitung zu derselben und zu der dazu erforderlichen Erkenntniß und steten Uebung gewährt aber die Religion.

483. Um diesen Zweck zu erfüllen muß die Religion dreierlei enthalten. Erstens einen Inbegriff von Lehren und Wahrheiten,

---

1) Man sehe oben §. 40.

2) Man sehe §. 31.

welche dem Menschen über seinen Ursprung, über sein Verhältniß zu Gott, über seine Bestimmung und Zukunft einen befriedigenden Aufschluß gewähren. Zweitens einen Inbegriff von sittlichen Vorschriften über die Pflichten, welche aus jenen Wahrheiten gegen Gott, gegen sich selbst und gegen die Mitmenschen entstehen. Drittens heilige Handlungen und Geheimnisse, in welchen das gesteigerte religiöse Gefühl für die Sehnsucht nach der innigsten geistigen Vereinigung mit Gott seine Nahrung und Befriedigung findet. Diesen drei Bestandtheilen müssen auch drei subjective Momente des einzelnen Menschen entsprechen. Dem Ersten der auf eine zureichende Lehrautorität gestützte Glaube, wodurch allein die Religion zu einer den Verstand und das Herz erleuchtenden und belebenden Gewißheit wird. Dem Zweiten entspricht das Ringen nach fortschreitender sittlicher Vollkommenheit durch Buße, Reinigung und Besserung des Lebens. Dem Dritten entspricht die Andacht, das Gebet, welches sich mit den heiligen Handlungen und Geheimnissen verbunden zur Gegenwart Gottes aufschwingt.

484. Der Ursprung der Religion ist wie die Sprache der Erschaffung des Menschen gleichzeitig und beruht auf einer höheren Mittheilung [1]). Von dieser haben sich in allen Religionen mehr oder weniger Bruchstücke erhalten, wenn auch im Fortgang der Zeiten verdunkelt und bei dem zunehmenden Verfall der Menschheit durch sinnliche Auffassung verdorben und entstellt [2]). Es blieb aber auch unter den rohesten Formen das Gefühl der Abhängigkeit von einem höheren Wesen, die Verehrung desselben durch Gebet, Cäremonien und Mysterien, das Bedürfniß der Reinigung

1) Man sehe oben §. 28. und insbesondere die dort in der Note 8. angeführte Aeußerung von Fichte. Auch Schelling hat sich entschieden so ausgesprochen. Hegel hält es für gut, sich auf die Frage gar nicht einzulassen.

2) Creuzer Symbolik Band I. S. XI. XII. „Meinen Hauptsatz aber halte ich in seiner ganzen Ausdehnung fest. Es ist die Grundlehre von einer anfänglich reinen Erkenntniß und Verehrung Eines Gottes, zu welcher Religion sich alle nachherigen, wie die gebrochenen verblaßten Strahlen zu dem vollen Lichtstrahle der Sonne verhalten."

und Entsündigung durch Büßungen und Opfer, die Ahnung eines Lohn oder Strafe bringenden zukünftigen Lebens. Alles Dieses erscheint in den alten Religionen nicht als menschliche Erfindung, sondern als uralte von den Priestern und Weisen bewahrte Ueberlieferung. Auch das, was einzelne Religionsstifter hinzugethan, beruhte auf dem Glauben an sie als Organe der Gottheit und die ihnen von dieser zu Theil gewordenen besonderen Mittheilungen. Was so die Völker in dunkeln Ahnungen bewegt, was sie von den Offenbarungen der Gottheit ersehnt, was sie nach ihrer mangelhaften Erkenntniß in den Formen ihrer nationalen Religionen erstrebt haben, ist durch Jesus Christus gewährt und zur Klarheit erhoben worden, welcher nach der im jüdischen Volke bewahrten, bis an den Ursprung des Menschengeschlechts zurückgehenden Ueberlieferung und göttlichen Verheißung, sich als den Mensch gewordenen Sohn Gottes verkündigend, durch seine Leiden und seinen Tod die Erlösung der gefallenen Menschheit vollbrachte, und durch die von ihm hinterlassenen Lehren und Anordnungen die Fortsetzung des Erlösungswerkes für alle Völker und Zeiten und die Erziehung des Menschengeschlechts zum Reiche Gottes gebot und sicherte. Dieser historische Standpunkt muß auch der philosophische sein, weil sich die geistige Macht des Christenthums an allen von ihm abweichenden Religionen und von ihm getrennten Völkern bewährt und weil es eine tiefsinnigere das ganze Innere des Menschen mehr ergreifende Auffassung als die des Christenthums nicht giebt[3]).

---

3) In den rechtsphilosophischen Systemen wird zwar häufig von Religion und Kirche gehandelt; allein blos als von irgend einer verabredeten Form der Gottesverehrung und religiösen Gemeinschaft ohne allen positiven Inhalt. Wenn es dereinst gelingen würde, auf diesem Wege eine neue dauernde in das Leben der Völker eingreifende Religion zu erfinden, so wäre es an der Zeit darauf einzugehen. Einstweilen ist es Philosophie, von solchen flachen unfruchtbaren Abstractionen keine Notiz zu nehmen, und noch weniger ihnen vorzuarbeiten. Auch Trendelenburg Naturrecht §. 171—173. ist von jener Halbheit nicht frei zu sprechen. Anders ist es bei Taparelli Naturrecht II. §. 1408—1506., der sich ganz auf den positiv historischen Standpunkt stellt. Doch hätte seine weitschweifige Ausführung

485. Das Eigenthümliche des Christenthums ist, daß es in der Thatsache der Erlösung die ganze Menschheit ohne Unterschied der Zeiten und Generationen in ihrem Verhältnisse zu Gott und zu ihrer überirdischen Bestimmung als eine geistige Einheit auffaßt, und jedem Menschen, der sich in seinem irdischen Dasein durch die Theilnahme an den Früchten der Erlösung zu einem lebendigen Gliede dieser Einheit macht, die ewige Seligkeit aufschließt. Ein solches Glied wird der Mensch durch den Glauben an den Heiland und an die von ihm offenbarten Wahrheiten, durch die Befolgung seiner Gebote, durch die Theilnahme an den von ihm zur Heiligung des Menschen eingesetzten Sacramente, überhaupt durch das ganze geistige Leben in und mit Christus. Es bildet also die erlöste und durch die Theilnahme am Erlösungswerke geheiligte Menschheit eine geistige Gemeinschaft unter Christus ihrem unsichtbaren Oberhaupte. Sie ist nach einer tiefsinnigen Auffassung der durch die Generationen hindurch wachsende Leib Christi, und die einzelnen Gläubigen sind dessen Glieder.

486. Diese geistige Gemeinschaft bedarf jedoch um sich den einzelnen Menschen kund zu geben und sie durch die geoffenbarten Lehre und Sacramente zu Gliedern des Leibes Christi zu erziehen eines sichtbaren Körpers. Dieser muß, um jener Idee und Bestimmung zu entsprechen, folgende Eigenschaften an sich tragen. Er muß ein mit der Offenbarung gleichzeitig, also von Christus selbst eingesetzter Körper sein, weil dieselbe keinen Augenblick ohne ein äußeres Organ bestehen konnte. Er muß ein stetiger und dauernder Organismus sein, weil alle Generationen zur Gemeinschaft mit Christus erzogen und darin erhalten werden sollen. Er muß ein über alle Völker sich verbreitender, universeller, und von der Staatenbildung unabhängiger Körper sein, weil alle Völker

---

viel tiefer gefaßt werden können. Auf demselben Standpunkt steht Moy Philosophie des Rechts I. §. 56—75., welcher eine sehr ins Einzelne gehende philosophische Construction des positiven katholischen Kirchenrechts giebt.

in jene Gemeinschaft eingehen sollen. Er muß ein einheitlicher sein, weil das Band der Gemeinschaft mit Christus die Einheit des Glaubens und des Lebens ist, diese aber bei der zeitlichen und räumlichen Verbreitung der Glieder ohne ein einheitliches Organ nicht bewahrt werden kann. Dieser bleibende, universelle, selbstständige, einheitliche Organismus ist die Kirche. Der Grundpfeiler derselben muß ein einheitlicher Lehrkörper sein, dem Christus selbst nach der gehörigen Vorbereitung mit der Lehre und den Sacramenten die Sendung an alle Völker und Zeiten übertragen hat, und welcher sich dazu aus sich in ununterbrochener Folge erneuert. Dieser sammelt um sich die Gläubigen, an welchen er seiner Sendung gemäß die Erziehung zum Reiche Gottes durch die Heiligung des Lebens vollbringt. In ihm ruht daher eine dreifache Vollmacht: das Priesterthum zur Verwaltung und Ausspendung der von Christus eingesetzten Sacramente; das Lehramt zur Erhaltung und Verbreitung der geoffenbarten Lehre; und die Sorgfalt für die den Vorschriften Christi entsprechende Zucht und Ordnung im Leben des Ganzen wie der Einzelnen. Dieser Organismus, mit der größten Consequenz ins Einzelne ausgebildet, ist die katholische Kirche. Die anderen Confessionen haben davon nur Bruchstücke beibehalten. Insbesondere haben sie mit der Einheit des Lehrkörpers die Uebereinstimmung der Lehre und die Einheit und Selbstständigkeit der Verfassung eingebüßt; sie haben sich nach den Staaten geschieden, und es ist dadurch die Kirchenregierung mehr oder weniger in die Hand der Staatsgewalt gekommen.

B) Von der Nothwendigkeit und den Machtmitteln der Kirche.

487. Die religiöse Gemeinschaft ist, wie die Geschichte aller Zeiten bezeugt, für die Menschen Bedürfniß, weil jede Religion Cultus und Unterricht voraussetzt, die der Einzelne sich nicht selbst geben kann, und weil durch die gemeinschaftliche Uebung der Glaube gestärkt und die religiöse Gesinnung und Thatkraft belebt wird [1]).

1) Dahlmann Politik §. 290. „Auch die stärkste Vereinzelung der Religionspflege geht nothwendig über den Einzelnen hinaus; der Vater

Eine erhöhte Bedeutung erhält sie aber in der Kirche, weil nur in dieser von Christus die zur Erlösung und Heiligung des Menschen bestimmten Wahrheiten und Heilmittel niedergelegt und überliefert sind. Auf diesen ihren Inhalt und die daran geknüpfte Verheißung gestützt verkündigt sich die Kirche Allen, die das Heil suchen, als nothwendig. Als eine rein geistige und für das Geistige bestimmte Anstalt steht jedoch dieser Nothwendigkeit nicht eine äußere Zwangs- und Strafgewalt zur Seite; diese wohnt nur bei der Staatsgewalt für die staatlichen Zwecke. Die Kirche kann daher ihre Mitglieder nicht mit Gewalt an sich heranziehen noch an sich festhalten; sondern ihre Macht ist eine rein geistige, die Unterwerfung unter sie äußerlich eine blos freiwillige, welche nur durch die Ueberzeugung von ihrem Werthe und ihrer Nothwendigkeit, also von dem Gewissen, bestimmt wird. Diese Ueberzeugung fällt zusammen mit dem Glauben an Christus und sein in der Kirche fortgesetztes Erlösungswerk. Dieser Glaube ist also die wesentliche Voraussetzung um ein wahres lebendiges Glied der Kirche zu werden [2]); er ist das Band, welches den Einzelnen um des Heiles willen an die Kirche fesselt und ihn der Autorität, den Anordnungen und geistigen Züchtigungen derselben unterwirft; er ist die Bedingung durch deren Verläugnung der Einzelne sich selbst von der Mitgliedschaft der Kirche und dadurch von allen den Segnungen ausschließt, welche die Kirche ihren Mitgliedern gewährt. Wenn die Kirche wegen einer solchen kund gewordenen Verläugnung ihres Glaubens und ihrer Autorität die Ausschließung von ihrer Gemeinschaft förmlich ausspricht, so vollzieht sie nur äußerlich das, was Jener schon innerlich vollzogen hat. Dieses ist

---

redet davon zu seinem Kinde, führt häusliche Weisen der Andacht ein; die Religion ist mindestens Familiensache. Die einfachsten Zustände der Menschheit zeigen die Hausväter als Priester, der Stammälteste versieht die Opfer seines Stammes, der König die des Volks; Priesterthum ist Theil der Regierung."

2) Deshalb werden auch die Mitglieder der Kirche nicht Unterthanen, sondern Gläubige, fideles, genannt.

aber auch das äußerste Machtmittel, welches sie nach ihrer spirituellen Natur hat. Das Recht dazu folgt schon aus dem Wesen jeder Gesellschaft, weil wer Mitglied einer solchen sein will, auch die Pflichten der Mitgliedschaft erfüllen muß. Eben daraus folgt aber auch, daß die Nachtheile der Ausschließung nur in der Entziehung der geistigen Vortheile bestehen können, welche die Kirche nach der Verheißung Christi in sich schließt. Soll die Excommunication auch bürgerliche Nachtheile zur Folge haben, so kann dieses nicht von der Kirche, sondern nur von der Anordnung der Staatsgewalt herrühren.

C) Von dem Verhältnisse zu anderen religiösen Bekenntnissen.

488. Wo die Religion nur eine menschliche Erfindung und etwas Nationales ist, kann sie auch andere nationale Religionen als den Göttern wohlgefällige Formen neben sich gelten lassen. Doch werden selbst dann die nach der tieferen Wahrheit und Weisheit forschenden religiösen und philosophischen Schulen, kraft des dem menschlichen Geiste eingeborenen Dranges, nach ihrer möglichsten Verbreitung durch die Bekämpfung und Ueberwindung der entgegenstehenden Irrthümer streben. Um so mehr muß dieses bei einer Religion der Fall sein, welche als eine geoffenbarte die Gewährleistung ihrer absoluten Wahrheit und die Bestimmung für das Heil der ganzen Menschheit in sich trägt. Jede kirchliche Gemeinschaft, welche sich dieselbe zum Grunde legt, hält sich daher für die allein wahre, und die abweichende Auffassung der anderen Bekenntnisse für mehr oder weniger irrig. Sie muß daher die Pflicht empfinden, dieselben zu bekämpfen und zu widerlegen, und dadurch die wahre Lehre zur allgemeinen Geltung zu bringen. Dieser Kampf bewegt sich seiner Natur nach blos auf dem Gebiete der Wahrheit und Wissenschaft; er ist ein Kampf von Lehre gegen Lehre, der Wahrheit gegen den Irrthum, nicht gegen den einzelnen Irrenden. Er muß daher nur mit den Waffen der Wissenschaft, mit Würde und Ruhe geführt, und jede Einmischung persönlicher Erbitterung und Gehässigkeit vermieden werden. Mit den einzelnen Bekennern eines andern Glaubens kommt eine Kirche

als solche in gar keine Beziehung, außer wenn sie sich bei ihr freiwillig um Belehrung und Aufnahme melden. Diese darf dann natürlich nur auf den Grund geprüfter fester Ueberzeugung gewährt, und es muß dabei die Einwirkung fremdartiger Beweggründe oder gar des Zwanges durchaus ferne gehalten werden. Daß derjenige, welcher nicht Mitglied einer Kirche ist, von derselben nicht die Rechte und Ehren eines Mitgliedes verlangen könne, versteht sich von selbst [1]).

489. Was aber das Verhältniß der einzelnen Bekenner verschiedenen Glaubens zu einander betrifft, so ist zu unterscheiden. Hinsichtlich der Religionsübung muß sich Jeder treu an sein Bekenntniß halten, und er darf ohne Pflichtverletzung gegen seine Kirche an den religiösen Handlungen des Andern in dem Sinne nicht Theil nehmen, wie dieser als Mitglied seiner Kirche es thut [1]). Er muß jedoch die religiöse Ueberzeugung des Andern in der Art achten, daß er keine Geringschätzung dagegen an Tag lege oder durch sein Benehmen Anstoß errege. Dem gebildeten Gefühle werden selbst die nicht christlichen Religionsformen in so fern Rücksicht einflößen, als ihnen immer die Vorstellung von Gott und das Bedürfniß einer Vereinigung mit Gott zum Grunde liegt. In dem bürgerlichen Leben aber müssen gegen Jeden ohne Unterschied des Bekenntnisses die Pflichten der Nächstenliebe geübt, und dieses von jeder Kirche ihren Mitgliedern auch als eine religiöse Verpflichtung eingeschärft werden. Es können sich daher auch die

1) Daher auch nicht die Ehre des kirchlichen Begräbnisses. Daß aber ein Geistlicher ohne die geistlichen Abzeichen blos als allgemeine Respectsperson der Beerdigung nicht als einer kirchlichen Handlung sondern als einem ernsten menschlichen und bürgerlichen Acte der guten Ordnung wegen im Nothfall vorstehen könne, ist nicht zu bestreiten.

1) Es ist daher nichts kirchlich Unerlaubtes, wenn Einer als Zeuge an der Taufhandlung in einer andern Confession, oder bei einer gemischten Ehe an der wegen des andern Ehegatten vorzunehmenden Einsegnung durch dessen Geistlichen, oder als Beamter an der officiellen Feierlichkeit in einer andern Kirche Theil nimmt. Anders ist es, wenn Einer als Pathe Verpflichtungen gegen eine andere Confession übernimmt.

Mitglieder aller Bekenntnisse zu Unternehmungen der Mildthätigkeit wetteifernd die Hände reichen. So sind durch das Christenthum die Wege gezeigt, mit der treuesten Anhänglichkeit an das eigene Bekenntniß gegen Andersgläubige die Toleranz und Humanität zu verbinden, welche die Perle der ächten Religiosität ist. In wie fern ein Einzelner auf den Religionswechsel eines Andern einzuwirken das Recht habe, ist von mehreren Unterscheidungen abhängig. Absichtliche oder gar zudringliche Mittel dazu anwenden, darf man nicht; eben so wenig aber auch im Umgang seine Ueberzeugung verläugnen, und noch weniger auf die gestellten Anfragen eines Urtheilsfähigen die Belehrung vorenthalten. Besondere Verhältnisse, wie das der Eltern zu den Kindern, können eine noch positivere Einwirkung rechtfertigen oder gar zur Pflicht machen. Dazu gehört aber das Verhältniß des Vormundes nicht, sondern dieser hat nur für die getreue Ausführung der elterlichen Anordnungen, und zwar des zuletzt Lebenden, zu sorgen [2]). Eben so wenig gehört dazu das Verhältniß der Herrschaft zum Gesinde. Diese hat dasselbe nur zur Erfüllung seiner religiösen Pflichten anzuhalten. Gegen anvertraute Kinder fremder Eltern muß man für den Religionspunkt ganz besonders vorsichtig und nicht gegen den Geist der Eltern zu handeln bedacht sein.

III. Verhältniß des Staates zur Religion und Kirche.

A) Im Allgemeinen.

490. Die Religion hat das Verhältniß des einzelnen Menschen zu Gott und zu der überirdischen Weltordnung, die Vorbereitung und Erziehung desselben zu seiner unsterblichen Bestimmung zum Inhalt. Der Staat ist die Erscheinung und Entwicklung des Menschlichen und der Menschheit in dieser irdischen Welt [1]). Der Zweck der Religion geht also über den Staat hinaus und fällt in eine ganz verschiedene Sphäre. Dennoch berühren sich Beide nicht nur, sondern greifen auch in einander ein, aus zwei Gründen.

---

2) Man sehe oben §. 144.

1) Man sehe §. 43.

Einestheils wirkt die Religion durch die Macht, womit sie die Gemüther erfüllt und beherrscht, von selbst auch auf das Staatsleben ein, schafft sich ihre eigenen Formen und Anstalten, und lenkt die öffentliche Theilnahme und Fürsorge den religiösen Interessen zu [2]). Es greift also die Religion, wenn auch an sich blos dem Ueberirdischen zugewendet, bei ihrer äußeren Entfaltung doch mehr oder weniger in die Ordnungen des Staates ein, und wird von denselben gefördert und geschützt. Anderntheils bedarf aber auch der Staat wesentlich der Religion, weil dieselbe den letzten Grund aller sittlichen und daher auch der bürgerlichen Pflichten und Tugenden in sich schließt, ohne welche kein Staat bestehen kann [3]).

491. Hinsichtlich der Art, wie das Verhältniß des Staates zur Religion organisirt ist, sind drei Formen denkbar. Die Eine ist, daß die Religion rein national und staatlich, daß also die Glaubenslehre, der Cultus, die Priesterthümer lediglich positive Anordnungen des Staates sind. Eine solche Religion befriedigt aber nur so lange, als die Empfindung in gläubiger noch durch keine Reflexion geschwächter Hingebung an den Formen des Cultus als ehrwürdigen heilbringenden Ueberlieferungen festhält, den Weisungen und Deutungen der Priester sich unterwirft, und in der allgemeinen Theilnahme an den religiösen Zusammenkünften und Festen die Nahrung und Bekräftigung ihres Glaubens findet. Sie wird unzureichend, wenn der erwachende Geist der Forschung in das Wesen der Religion tiefer eindringt, die Begriffe von der Gottheit und der Art ihrer Verehrung berichtigt und läutert, und dadurch den nationalen Glauben und Cultus so bedrängt, daß er nur mit Gewalt und durch bürgerliche Strafen aufrecht erhalten werden kann. Diese Form paßt also nur für die Kindheit eines Volkes; für die fortschreitende Gesellschaft ist sie unerträglich, weil sie die geistige Entwicklung hemmt, und mit einem der wesentlichsten Urrechte, der Freiheit der religiösen Ueberzeugung und

---

2) Man sehe §. 31.

3) Man sehe oben §. 261. 262. 263. 447.

des religiösen Bekenntnisses in unmittelbaren Widerspruch kommt[1]). Eine zweite Form ist die, daß der Staat im Vertrauen darauf, das religiöse Bedürfniß werde sich selbst seine Formen und Uebungen schaffen, sich um die Religion unmittelbar nicht bekümmert, sondern jedem Bekenntniß Aufnahme und Schutz gewährt. Dadurch ist allerdings die Freiheit des Bekenntnisses in einem sehr ausgedehnten Sinne zugestanden. Doch kann diese Freiheit nicht bis zur Duldung solcher Lehren gehen, die der Vernunft, den guten Sitten und den Grundgesetzen der bestehenden Gesellschaft gradezu entgegen sind. Es bleibt also auch dann immer ein gewisser Kreis von Lehrsätzen ausdrücklich oder stillschweigend vorbehalten, die der Staat bei jeder religiösen Gemeinschaft voraussetzt, und ohne welche er derselben Duldung und Schutz versagt[2]). Eine dritte Form ist die, daß der Staat, von der Wahrheit einer bestimmten Glaubensform ergriffen und überzeugt, die dafür bestehende Kirche als Staatskirche aufnimmt und ihr für ihre Anordnungen und Einrichtungen die Unterstützung der Staatsgewalt verleiht. Diese Form hat die entschiedensten Vorzüge. Der Staat erhält dadurch eine Religion, ohne daß diese doch unter die beengende Herrschaft der Staatsgewalt gezogen ist. Sie ist in den Händen der Kirche, einer mit rein geistigen Mitteln wirkenden Anstalt, die schon in das gläubige Gemüth des Kindes die Wahrheiten niederlegt, welche mit ihm bei der fortschreitenden Entwicklung zu einer freien Ueberzeugung verwachsen, und welche dem aufstrebenden Forschungsgeiste auch mit Gründen der Wissenschaft zu folgen und Rede zu stehen vermag. Allerdings können auch in

---

1) Man sehe §. 108.

2) Selbst Rousseau, welcher das Christenthum als Staatsreligion verwirft, erklärt doch für den Staat die Festsetzung gewisser religiöser Grundwahrheiten für unerläßlich, deren Verleugnung die Ausschließung vom Staatsverband zur Folge haben müsse, nicht weil man irreligiös sei, sondern weil man nicht in den Staat tauge. Man sehe darüber die lehrreiche Abhandlung von Bluntschli Allgemeines Staatsrecht Buch IX. Kap. 4. Auch Dahlmann Politik §. 292. 293. 294. hat für den Staat die Unmöglichkeit unbedingter Duldung nachgewiesen.

dieser Form neue dem kirchlichen Lehrbegriffe widerstreitende Meinungen und Glaubensparteien sich bilden, welche die Kirche von sich ausschließt, und welche der Staat entweder mit Gewalt unterdrücken oder auf seinem Gebiete dulden muß. Unter allen Formen zeigt sich also mehr oder weniger ein schwer zu vermittelnder Gegensatz: auf der einen Seite das in der tiefsten geistigen Natur des Menschen begründete Bedürfniß der Freiheit der religiösen Ueberzeugung und des religiösen Bekenntnisses; auf der andern Seite für den Staat die Nothwendigkeit, doch irgendwo eine positive Schranke dieser Freiheit anzunehmen. Es liegt in der Natur der Sache, daß es zur Vermittlung dieses Gegensatzes allgemeine Regeln nicht geben kann, sondern daß es bei der religiösen Duldung für den Staat auf den positiven Inhalt der Bekenntnisse ankommt. Ueberhaupt muß die Rechtsphilosophie bei diesen Fragen, wenn sie nicht bei unfruchtbaren Abstractionen stehen bleiben will, sich zu den concreten Verhältnissen, wie sie durch die christliche europäische Bildung gegeben sind, wenden[3]).

B) Die Staaten und das Christenthum. 1) Die kirchliche Freiheit.

492. Das Verhältniß des Christenthums und der christlichen Kirche zu den Staaten wird durch fünf wesentliche Eigenschaften desselben bestimmt. Erstens beruht dasselbe auf einer göttlichen Offenbarung, welche unvermindert und unverfälscht auf alle Zeiten überliefert werden soll. Dadurch ist also jeder bestimmende Einfluß der Staatsgewalt auf dessen Inhalt ganz und gar ausgeschlossen. Zweitens ist es für alle Völker und Zeiten bestimmt; es geht daher überall über den Staat hinaus, und darf in seiner universellen Gestaltung und Wirksamkeit durch die Besonderheit der Nationalitäten und Staatenbildung nicht unterbrochen oder

---

3) Dahlmann, Bluntschli, Trendelenburg haben daher bei diesen Discussionen ausdrücklich die auf dem Boden des Christenthums gebildeten oder sich bildenden Verhältnisse vor Augen. Eben so der Sache nach selbst Hegel Philosophie des Rechts §. 270.

gehemmt werden [1]). Drittens ist die Offenbarung zur Erlösung der Menschheit und zur Sicherung des ewigen Heils gegeben. Jeder, der zu deren Erkenntniß gelangt ist, hat daher Gott gegenüber die Verpflichtung ihr zu folgen, und die Staatsgewalt darf dem nichts entgegenstellen, weil das ewige Wohl dem zeitlichen vorgeht, und weil ihre Macht sich in diese Sphäre nicht erstreckt. Viertens ist das Christenthum mit jeder Staatsform verträglich; es greift in die bürgerliche Ordnung nicht nur nirgends hemmend ein, sondern es kommt derselben sogar wesentlich zu Hülfe, indem es den bürgerlichen Gehorsam und die Ehrfurcht vor der Obrigkeit seinen Bekennern auch als christliche Pflichten und Tugenden einschärft. Fünftens steht dem Christenthum als das zu seiner Uebung, Erhaltung und Verbreitung unentbehrliche Organ die Kirche zur Seite. Als ein sichtbarer Organismus tritt diese zwar in das Leben der Staaten ein. Allein Beide sind ihrem Zwecke und nach den Mitteln ihrer Wirksamkeit so verschieden, daß sie neben einander ohne sich zu berühren oder zu hemmen bestehen können. Die Kirche verlangt von der Staatsgewalt, wenn diese ihr nicht mehr gewähren will, nur zweierlei, dieses aber wesentlich: die freie Uebung ihres Bekenntnisses, und den allgemeinen Rechtsschutz für ihre Personen und ihr Eigenthum. Das Recht auf Erstere begründet sie durch die von der sittlichen und geistigen Natur des Menschen geforderten Freiheit der religiösen Ueberzeugung und durch den für den Staat nicht nur unschädlichen sondern selbst wohlthätigen Inhalt ihrer Lehre. Das Zweite verlangt sie als ein jedem unbescholtenen Mitbürger gebührendes Recht. Jene Freiheit bezieht sich aber nicht blos auf die Lehre und die heiligen Handlungen; sie muß für die ganze Disciplin und die dazu nöthigen kirchlichen Anordnungen gelten, die Einsetzung der Aemter, die Anstellung und

---

1) Trendelenburg Naturrecht §. 172. „Die Religion ist kein Erzeugniß des sich abschließenden und sich zur volksthümlichen Individualität zusammennehmenden Staates, sondern ihrer Natur nach universell, geht sie über die Grenzen ihres Landes hinaus und verbindet die Völker in einer eigenthümlichen Richtung des Gefühls und der Sitte."

Entfernung der Kirchenbeamten, den Verkehr mit den geistlichen Oberen, die kirchliche Gesetzgebung, Gerichtsbarkeit und Zuchtgewalt bis zur Excommunication hin; immer natürlich so, daß sich dieses Alles blos auf das Innere der Kirche, nicht auf staatliche Verhältnisse bezieht, und daß die Kirche dazu nur ihre geistigen Machtmittel, nicht auch die Beihülfe der Staatsgewalt in Anspruch nimmt. So trat die christliche Kirche im heidnischen römischen Staate auf, und diese Stellung ist noch jetzt die, welche die katholische Kirche von jedem Staate im Namen der Religions- und Gewissensfreiheit verlangt und verlangen darf. Dasselbe werden und müssen unter gleichen Verhältnissen auch die protestantischen Confessionen thun [2]).

2) Der christliche Staat.

493. Wenn ein Staat durch die Bekehrung seiner Bewohner ein christlicher geworden, also die Obrigkeit eine christliche ist, so tritt die Kirche zu dieser in ein weit näheres Verhältniß. Es bleibt zwar auch dann der Grundsatz in Gültigkeit, daß beide Gewalten, jede in ihrer Sphäre, selbstständig und von einander unabhängig sind. Allein die Natur der Sache drängt dann von selbst auf ein enges Wechselverhältniß hin. Auf der einen Seite wird die von der Erkenntniß des Christenthums erleuchtete und gelenkte Staatsgewalt nicht nur den hohen Werth würdigen, den dasselbe durch die Fülle seiner geistigen Kräfte für die Erhaltung und Wohlfahrt des Staates hat, sondern sie wird auch wegen der

---

2) Der Anspruch auf die volle kirchliche Freiheit tritt bei den Protestanten nicht so scharf hervor, weil sie die Einheit und mit ihr die Selbstständigkeit der Kirchenverfassung aufgegeben, und dadurch das Kirchenregiment in die Hände jedes Landesherrn gebracht haben (§. 486). Wenn aber zum Beispiel die protestantische Kirche in der Türkei oder in China Wurzel faßt, so wird sie gegen den Staat die oben bezeichnete Stellung in Anspruch nehmen müssen. Sie muß es der Consequenz nach, selbst in Frankreich, Oesterreich, Rußland thun. Die Unklarheit und der Mangel an Schärfe, die im Praktischen herrschen, haben aber auch auf die Theorie zurückgewirkt, wie man selbst bei Dahlmann wahrnimmt.

wesentlichen Beziehungen, die es zu den höchsten Interessen und Aufgaben des Menschen hat, dasselbe zu den wichtigsten Angelegenheiten ihrer Unterthanen rechnen, und dafür mit dem wärmsten Eifer und Pflichtgefühl erfüllt sein. Sie wird daher die Kirche als das Organ des Christenthums ehren und beschirmen, ihre Vorschriften und Einrichtungen unterstützen, und ihre Zwecke mit den dazu geeigneten Mitteln fördern helfen. Auf der andern Seite wird die Kirche der in diesem Geiste wirkenden Obrigkeit mit Vertrauen entgegen kommen, deren Wünsche bei den kirchlichen Einrichtungen gerne berücksichtigen, und den bürgerlichen Anordnungen durch ihr moralisches Ansehen zu Hülfe kommen. So wird der Kirche ihre Aufgabe durch die Mitwirkung der Staatsgewalt freudig und leicht, der Staat durch die Kirche in seinen tiefsten Grundlagen befestigt und verstärkt werden. Das wahre Interesse beider Gewalten beruht daher in dem vollen und aufrichtigen Einverständniß derselben. In diesem Einverständniß werden sich Beide in manchen Verhältnissen berühren; es kann sogar zweckmäßig gefunden werden, daß die Eine in ihrem Gebiete der Andern gewisse Rechte einräume, was aber, da Jede in ihrer Sphäre selbstständig ist, nur durch freie Uebereinkunft, Concordate, bewirkt werden kann. Dieses ist das Verhältniß, welches der Geist des Christenthums verlangt, das er, wenn es auch vorübergehend zerstört wird, immer wieder von Neuem schafft, und welches auch von der Rechtsphilosophie als das normale vertheidigt werden muß [1]).

---

1) Gut sagt darüber Trendelenburg Naturrecht §. 172. „Es ist das allein richtige Verhältniß, daß sich die weltliche Seite des Staates mit der geistlichen, oder, wie man gewöhnlich schlechtweg sagt, der Staat mit der Kirche, befreunde und Beide gemeinsam wirken, damit sich das menschliche Leben im edelsten Sinne ausbreite und vollende. Die Kirche, obwol allgemeiner als der individuelle Staat und gerade in der Allgemeinheit ein gewisses selbstständiges Leben besitzend, bleibt eine Lebensbedingung des Staates, und es ist unrecht, die weltliche Seite des Staates, seine Gesetze und äußeren Einrichtungen, allein Staat zu nennen und in einen feindlichen Gegensatz gegen die Kirche zu bringen. — Beide bedürfen ein-

494. Dieses Verhältniß ist aber einer mannichfaltigen Steigerung fähig. Wird es bis in seine letzten Consequenzen verfolgt, so muß der Kirche für alle ihre Anordnungen, für ihre Glaubenslehre, Religionsübung, Verfassung, Gesetze, Gerichtsbarkeit und Strafgewalt der Schutz und die Unterstützung des weltlichen Arms, nöthigenfalls selbst durch bürgerliche Strafen, zur Seite stehen. Es handelt sich dann vor Allem um die Geltung des christlichen Gesetzes; diesem muß alles Andere untergeordnet sein. Auch in weltlichen und bürgerlichen Verhältnissen, denen ein sittlicher oder religiöser Gesichtspunkt beigemischt ist, muß daher die Kirche die entscheidende Stimme haben. Durch sie soll der Geist des Christenthums in allen Angelegenheiten der Gesellschaft und der Menschheit, in der Rechtspflege, in dem bürgerlichen Verkehr, in den gemeinnützigen Unternehmungen, in der Wissenschaft, auch im Staats- und Völkerrecht, zur Herrschaft gebracht werden, und der weltliche Arm darin ihrer Weisung folgen müssen. Selbst in den rein bürgerlichen Dingen, wo aber von der weltlichen Obrigkeit kein Recht zu erlangen ist, darf die Kirche mit ihren geistlichen Machtmitteln einschreiten, weil die Gewährung der Gerechtigkeit ein wesentliches Stück der sittlichen Weltordnung ist, deren Lücken, wenn der Staat seine Pflichten versäumt, die Kirche ergänzen muß. Dieses sind die Grundgedanken des Systems, welches die Kirche im Mittelalter, blos auf ihre geistige Autorität über die glaubenstreuen Gemüther gestützt, mit großer Anstrengung aufgerichtet, und vorzüglich in dem Verhältniß des Papstthums zum Kaiserthum durchzuführen bemüht gewesen ist. Kirche und Staat wurden als die beiden Gliedmaßen des einen großen Körpers der

---

ander. Die Kirche bedarf des Staates, damit ihr die äußern Gesetze, der sittliche Nachdruck des Staates, der Arm der weltlichen Gerechtigkeit, die bürgerlichen Einrichtungen, den Boden bereiten und das Gebiet einer Wirksamkeit sichern. Der Staat bedarf umgekehrt der Kirche, um sich selbst und seine Genossen aus dem innersten Grunde des menschlichen Wesens zu beleben, und sich vor dem Verderben zu bewahren, in das ihn sonst die ungehemmte Moral der Selbstsucht und des Wohlseins hineinzieht."

Christenheit gedacht, die einander zum Wohle desselben in der engsten Eintracht überall unterstützen sollten.

495. So erhaben diese Auffassung rein ideal betrachtet auch ist, so zeigt doch deren praktische Ausführung große Uebelstände. Erstens erschafft sie einen gesellschaftlichen Zustand, wo die Religion zu unbedingt zur Staatssache gemacht und in die bürgerliche Ordnung verflochten ist, so daß religiöse Verirrungen und Spaltungen alsbald auch auf das politische Gebiet zurückwirken, und die Staatsgewalt sich dadurch zu ihrer eigenen Erhaltung gedrungen fühlt, die von der Kirche verworfenen Irrlehren gegen deren Anhänger als Staatsverbrecher mit schweren Strafen zu verfolgen, was zu einer Härte und Grausamkeit führt, deren Veranlassung nach der gemeinen Auffassung auf die Religion und Kirche selbst zurückfällt und sie gehässig macht. Zweitens erzeugt die die Kirche überall umgebende mächtige Unterstützung der Staatsgewalt in der Geistlichkeit leicht ein Gefühl falscher Sicherheit und Vernachlässigung ihrer geistigen Kraftübung, in den Massen eine gezwungene blos äußerliche Religionsübung, überhaupt geistige Erschlaffung oder Erstarrung, welche das religiöse Bedürfniß nicht befriedigt und es in falsche Bahnen leitet. Drittens ist die Einmischung der Kirche in die weltlichen Angelegenheiten zur Handhabung des christlichen Princips eine höchst schwierige Aufgabe, deren Durchführung bei ihren Häuptern die größte Umsicht, geistige Ueberlegenheit und Mäßigung erfordert; sie führt auf ein biegsames Gebiet, wo Contestationen und Reibungen fast unvermeidlich sind; sie veranlaßt Ansprüche und Mißgriffe, welche die öffentliche Meinung verletzen und die Autorität der Kirche auch in den wesentlichen Dingen erschüttern. Viertens rufen diese Uebelstände früh oder spät bei der Staatsgewalt eine nun auch ihrerseits zu weit gehende Reaction hervor, wodurch sie ihre Stellung als christliche Obrigkeit in eine Oberhoheit über die Kirche und eine indirecte Beherrschung derselben umzuwandeln trachtet. An die Beschützung der Kirche wird die engste Bevormundung derselben geknüpft, die Veröffentlichung ihrer Gesetze, die Anstellung ihrer Beamten von der Genehmigung der Staatsgewalt abhängig

gemacht, alle Theile ihrer Verwaltung einer mißtrauischen engherzigen Beaufsichtigung unterworfen. Aber auch dieser durch die dadurch bewirkte geistige Lähmung für die Kirche wie für den Staat gleich verderbliche Zustand muß weichen, wenn die unversiegbare Kraft der Kirche das Gefühl und Bedürfniß der kirchlichen Freiheit wieder wach ruft, und durch dieses auf die Herstellung des richtigen Verhältnisses hinführt.

3) Die Parität.

496. Die Einheit des Glaubens ist für die Kirche ein unerläßliches Erforderniß, weshalb sie von einer christlichen Obrigkeit die Beschirmung derselben durch die ihr möglichen Machtmittel erwartet. Aber auch für den Staat ist diese Einheit im höchsten Grade wünschenswerth, nicht blos wegen seiner Beziehung zur Kirche, sondern auch aus rein politischen Gründen. Es ist daher durch das Staatswohl gerechtfertigt, daß die Staatsgewalt in Vereinigung mit der Kirche Glaubensneuerungen möglichst zuvorkomme und im Keime zu unterdrücken bemüht sei. Wenn jedoch in einem Lande eine andere christliche Glaubensform durch die Anzahl und Standhaftigkeit ihrer Anhänger zur vollendeten Thatsache geworden ist, so machen eben so sehr Gründe des Staatswohles als Rücksichten der Menschlichkeit, ja selbst der Geist des Christenthums, ein anderes Verhalten der Staatsgewalt nothwendig. Sie muß dann den Glaubensstreit lediglich dem kirchlichen Gebiete überweisen, auf ihrem Gebiete aber der neuen Glaubenspartei Duldung gewähren. Das Maß derselben sowohl hinsichtlich der Religionsübung als hinsichtlich der bürgerlichen und politischen Rechte ihrer Anhänger kann aber nicht leicht blos nach dem abstracten Recht, sondern es wird ebenfalls nach Rücksichten des Staatswohles und der Staatsklugheit bestimmt werden müssen. Es wird dabei die Stimmung der Anhänger des alten Glaubens zu berücksichtigen sein, die Abneigung oder das Mißtrauen, welches allzuweit gehende Concessionen etwa bei denselben gegen die Regierung hervorrufen könnten; es wird in Betracht kommen, in wie fern die Religionsverschiedenheit bei der neuen Glaubenspartei

auf die bürgerliche Gesinnung einen nachtheiligen Einfluß hat, ob nicht in das Religionsinteresse eigensüchtige politische Wünsche und Bestrebungen sich einmischen; es wird einen Unterschied machen, ob die neue Glaubensform sich im Lande selbst gebildet oder mit einem neu erworbenen Landestheil recipirt worden ist. Wenn sich aber eine solche in einem Staate im Verlaufe der Zeit völlig eingebürgert, wenn deren Anhänger sich in der Erfüllung der bürgerlichen Pflichten und Lasten als gute Unterthanen bewährt haben, so ist es der Gerechtigkeit wie der Staatsklugheit angemessen, sie der alten Glaubensform auf dem Boden des Staates unbedingt gleich zu stellen. Diese Parität begreift viererlei. Erstens das gleiche Recht der freiesten öffentlichen Religionsübung, mit allen dem Cultus und seinen Dienern zukommenden Rücksichten und Vorrechten. Zweitens die gleiche Anerkennung jeder Kirche als einer mit Eigenthumsfähigkeit begabten Corporation. Drittens die gleiche Fähigkeit ihrer Mitglieder zu den bürgerlichen und staatsbürgerlichen Rechten, wie die Bekleidung der öffentlichen Aemter. Viertens der gleiche Schutz jeder Kirche von Seiten der Staatsgewalt, die gleiche Berücksichtigung ihrer Bedürfnisse und Interessen in den Schulen und anderen öffentlichen Anstalten. Die Staatsregierung als solche muß, ganz abgesehen von dem persönlichen Bekenntniß des Landesfürsten, gegen jede Kirche die Stellung annehmen, als ob sie zu ihr gehörte. In der consequenten und aufrichtigen Durchführung dieses Gesichtspunktes liegt das Mittel, jeder Confession gerecht zu sein, und doch, da Jede eine christliche ist, dem Staate seinen christlichen Charakter zu bewahren.

4) Der christliche Staat und die allgemeine Toleranz.

497. Wenn in einem Staate mehrere christliche Glaubensformen mit gleichen Rechten anerkannt sind, so sind doch noch immer wieder Abweichungen von denselben und dadurch die Bildung neuer Religionsparteien möglich. Diese werden sogar regelmäßig zunehmen, weil wenn einmal das Princip der Einheit der Kirche und der kirchlichen Autorität thatsächlich erschüttert und vom Staate aufgegeben ist, die religiöse Grübelei und Schwärmerei ein

offenes Feld finden. Wenn auch diese Parteien wegen ihrer Vielheit und der dadurch gegebenen geringeren Zahl ihrer Anhänger nur in der Gestalt von Secten oder kleinen Gemeinden auftreten, so werden diese doch für sich ebenfalls das gleiche Recht der Duldung und Anerkennung in Anspruch nehmen, und diese wird ihnen auch aus den genannten Gründen mehr oder weniger gewährt werden müssen. Doch sind dabei nach der Natur der Sache drei Gesichtspunkte festzuhalten. Erstens, mag der Staat die Freiheit in der Auffassung des Christenthums in einem noch so weiten Umfang zugeben, irgendwo muß er doch eine positive Gränze annehmen. Die Secte, welche sich noch eine christliche nennte, allein nicht blos die anerkannten christlichen Dogmen verläugnete, sondern auch aus ihrem Verständniß des Christenthums Folgerungen ableitete, welche mit den Grundwahrheiten der christlichen Gesellschaft, der Ehrfurcht vor der Obrigkeit, der Heiligkeit der Ehe, des Eigenthums, des Eides, im Widerspruch stehen, hätte in unseren Staaten, wie sie nun einmal sind, ein Recht auf Duldung nicht. Doch ist es menschlich und klug, daß die Staatsgewalt die Unterdrückung oder Ausweisung nur als das äußerste Mittel der Abwehr gebrauche, und so lange es ohne Gefahr für den Staat geschehen kann, Nachsicht übe [1]). Eine positive Unterstützung durch den Staat

1) Dahlmann Politik §. 294. unterscheidet richtig eine dreifache Klasse von Secten: solche welche wegen ihrer unsittlichen oder dem Staate ganz widerstrebenden Grundsätze gar nicht zu dulden sind; solche welche gegen den Staat gleichgültig sind, wie die Herrnhuter, und solche welche einzelnen Forderungen des Staates widerstreben, wie die Quäker. Ueber die beiden Letzteren sagt er. „Weder die Zahl der Gleichgültigen noch die der Widerstrebenden darf im Staate stark anwachsen; indeß wird der Staat auch selbst den Letzteren bedingte Duldung in der Hoffnung vergönnen, daß sich eben durch die Duldung das duldungswürdige Princip weiter ausbilden, das entgegengesetzte aber allmählig einschlummern werde." — In gleichem Sinne schreibt Trendelenburg Naturrecht §. 172. Anm. „Es hat die Möglichkeit, verschiedene Religionen in sich zu dulden, für jeden Staat seine Grenze, wie selbst der auf Dissidententhum gegründete nordamerikanische Freistaat die Mormonen als ein unverträgliches Element in sich verspürt.

und die Zuerkennung von Corporationsrechten sind aber selbst einer ganz unschädlichen Secte nur mit großer Umsicht und Zögerung zu gewähren, weil dadurch die Sectenbildung, die jedenfalls schon als solche für den Staat ein Unsegen ist, consolidirt, und die Hoffnung der allmähligen Auflösung vermindert wird. Zweitens muß der Staat, wenn er auch die Wahl des Bekenntnisses frei läßt, doch von Jedem seiner Mitbürger verlangen, daß er sich mit seiner Familie zu irgend einer Religionsgemeinde bekenne, weil der Staat mit der absoluten Religionslosigkeit seiner Mitglieder nicht bestehen kann[2]). Drittens muß der heutige Staat auch noch so vielen Secten gegenüber seinen Charakter als christlicher Staat möglichst festhalten, und in dem besondern Interesse kund geben, das er seinen christlichen Hauptbekenntnissen erweist[3]).

5) Die völlige Trennung der Religion und Kirche vom Staate.

498. Die Schwierigkeit, die unbedingte Freiheit der Bekenntnisse mit der positiven Natur des christlichen Staates zu verei-

---

Wo ein wirklicher Widerspruch gegen seinen sittlichen Geist sich erhebt, kann der Staat die fremde Religion, so lange in sich ertragen, als er sie still zu besiegen und faktisch sie mit seinem sittlichen Geiste fortzuziehen hoffen darf." — Man sieht auch aus diesen Zeugnissen, daß bei allem Streben nach Toleranz es eine unbedingte Toleranz doch nicht giebt und nicht geben kann.

2) Selbst Hegel Philosophie des Rechts §. 270. sagt: „Es ist in der Natur der Sache, daß der Staat eine Pflicht erfüllt, der Gemeinde für ihren religiösen Zweck allen Vorschub zu thun und Schutz zu gewähren, ja, indem die Religion das ihn für das Tiefste der Gesinnung integrirende Moment ist, von allen seinen Angehörigen zu fordern, daß sie sich zu einer Kirchengemeinde halten, — überhaupt zu irgend einer, denn auf den Inhalt, insofern er sich auf das Innere der Vorstellung bezieht, kann sich der Staat nicht einlassen."

3) Bluntschli Allgemeines Staatsrecht Buch IX. Cap. 4. „Die Geschichte der Civilisation und das bestehende Recht einerseits, die innere Wahrheit und der humane Charakter des Christenthums andererseits weisen den modernen und humanen Staat auf die christliche Religion hin. — Der heutige Staat ist historisch ein christlicher Staat."

nigen, und die mancherlei Collisionen, die aus der Berührung zwischen Kirche und Staat entstehen können, haben den Gedanken angeregt, die Religion und Kirche als eine für den Staat völlig gleichgültige Angelegenheit und als eine bloße Privatsache der Individuen und Familien zu behandeln. Jedes Bekenntniß, jede religiöse Gesellschaft soll auf dem Boden des Staates Freiheit der Existenz und zu diesem Zwecke den gewöhnlichen Rechtsschutz der Personen und des Eigenthums haben; mehr aber nicht. Keine erhalte vom Staate Unterstützung, sondern habe für die Kosten ihres Cultus und den Unterhalt von dessen Dienern selbst zu sorgen. Keine erhalte eine besondere Anerkennung oder Begünstigung, daher auch keine Corporationsrechte. Der Staat bekümmere sich um den Inhalt der Bekenntnisse nicht, sondern nur um die Handlungen der Individuen, die er bestraft, wenn sie gegen die bürgerlichen Gesetze verstoßen. Dieser Gedanke der völligen Trennung von Staat und Kirche gründet sich bei den Einen auf die Abneigung gegen die Religion überhaupt, bei Anderen auf die Hoffnung, daß grade dadurch die Religion wieder um so kräftiger erblühen werde. Allein dieser ganze Standpunkt ist aus zwei Gründen irrig und unhaltbar. Erstens weil der Staat der Religion schlechterdings nicht entbehren[1]), sie also auch nicht ignoriren kann. Selbst wenn er wollte, würde er durch den täglichen Gebrauch des Eides daran erinnert werden, der in dem Munde des erklärten Atheisten keinen Sinn hat. Zweitens weil auch die bürgerlichen Gesetze auf einer gewissen Summe von sittlichen Grundwahrheiten beruhen, deren letztes Fundament auf den Glauben an Gott und an die Unsterblichkeit zurückgeht. Jener Vorschlag wird daher von bewährten Stimmen entschieden verworfen[2]). Selbst in

---

1) Man sehe §. 490.

2) Trendelenburg Naturrecht §. 172.: „Der von der Kirche getrennte Staat ist verstümmelt und stirbt geistig ab. — Die Theorie von Trennung der Kirche und des Staates entsteht nur als Nothbehelf in den Zeiten unweiser Conflicte, in den Zeiten der hartnäckigen Anmaßungen, sei es von Seiten der Kirche oder des Staates.“ — In demselben Geiste äußert sich

den vereinigten Staaten von Nordamerika, worauf man sich gerne beruft, wird die Religion nicht als für den Staat gleichgiltig angesehen, sondern als ihn ergänzend vorausgesetzt[3]). Dennoch ist es möglich, daß jenes System durch die irrige Zeitströmung auf einige Zeit zur praktischen Geltung gelange. Allein das religiöse Bedürfniß bleibt immer mächtiger als eine falsche Theorie; durch dieses wird die Kirche fortfahren in den Gemüthern zu herrschen, und sie wird dadurch, wenn auch von der Staatsgewalt ignorirt, doch immer als das geistige Fundament der Gesellschaft und als die Erzieherin der bürgerlichen Gesinnung fortwirken, bis daß nach herben Erfahrungen der offene Bund zwischen beiden Gewalten vielleicht um so inniger hergestellt wird.

Dahlmann Politik §. 293. 294., Bluntschli Allgemeines Staatsrecht. Buch IX. Cap. 4., Ahrens Organische Staatslehre. Besonderer Theil. Kap. 1. §. 4.

3) Schöne Zeugnisse darüber sind bei Bluntschli angeführt.

Dritter Theil.

Geschichte der Bearbeitung der philosophischen Staats- und Rechtslehre.

Einleitung.

499. Das Philosophiren über den Staat und das Recht setzt eine vorgeschrittene Bildung voraus, wo der Geist sich mit einer gewissen Freiheit über die Eindrücke der unmittelbaren Wirklichkeit zu erheben und über deren Grund und Zusammenhang, Vorzüge und Schattenseiten, zu reflectiren fähig ist. Die Anregung zu dieser Reflexion erhält er durch die in jedem gesellschaftlichen Zustand mehr oder weniger fühlbar werdenden Mängel, durch deren Einsicht zugleich das Streben nach deren Verbesserung geweckt wird. Gesteigert wird diese Fähigkeit durch die Betrachtung anderer Staats- und Rechtsverfassungen, indem durch diese Vergleichung der Blick erweitert und zur Unterscheidung des Wesentlichen und Unwesentlichen, des Vollkommenen und Unvollkommenen geübter gemacht wird. Zur philosophischen Erkenntniß erhebt sich die Reflexion, wenn der Geist seine Beobachtung auch auf sich selbst richtet, und den Grund und Ausgangspunkt jener äußeren Erscheinungen in den angeborenen Eigenschaften und Bedürfnissen der menschlichen Natur nachweist. In der philosophischen Staats- und Rechtslehre müssen sich also Erfahrung und Nachdenken durchdringen. Wenn Letzteres sich nicht auf die Beobachtung der menschlichen Natur und des daraus hervorgehenden Bildungsprocesses der rechtlichen Verhältnisse beschränkt, sondern bis auf die innersten

Gesetze des menschlichen Geistes, des Erkennens, Denkens und Handelns eingeht: so kann die Rechtsphilosophie zu einem Theile eines allgemeinen philosophischen Systems werden, mit dessen Richtigkeit sie steht oder fällt. In diesem Geiste ist sie insgemein von den Philosophen bearbeitet worden, während die Juristen und Staatsmänner sie mehr als eine selbstständige Wissenschaft für sich behandeln. Jedenfalls besteht aber zwischen ihr und den anderen Gebieten der Philosophie ein bemerkenswerther Unterschied. In der Logik, Metaphysik, Psychologie herrscht doch eine Gleichartigkeit des Stoffes und es schließen sich daher die philosophischen Systeme mehr oder weniger an einander an. Hingegen das Leben der Staaten zeigt nach den dabei thätigen Factoren eine Mannichfaltigkeit und einen Wechsel der Erscheinungen, der auch auf das Philosophiren darüber zurückwirkt. Daraus entsteht je nach dem Geiste der Zeit, nach der Nationalität, nach der philosophischen Schule, welcher man angehört, nach den Absichten und Interessen, wovon man bewußt oder unbewußt geleitet wird, eine Mannichfaltigkeit der Auffassung und der Systeme, die sich nicht Eins aus dem Andern entwickeln, sondern neben einander auftreten und auch nur so dargestellt werden können. Zu dieser Verschiedenheit hat auch der äußere Umstand beigetragen, daß die Einen blos den Staat, die Anderen blos das Recht und hauptsächlich das Privatrecht zum Gegenstand ihres Philosophirens genommen, wieder Andere Beides zusammengefaßt haben.

500. Die Betrachtung, wie so von verschiedenen Seiten her und in mannichfaltigen Formen die Bearbeitung dieser Wissenschaft versucht worden und der Ausbau derselben zu Stande gekommen, ist sehr anziehend und selbst durch die Irrwege, in denen sie gewandelt, lehrreich. Werke dieser Art erschienen in Deutschland schon seit dem Ende des siebzehnten Jahrhunderts; zunächst blos als Verzeichnisse der auf das Naturrecht bezüglichen Schriftsteller und Bücher; dann aber auch etwas auf die Systeme selbst eingehend [1]).

1) Die älteren Werke der Art sind genannt bei Warnkönig Rechtsphilosophie §. 11. 12.

Von den neueren Bearbeitungen der Geschichte unserer Wissenschaft sind folgende hervorzuheben. G. Henrici ist eigentlich der Erste, welcher diese Aufgabe mit philosophischem Geiste erfaßte, indem er (1810) zur Begründung seiner eigenen Ansichten eine Darstellung und Kritik der rechtsphilosophischen Systeme in ihren Grundzügen, nach den Schulen und leitenden Fundamentalprincipien geordnet lieferte [2]). Friedrich von Raumer (1826) giebt nach der Zeitfolge geordnet von den Indiern anhebend die Reihe der namhaftesten Schriftsteller dieses Faches mit einer kurzen Darstellung und Beurtheilung ihrer Lehren, die sich durch klare populäre Form und durch gemäßigte vermittelnde Gesinnung empfiehlt [3]). Mit tiefem philosophischem Geiste in die Entstehungsgeschichte der Systeme eingehend hat hierauf Stahl (1830) diese Aufgabe in umfassender Weise von den Griechen anhebend behandelt [4]). Einen geistreichen Abriß über die Entwicklung dieser Wissenschaft mit guter Charakterisirung einzelner Schriftsteller gab Schmitthenner (1839) [5]). Von Warnkönig erschien 1839 ein in engeren Gränzen gehaltener Abriß, der sich durch juristisches Urtheil und große Belesenheit auszeichnet [6]), und 1855 eine noch sehr verbesserte Umarbeitung erhalten hat [7]). Ein Versuch die Entwicklungsgeschichte

2) Henrici Ideen zu einer wissenschaftlichen Begründung der Rechtslehre oder über die letzten Gründe des Rechts. Hannover 1810. 2 Bde. Eine sogenannte zweite Ausgabe erschien 1822 unter dem Titel: Ueber den Begriff und die letzten Gründe des Rechts. Neu ist aber daran nur der Titelbogen und das Register.

3) Fr. von Raumer Ueber die geschichtliche Entwickelung der Begriffe von Recht, Staat und Politik. Leipzig 1826. Zweite Aufl. 1832. Dritte Aufl. 1861.

4) Stahl Die Philosophie des Rechts. Erster Band. Geschichte der Rechtsphilosophie. Heidelberg 1830. Zweite Aufl. 1847. Dritte Aufl. 1856.

5) Schmitthenner Zwölf Bücher vom Staate. Band I. Gießen 1839. Hieher gehört das zweite Buch, welches die Geschichte der Staatswissenschaften enthält.

6) Warnkönig Rechtsphilosophie. Freiburg 1839. Hieher gehört das erste Buch S. 23—174.

7) Warnkönig Philosophiae iuris delineatio. Tubingae 1855. Hieher gehört das zweite Kapitel der Einleitung p. 3—52.

dieser Wissenschaft unter allgemeine Gesichtspunkte zu bringen, liegt in dem Werke von Roßbach (1842) vor [8]). Ueber die Geschichte derselben vom sechzehnten Jahrhundert an hat Hinrichs (1848) ein großes unvollendet gebliebenes Werk unternommen, welches zwar reiche Auszüge aus den betreffenden Schriftstellern mittheilt, jedoch in einer so unzusammenhängenden Weise, daß daraus doch kein rechtes Verständniß des Systems gewonnen wird. Auch ist das Werk wegen der alle Bände hindurch ohne jede Uebersicht und Abtheilung fortlaufenden Darstellung schwer genießbar [9]). Sehr brauchbar sind dagegen die Arbeiten, welche Fichte (1850) [10]) und Vorländer (1855) [11]) darüber geliefert haben. Für Alles, was mit der philosophischen Staatslehre zusammenhängt, bietet das große gelehrte Werk von Mohl (1855) ein reichhaltiges Hülfsmittel dar [12]). Kurze belehrende Abrisse über die Geschichte der Rechtsphilosophie seit Hugo Grotius haben auch Ahrens [13]) und Röder [14]) in ihren Systemen gegeben. Von Hildenbrand ist 1860 der Anfang einer Bearbeitung erschienen, welche, wenn sie in derselben Weise durchgeführt wird, ein Glanzpunkt dieser Wissenschaft zu sein bestimmt ist [15]).

---

8) Roßbach Die Perioden der Rechtsphilosophie. Regensburg 1842.

9) Hinrichs Geschichte des Natur- und Völkerrechts. Leipzig 1848—52. 3 Bde. Das Werk geht nur bis Wolf († 1754).

10) J. H. Fichte Die philosophischen Lehren von Recht, Staat und Sitte in Deutschland, Frankreich und England, von der Mitte des achtzehnten Jahrhunderts bis zur Gegenwart. Leipzig 1850. (Auch als der erste Theil seines Systems der Ethik.)

11) Vorländer Geschichte der philosophischen Moral, Rechts- und Staatslehre der Engländer und Franzosen. Marburg 1855.

12) R. von Mohl Die Geschichte und Literatur der Staatswissenschaften. Erlangen 1855—58. 3 Bde.

13) Ahrens Rechtsphilosophie (1852). Einleitung. Kap. 2—6.

14) Röder Grundzüge des Naturrechts (1860) §. 70—78.

15) Hildenbrand Geschichte und System der Rechts- und Staatsphilosophie. Erster Band. Das klassische Alterthum. Leipzig 1860.

I. Die Juden.

501. Das Volk der Juden unterscheidet sich von allen anderen Völkern dadurch, daß sich in ihm über den Ursprung und das Ziel der Menschheit und über deren Verhältniß zu Gott die reinsten zusammenhängenden Ueberlieferungen erhalten hatten. Hierauf beruhte ihre Erkenntniß und Verehrung eines einigen persönlichen Gottes, der aus freier That die Welt und den Menschen erschaffen, die Trauer über das durch den Fall des ersten Menschen über die ganze Menschheit gebrachte Verderben, die Sehnsucht nach dem verheißenen Erlöser, die frohe Zuversicht, daß nach dieser Verheißung das Volk Israel es sei, woraus der Weltheiland hervorgehen sollte. Sie wußten sich als das auserwählte Volk, welches Gott als das Werkzeug seiner Erbarmungen unter seine unmittelbare Führung und Herrschaft genommen, dem er durch seine Erwählten seine Gesetze gegeben und die Grundzüge und Abänderungen seiner Verfassung vorgezeichnet [1]). In diese religiöse Anschauung waren sie so tief versenkt, ihre ganze Weltanschauung gieng so völlig in dieselbe auf, daß zur philosophischen Reflexion über die davon abgelösten Lebens- und Rechtsverhältnisse die Anregung wie das Interesse fehlte. Es liegt jedoch in der Natur der Sache, daß eine auf dieser Grundlage aufgeführte religiöse Verfassung auch für den Staat und das bürgerliche Recht tiefsinnige und für alle Zeiten gültige Wahrheiten in sich schloß.

502. Gott, so lauten Einige derselben, hat den ersten Menschen nach seinem Ebenbilde geschaffen und ihn zum Herrn der Erde gemacht [1]). Alle Menschen sind daher durch die Abstammung vom ersten Menschen Brüder [2]); sie müssen Einer im Andern das Ebenbild Gottes achten [3]), sich unter einander überhaupt [4]), insbesondere aber dem Armen [5]), hülfreich beistehen, nach Gelegenheit

1) Deuter. VII. 6—24. XXVI. 18. 19.

1) Genes. I. 26—30.

2) Malach. II. 10.

3) Genes. I. 6.

4) Eccles. XVII. 12.

5) Deuter. XV. 7—10.

Schaden von des Anderen Vermögen abwenden[6]), und Einer den Andern mit seinen Forderungen nicht bedrücken[7]). Der Fremdling ist, wo es sich um Nächstenliebe handelt, dem Einheimischen gleich zu achten[8]); er ist wie die Wittwen und Waisen der Liebling Gottes[9]); er soll wie diese vor Gericht williges gerechtes Gehör finden[10]); er darf nicht bevortheilt oder bedrückt werden[11]), und es soll für ihn im Strafrecht einerlei Recht gelten[12]). Ganz Rechtlose giebt es im Volke nicht; der Sabbath ist auch für den Sklaven da[13]), und eine schwere Mißhandlung desselben zieht die Freilassung nach sich[14]).

503. Was das öffentliche Leben des Volkes und die Verfassung betrifft, so ist dasselbe vor Allem auf die Liebe, Dankbarkeit, Ehrfurcht und den Gehorsam gegen Gott und seine Gebote gebaut[1]). Bei Gott ist die höchste Macht und Majestät[2]); von ihm geht alle Herrschaft aus, und die Könige der Erde sind seine Stellvertreter[3]). Man ist daher ihren Geboten Gehorsam schuldig und kann sie dafür nicht zur Verantwortung ziehen[4]). Allein ihre Gewalt ist nicht eine willkürliche, sondern Gott wird von ihnen wegen deren Gebrauch die strengste Rechenschaft fordern[5]). Sie sollen daher die Gesetze genau kennen und täglich vor Augen hal-

---

6) Deuter. XXII. 1. 2. 3.
7) Deuter. XXIV. 6. 10—13.
8) Levit. XIX. 33. 34., Deuter. X. 19. XXIV. 19. 20.
9) Deuter. X. 18.
10) Deuter. XXIV. 17. XXVII. 19.
11) Exod. XXII. 21. XXIII. 9., Levit. XXV. 35. 36.
12) Levit. XXIV. 22.
13) Deuter. V. 14.
14) Exod. XXI. 26. 27.
1) Deuter. VI. 1—25. VII. 6—13. X. 11—14. XXVI. 16—19., Ecclesiast. XII. 13.
2) I. Paralip. XXIX. 10—12.
3) I. Paralip. XXVIII. 5. XXIX. 23., Ecclesiast. XVII. 14. 15.
4) Ecclesiast. VIII. 2—5.
5) Sapient. VI. 2—11., Ezech. XXXIV. 10. 11.

ten[6]), nicht in Ueppigkeit und Pracht sondern in Demuth wandeln[7]), und auf das Wohl ihres Volkes wie auf das einer von Gott ihnen anvertrauten Heerde bedacht sein[8]). Die Stütze der Throne wie der dauernden Wohlfahrt der Reiche ist die Gerechtigkeit[9]). Diese soll der König mit starker Hand handhaben, und es wird Friede und Sicherheit und Ueberfluß in seinem Reiche sein [10]).

II. Die Griechen. A) Platon.

504. Die Griechen sind dasjenige Volk des Alterthums, bei welchem sich, angeregt durch die Mannichfaltigkeit ihrer Verfassungen und durch die ihnen eigenthümliche geistige Begabung, zuerst eine Philosophie vom Staate entwickelte. Zu einer vollendeten Gestalt gelangte dieselbe durch Platon (429—348 v. Chr.)[1]). Die Sophisten hatten das öffentliche Leben untergraben, indem sie alles Bestehende, die Gesetze, die Religion, vor den Richterstuhl der subjectiven Vernunft zogen, und durch ihre Einwürfe und Bedenklichkeiten Alles zweifelhaft machten. Dieser Richtung trat Sokrates (469—399 v. Chr.) entgegen, welcher, wenn auch ebenfalls vom Subjectiven ausgehend, das Dasein einer einheitlichen über dem Menschen stehenden Weltordnung vertheidigte, wovon der Staat einen nothwendigen Bestandtheil ausmache, in welchen daher als in eine höhere Ordnung mit freiem Entschlusse sich dienend einzugliedern des Menschen Beruf und Interesse sei. Diesen Theil der sokratischen Lehre führte nun sein Schüler Platon hauptsächlich in den zehn Büchern von der πολιτεία, vom Staate oder richtiger von der Verfassung, in idealisirender Weise aus.

---

6) Deuteron. XVII. 18—20.

7) Deuteron. XVII. 16. 17.

8) Ezech. XXXIV. 2—11.

9) Proverb. XVI. 12., Psalm. LXXI. 1—17.

10) Isaias XXXII. 1. 2. 17. 18.

1) Sehr gründlich handelt davon das oben (§. 500. Note 15) angeführte Werk von Hildenbrand Th. I. §. 1—43., wo auch die vollständige Literatur angegeben ist.

505. Um den Geist dieses Werkes zu verstehen, muß man auf die ethischen Grundanschauungen der Hellenen zurückgehen. Die hauptsächliche Bestimmung des Menschen setzten sie in sein irdisches Dasein, in die Aufgabe, ein in freier Thätigkeit schön und gut geordnetes Leben zu führen. Das so bei einem Volke geordnete sich selbst zum Zweck habende Gemeinleben ist der Staat, und die davon umfaßten und dafür wirksamen Glieder sind die Bürger. Das Individuum hatte nur als Mitglied des Staates Werth und gieng in demselben völlig auf. Die überirdische Bestimmung des Menschen wurde zu dunkel geahnet, als daß man daraus für das Individuum noch eine Beziehung über den Staat hinaus hätte ableiten können. Es fehlte also die Anerkennung und Achtung der menschlichen Persönlichkeit als solche. Als die Seele und das höchste Ziel eines schön und gut geordneten Gemeinlebens galt ihnen allerdings die Tugend. Allein auch dieser Begriff wurde nur nach der Beziehung zum Staate, als Bürgertugend, gemessen und fiel mit ihm zusammen. Für eine Tugend, deren Ziel über den Staat hinaus lag, fehlte ihnen der Maßstab der Würdigung. Tugend war eben die Gesinnung und Thätigkeit, womit jeder Einzelne sich dem Gesammtleben ganz und gar hingeben und dasselbe bilden helfen sollte. Der vollendete Staat ist nun das Erzeugniß und die reinste Erscheinung jener Tugenden der Einzelnen, also ein ethisches Ganzes. Daher gab es auch bei den Griechen keine Ethik, die nicht zugleich Politik, und keine Politik, die nicht zugleich Ethik war. Eben deshalb waren aber auch die Gebiete des Rechts und der Sittlichkeit zu wenig geschieden, und ihre Gesetzgeber und Philosophen finden daher kein Bedenken auf sittliche Lebensverhältnisse, wo es zum Wohle des Ganzen nützlich schien, durch Staatsgebote in einer Weise einzuwirken, die uns jetzt unnatürlich und unerträglich erscheint.

506. In der Politeia führt nun Platon den Bau einer Verfassung aus, worin das sittliche Leben der Einzelnen und das des Ganzen sich zu einer Einheit durchdringen, und dieses nur der Ausdruck und das Abbild von jenem ist. Die eine solche Verfassung bestimmende und bedingende Grundtugend ist die Gerechtigkeit,

welche bei Platon darin besteht, daß jeder Gliederung des Gesammtlebens das ihr nach ihrer Eigenthümlichkeit Gebührende zugetheilt, und daß jeder Einzelne die ihm durch diese Gliederung gegebene Lebenssphäre mit der derselben entsprechenden besonderen Tugend vollständig innehalte und ausfülle. Als die Unterlage der Verfassung wird die aus der Theilung der Arbeit hervorgehende Unterscheidung in drei Stände angenommen: der Stand der Herrschenden, der Krieger oder Wächter, und der vom Erwerbe Lebenden. Jedem Stande läßt er nach der damals gangbaren Unterscheidung der vier Cardinaltugenden eine Tugend entsprechen: dem Stande der Herrschenden die Weisheit, dem Stande der Krieger die Tapferkeit, den vom Erwerbe Lebenden als dem blos zur Unterordnung und zum Gehorsam bestimmten Stande die Mäßigung. Allen gemeinschaftlich ist die Gerechtigkeit als die sittliche Unterwerfung der Lebenssphäre des Einzelnen unter das Verfassungsprincip des Ganzen. Dieser dreifachen Unterscheidung der Stände und der ihnen entsprechenden Tugenden stellt dann Platon, auf den einzelnen Menschen zurückgehend, nach seiner Psychologie die Unterscheidung von drei Grundbestandtheilen der Seele zur Seite: die Vernunft, der Muth und die Begierden. Diese drei Theile entsprechen den drei Ständen und sind ihr Vorbild. Ihnen entsprechen daher auch dieselben Tugenden, die sich in den drei Ständen finden müssen. Die Tugend des vernünftigen Theiles der Seele ist die Weisheit, die des muthigen Theiles die Tapferkeit, die des sinnlichen Theiles die Mäßigung; und die Gerechtigkeit besteht hier in analoger Weise wie dort darin, daß jede einzelne Grundkraft der Seele ihre Wirkungssphäre ausfüllt und innehält. So ist Platons Staat „der durch die Bürger zu einer großen Lebensordnung gewordene Mensch, und die Stände des Staates sind die zu Lebensordnungen gewordenen Theile der Seele“ [1]. Wie aus der Harmonie der Seelentugenden der gute Staat, so werden aus den verderbten Zuständen der Seele die verdorbenen Staatsformen hergeleitet; aus dem falschen Ehrgeiz die Timarchie

1) So sagt gut Trendelenburg Naturrecht §. 151. Anm.

oder Timokratie, aus dem Reichthum und was sich daran schließt die Oligarchie, aus der falschen Freiheitslust die Demokratie, und aus dem Mißbrauche der Freiheit durch die Einen und die Herrschaft der Anderen die Tyrannis. Sehr sinnreich weist Platon den Einfluß nach, den der Geist dieser Verfassungsformen auf den einzelnen Menschen, und umgekehrt der Geist der Menschen auf die Verfassungen ausübt.

507. Das Einzelne dieser Verfassung ist in folgender Weise gedacht. Es beruht auf dem scharfen Gegensatze derer, die nach den Eigenschaften der Seele zur Theilnahme am öffentlichen Leben und zur Leitung der Staatsangelegenheiten berufen und befähigt, und derer, die blos auf den Erwerb angewiesen von den öffentlichen Geschäften ausgeschlossen und nur Gehorchende sind. Erstere bestehen aus dem Stande der Herrscher, wozu nur Philosophen gelangen, und dem Stande der Krieger oder Wächter, zwischen welchen beiden Ständen jedoch keine eigentliche Trennung Statt findet, indem die Ersteren durch die sorgfältigste Auswahl und Erziehung aus den Letzteren hervorgehen. Auch Frauen können im Stande der Wächter sein, und an dessen Verrichtungen im Kriege wie im Frieden Theil nehmen. Die Herrscher sorgen für die Gesetze, die Gerichte und die Verwaltung; die Krieger sind ihnen zur Hülfe und zur Ausführung ihrer Anordnungen untergeben. Der dritte Stand, bei weitem der zahlreichste, beschäftigt sich mit den Nahrungszweigen, die Jedem nach seiner Fähigkeit vom Staate angewiesen werden. Hingegen die beiden ersten Stände sollen nur für das Oeffentliche denken, fühlen, leben. Sie sollen daher ohne Familie, ohne Eigenthum und Vermögen sein; sie werden von dem dritten Stande unterhalten, und in gemeinschaftlichen Mahlzeiten verpflegt. Die Stände sind regelmäßig erblich, weil auch die Eigenschaften der Seele es sind. Da jedoch die beiden Stände ohne Ehen sind, so ist für deren Fortpflanzung auf andere Weise gesorgt. Die Herrscher ersehen die Zeit, wo eine Ergänzung des Staates durch Kinder nöthig ist. Es werden dann von ihnen eine bestimmte Zahl von Männern und Frauen des Standes auserwählt, und diese unter Feierlichkeiten unter einander paarweise verbunden,

möglichst so, daß die gleich Trefflichen einander zu Theil werden. Die vom siebenten bis zum zehnten Monate nach jener Festlichkeit aus jenen Verbindungen geborenen Kinder sind allein als unter Staatssanction gezeugte ächte Kinder angesehen. Sie werden gleich nach der Geburt in das allgemeine Kinderhaus gebracht und von den Müttern in Gemeinschaft gesäugt, jedoch so, daß weder Vater noch Mutter ihr Kind heraus zu erkennen vermögen. In dem angemessenen Alter schließt sich dann, und zwar gleichmäßig für die Jünglinge wie für die Jungfrauen, die dem Wächterstande entsprechende öffentliche Erziehung an, wofür die Gymnastik und die Musik die Hauptmittel sind. Für diejenigen, die für den Herrscherstand auserkoren sind, beginnt nach dem zwanzigsten Jahre eine abgesonderte Unterweisung und praktische Erprobung, die erst mit dem fünfzigsten Jahre endigt.

508. Welchen geringen Werth der Gedanke einer Verfassung für uns hat, in welcher dem Staate die von der Natur gewollten Einrichtungen der Familie, des Eigenthums, ja selbst die persönliche Freiheit und das Individuum, zum Opfer gebracht sind, leuchtet von selbst ein[1]). Eine tiefer gehende Beurtheilung möge hier aus dem Munde eines gründlichen Kenners eine Stelle finden. „Platon ist aufs lebendigste überzeugt von einem tiefen Verderben des menschlichen Lebens. Er nimmt einen Fall der Seelen vor ihrem Eintritte ins Erdenleben an, und sieht in der Macht der Materie die Gefahr für die unsterbliche Seele, daß sie nicht nur ihres irdischen, sondern auch des jenseitigen ewigen Glückes verlustig gehe. Daher zieht sich ein Zug der Trauer durch seine Ethik und Politik, und die Erlösungsbedürftigkeit des menschlichen Geschlechts von den Uebeln, die es umgarnen und mit Verderben bedrohen, ist das Grundmotiv seines praktischen Denkens. Diese Erlösung erwartet er, soweit sie möglich ist, von den Ideen, die ihm überirdische Mächte, Heilande der Welt sind. Und das Mittel, diese Erlösung zu vollbringen, ist der Staat, den er in der

---

1) Eine gute kurze Beurtheilung aus diesem Gesichtspunkt giebt Dahlmann Politik §. 214. 215.

Politeia gründet. Er soll ein Reich seyn, in welchem die Ideenwelt, namentlich die höchste der Ideen, die Idee des Guten, Gott, zur Herrschaft gelangt. Es ist nicht zu verkennen, daß diese Motive mit den weltgeschichtlichen Gründen, auf welchen die Stiftung der christlichen Kirche beruht, Aehnlichkeit haben. — Gleichwohl verblassen die ähnlichen Züge fast bis zur Unkenntlichkeit, wenn man hinwiederum die grellen Unterschiede und Gegensätze zwischen Platonismus und Christenthum ins Auge faßt. Es fehlt dem Platonismus vor Allem die volle Erkenntniß der absoluten Freiheit und Persönlichkeit Gottes, geschweige denn, daß er, wie man angenommen hat, selbst eine deutliche Ahnung der Trinität enthielte. An der Materie hat Platons Gottesidee eine unüberwindliche Schranke, welche auch für den Menschen durch keine Erlösung beseitigt werden kann. Es fehlt ihm, so weit er auf die Erlösung eingeht, das beseelende Princip, „der lebendige Herzschlag des Christenthums", nämlich die Person und That, das Leben und Leiden des Erlösers. Es mangelt der Gedanke an die Einheit des Menschengeschlechts und den Beruf aller Menschen zur gleichen ewigen Bestimmung, so wie die Einsicht in die Freiheit und Persönlichkeit des Menschen" [2]).

509. Ein anderes von Platon im hohen Alter verfaßtes hieher gehörendes Werk sind die νόμοι in zwölf Büchern, worin er, wie er selbst sagt, das Bild des zweitbesten Staates vorzeichnen will [1]). Hier nimmt er daher auf die Möglichkeit der Ausführung nach der Beschaffenheit der Menschen Rücksicht, und geht auf die Einzelnheiten weit mehr als in der Politeia ein. Als das Grundprincip dieses Staates stellt er die Mäßigung auf, die Vermittlung und Versöhnung der Ordnung des Ganzen mit der Freiheit und dem Interesse der Einzelnen. Doch kommt auch darin manches Harte und unserer Gefühlsweise Widersprechende vor, wie

---

2) Hildenbrand §. 31. Man wird aber dem Parallelismus, den dieser Schriftsteller zwischen dem Platonischen Staate und der Staats- und Gesellschaftsbildung der Neuzeit aufstellt, nicht beistimmen können.

1) Davon handelt ausführlich Hildenbrand §. 33—43.

der Zwang zum Heirathen, die Beschränkung desselben innerhalb gewisser Jahre, die gemeinsame Erziehung aller Kinder, die gemeinsamen Mahlzeiten, die Zulassung der Frauen zu öffentlichen Aemtern und selbst zum Kriegsdienst, das Verbot der Einfuhr von Luxusartikeln, das Erschweren der Reisen, die Anweisung der Bürger blos auf den Grundbesitz und deren Ausschluß von Handel und Gewerben, die blos den Beisassen überlassen sind, die genauesten Bestimmungen über den Marktverkehr, die Anordnung einer täglich in der Morgendämmerung zusammentretenden Versammlung von philosophisch gebildeten Bürgern zum Schutze und zur Gewähr der Verfassung. Durch diese Richtung ist dieses Werk für die Rechtsphilosophie nur von untergeordneter Bedeutung.

B) Aristoteles.

510. Aristoteles (384—320 v. Chr.) unterscheidet sich von Platon überhaupt dadurch, daß er, den Blick vorherrschend auf die Wirklichkeit gerichtet, die Welt der Ideen nicht als über der Welt der Erscheinungen stehend, sondern im Zusammenhang mit derselben, und als sie bewegend und bestimmend betrachtet[1]). Die Ethik und die Politik hängen auch bei ihm nahe zusammen und gehen zum Theil in einander über; doch nicht so unbedingt wie bei Platon, weil Aristoteles nicht wie dieser den Staat als den Menschen im Großen sondern als eine Vielheit auffaßt. Als den höchsten Lebenszweck bezeichnet er in seiner Ethik die Glückseligkeit, welche nach der vernünftigen Natur des Menschen in der Tugend besteht. Diesem Zwecke komme nun der Staat in doppelter Weise zu Hülfe: dadurch daß er die Bürger zur Tugend erziehe, und daß er sie durch Belohnungen und Strafen zum Guten an- und vom Bösen abhalte. Auf den Staat in seiner Politik näher eingehend, verfährt er so, daß er, sich durchaus an die Wirklichkeit haltend, durch die Verbindung von Vernunftschlüssen mit der Beobachtung der menschlichen Natur und den Erfahrungen

---

1) Von Aristoteles handelt Hildenbrand §. 51—112., wo man auch die Angabe der reichen Literatur findet.

der Geschichte zu allgemeinen Wahrheiten zu gelangen suchte. So stellt sein Werk zum Theil eine mit sachkundiger Hand ausgeführte Naturlehre des Staates dar. In dieser Weise handelt Aristoteles von der Entstehung der Staaten und deren Beziehung zur angeborenen Natur des Menschen; von der Familie und dem Vermögen als den natürlichen Bestandtheilen des Staates; von dem Begriffe der Verfassung und den Berechtigungsgründen zur Herrschaft; von der Verschiedenheit der Staatsformen, ihren Vorzügen und Mängeln, ihrer Erhaltung und Umwandlung, und den Mitteln ihrer Ausartung zu begegnen; von der relativen Güte und Tauglichkeit jeder Verfassungsform zur Erreichung des Staatszweckes; von der besten Verfassung[2]); und von der zur Erreichung des Staatszweckes einzurichtenden Erziehung.

511. Neben diesen Vorzügen hat das Werk aber auch seine Schattenseiten. Vor Allem fehlt es Aristoteles an der klaren Erkenntniß eines persönlichen Gottes und einer über das irdische Dasein hinausgehenden individuellen Fortdauer und sittlichen Weltordnung. Seine Tugend, blos auf den Staat bezogen, ohne Gott und ohne Unsterblichkeit, läßt kalt und unbefriedigt, und bewegt sich nur in einer untergeordneten Sphäre. Eben deshalb fehlt ihm der Begriff der Persönlichkeit, der gleichen menschlichen Würde, wie sich namentlich bei seiner Beurtheilung der Sklaverei zeigt[1]). Die Rechte des Individuums sind auch bei ihm dem Staate ganz untergeordnet; die Ehen werden blos als Mittel für den Staatszweck, um der Kindererzeugung willen, behandelt; diese daher durch Gesetze genau regulirt, und bei allzu fruchtbaren Ehen der Abtreibung der Leibesfrucht das Wort geredet[2]). So wird er doch wie Platon von dem Geiste und den Anschauungen der hellenischen

---

2) Die Streitfrage, ob Aristoteles ein Ideal der besten Verfassung habe geben wollen, ist sehr gründlich beantwortet von Hildenbrand §. 90—93.

1) Man sehe oben §. 90. Die Ansicht des Aristoteles über diese Frage ist mehrfach anders gedeutet worden. Sehr gründlich handelt davon Hildenbrand §. 81. 82.

2) Man sehe oben §. 121.

Welt beherrscht. Demohngeachtet hat sein Werk auf die Behandlung der Wissenschaft vom Staate einen über zwei Jahrtausende hinaus reichenden Einfluß ausgeübt und eine wahrhaft culturgeschichtliche Bedeutung erlangt. Die Reichhaltigkeit seines Inhaltes, die dem Stoffe angemessene scharfsinnige analytische Methode, die umsichtige Art der Discussion, der Reichthum der Erfahrungen und Menschenkenntniß, erhoben es zum Vorbilde und zu einer fast unbedingten Autorität. Das Mittelalter hielt daran mit der ihm gewöhnlichen Buchstäblichkeit fest, und hatte Mühe sich selbst in dem, was zu seinem Geiste und zu der christlichen Anschauung nicht paßte, dessen Eindrücken zu entwinden. Sein Ansehen reichte selbst über die Gränzen des christlichen Abendlandes hinaus, und wurde durch zahlreiche Commentarien anerkannt und befestigt. Es ist aber die Aufgabe der heutigen Wissenschaft, bei der Würdigung dieses Werkes sich des Abstandes bewußt zu bleiben, welcher zwischen der antiken Welt und der christlich-germanischen Bildung besteht [3]).

C) Die Stoiker.

512. Von den übrigen Griechen kommt hauptsächlich nur noch die von Zenon (362—261 v. Chr.) gegründete Schule der Stoiker wegen ihres Einflusses auf die Römer in Betracht [1]). Sie nehmen in pantheistischer Weise einen Urstoff an, aus welchem durch die darin liegende Urkraft, welche sie Gottheit, allgemeines Gesetz, Naturkraft, Verhängniß, nennen, alle besonderen Dinge nach einem unabänderlichen Zusammenhange hervorgehen. Auf diesem allgemeinen Gesetze beruht auch die Unterscheidung des Guten und Bösen, des Gerechten und Ungerechten, des Erlaubten

---

3) Auch Dahlmann Politik §. 220. sagt: „Nehmen wir Alles zusammen, so bietet Aristoteles uns einen urbaren Boden der Politik dar, auf dem wir wohl fortbauen mögen, nur daß wir an die Stelle des harten Hellenenthums, die christliche Menschenliebe und Menschenachtung setzen, und zwar nicht bloß als humane Theorie, zur Weide des Gemüthes, sondern auch ihren Entwicklungen im Staate stets getreu bleiben."

1) Davon handelt Hildenbrand §. 115—117.

und Unerlaubten [2]), also überhaupt die ganze sittliche Welt und das Rechts- und Staatsleben. Das Gerechte ist also nicht auf positive Satzung, sondern auf das natürliche Gesetz gegründet. In Beziehung auf den Staat betrachteten sie nicht nur wie Aristoteles den Menschen von der Natur zum Staatsleben bestimmt, sondern sie erhoben sich auch zu dem Ideal eines die ganze Menschheit umfassenden Weltreiches. Ueber Einzelne aus ihrer Schule wird berichtet, daß die Gemeinschaft der Weiber für zulässig erachtet, das Privateigenthum aber vertheidigt, die Sklaverei ähnlich wie von Aristoteles gerechtfertigt, und der aus Königthum, Aristokratie und Demokratie gemischten Verfassung der erste Platz angewiesen wurde.

III. Die Römer.

513. Die Römer haben für die speculative Philosophie überhaupt nicht viel geleistet; sie waren zu praktisch und zu sehr von ihrem wirklichen Staatsleben erfüllt [1]). Doch nimmt darin Cicero (106—43 v. Chr.) für unseren Gegenstand eine bedeutende Stelle ein. Er hat sich zwar seine Philosophie durch das Studium der Griechen, Platon, Aristoteles und besonders der Stoiker gebildet; allein er hat doch auch seine eigenthümlichen tiefsinnigen Gedanken und edlen Anschauungen, und ist namentlich was den allgemeinen sittlichen Standpunkt betrifft, zu einer größeren Klarheit vorgedrungen. Er bekennt sich zu dem Glauben an einen persönlichen Gott, der die Welt geschaffen hat und regiert [2]) und auf die Geschicke der Menschen bestimmend einwirkt [3]), an die

---

2) Der Ausspruch des Chrysippus darüber ist in die Pandekten aufgenommen, fr. 2. D. de leg. (1. 3).

1) Von der Rechtsphilosophie der Römer handelt Hildenbrand §. 122—154.

2) Cicero Univers. 5. Effector mundi molitorque deus. — Somn. Scipion. 3. Principi Deo qui omnem hunc mundum regit.

3) De nat. deor. I. 2. Sunt enim philosophi et fuerunt, qui omnino nullam censerent humanarum rerum procurationem deos. Quorum si vera sententia est, quae potest esse sanctitas, quae pie-

Unsterblichkeit der Seele[4]), und an eine Vergeltung nach dem Tode[5]). Er erkennt das Dasein einer von Gott ausgehenden auf ewigen und unveränderlichen Gesetzen beruhenden sittlichen Weltordnung, welche sich in der Vernunft und dem Gewissen des Menschen kund giebt[6]), und die Grundlage des Rechts und der Gerechtigkeit bildet, an welche sich das nach Nützlichkeit und Bedürfniß erfundene conventionelle Recht anschließt[7]). Die Entstehung und Ausbreitung der Staaten leitet er wie Aristoteles aus der angeborenen geselligen Natur des Menschen[8]) und aus der Erweite-

tas, quae religio? — Sunt autem alii philosophi, et hi quidem magni atque nobiles, qui deorum mente atque ratione omnem mundum administrari et regi censeant; neque vero id solum, sed etiam ab iisdem hominum vitae consuli et provideri.

4) De senect. c. 21—23., Tuscul. I. 11—31.

5) Somn. Scipion. c. 3. Iustitiam cole et pietatem —; ea vita via est in caelum, et in hunc coetum eorum, qui iam vixerunt.

6) De re publica III. 22. Est quidem vera lex recta ratio, naturae congruens, diffusa in omnes, constans, sempiterna, quae vocat ad officium iubendo, vetando a fraude deterreat, quae tamen neque probos frustra iubet aut vetat, nec improbos iubendo aut vetando movet. Huic legi nec obrogari fas est, neque derogari ex hac aliquid licet, neque tota abrogari potest: nec vero aut per senatum aut per populum solvi hac legi possumus: neque est quaerendus explanator aut interpres eius alius: nec erit alia lex Romae, alia Athenis, alia nunc, alia posthac; sed et omnes gentes et omni tempore una lex et sempiterna et immutabilis continebit, unusque erit communis quasi magister et imperator omnium deus, ille legis huius inventor, disceptator, lator: cui qui non parebit, ipse se fugiet, ac, naturam hominis aspernatus, hoc ipso luet maximas poenas, etiam si cetera supplicia, quae putantur, effugiat. — De legib. II. 4. (§. 61. Note 2).

7) De legib. II. 5. Ergo est lex iustorum iniustorumque distinctio, ad illam antiquissimam et rerum omnium principem expressa naturam, ad quam leges hominum diriguntur, quae supplicio improbos afficiunt, defendunt ac tuentur bonos. — De invent. II. 22. 53 (§. 61. Note 4).

8) De finib. III. 20. IV. 2., De offic. I. 4.

rung der Familienverbindungen ab [9]). Aber als das Band der Gesellschaft, ohne welches darin weder Treu und Glauben noch die vor Allem unerläßliche Tugend der Gerechtigkeit bestehen kann, bezeichnet er die Furcht vor den Göttern [10]). Insbesondere gehören aber hieher seine beiden im nahen Zusammenhange stehenden Werke vom Staate und von den Gesetzen. Das Erste handelt vom Wesen des Staates, von der Art der Staatenbildung, von den Unterschieden der Verfassungsformen, von deren Vorzügen und Mängeln, von der besten Verfassung, als welche er die gemischte betrachtet, und wovon er in der römischen Verfassung das unübertroffene Muster findet [11]). In dem zweiten Werke wird zuerst rein philosophisch der Urquell und die allgemeine Natur des Rechts und des Gesetzes untersucht; dann folgen die kurz formulirten Vorschläge einer positiven Gesetzgebung und deren Motivirung. In beiden Werken wird Cicero, wo er ins Einzelne geht, wie es nicht anders sein kann, zu den Anschauungen der römischen Welt und zu den Einrichtungen seines römischen Staates hingezogen, an welchen er ausdrücklich rühmt, daß sie nicht die Erfindung eines einzelnen Gesetzgebers, sondern das Werk der Jahrhunderte seien [12]). Doch kommen dabei auch lehrreiche Wahrheiten von allgemeiner Geltung vor.

514. Die Römer hatten aber für die Ausbildung des Rechts eine so eigenthümliche Begabung, sie erfaßten die Gerechtigkeit so sehr auch als eine sittliche Aufgabe, daß ihr ganzes juristisches Denken, wenn auch zunächst nur dem praktischen Rechte zugewendet, doch mit philosophischem Nachdenken vermischt und eine Art von Philosophiren über das Recht war. Ihre Jurisprudenz wurde dadurch auch auf Fragen und Aussprüche geführt, welche in der

---

9) De finib. V. 23., De offic. I. 17.

10) De nat. deor. I. 2. Haud scio an, pietate adversus deos sublata, fides etiam, et societas generis humani et una excellentissima virtus, iustitia, tollatur.

11) De re publ. I. 45. 46.

12) De re publ. II. 1.

That Rechtsphilosophie genannt werden können. Als solche sind folgende hervorzuheben. Erstens unterscheiden die Juristen im Recht unter dem Namen ius naturale dasjenige, was als Thatsache der Natur den factischen Grundstoff der Rechtsverhältnisse bildet[1]). Diese Abstraction ist eine ganz richtige[2]); irrig ist nur, daß man dafür den Ausdruck ius braucht, indem im Gebiete der Naturnothwendigkeit nicht von Recht, sondern von Ordnung zu reden ist. Zweitens unterscheiden sie in ihrem Recht einen doppelten Bestandtheil: den allgemein menschlichen und den positiv nationalen. Ersteren nennen sie als das nach der äußeren Beobachtung allen gebildeten Völkern Gemeinschaftliche das ius gentium[3]). Insofern aber diese Gemeinschaft aus der natürlichen allen Menschen angeborenen Vernunft entspringt, nennen sie es auch das ius naturale[4]). Durch diese Abstraction war der Weg angebahnt, von der äußeren Beobachtung unabhängig unmittelbar aus der natürlichen Vernunft, also auf philosophischem Wege, Rechtswahrheiten zu entwickeln und mit dem positiven Rechte in Verbindung zu bringen. Der feinen Weise, wie dieses geschehen, hat das römische Recht hauptsächlich seine Ausbildung zu verdanken. Drittens entspringt bei ihnen aus derselben Quelle das Gefühl der Billigkeit, der Tact und die Einsicht das positive Recht nach der Eigenthümlichkeit des gegebenen Falles zu mildern oder zu ergänzen, was ebenfalls eine Form philosophisch-juristischer Anschauung ist[5]). Viertens ist als eine philosophische Seite des römischen Rechts und der römischen Denkart auch die feine Weise hervorzuheben, wie ethische Beziehungen, Rechtschaffenheit, Treu

1) Ulpian. in fr. 1. §. 3. D. de iustit. et iure (1. 1), pr. J. de iure natur. (1. 2).

2) Man sehe oben §. 70.

3) Gaius I. 1., fr. 1. §. 4. fr. 2—6. D. de iustit. et iure (1. 1), §. 1. 2. J. de iure natur. (1. 2).

4) Paulus in fr. 11. D. de iustit. et iure (1. 1), Gaius I. 1., §. 11. J. de iure natur. (1 2).

5) Beispiele giebt meine Juristische Encyclopädie §. 22.

und Glauben, Pietät, Dankbarkeit, Ehrenhaftigkeit, in den Rechtsorganismus verflochten waren[6]).

IV. Einfluß des Christenthums.

515. Das Christenthum brachte durch die Aufschlüsse und Aussichten, die es über die Bestimmung des Menschen eröffnete, durch die Aufgaben, die es zur Erreichung derselben vorzeichnete, einen ganz andern Maßstab für die Würdigung der menschlichen Dinge und dadurch eine völlige Umwandlung der Ideen vom Staate hervor. Indem es den Beruf zur Unsterblichkeit, die Einkehr in die himmlische Heimath, als den wesentlichen Beruf und das eigentliche Ziel des Menschen, und das vergängliche irdische Dasein nur als die Vorbereitung und den Uebergang dazu bezeichnet: so ist dadurch der Mensch, das Individuum, zur Hauptsache und Alles, was in der irdischen Erscheinung nicht jenem Hauptzwecke dient, zu etwas Untergeordnetem gemacht. Der Mensch geht also nicht vollständig in dem Staate auf, sondern grade die wesentliche Beziehung seines Lebens reicht über den Staat hinaus. Der Staat ist nicht mehr, wie nach der Idee des Alterthums, ein Gesammtleben, worin sich der Einzelne völlig auslebt, sondern er muß dem Leben desselben, so weit es sich auf jene Hauptbestimmung bezieht, in sich einen selbstständigen Raum lassen. Der Begriff der Tugend wird nicht mehr durch deren Werth für das staatliche Gesammtleben, sondern nach der Beziehung des Menschen zu Gott und zum jenseitigen Leben bestimmt. Der Staat ist nicht mehr der letzte Zweck, dem sich die Einzelnen ganz hingeben und dem nöthigenfalls die Rechte der Persönlichkeit zum Opfer gebracht werden müssen; sondern sie haben wesentliche Zwecke neben ihm, die sie nie zum Opfer bringen dürfen. Er ist für sie nicht das Höchste, sondern er hat die der Heiligung und Erlösung des Menschen und seiner wesentlichen Bestimmung dienenden Anstalten über sich. Das Recht der Persönlichkeit ist nicht der bloße Ausfluß des Staatswillens, sondern der Ausfluß der für Alle gleichen

6) Beispiele giebt meine Juristische Encyclopädie §. 32.

menschlichen Würde, des gleichen Berufes zur Unsterblichkeit, der auch in dem Sklaven anerkannt und geachtet werden muß[1]). So ist allerdings dem Staate durch das Christenthum ein Theil seiner Geltung entzogen worden. Auf der anderen Seite hat er aber durch dasselbe auch einen Zuwachs an Würde erhalten. Er ist nach der christlichen Auffassung eine von Gott gewollte Ordnung zur Handhabung des Friedens und der Gerechtigkeit, ein Abbild der sittlichen Weltordnung in dieser irdischen Welt; die Majestät und Gewalt der Obrigkeit beruht auf dem Auftrage und der Stellvertretung Gottes; und es ist ihr Beruf, für die Erweiterung des Reiches Gottes und für die Erziehung der Menschheit zu ihrer überirdischen Bestimmung nach Kräften mit thätig zu sein. Durch die Heiligung der Ehe wurde auch in die Ordnung der Familie, durch das Gebot der Nächstenliebe in die bürgerlichen und gesellschaftlichen Zustände, und durch die Erkenntniß der Einheit des Menschengeschlechts und der die ganze Menschheit umfassenden Thatsache der Erlösung in die Beziehungen der Völker zu einander ein ganz neuer Geist eingeführt. Dieser fand zum Theil schon in den im alten Testamente niedergelegten Anschauungen seinen Ausdruck, und diese giengen nun in die Vorstellungen der christlicheu Welt als ein wesentliches Bildungselement über.

516. Die christliche Wissenschaft war in den ersten Jahrhunderten zu sehr mit dogmatischen Fragen und mit dem inneren kirchlichen Leben beschäftigt, als daß sie sich dem Staate und dem Rechte hätte zuwenden können[1]). Allmählig drang sie aber doch in einzelne damit zusammenhängende Fragen ein. Bei Ambrosius († 387), Hieronymus († um 422), Augustinus († 430) kommen über die Rechte und Pflichten der Obrigkeit, über den Grund und Zweck der Strafen[2]), über die Ordnung der Ehe und der

1) Man sehe §. 86. 90.

1) Lactantius (um 320), der in seinen Divin. Institut. III. 21. Platons Republik aus dem christlichen Standpunkt widerlegt, steht sehr vereinzelt da.

2) Beispiele stehen im §. 410. Note 1. 2. 3.

Familie, Aussprüche vor, welche den höheren Standpunkt der Anschauung bekunden. Einen umfassenderen Gesichtskreis hat das Werk des h. Augustinus De civitate Dei in 22 Büchern. Er versteht unter dem Reiche Gottes die Gemeinschaft der Kinder Gottes, sowohl derer die noch auf Erden wandeln als derer die bereits in der himmlischen Heimath sind. Den Gegensatz bildet das Reich der Kinder der Menschen [3]). Das Reich Gottes auf Erden sammelt seine Glieder aus allen Völkern ohne Unterschied der Sprachen, Sitten und Gesetze [4]). Das was beide Reiche scheidet ist die Verehrung des wahren Gottes mit den daraus entspringenden Folgen für die wahre Glückseligkeit diesseits und jenseits, während der falsche Götterdienst ins zeitliche und ewige Verderben stürzt [5]). Dieser Gedanke ist nun in folgender Weise ausgeführt [6]). Die zehn ersten Bücher handeln von dem heidnischen Götterdienste, und zwar die fünf Ersten von dessen Nutzlosigkeit für das diesseitige Leben, die fünf Anderen von dessen Nutzlosigkeit für das Leben nach dem Tode. In den übrigen zwölf Büchern ist die Verschiedenheit beider Reiche nach ihrem Ursprung, Verlauf und Ende dargelegt. Das elfte bis vierzehnte Buch haben als nothwendigen Ausgangspunkt die Lehre von der Erschaffung der Engel und des Menschen, vom Sündenfall und von der Erbsünde zum Inhalte. Das fünfzehnte Buch handelt von den Kindern Gottes und den Kindern der Welt in der Zeit von Adam bis auf die Sündfluth, das sechszehnte Buch von der Sündfluth bis Abraham. Das siebzehnte Buch handelt blos von den Kindern Gottes seit Abraham bis Christus, das achtzehnte blos von den Kindern der Welt und den heidnischen Reichen während desselben Zeitraums. Die letzten vier Bücher haben den Ausgang beider Reiche bis zur Auferstehung, dem jüngsten Gericht, der Seligkeit

---

3) Diese Begriffsbestimmung geben I. 1. XI. 1. 9. XIV. 28. XV. 1.

4) XIX. 17. Die Stelle ist unten Note 10. abgedruckt.

5) V. 15. XI. 1. XIV. 13. 28. XV. 4.

6) Ueber den Plan des Werkes giebt dasselbe selbst Auskunft, VI. 1. XI. 1. XVIII. 1. XIX. 1.

und Verdammniß zum Gegenstande. Das Werk ist also in gewisser Weise eine über die Zeitlichkeit hinausgehende Philosophie der Weltgeschichte nach christlicher Anschauung. Mit dem Staate fällt das Reich der Kinder Gottes auf Erden als eine blos ideale Gemeinschaft nicht zusammen, es steht aber auch damit nicht im Gegensatz [7]). Sie leben darin um der von Gott dem Menschen verliehenen Güter in Frieden und Sicherheit zu genießen und sich durch deren richtigen Gebrauch zum unsterblichen Dasein auszubilden [8]). Sie leben darin mit den Kindern der Welt vermischt, nur durch die Auffassung der irdischen Dinge unterschieden [9]). Sie

7) Wenn es nicht im Plane des h. Augustinus lag, vom Staate als solchem ausführlich zu handeln, so folgt daraus nicht, daß er die Bedeutung und Würde desselben verkannt oder herabgesetzt habe: dieses wird vielmehr durch die nachfolgenden Stellen widerlegt. Stahl Philosophie des Rechts Th. I. Buch II. Abschn. I. hat darin den großen Kirchenvater etwas einseitig beurtheilt.

8) XIX. 13. Deus ergo naturarum omnium sapientissimus conditor et iustissimus ordinator, qui terrenorum ornamentorum maximum instituit mortale genus humanum, dedit hominibus quaedam bona huic vitae congrua, id est pacem temporalem pro modulo mortalis vitae in ipsa salute et incolumitate ac societate sui generis: et quaeque huic paci vel tuendae vel recuperandae necessaria sunt, sicut ea, quae apte et convenienter adiacent sensibus, lux ista visibilis, aurae spirabiles, aquae potabiles, et quicquid ad alendum, tegendum, curandum ornandumque corpus congruit: eo pacto aequissimo, ut quicunque mortalis talibus bonis paci mortalium accommodatis recte usus fuerit, accipiat ampliora atque meliora, ipsam scilicet immortalitatis pacem, eique convenientem gloriam et honorem in vita aeterna.

9) XIX. 17. Domus hominum, qui non vivunt ex fide, pacem terrenam ex huius temporalis vitae rebus commodisque sectatur. Domus autem hominum ex fide viventium exspectat ea, quae in futurum aeterna promissa sunt, terrenisque rebus temporalibus tanquam peregrina utitur. — Idcirco rerum vitae huic mortali necessariarum utrisque hominibus (fidelibus et infidelibus) et utrique domui communis est usus, sed finis utendi cuique proprius multumque diversus.

erweisen sich den bürgerlichen Gesetzen und Einrichtungen unterthan und ergeben, in so weit sie dadurch nur nicht an der Verehrung des wahren Gottes gehindert werden [10]). Sie nehmen an allen Vortheilen der staatlichen Friedensgemeinschaft Theil, nur so daß sie Alles auf Gott und die Ewigkeit beziehen [11]). In diesem Werke des h. Augustinus ist also allerdings vom Staate als solchem unmittelbar nicht die Rede. Allein es lag doch sehr nahe, dasjenige, was er vom Reiche Gottes auf Erden sagt, auf den christlichen Staat zu übertragen und diesen danach einzurichten. In diesem Sinne ist auch jenes Werk von den Schriftstellern des Mittelalters über den Staat sehr benutzt worden [12]).

517. Die durch das Christenthum bewirkte veränderte Auffassung des Staates erhielt ihre praktische Anwendung und weitere Entwicklung seitdem die Kaiser christlich geworden und dadurch in ein geordnetes Verhältniß zur Kirche gekommen waren. Sie erkannten nun an, daß nicht alle Beziehungen, Interessen und Pflichten des Menschen in den Staat fielen, und daß es neben

---

10) XIX. 17. Haec ergo coelestis civitas dum peregrinatur in terra, ex omnibus gentibus cives evocat, atque in omnibus linguis peregrinam colligit societatem; non curans quicquid in moribus, legibus, institutisque diversum est, quibus pax terrena vel conquiritur vel tenetur: nihil eorum rescindens vel destruens, imo etiam servans ac sequens: quod licet diversum sit in diversis nationibus, ad unum tamen eundemque finem terrenae pacis intenditur, si religionem, qua unus summus et verus Deus colendus est, non impedit.

11) XIX. 17. Utitur ergo etiam coelestis civitas in hac sua peregrinatione pace terrena, et de rebus ad mortalem hominum naturam pertinentibus humanarum voluntatum compositionem, quantum salva pietate ac religione conceditur, tuetur atque appetit, eamque terrenam pacem refert ad coelestem pacem. — Hanc pacem, dum peregrinatur in fide, habet, atque ex hac fide iuste vivit, cum ad illam pacem adipiscendam refert, quicquid bonarum actionum gerit erga Deum et proximum, quoniam vita civitatis utique socialis est.

12) Es ist daher irrig, wenn Mohl Literatur der Staatswissenschaften I. 225. jenem Werke für die philosophische Staatslehre alle Bedeutung abspricht.

dem Staate noch eine andere sittliche und religiöse Ordnung gäbe, woraus selbst für die Staatsgewalt Pflichten entstehen. Indem so dem Staate ein Theil seines Inhaltes entzogen wurde, wurde aber der Staatsgewalt eine neue erhabene Aufgabe zugewiesen, nämlich die, der Beschirmer der Kirche und im Verein mit ihr für das Ansehen der Religion und das ewige Wohl ihrer Untergebenen thätig zu sein. Diese Vorstellungen wurden schon seit Constantin von den Kaisern und Päpsten wiederholt ausgesprochen und in das Leben wie in die Wissenschaft eingeführt [1]). Das Priesterthum und das Königthum wurden als die beiden von Gott zum Heile der Menschheit eingesetzten Ordnungen bezeichnet, deren Jede in ihrem Gebiete wirksam zu sein, und die sich gegenseitig zu unterstützen hätten [2]). In dieser tiefsinnigen Auffassung fand auch die philosophische Betrachtung ihre Befriedigung; die Speculation und die Wirklichkeit fielen darin zusammen und bildeten sich an einander fort.

V. Die Ausbildung der christlichen Staats- und Rechtslehre.

A) Anfänge derselben.

518. Die reichen Keime, welche das Christenthum für die

---

1) Beweisstellen sind in meinem Kirchenrecht §. 44. gesammelt.

2) Iustinianus a. 535 in nov. 6. praef. Maxima quidem in hominibus sunt dona Dei a superna collata clementia, sacerdotium et imperium; et illud quidem divinis ministrans, hoc autem humanis praesidens ac diligentiam exhibens, ex uno eodemque principio utraque procedentia humanam exornant vitam. Itaque nihil sic erit studiosum imperatoribus sicut sacerdotum honestas, cum utique et pro illis ipsis semper Deo supplicent. Nam si hoc quidem inculpabile sit undique et apud Deum fiducia plenum, imperium autem recte et competenter exornet traditam sibi rempublicam, erit consonantia quaedam bona, omne quidquid utile est, humano conferens generi. Nos igitur maximam habemus solicitudinem circa vera Dei dogmata et circa sacerdotum honestatem, quam illis obtinentibus credimus, quia per eam maxima nobis bona dabuntur a Deo, et ea, quae sunt, firma habebimus, et quae nondum hactenus venerunt, acquiremus. Bene autem universa geruntur et competenter, si rei principium fiat decens et amabile Deo.

Gestaltung der staatlichen und gesellschaftlichen Verhältnisse in sich schloß, giengen in der jugendkräftigen Welt der Germanen in volle Blüthen auf. Ihr lebhaftes Gefühl der Persönlichkeit erhielt in der Lehre von der Würde und Bestimmung des Menschen, ihr tiefes Gemüthsleben in den Wahrheiten und Verheißungen des Christenthums, ihr Geist der Treue und Hingebung an den vom Christenthum gebildeten oder getragenen Lebensordnungen eine reiche Nahrung und Schwungkraft. Die Kirche half unter ihnen einen Staatenbau aufführen, worin die Freiheit durch die Religion geschützt, der Gehorsam durch sie veredelt, alle Rechte und Pflichten durch sie verstärkt, und die Regierungen wie die Völker von der Religion geleitet und erleuchtet waren. Dieses sprach sich praktisch zunächst in den Gesetzen Karl des Großen aus, worin sich, gestützt auf Stellen des alten und neuen Testaments, das Bild des christlichen Staates abspiegelt, welches ihm deutlich vor Augen stand. Bald folgte auch die Wissenschaft in allgemeineren Anschauungen dieser Richtung. Die vom Bischofe Jonas von Orleans († 843) weiter ausgeführte inhaltreiche Vorstellung [1]) von dem in zwei Ordnungen, das Priesterthum und das Königthum, geschiedenen einigen großen Körper der Christenheit, dessen ernste Aussprüche von dem Ursprung und den Pflichten des königlichen Amtes, wurden in die Acten des Conciliums von Paris [2]) und in veränderter Ordnung in die des großen Conventes zu Worms [3]) wörtlich aufgenommen. Derselbe Jonas schrieb ein Werk über die christlich-bürgerliche Erziehung, worin er die natürliche Gleichheit und Würde der Menschen und die daraus fließende milde Behandlung der Leibeigenen mit großer Wärme vertheidigte [4]).

1) In seinem Werke de institutione regia. Es steht in D'Achery Spicileg. ed. nov. T. I. p. 324.

2) Conc. Paris. VI. a. 829. Man vergleiche oben §. 54. Note 1. §. 271. Note 1. 2.

3) Constit. Wormat. a. 829 (Pertz Leg. I. 333. 346).

4) De institutione Laicorum libri tres. Das Werk steht bei D'Achery Spicileg. ed. nov. T. I. p. 258.

Auch einige Abhandlungen der Erzbischöfe Agobard von Lyon († 840) und Hinkmar von Rheims († 882) sind verwandten Geistes und Inhalts.

B) Ausbildung der christlichen Staatslehre. 1) Im Mittelalter.

519. Der seit dem zwölften Jahrhundert eintretende Aufschwung der Wissenschaften führte auch zu eingehenden Untersuchungen über den Staat. Die Reihe eröffnet Johannes von Salisbury († 1180) mit seinem Polycraticus in acht Büchern, worin in bunter Mannichfaltigkeit von den heterogensten Dingen die Rede ist [1]). Das vierte, fünfte und sechste Buch handeln aber vom Staate, vom Unterschiede des Fürsten vom Tyrannen, von der Unterwürfigkeit des Fürsten unter das Gesetz und die Gebote der Gerechtigkeit, von dessen Gottesfurcht und Sorgfalt für die Religion, von seiner Achtung und Liebe zu den Wissenschaften, von seinen Tugenden und Sitten, von dem ihm zu erweisenden Gehorsam und Ehrfurcht, von den Ursachen wodurch die Fürsten und Reiche zu Grunde gehen, von der Einrichtung einer guten Verwaltung und Rechtspflege, von den Anstalten gegen die Bedrückung der Beamten, sehr umständlich von der Einrichtung, Bedeutung und Disciplin der bewaffneten Macht, von der Einheit und dem engen Zusammenhang zwischen dem Haupte und den Gliedern [2]).

---

1) Ioannis Saresberiensis Polycraticus sive de nugis curialium et vestigiis philosophorum (Oper. ed. Giles vol. III. IV). Einige Stellen daraus sind oben mitgetheilt (§. 361. Note 3. 4).

2) Ein Beispiel der Darstellung giebt folgende schöne Stelle: IV. 3. Si vero constitutus princeps susceptum ministerium fideliter gesserit, tantus ei honor exhibendus est, et reverentia tanta, quantum caput omnibus membris corporis antecellit. Gerit autem ministerium fideliter, quum suae conditionis memor, universitatis subiectorum se personam gerere recordatur, et se non sibi suam vitam, sed aliis debere cognoscit, et eam illis ordinata caritate distribuit. Totum ergo se Deo debet, plurimum suae patriae, multum parentibus, propinquis extraneis minimum, nonnihil tamen. Sapientibus ergo et insipientibus debitor est, pusillis et maioribus. — Subiectis itaque

Alles dieses wird mit großer Gelehrsamkeit durch die Berufung auf Aristoteles, Plutarch, Cicero und andere römische Schriftsteller, auf Stellen aus den Justinianischen Sammlungen, und auf Begebenheiten der alten Geschichte unterstützt, immer aber so, daß die christliche Anschauung entscheidet, weshalb auch die geschichtlichen Beispiele und Belege vorzüglich aus dem alten Testamente entnommen sind. Unverkennbar hat dieses Werk auf die nachfolgende Zeit eingewirkt.

520. Der h. Thomas von Aquin (1224—1274) hat in seinem Hauptwerke nur einige Fragen des philosophischen Staatsrechts kurz berührt [1]). Sehr ausführlich handelt aber davon das Werk De regimine principum in vier Büchern, welches ihm zugeschrieben wird, jedoch wohl von einem seiner Schüler ist [2]).

---

pater sit et maritus, aut si teneriorem noverit affectum, utatur ea: amari magis studeat, quam timeri, et se talem illis exhibeat, ut vitam eius ex devotione praeferant suae, et incolumitatem illius quandam publicam reputent vitam.

1) Man sehe §. 269. Note 1. §. 361. Note 5.

2) Es erschien gedruckt schon 1488 zu Venedig in der ersten Ausgabe der Opuscula, dann öfters, namentlich in der Ausgabe seiner Opera omnia ed. Antverp. 1612. Tom. XVII. opusc. XX, dann auch unter dem Titel: Thomae Aquinatis de rebus publicis et institutione Principum libri quatuor. Lugd. Bat. 1651. 12. Davon handeln: Bellarmin. de scriptor. ecclesiast. tit. De S. Thoma obs. II., Oudin. de scriptor. eccles. antiq. T. III. p. 337., B. de Rubeis dissert. criticae de scriptis S. Thomae Aquin. Venet. 1750. Daß die beiden letzten Bücher nicht vom h. Thomas sein können, ergiebt sich, wie Bellarmin bemerkt, daraus, daß im dritten Buche Ereignisse erwähnt werden, die sich erst nach dessen Tode zutrugen. Auffallend ist allerdings, daß schon Ptolemäus von Lucca, der Schüler und Freund des h. Thomas, um 1310 jenes Werk in dem Verzeichniß von dessen Schriften anführt. Manche meinen daher, daß nur die beiden letzten Bücher nicht von ihm wären; B. de Rubeis schreibt dieselben eben jenem Ptolemäus zu. Allein dawider ist, wie Oudin bemerkt, daß in allen Handschriften die vier Bücher als ein Ganzes vorkommen; auch passen, wie Bellarmin bemerkt, selbst die beiden ersten Bücher zur Schreibart des h. Thomas nicht. Manche haben das

Der Zweck desselben ist in der an den König von Cypern gerichteten Zueignung bezeichnet [3]). Der Inhalt ist kurz zusammengedrängt folgender. Der Mensch ist von der Natur zur Gesellschaft geschaffen und bestimmt [4]). Jede Gesellschaft bedarf aber der Einheit und Ordnung, also einer Regierung. Die Regierung kann Einem oder Mehreren oder dem ganzen Volke zustehen; danach giebt es verschiedene Regierungsformen. Eine gerechte ist aber die Regierung immer nur dann, wenn sie nicht auf ihren eigenen Vortheil, sondern auf das Wohl des Ganzen bedacht ist. Die Regierung, welche nur Einem zusteht, ist die bessere, weil sie ihrer

---

Werk dem Egidius Romanus oder Colonna einem andern Schüler des h. Thomas († 1316) beigelegt; so namentlich Oudin und Senckenberg nach Pütter Litteratur des Teutschen Staatsrechts Th. I. §. 24. Anm. I. Allein dieses ist nachweislich eine Verwechslung mit der unter demselben Titel erschienenen Schrift des Egidius, wovon unten die Rede ist (§. 523).

3) Ut regi librum de regno conscriberem, in quo et regni originem, et ea quae ad regis officium pertinent, secundum scripturae divinae authoritatem, Philosophorum dogma, et exempla laudatorum principum diligenter depromerem.

4) I. 1. Naturale autem est homini, ut sit animal sociale et politicum in multitudine vivens, magis etiam quam omnia alia animalia: quod quidem naturalis necessitas declarat. Aliis enim animalibus natura praeparavit cibum, tegumenta pilorum, defensionem, ut dentes, cornua, ungues, vel saltem velocitatem ad fugam. Homo autem institutus est nullo horum sibi a natura praeparato, sed loco omnium data est ei ratio, per quam sibi haec omnia officio manuum posset praeparare; ad quae omnia praeparanda unus homo non sufficit. Nam unus homo per se sufficienter vitam transigere non posset. Est igitur homini naturale, quod in societate multorum vivat. Amplius, aliis animalibus insita est naturalis industria ad omnia ea quae sunt eis utilia vel nociva; — homo autem horum quae sunt suae vitae necessaria, naturalem cognitionem habet solum in communi, quasi eo per rationem valente ex universalibus principiis ad cognitionem singulorum, quae necessaria sunt humanae vitae, pervenire. Non est autem possibile, quod unus homo ad omnia huiusmodi per suam rationem adtingat. Est igitur necessarium homini, quod in multitudine vivat, ut unus ab alio adiuvetur.

Natur nach am meisten dem Zwecke der Einheit, dem Frieden, entspricht[5]). Doch muß sie eine gerechte sein, sonst ist sie die drückendste[6]), wiewohl auch die anderen Regierungsformen in Tyrannei ausarten können[7]). Der Ausartung der Einherrschaft in Tyrannei ist aber auf zweifache Weise zu begegnen: durch sorgfältige Auswahl der Person, und durch die angemessene Beschränkung der Gewalt[8]). Der wirklich ausgearteten Herrschaft aber muß, so viel wie möglich, entgegengewirkt werden[9]). Die Antriebe zu einer guten Regierung müssen hauptsächlich aus dem Inneren kommen. Die erste Eigenschaft eines Fürsten ist Seelengröße[10]). Er soll nicht, wie Aristoteles will, seinen Lohn im irdischen Ruhm suchen, sondern der gute Fürst wird denselben von Gott in unvergänglichen Gütern erhalten[11]). Aber auch an zeitlichen Gütern wird der gerechte Fürst reicher sein[12]); er erwirbt sich die Liebe

---

5) I. 2. Bonum autem et salus consociatae multitudinis est, ut eius unitas conservetur, quae dicitur pax. — Quanto igitur regimen efficacius fuerit ad unitatem pacis servandam, tanto erit utilius. — Manifestum est autem quod unitatem magis efficere potest quod est per se unum, quam plures. — Utilius igitur est regimen unius, quam plurium.

6) I. 3. Quod si in iniustitiam declinat regimen, expedit magis, ut sit multorum, ut sit debilius, et se invicem impediant. Inter iniusta ergo regimina tolerabilius est democratia, pessima vero tyrannis. Idem etiam maxime apparet, si quis consideret mala quae ex tyrannis proveniunt.

7) I. 5. Amplius non minus contingit in tyrannidem verti regimen multorum, quam unius, sed forte frequentius.

8) I. 6. Primum autem est necessarium, ut talis conditionis homo ab illis ad quos hoc spectat officium, promoveatur in regem, quod non sit probabile in tyrannidem declinare. — Simul etiam sic eius temperetur potestas, ut in tyrannidem de facili declinare non possit.

9) I. 6. Ein Theil der Stelle steht im §. 361. Note 6.

10) I. 7. Nihil autem principem, qui ad bona peragenda instituitur, magis decet quam animi magnitudo.

11) I. 9. Est igitur excellentis virtutis bene regium officium exercere, debetur igitur ei excellens in beatitudine praemium.

12) I. 10. Addendum est etiam, quod haec temporalia commoda,

der Unterthanen, und dadurch dasjenige, was die Reiche dauerhaft macht [13]). Der Fürst muß aber sein Amt so ansehen, daß er in seinem Reiche ist, was die Seele im Körper und Gott in der Welt [14]). Gleichwie aber Gott erstens die Welt geschaffen hat und zweitens sie regiert, so hat auch der Fürst für ein Reich zweierlei zu thun, es zu gründen und es zu regieren. Regieren heißt aber Alles einem vorgesetzten Ziele zulenken [15]). Das Hauptziel des einzelnen Menschen ist die Erlangung der ewigen Seligkeit durch ein tugendhaftes Leben; dieses ist also auch das Ziel der Gesammtheit. Dieses Hauptziel kann aber der Mensch blos durch seine eigene Kraft nicht erreichen, sondern nur durch die göttliche Mitwirkung, als deren Organ das Priesterthum bestellt ist. Diesem müssen also die Fürsten in jenem Bereiche untergeordnet sein [16]).

---

propter quae tyranni iustitiam deserunt, magis ad lucrum proveniunt regibus, dum iustitiam servant.

13) I. 10. Sed boni reges dum communi profectui studiose intendunt, et eorum studio subditi plura commoda se assequi sentiunt, diliguntur a plurimis: — et ex hoc amore provenit, ut bonorum regum regnum sit stabile, dum pro ipsis se subditi quibuscunque periculis exponere non recusant.

14) I. 12. Hoc igitur officium rex se suscepisse cognoscat ut sit in regno sicut in corpore anima, et sicut Deus in mundo.

15) I. 14. Gubernare est id quod gubernatur convenienter ad debitum finem perducere.

16) I. 14. Est quoddam bonum extraneum homini quamdiu mortaliter vivit, scilicet ultima beatitudo, quae in fruitione Dei exspectatur post mortem. — Idem autem oportet esse iudicium de fine totius multitudinis et unius. — Sed quia homo vivendo secundum virtutem ad ulteriorem finem ordinatur, qui consistit in fruitione divina, ut supra iam diximus, oportet eundem finem esse multitudinis humanae, qui est hominis unius. — Est ergo ultimus finis multitudinis congregatae — per virtuosam vitam pervenire ad fruitionem divinam. Siquidem autem ad hunc finem perveniri posset virtute humanae naturae, necesse esset ut ad officium regis pertineret dirigere homines in hunc finem. Hunc enim dici regem supponimus, cui summa regiminis in rebus humanis committitur. —

In der Verwaltung der zeitlichen Dinge stehen sie aber an der Spitze [17]); nur müssen sie diese überall jenem Hauptziele zulenken [18]). Zu diesem Zwecke hat der Fürst drei Punkte ins Auge zu fassen: erstens daß er in seinem Volke ein gutes und gedeihliches Leben einrichte, daß er dasselbe bewahre, und daß er es vervollkommene [19]). Zum ersten Punkt ist dreierlei erforderlich: daß im Volke Ordnung und Friede gesichert, daß es in dieser Ordnung zu einem guten Leben hingelenkt, und daß durch die Fürsorge des Fürsten an den zu einem guten Leben nothwendigen Dingen kein Mangel sei. Beim zweiten Punkte sind drei Dinge zu erwägen, welche dem Bestand der gemeinen Wohlfahrt hinderlich sind. Das Eine ist der durch das Gesetz der Sterblichkeit eintretende Wechsel der Menschen; darauf muß in der Verwaltung durch die angemessene Erneuerung der Ausscheidenden Rücksicht genommen sein. Das Zweite ist die den Menschen angeborene Neigung zur Lässigkeit und zum Uebelthun; dieser muß durch die Verheißung

---

Sed quia finem fruitionis divinae non consequitur homo per virtutem humanam, sed virtute divina: — perducere ad illum finem non humani erit, sed divini regiminis. — Huius ergo regni ministerium, ut a terrenis essent spiritualia distincta, non terrenis regibus, sed sacerdotibus est commissum. — Sed ei ad quem finis ultimi cura pertinet, subdi debent illi, ad quos pertinet cura antecedentium finium et eius imperio dirigi.

17) I. 15. Manifestum ex dictis fit, quod rex, sicut dominio et regimini, quod administratur per sacerdotes officium, subdi debet: ita praeesse debet omnibus humanis officiis, et ea imperio sui regiminis ordinare.

18) I. 15. Quia igitur vitae, qua in praesenti bene vivimus, finis est beatitudo coelestis, ad regis officium pertinet ea ratione vitam multitudinis bonam procurare, secundum quod congruit ad coelestem beatitudinem consequendam, ut scilicet ea praecipiat, quae ad coelestem beatitudinem ducunt, et eorum contraria, secundum quod fuerit possibile, interdicat.

19) I. 15. Quod quidem studium in tria dividitur, ut primo quidem in subiecta multitudine bonam vitam instituat: secundo ut institutam conservet: tertio, ut conservatam ad meliora promoveat.

von Belohnungen und durch die Androhung von Strafen entgegengewirkt werden. Das Dritte ist die Gefahr vor auswärtigen Feinden; dagegen muß der Fürst die nöthigen Schutzmittel treffen. Der dritte Punkt endlich, die Vervollkommnung des guten Lebens, wird dadurch erreicht, daß der Fürst Unordnungen abstellt, das Fehlende ergänzt, das Gute noch besser macht[20]). Bei der Gründung eines Reiches hat aber der Fürst vor Allem die geographische Lage und das Klima, und bei der Anlegung der Städte und Festungen eine gesunde Luft in Betracht zu ziehen. Es muß auch der nöthige Bedarf an Lebensmitteln gesichert sein; und zwar möglichst durch die eigene Production, weil der Handel die Sitten und den Volksgeist verdirbt. Auch muß die Lage durch ihre Annehmlichkeit fesseln, ohne jedoch zu verweichlichen. Zur Stärkung und Handhabung der Regierung bedarf aber der Fürst vor Allem eines entsprechenden Reichthums in Grundstücken, Viehheerden, Gold, Silber und geprägtem Gelde; ferner eines angemessenen Systems von Beamten, welches verschieden ist, je nachdem die Herrschaft durch Gesetze beschränkt oder unumschränkt ist. Auch muß er für die innere und äußere Sicherheit starke Festungen anlegen, und für den Verkehr durch gute Wege und Heerstraßen, durch geprägtes eigenes Geld, und durch festes Maß und Gewicht Sorge tragen. Für die Pflege und Beschützung der Armen, Wittwen, Waisen und Fremden müssen überall im Reiche geeignete Anstalten bestehen. Insbesondere aber muß dem Fürsten die Ehre der Religion am Herzen liegen und er dieses durch sein Beispiel bekennen[21]).

521. Die beiden anderen Bücher hängen mit den Vorigen wenig zusammen. Alle Herrschaft, heißt es, ist von Gott[1]); den Römern verlieh sie Gott wegen ihrer großen Eigenschaften und

---

20) Dieses ist wörtlich aus I. 15.

21) Alles dieses wird in der genannten Ordnung in den sechszehn Kapiteln des zweiten Buches mit Berufung auf Aristoteles und die heiligen Schriften behandelt.

1) Dieses wird aus drei Gründen bewiesen in III. 1. 2. 3.

Vorzüge [2]); er verleiht sie aber auch zur Züchtigung der Bösen, und zuweilen gereicht sie den Herrschern selbst zum Verderben [3]). Die Herrschaft ist aber doppelter Art: diejenige, welche dem Menschen über die irrationale Natur gegeben ist, und diejenige, welche in der Gesellschaft der Ordnung wegen über die Menschen zusteht. Letztere ist vierfacher Art: die des Papstes, die königliche, wovon das Kaiserthum eine Abart ist, die politische das heißt dort freistaatliche, und die häusliche. Die Gewalt des Papstes ist die höchste, und ist nicht eine blos geistige, sondern so weit Beides in einander verwachsen ist, auch eine zeitliche. Die königliche Herrschaft muß nicht sich sondern nur das Wohl der Untergebenen wollen, sonst ist sie eine despotische, wie nach der Verderbniß der menschlichen Natur vorkommen kann. Das Kaiserthum stimmt mit dem Königthum in der Art der Gewalt, mit dem Freistaat in der Wahl und in dem Mangel der Erblichkeit überein [4]). Zu den alten vier Weltmonarchien ist aber die fünfte, das Reich Christi, beizufügen [5]). Das freistaatliche Regiment unterscheidet sich von dem königlichen durch die weit größere Beschränkung der Regierenden. Es paßt hauptsächlich für kleine Staaten und Stadtverfassungen, welche eine große Gemeinschaft verlangen. Die von Platon gewollte Gemeinschaft der Weiber und der Güter ist aber schlechthin zu verwerfen. Zeitliche Magistrate sind darin besser als lebenslängliche [6]). Hieran schließt sich eine eingehende Kritik der Vorschläge verschiedener Philosophen, dann des Sokrates und Platon, und mehrerer von Aristoteles beschriebenen Staatsverfassungen [7]). Den Beschluß machen ausführliche Rathschläge zur Einrichtung einer guten freistaatlichen Verfassung [8]). Das ganze

2) Dieses ist nach dem h. Augustinus ausgeführt in III. 4. 5. 6.

3) Davon handeln III. 7. 8.

4) Alles dieses steht in dieser Ordnung in III. 9—12. 20.

5) Eine weitläufige dahin nicht passende Digression darüber ist in III. 13—19.

6) So lautet es in IV. 1—8.

7) Davon handeln IV. 9—22.

8) Davon handeln IV. 23—28.

Werk zeichnet sich durch Reichhaltigkeit, Scharfsinn, Selbstständigkeit des Urtheils und durch die ausgebreitete Kenntniß der alten Schriftsteller und der heiligen wie der Profangeschichte aus. Besonders sind die Schriften des Aristoteles und die des h. Augustinus vom Reiche Gottes benutzt. In der hin und wieder etwas geschraubten Dialektik, Weitschweifigkeit und einseitigen Anschauungen nimmt es aber auch an den Fehlern seiner Zeit Theil.

522. Ein anderes dem h. Thomas ebenfalls wohl irrig zugeschriebenes Werk ist das De eruditione principum in sieben Büchern [1]). Wahrscheinlich rührt es von Guillelmus Peraldus von Lyon her. Es stellt zur Wohlfahrt der Kirche wie der Untergebenen das Bild eines christlichen Fürsten vor Augen, und enthält darüber für alle Zeiten gültige Wahrheiten. Die irdische Herrschaft soll mehr gefürchtet als gewünscht werden; wo sie aber ist, müssen ihr acht Tugenden zur Seite stehen: Weisheit, Güte, wahrer Seelenadel, Demuth, Wahrhaftigkeit, Verachtung der eitlen Güter der Welt, Milde, Barmherzigkeit. Außer diesen allgemeinen Eigenschaften kommt es beim Fürsten auch wesentlich auf dessen Verhalten gegen Gott und gegen die Kirche an; dieses beruht auf dem Glauben, der Hoffnung, der Gottesfurcht, und der Liebe Gottes und des Nächsten. Demnächst handelt es sich um die Pflichten des Fürsten gegen sich selbst; um die genaue und vollständige Prüfung seines Inneren, seiner Fehler und Schwächen; um die besonnenste vorherige Erwägung seiner Handlungen nach den drei Gesichtspunkten der Erlaubtheit, der Nützlichkeit, und der Anständigkeit; um die stete Selbstmahnung zur Demuth durch die Betrachtung der Vergänglichkeit der Dinge und der Gewißheit des Todes. Sehr wichtig ist ferner die Umgebung des Fürsten mit rechtschaffenen Männern, mit wahrhaften, getreuen, freimüthigen Rathgebern, welche dem ungerechten Willen des Fürsten mit Ent-

---

1) Es erschien gedruckt zuerst 1568 in der Römischen Ausgabe der Opuscula und 1570 in der Römischen Ausgabe der sämmtlichen Werke. In der Antwerpner Ausgabe der sämmtlichen Werke steht es im siebzehnten Bande nach Opusc. XL.

schiedenheit entgegentreten[2]); es muß auf deren Unbestechlichkeit, und auf den Schutz wider deren und der anderen Beamten Ungerechtigkeit und gewaltsame Bedrückung auf das Strengste gehalten werden. Eine besondere Sorgfalt muß auch der Fürst der Erziehung seiner Kinder widmen; es kommt dabei auf den Unterricht, auf die Bildung der Sitten, auf das äußere Benehmen im Auftreten, Reden, im Genuß von Speise und Trank, auf den guten Umgang und später bei den erwachsenen Söhnen auf die Auswahl einer guten Ehefrau an; von frühester Zeit an müssen sie an Demuth, Bescheidenheit und Ehrfurcht vor dem Vater gewöhnt werden; auch die Erziehung der Töchter ist in der angemessenen Weise einzurichten, und sie sind zur Frömmigkeit, Milde und Schweigsamkeit anzuhalten. Ferner muß der Fürst seine Pflichten gegen seine Untergebenen bedenken; er soll sie nicht herrisch behandeln, sie nicht durch Steuern bedrücken und sie sich durch gegenseitige Treue zu verbinden suchen. Endlich soll der Fürst in den Kriegsleuten, deren er zum Schutze seiner Herrschaft bedarf, keinen Uebermuth und Jähzorn dulden, und sich derselben in der richtigen Weise und nicht zu ungerechten Kriegen bedienen. Alle diese Sätze sind bis zum Uebermaße, besonders mit Stellen aus den h. Schriften, unterstützt.

523. Den beiden vorigen Werken nahe verwandt ist das große Werk des Augustinermönches Egidius Romanus oder Colonna († 1316) De regimine principum[1]). Es ist in drei Bücher eingetheilt, wovon das erste in vier, die beiden anderen in drei Theile zerfallen. Das erste Buch zeigt, wie die königliche Majestät und also jeder Fürst sich selbst, das Zweite wie er sein Haus, das Dritte wie er sein Reich regieren solle. Das erste Buch ist also ethisch, das Zweite ökonomisch das heißt häuslich,

2) IV. 2. Qui si velit aliquatenus deviare non sinant, fraenent praecipitem, dormitantem excitent, extollentem reprimant, excedentem corrigant.

1) Es erschien gedruckt zu Rom 1488 und zu Venedig 1498 (nicht 1598 wie zuweilen angeführt wird). Es ist sehr selten.

das Dritte politisch[2]). Das erste Buch entwickelt in seinen vier Theilen viererlei. Erstens, in welchen Dingen die königliche Majestät ihr Ziel und ihre Glückseligkeit suchen solle: nicht in Wohllüsten, nicht in Reichthümern, nicht in Ehrenauszeichnungen, nicht im Ruhme, nicht in weltlicher Macht, nicht in körperlicher Kraft und Schönheit, sondern in der Liebe Gottes und in einer weisen und tugendhaften Regierung. Zweitens, welche Tugenden ein Fürst haben müsse, nämlich zwölf, vier principale und acht annexe: Klugheit, Gerechtigkeit, Stärke, Mäßigkeit, Freigebigkeit, Edelsinn, Ehrenhaftigkeit, Demuth, Milde, Leutseligkeit, Wahrhaftigkeit, Geistesheiterkeit. Drittens, wie sich der Fürst zu den Neigungen und Leidenschaften verhalten müsse, und zwar zu Liebe und Haß, zum Verlangen und Widerwillen, zur Hoffnung und Verzweiflung, zur Kühnheit und Furcht, zum Zorne und zur Milde, zur Erheiterung und zum Trübsinn. Viertens, welche löbliche Sitten die Fürsten nachahmen, welche schlechte sie meiden sollen, wobei beiderlei Arten von Sitten bei der Jugend, dem Alter, den Adligen, den Reichen und den Mächtigen unterschieden werden. Das zweite Buch entwickelt zunächst in Aristotelischer Weise das dem Menschen von der Natur angeborene Bedürfniß der Gesellschaft, wovon die häusliche Gesellschaft die erste und ursprüngliche Art ist. Es werden dann drei Bestandtheile derselben nachgewiesen, denen die drei Theile des Buches entsprechen. Der erste Theil handelt von dem Verhalten des Fürsten in der ehelichen Gemeinschaft, und es werden darin theils die Natur der Ehe überhaupt theils die besonderen Rücksichten und Obliegenheiten des Fürsten und seiner Gemahlin erörtert. Der zweite Theil handelt von dem Verhältnisse des Fürsten zu seinen Kindern, worin vortreffliche Ermahnungen über die Grundlage und die Pflichten der elterlichen Gewalt, über Erziehung und Unterricht, und über die Ausbildung des Körpers und des Geistes vorkommen. Der dritte Theil befaßt das Verhältniß zu der Dienerschaft und zu den ökonomischen Bedürfnissen, und handelt dieses nach vier Gesichtspunkten ab: von

2) So sagt wörtlich Lib. I. Pars I. cap. 2.

den Gebäuden, dem Vermögen, dem Gelde, und den Dienern. Beim Vermögen werden Sokrates und Platon mit ihrer Gemeinschaft der Güter und der Weiber gründlich widerlegt. Bei den Dienern wird die Einrichtung des Hofhaltes angegeben, und deren würdige und humane Behandlung vorgezeichnet. Das dritte Buch enthält im ersten Theil eine genaue Darlegung der Vortheile, Nothwendigkeit und Entstehung der staatlichen Gemeinschaft, und eine eingehende Widerlegung der Vorschläge des Sokrates, Platon und anderer griechischen Philosophen über Staatsverfassungen, welche an das vierte Buch im oben genannten Werke De regimine principum erinnert. Der zweite Theil handelt von der Staatsregierung in Friedenszeiten. Er beginnt mit der Erörterung der verschiedenen Staatsformen, wobei die Vorzüge der monarchischen Staatsform, und bei dieser die der Erblichkeit vor dem Wahlreich sehr gründlich discutirt werden. Hierauf folgt eine schöne Abhandlung über die Bedingungen einer guten Regierung nach vier Gesichtspunkten: vom Fürsten und dessen Pflichten und wie er sich vor Tyrannei zu hüten habe; von seinen Rathgebern und deren Mitwirkung bei Fragen über die Verwendung der öffentlichen Einkünfte, über den nationalen Wohlstand, über Krieg und Frieden und über neue Gesetze; von der Einrichtung der Rechtspflege und Gesetzgebung; endlich von dem Volke, dessen Achtung vor den Gesetzen und vor dem Fürsten, und von dem Benehmen des Fürsten zu ihm, damit er sich dessen Liebe erwerbe. Der dritte Theil beschäftigt sich mit der Regierung in Kriegszeiten. Hier finden sich eingehende Erörterungen über die Aufgabe des Kriegswesens, über die Aushebung, Einübung und Ausbildung zum Kriegsdienst, über die Anlegung verschanzter Lager, über die Organisation des Heereszuges, über Vorsicht beim Vorrücken, über die Art der Schlachtordnung und des Angriffes, über den Belagerungskrieg und die Behandlung der Festungen, über Belagerungs- und Wurfmaschinen, über die Anlegung und Vertheidigung von Festungen, über den Seekrieg, und daß alle Kriege nur aus gerechten Gründen zu unternehmen seien. Das Werk zeichnet sich durch seine äußerst genaue Anordnung und Methode aus, leidet aber theilweise an scholastischer Subtilität und Weitschweifigkeit. Merkwürdig ist, daß es sich blos auf Aristoteles stützt, und es kann als eine Uebertragung dieses Philosophen auf das christlich-politische Gebiet bezeichnet werden.

524. Hieher gehört auch des gelehrten Engelbert Abtes von Admont († 1331) Liber de ortu progressu et fine Romani imperii [1]). Nur wenige Kapitel sind rein historischen Inhaltes; die Meisten enthalten politisch-philosophische Betrachtungen mit Berufung auf Aristoteles, Augustinus vom Reiche Gottes und auf Zeugnisse der Geschichte. Sie handeln zuerst vom natürlichen Ursprung der Reiche und Herrschaft. Dann folgt eine Betrachtung der Reiche nach der dreifachen Unterscheidung in glückliche und unglückliche, gerechte und ungerechte, große und kleine, wobei die Begriffe und Bedingungen jeder dieser Kategorien angegeben werden. Hieran schließt sich in etwas steif scholastischer Weise die Frage, wie sich diese Kategorien zu einander verhalten, wovon das Resultat ist, daß zum Glück eines Reiches die Gerechtigkeit und Größe nöthig sei. Hierauf folgt vom vierzehnten Kapitel an die eingehende dialektische Discussion der Gründe und Gegengründe, ob der Erhaltung des Friedens als des Hauptzieles aller Herrschaft die Unterwerfung aller Königreiche unter ein christliches Kaiserthum oder die volle Selbstständigkeit der einzelnen Reiche zuträglicher sei, was im ersten Sinne beantwortet wird [2]). Als der gemeinschaftliche Zweck aller Reiche und Herrschaft wird aber die Bewahrung des Friedens und der Gerechtigkeit vorgestellt und den Königen ans Herz gelegt. Den Beschluß macht eine aus der Verderbniß der Welt, der Geistlichkeit wie der Laien, hergeleitete Prophezeiung über den Abfall der Fürsten vom Reiche und den

---

1) Er ist gedruckt in der Maxima bibliotheca veterum patrum ed. Lugdun. Tom. XXV. p. 362—378.

2) Cap. 18. Propter hoc ad concordanda regna inter se, et pacificandum orbem, et defendendam ac dilatandam Christianitatem, melius et iustius est omnia regna subesse uni imperio, unumquodque secundum quod de iure debet, et in quantum debet, quam singula per se stare sine omni respectu ad imperium.

dadurch herbeigeführten Untergang desselben; über den Abfall der Kirchen vom römischen Stuhle; und über den Abfall der Christen vom wahren Glauben [3]). Von demselben Engelbert wird ein anderes hieher gehörendes Werk De regimine principum in sieben Büchern angeführt [4]).

525. In allen diesen Werken ist der gemeinschaftliche Charakter nicht zu verkennen. Er stammt aus dem Christenthum, welches, indem es den Menschen zur Hauptsache machte, ihn auch im Staate in den Mittelpunkt stellte, ja in gewisser Weise über denselben erhob. „Er stammt aus dem Gedanken der christlichen Freiheit, in welcher ein lebendiges Menschenrecht, welches den Menschen von Gottes wegen gebührt, geheiligt ward" [1]). Daher ihr Eifer für eine gerechte und wohlthätige Regierung, ihr Haß gegen

---

3) Cap. 22. Igitur constans et indubium sit, quod ante adventum Antichristi futura sit praedicta triplex discessio: scilicet primo regnorum a Romano imperio, per quam discessionem ipsum Romanum imperium deficiet et cessabit in totum; secundo Ecclesiarum ab obedientia Sedis Apostolicae, quae ad praedictam primam discessionem causali modo consequitur: quia gladio temporalis sive secularis potestatis sublato, gladius spiritualis carebit finaliter tandem suo defensore contra schismaticos et haereticos; tertio fidelium a fide, quae discessio similiter consequetur ad duas primas discessiones; quia nec potestate spirituali vel seculari tum valente coercere homines schismaticos sub Christianae fidei unitate et obedientia sicut prius, singuli secundum suas affectiones et voluntates confingent et eligent sibi diversos errores, quos teneant et defendant.

4) Pütter Litteratur des deutschen Staatsrechts Th. I. §. 24. Note II. Er giebt davon folgenden Titel an: Celeberrimi Engelberti abbatis Admontensis ord. S. Benedicti de regimine principum libri seu tract. VII. primum post quadringentos et amplius annos in lucem evulgati, quum in exemto monasterio Mellicensi ord. S. Bened. praeside A. R. D. p. Carlomanno Hueber, eiusdem monasterii professo et theologo, nobilis ac eruditus dominus Io. Georgius Theophil. Huffnagel, Franco Altimoenienis ex universa philosophia publice responderet cum facultate superiorum. Ohne Jahrzahl auf 254 Quartseiten.

1) So sagt sehr gut Dahlmann Politik §. 224.

Willkür und Tyrannei. Die Garantie einer guten Regierung suchen sie allerdings nicht in genau abgemessenen Formen, sondern in den persönlichen Eigenschaften und Tugenden des Fürsten und in der entsprechenden Gesinnung des Volkes. In so fern ist ihre Politik wie im Alterthum zugleich Ethik; allein eine Ethik, die ihre letzten Triebfedern nicht in der frostigen Idee des Staates, sondern in dem lebendigen Verhältnisse des Menschen zu Gott und zu der überirdischen Welt hat. Eben deshalb stehen auch diese Werke unserer Anschauung und Gefühlsweise weit näher als die des Alterthums. Daß sie von Geistlichen verfaßt sind, thut ihrer Wahrheitsliebe und ihrem Freiheitssinn keinen Abbruch.

526. Die philosophische Weise jener Zeit zeigt sich, und zwar nicht in vortheilhafter Art, in der Behandlung concreter staatsrechtlicher Fragen. Ein Beispiel giebt die Schrift des Dante Allighieri (1265—1321) De Monarchia. Sie behandelt in drei Büchern die drei Fragen: Ob die Monarchie, das heißt das Reich oder Kaiserthum zur Wohlfahrt der Welt nothwendig sei? Ob das römische Volk sich die Weltherrschaft mit Recht beigelegt habe? Ob die Autorität des Kaisers unmittelbar von Gott, oder mittelbar von einem Stellvertreter Gottes abhänge? Die Grundanschauung ist durchaus die christliche; allein die Beweisführung bewegt sich, wenn auch mit einzelnen tiefsinnigen Gedanken untermischt, doch vorherrschend nur in dialektischen Formen und Schlüssen aus allgemeinen Begriffsbestimmungen. Die erste Frage wird, durchgängig mit Berufung auf Aristoteles, nach einer allgemeinen Untersuchung über die Gegenstände der Herrschaft und den Zweck der Staaten, ohne irgend eine historische Beziehung, lediglich aus dem Begriffe der Einheit, Ordnung, Gerechtigkeit und des Friedens discutirt und bejahend beantwortet. Der Beweis für die Bejahung der zweiten Frage wird vor Allem darin gesetzt, daß dem römischen Volke als dem Edelsten die Herrschaft gebührt habe, und es wird, daß es das Edelste gewesen, durch Aussprüche der Dichter dargethan. Andere eben so matte Beweise sind die Berufung auf die diesem Volke zu Theil gewordenen wunderbaren Errettungen, auf dessen Vaterlandsliebe und guten Gesetze, auf

dessen für das allgemeine Wohl bei der Unterwerfung der Welt gehegte wohlwollende Absicht [1]), auf das in dessen Siegen kund gewordene Gericht Gottes, endlich darauf, daß Christus habe unter dem römischen Reiche geboren werden wollen, es also als gerecht anerkannt habe [2]). Bei der dritten Frage widerlegt Dante sehr eingehend, zum Theil auch mit der Anwendung dialektischer Formen, die Meinung derjenigen, welche die unbedingte Abhängigkeit und Unterordnung des Kaisers unter den Papst behaupteten. Daß das christliche Princip alle ethischen Beziehungen des Menschen, also auch die bürgerliche Ordnung, durchdringen und erleuchten müsse, war allgemein anerkannt. Indem aber Manche dieses in allzu einseitigen und buchstäblichen Schlußfolgerungen ausbeuteten, so hatte Dante mit der Widerlegung dieser Uebertreibungen leichte Mühe, und war darin auch nicht ohne Vorgänger [3]). Den Grundsatz selbst erkennt auch er unumwunden an [4]).

---

1) II. 6. Declaranda igitur duo sunt: quorum unum est, quod quicumque bonum reipublicae intendit, finem iuris intendit; aliud est, quod Romanus populus subiiciendo sibi orbem, bonum publicum intendit. Nunc arguatur ad propositum sic: Quicunque finem iuris intendit, cum iure graditur: Romanus populus subiiciendo sibi orbem finem iuris intendit, — ergo Romanus populus subiiciendo sibi orbem cum iure hoc fecit.

2) II. 10. Dico ergo, quod si Romanum imperium de iure non fuit, Christus nascendo praesumpsit iniustum: at consequens est falsum, ergo contradictorium antecedentis est verum.

3) Dazu gehört der berühmte Glossator Huguccio von Pisa. Man sehe über diese ganze Frage mein Kirchenrecht 13. Ausg. §. 44b. Note 1. 26. 27. 28.

4) III. 4. Sic ergo dico, quod regnum temporale non recipit esse a spirituali; nec virtutem, quae est eius auctoritas; nec etiam operationem simpliciter: sed bene ab eo recipit, ut virtuosius operetur per lucem gratiae, quam in coelo et in terra benedictio summi Pontificis infundit illi. — III. 15. Quae quidem veritas ultimae questionis non sic stricte recipienda est, ut Romanus Princeps in aliquo Romano Pontifici non subiaceat: cum mortalis ista felicitas ad immortalem felicitatem ordinetur. Illa igitur reverentia Caesar utatur

2) Bearbeitung der christlichen Staatslehre im sechzehnten und siebzehnten Jahrhundert.

527. Die in der Schule des h. Thomas angebahnte Bearbeitung der christlichen Staatslehre hatte keinen Fortgang. Einestheils zogen concrete Streitfragen davon ab; anderntheils gaben das neu belebte eifrige Studium der klassischen Literatur und die veränderte Staatskunst der Behandlung eine andere Richtung. Es entstanden nun Werke wie die des unten zu erwähnenden Patricius und Bodinus [1]), welche, wenn auch gegen die Religion keineswegs gleichgültig oder feindselig, doch in der Weise des Alterthums den Staat zum Hauptgegenstand ihrer Betrachtung machten. Es fehlte aber doch auch nicht an Solchen, welche mit der neuen geschmackvolleren Form und weltmännischen Weise eine entschiedene christliche Gesinnung vereinigten. Dazu gehört Gregorius von Toulouse (1540—1617 nicht 1597), dessen großes durch Reichhaltigkeit, Gelehrsamkeit und gemäßigtes Urtheil ausgezeichnetes Werk zu wenig bekannt ist [2]). Es werden darin fast alle den Staat berührende Fragen mit großer Gründlichkeit und Umsicht erörtert, die Entstehung und der Zweck des Staates, die Regierungsformen und die Vorzüge der Monarchie, die Rechte der Gewalt und deren Mißbrauch, die Art der Succession, die zu einem guten Fürsten erforderlichen Eigenschaften, die Einrichtung der Verwaltung im Frieden und im Kriege, die Staatseinkünfte und der Staatsschatz, die Pflege und Behandlung der Religion, die Sorgfalt für die Ehen und die Kindererziehung, die Pflege der Wissenschaften und des Unterrichtswesens, die Dauer der Staaten, die Ursachen ihres Untergangs und der Umwandlung der Staatsformen, die Mittel Revolutionen vorzubeugen. Alle Gewalt, sagt

---

ad Petrum, qua primigenitus filius debet uti ad Patrem; ut luce paternae gratia illustratus, virtuosius orbem terrae irradiet.

1) Man sehe §. 531. 535.

2) Petri Gregorii Tholozani de republica libri sex et viginti. Lugduni 1586. Pontimussani 1596. und öfters. Man sehe über ihn Calmet Bibliothèque Lorraine p. 443., Juglers Beiträge zur juristischen Biographie IV. 64.

er, ist von Gott; die ungerechten Fürsten sind als eine Prüfung oder Züchtigung Gottes zu ertragen[3]), und die Tödtung des rechtmäßigen Fürsten, wenn er auch Tyrann wird, ist schlechthin unerlaubt [4]). Ferner ist hier zu nennen der ganz gleichzeitige Giovanni Botero (1540—1617 nicht 1608 oder 1625), der als Geistlicher in wichtigen Aemtern und Aufträgen thätig war. Sein zu seiner Zeit berühmtes Buch handelt mit Geist, historischer Erudition und Weltkenntniß von der Kunst die Regierung gut, wohlthätig und dauerhaft einzurichten, und von den geistigen und materiellen Mitteln dieselbe zu behaupten[5]). Der christliche Geist desselben zeigt sich in dem sittlichen Geiste, der dasselbe durchweht, in der hohen Bedeutung, welche der Religion für das Staatsleben beigelegt wird, und in dem in der Dedication ausdrücklich hervorgehobenen Gegensatz gegen den verwerflichen Machiavelli [6]). Der Spanier Saavedra Faxardo verfaßte einen christlichen Fürstenspiegel voll der besten Rathschläge und Grundsätze[7]), der an ein ähnliches dem h. Thomas von Aquin zugeschriebenes Werk erinnert [8]). Ein mit großer Sorgfalt durchgeführtes System der christlichen Staatskunst, wörtlich auf Stellen der h. Schriften gestützt, entwarf aber der berühmte Bossuet (1627—1704) für den Unterricht des Dauphin, des Sohnes von Ludwig XIV. [9]). Es

---

3) Ausgeführt ist dieses in V. 3. §. 6. XIX. 1. §. 10. 11. 12.

4) Sehr gründlich und lehrreich ist dieses ausgeführt in XXVI. 7.

5) Botero Dellà ragion di stato, libri dieci. In Venetia 1559 Dann öfters, auch in Uebersetzungen in die meisten europäischen Sprachen. Näheres über ihn giebt Mohl Literatur der Staatswissenschaften III. 381.

6) Baudrillart Bodin et son temps p. 108. schreibt von ihm: Le livre de Botero sur la Raison d'état (1589) n'est qu'un commentaire du système de Machiavel. Se conserver est le seul objet qu'il assigne au gouvernement. Dieses Urtheil ist in der That unbegreiflich. Anders lautet es doch bei Mohl.

7) Saavedra Faxardo Idea da uno principe cristiano. Zuerst 1649, dann öfters. Eine nähere Bezeichnung findet man bei Mohl III. 382.

8) Man sehe oben §. 522.

9) Politique tirée des propres paroles de l'écriture sainte. Paris

sind darin neben den Pflichten der Unterthanen auch die des Fürsten, seine schwere Verantwortlichkeit und die inneren Beschränkungen seiner Gewalt sehr ernst und eindringlich hervorgehoben[10]). Auch der ehrwürdige Fenelon (1652—1715) hat seine geistreiche Feder einer ähnlichen Schrift gewidmet [11]).

C) Ausbildung der christlichen Rechtslehre.

528. Die philosophischen Untersuchungen über das Recht beginnen mit dem h. Thomas von Aquin; doch beschäftigt er sich nur mit dem Ursprung und den Eigenschaften des Rechts und der Gerechtigkeit im Allgemeinen; auf die Rechtsinstitute selbst geht er nicht ein [1]). Er unterscheidet das ewige Gesetz, das natürliche und das menschliche Gesetz. Das ewige Gesetz ist die in Gott als dem Urheber des Alls existirende Norm der Weltregierung; es ist also in gewisser Weise eins mit der göttlichen Weisheit selbst[2]). Das natürliche Gesetz ist die Offenbarung des ewigen Gesetzes im Gefühle und Bewußtsein der vernünftigen Creatur und mit dem-

---

1709 (nicht 1704 wie Mohl angiebt). Das Werk erschien erst nach dem Tode des Verfassers, weil er die letzten vier Bücher erst in seinen letzten Jahren ganz ausgearbeitet hatte.

10) Man sehe namentlich Liv. III. art. 2. prop. 4. art 3. prop. 1—15. Liv. VII. art. 6. Liv. VIII. art. 1. 2. Liv. X. art. 6. Beispiele sind: III. 3. prop. 2. Le prince n'est pas né pour lui même mais pour le public. III. 3. prop. 5. Le vrai caractère du prince est de pourvoir aux besoins du peuple, comme celui du tyran est de ne songer qu'à lui même. IV. 1. prop. 4. Les rois ne sont pas pour cela affranchis des lois. — Ganz einseitig ist daher das wegwerfende Urtheil von Mohl III. 377.

11) Examen de conscience sur les devoirs de la royauté. Die für den Unterricht des Herzogs von Burgund († 1712), Enkel von Ludwig XIV., verfaßte Schrift, die man dem leichtfertigen König hatte verheimlichen müssen, erschien erst 1734.

1) Summa theolog. 1a 2ae qu. 91—97.

2) Qu. 93. art. 1. Lex aeterna nihil aliud est quam ratio divinae sapientiae, secundum quod est directiva omnium motuum et actionum.

selben eins[3]). Es wird also darunter das gesammte ethische Gebiet begriffen. Das menschliche Gesetz ist dasjenige, was von den Menschen unter dem Einflusse des natürlichen Gesetzes nach den Zeiten und Bedürfnissen festgesetzt worden ist[4]). Neben dem positiven menschlichen Gesetze unterscheidet und beleuchtet er aber noch das in den Schriften des alten und neuen Bundes enthaltene göttliche Gesetz, welches wie das natürliche, aber in einem noch höheren Grade, eine Mittheilung des ewigen Gesetzes ist[5]). An einer andern Stelle unterscheidet er noch in der besondern Anwendung auf das Recht das natürliche und das positive Recht[6]). Er kommt dabei mit dem ius gentium in Verlegenheit, welches er als vom ius naturale verschieden angiebt, was aber nur richtig ist, wenn man das ius naturale im weiten Sinne der Römer versteht. Derselbe Mißgriff herrscht in der weitläufigen Discussion des Egidius Romanus[7]). Dante bezeichnet wie der h. Thomas das Recht sehr scharf und tiefsinnig als den Ausfluß des göttlichen Willens und als eins mit demselben[8]).

---

3) Qu. 91. art. 2. In ipsa (rationali creatura) participatur ratio aeterna, per quam habet naturalem inclinationem ad debitum actum et finem; et talis participatio legis aeternae rationali creaturâ lex naturalis dicitur.

4) Qu. 91. art. 3. Ex praeceptis legis naturalis — necesse est quod ratio humana procedat ad aliqua magis particulariter disponenda; et istae particulares dispositiones adinventae secundum rationem humanam dicuntur leges humanae. — Qu. 95. art. 2. Principia communia legis naturae non eodem modo applicari possunt omnibus, propter multam varietatem rerum humanarum: et ex hoc provenit diversitas legis positivae apud diversos.

5) Qu. 91. art. 4. Qu. 98—108.

6) Summa theolog. 2a 2ae qu. 57. art. 2. 3.

7) De regimine principum lib. III. part. II. c. 24. 25. 26.

8) De monarchia II. 2. Ex iis iam liquet, quod ius cum sit bonum, proprius in mente Dei est: et cum omne quod in mente Dei est, sit Deus, — et Deus maxime se ipsum velit: sequitur, 'quod ius a Deo, prout in eo est, sit volitum. Et cum voluntas et volitum in Deo sit idem: sequitur ulterius, quod divina voluntas sit ipsum ius.

529. Durch Thomas von Aquin wurde die Behandlung dieser Fragen bei den Moraltheologen, zunächst als Theil ihrer großen Systeme dann auch in eigenen Tractaten, auf lange Zeit bestimmt [1]). Der Dominikaner Soto (1494—1560) führt genau die Unterscheidung des h. Thomas von dem ewigen, dem natürlichen, dem menschlichen und dem göttlichen Gesetze näher aus [2]). Der spanische Jesuit Molina († 1601) theilt das Recht in göttliches und menschliches, und das göttliche in natürliches und positives ein, und knüpft daran eine Untersuchung über die Beschaffenheit und die Unwandelbarkeit des natürlichen Rechts [3]). Albert Bolognetti, geboren 1538 gestorben 1585 als Cardinal, wiederholt in geistreicher Weise die Unterscheidung des h. Thomas, indem er dieselbe mit der Anschauung Platons vergleicht [4]). Eben so thut der scharfsinnige Jesuit Suarez (1548—1617) in seinem großen Werke [5]). Er handelt jedoch darin von dem göttlichen und menschlichen Rechte blos nach äußern formalen Beziehungen, von deren Veränderlichkeit und Unveränderlichkeit, Auslegung, Wirkungen, verbindenden Kraft, Dispensation und dergleichen, nicht von den Rechtssätzen und Rechtsinstituten selbst. Anders verhält es sich mit dem Werke des Jesuiten Lessius († 1623) [6]). Dieses ist ein mit Beziehung auf den h. Thomas nach den vier Haupttugenden, Klugheit, Gerechtigkeit, Stärke und Mäßigkeit in vier Bücher geordnetes Moralsystem, worin aber die Gerechtigkeit bei weitem

---

Et iterum ex hoc sequitur, quod ius in rebus nihil est aliud, quam similitudo divinae voluntatis.

1) Davon handelt genau Kaltenborn Die Vorläufer des Hugo Grotius auf dem Gebiete des ius naturae et gentium. Leipzig 1848.

2) Domin. Soto De iustitia et iure libri VII. Salam. 1556.

3) Sein Werk nennt sich auch Tractatus de iustitia et iure.

4) Sein Tractat De lege, iure et aequitate steht auch im Tractat. tractatuum ed. Venet. 1584. T. I.

5) Suarez Tractatus de legibus ac Deo legislatore. Mogunt. 1619. Das Werk erschien zuerst zu Lissabon 1611.

6) Lessius De iustitia et iure ceterisque Virtutibus Cardinalibus libri quatuor. Das Werk erschien zuerst 1605.

den größten Raum einnimmt. Um deren Begriff und Anwendung zu erläutern, werden die meisten Rechtsverhältnisse des Privatrechts, öffentlichen Rechts und Strafrechts abgehandelt, dabei aber insgemein nur die positiven Aussprüche des römischen und canonischen Rechts und deren Commentatoren zum Grunde gelegt.

530. Auch die Glaubensspaltung des sechzehnten Jahrhunderts bewirkte in dieser Auffassung zunächst keine Veränderung, da die protestantischen Gottesgelehrten mit großer Entschiedenheit den positiven biblischen Standpunkt festhielten. Melanchthon (1497—1560) faßte Recht und Moral zusammen, führte Alles auf den Dekalog zurück, und erklärte diesen für den Inbegriff des Naturrechts [1]). In gleicher Weise bezeichnet der Jurist Oldendorp (1506—1567, seit 1540 Professor zu Marburg) das natürliche Recht als den Willen Gottes, welcher für die verdunkelte menschliche Vernunft in dem Dekalog wieder promulgirt worden sei, und knüpft daher die Darstellung desselben an die Interpretation des Dekaloges an [2]). Der Theologe Meißner († 1626) steht noch nach der alten Weise auf der Unterscheidung des ewigen Gesetzes, des Gesetzes der Natur und des menschlichen Gesetzes [3]). Eine historische Unterlage erhielt aber die Bearbeitung des Naturrechts nach christlicher Anschauung durch das gelehrte Werk des englischen Juristen Selden (1582—1654) [4]). Dadurch angeregt erschien darüber das Werk des Zentgrav [5]) und das des Alberti (1635—1697) [6]),

---

1) Melanchthon Epitome philosophiae moralis. Zuerst 1538. Er sagt darin: leges naturae sunt ipsae leges decalogi.

2) Oldendorp Iuris naturalis, gentium et civilis εἰσαγωγή. Coloniae 1539.

3) Meissner Tractatus de legibus. Wittenb. 1616.

4) Ioannis Seldeni De iure naturali et gentium iuxta disciplinam Ebraeorum libri septem. Londini 1640.

5) Zentgravius Disquisitio de origine, veritate et immutabili rectitudine iuris naturalis iuxta disciplinam Christianorum ad Gentilium tamen captum. Argentor. 1668.

6) Alberti Compendium iuris naturae orthodoxae theologiae conformatum. Lipsiae 1678.

welche Beide, wie auch Mevius (1609—1670) [7]) und Rachel (1628—1691) [8]), auf den Stand der Unschuld vor dem Sündenfall zurückgehen.

VI. Die Schriftsteller des Uebergangs.

531. Der Eifer und die Art, womit man seit dem fünfzehnten Jahrhundert das Studium der klassischen Literatur ergriff, bewirkte nicht blos in der Form der Behandlung unserer Wissenschaft eine völlige Umwandlung, sondern brachte auch in dieselbe einen ganz neuen Geist. Die Geschichte der alten Staatsverfassungen, die glänzenden Größen und Tugenden des Alterthums, die Aussprüche seiner Weisen, boten für die Staatskunst einen reichen Stoff dar, wogegen die in eintöniger Weise vorgetragenen christlichen Wahrheiten ihren Reiz und Eindruck verloren. Diese Ablösung von der überlieferten christlichen Grundanschauung spricht sich nach der Individualität der Schriftsteller in verschiedenem Grade aus. Zunächst gehört dahin Franciscus Patricius von Siena, 1460 Bischof von Gaeta, gestorben 1494. Er verfaßte zwei hieher gehörende Werke: das Eine von der Einrichtung eines Freistaates, das Zweite von der Einrichtung einer Monarchie [1]). Beide enthalten in geschmackvoller Form sehr verständige und würdige, der Natur der beiden Staatsformen angemessene Vorschriften, die sich in eingehender Weise über das Ethische, Physicalische, Oekonomische, über die bürgerlichen und militärischen Einrichtungen, über die Pflege der Sitten, Wissenschaften und Künste verbreiten. Die Beweisstellen sind jedoch, und zwar mit großer Belesenheit, lediglich aus der Profangeschichte und aus den griechischen und römischen Klassikern entnommen. Des Christen-

7) D. Mevii Prodromus iurisprudentiae gentium communis. Stralsundi 1671.

8) Samuelis Rachelii ICti de iure naturae et gentium dissertationes. Kiloni 1676.

1) Francisci Patricii Senensis, pontificis Caietani, de institutione reipublicae libri IX. Paris. 1519. und öfters. — De regno et regis institutione libri IX. Paris. 1519. und öfters.

thums wird dabei mit Ehrfurcht, doch nur einigemal und nur wie im Vorbeigehen gedacht[2]). Man sieht wie die einseitige Begeisterung für die neue Wissenschaft dem christlichen Sinn und Interesse Abbruch that.

532. In durchaus heidnischem Geiste, mit erklärtem Hasse gegen die Kirche und selbst gegen das Christenthum, und ohne jede Berücksichtigung des Mittelalters behandelte Machiavelli (1469—1527) in seinen Abhandlungen über die erste Decade des Livius (1531) und in seinem Buche vom Fürsten (1532) die Staatskunst nicht als eine Wissenschaft, sondern blos als die Kunst, Macht und Herrschaft zu erlangen und zu behaupten. Nach seiner mit eisiger staatsmännischer Kälte vorgetragenen Lehre giebt es in der Politik keine Rücksichten der Moral, sondern nur des Nutzens und des Erfolges; keine Verbrechen sondern nur Fehler. Religion, Recht und Sittlichkeit sind an sich ganz gut und löblich; allein, wenn es nicht anders geht, muß man sich darüber wegsetzen, und im äußersten Falle, wo der Zweck es verlangt, darf man auch vor dem Verbrechen nicht zurückschrecken. Die der Staatskunst eigenthümlichen Tugenden sind Schärfe des Urtheils, Raschheit und Sicherheit des Blickes, Stärke des Willens, Ruhe und Ausdauer der Entschließung, der höchste Grad von Umsicht und äußerste Thatkraft. Dieses ist das Bild einer Staatslehre, in welcher die Berechnung der Staatsklugheit und des Eigennutzes an die Stelle sittlicher Beweggründe gesetzt ist[1]).

---

2) Die nothwendige Sorgfalt für den Unterhalt der Religion wird aus Aristoteles bewiesen, De instit. reipubl. VI. 1. Nach einer weitläufigen Abhandlung über den heidnischen Dienst der Penaten folgt in einigen Zeilen die Anmahnung zur Verehrung Christi, VIII. 2. Unter den dem Könige ziemenden Tugenden wird von der Frömmigkeit und Religion im ernsten christlichen Sinne gehandelt; allein die Beweisstellen sind nirgends aus den h. Schriften, sondern nur aus den heidnischen Schriftstellern geschöpft, De regno VIII. 16. Selbst bei den des guten Fürsten jenseits harrenden Belohnungen wird zuerst die Autorität des Platon und Cicero, dann die des Christenthums angeführt, XI. 21.

1) Eine große Abhandlung über Machiavelli und die auf ihn bezüg-

533. Ein politisches Werk von ganz anderem Geiste und Inhalt ist die Utopia des edlen Thomas Morus (1480—1535), Kanzlers von England, welcher als Märtyrer seiner kirchlichen Pflicht auf dem Blutgerüste starb[1]). Erfüllt von der Unvollkommenheit der wirklichen Zustände gefiel sich der Verfasser darin, ihnen ein Traumbild der besten Staatsverfassung gegenüber zu stellen, deren Ziel das gleiche Glück und Wohlbefinden Aller ist. Zu diesem Zweck ist vor Allem die Gesellschaft in eine genaue Gliederung zu bringen und darin zu erhalten. Die Grundlage bildet die Familie also die monogamische Ehe, deren Glück durch eine vorhergehende körperliche Besichtigung gesichert werden soll. Eine gewisse Zahl von Familien, nicht unter zehn und nicht über sechzehn, bilden eine große Familie; dreißig derselben einen höheren Verein; mehrere dieser eine Stadt, die nicht über 6000 Familien enthalten soll; die Städte zusammen, 54 an der Zahl, bilden den Staat. Eine Familie darf nicht zu kinderreich sein; die Ueberzähligen werden, wo es fehlt, hingeschafft. Die Vereine und Städte haben ihre Anstalten, Häuser, Gärten, zu gemeinschaftlichen Arbeiten, Lebensbedürfnissen und Vergnügungen; besonders wird auf die Blumenzucht gehalten. Privateigenthum giebt es nicht; der Ertrag aller Arbeit ist gemeinschaftlich und wird nach dem Bedürfniß vertheilt. Eben deshalb ist aber auch die Arbeit aufs Genaueste organisirt, vertheilt und beaufsichtigt, und Müßiggang nicht geduldet. Doch ist die Tagesarbeit kurz, höchstens sechs Stunden. Geld ist nicht Bedürfniß; Gold und Silber unliebsam, weshalb es zu den schmutzigsten Geräthen zu verwenden ist. Regiert wird durch eine Stufenfolge gewählter jährlich wechselnder Beamten; der Fürst jeder Stadt wird aber auf Lebenszeit gewählt. Allgemeine Landesangelegenheiten werden jährlich auf einer Versammlung berathen, wozu jede Stadt drei Greise abordnet; außerhalb dieser

---

liche reiche Literatur giebt Mohl Literatur der Staatswissenschaften III. 521—591.

1) De optimo reipublicae statu, deque nova insula Utopia, libri duo. Die erste Ausgabe erschien 1515.

Versammlungen dürfen öffentliche Angelegenheiten bei Todesstrafe nicht besprochen werden. Für Wissenschaften und Künste bleibt bei der kurzen Tagesarbeit von selbst Zeit genug übrig, insbesondere ist aber dafür durch die Parnassier gesorgt, welche durch geheime Stimmgebung der Vereinshäupter zu den Wissenschaften bestimmt sind. Daß aber eine solche beglückende Verfassung, wie alles Unnatürliche im Staate, nur durch den größten Zwang, und selbst dann nicht durchzuführen wäre, liegt am Tage. Dennoch hat diese Schrift zu ihrer Zeit einen ganz ungewöhnlichen Beifall, ja Bewunderung erhalten [2]). Merkwürdig ist sie aber in der Geschichte dieser Wissenschaft nur als der erste Anlauf der erwachenden Reflexion sich von den Eindrücken der Wirklichkeit ganz frei zu machen. Deswegen ist auch hier von ihren späteren Nachahmungen nicht weiter Notiz zu nehmen [3]).

534. Hingegen ganz unter dem Einflusse der Zeitverhältnisse entstand eine Literatur, welche auch noch weiter hinaus für das monarchische Princip verderblich wirkte [1]). Der Kampf der Calvinisten gegen das katholische Königthum in Frankreich, in Schottland und in den Niederlanden, und der darin sich steigernde religiöse Fanatismus rief eine Klasse von Schriftstellern hervor, welche das Recht des Widerstandes bis zum Königsmord vertheidigten und davon die Monarchomachen genannt wurden. Dazu gehörten Poynet, Bischof von Winchester unter Eduard VI. [2]), der Schotte Buchanan (1506—1582) [3]), die Franzosen Hotman

---

2) Sehr vortheilhaft beurtheilt sie wegen ihrer allgemeinen humanen Ideen Baudrillart Bodin et son temps p. 24—28.

3) Von diesen Nachahmungen und von Thomas Morus selbst handelt unter der Bezeichnung als Staatsromane Mohl Literatur der Staatswissenschaften I. 179—202.

1) Davon handelt geistreich Baudrillart Bodin et son temps p. 40—109.

2) Petit traité du pouvoir politique 1558. So wird der Titel bei Baudrillard angegeben.

3) Buchanan De iure regni apud Scotos. Eine jüngere Ausgabe erschien zu Edinburg 1581.

(1524—1590)[4]), Languet (1518—1581)[5]). Bald giengen auch aus der katholischen Ligue nach ihrer Stellung zum Könige ähnliche Schriften hervor. Von dieser Art sind die von Boucher[6]), Rose[7]). Der in Frankreich lebende katholische Schottländer Wilhelm Barclay (1543—1605) trat jedoch gegen diese Verirrungen in die Schranken[8]). In Deutschland ergriff jene Lehre der heftige streitsüchtige Johann Althusen (1556—1638), 1586 Professor zu Herborn[9]), fand aber an Henning Arnisäus einen scharfen Gegner[10]).

535. Während dieser Bewegungen und Gegensätze fand jedoch auch eine ruhige wissenschaftliche Behandlung der Staatslehren, nach der Art des erwähnten Patricius von Siena und wohl unter dessen Einfluß, ihre Vertreter. Ein bestimmtes philosophisches Princip oder System herrscht bei diesen Schriftstellern nicht; wohl aber findet man bei ihnen über diesen Gegenstand eine Summe von Lehren und Betrachtungen, wie das gesunde Urtheil, das sittliche Gefühl, die Erfahrungen der Geschichte und die Schriftsteller des Alterthums an die Hand geben. Dahin gehört vor Allem auch der Zeitfolge nach das Werk des Bodin (1530—1596) vom Staate[1]). Dasselbe handelt vom Zweck des Staates und dessen

---

4) Hotomanni Franco-Gallia. Eine Ausgabe erschien zu Cöln 1575.

5) Unter dem Titel: Vindiciae contra tyrannos, sive de principis in populum, populique in principem legitima potestate, Stephano Junio Bruto Celta auctore. Edimb. (Basil.) 1579.

6) De iusta Henrici tertii abdicatione. 1582.

7) De iusta reipublicae christianae in reges impios authoritate. 1590.

8) Barclaius De regno et regali potestate adversus Buchananum, Brutum, Boucherum, et reliquos monarchomachos. Paris 1600.

9) Althusius Politica methodice digesta. Herb. 1603. Man sehe Schmitthenner Zwölf Bücher vom Staate §. 41.

10) Arnisaeus Tractatus de auctoritate principum in populum semper inviolabili. Francof. 1606.

1) Joan. Bodini Andegavensis Galli de republica libri sex. Es erschien zuerst 1576 in französischer Sprache; dann vom Verfasser selbst ins Lateinische übersetzt und vermehrt 1584, und öfters. Von dem Leben und den Schriften des Verfassers handelt Baudrillart J. Bodin et son

geistigen und materiellen Bestimmung, von der Familie und der Nothwendigkeit einer strengen fast unbeschränkten väterlichen Gewalt, von der Sclaverei und deren Unrechtmäßigkeit, vom Bürgerrecht und den Schutzverwandten, von der Souverainetät, von den Staatsformen, vou der Monarchie und der Tyrannei, von der Aristokratie, von der Demokratie, von dem Senate und den französischen Parlamenten, von der Magistratur und ihrer Beziehung zum Fürsten und zu den Unterthanen, von den Gemeinden und den Corporationen und ihrer hohen Bedeutung für das Staatsleben, von den Provinzial- und Generalständen, von den Revolutionen, ihren Ursachen und den Mitteln ihnen vorzubeugen, von dem Einfluß des Klima auf die Sitten und Verfassungen, von der Gerechtigkeit und der Organisation der Rechtspflege, von der inneren und äußeren Sicherheit, dem Kriege und den Allianzen, von der Besteuerung, dem Finanz- und Münzwesen, und von der Censur; den Beschluß macht eine Vergleichung der verschiedenen Staatsformen. Das zu seiner Zeit sehr berühmt gewordene Buch beruht nach der Weise des Aristoteles, den es auch häufig anführt, auf der Verbindung der aus der Natur des Menschen und den Erfahrungen der Geschichte gezogenen Wahrheiten, und zeichnet sich durch gemäßigte und wohlwollende Gesinnung, verständiges sittliches Urtheil und durch große Kenntniß der alten Staatseinrichtungen und klassischen Welt vortheilhaft aus. Doch aber fehlt darin die rechte Harmonie und Durchbildung; das Alterthum und die Neuzeit liegen ziemlich unverbunden neben einander, und die schwerfällige Gelehrsamkeit wendet sich bald zu dem Einen bald zu dem Andern, ohne eine Vermittlung zu gewinnen. Die Religion wird für das Fundament der Staaten erklärt[2]); allein auf die übrige Darstellung bleibt dieses ohne Einfluß. Ueber Machiavelli spricht sich Bodin mit Abscheu aus[3]). Für die beste Staatsform hält er die

temps. Paris 1853. Doch hat er denselben etwas überschätzt, während Andere ihn zu gering beurtheilen.

2) IV. 7. Religionem rerum omnium publicarum firmissimum fundamentum esse.

3) VI. 4. Macchiavellus — homo levissimus ac nequissimus.

durch aristokratische und demokratische Elemente gemäßigte erbliche Monarchie. Gegen die Befugniß des Volkes, den rechtmäßigen König, auch wenn er noch so sehr Tyrann wird, zu richten, abzusetzen, zu tödten, erklärt er sich unbedingt, weil der Fürst immer der Höchste ist und bleibt [4]). ~~Aehnlichen Inhaltes und mit sichtbarer Benutzung des Bodin gearbeitet, aber noch ausführlicher, ist das schon angeführte Werk des Gregorius von Toulouse; kürzer und von Bodin unabhängig, ist das des Botero [5])~~.

536. Endlich gehört hieher das Werk des spanischen Jesuiten Mariana (1537—1624) [1]). Dasselbe zerfällt in drei Bücher. Das Erste handelt von dem Königthum; von dem Ursprung desselben aus den Urzuständen der Menschheit, dem Vorzuge der erblichen Monarchie, der Art der Erbfolge, dem Unterschiede zwischen einem Könige und einem Tyrannen, von der Erlaubtheit des Tyrannenmordes; von den möglichen Einschränkungen der königlichen Gewalt durch die Mitwirkung des Volkes, wobei gewissen Beschränkungen der Vorzug gegeben wird; endlich von der Unterwerfung des Fürsten unter die Gesetze. Das zweite Buch handelt von der Erziehung des Fürsten; von der großen Wichtigkeit dieses Punktes für ihn wie für den Staat; von der Säugung des Prinzen und der der Mutter dazu obliegenden Pflicht; von dem ersten Unterricht; von der Nahrung und Kleidung; von den körperlichen Uebungen zur Ausbildung der Körperkraft und Abwehr der Verweichlichung; von den Wissenschaften und dem Gebrauche guter

4) II. 5. Si monarchia quaedam est summa — ubi reges sine controversia iura omnia maiestatis habent per sese: nec singulis civibus, nec universis fas est summi principis vitam, famam aut fortunas in discrimen vocare; seu vi, seu iudicio constituto id fiat; etiamsi omnium scelerum ac flagitiorum, quae in tyrannos convenire ante diximus, turpitudine infamis esset.

~~5) Ueber Beide sehe man §. 537.~~

1) Ioannis Marianae Hispani, e societate Iesu, de rege et regis institutione libri III. Ad Philippum III. Hispaniae Regem Catholicum. Anno 1599. Toleti, Petr. Roderg. typogr. reg. Moguntiae 1605. Die Erlaubniß des Censors zum Drucke ist vom 30. December 1598.

Schriftsteller; von dem großen Nutzen der Musik; von den anderen Künsten und Bildungsmitteln des Geistes, jedoch ohne Einseitigkeit sondern wie es sich für einen Fürsten zieme; von der sorgfältigen Wahl des Umgangs; von der Pflicht der Wahrhaftigkeit und dem Haß gegen Lüge und Verstellung[2]), wobei die Lehren des Macchiavelli ohne ihn zu nennen scharf gezeichnet werden; von der Gefahr der Schmeichler; von den übrigen Tugenden, der Mäßigkeit, Keuschheit, Umsicht, Gerechtigkeit, Gottesfurcht, Sanftmuth, Milde, Güte, Freigebigkeit, Einfachheit und Abneigung gegen falsche Pracht und Ostentation; von der wahren und falschen Ruhmsucht; von der wahren Religiosität ohne Aberglaube und Frömmelei[3]), als dem besten Beistande im Glück wie im Unglück. Das dritte Buch handelt von den Pflichten und Aufgaben des königlichen Amtes; von der Nothwendigkeit guter Gehülfen und Beamten; von der Wichtigkeit und Stellung der Bischöfe; von dem möglichsten Ausschluß unsittlicher Männer von den öffentlichen Aemtern; von der Vertheilung der Belohnungen nur nach dem Verdienst; von dem Kriegsdienst, dessen Wichtigkeit für den Staat und der ihm gebührenden Ehre und Auszeichnung; von dem großen Eindruck, wenn der Fürst als Feldherr selbst den Krieg führt; von der Besteuerung, deren Gegenständen, richtigen Maß und gerechten Vertheilung; von dem Münzwesen, und daß der Fürst ohne Zustimmung des Volkes weder neue Steuern noch Münzveränderungen einführen könne; von der Sorgfalt für das Getreidewesen, für das Bauwesen, für eine gute Rechtspflege und Handhabung der Gerechtigkeit; von der Treue des gegebenen Wortes; von der Armenpflege; von der Regentenklugheit, worüber sehr freisinnige Lehren gegeben werden[4]); von dem Schauspiel als

---

2) II. 10. Illud contendo Principi a primis annis esse inculcandum amorem veritatis, mendacii odium; nihil ut turpius ea foeditate arbitretur, nihil regiae dignitati magis contrarium.

3) II. 14. Nolumus ut totos dies et noctes in precibus et animi anxietate consumat, quod esset non minus noxium.

4) III. 15. Imo nunquam Princeps in republica conabitur, quod

Quelle des Sittenverderbnisses; von der Sorgfalt für die Einheit der Religion. Die vorgetragenen Grundsätze werden mit staatsmännischem Geiste und Geschmack durch zahlreiche Beispiele aus der alten und neuen Geschichte unterstützt. Aristoteles und andere alten Schriftsteller werden wenig, die h. Schrift und die Schriftsteller des Mittelalters gar nicht angeführt. Viel genannt wird dieses Werk wegen des Kapitels von dem Tyrannenmord, welchen Mariana, selbst an einem an sich rechtmäßigen König, wenn er Tyrann wird, abweichend von Bodin und Gregorius von Toulouse, wenn auch mit vielen Einschränkungen, für erlaubt erklärt[5]).

---

civibus probare non possit: sive bellum gerendum sit, sive vectigalia imperanda, sive noxii plectendi, multitudinis iudicium sequatur. Neque enim ut corporibus sic animis vis afferatur: et debet Rex, nisi id nomen exuat, volentibus imperare; quod in imperio tam late fuso praeceptum saluberrimum sit.

5) Lib. I. cap. 6. An tyrannum opprimere fas sit. Das Kapitel beginnt mit der Beziehung auf Heinrich III., dessen Ermordung durch den Dominicanermönch Jacob Clement er als die Sühne des vom Könige an dem Herzoge von Guise hinterrückisch verübten Mordes mit unverkennbarer Theilnahme für die Person des Mörders darstellt. Daran schließt er die Aufzählung der Gründe derjenigen, welche den Königsmord unter allen Umständen für unerlaubt halten. Darauf folgt die eben so genaue Aufzählung der Gründe der Vertheidiger der entgegengesetzten Ansicht. Dann folgt seine eigene Meinung. Si vero (princeps) rempublicam pessundat, publicas privatasque fortunas praedae habet, leges publicas et sacrosanctam religionem contemptui: virtutem in superbia ponit, in audacia atque adversus superos impietate, dissimulandum non est. Attente tamen cogitandum, quae ratio eius Principis abdicandi teneri debeat, ne malum malo cumuletur, scelus vindicetur scelere. Atque ea expedita maxime et tuta via est, si publici conventus facultas detur, communi consensu quid statuendum sit deliberare: fixum ratumque habere quod communi sententia steterit. In quo his gradibus procedatur. Monendus inprimis Princeps erit atque ad sanitatem revocandus. — Si medicinam respuat, neque spes ulla sanitatis relinquatur, sententia pronunciata licebit reipublicae eius imperium detrectare primum. Et quoniam bellum necessario concitabitur — neque aliter respublica tueri possit, eodem defensionis

Der Schluß dieses Kapitels zeigt, daß der Verfasser, hingerissen von seinem Freiheitsgefühl und dem Hasse gegen Tyrannei, über der Bewunderung der antiken Größen der Lehren des Christenthums vergaß [6]). Das Buch wurde von der königlichen Censur

---

iure ac vero potiori auctoritate et propria, Principem publicum hostem declaratum ferro perimere. Eademque facultas esto cuicumque privato, qui spe impunitatis abiecta, neglecta salute in conatum iuvandi rempublicam ingredi voluerit. Roges quid faciendum, si publici conventus facultas erat sublata, quod saepe potest contingere. Par profecto, mea quidem sententia, iudicium erit, cum Principis tyrannide oppressa republica, sublata civibus inter se conveniendi facultate, voluntas non desit delendae tyrannidis, scelera Principis manifesta modo et intoleranda vindicandi, exitiales conatus comprimendi, ut, si sacra patria pessundet, publicosque hostes in provinciam attrahat: qui votis publicis favens eum perimere tentarit, haud quaquam inique eum fecisse existimo. — Ita facti quaestio in controversia est, quis merito tyrannus habeatur: iuris in aperto, fas fore tyrannum perimere. Neque est periculum ut multi eo exemplo in Principum vitam saeviant quasi tyranni sint. Neque enim id in cuiusquam privati arbitrio ponimus: non in multorum, nisi publica vox populi adsit, viri eruditi et graves in consilium adhibeantur. — Est tamen salutaris cogitatio, ut sit Principibus persuasum, si rempublicam oppresserint, si vitiis et foeditate intolerandi erunt, ea conditione vivere, ut non iure tantum, sed cum laude et gloria perimi possent. Fortassis is metus aliquem retardabit, ne se penitus vitiis atque adulatoribus corrumpendum tradat; fraenos iniiciat furori. — Hierauf erwähnt Mariana den ihm entgegenstehenden Ausspruch des Conciliums von Kostnitz (§. 361), geht aber etwas leicht darüber weg, weil dieses Decret nicht vom Papst approbirt worden sei.

6) Haec nostra sententia est a syncero animo certe profecta, in qua cum falli possum ut humanus, si quis meliora attulerit, gratias habeam. Quam disputationem verbis concludere placet Tribuni Flavii, qui conspirationis convictus adversus Domitium Neronem, interrogatusque cur sacramenti ad oblivionem processisset: *Oderam te,* inquit, *nec quisquam tibi fidelior militum fuit, dum amari meruisti. Odisse coepi postquam parricida matris et uxoris, auriga et histrio et incendiarius extitisti.* (Tacit. Ann. XV. 67.)

in Spanien mit dem größten Beifall empfohlen[7]); in Paris aber, hauptsächlich wegen der Aeußerung über die Ermordung Heinrichs III., durch Beschluß des Parlaments vom 8. Juni 1610 öffentlich verbrannt.

VII. Die Ausbildung des Naturrechts. A) Auf der Grundlage eines subjectiven anthropologisch-ethischen Princips.

537. Der Begriff des Naturrechts war schon im Mittelalter richtig erkannt. Es ist das von Gott in die menschliche Vernunft eingeborene und durch sie erkennbare göttliche Recht, und daher seinem Quell und Wesen nach Eins mit dem von Gott positiv geoffenbarten göttlichen Recht [1]). Allein an die selbstständige Bearbeitung desselben als einer rationalen Wissenschaft wurde nicht gedacht, sondern es wurde doch auf die Quellen des positiven göttlichen Rechts, insbesondere auf den Dekalog, zurückgeführt und mit der Moraltheologie verschmolzen. Einen Anlauf zu einer genaueren Unterscheidung [2]) nahm erst Hemming (1513—1600), ein Schüler Melanchthons [3]). Von dem göttlichen Ursprung des Naturrechts ausgehend unternahm er es den nähern Inhalt desselben durch bloße Schlußfolgerungen aus der Vernunft zu bestimmen [4]). In ähnlicher Weise, nur noch schärfer unterscheidend

7) Eos (libros) regia auctoritate diligenter et attente perlegi.— Aequum proinde iudico, ut hoc opus typis mandatum in luce et hominum manibus versetur, eorum praesertim, qui ad reipublicae gubernacula sedent. Qui si ad praescriptam in eo formam actiones et consilia retulerint, nae magnum atque incredibile operae pretium existat.

1) Man sehe §. 528—530.

2) Man sehe über diese Zeit das oben (§. 529. Note 1) genannte Werk von Kaltenborn.

3) Hemmingii De lege naturae apodictica methodus. Witeb. 1577. Es werden Ausgaben von 1562 und 1566 citirt.

4) Seine Aufgabe bezeichnet er folgendermaßen. Lex naturae est divinitus impressa mentibus hominum notitia principiorum cognitionis et actionis atque conclusionum ex istis principiis demonstrata-

und eingehend, immer aber in der engen Verbindung mit der Theologie, verfuhr der Jurist Winkler (1579—1648), bei dem das Grundprincip des Naturrechts die Liebe Gottes und der Menschen oder die Erhaltung der Gesellschaft ist [5]). Hieran schloß sich der weit berühmter gewordene Hugo Grotius (1583—1645) an [6]). Dieser hatte sich zunächst nur die Bearbeitung des Völkerrechts zur Aufgabe gestellt. Allein indem er dafür eine allgemeine rationelle Grundlage schaffen wollte, so führte ihn dieses auf die socialen Grundprincipien überhaupt, und dadurch auf das Naturrecht zurück [7]). Der Grund und Ausgangspunkt desselben ist ihm der dem Menschen als vernünftig-sittlichen Wesen eigenthümliche und angeborene Trieb der Socialität, der geordneten Gemeinschaft mit seines Gleichen [8]). Dieser Ausgangspunkt war an sich nicht neu; er findet sich seit Aristoteles das ganze Mittelalter hindurch bis zu Bodin und Mariana, um daraus den Ursprung und das Wesen des Staates herzuleiten. Neu war aber, daß Grotius danach alles Recht, auch das der Einzelnen, bestimmte. Recht ist

---

rum, proprio fini hominis congruentium, quas ex ipsis principiis necessaria consequentia ad humanae vitae gubernationem extruit ratio, ut homo ea, quae recta sunt, cognoscat, velit, eligat, agat, vitetque contraria, quorum omnium et testis et iudex conscientia hominibus divinitus est attributa.

5) Wincleri Principiorum iuris libri quinque. Lipsiae 1615.

6) Hugonis Grotii de iure belli ac pacis libri III. Parisiis 1625. 4. Editio secunda emendatior et multis locis auctior. Amstel. 1631. fol. 1651. 8. und öfter.

7) Davon handelt: Hartenstein Darstellung der Rechtsphilosophie des Hugo Grotius. Leipzig 1850. (Abhandl. der Sächs. Gesellschaft der Wissenschaften Band I.).

8) Prolegom. Inter haec autem quae homini sunt propria est appetitus societatis, id est communitatis, non qualiscunque sed tranquillae et pro sui intellectus modo ordinatae cum his qui sunt sui generis. — Haec vero societatis custodia, humano intellectui conveniens, fons est eius iuris, quod proprie tali nomine appellatur. — Iuris naturalis mater est ipsa humana natura, quae nos, etiamsi re nulla indigeremus, ad societatem mutuam appetendam ferret.

das, was nicht unrecht ist, und unrecht ist nach der Natur das, was der Gemeinschaft sittlicher Wesen widerspricht[9]. Dieses Naturrecht ist als in der Natur des Menschen begründet schlechthin unveränderlich, so daß selbst Gott es nicht ändern könnte[10]; ja es müßte selbst dann gelten, wenn es, was nicht angenommen werden darf, keinen Gott gäbe[11]. Als letzten Grund und Ausgangspunkt desselben nimmt aber Grotius mit seinen Vorgängern den Willen Gottes an, der es in die Vernunft und das Gewissen niedergelegt hat[12]. Ob aber ein Satz wirklich im Naturrecht gegründet sei, kann auf doppelte Art bewiesen werden: entweder unmittelbar dadurch, daß dessen Uebereinstimmung mit der vernünftigen und geselligen Natur dargethan wird; oder mittelbar durch den allgemeinen Völkergebrauch[13]. Dieser Anschauung ge-

---

9) I. 1. §. 3. Ius sit, quod iniustum non est. Est autem iniustum, quod naturae societatis ratione utentium repugnat.

10) I. 1. §. 10. Est autem ius naturale adeo immutabile, ut ne a Deo quidem mutari queat.

11) Prolegom. Et haec quidem quae iam diximus, locum aliquem haberent, etiamsi daremus, quod sine summo scelere dari nequit, non esse Deum, aut non curari ab eo negotia humana.

12) Prolegom. Sed et illud ipsum, de quo egimus, naturale ius — quamquam ex principiis hominis internis profluit, Deo tamen adscribi merito potest, quia ut talia principia in nobis existerent, ipse voluit. — I. 1. §. 10. Ius naturale est dictatum rectae rationis indicans, actui alicui, ex eius convenientia aut disconvenientia cum ipsa natura rationali, inesse moralem turpitudinem aut necessitatem moralem, ac consequenter ab auctore naturae, Deo, talem actum aut vetari aut praecipi.

13) I. 1. §. 12. Esse autem aliquid iuris naturalis probari solet tum ab eo quod prius est, tum ab eo quod posterius. — A priori, si ostendatur rei alicuius convenientia aut disconvenientia necessaria cum natura rationali ac sociali; a posteriori, si non certissima fide, certe probabiliter admodum, iuris naturalis esse colligitur id, quod apud omnes gentes, aut moratiores omnes tale esse creditur. Nam universalis effectus universalem requirit causam: talis autem existimationis causa vix ulla videtur esse posse praeter sensum ipsum, qui communis dicitur.

mäß werden dann die Grundsätze des Völkerrechts nach den verschiedenen Lehren, mit überladener geschmackloser Gelehrsamkeit, erst durch das rationelle Naturrecht, dann durch die allgemeine Völkersitte, endlich durch das positive göttliche Recht, welches Grotius im christlichen Sinne und mit großer Ehrfurcht behandelt, begründet und entwickelt. Dasselbe geschieht, jedoch unzusammenhängend und unbefriedigend, mit den Instituten des Privatrechts, väterliche Gewalt, Ehe, Sklaverei, Eigenthum und dessen Erwerbarten, Erbrecht, Verträge, Eid. Alles positive Recht in der Gesellschaft leitet Grotius aus der Uebereinkunft ab; daher auch die Gesellschaft, den Staat selbst, aus einem Vertrage[14]), und folgerecht das Recht der Herrschaft aus einer ursprünglichen Uebertragung[15]), woraus jedoch nach seiner Meinung auf eine noch fortdauernde Oberhoheit des Volkes kein Schluß gezogen werden darf[16]).

538. Mit einem weit größeren Aufwand von Philosophie und systematischer Form trat der Engländer Hobbes (1588—1679) in diese Wissenschaft ein[1]). Seine Elemente der Philosophie zerfallen in drei Sectionen, wovon die Erste den Körper und dessen

---

14) Prolegom. Cum iuris naturae sit stare pactis (necessarius enim erat inter homines aliquis se obligandi modus, neque vero alius modus naturalis fingi potest) ab hoc ipso fonte iura civilia fluxerunt. Nam qui se coetui alicui aggregaverant aut homini hominibusque subiecerant, hi aut expresse promiserant, aut ex negotii natura tacite promisisse debebant intelligi, secuturos se id, quod aut coetus pars maior, aut hi quibus delata potestas erat, constituissent.

15) I. 4. §. 7. Haec lex de qua agimus pendere videtur a voluntate eorum, qui se primum in societatem civilem consociant, a quibus ius porro ad imperantes manat.

16) Sehr ausführlich widerlegt wird dieses in I. 3. §. 8.

1) Hobbes Elementa philosophica de cive. 1643. — De corpore politico or the Elements of law moral and political. 1650. — Leviathan or the matter, form and authority of Government. 1651. Dann vom Verfasser selbst ins Lateinische übersetzt 1668.

allgemeine Eigenschaften, die Zweite den Menschen in anthropologischer und psychologischer Beziehung, die Dritte, die aber zuerst erschien, den Menschen als Glied der bürgerlichen Gesellschaft zum Gegenstande hat. Die Dritte betrachtet den Menschen unter einem dreifachen Titel: dem der Freiheit, der Unterwerfung unter die Staatsgewalt, und der Religion, wobei von dem Reiche Gottes durch die Natur das heißt durch die Aussprüche der natürlichen Vernunft, durch den alten Bund, durch den neuen Bund, und von den Erfordernissen zum Eintritt in das himmlische Reich gehandelt wird. Der Leviathan zerfällt in vier Theile: vom Menschen, der zweiten Section der Elemente entsprechend; vom Staate, den beiden ersten Titeln der dritten Section entsprechend; von dem christlichen Staate, was auf die christliche Kirchenverfassung mit dem Landesherrn als Oberhaupt hinausläuft, Alles reich durch Bibelstellen unterstützt; und von dem Reiche der Finsterniß, der Verfinsterung der Geister durch die unrechte Auslegung der heiligen Schriften, dem Dämonenwesen der Heiden, der Verfinsterung durch falsche Philosophie und falsche Traditionen. Der politische Grundgedanke des Verfassers ist die entschiedene Vorliebe für die streng monarchische Verfassung, welche durch den Widerwillen gegen die damaligen politischen Zustände seines Landes noch gesteigert wurde. Zu diesem Ziele gelangt er nun auf folgende Weise. Er geht von einer niedrigen Auffassung der menschlichen Natur aus, worin er zwei unbestreitbare Thatsachen findet: die menschliche Habsucht, wodurch Jeder sich vom Reiche der Sachen möglichst viel anzueignen trachtet, und die Furcht, wodurch Jeder einem gewaltsamen Tode als dem größten Uebel zu entgehen sucht. Im Naturzustande außerhalb des Staates gedacht entsteht aus dem ersten Triebe ein Krieg Aller gegen Alle, worin Alle auf Alles sich ein gleiches Recht zuschreiben[2]). Aus dem zweiten

---

2) De cive I. 10. Natura dedit unicuique ius in omnia: hoc est in statu mere naturali, sive antequam homines ullis pactis sese invicem obstrinxissent, unicuique licebat facere quaecunque et in quoscumque licebat, et possidere, uti, frui omnibus, quae volebat et

Triebe entsteht aber dann die Neigung aus diesem kläglichen Zustande herauszugehen [3]). Die Nothwendigkeit dieser Neigung zu folgen wird dann durch das Fundamentalgesetz der Natur, das heißt durch das Dictamen der menschlichen Vernunft, den Frieden zu suchen, begründet [4]). Das allein mögliche Mittel dazu ist aber ein Vertrag, wodurch Jeder sich seines Rechts auf Alles begiebt. Daher werden aus jenem Fundamentalgesetz zwanzig andere natürliche Gesetze über die Nothwendigkeit jenes zu thun, über die bindende Kraft der Verträge und dergleichen abgeleitet, diese Gesetze auch für unveränderlich und ewig, und als gleichbedeutend mit dem sittlichen [5]) und auch mit dem göttlichen Gesetze erklärt, und aus der heiligen Schrift, begründet [6]). So weit geht der

---

poterat. — 11. Frui tamen (eo iure) non poterat propter vicinum, qui aequali iure et aequali vi praetendebat idem esse suum. — 12. Ad naturalem hominum proclivitatem ad se mutuo lacessendum — si addas iam ius omnium in omnia, — negari non potest, quin status hominum naturalis antequam in societatem coiretur, bellum fuerit: neque hoc simpliciter, sed bellum omnium in omnes.

3) De cive I. 13. Unusquisque naturali necessitate bonum sibi appetit, neque est quisquam qui bellum istud omnium contra omnes, quod tali statui naturaliter adhaeret, sibi existimat esse bonum. Atque ita evenit, ut mutuo metu e tali statu exeundum et quaerendos socios putemus.

4) De cive I. 15. Propter tamen aequalitatem illam virium caeterarumque facultatum humanarum, hominibus in statu naturae, hoc est in statu belli constitutis conservatio sui diuturna exspectari non potest. Quare quaerendam esse pacem — rectae rationis dictamen est; hoc est, lex naturae, ut proxime ostendetur. — II. 1. Est lex naturalis ut eam definiam, dictamen rectae rationis circa ea, quae agenda vel omittenda sunt ad vitae membrorumque conservationem, quantum fieri potest, diuturnam.

5) De cive III. 31. Legem naturalem eandem esse cum lege morali, consentiunt omnes scriptores.

6) De cive IV. 1. Quae naturalis, et moralis, eadem et divina lex appellari solit. Nec immerito: tum quia ratio, quae est ipsa lex naturae, immediate a Deo unicuique pro suarum actionum regula tributa est; tum quia vivendi praecepta, quae inde derivantur,

erste Titel von der Freiheit. Im zweiten Titel, vom Imperium, wird an jene Resultate anknüpfend die Nothwendigkeit zur Bewahrung des Friedens eine gemeinschaftliche Gewalt zu schaffen, dargelegt, was nur durch die vertragsmäßige Unterwerfung des Willens eines Jeden unter einen gemeinschaftlichen Willen geschehen könne [7]). Es wird dargethan, daß diese Gewalt ihrer Natur nach eine höchste und uneingeschränkte sein müsse [8]); daß sie, wenn auch durch Vertrag geschaffen, doch nicht von den Unterthanen zurückgenommen werden könne [9]). Es werden die verschiedenen Regierungsformen verglichen, und die entschiedenen Vorzüge der erblichen Monarchie nachgewiesen [10]). Merkwürdig ist an diesem System, abgesehen von dem Mangel einer höheren ethischen Auffassung, wie dasselbe, von der falschen Fiction des Naturzustandes und der Entstehung des Staates durch Vertrag ausgehend,

---

eadem sunt, quae a divina Maiestate, pro legibus regni coelestis, per Dominum nostrum Iesum Christum, et per sanctos Prophetas et Apostolos promulgata sunt.

7) De cive V. 6. Quoniam igitur conspiratio plurium voluntatum ad eundem finem non sufficit ad conservationem pacis et defensionem stabilem, requiritur ut circa ea, quae ad pacem et defensionem sunt necessaria, una omnium sit voluntas. Hoc autem fieri non potest, nisi unusquisque voluntatem suam, alterius unius, nimirum unius hominis, vel unius concilii voluntati ita subiiciat, ut pro voluntate omnium et singulorum habendum sit, quicquid de iis rebus, quae necessariae sunt ad pacem communem, ille voluerit. — 7. Voluntatum haec submissio omnium illorum, unius hominis voluntati, vel unius concilii, tunc fit, quando unusquisque eorum unicuique caeterorum se pacto obligat ad non resistendum voluntati illius hominis vel illius concilii, cui se submiserit.

8) De cive VI. 18. Manifestum est igitur, esse in omni civitate aliquem hominem unum, vel concilium vel curiam unam, quae potentiam in cives singulos habet tantam, quantam extra civitatem unusquisque habet in se ipsum; id est summam sive absolutam, viribus civitatis, neque ulla alia re limitandam.

9) De cive VI. 20., Leviathan c. 18.

10) De cive c. X., Leviathan c. 19.

zur Theorie von der absoluten Herrschaft gelangte, während seine Nachfolger aus denselben falschen Prämissen die Theorie der Volkssouveränetät abgeleitet haben. Gegen Hobbes trat Richard Cumberland (1632—1718) auf, der dessen Princip der Eigensucht und Furcht das des allgemeinen Wohlwollens gegenüber stellte[11]).

539. Bei Grotius waren, vom Völkerrecht abgesehen, die Materien des Naturrechts sehr unvollständig, bei Hobbes und Cumberland gar nicht ausgeführt. Von ihnen angeregt, und auf sie häufig Bezug nehmend, unternahm Samuel von Pufendorf (1631—1694) ein vollständiges System des Naturrechts aufzustellen, und wurde dadurch der eigentliche Schöpfer dieser Disciplin[1]). Man muß, sagt er, um dessen Beschaffenheit, Nothwendigkeit und Inhalt zu bestimmen, von der Natur des Menschen ausgehen[2]). In dieser finden sich gute und böse Eigenschaften, Neigungen und Bedürfnisse, welche ihn um seines eigenen Wohls willen zur Socialität, zur Gemeinschaft mit seines Gleichen, nöthigen[3]). Die Gesetze dieser Socialität sind die natürlichen Gesetze[4]). Das Fundamentalgesetz derselben ist, daß jeder Mensch

11) Cumberland de legibus naturae disquisitio philosophica. Londini 1672.

1) Samuel a Pufendorf De iure naturae et gentium libri octo. Lundini Scan. 1672. Dann um ein Viertheil vermehrt zu Frankfurt 1684. Einen Auszug davon gab der Verfasser unter dem Titel: De officio hominis et civis iuxta legem naturalem. Lundini Scan. 1673.

2) De officio hominis et civis I. 3. §. 1.

3) De officio hominis et civis I. 3. §. 7. Sic igitur homo iam est animal sui conservandi studiosissimum, per se egenum, sine auxilio sui similium servari impotens, ad mutua commoda promovenda maxime idoneum; idem tamen iuxta malitiosum petulans, et facile irritabile ac ad noxam alteri inferendam pronum non minus quam validum. Unde colligitur, eidem, ut sit salvus, necessum esse, ut sit sociabilis, id est ut cum sui similibus coniungatur. Eben so in De iure naturae II. 3. §. 15. 16.

4) De officio hominis I. 3. §. 8. Huius ergo socialitatis leges seu, quae docent, quomodo quis sese debeat gerere, ut commodum societatis humanae membrum existat, vocantur leges naturales.

so weit es ihn angeht, die Socialität achten muß. Alles also, was zur Socialität nöthig ist, ist durch das Naturrecht geboten, Alles, was ihr widerstrebt, verboten. Das Eine wie das Andere wird durch das dem Menschen eingegebene Licht erkannt [5]). Die eigentliche verpflichtende Kraft des Naturrechts beruht aber auf dem Willen Gottes, der den Menschen so geschaffen und ihm jene Erkenntniß eingeflößt hat [6]). Als äußeren Anhaltpunkt für dieses Naturrecht stellt Pufendorf den Naturzustand auf. Er giebt zwar zu, daß die Menschheit in ihrer Gesammtheit nie im Naturzustande gelebt habe, weil sie von einem einzigen Menschenpaare ausgegangen; wohl aber theilweise, weil sich einzelne Familien vom Stamme abgelöst und neben einander ohne gemeinschaftliche Obrigkeit gelebt hätten. Aehnliches könne immer wieder vorkommen; jedenfalls könne der Naturzustand als Fiction für die Wissenschaft benutzt werden [7]).

540. Dieses vorausgesetzt so theilt Pufendorf die aus dem Naturrecht entspringenden Pflichten in drei Klassen ein: in die Pflichten gegen Gott, gegen sich selbst, und gegen Andere [1]). In seinem größeren Werke hatte er nur die beiden letzteren Klassen angenommen [2]). Als Pflichten gegen Gott stellt er die Grundzüge der natürlichen Religion auf [3]). Unter den Pflichten gegen sich selbst behandelt er die Sorgfalt für die eigene religiöse, geistige

---

5) Wörtlich nach De officio hominis I. 3. §. 9., De iure naturae II. 3. §. 15.

6) De officio hominis I. 3. §. 10. Isthaec porro praecepta etsi manifestam habeant utilitatem, tamen ut eandem vim legis obtineant, necessum est praesupponi, Deum esse, et sua providentia omnia regere: eundemque mortali generi iniunxisse, ut ista rationis dictamina tanquam leges, ab ipso vi cogniti luminis promulgatas, observent. Weitläufiger in De iure naturae II. 3. §. 19. 20.

7) De officio hominis II. 1. §. 5. 6. 7., De iure naturae I. 1. §. 7. II. 2. §. 1—4.

1) De officio hominis I. 3. §. 13.

2) De iure naturae II. 3. §. 24.

3) De officio hominis I. 4.

und sittliche Ausbildung und für die dazu erforderlichen Mittel, die Pflicht der Selbsterhaltung, wobei vom Selbstmord gehandelt wird, das Recht der Selbstvertheidigung und der Nothwehr [4]). Die Pflichten gegen Andere werden in absolute und hypothetische eingetheilt [5]). Die absoluten sind solche, die nach dem Willen des Schöpfers schlechthin und von selbst unter allen Menschen Statt finden. Diese sind die Pflicht Niemanden zu verletzen, den zugefügten Schaden gut zu machen, die natürliche Gleichheit aller Menschen anzuerkennen, und die Pflichten der Humanität, worunter Gefälligkeiten, wie das Gewähren von Wasser und Feuer, Wohlthätigkeit und Dankbarkeit, und im völkerrechtlichen Verkehr humane Behandlung der Fremden aufgezählt werden [6]). Die hypothetischen Pflichten sind solche, welche nur unter der Voraussetzung gewisser von den Menschen bewirkten oder gewollten Thatsachen oder Zuständen eintreten. Insgemein beruhen sie auf einer ausdrücklichen oder stillschweigenden Uebereinkunft; daher wird nun die ganze Lehre von den Verträgen mit Allem, was nur entfernt dahin gehört, abgehandelt, die Sprache und Ausdrucksweise, der Eid, die Erwerbarten des Eigenthums, die Uebertragung durch Testament und Vererbung, die Verjährung, die Lehre vom Geldwerthe, von den Contracten um Geld und Anderes [7]). Hierauf folgt die Lehre von den besonderen Zuständen, und zwar in dem kleinen Werke etwas unklar zusammenhängend zuerst von dem Naturstande [8]), dann von dem ehelichen Stande, von dem elterlichen Verhältnisse, und dem des Herrn zu den Knechten [9]). Den Beschluß macht die sehr ausgeführte Lehre vom Staate, von den Gründen, welche zur Staatenbildung antreiben, von dem Inhalte

---

4) De officio hominis I. 5., De iure naturae II. 4. 5. 6.

5) De officio hominis I. 6. §. 1., De iure naturae II. 3. §. 24.

6) De officio hominis I. 6. 7. 8., De iure naturae III. 1. 2. 3.

7) De officio hominis I. 9—17., De iure naturae II. 4—9. III. 1—13. IV. 1—12.

8) De officio hominis II. 1. §. 8—11. Diesem entspricht im großen Werke blos V. 13.

9) De officio hominis II. 2. 3. 4., De iure naturae VI. 1. 2. 3.

der Staatsgewalt, von den Staatsformen und Anderem[10]). Das System leidet aber im Ganzen betrachtet an zwei Fehlern. Erstens faßt es den Menschen vorherrschend als eine Einzelnheit, und führt ihn an die Rechtsinstitute heran, während es sich in dieselben hätte versetzen und sie von innen heraus hätte entwicklen sollen. Zweitens bewegt es sich durch den steten Rückblick auf die unnöthige und unwahre Fiction des Naturzustandes in einer falschen Bahn, die eben von der realen Welt abführt[11]). Dennoch wurde den beiden Werken durch die Reichhaltigkeit des Materials, woran sich alle Nachfolgenden gehalten haben, durch die klare Darstellung und die ehrenwerthe Gesinnung ein großer und allgemeiner Beifall zu Theil. Es erschienen davon zahlreiche Ausgaben; Titius (1661—1714) schrieb 1703 zum kleineren Werke Observationen; Hert (1651—1710) gab (1706) das große Werk mit seinen Noten heraus; dasselbe that Barbeyrac bei seiner berühmt gewordenen französischen Uebersetzung (1732). Lehrbücher nach diesem Systeme verfaßten in Frankreich Burlamaqui (1747), Felice († 1750), Vicat († 1770), deren wiederholte Auflagen das Ansehen desselben noch jetzt auf den Lehrstühlen dieses Landes bezeugen[12]).

541. Durch Pufendorf und seine Vorgänger war zwar das Naturrecht von dem positiven göttlichen Recht als eine Vernunftwissenschaft ausgeschieden; allein das Verhältniß desselben zur Moral blieb unbestimmt. Pufendorf dachte sich dieses Verhältniß so, daß die Aufgabe des Naturrechts sich blos auf das irdische Dasein des Menschen und auf die im menschlichen Forum erkennbaren äußeren Handlungen beziehe, Alles das Innere und die jenseitige Bestimmung des Menschen Betreffende aber der christlichen Moraltheologie anheimfalle[1]). An eine Moralphilosophie

10) De officio hominis II. 5—18., De iure naturae VII. 1—9. VIII. 1—12.

11) Man vergleiche dazu oben §. 6. 9. 10.

12) Man sehe darüber Warnkönig Rechtsphilosophie §. 23.

1) So äußert sich dessen Vorrede zum Werke De officio hominis et civis.

als eine von der Moraltheologie einerseits und von dem Naturrecht andererseits unterschiedene Wissenschaft hatte er nicht gedacht. Dawider erhob sich aber Leibnitz (1646—1716) mit der Behauptung, daß auch die inneren Pflichten in das Naturrecht zu ziehen, oder, wenn man dieses nicht wolle, dafür, so weit sie aus der Vernunft erkennbar wären, eine eigene Wissenschaft, die Moralphilosophie oder die natürliche Theologie, aufzustellen sei[2]). Ferner betonte Leibnitz gegen Pufendorf scharf, daß man das Naturrecht nicht von der Religion ganz unabhängig machen dürfe, sondern daß dasselbe in seinem letzten Grunde doch auf den Willen Gottes zurückzuführen sei[3]). Uebrigens sind aber seine Aeußerungen über das Naturrecht so allgemein und unzusammenhängend, daß sie in der Geschichte dieser Wissenschaft nicht in Betracht kommen[4]).

542. Gleichzeitig mit Leibnitz, aber jedenfalls von demselben unabhängig, kam Christian Thomasius (1655—1728) auf den Gedanken, das Naturrecht von der Moral begriffsmäßig zu unterscheiden. In einem früheren Werke hatte er sich noch ganz Pufendorf, bis zur Anordnung der Materien, angeschlossen, und denselben, hauptsächlich gegen Alberti, in Schutz genommen[1]). Später aber kam er auf ein selbstständiges System[2]). Er fühlte

---

2) Ausgeführt ist dieses in Dessen erst 1711 erschienenen Monita quaedam ad Samuelis Puffendorfii principia §. 3. 4. (Oper. ed. Dutens. IV. 3. p. 277).

3) Man sehe oben §. 15. Note 5—9.

4) Einiges darüber giebt Trendelenburg Historische Beiträge zur Philosophie II. 233—282.

1) Christiani Thomasii Institutionum Iurisprudentiae Divinae Libri Tres. In quibus Fundamenta Iuris Naturalis secundum Hypotheses Illustris Pufendorfii perspicue demonstrantur. Halae 1688.

2) Fundamenta iuris naturae et gentium ex sensu communi deducta, in quibus ubique secernuntur principia honesti, iusti ac decori. Halae 1705. Das kleine Werk ist in drei Bücher eingetheilt. Aber nur das erste Buch enthält das System selbst. Das zweite und dritte Buch geben blos Abänderungen an, die nach dem neuen Standpunkte im früheren Werke vorzunehmen seien.

wohl, daß die von Pufendorf aufgestellte Wissenschaft nach ihrer ganzen subjectiven Anlage weniger eine Rechtslehre als eine äußere Pflichtenlehre sei, wie auch der Titel des kleineren Werkes besagt, und daß sie daher mit der Moral größtentheils zusammenfalle. Er unternahm es daher beide Wissenschaften zu scheiden. Das Richtige wäre gewesen, wenn er aus der vollständigen Betrachtung der Natur des Menschen und anderer von der Natur gegebenen Thatsachen den Grund und das Wesen der realen Lebensordnungen, welche in ihrer Gesammtheit das Recht und den Staat ausmachen, zu erkennen und nachzuweisen gestrebt hätte[3]). Allein auch er hielt den subjectiven Standpunkt fest, indem er als das Grundprincip des Naturrechts die Beziehung der Handlungen zur menschlichen Glückseligkeit aufstellte. Er gelangt dazu auf folgende Art. In Folge einer von der moralischen Natur des Menschen ausgehenden Deduction theilt er die Handlungen ein in gute, böse und mittlere[4]). In dieser Eintheilung liegt zugleich der Grund zur Unterscheidung eines dreifachen Guten: des Ehrbaren (honestum), des Wohlanständigen (decorum) und des Gerechten (iustum)[5]). Das Gebiet des Guten überhaupt bildet die Moralphilosophie oder das Naturrecht im weitern Sinn, und dieses theilt sich jener Unterscheidung entsprechend in drei Disciplinen: die Ethik für das

---

3) Man sehe oben §. 2. 6. 17.

4) Fundamenta I. 4. §. 87. Fluit etiam ex dictis distinctio actionum in bonas, malas et medias. Extreme bonae sunt, quae tendunt ad acquirendam pacem internam; extreme malae quae turbant pacem externam; mediae, quae quidem non turbant pacem externam, nec tamen eam promovent, vel quae etiam quaerunt pacem externam, sed sine debita cura internae.

5) Fundamenta I. 4. §. 89. Habes simul fontes triplicis boni, honesti, decori, iusti. Iustum opponitur malo extremo, ut quod iniustum dicitur. Honestum est ipsum bonum eminens, cuius oppositum turpe est; turpe enim est, succumbere (etiam cum dolore) cupiditatibus. Decorum est ipsum bonum medii generis, et indecorum malum medii generis, scilicet bonum imperfectum et malum imperfectum.

Ehrbare, die Politik oder Klugheitslehre für das Wohlanständige, und das Naturrecht im engern Sinne für das Gerechte[6]). Es handelt sich nun darum, fährt er fort, für das Naturrecht überhaupt ein Grundprincip zu ermitteln, und zwar muß dieses ein Solches sein, welches auch dem ganz ungebildeten Verstand überzeugend dargethan werden kann[7]). Die mancherlei bis dahin aufgestellten Systeme, auch das der Socialität, erfüllten nach seiner Ansicht diese Anforderung nicht[8]), sondern dieses leiste nur der Grundsatz: daß Alles, was das Leben der Menschen dauerhaft und glücklich mache, zu thun, das Gegentheil aber zu unterlassen sei[9]). Die menschliche Glückseligkeit besteht aber in einem lobenswerthen, angenehmen und sorgenfreien Leben[10]), und dieses kann, wie auch dem ungebildeten Verstande einleuchten wird, nur durch ein ehrbares, wohlanständiges und gerechtes Leben erzielt werden[11]).

6) Fundamenta I. 5. §. 58. Ius naturae late dictum comprehendit totam Philosophiam, Ethicam sc. et Politicam. Nam Ethica tradit principia honesti; Politica principia decori. Ius autem naturae stricte dictum, quod in specie tradit principia iusti et iniusti, ab Ethica et Politica sic sensibiliter distinguitur. Man vergleiche dazu I. 5. §. 30.

7) Fundamenta I. 6. §. 1—4.

8) Dieses ist kurz nachgewiesen in den Fundamenta I. 6. §. 5—20.

9) Fundamenta I. 6. §. 21. Ergo iam quidem simplicissime sic dicendum videtur. Norma universalis quarumvis actionum et fundamentalis propositio iuris nat. et gentium late sic dicti est: Facienda esse, quae vitam humanam reddunt et maxime diuturnam et felicissimam; et evitanda, quae vitam reddunt infelicem et mortem accelerant. In den §. 22—24. wird dann nachgewiesen, daß diese propositio vera, ad captum et palatum stultorum perspicua, und adaequata sei.

10) Fundamenta I. 6. §. 28—31.

11) Fundamenta I. 6. §. 32. Tunc pergat sapiens ostendere, quod nec quiete vivere quis possit, nec laudabiliter, nec suaviter, nec sufficienter, nisi quis vivat honeste, decore, iuste. Docebit, nullam esse veram suavitatem et iucunditatem vitae, nisi honestam, nullam vitam laudem mereri, nisi decoram, nullam sufficientia vera frui, nisi iustam.

Da also die Grundnorm für die Handlungen nach dem Naturrecht deren Beziehung zur Glückseligkeit, diese aber durch das Ehrbare, Wohlanständige und Gerechte derselben bedingt ist: so ist es für die Wissenschaft des Naturrechts nothwendig, für jedes dieser drei Gebiete dessen eigenthümliches Grundprincip aufzustellen [12]) und dieses bis in die Einzelnheiten durchzuführen [13]). Das Gebiet des Gerechten, oder des Naturrechts im engern Sinne, unterscheidet aber Thomasius von den beiden andern Gebieten auf folgende Art. Bei dem Recht und der ihm entsprechenden Verbindlichkeit werden wesentlich zwei Menschen im Verhältniß zu einander gedacht [14]), bei dem Ehrbaren und Wohlanständigen aber wird es der Mensch im Verhältniß zu sich selbst [15]); das Recht ist etwas Aeußerliches und erzeugt äußerliche Verbindlichkeiten für Andere [16]), das Ehrbare und das Wohlanständige erzeugen nur innere Verbindlichkeiten um seiner selbst willen [17]); die aus dem Recht entspringenden Verbindlichkeiten sind äußerlich erzwingbare [18]), die aus den beiden Anderen hängen von dem freien Willen, also nur von dem Zwang durch das eigene Gewissen ab [19]); die sogenannten unvollkommenen

---

12) Fundamenta I. 6. §. 39. Sed postulat methodi ratio, ut haec tria intime unita sapiens iterum mente separet: id est ut principia honesti, decori, iusti distincte proponat, ne animum discendi cupidum eorum confusione turbet. — §. 40. Primum itaque principium honesti hoc esto: Quod vis, ut alii sibi faciant, tute tibi facias. — §. 41. Decori: Quod vis ut alii tibi faciant, tu ipsis facies. — §. 42. Iusti: Quod tibi non vis fieri, alteri ne feceris.

13) Dieses geschieht in I. 6. §. 43—64.

14) Fundamenta I. 5. §. 16.

15) Fundamenta I. 5. §, 18. 24.

16) Fundamenta I. 5. §. 17. 21.

17) Fundamenta I. 5. §. 18. 20. 24.

18) Fundamenta I. 5. §. 21. Obligatio iuri correspondens semper externa est, metuens coactionem aliorum hominum.

19) Fundamenta I. 5. §. 21. Ad decorum nemo cogi potest, et si cogitur, amplius decorum non est. — II. 6. §. 3. (Dicendum) ad officia humanitatis homines non obligari ex regulis iusti, sed honesti et decori, adeoque non posse cogi ad ea.

Rechte werden daher nur uneigentlich Rechte genannt, sie gehen nur auf das, was nach den Regeln des Wohlanständigen verlangt werden kann[20]). Unbestimmt läßt hier Thomasius wie er sich den Zwang auf Erfüllung der Rechtspflichten denkt. Da jedoch seine ganze Wissenschaft sich mit Pufendorf an die Fiction des Naturzustandes anlehnt, wo es keine Obrigkeit giebt: so leidet es keinen Zweifel, daß er dabei wie in seinem früheren Werke einen Zwang durch den Berechtigten selbst meint und dazu im Nothfall selbst die äußersten Mittel für gerechtfertigt erklärt[21]). Aber auch abgesehen davon, so treffen jenes System, ohngeachtet einiger richtigen Blicke, folgende Einwürfe. Erstens ist dessen Grundprincip, die Beziehung zur Glückseligkeit, kein sittliches, sondern geht auf die menschliche Selbstsucht zurück, und die Beweisführung dafür ist zum Theil platt und sophistisch. Zweitens sind die drei Gebiete in der Wirklichkeit nicht so scharf geschieden, sondern alle drei Beziehungen wirken bei der Bildung der Rechtsverhältnisse und Lebensordnungen zusammen[22]). Drittens ist das für jedes Gebiet aufgestellte Princip nicht eine objective Norm, sondern eine an das subjective Dafürhalten jedes Einzelnen gerichtete und davon abhängig gemachte Formel. Uebrigens blieb Thomasius der in seinem frühern Werke ausgesprochenen Ansicht[23]) getreu, daß das Naturrecht in seinem letzten Grunde von Gott herrühre. Er bestritt nur, daß man den Willen Gottes als das Erkenntnißprincip des Naturrechts aufstellen könne, weil dann immer die Frage bliebe, woher man wisse, daß Etwas der Wille Gottes sei[24]).

20) Fundamenta I. 5. §. 23.

21) Iurisprudentia divina II. 2. §. 97. Qui in statu naturali vivunt, illi quamcunque iniuriam, etiam minimam, violenter et, si aliter eam evadere nequeant, etiam cum internecione adversarii, repellere iuste possunt. Dieses ist auch in den Fundamenta II. 2. §. 15. nicht zurück genommen. Hierauf bezieht es sich, wenn Hugo Naturrecht §. 6. die Naturrechte nach Art des Thomasius eine Todschlagsmoral genannt hat.

22) Man sehe §. 16. 59. 61. 71.

23) Man sehe §. 15. Note 5.

24) Fundamenta I. 5. §. 29. Ius naturae cognoscitur ex ratio-

543. Die von Thomasius angebahnte Richtung wirkte in der Wissenschaft nachhaltig fort. Das erste Naturrecht nach seinem System verfaßte Gerhard (1682—1718)[1]; dann folgten die Werke von Fleischer (1691—1749)[2], Köhler[3], und Anderen, wenn diese auch zum Theil eigene neue Ansichten oder die Doctrinen der Vorgänger damit zu verarbeiten versuchten. Von dieser Art ist Gundling (1671—1729), welcher, obgleich er die religiöse Grundansicht und die des Grotius, Hobbes und Pufendorf in selbstständiger Weise verschmelzen will, doch in dem angenommenen Grundprincip der Glückseligkeit und in der scharfen Trennung des Rechts von der Moral ganz auf der Basis des Thomasius steht[4]. Doch fehlte es auch nicht an Solchen, die ihre eigenen Wege giengen. Griebner († 1734) erklärte sich überhaupt dawider, Alles auf ein einziges Fundamentalprincip stellen zu wollen[5]. Heinrich (von) Cocceji (1644 — 1719) und sein Sohn Samuel (1679—1756) nahmen, in der Hauptsache mit Leibnitz übereinstimmend[6], den aus den göttlichen Thaten und aus der Vollkommenheit des

---

cinatione animi tranquilli; ius positivum requirit revelationem et publicationem. — §. 33. Ius vero naturale cum quorumlibet cordibus inscriptum sit, nec revelatione aliorum et autoritate sola opus habeat, unde divinum dicitur, videlicet, quia ortum ducit ab autore naturae omnis, etiam humanae, Deo. — I. 6. §. 2. Fluctus movent in simpulo, qui acriter disputantes contra principia aliorum confugiunt deinde ad voluntatem Dei. — §. 3. Neque etiam dubium tollunt, cum postea quaeratur: unde cognoscam, utrum hoc vel illud sit voluntas Dei.

1) Gerhard Delineatio iuris naturalis sive de principiis iusti libri III. Ienae 1712.

2) Fleischer Institutiones iuris naturae et gentium. Halae 1722.

3) Koehler Iuris naturalis eiusque comprimis cogentis exercitationes. Ienae 1729. auctior 1733.

4) Gundling Ius naturae et gentium. Halae 1714.

5) Griebner Principia iurisprudentiae naturalis. Witeb. 1717. 1733.

6) Leibnitz hat zwar gegen Cocceji polemisirt, allein die Uebereinstimmung in der Hauptsache doch anerkannt, Observationes de principio iuris §. 12. 13 (Oper. ed. Dutens IV. 3. p. 273).

göttlichen Wesens zu erkennenden göttlichen Willen als das Grundprincip des Naturrechts an, woraus sie in etwas äußerlicher unzusammenhängender Weise die sämmtlichen Gebote desselben deducirten [7]). Auf denselben Gedanken stützte sich noch später Heineccius (1680—1741) [8]) und der Philosoph Crusius [9]).

544. Im Geiste des Leibnitz, allein übrigens ganz an Pufendorf und Thomasius anlehnend, und daher auch mit Anklängen an die Naturstandstheorie, verfaßte Christian (von) Wolf oder auch Wolff (1679—1754) sein großes Werk, worin sich so ziemlich Alles, was im Gebiete des Rechts und der äußern Pflichtenlehre zur Sprache kommen kann, zusammengestellt ist: die Unterscheidung der Liebes- und Zwangspflichten; die Pflichten gegen sich, gegen Andere und gegen Gott; die Lehre vom Eigenthum bis zum Lehnseigenthum hin; die Lehre von den Verträgen aller Art, selbst von dem trassirten und eigenen Wechsel; die Gewaltverhältnisse, Ehe, elterliche und hausherrliche Gewalt; die Lehre vom Staate, wobei von der Entstehung des Staates durch Vertrag ausgegangen wird; endlich das Völkerrecht [1]). Das Grundprincip ist, die durch das Gesetz der Natur dem Menschen auferlegte Verpflichtung zur Vervollkommnung seines eigenen Zustandes, und, da dieses

---

7) Die Ansicht des Vaters wurde erst durch den Sohn bekannt in dessen Inauguraldissertation: De principio iuris naturalis unico vero et adaequato. Francof. ad Viadr. 1699. Diese erschien dann wieder unter dem Titel: Tractatus iuris gentium de principio iuris naturalis unico, vero et adaequato. Pars prior. Francof. ad Viadr. 1702., mit einer Pars altera 1702., welche die Vertheidigung der ersten enthält. Der Vater machte dann selbst seine Ansicht bekannt in seinem Prodromus iustitiae gentium. Francof. ad Viadr. 1719. Der Sohn schrieb: Elementa iurisprudentiae naturalis et romanae. Berol. 1740., Systema novum iustitiae naturalis. Halae 1748.

8) Heineccius Elementa iuris naturae et gentium. Halae 1738.

9) Crusius Anweisung vernünftig zu leben. Leipzig 1744.

1) Chr. Wolfius Ius naturae methodo scientifica pertractatum. T. I—VIII. Halae 1741—48. T. IX. (Ius gentium) 1749. 4. Ein vom Verfasser gemachter Auszug ist: Institutiones iuris naturalis et gentium. Autore Christiano L. B. de Wolff. Halae 1750.

nur mit Beihülfe Anderer geschehen könne, die Verpflichtung, dieses mit vereinten Kräften und wechselseitiger Beihülfe zu thun [2]); hieran werden dann jene Einzelnheiten so gut es geht angereiht. Er that sich dabei Vieles auf die Anwendung der mathematischen Lehrart zu Gute, Alles aus Begriffen zu demonstriren, was aber doch nur auf Formalismus hinausläuft. Dennoch gelangte sein Werk zu einem großen Ansehen, und übte auch durch seinen edleren Grundgedanken auf die Zeit einen wohlthätigen Einfluß aus. Es liegt jedoch in der Natur desselben, daß es zur Scheidung von Recht und Moral keinen Anhaltpunkt darbietet. Dadurch sahen sich seine Schüler und Nachfolger veranlaßt, zur Abgränzung des Naturrechts, nach der Art des Thomasius und demselben mehr oder weniger sich wieder nähernd, ein System der sogenannten natürlichen Zwangspflichten auszuscheiden. So thaten Darjes (1714—1791) [3]), Achenwall (1719—1772) [4]), Höpfner (1743—1796) [5]), Hufeland (1760—1817) [6]) und Andere [7]). Auf der Grundlage des Pufendorf und Wolf beruht auch das in Oesterreich officiell gewordene Lehrbuch des Martini [8]), und das des Jesuiten Zallinger, nur nach den katholischen Grundsätzen gemäßigt [9]). Allerdings erhoben sich gegen die ganze Auffassungsweise auch einzelne Gegner, wurden jedoch wenig beachtet [10]).

2) Institutiones §. 43. 44.

3) Darjes Institutiones iurisprudentiae universalis naturae et gentium. Ienae 1740. und sehr oft.

4) Achenwall Ius naturae. Halae 1750., Prolegomena iuris naturalis. Gött. 1774.

5) Höpfner Naturrecht des einzelnen Menschen, der Gesellschaft und der Völker. Gießen 1780.

6) Hufeland Lehrsätze des Naturrechts. 1790.

7) Nachweisungen giebt Warnkönig Rechtsphilosophie §. 29. 30., Philosophiae iuris delineatio §. 14.

8) Martini De iure naturali positiones. Viennae 1772. und öfters.

9) Zallinger Institutionum iuris naturalis et ecclesiastici publici lib. V. August. Vind. 1784.

10) Nachweisungen giebt Warnkönig Rechtsphilosophie §. 30., Philosophiae iuris delineatio §. 14.

B) Ausbildung des Naturrechts auf pantheistischer Grundlage.

545. Von der bisher behandelten Richtung völlig unabhängig ist das Naturrecht, welches sich Spinoza (1632—1677)[1]) aus seinem pantheistischen Systeme aufbaute[2]). Er geht aus von dem Begriff der Einheit der Substanz (Gottes), wovon alle Dinge und Erscheinungen nur Theile oder Modalitäten sind. Dieses ganze Alles umfassende Gebiet des Seins bewegt und entwickelt sich nach den in ihm liegenden unwandelbaren Gesetzen, also nach innerer Nothwendigkeit[3]). Jedes Ding besteht und handelt also gemäß des in ihm liegenden Gesetzes[4]). Was diesen Naturgesetzen gemäß ist und geschieht, ist Recht, weil es eben nicht anders als so geschehen kann[5]). Auch das Böse ist Recht, weil wenn der Mensch statt der Vernunft seinen Leidenschaften folgt, er dieses thut, weil er nach seiner Individualität nicht anders kann[6]). Es

---

1) Von ihm handelt: Horn Spinoza's Staatslehre zum erstenmal dargestellt. Dessau 1851.

2) Spinoza Tractatus theologico-politicus. 1670. — Tractatus politicus. 1677. unvollendet.

3) Tractat. theologico-polit. c. 3. Per Dei directionem intelligo fixum illum et immutabilem naturae ordinem sive rerum naturalium concatenationem. — Sive igitur dicamus omnia secundum leges naturae fieri, sive ex Dei decreto et directione ordinari, idem dicimus.

4) Tractat. theologico-polit. c. 16. Per ius et institutum naturae nihil aliud intelligo, quam regulas naturae uniuscuiusque individui, secundum quas unumquodque naturaliter determinatum concipimus ad certo modo existendum et operandum.

5) Tractat. theologico-polit. c. 16. Quidquid enim unaquaeque res ex legibus suae naturae agit, id summo iure agit, nimirum quia agit, prout ex natura determinata est, nec aliud potest.

6) Tractat. theologico-polit. c. 16. Quare inter homines, quamdiu sub imperio solius naturae vivere considerantur, tam ille, qui rationem nondum novit, vel qui virtutis habitum nondum habet, ex solis legibus appetitus summo iure vivit, quam ille, qui ex legibus rationis vitam suam dirigit. Hoc est sicuti sapiens ius summum habet ad omnia, quae ratio dictat, sive ex legibus rationis vivendi; sic etiam ignarus et animi impotens summum ius habet ad omnia

giebt also keine Freiheit, keinen Unterschied des Guten und Bösen, sondern wir halten eine Handlung nur darum für böse, weil wir deren Zusammenhang nicht vollständig kennen [7]). Das Recht jedes Dinges, auch des Menschen, erstreckt sich also nach der Natur so weit als seine Macht [8]); auch auf das Thörichte und Schlechte, wenn er es nur will und kann [9]). Daraus entsteht aber für Alle ein unsicherer und höchst kläglicher Zustand, dem sie nur durch die Vereinbarung entgehen können, daß sie das Recht, das Jeder von der Natur auf Alles hat, collectiv haben wollen, wobei denn weiter paciscirt werden muß, daß dieses gemeinschaftliche Recht nicht nach Neigungen sondern nur nach den Vorschriften der Vernunft gehandhabt werden müsse. Zu diesem Pactum werde aber Jeder durch das der menschlichen Natur als eine ewige Wahrheit

quae appetitus suadet, sive ex legibus appetitus vivendi. Uebereinstimmend lautet der Tractat. polit. c. 2. §. 5.

7) Tractat. theologico-polit. c.16. Ex cuius (aeterni ordinis) sola necessitate omnia individua certo modo determinantur ad existendum et ad operandum. Quicquid ergo nobis in natura ridiculum, absurdum aut malum videtur, id inde venit, quod res tantum ex parte novimus, totiusque naturae ordinem et cohaerentiam maxima ex parte ignoramus. Wörtlich übereinstimmend ist der Tractat. polit. c. 2. §. 8.

8) Tractat. theologico-polit. c. 16. Ius naturae eo usque se extendit, quo usque eius potentia se extendit. — Ius itaque naturale uniuscuiusque hominis non sana ratione, sed cupiditate et potentia determinatur. — Eben so der Tractat. polit. c. 2. §. 3. 4.

9) Tractat. theologico-politic. c. 16. Quicquid itaque unusquisque, qui sub solo naturae imperio consideratur, sibi utile vel ductu sanae rationis, vel ex affectuum impetu iudicat, id summo naturae iure appetere et quacumque ratione, sive vi, sive dolo, sive precibus, sive quocunque demum modo facilius poterit ipsi capere licet; et consequenter pro hoste habere eum, qui impedire vult, quominus animum expleat suum. Ex quibus sequitur Ius et Institutum naturae — nihil nisi quod nemo cupit et quod nemo potest, prohibere; non contentiones, non odia, non iram, non dolos, nec absolute aliquid, quod appetitus, suadet, aversari. Wörtlich so auch der Tractat. politic. c. 2. §. 8.

eingepflanzte Gesetz bestimmt werden, daß man um eines größeren Gutes auf ein kleineres Gut verzichten werde [10]). Durch die von Jedem geschehene Uebertragung seiner Macht an die Gesellschaft, erhält diese allein das von der Natur gegebene Recht auf Alles, das ist die höchste Gewalt, welcher Jeder entweder freiwillig oder aus der Furcht vor Strafe gehorchen muß [11]). Diese höchste Gewalt der Gesellschaft heißt das Imperium [12]). Erst in dem Zustande unter einem Imperium kann von Sünde, von gut und böse, von Recht und Unrecht die Rede sein [13]). Ganz absolut soll jedoch das Imperium nicht sein, sondern es hat immer an der Natur des Menschen gewisse Schranken [14]). Was die Ausführung im Einzelnen betrifft, so hat Spinoza im ersten Tractate nur die Demokratie vor Augen. Im Zweiten handelt er auch von der Monarchie und Aristokratie, wobei aber zum Theil Rathschläge vorkommen, welche die Eingebungen paradoxer Stubenweisheit sind [15]). Das von Einigen so gepriesene Werk ist also in seiner philosophischen Grundlage unhaltbar und irrig, in ethischer Beziehung verwerflich, und in seinen Resultaten unfruchtbar [16]). Auf unsere Wissenschaft hat es auch keinen sichtbaren Einfluß ausgeübt.

10) Wörtlich aus dem Tractat. theologico-polit. c. 16., Tractat. polit. c. 2. §. 13. 14. 15.

11) Wörtlich aus dem Tractat. theologico-polit. c. 16., Tractat. polit. c. 3. §. 2.

12) Tractat. polit. c. 2. §. 17. Hoc ius, quod multitudinis potentia definitur, imperium appellari solet.

13) Tractat. polit. c. 2. §. 18. Ex his — perspicuum nobis fit, in statu naturali non dari peccatum, vel si quis peccat, is sibi, non alteri peccat. — §. 19. Peccatum itaque non nisi in Imperio concipi potest, ubi scilicet quid bonum et quid malum sit ex communi totius imperii iure decernitur. — Tractat. theologico-politic. c. 16. Iniuria enim non nisi in statu civili potest concipi.

14) Ausgeführt ist dieses im Tractat. theologico-polit. c. 17.

15) Tractat. polit. c. 6 –11,

16) Der Seltsamkeit wegen möge folgendes Urtheil hier Platz finden, Cousin Fragm. philos. (Paris 1838) II. 166. Spinoza est un mouni indien, un Soufi persan, un moine enthousiaste; et l'auteur auquel il ressemble le plus est l'auteur inconnu de l'Imitation de Jésus-Christ.

C) Einfluß der englisch-schottischen Moralphilosophie.

546. In England wurde durch mehrere Gegensätze hervorgerufen die Moralphilosophie mit einem eigenthümlichen Eifer bearbeitet, und damit auch Untersuchungen über das Recht in Verbindung gebracht. Zu eigenen Systemen wurden diese jedoch nicht ausgebildet, weshalb hier ein kurzer Abriß genügt [1]). Hobbes (1588—1679) hatte im Moralischen den Unterschied des Guten und des Uebels, auf das was dem Menschen Lust oder Unlust erregt, zurückgeführt, ihn also lediglich zu einem Naturwesen gemacht. Ihm gegenüber erwies Cumberland (1632—1718) die Eigenschaft des Menschen als Vernunftwesen [2]); Cudworth (1617—1688) führte dieses in Verbindung mit der Theorie der angeborenen Ideen näher aus, und Heinrich More (1614—1687) wandte diese platonische Ansicht auf die Ethik an. Locke (1632—1704) aber, gegen Beide sich richtend, widersprach der Annahme angeborener Ideen gänzlich, sowohl der theoretischen als der praktischen oder sittlichen, selbst mit der Verwerfung der Berufung auf das Gewissen. Den Ursprung und Maßstab von Gut und Böse verlegte er aus der Vernunft lediglich in das unmittelbare Erfahrungsmäßige der Empfindung, in die Beziehung zu Freude und Schmerz. Daneben fehlte ihm die Einsicht von der inneren Objectivität des Unterschiedes zwischen dem Guten und dem Bösen keineswegs; allein diese blieb für sein System unfruchtbar. Gegen ihn erhob sich aber eine Reihe von Schriftstellern, welche, obgleich ebenfalls das empirische psychologische Verfahren festhaltend, doch zu anderen Resultaten gelangten. Der Graf von Shaftesbury (1671—1713) wies auf diesem Wege den dem Menschen eingeborenen moralischen Gemeinsinn als Quelle und Richtschnur des ursprünglich Moralischen nach und führte diesen Begriff in die Schule ein. Hutcheson (1694—1747) der eigentliche Stifter der

---

1) Ausführlich handelt davon J. H. Fichte in dem oben (§. 500. Note 10) genannten Werke §. 213—250., wo man auch die genaue Angabe der Literatur findet.

2) Man sehe §. 538. Note 9.

schottischen Schule, Hume (1711—1776) und der tiefsinnige Nordamerikaner Jonathan Edwards (1703—1758) bestimmten diesen Sinn näher als den uneigennützigen Trieb des Wohlwollens, das Gute in Anderen zu fördern. Adam Smith (1723—1790) leitet die Gesetze der Moral und des Rechts aus den angeborenen sympathetischen Trieben her, in die Empfindungen und Handlungen Anderer billigend oder mißbilligend einzugehen, woraus sich denn auch umgekehrt der Maßstab für die eigenen Handlungen ergiebt. Richard Price (1723—1791) dagegen lehrte, Gutes und Böses seien durchaus einfache Begriffe, deren Ursprung, wie der aller einfachen Ideen, in der Vernunft zu suchen, und die auch für das Bewußtsein ein Letztes und Unmittelbares seien. Ferguson (1724—1816?) führt die Gesetze des Willens auf drei Grundgesetze zurück: das der Selbsterhaltung, das der Geselligkeit, und das der Werthschätzung nach dem Grade der Vortrefflichkeit. Dugald Stewart (1753—1828) unternahm vermittelst einer höchst genauen psychologischen Analyse die Nachweisung der unser Handeln bestimmenden ursprünglichen Grundgesetze, und zeigte, daß auch das sittliche Vermögen ein solches ursprüngliches auf kein anderes zurückzuführendes Princip sei.

547. Ueber das Gerechte und das Recht lauten die Ansichten dieser Schule verschieden. Hutcheson leitet aus dem Triebe des Wohlwollens auch die Jedem das Seinige gewährende Gerechtigkeit her, gleichsam als die unterste Stufe desselben. Hume dagegen betrachtet die Gerechtigkeit gar nicht als eine Tugend, sondern nur als etwas durch den Nutzen der Gesellschaft Gebotenes und danach zu Bemessendes. Ferguson leitet aus dem Grundgesetz der Geselligkeit auch das Recht eines Jeden ab, an den Wohlthaten der Gesellschaft Theil zu nehmen. Nach Price und Stewart ist die Idee des Gerechten und Ungerechten eine einfache, nicht weiter zu analysirende Vorstellung, welche ihren Sitz in der Vernunft hat. Mehrere dieser Philosophen, besonders Hutcheson, kommen auch auf die Unterscheidung der unvollkommenen und vollkommenen, der bloßen Liebes- und der Rechtspflichten, und nähern sich in Beziehung auf Letztere der Lehre des Thomasius. Uebrigens schlugen

Einige auch einen ganz andern Weg ein. Samuel Clarke (1675—1729) gieng ganz realistisch von der Anschauung der wirklichen Welt aus. Jedes endliche Ding, sagt er, hat seine von Gott ihm angeschaffene Eigenthümlichkeit, wodurch ihr Verhältniß zu einander bestimmt wird. Die Eigenthümlichkeit des Menschen ist Vernunft und Freiheit, und das danach bestimmte Verhältniß zu den anderen Menschen und Dingen macht die moralische Ordnung aus. William Wollaston (1659—1724) gab Diesem noch einen bestimmteren Ausdruck dadurch, daß der Begriff von Gut und Gerecht mit dem von Wahr zusammenfiele.

D) Einfluß der sensualistischen und materialistischen Lehren.

548. Während diese Schriftsteller neben der sinnlichen Natur des Menschen die Geistigkeit seines Wesens festhielten und vertheidigten, wovon sie die Spiritualisten genannt werden, erhielt aber auch die entgegengesetzte Richtung ihre leidenschaftlichen Vertreter [1]). Gegen Shaftesbury trat der Engländer Bernard Mandeville (1670—1733) auf, der in leichtfertiger skeptischer Weise die Sittlichkeit und das Recht nur auf die Verbindung eigennütziger Triebe mit den äußeren Umständen gründete [2]). In diesem Geiste wurden mit verschiedenen Abstufungen Systeme ausgebildet, welche den Menschen blos als ein durch Sinnlichkeit und Eigensucht bestimmtes Wesen, oder gar nur als eine höher organisirte Thierart, behandeln [3]). Als Schriftsteller dieser Art sind zu nennen in England Hartley (1705—1757), Eduard Search (1763); in Frankreich Helvetius (1715—1771), Holbach und Diderot die Verfasser des Systems der Natur (1770), welches gradezu die Seele als ein physisches sterbliches Ding und den Atheismus als die Erlösung von Vorurtheilen erklärte; La Mettrie (1709—1751),

1) Davon handeln J. H. Fichte in dem genannten Werke §. 224. 243—250. 251—54., Warnkönig Rechtsphilosophie §. 33—35.

2) Weitläufig handelt von ihm Henrici in dem oben (§. 500. Note 2) genannten Werke I. 293—318.

3) Man vergleiche oben §. 23.

nach dessen Lehre der Mensch nur eine Maschine ist, Saint-Lambert (1717—1805), Volney (1755—1820), Destutt de Tracy (1754—1828), welcher die Grundsätze einer sensualistischen Ethik systematischer darstellte, dabei aber die Frage, ob der Mensch eine Seele habe, dahin gestellt lassen will. Eine consequente und radicale Durchführung des sensualistischen Standpunktes im Gebiete des Rechts und des Staates gab aber Jeremias Bentham (1748—1832)[4]. Er bezeichnet als den Zweck aller gesellschaftlichen Einrichtungen die Maximisation des Wohlseins für Alle und die Minimisation des Uebels; das Nützliche soll ohne alle Rücksicht auf Anderes zum Recht gestempelt werden. Sein System zerfällt in zwei Theile: Theorie der Gesetzgebung und Deontologie. In der Ersten weist er nach, wie sein Gesichtspunkt in allen Materien der Gesetzgebung, dem Privatrecht, Strafrecht, der Rechtspflege und den Staatseinrichtungen durchzuführen sei. In der Deontologie lehrt er die Kunst gut und glücklich zu leben, wobei die Nützlichkeit, die Befriedigung des eigenen Wohlgefühls der leitende Gesichtspunkt, und von moralischen Pflichten, von Recht und Gerechtigkeit, nicht die Rede ist. Aus derselben Richtung giengen die Systeme des Communismus und Socialismus hervor, wovon schon oben die Rede war[5]. Eine auf dem reinsten Materialismus ruhende Rechtsphilosophie hat aber Knapp († 1859) geliefert[6].

E) Das Naturrecht auf der Grundlage des abstracten Rationalismus.

1) Kant und seine Schule.

549. Die Ansichten über das Naturrecht vom Mittelalter bis Thomasius und Wolf stimmen darin überein, daß sie dasselbe

---

4) Von ihm, seinen Schriften und Beurtheilern handelt ausführlich Mohl Literatur der Staatswissenschaften III. 595—635. Man vergleiche dazu auch Warnkönig Rechtsphilosophie §. 35., Ahrens Rechtsphilosophie. Einleitung Kap. 3. §. 3., J. H. Fichte §. 243—250.

5) Man sehe §. 201—209.

6) Man sehe §. 23. Note 3.

als eine von Gott mit der menschlichen Natur gesetzte Ordnung mithin als etwas Objectives, betrachteten. Die Aufgabe der Vernunft setzte man darin, diese Ordnung zu erkennen. Zu diesem Zwecke suchte man aus der Analyse der menschlichen Natur ein Princip zu gewinnen, aus welchem man durch Schlußfolgerungen ein System des Naturrechts ableitete [1]). Diese der Vernunft angewiesene Function führt einseitig angewendet leicht dazu, derselben nicht eine blos erkennende und ermittelnde, sondern eine schaffende logisch-construirende Thätigkeit einzuräumen, und so das Naturrecht auf subjectivem formal-logischem Wege rein aus der Vernunft zu machen. Diese Richtung ist schon bei Thomasius sehr sichtbar. Ihre Vollendung erhielt sie aber von Kant (1724—1804) [2]), welcher überhaupt die formalen Gesetze des Denkens an die Spitze aller Philosophie stellt, und sowohl im Gebiete des Erkennens als des praktischen Handelns nichts gelten läßt, was nicht aus den Denkgesetzen mit Nothwendigkeit folgt [3]). Ihm gebührt das Verdienst, dem Empirismus gegenüber die Apriorität unseres sittlichen und Rechtsbewußtseins dargethan zu haben: allein in der weiteren Ausführung auf unserem Gebiete führte ihn sein Verfahren zu der größten Einseitigkeit. Auf jenem rein formalen Wege deducirte er die Wirklichkeit der Freiheit des menschlichen Willens, und aus dieser als das allgemeine oberste Rechtsgesetz die Formel: „Handle äußerlich so, daß der freie Gebrauch deiner Willkühr mit der Freiheit von Jedermann nach einem allgemeinen Gesetze zusammen bestehen könne." Recht und Sittlichkeit sind danach völlig getrennt. Die so modificirte Freiheit wird als das „einzige, ursprüngliche, jedem Menschen, kraft seiner Menschheit,

---

1) Man vergleiche §. 15. 528—530. 537—544. Namentlich über Thomasius sehe man §. 542. Note 24.; über Wolf dessen Instit. iur. natur. §. 39—43.

2) Kant Grundlegung zur Metaphysik der Sitten. Riga 1785., Kritik der praktischen Vernunft. Riga 1788., Metaphysische Anfangsgründe der Rechtslehre. Königsberg 1797. vermehrt 1798.

3) Eine gute Beurtheilung giebt Lauer Philosophie des Rechts. Th. I. Abschn. 4. §. 18—20.

zustehende Recht" erklärt, worin die angeborene Gleichheit und anderen Urrechte von selbst enthalten seien. Aus diesem Standpunkte werden dann die Institute des Privatrechts, das Eigenthum, der Vertrag, die Ehe, das elterliche Verhältniß abgehandelt und bemessen. Auch der Staat geht daraus als Postulat der Vernunft hervor, indem die Grundbedingung, unter welcher die Freiheit Aller neben einander bestehen kann, nur deren gesetzliche Beschränkung, also der bürgerliche Zustand, ist. Die Grundfehler dieses Verfahrens sind aber schon oben nachgewiesen worden [4]).

550. Das Ansehen, wozu sich die Kantische Philosophie erhoben hatte, und der jener flachen Zeit innewohnende Mangel an einer großartigen ethischen und historischen Anschauung, welche jener Einseitigkeit hätte ein Gegengewicht sein können, verschafften Kant viele Anhänger und Nachahmer, mit mehr oder weniger Modificationen, die nicht Alle namhaft gemacht werden können. Einige derselben waren dem Meister in der Herausgabe eines Naturrechts schon zuvorgekommen [1]). Andere folgten ihm in der Aufsuchung eines formalen Grundprincips der praktischen Vernunft zur Begründung des Naturrechts nach [2]). Einige kamen damit

4) Man sehe oben §. 12. 13.

1) Schmalz Das reine Naturrecht. 1792. 2. Ausg. 1795. — Hoffbauer Naturrecht aus dem Begriffe des Rechts entwickelt. 1793. 2. Ausg. 1825. — Heydenreich System des Naturrechts. 1794. 2. Ausg. 1801. — Tafinger Lehrsätze des Naturrechts. 1794. — Jakob Philosophische Rechtslehre oder Naturrecht. 1795. 2. Ausg. 1802. — Hufeland Lehrsätze des Naturrechts. 2. Ausg. 1795. — Schmid Grundriß des Naturrechts. 1795. — Pörschke Vorbereitung zu einem populären Naturrecht. 1795. — Schaumann Versuch eines neuen Systems des natürlichen Rechts. 1796. — Feuerbach Kritik des natürlichen Rechts. 1796. — Tieftrunk Ueber Recht und Staat. 1796. — Mellin Grundlegung zur Metaphysik der Rechte. 1796.

2) Gerstäcker Metaphysik des Rechts. 1802. — Gros Lehrbuch des Naturrechts. 1802. 6. Ausg. 1841. — Maaß Grundriß des Naturrechts. 1808. — Bauer Lehrbuch des Naturrechts. 1808. 3. Ausg. 1825. — Rotteck Lehrbuch des Vernunftrechts. 1829. 2. Ausg. 1841. — Krug Dikäologie oder philosophische Rechtslehre. 1817. 2. Ausg. 1830. — Cl. A. von Droste-Hülshoff Lehrbuch des Naturrechts. 1823. 2. Ausg. 1831.

nicht weiter, als daß sie nur mit etwas andern Worten die Kantische Formel wiederholten; so Gros, Krug, Bauer, Rotteck. Andere gefielen sich in einer eigenthümlichen Wendung. Schmalz: „Behandle die Menschheit nicht wie ein bloßes Mittel.“ Aehnlich Droste-Hülshoff: „Der Mensch darf vermöge seiner menschlichen Natur und zwar als Selbstzweck jede ohne seine Einwilligung unternommene Handlung jedes Andern, wodurch er als Mittel behandelt wird, nöthigenfalls mit Gewalt von sich abhalten.“ Hufeland und ähnlich Jakob: „Jeder Mensch hat ein Recht, alles zu wollen, was nicht als verboten nach allgemein gültigen Gesetzen gedacht werden muß“ [3]). Wie sehr diese ganze Richtung der des Thomasius verwandt ist, und sich daher in dessen Geleise fortbewegen mußte, liegt am Tage.

2) Fichte.

551. Die abstracte subjective Richtung der Behandlung des Naturrechts erreichte ihre höchste Spitze in dem System von J. G. Fichte (1762—1814) [1]), durch welches die Nothwendigkeit von Recht und Staat als die Folge eines im Selbstbewußtsein vorgehenden Gedankenprocesses dargethan wird [2]). Dieses System läßt sich, entkleidet von der ihm eigenthümlichen Terminologie, in folgenden Sätzen zusammenfassen. Der Mensch findet in sich vor Allem das Bewußtsein seiner selbst als vernünftiges freies Individuum. Durch dieses Bewußtsein ist auch eine Außenwelt gesetzt, worüber sich seine Freiheit erstreckt. In dieser Außenwelt findet aber das Bewußtsein auch andere Vernunftwesen, denen es gleichwie sich selbst ebenfalls eine freie Wirksamkeit zuerkennen muß. Mit diesem Gedanken der Coexistenz gleicher freier Vernunftwesen ist aber auch der Gedanke eines unter denselben beste-

3) Noch andere Formeln erwähnt Warnkönig Rechtsphilosophie §. 49.

1) J. G. Fichte Grundlage des Naturrechts nach Principien der Wissenschaftslehre. Jena 1796.

2) Eine gute Beurtheilung geben Lauer Philosophie des Rechts. Th. I. Abschn. 4. §. 21. 22., J. H. Fichte System der Ethik I. §. 44—79.

henden Verhältnisses gesetzt, welches darin besteht, daß die Freiheit eines Jeden durch die Freiheit Aller beschränkt werden muß. Da jedoch die Freiheit eines Jeden an sich eine absolute ist, so kann diese Beschränkung nicht anders als durch einen Vertrag bewirkt werden, wodurch ein die Freiheit eines Jeden durch den Begriff der Freiheit Aller beschränkendes Gesetz festgesetzt wird. Damit aber die so beschränkte Freiheit Aller doch eine Wirklichkeit sei und bleibe, muß sie durch einen unüberwindlichen Zwang geschützt sein, und dieses ist nicht anders möglich, als wenn jenem Gesetze eine öffentliche Macht, der Staat und die Staatsgewalt, zur Seite steht. Gleichwie man also, empirisch aufgefaßt, aus den Individuen im Naturzustande durch Vertrag den Staat werden ließ, so geht hier derselbe Proceß im Gehirne des Philosophen vor sich. Nachdem er aber einmal zum Staate gelangt ist, so hält er daran mit steifer Consequenz fest. Mechanisch wie der ganze Ausgangspunkt soll der Staat nichts wie ein Rechtsstaat sein; die Sittlichkeit wird in ein ganz anderes Gebiet verwiesen. Für jenen Zweck soll aber der Staat das Möglichste leisten. Es muß daher die Sicherheitspolizei bis zum höchsten Grade ausgebildet sein. „Jeder muß immerfort einen Paß bei sich führen;" „bei wichtigen Personen soll statt der Beschreibung ein wohlgetroffenes Portrait im Passe stehen"; „keinem ist es erlaubt von einem Orte abzureisen, ohne Angabe des im Passe zu bemerkenden Ortes wohin, und er wird an keinem anderen Orte als dem im Passe bemerkten angenommen". So stehen in diesem Staate das Princip der äußersten demokratischen Freiheit und das System der lästigsten Bevormundung in barocker Weise neben einander. Auch über andere Fragen finden sich, wie schon gelegentlich vorgekommen ist, schroffe und einseitige Ansichten, die nicht einmal als geistreich anziehen, vielmehr oft nur handgreiflicher und trivialer Art sind. Die nach Fichte's Tode nach seinen Vorlesungen herausgegebenen Werke [3]) zeigen in Einigem ein Beharren auf dem alten Stand-

3) Das System der Rechtslehre. 1812. (Nachgel. Werke Bd. II. S. 493), Das System der Sittenlehre. 1812. (Nachgel. Werke Bd. III.), Die Staats-

punkt, in Anderem, besonders in ethischer und religiöser Beziehung, einen Fortschritt, jedoch ohne klare und befriedigende Resultate, und zum Theil sich selbst in schwärmerische Anschauungen verirrend.

F) Die Zurückführung des Naturrechts auf die reale Welt. 1) Durch die Philosophie. a) Schelling.

552. Diese Behandlung des Naturrechts, welche, von bloßen Abstractionen und formalen inhaltlosen Sätzen ausgehend, sich nur in einem Kreise selbstgeschaffener Ideen bewegt und von der Wirklichkeit abführt, befriedigte auf die Länge nicht. Mehrere geistige Strömungen wirkten zusammen, um auf diesem Gebiete das Denken mit der Anschauung und den Thatsachen der wirklichen Welt in Verbindung zu bringen. Dazu gehört vor Allem die Philosophie von Schelling (1775—1854). Er hat jedoch seine Ansichten vom Naturrecht nicht in einem ausgeführten Systeme niedergelegt, sondern nur gelegentlich und im Allgemeinen in Verbindung mit seinem übrigen philosophischen Systeme ausgesprochen [1]). Er wollte nicht wie die Vorigen die Außenwelt aus der Vernunft machen, sondern er nahm sie als etwas Gemachtes an und wollte sie aus der Vernunft begreifen. Er geht aus von dem Absoluten, der Weltkraft oder Weltseele, welches einerseits in der Natur, andererseits in der Geschichte zur Erscheinung kommt. Diesem entspricht daher als Wissenschaft die Naturphilosophie und die Philosophie des Geistes oder der Geschichte. Die philosophische Rechtslehre fällt in die Letztere. In der Reihe der idealen Selbstmanifestationen des Absoluten, welche die Geschichte ausmachen, erzeugt dasselbe als die höchste Potenz dieser Verwirkli-

lehre oder über das Verhältniß des Urstaates zum Vernunftreiche. 1813. (Sämmtliche Werke Bd. IV. S. 367).

1) Namentlich in seinem System des transcendentalen Idealismus. 1800., und besonders in seinen geistvollen Vorlesungen über die Methode des akademischen Studiums. 1803. Man sehe darüber und über seine anderen dahin gehörenden Schriften: J. H. Fichte System der Ethik I. §. 80—86.

chungen auch den Staat, das Recht und die Sitte. Der Staat ist daher der von der ewigen Vernunft in der Geschichte hervorgebrachte äußere Organismus der in der Freiheit selbst erreichten Harmonie der Nothwendigkeit und der Freiheit. Alles, was in ihm nothwendig ist, geschieht zugleich frei, und Alles, was durch Freiheit in ihm geschieht, hat zugleich innere Nothwendigkeit. Der Staat darf jedoch nicht als bloßer Rechtsstaat gefaßt werden; dieses bezeichnet nur die negative Aufgabe desselben und macht ihn zu einem bloßen Mittel zu dem oder jenem Zwecke. Der Staat ist vielmehr, in seiner vollen Bedeutung aufgefaßt, die unmittelbare reale Erscheinung des absoluten Lebens; deshalb kann die ächte Construction des Staates auch nur darin bestehen, ihn als absoluten Organismus zu begreifen.

553. Durch diese Auffassung ist die philosophische Betrachtung des Rechts und des Staates nicht blos in die Geschichte und in die wirkliche Welt zurückgeführt, sondern es ist ihr auch außerhalb derselben jedes Object entzogen; damit ist aber, und das ist ihr großes Verdienst, der subjective Rationalismus abgethan. So großartig aber auch jener Standpunkt ist, so darf man sich doch darüber nicht täuschen, daß ihm, wie überhaupt dem damaligen Systeme Schellings, der Pantheismus zum Grunde liegt[1]). Der Mensch hört auf der Mittelpunkt der Schöpfung zu sein; er verschwindet in dem Spiel der Weltkräfte, die moralische Freiheit in der Nothwendigkeit, womit sich Alles aus dem Absoluten entwikkelt. Eine andere Folge, wie Stahl richtig bemerkt, ist, daß der Staat nicht blos nicht den Menschen zum Zwecke, sondern überhaupt gar keinen Zweck außer sich hat. Er ist sich selbst der höchste Zweck; er ist die Erscheinung des Absoluten auf dieser bestimmten Stufe, so wie dieses auf einer andern Stufe Natur ist. Der Staat ist Gott auf einer bestimmten Stufe des Werdens. Das Dasein eines persönlichen Gottes, der über der Natur und der Geschichte steht, hört auf, und der Mensch, seiner Be-

1) Man sehe darüber die gute Kritik von Lauer Philosophie des Rechts Th. I. Abschn. 4. §. 23.

ziehung auf ein anderes Leben entkleidet, wird zu einer in der Geschichte zerrinnenden Erscheinung. Die neue mächtige Anregung hat aber auch in unserer Wissenschaft in verschiedenen, wenn auch nicht immer glücklichen, Formen fortgewirkt [2]).

b) Hegel.

554. Die Behandlung der Rechtsphilosophie von Hegel (1770—1831) [1]) hängt mit seinem ganzen philosophischen Systeme auf das Engste zusammen, und kann nur in Verbindung mit demselben beurtheilt werden [2]). Das Wesen desselben besteht darin, daß es nicht blos das ganze Sein umfaßt, sondern daß es auch Alles was ist und wird als Product der im Sein ruhenden Denkgesetze betrachtet, und daß es sogar diese Denkgesetze selbst, und mit ihnen die Gesetze alles Seins, aus dem Sein entwickelt und in einen festen Canon bringt. Es ist daher die Nachweisung des im Urdenken vorgehenden dialektischen Processes, woraus mit Nothwendigkeit die wirkliche Welt und die Weltgeschichte hervorgeht. Dieser dialektische Proceß verläuft sich nach einem für Alles gleich bleibenden Gesetze, also nach einer bestimmten Methode, die

---

2) Dahin sind folgende Werke zu rechnen: Nibler Der Staat aus dem Organismus des Universums entwickelt. 1805. — Thanner Versuch einer wissenschaftlichen Darstellung der allgemeinen praktischen Philosophie und des Naturrechts nach den Grundsätzen der absoluten Identitätslehre 1811. — Wagner Der Staat. 1815. — Troxler Philosophische Rechtslehre der Natur und des Gesetzes. 1820. — A. von Linck Ueber das Naturrecht unserer Zeit. 1829.

1) Das Hauptwerk ist: Grundlinien der Philosophie des Rechts oder Naturrecht und Staatswissenschaft im Grundrisse. Berlin 1821. Damit müssen jedoch seine anderen philosophischen Werke verbunden werden.

2) Unter den vielen Beurtheilungen derselben sind hervorzuheben: Stahl Philosophie des Rechts. Th. I. Buch V. Abschn. 2., Kahle Darstellung und Critik der Hegelschen Rechtsphilosophie. Berlin 1845., Lauer Philosophie des Rechts. Th. I. Abschn. 4. §. 24. 25., Ahrens Rechtsphilosophie. Einleitung. Kap. 4. §. 4., Fichte System der Ethik. Th. I. §. 87—109.

aber, weil das Denken zugleich Sein und Werden ist, die Methode der Sache selbst ist; weshalb in dieser Philosophie die Methode mit dem Inhalt wesentlich zusammenfällt. Nach jenem Gesetze giebt es für Alles, was ist, immer drei Entwicklungsstufen: nämlich erstens, die des Unmittelbaren, abstract Allgemeinen, oder des An=sich; zweitens, die des Andern und Negativen von diesem Allgemeinen, somit des Besondern, oder des Für=sich; drittens, die die beiden Ersten vermittelnde Stufe des wahrhaft und eigentlich seienden Allgemeinen, oder des An= und Für=sich. Dem An=sich entspricht die Denk=Lehre; dem Für=sich die Natur=Lehre; und dem An= und Für=sich die Lehre des Geistes. Jede dieser Wissenschaften zerfällt in drei sich drittheilig weiter gliedernde Unterabtheilungen. Was namentlich den Geist betrifft, so entwickelt sich derselbe in drei Stufen: als subjectiver, objectiver und als absoluter Geist. Der subjective Geist erscheint in drei Stufen: als Seele oder Naturgeist, als Bewußtsein, und als sich selbst bestimmender Geist, theoretisch als freie Intelligenz, praktisch als Wille. Der objective Geist ist die Einheit des theoretischen und praktischen Geistes, als freier Wille. Der absolute Geist offenbart sich in den drei Stufen der Religion, der Kunst und der Philosophie. Hegels System ist also allerdings Rationalismus; allein nicht ein subjectiver Rationalismus, der von der wirklichen Welt abstrahirt; sondern nach seiner Meinung ein Solcher, wodurch alles Wirkliche ist und wird, der also mit der Wirklichkeit zusammenfällt. Das Denken erschafft die Welt, oder vielmehr, das Denken ist die Welt; es umfaßt alle Subjecte und Objecte; außer ihm ist nichts, und Alles, was da ist, ist nur in dem Denken und durch das Denken.

555. Was insbesondere die Rechtsphilosophie betrifft, so fällt dieselbe in die Sphäre des objectiven Geistes und verläuft sich darin in drei Stufen: der Sphäre des Rechts, der Moralität, und der Sittlichkeit. Der Ausgangspunkt des Rechts ist der Wille. Dieser ist aber hier, wie Ahrens richtig hervorhebt, der universale objective Wille der absoluten Idee, welche zu dieser Entwicklungsform gelangt ist. Dieser Wille ist allein wahrhaft;

das Individuum und der Einzelwille, der sich in Trieben, Begierden, Neigungen und den sich darauf gründenden Bedürfnissen äußert, sind nur Zufälligkeiten, haben kein wahrhaftes Sein. „Das Recht ist nun dieß, daß ein Dasein überhaupt, Dasein des freien Willens ist; es ist somit überhaupt die Freiheit als Idee." Das Recht entwickelt sich nun in drei Stadien: als Besitz und Eigenthum, als Vertrag, und als Unrecht und Verbrechen, wenn sich der individuelle Wille dem an und für sich seienden objectiven Willen entgegensetzt. Dieses bildet den Uebergang zur Sphäre der Moralität, welche in drei Abschnitte zerfällt: der Vorsatz und die Schuld, die Absicht und das Wohl, das Gute und das Gewissen. Dieses macht den Uebergang zur Sphäre der Sittlichkeit, worunter Hegel in eigenthümlicher Weise das in festen objectiven Instituten sich verwirklichende Recht versteht. Diese Stufe zerfällt wieder in drei Sphären: die Familie, die bürgerliche Gesellschaft, und der Staat, wobei in jeder wieder die Drittheiligkeit in gezwungener Weise durchgeführt ist. Beim Staate namentlich wird unterschieden: das innere Staatsrecht, das äußere Staatsrecht, und dessen Ausgang in die Weltgeschichte. Diese ist nach Hegel, wie Ahrens gut resumirt, das Schauspiel des großen Processes, worin der Weltgeist den unendlichen Reichthum seines Inhaltes und seiner Gegensätze entfaltet, und über die Völkergeister das letzte Gericht hält. Ein jedes Volk repräsentirt ein Princip, womit es in der Weltgeschichte Epoche macht, aber nur einmal machen kann. Es übt dann sein absolutes Recht aus, Träger der gegenwärtigen Entwicklungsstufe des Weltgeistes zu sein, gegen welches die Geister der anderen Völker rechtlos sind, und sie, wie deren Epoche vorbei ist, zählen nicht mehr in der Weltgeschichte. Der Weltgeist durchläuft so vier Entwicklungsstufen in vier durch verschiedene Principien bestimmten welthistorischen Reichen, dem orientalischen, griechischen, römischen und germanischen Reiche. Im Letztern haben nach Hegel alle Gegensätze eine solche Versöhnung und alle Entwicklungen einen solchen Abschluß erlangt, daß eigentlich nicht abzusehen ist, was der Weltgeist noch aus den Gedanken zu entwickeln und zu thun hat.

556. Wie großartig aber auch die Aufgabe sein mag, nicht blos das All als eine Einheit, sondern auch den Gedankenbau, woraus Alles hervorgegangen, ist und wird, zu begreifen: so ist dieselbe doch für den menschlichen Geist zu hoch. Das dialektische Gesetz, wonach sich das Sein in dem dadurch vorgezeichneten Rhythmus bewegt und entwickelt, ist doch nur eine subjective Abstraction, die bei genauer Prüfung nicht Stich hält. Wäre sie richtig, so wäre bis Hegel das Denken im Sein ohne Bewußtsein seiner Denkgesetze gewesen, und erst in Hegel wäre es zu diesem Selbstbewußtsein gekommen. Daß manche Erscheinungen der Wirklichkeit in diesen dialektischen Proceß passen und daraus scheinbar wirklich hervorgehen, ist nur Täuschung, indem wie Stahl, Lauer und Ahrens richtig bemerken, die Thatsachen aus der Erfahrung herausgegriffen und das System darnach so zurecht gelegt wird, als ob sie apriorisch aus demselben hervorkämen. Und selbst in diesem Aneinanderreihen der Erscheinungen und dem Hervorgehenlassen der Einen aus der Andern herrscht mannichfaltige Willkür. Ferner ist nicht zu läugnen, daß eine Vernunft, ein Denken, ein Wille, ohne ein Subject, dem sie zustehen, wo also das Sein zugleich Object und Subject ist, auf ein System des Pantheismus hinausläuft. Die Persönlichkeit Gottes, die eigentliche Freiheit des Menschen, seine Verantwortlichkeit und persönliche Fortdauer nach dem Tode haben darin keinen Raum. Daß dennoch dieses System einen so großen Anhang fand, erklärt sich hauptsächlich aus drei Gründen. Erstens übte es durch seine tiefsinnige Anlage und durch seinen mit der äußersten Consequenz durchgeführten architectonischen Ausbau einen imponirenden Eindruck aus. Zweitens war man der Naturrechte der Kantischen Schule mit ihren blos formalen inhaltlosen und von der Wirklichkeit ganz abstrahirenden Sätzen überdrüssig, und es wurde dadurch der Reiz eines philosophischen Systems erhöht, welches im graden Gegensatze mitten in die reale Welt hineinführt. Durch diese Richtung auf die Wirklichkeit hat dasselbe auch unbestreitbar eine nachhaltige Wirkung hervorgebracht. Drittens war Hegel, um die Erscheinungen der wirklichen Welt aus

seiner dialektischen Bewegung hervorgehen zu lassen, genöthigt, dieselben genau zu durchdenken, und es finden sich daher bei ihm über das Einzelne Anschauungen, die des tiefsten und scharfsinnigsten Denkers würdig sind. Jedoch sind dieselben von seinen Formeln unabhängig, und er hätte überhaupt zu dem, was in seinem Systeme wahr und brauchbar ist, auf einem weit weniger beschwerlichen Wege gelangen können. Bedeutende Nachfolger auf diesem Gebiete hat er nicht hervorgebracht[1]).

2) Einfluß der historischen Schule.

557. Die Einseitigkeit und Unfruchtbarkeit der Schule des Thomasius und Kant rief auch nach einer andern Seite hin eine Reaction hervor. Hugo (1768—1844), der an dem Studium der positiven Rechte herangebildete feine kritische Geist, stellte jener Behandlung der Rechtsphilosophie entgegen, daß vom Recht als mit Zwang versehenen Vorschriften nur im Staate, abgesehen vom Staate aber nur von Moral die Rede sein könne, daß sich aber in jedem Staate das Recht wie die Sitte aus einer Menge von Zweckmäßigkeitsgründen bilde, daß es also apriorisch zu deducirende Rechtsprincipien nicht gebe, daß selbst in jenen Systemen das Einzelne, besonders im Privatrecht, unbewußt aus den positiven Rechten, namentlich aus dem römischen Recht, entlehnt sei, daß mithin die Rechtsphilosophie gar nicht allgemeinen unfruchtbaren Abstractionen, sondern lediglich den positiven Rechten zuzuwenden sei, um daraus den Bildungsgang des Rechts und das Entstehen und Vergehen der mannichfaltigen Rechtsformen, je nach der wandelbaren Meinung von ihrer Nützlichkeit und Zweckmäßigkeit zu entnehmen. In diesem Sinne führte er sein durch Geist und Belesenheit ausgezeichnetes Werk aus[1]). So viel

1) Dahin gehören: Bitzer Das System des natürlichen Rechts. Stuttgart 1845., Dimitry de Glinka La philosophie du droit ou explication des rapports sociaux. Bruxelles 1862. (Geschrieben zu Petropolis bei Rio-Janeiro.)

1) Hugo Lehrbuch des Naturrechts als einer Philosophie des positiven Rechts. Berlin 1798. Vierte Ausg. 1819.

Wahres in jener Ansicht liegt, so trifft sie doch unbestreitbar der Vorwurf, daß sie nach der andern Seite zu weit geht und zu sehr auf der Oberfläche bleibt. Sie verkennt, daß es in den Lebensordnungen einen festen sittlichen Kern giebt, der unter allen wandelbaren Formen unversehrt bleiben muß und den Maßstab der Beurtheilung bildet. Hugo hat zwar ganz richtig seiner Rechtsphilosophie eine juristische Anthropologie vorausgeschickt, weil aus dem Menschen die Rechtsverhältnisse hervorgehen. Allein dieselbe ist theils unvollständig, theils auf einem zu niederen Standpunkt gehalten. Seine Mängel sind jedoch stufenweise in der von ihm gegründeten und von Savigny (1778—1861) ausgebildeten historischen Schule verbessert worden. Zwar hat dieselbe, wie es auch nicht in ihrer Aufgabe lag, kein eigenes Werk über die Rechtsphilosophie hervorgebracht. Allein sie wirkte darauf indirect ein, durch die Aufschlüsse, die sie über die Entstehung der Rechts- und Lebensordnungen aus inneren Nothwendigkeiten gewährte, durch das reifere Urtheil, welches das tiefer eindringende historische Studium überhaupt bilden hilft, und durch die höhere sittliche Weltanschauung, welche dasselbe weckt. In dieser Richtung traf die historische Schule auch mit Schelling zusammen, nach welchem es nur eine geschichtliche Philosophie des Rechts geben kann, deren Aufgabe es ist, das in den Völkern sich manifestirende Bewußtsein des Gerechten in seinem welthistorischen Fortgang zu erfassen. Selbst zu Hegel hatte sie eine gewisse Verwandtschaft, indem dieser, wie J. H. Fichte richtig sagt, die Grundansicht der historischen Schule gleichsam ins Ungemessene trieb, und was diese als menschlichen Instinct, somit als einen menschlich unvollkommenen Vorgang faßte, in das Absolute selbst hinein verlegte.

3) Wiederaufbau der christlichen Rechtsphilosophie.

558. Während dieser geistigen Bewegungen wurde die Wissenschaft auf verschiedenen Wegen zum Christenthum zurückgeführt. Die seichte Aufklärung des achtzehnten Jahrhunderts befriedigte das religiöse Bedürfniß nicht; die ernsten Ereignisse deckten manche geistige Schäden der Zeit auf; der durch die historische Schule

geweckte Sinn wirkte für das Christenthum entschieden günstig; und selbst die großartige Geschichts- und Weltanschauung Schellings legte es nahe, ihr vom christlichen Standpunkt aus eine nicht minder großartige an die Seite zu stellen. Nach manchen vereinzelten Stimmen und Anklängen unternahm es Stahl (1802—1861) ein vollständiges System der Rechtsphilosophie auf der Grundlage christlicher Weltanschauung aufzustellen [1]). Er vereinigte dazu mit der ihm eigenthümlichen philosophischen und dialektischen Begabung den tiefen historischen Blick, den die Bildung durch die historische Schule gewährt, und auch das, was die Schellingsche Philosophie Wahres und Anregendes hat. Mag man an ihm tadeln, daß er theilweise das Christliche zu positiv in die Philosophie einmischt, daß er zuweilen zu sehr auf concrete und vorübergehende Erscheinungen der Gegenwart eingeht, was in den Ton der Philosophie des positiven Rechts umschlägt, daß er zuweilen einer blos äußerlichen Dialektik eine zu große Beweiskraft beilegt, und statt der Entwicklung der Rechtsverhältnisse von innen heraus, im Widerspruche mit sich selbst, in eine Construction derselben aus einem angenommenen Grundbegriffe verfällt: so hat er doch im Großen und Ganzen das unbestreitbare Verdienst, mit Geist und Energie das christliche Princip und die richtige Methode in unsere Wissenschaft zurückgeführt zu haben [2]). Ganz vollendet ist aber sein Werk nicht, indem das Völkerrecht und das Kirchenrecht fehlen. Von seinen Meinungen im Einzelnen ist in diesem Werke vielfach die Rede gewesen. Eine Mischung von christlicher Richtung mit Hegelscher Philosophie, getragen von wohlwollendem Humor und einer liebenswürdigen Persönlichkeit stellt sich in Göschel († 1862) dar [3]). Auf Seiten der Katholiken entwarf der Jesuite Taparelli († 1862) in seinem Naturrecht

1) Stahl Philosophie des Rechts. Heidelberg 1830. 3 Bde. Zweite Aufl. 1847. Dritte Aufl. 1854.

2) Man vergleiche dazu oben §. 2. 7. 15. 17.

3) Göschel Zerstreute Blätter aus den Hand- und Hülfsacten eines Juristen. 1832—1836.

eine Theorie der Gesellschaft nach christlichen Grundsätzen [4]). Doch ist dasselbe allzusehr in der alten Art des Pufendorf gehalten. Eine eigenthümliche Bearbeitung auf streng katholischer Grundlage ist dagegen die von Moy [5]). Von einer andern ausgezeichneten Bearbeitung dieser Art ist nur der erste Theil erschienen [6]).

4) Gemischte Systeme.

559. Die Einsicht begangener Mißgriffe und die Mannichfaltigkeit der Gesichtspunkte, die bei unserer Wissenschaft zusammen zu fassen sind, riefen noch eine große Zahl von Versuchen hervor, denen mehr oder weniger etwas Richtiges beigemischt ist, die aber doch keinen dauernden Eindruck hervorgebracht haben. Davon sind folgende hervorzuheben. Schon Abicht wollte gegen Kant das Naturrecht aus der Natur des Menschen in der Wechselwirkung mit der Natur aller Dinge, deren das menschliche Dasein bedarf, abgeleitet wissen [1]). Allein er kam damit doch nicht aus dem gewöhnlichen Geleise heraus, und die Grundeintheilung in absolutes und hypothetisches Naturrecht findet sich auch bei ihm. In demselben Geiste behandelte Krause († 1832) das Recht als das organische Ganze der von der Freiheit abhängigen Bedingungen des Vernunftlebens [2]). Als seine Schüler bekennen sich Ahrens [3]) und

4) Taparelli Saggio teorico di diritto naturale appoggiato sul fatto. Ed. 3. Nap. 1850. Eine deutsche Uebersetzung von Schöttl und Rinecker erschien zu Regensburg 1845.

5) E. von Moy de Sons Grundlinien einer Philosophie des Rechts aus katholischem Standpunkte. Wien 1854. 2 Bde.

6) Lauer Die Philosophie des Rechts in ihren Grundzügen. Th. I. Mainz 1846.

1) Abicht Neues System eines aus der Menschheit entwickelten Naturrechts. Bayreuth 1792.

2) Krause Grundlage des Naturrechts. Jena 1803., Abriß des Systems der Philosophie des Rechts oder des Naturrechts. Göttingen 1828. — Sehr ausführlich handelt von dessen Philosophie J. H. Fichte System der Ethik. Th. I. §. 110—124.

3) Ahrens Cours de droit naturel ou de Philosophie du droit.

Röder [4]) mit einem überschwänglichen Lobe des Meisters, welches jedoch vereinzelt bleibt, was wohl daher rührt, daß der an sich richtige Grundgedanke weder von ihm noch von ihnen befriedigend ausgeführt worden ist. Geistreich und tiefsinnig faßt Schleiermacher (1768—1834) die philosophische Staats- und Rechtslehre als eine Physiologie des Staates auf, läßt jedoch etwas den Mann vom Fache vermissen [5]). Warnkönig, der sich zur historischen Schule zählt, sucht im Geiste derselben die Rechtsphilosophie auf eine reale Grundlage dadurch zurückzuführen, daß er von einer Physiologie des menschlichen Willens ausgeht [6]). Auf verschiedenen Wegen ist auch die von Thomasius, Kant und Fichte durchgeführte schroffe Trennung des Rechts von der Sittlichkeit aufgehoben und das Recht als ein ethischer Organismus aufgefaßt worden. Dieses macht namentlich das Auszeichnende des oft angeführten Werkes von Trendelenburg aus [7]). Chalybäus und J. H. Fichte haben sogar die Rechtsphilosophie gradezu als einen Theil der Ethik bearbeitet [8]). Bei Schilling zeigt sich eine sehr eingehende Berücksichtigung des Positiven, und daher auch des christlichen Elementes im Recht; überhaupt Gediegenheit [9]). In Frankreich hat Lerminier die verschiedenen Richtungen und Aufgaben der Rechtsphilosophie in geistreicher Weise zu verarbeiten gesucht [10]).

Bruxelles 1838. 4. ed. 1853. Nach der zweiten Ausgabe erschien eine deutsche Uebersetzung von Wiek zu Braunschweig 1846. Eine vierte vom Verfasser selbst besorgte deutsche Ausgabe erschien zu Wien 1852.

4) Röder Grundzüge des Naturrechts oder der Rechtsfilosofie. Heidelberg 1846. Zweite Aufl. 1860.

5) Man sehe über ihn die Beurtheilung von Stahl Philosophie des Rechts. Band I. Buch V. Abschn. 4., J. H. Fichte System der Ethik. Th. I. §. 125—152.

6) Seine Werke sind oben §. 500. Note 6. 7. angeführt.

7) Trendelenburg Naturrecht auf dem Grunde der Ethik. Leipzig 1860.

8) Man sehe darüber oben §. 17. Note 1.

9) Schilling Lehrbuch des Naturrechts oder der philosophischen Rechtswissenschaft. Leipzig 1859. (noch nicht ganz vollendet).

10) Lerminier Philosophie du droit. Paris 1832.

VIII. Die Ausbildung der Staatslehre. A) Theorie der Volkssouveränetät.

560. Seit dem siebzehnten Jahrhundert wurde unter mancherlei Kämpfen und Gegensätzen auch die Staatslehre abgesondert für sich mit großem Eifer bearbeitet. Doch geschah dieses weniger rein philosophisch als, wie auch früher, empirisch, mit Berufung auf die Geschichte, und unter dem Eindrucke der Zeitverhältnisse und der durch die Glaubenstrennung hervorgerufenen neuen Ansichten. Es entstand nun die bestimmt ausgeprägte Richtung, den Staat auf die Individuen, auf das Volk, zurück zu führen, und als zum Schutze von dessen Freiheit und Rechte bestimmt, als bloßen Rechtsstaat, zu behandeln. Die christliche Staatslehre hatte die Gerechtigkeit unter den Aufgaben der Staatsgewalt auch oben angestellt; auch lag diese Beziehung in dem germanischen Rechts- und Freiheitsgefühl und in den darnach gebildeten Verfassungen. Allein die Wissenschaft schlug dazu nun irrige Wege ein. Die Veranlassung dazu gab hauptsächlich Hobbes mit seiner Theorie, die den Staat aus dem Naturstande durch Vertrag entstehen ließ, wenn er auch daraus in inconsequenter Weise die Unbeschränktheit der Fürstengewalt deducirte [1]). Gegen jene Grundansicht erhob sich Filmer, der alle Gewalt von Adam ableitete, und daraus die Unumschränktheit der königlichen Gewalt erwies [2]). Wider ihn richtete Algernon Sidney eine erst nach dessen 1683 erfolgten Hinrichtung erschienene Schrift, deren Grundgedanke der ist, die Gewalt der Fürsten sei vom Volke und für das Volk geschaffen, und müsse daher auch von ihm nach Belieben geordnet, beschränkt, abgeschafft werden können [3]). In schärferer systematischer Form führte aber Locke (1642—1704) aus dem Grundgedanken des Hobbes alle Gewalt im Staate an das Volk zurück [4]). Die vollständigste Ausbildung erlangte aber die Theorie des Gesellschafts-

---

1) Man sehe darüber oben §. 538.

2) Filmer Patriarcha or the natural power of Kings. Lond. 1665.

3) A. Sidney Discourses concerning government. Lond. 1698.

4) Locke Two treatises on government. London 1690.

vertrags und der daraus abgeleiteten Volkssouveränetät durch J. J. Rousseau (1712—1778)[5]), und fand in der Wissenschaft großen Anklang, der durch die Ereignisse der Nordamerikanischen Revolution (1776) sehr gesteigert wurde[6]). Eine Folge dieser subjectiven Richtung war die Theorie der angeborenen Menschenrechte, welche zu einem nicht minder großen Ansehen gelangte[7]). In diesem Geiste bildete sich nun in allen Ländern eine reiche Literatur aus, worauf hier nicht eingegangen werden kann[8]).

B) Das constitutionelle Staatsrecht.

561. Die christliche Staatslehre des Mittelalters bekämpfte überall lebhaft die Vorstellung von der Ungebundenheit der königlichen Gewalt, und wies mit großem Nachdruck auf die aus der Religion, Sittlichkeit und Gerechtigkeit entstehenden Beschränkungen derselben hin. Allein die Gewährleistung dafür suchte sie hauptsächlich in dem Gewissen und in den daran gerichteten Ermahnungen, nicht in äußeren Beschränkungen. Dieses genügte aber der fortgeschrittenen politischen Bildung und der durch manche herbe Erfahrungen geweckten Reflexion nicht, sondern man wollte die bürgerliche Freiheit und die gerechte Regierung auch durch äußere Einrichtungen sicher gestellt sehen. Vorzüglich wirkte in dieser Hinsicht das Beispiel Englands, wo eine solche Verfassung durch lange Kämpfe ausgebildet worden war. In der Theorie that dazu Locke den ersten Schritt durch die in dem oben genannten Werke aufgestellte Lehre von der Theilung der Gewalten[1]). Epoche machte aber Montesquieu (1689—1755), welcher in seinem mit Geist und Belesenheit geschriebenen, keineswegs aber von großen Schattenseiten freien Werke unter Anderen die politische Freiheit

5) J. J. Rousseau Du contrat social. Zuerst 1761.

6) Man sehe §. 253.

7) Man sehe §. 115.

8) Man sehe darüber Mohl Literatur der Staatswissenschaften I. 227—251.

1) Man sehe oben §. 286.

als das Hauptziel des Staates hervorgehoben, und dafür möglichst auf die englische Verfassung hingewiesen hatte [2]). Er erfaßte jedoch dieselbe weniger als einen lebendigen von den Sitten und dem Nationalgeiste getragenen Organismus, sondern mehr als einen äußeren Mechanismus, als ein System des Gleichgewichts der Gewalten, und hat dadurch wesentlich zu der einseitigen Auffassung und Ausbildung des constitutionellen Staatsrechts beigetragen. Erhöht und weiter geführt wurden dann diese Eindrücke durch die vergleichende Analyse, welche der Genfer Delolme (1740—1806) von der englischen Verfassung herausgab [3]). Ihre praktische Anwendung erhielten diese Ideen durch die in Folge der französischen Revolution (1789) entstandene Nothwendigkeit für Frankreich eine Constitution zu verfassen, worauf im neunzehnten Jahrhundert Gleiches in vielen anderen Ländern folgte. Es entstand nun, zuerst in Frankreich dann auch in anderen Ländern, eine große Schule der Anhänger des constitutionellen Staatsrechts, bald mit der Theorie des Rousseau in Verbindung, bald ohne diese, und mit vielen Abstufungen, die hier nicht namhaft gemacht werden können [4]). Durch dieses Alles wurden auch Versuche angeregt, die Ansichten vom Staate in größeren Systemen niederzulegen, worunter insbesondere die von K. S. Zachariae (1820), Brougham (1844) und Bluntschli (1852) auszuzeichnen sind [5]). Hieran schließen sich die Werke an, welche den Staat als einen großen gesellschaftlichen Organismus in der ganzen Fülle seines Inhaltes erfassen. Dahin gehören insbesondere Ahrens [6]), der

---

2) Montesquieu De l'esprit des loix. Die erste Ausgabe erschien 1748, verbessert 1757.

3) Delolme The constitution of England. London 1772. Das Werk erschien zuerst vom Verfasser französisch 1771.

4) Man sehe darüber Mohl Literatur der Staatswissenschaften I. 227—251. 267—312.

5) Näheres giebt Mohl I. 131—147. 260—263.

6) Ahrens Die organische Staatslehre. Band I Wien 1850. (unvollendet).

Franzose Schützenberger [7]), und vorzüglich das ausgezeichnete Werk von Held [8]).

C) Die Vertheidiger des historischen Rechts und der christlichen Politik.

562. Durch die gewaltsamen Eingriffe der Revolution wurden aber auch lebhafte Bekämpfer derselben und Vertheidiger des historischen Rechts geweckt. In Frankreich traten alsbald der Abbé Maury, der edle Cazalès, Lally Tollendal, Bergasse und Calonne durch Rede und Schrift in dieser Richtung auf. In England erhob Burke dafür seine beredtsame mächtig ergreifende Stimme [1]), welche in Deutschland besonders an Rehberg (1793) und Gentz einen bedeutenden Nachklang fand [2]). Später entstand in diesem Geiste das gründliche Werk von Haller († 1854) [3]), dem man bei vielen Vorzügen auch mancherlei Mängel, nicht aber die Vertheidigung des Absolutismus, vorwerfen kann [4]). Hiemit im Zusammenhang wurden auch die Grundgedanken des modernen constitutionellen Staatsrechts auf verschiedenen Wegen kritisch beleuchtet und angegriffen [5]), namentlich von Gentz († 1832), von dem scharf- und tiefblickenden Jarcke († 1852) [6]), von Vollgraf († 1862). Durch die immer tiefer gehenden Zerrüttungen der Zeit und durch andere geistige Strömungen wurde aber auch eine

---

7) Schützenberger Les lois de l'ordre social. Paris 1849. 2 vol. Man sehe darüber auch Mohl I. 263. 264.

8) Held Staat und Gesellschaft vom Standpunkte der Geschichte der Menschheit und des Staats. I. Theil. Leipzig 1861.

1) Burke Reflexions on the revolution in France. London 1790 Deutsch von Gentz. Berlin 1793.

2) Man sehe Schmitthenner Zwölf Bücher vom Staate. §. 79.

3) K. L. von Haller Restauration der Staatswissenschaften. Winterthur 1816. Zweite Aufl. 1820. 6 Bde. Von ihm handelt ausführlich Mohl Literatur der Staatswissenschaften. II. 529—560., wobei jedoch die Verschiedenheit der politischen Standpunkte in Anschlag zu bringen ist.

4) Man sehe oben §. 47. 362.

5) Näheres giebt Mohl I. 316—320.

6) Eine Beurtheilung Beider aus seinem Gesichtspunkte giebt Mohl II. 488—511. 578—592.

Anzahl bedeutender Schriftsteller hervorgerufen, welche die Zurückführung der Staatslehre und Staatskunst auf die christlichen Grundlagen vertheidigen, und nur darin die Wiederbefestigung der überall wankend gewordenen Zustände der Gesellschaft, die Heilung ihrer tief gehenden Schäden, überhaupt die Lösung der großen politischen und socialen Fragen der Gegenwart erkennen [7]). In dieser Richtung ragt vor Allen der sardinische Graf Joseph de Maistre (1753—1811) hervor, der auch einen dauernden Eindruck zurückließ [8]). Ferner gehören dahin der Vicomte de Bonald († 1840) [9]), Ballanche [10]), Blanc de Bonnet [11]), Pradié [12]). Selbst der Protestant Guizot ist durch den Ernst der Zeit zu diesen Ansichten gezogen worden. In Deutschland schrieben in dieser Richtung Adam Müller († 1829), Friedrich Schlegel († 1829), der genannte Jarcke; in neuester Zeit H. von Andlaw [13]), der Graf Brandis († 1863) [14]) und der Bischof von Mainz W. von Ketteler [15]). In Spanien hat sich Maistre's Geist auf Balmès († 1843) [16]) und Donoso Cortes († 1851) [17]) vererbt.

---

7) Davon handelt, jedoch sehr ungenügend, Mohl I. 252—256. III. 376—379.

8) J. de Maistre Essai sur le principe générateur des constitutions politiques. 1810. — Du Pape. 1812. — Les soirées de Saint-Petersbourg. 1822.

9) L. G. A. de Bonald Théorie du pouvoir politique et religieux 1796. — Legislation primitive. 1801. — Demonstration philosophique du principe constitutif de la société. 1830.

10) Ballanche Essai sur les institutions sociales. 1818. — Palingénésie sociale. 1827.

11) Ant. Blanc de Bonnet de l'unité spirituelle de la société. Paris 1841. 3 vol. 8.

12) Sein Werk ist oben (§. 7. Note 1) genannt.

13) H. von Andlaw Gedanken meiner Muße über die Einflüsse der Kirche auf Familie, Gemeinde und Staat. Mainz 1860.

14) Clem. Graf zu Brandis Der Staat auf christlicher Grundlage. Regensb. 1860.

15) W. von Ketteler Freiheit, Autorität und Kirche. Mainz 1862.

16) Man sehe §. 7. Note 1.

17) Donoso Cortes Versuch über den Katholicismus, Liberalismus und Socialismus. Tübingen 1853.

IX. Resultat.

563. Ueberblickt man den weiten Weg und die mühsamen Versuche, die zum Ausbau unserer Wissenschaft gemacht worden, so ergiebt sich Folgendes. Erstens ist es ein entschiedener Fortschritt, daß der Staat und das Recht als ein einheitlicher, das ganze menschliche Dasein umfassender und sich überall durchdringender Organismus aufgefaßt werden. Man kann darin Hegel beistimmen, ohne darum dessen Irrthümer zu theilen. Zweitens ist deshalb die abstracte Trennung zwischen dem Recht und der Sittlichkeit zu verwerfen; der Staat und sein Inhalt ist vielmehr eben als ein sittlicher Organismus aufzufassen. Drittens kann das Naturrecht nicht aus einer anthropologisch-psychologischen Einzelnheit abgeleitet werden; der Ausgangspunkt desselben muß vielmehr der Mensch in seiner Totalität sein. Viertens kann das Recht eben so wenig auf rein logischem Wege aus einem blos aus der Vernunft ermittelten obersten Grundsatz deducirt werden. Das Recht oder die Rechtsordnung ist vielmehr die Summe der concreten Rechtsverhältnisse; diese aber bilden sich aus der Wechselwirkung zwischen den von der Natur gegebenen Thatsachen oder Ordnungen mit der menschlichen Freiheit; und das Recht oder das Gerechte ist die Norm, wie die menschliche Freiheit sich benehmen kann oder muß, um mit der Eigenthümlichkeit jener von der Natur gegebenen Verhältnisse und Thatsachen in Uebereinstimmung zu sein. Es muß also der Stoff der Rechtsphilosophie aus der Anschauung und Zergliederung der wirklichen Welt entnommen werden. Fünftens endlich ist deshalb auch das christliche Element in die Rechtsphilosophie aufzunehmen, weil es ein wesentliches Moment sowohl unserer thatsächlichen Zustände als unserer geistigen Anschauungen geworden ist. Faßt man dieses Alles zusammen, so führt dieses auf den Standpunkt, wovon die vorliegende Darstellung ausgegangen und dessen Durchführung darin versucht worden ist.

Sach- und Namenregister.

(Die Ziffern gehen auf die Paragraphen mit Einschluß der Noten.)

C.

D.

E.

F.

G.

Q.

R.

S.

T.

Bonn, Druck von Carl Georgi.

FSC
www.fsc.org
MIX
Papier | Fördert
gute Waldnutzung
FSC® C083411

Kolibri 360 GmbH
Ferdinand-Jühlke-Straße 7
99095 Erfurt, Deutschland
produktsicherheit@kolibri360.de